F. Jacob, E. J. Jäger, E. Ohmann · Kompendium der Botanik

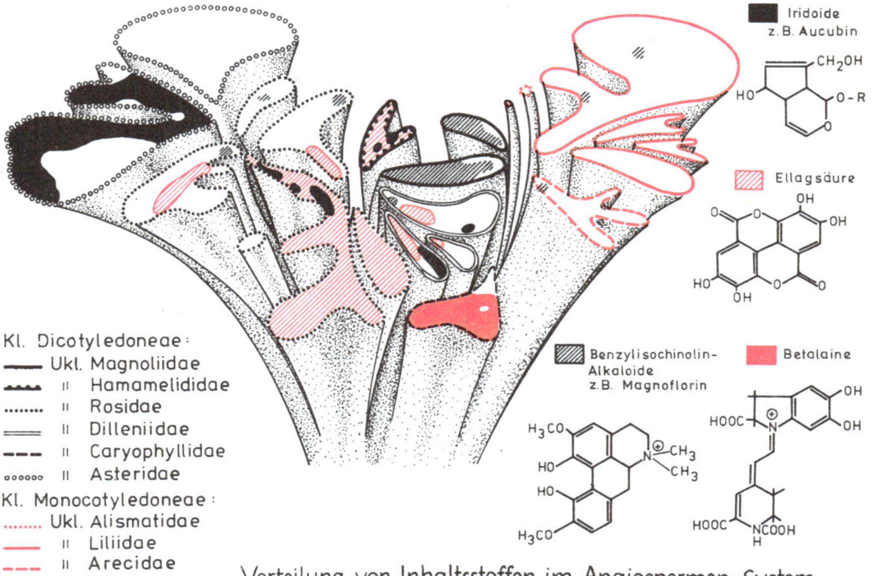

Verteilung von Inhaltsstoffen im Angiospermen-System

Abb. 6.40.

Kompendium der Botanik

Von F. Jacob, E. J. Jäger, E. Ohmann
Halle/Saale

Mit 194 Abbildungen und 32 Tabellen

SEMPER BONIS ARTIBUS

GUSTAV FISCHER VERLAG STUTTGART · 1981

Die Autoren

Professor Dr. sc. nat. Friedrich Jacob
Sektion Biowissenschaften, Wissenschaftsbereich Pflanzenphysiologie
und Mikrobiologie der Martin-Luther-Universität
Halle-Wittenberg

Dr. rer. nat. Eckehart Johannes Jäger
Sektion Biowissenschaften, Wissenschaftsbereich Geobotanik
und Botanischer Garten der Martin-Luther-Universität
Halle-Wittenberg

Dozent Dr. rer. nat. habil. Erich Ohmann
Sektion Biowissenschaften, Wissenschaftsbereich Pflanzenphysiologie
und Mikrobiologie der Martin-Luther-Universität
Halle-Wittenberg

CIP-Kurztitelaufnahme der Deutschen Bibliothek

Jacob, Friedrich:
Kompendium der Botanik/von F. Jacob; E. J. Jäger; E. Ohmann.
Stuttgart; New York: Fischer, 1981.
ISBN 3-437-20247-2
NE: Jäger, Eckehart J.; Ohmann, Erich:

Ausgabe in der Bundesrepublik Deutschland

Printed in the German Democratic Republic
Satz und Druck: VEB Druckerei „Thomas Müntzer", 5820 Bad Langensalza
Einband: Großbuchbinderei Clemens Maier, Echterdingen
ISBN 3-437-20247-2

Vorwort

Die Spezialisierung setzt im Biologiestudium heute schon sehr früh ein. Daher ist für die Botanik als Grundlagen- und Nebenfach ein kurzgefaßtes Lehrbuch erforderlich. Diesem Bedürfnis soll das vorliegende Kompendium entsprechen, das für Studenten der Biologie und Biochemie, Biologie-Lehrerstudenten und als Nebenfach-Lehrbuch auch für Studenten der Pharmazie und Landwirtschaft gedacht ist. Von ähnlich kurzen deutschsprachigen Botanik-Lehrbüchern unterscheidet es sich durch die Einbeziehung der speziellen Botanik, für die bisher eine knappe Zusammenfassung des grundlegenden Lernstoffes fehlte.

In die Behandlung des Stoffes haben sich die Autoren dieses Bandes folgendermaßen geteilt: Einleitung (Kap. 1) — Jacob und Ohmann; Morphologie (Kap. 3—5 außer 5.6.), Entwicklungsphysiologie (Kap. 8) und Bewegungsphysiologie (Kap. 9) — Jacob; Systematik und Evolution (Kap. 6) und Fortpflanzung und Vermehrung (Kap. 5.6.) — Jäger; Chemischer Aufbau der Pflanzen (Kap. 2) und Stoffwechselphysiologie (Kap. 7) — Ohmann.

Weitgehend unberücksichtigt blieben wegen der vorgesehenen Kürze des Buches einige Teilgebiete der Botanik, die sich zu eigenen Wissenschaftsdisziplinen entwickelt haben: Genetik, Pflanzengeographie, Paläobotanik und Ökologie. Hierfür sind z. T. weitere Bände der Kompendienreihe vorgesehen.

Die Autoren hoffen, durch gegenseitige Abstimmung die Geschlossenheit dieses einführenden Lehrbuches gewahrt und einen vertretbaren Kompromiß zwischen moderner Erkenntnis, traditionellem Wissen und Klarheit der Zusammenhänge gefunden zu haben. Für helfende Kritik sind sie allen Kollegen dankbar.

Die Abbildungen wurden entweder bewährten Lehr- und Handbüchern entnommen oder von den Autoren neu entworfen, insbesondere im Abschnitt Systematik und im Kapitel Fortpflanzung und Vermehrung. Entwürfe für 8 Tafeln des Abschnittes Systematik stammen von G. Mörchen. Die Ausführung aller Zeichnungen lag in Händen von Herrn E. Halwaß. Bei der Abfassung des Textes halfen mit klärenden Diskussionen die Herren Dr. H. Dörfelt, Dr. K. F. Günther und Dr. A. Hagen. — Allen Genannten möchten die Autoren herzlich danken. Besonderer Dank gilt schließlich dem VEB Fischer Verlag, insbesondere Frau Lektor J. Schlüter, die uns eine geduldige und verständnisvolle Betreuerin war.

F. Jacob E. J. Jäger E. Ohmann

Inhaltsverzeichnis

1. Die Wissenschaft von der Pflanze

1.1. Prinzipien der Entfaltung pflanzlichen Lebens

Die Pflanze ist nicht nur ein Ergebnis der Lebensentfaltung auf der Erde, sondern als Primärproduzent organischer Substanz eine wichtige Voraussetzung des heutigen Lebens auf der Erde und der Mannigfaltigkeit an Lebensformen. Am Anfang pflanzlicher Entwicklung standen vermutlich einfach organisierte Einzeller, bei deren heterotrophem, auf Gärung beruhendem Stoffwechsel photodynamische Farbstoffverbindungen entstanden, die sichtbares Licht absorbieren konnten und so die Grundlage für dessen energetische Nutzung lieferten. An Membranumgrenzungen zellulärer Kompartimente orientiert, erzeugten sie einen für die Lebensprozesse nutzbaren Protonengradienten. Unter den im Stoffwechsel entstandenen Verbindungen erwies sich der Molekültyp des Chlorophylls schließlich als am geeignetsten für die Transformation von Lichtenergie in chemisch gebundene Energie, deren Träger reduzierte Kohlenstoffverbindungen waren. Dieser Gewinn an chemischer Energie mittels Photosynthese war entscheidend für die quantitative Entfaltung des Lebens, wobei der Syntheseprozeß trotz gewisser Unterschiede in den verschiedenen Abteilungen des Pflanzenreiches eine prinzipielle Einheitlichkeit zeigt. Nur die Pilze blieben frei von Lichtreaktionssystemen zum Energiegewinn, ihre Zuordnung zum Pflanzenreich ist daher strittig.

Die in eukaryotischen Pflanzenzellen der Photosynthese dienenden Organellen, die Chloroplasten, besitzen eine Reihe von Merkmalen, die an photosynthetisch aktive Prokaryoten erinnern. Nach der **Symbiosetheorie** soll bei der Bildung der eukaryotischen Zelle ein Zusammenschluß einfacher Vorstufen dieses Zelltyps mit Prokaryotenzellen erfolgt sein. Die Chloroplasten und Mitochondrien werden als ursprünglich freilebende Prokaryoten (Cyanophyceen bzw. Bakterien) angesehen, die nach Aufnahme in einen Zellkörper in diesem zunächst symbiontisch lebten, im Laufe der Zeit aber integrierte Bestandteile der Zelle wurden. Dabei übernahmen sie als Chloroplasten grundlegende anabolische (= aufbauende) Stoffwechselleistungen bei der Bildung von Kohlenhydraten, als Mitochondrien entwickelten sie eine hohe katabolische (= abbauende) Aktivität im Dienste der Energiebereitstellung aus zelleigener Substanz. Zugunsten dieser Theorie sprechen die heute bekannten Endosymbiosen von Blaualgen (aber auch eukaryotischen Algenzellen) in heterotrophen Pflanzenzellen, z. B. besteht die „Alge“ *Glaucocystis* aus einer farblosen, heterotrophen Algenzelle mit endosymbiontischen Cyanophyceen (Cyanellen). Weitere Hinweise sind die Entstehung von Plastiden und Mitochondrien nur aus ihresgleichen sowie deren Besitz eigener DNA und spezifischer Mechanismen der genetischen Informationsübertragung und der Proteinsynthese, die denen von Prokaryoten sehr ähnlich sind. Die Ribosomen der Chloroplasten und Mitochondrien unterscheiden sich von denen des umgebenden Cytoplasmas und entsprechen den Ribosomen von Prokaryoten. Einer generellen Anerkennung der Symbiosetheorie steht u. a. das Fehlen einer Zellwand bei Plastiden entgegen. Auch vermag sie nicht die Entstehung des wichtigsten Organells, des Zellkernes, zu erklären. Als eine Alternative zur Symbiosetheorie wird die Entstehung der Eucyte als Folge einer in der Stammesgeschichte zunehmenden Kompartimentierung primitiver Ausgangsformen angenommen.

Die Nutzung der Lichtenergie der Sonne für Lebensprozesse hat die Entwicklung der Organismen und ihrer Mannigfaltigkeit sicherlich sehr wesentlich gefördert, wobei das hohe Angebot an Nährstoffen in Form autotropher Lebewesen auch die Möglichkeit zur heterotrophen Lebensweise erweiterte. Hinzu kam, daß durch die pflanzliche Photosynthese im Laufe der Erdgeschichte eine grundlegende **Veränderung der Gaszusammensetzung in der Atmosphäre** erfolgte, die zu einem für die heutige Ausbreitung des Lebens wichtigen und spezifischen Gehalt an Sauerstoff und Kohlendioxid führte. Allerdings war das ein langer Prozeß, der mit der Entwicklung der Blaualgen vor etwa 3,5 Milliarden Jahren eingeleitet wurde. Vor 1,5 Milliarden Jahren betrug der O_2-Gehalt der Atmosphäre erst 0,2%; im Perm, d. h. vor 240 Millionen Jahren, war er auf 16% angestiegen. Auto- und heterotrophe Organismen waren schließlich an der **Bildung des Bodens** beteiligt, in seinen festen Bestandteilen ein Vermischungsprodukt aus mineralischen und organischen Substanzen, mit einer von Klimaeinflüssen, Verwitterungs- und Lebensprozessen getragenen Dynamik ab- aber auch aufbauender Vorgänge.

Unter den in den Lebewesen enthaltenen Elementen nimmt der **Stickstoff** in seinem Mengenanteil nach den Elementen H, O und C die vierte Stelle ein. Eine Reihe von Prokaryoten können atmosphärischen Stickstoff durch Reduktion für sich selbst, nachfolgend aber auch für andere Lebewesen nutzbar machen. Dieser Prozeß übertrifft mengenmäßig noch immer die durch den Menschen betriebene technische Bindung von Luftstickstoff. Zur Nutzung anorganischer Stickstoffverbindungen, hauptsächlich als NO_3- und NH_4-Ionen, sind aber außer einigen Mikroorganismen nur die grünen Pflanzen befähigt. Sie sind nicht nur C- sondern auch N-autotroph und liefern die erforderlichen organischen N-Verbindungen (hauptsächlich Aminosäuren) für das tierische Leben.

In dem zunächst besiedelten Lebensraum Wasser war die weitere Entfaltung der Pflanzen und die Steigerung ihrer Produktivität insbesondere durch die Lichtverhältnisse begrenzt. Ein entscheidender Anstoß zur Weiterentwicklung steht mit der Befähigung zum **Wachstum auf Landflächen** im Zusammenhang. Dazu waren auch einige Vertreter der im Wasser lebenden Sippen verschiedener Thallophyten (= Lagerpflanzen) in der Lage, doch sind diese in ihrem Wasserzustand, der am Dampfdruck der Organismen erkennbaren **Hydratur**, von der Feuchtigkeit in ihrer Umgebung direkt abhängig. Solche **wechselfeuchten oder poikilohydren Pflanzen** wie z. B. Flechten stellen ihr aktives Leben in trockener Luft ein. Das ist auch bei den Moosen der Fall, deren Vorkommen sich meist auf feuchte Standorte beschränkt. Den entscheidenden Durchbruch brachte die Entwicklung der Cormophyten mit der Ausbildung von Sproß und Wurzel, letztere als Anschlußorgan an den Boden mit seiner gegenüber dem Luftraum hohen Hydratur. Zahlreiche Einrichtungen bildeten sich aus, die für eine Konstanz des Wassergehaltes in der Pflanze sorgten. So entstanden **eigenfeuchte oder homoiohydre Pflanzen.** Die Sicherung des vom Wasser abhängigen aktiven Lebenszustandes auf dem Landstandort und die Nutzung des lichterfüllten Raumes über der Erdoberfläche für die Entfaltung der Assimilationsorgane waren die Voraussetzungen, unter denen sich die pflanzlichen Lebensformen so stark differenzierten. Die Vielfalt ökologischer Gegebenheiten auf dem Lande führte zur Ausbildung mannigfaltiger Merkmale, die als Anpassungen der Pflanzen an ihren natürlichen Standort in Erscheinung treten.

So ergaben sich Ähnlichkeiten von Pflanzen auch unterschiedlicher Verwandtschaftskreise an Orten mit gleichen klimatischen und edaphischen Bedingungen, eine Erscheinung, die als **Konvergenz** bezeichnet wird (z. B. Stammsukkulente bei Cactaceen, Euphorbiaceen und Compositen). An der gestaltlichen Vielfalt von cormophytischen Pflanzen sind alle drei Grundorgane: Wurzel, Sproßachse und Blatt beteiligt. Sind verschieden gestaltete Organe auf Grund ihrer Entstehung von gleichen Grundorganen abzuleiten, liegt **Homologie** (= Ursprungsgleichheit) vor. So sind Laubblatt, Blattranke und Blattdorn homologe Organe. Bei Übernahme gleichartiger Aufgaben durch Organe, welche auf unterschiedliche Grundorgane zurückzuführen sind, liegt **Analogie** (= Funktionsgleichheit) vor. Analoge Organe sind z. B. Blattranken und Wurzelranken.

Die Gestalt der Cormophyten und vieler Thallophyten läßt einen deutlichen Unterschied zwischen Spitze (= Apex) und Basis erkennen, sie zeigt eine **Polarität.** Darüberhinaus tragen bestimmte Formen der **Symmetrie** zu artspezifischem Aussehen bei. Eine **longitudinale Symmetrie** gliedert die Achse in gleichartige Abschnitte, z. B. in die Internodien bei Blütenpflanzen und Characeen. Unter den Formen der **lateralen Symmetrie** tritt die **radiäre S.** (= strahlige S.) mit mehr als zwei Symmetrieebenen häufig im Blütenbereich auf. **Bilaterale S.** liegt vor, wenn der Pflanzenteil durch zwei senkrecht zueinander stehende Ebenen symmetrisch teilbar ist, wie z. B. die Blüten von *Dicentra* (Tränendes Herz). Nur in einer Symmetrieebene läßt sich ein Organ oder Sproßabschnitt bei **dorsiventraler** oder **zygomorpher S.** teilen, so z. B. die Blüten von *Antirrhinum* (Löwenmaul).

Ein **Vergleich der Organisation der Pflanzen mit der von Tieren** läßt feststellen, daß der von Pflanzen erreichte Grad der Spezialisierung in der Organfunktion deutlich geringer ist als bei höheren Tieren, bei denen ein Zentralnervensystem und ein Blutkreislauf für enge Organkoordination sorgen. Dem geschlossenen tierischen System steht das offene pflanzliche gegenüber mit großen äußeren Flächen zur Aufnahme von Licht, CO_2 und Bodenlösung. Weiterhin zeigt sich im Stoffwechsel der heterotroph lebenden Tiere, gegründet auf die Aufnahme vorgefertigter Nähr- und Wirkstoffe, eine wesentlich größere Einheitlichkeit als bei den Pflanzen, deren Spektrum an sekundären Stoffen das der Tiere weit übertrifft. Während die Fortpflanzung der Tiere durch ausgeprägte Sexualität und aktive Errichtung von Isolationsmechanismen gekennzeichnet ist, müssen sich die ortsgebundenen Pflanzen bei der generativen Fortpflanzung passiv verhalten. Häufig zeigen sie eine Degeneration der Sexualität. Diese Tatsachen und das auch zeitlich offene System der Pflanzen (potentielle Unsterblichkeit bei vegetativer Vermehrung) sind die Ursachen für grundsätzliche Unterschiede bei der Artbildung von Pflanzen und Tieren.

1.2. Die Pflanze im Energiehaushalt der Natur

In der Biosphäre vollzieht sich ein ständiger Auf- und Abbau von Stoffen, bei dem die Pflanzen mit ihrer Fähigkeit zur Photosynthese die treibende Kraft sind. Durch Photosynthese wird die Strahlungsenergie der Sonne in chemische Energie umgewandelt, indem Wasser in Sauerstoff und Wasserstoff gespalten wird. Die Bindung des Wasserstoffs an Kohlenstoff legt die aus der Lichtenergie stammende Potentialdifferenz zwischen Wasserstoff und Sauerstoff in der freien Enthalpie der Photosyntheseprodukte vorübergehend fest. Bei der stufenweisen Nutzung der freien Enthalpie werden die organischen Moleküle durch Reaktion mit Sauerstoff wieder zu CO_2 und H_2O mineralisiert.

Photosynthese und Atmung sind gegenläufige Fundamentalprozesse, welche in die komplementären **Kreisläufe** des **Kohlenstoffs** und des **Sauerstoffs** eingeschaltet sind (Abb. 1.1.).

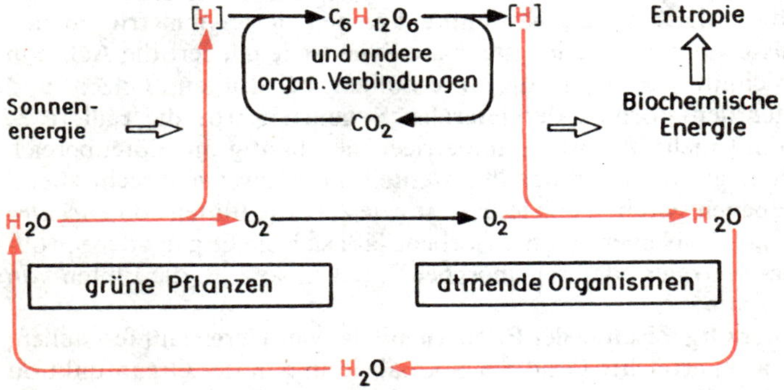

Abb. 1.1. Die Kreisläufe von Kohlenstoff und Sauerstoff. — Nach Schlegel.

Diese Materiekreisläufe sind untrennbar verbunden mit einem gerichteten Strom der Energie, der mit der Lichtabsorption beginnt. Die Arbeitsfähigkeit, der thermodynamische Wert der von den Photosynthesepigmenten absorbierten Energie, nimmt beim Durchgang durch die lebenden Systeme beständig ab.

Schließlich wird alle Energie, die von den biologischen Systemen aufgenommen wurde, als Wärme, als nicht mehr arbeitsfähige, entwertete Energie, in die unbelebte Umwelt abgegeben. Man kann sagen: Die irreversible Umwandlung von freier Enthalpie in Entropie ist der Motor des Lebens. Quantitativ übersteigen die biologischen Energie- und Stoffumsetzungen die Gesamtheit aller technologischen Vorgänge auf der Erde.

Von der Sonnenstrahlung erreicht ein Betrag von $1{,}73 \times 10^{14}$ kW die äußere Erdatmosphäre, das sind 1,395 kW pro m^2 **(Globalstrahlung)**, was einer Energiemenge von $1{,}5 \times 10^{18}$ kWh/Jahr oder $5{,}4 \times 10^{24}$ J/Jahr entspricht.

Etwa 40% davon, 2×10^{24} J/Jahr, erreichen die Erdoberfläche, der Rest wird in den Weltraum zurückgestrahlt oder von der Atmosphäre absorbiert. Die die Erdoberfläche erreichende Energiemenge ist 7000 mal größer als der gegenwärtige Weltenergieverbrauch.

Die jährliche **photosynthetische Nettoproduktion** (Ertrag = Bruttoproduktion — Atmung) beträgt etwa 2×10^{11} t Trockensubstanz und hat einen energetischen Wert von 3×10^{21} J (Tab. 1.1.). Obwohl der globale Ausnutzungsgrad der die Erdoberfläche erreichenden Sonnenenergie nur sehr gering ist (0,15%), erzeugt die Photosynthese eine Menge an chemischer Energie, die 10mal größer ist als der gegenwärtige Weltenergieverbrauch.

Dabei ist zu berücksichtigen, daß die primären Umsetzungen in Wirklichkeit noch größer sind, denn ein erheblicher Teil des assimilierten Kohlenstoffs wird von der Pflanzenwelt selbst wieder veratmet (insbesondere durch die **Photorespiration**, vgl. 7.6.7.1.) und erscheint nicht in der Nettoproduktion. Man schätzt, daß im Zuge der Photosynthese jährlich $2{,}75 \times 10^{11}$ t CO_2 fixiert, $2{,}25 \times 10^{11}$ t H_2O gespalten und 2×10^{11} t Sauerstoff entwickelt werden.

5% des CO_2 der Atmosphäre werden jährlich im Photosyntheseprozeß verbraucht. Ohne die beständige **Dissimilation** organischer Moleküle durch die heterotrophen Organismen wäre der CO_2-Vorrat der Atmosphäre in etwa 20 Jahren aufgebraucht. Der Wasservorrat der Erde von etwa $1{,}5 \times 10^{18}$ t würde dagegen ohne Rückbildung 6,5 Millionen Jahre reichen. In den etwa 350 Millionen Jahren, die seit der Massenentwicklung der Landpflanzen vergangen sind, ist jedes H_2O-Molekül statistisch bereits 60mal gespalten und regeneriert worden.

Tabelle 1.1. Globale photosynthetische Energieumwandlung und pflanzliche Nettoproduktion (Angaben pro Jahr)

	Strahlungsenergie Erdoberfläche	Nettoprod. in t Trockengewicht	Energiegehalt in J	Ausnutzungsgrad
Land	$0{,}6 \times 10^{24}$ J	$10-14 \times 10^{10}$	$1{,}6-2{,}2 \times 10^{21}$	0,3%
Ozeane	$1{,}4 \times 10^{24}$ J	$7-8 \times 10^{10}$	$1{,}1-1{,}3 \times 10^{21}$	0,08%
Erde gesamt	2×10^{24} J	$17-22 \times 10^{10}$	$2{,}7-3{,}5 \times 10^{21}$	0,15%

Die schnell gewachsene industrielle Nutzung (Verbrennung) fossiler Photosyntheseprodukte (Kohle, Erdöl) bewirkt, daß die globalen Kreisläufe von CO_2 und O_2 nicht mehr ausgeglichen sind. Der CO_2-Gehalt der Atmosphäre erhöht sich ständig, der O_2-Gehalt nimmt ab.

1.3. Teilgebiete der Botanik

Die wissenschaftliche Beschäftigung mit der Pflanze ging von der **Taxonomie** aus, der Beschreibung einzelner Taxa zur Wiedererkennung zunächst vorrangig als Heilpflanze oder andersartige Nutzpflanze. Die erkannte Vielfalt wird in der **Systematik** der Pflanzen ordnenden Prinzipien unterworfen, gleichzeitig mit dem Ziel, natürliche Verwandtschaftsverhältnisse erkennbar zu machen und die Mechanismen der Sippendifferenzierung aufzuklären. Taxonomie und Systematik bedürfen einer genauen Beschreibung der Pflanzengestalt, der **Morphologie**, welche die der Vielfalt zugrunde liegenden Gestaltungsprinzipien aufzudecken sucht. Betrifft das den Bau pflanzlicher Organe, so spricht man auch von **Organographie.** Die taxonomisch-morphologische Untersuchung von Pflanzenresten früherer erdgeschichtlicher Zeiten ist Aufgabe der **Paläobotanik.** Die Morphologie im engeren Sinne beschränkt sich auf das äußere Erscheinungsbild der Pflanze und dessen Entstehung (= Morphogenese). Die Beschreibung des inneren Aufbaues von Pflanzen ist Aufgabe der **Anatomie.** Bezieht sich das anatomische Studium auf Gewebe, so spricht man von **Histologie**, werden Zellen untersucht, von **Cytologie.** Das durch äußere und innere (genetische) Faktoren bedingte Zusammenleben verschiedenartiger Pflanzen in Gesellschaften wird in der **Pflanzensoziologie** untersucht, die Gesetzmäßigkeit der Verbreitung von Pflanzen und Pflanzengesellschaften auf der Erde in der **Pflanzengeographie.** Die **Chorologie** der Pflanzen erfaßt und interpretiert die Verbreitungsgebiete (Areale) einzelner Taxa oder Verwandtschaftskreise (= Arealkunde).

Funktionen und Leistungen von Pflanzen sucht die **Pflanzenphysiologie** aufzuklären, wobei die Probleme von denen pflanzlicher **Biochemie** und **Biophysik** oft nicht zu trennen sind. Die **Zellphysiologie** pflanzlicher Zellen konzentriert sich auf zelluläre Leistungen, oft in engem Zusammenhang mit der Aufklärung der Feinstruktur der Zellen. Ziel der **Ökologie** von Pflanzen ist es, die Wechselbeziehungen zwischen Pflanze und Standort aufzuklären. Dabei sind sowohl strukturelle als auch funktionelle pflanzliche Merkmale zu untersuchen. Spezielle Bereiche der Ökologie sind Bestandteile der **Meeresbiologie** und **Hydrobiologie.** In ähnlicher Weise ist die Botanik bzw. sind einzelne ihrer Teilgebiete in Anwendungsdisziplinen wie **Phytopathologie, Pflanzenzüchtung, Acker- und Pflanzenanbau** u. a. enthalten.

Steht eine Pflanzengruppe im Mittelpunkt des morphologischen, taxonomischen oder biologischen Interesses, so erfolgt die Benennung botanischer Teildisziplinen nach dieser, so bei der **Algologie, Mykologie, Lichenologie, Bryologie, Dendrologie** u. a. m.

2. Chemischer Aufbau der Pflanzen

2.1. Elementare Zusammensetzung der Pflanzen

Die Pflanzen enthalten die durch die Photosynthese gebildeten und aus der Umgebung aufgenommenen Substanzen und deren Umwandlungsprodukte.

Die Substanzanalyse allein kann aber keinen schlüssigen Beweis dafür liefern, ob ein nachgewiesenes Element für die Pflanze überhaupt oder in der vorhandenen Menge lebensnotwendig ist oder nur einen von ihr zufällig aufgenommenen Bestandteil darstellt. Die Analytik muß durch Ernährungsversuche mit Medien bekannter Zusammensetzung ergänzt werden. Wie alle biologischen Systeme kann auch die Pflanze aus der Umwelt bestimmte Elemente selektiv anreichern. Dadurch kann es zu erheblichen Akkumulationen kommen.

Heute wissen wir, daß 25 der 96 auf der Erde vorkommenden Elemente biologisch notwendig sind. Dazu gehören in erster Linie die leichteren Elemente (Tab. 2.1.). Von den 25 notwendigen Elementen werden allerdings nur etwa 10 in größeren Mengen von der Pflanze benötigt. Es sind dies allen anderen voran

Tabelle 2.1. Die für das Leben essentiellen (unentbehrlichen) Elemente

Element		Ordnungszahl	Atomgewicht	Bemerkungen
Wasserstoff	H	1	1,01	Bestandteil von Wasser und von org. Verbindungen
Bor	B	5	10,8	notwendig für höhere Pflanzen; bei Mangel „Herzfäule“ der Zucker- und Futterrüben; muß im Narbensekret einiger Pflanzen vorhanden sein, damit Pollen keimt
Kohlenstoff	C	6	12,01	Bestandteil organischer Verbindungen
Stickstoff	N	7	14,01	Bestandteil organischer Verbindungen
Sauerstoff	O	8	16,0	Bestandteil von Wasser und von org. Verbindungen
Fluor	F	9	19,0	erforderlich für tierische Organismen
Natrium	Na	11	23,0	nur für wenige Pflanzen notwendig
Magnesium	Mg	12	24.3	Bestandteil des Chlorophylls, Cofaktor vieler Enzyme
Silicium	Si	14	28,09	Strukturbestandteil der Diatomeenschalen, der Epidermis von Schachtelhalmen und vieler Gräser

Tabelle 2.1. (Fortsetzung)

Elemente		Ordnungszahl	Atomgewicht	Bemerkungen
Phosphor	P	15	31	essentieller Bestandteil vieler org. Verbindungen, zentrales Element des Energiestoffwechsels
Schwefel	S	16	32	Bestandteil von Proteinen und anderen org. Verbindungen
Chlor	Cl	17	35,4	notwendig für die Photosynthese
Kalium	K	19	39,1	für alle Pflanzen essentiell, wichtiges Kation, bedeutsam für Quellungszustand des Plasmas u. Osmoregulation, Cofaktor von Enzymen
Calcium	Ca	20	40,08	bedeutsam als Bestandteil von Zellwänden und für Quellungszustand des Plasmas, Cofaktor einiger Enzyme
Vanadium	V	23	50,9	notwendig für Algen
Chrom	Cr	24	52,0	für Pflanzen entbehrlich, für höhere Tiere erforderlich
Mangan	Mn	25	54,9	beteiligt an O_2-Entwicklung bei der Photosynthese, Cofaktor von Enzymen, Manganmangel ruft Dörrfleckenkrankheit des Hafers hervor
Eisen	Fe	26	55,8	Bestandteil vieler Enzyme (Tab. 2.2.). Mangel führt auch zu Störungen der Chlorophyllbiosynthese (Fe-Mangel-Chlorose)
Cobalt	Co	27	58,9	Bestandteil des Vit. B_{12}
Kupfer	Cu	29	63,5	Bestandteil wichtiger Enzyme (Tab. 2.2.)
Zink	Zn	30	65,3	Bestandteil wichtiger Enzyme (Tab. 2.2.)
Selen	Se	34	78,9	soll für einige Pflanzen erforderlich sein; unentbehrlich für Leberfunktion höherer Tiere
Molybdän	Mo	42	95,9	Bestandteil wichtiger Enzyme der N-Assimilation
Zinn	Sn	50	118,7	notwendig für tierische Organismen (Ratten), Funktion unbekannt
Iod	I	53	126,9	Bestandteil der Schilddrüsenhormone, wird in einigen Meeresalgen in großer Menge akkumuliert

C, O, H, N, S, P, aus denen sich die wichtigsten Bau- und Speicherstoffe der belebten Natur zusammensetzen: **Proteine, Nucleinsäuren, Kohlenhydrate, Fette.** Dazu kommen dann noch K, Mg, Ca, Fe, gelegentlich auch Na, die unter anderem für den **Ladungs-** und **Hydratationszustand** des Plasmas von eminenter Bedeutung sind.

Verglichen mit diesen **Makroelementen** werden die ebenfalls essentiellen **Mikroelemente (Spurenelemente)** B, Si, Cl, V, Cr, Mn, Co, Cu, Zn, Se, Mo nur in wesentlich geringeren Mengen gebraucht. Nicht in allen Fällen ist ihre Funktion zweifelsfrei geklärt. Fehlen sie im Substrat, oder ist ihre Konzentration zu gering, kommt es zu charakteristischen Mangelerscheinungen.

Gut bekannt ist die funktionelle Bedeutung der 6 Metalle Eisen, Kupfer, Zink, Mangan, Molybdän und Cobalt, die zur Gruppe der sog. **Übergangsmetalle** gehören. Sie sind Bestandteile einer ganzen Reihe von **Metallproteiden,** zumeist **Enzymen** und **Redoxüberträgern**, und häufig durch Valenzwechsel am Funktionsmechanismus dieser Proteine wesentlich beteiligt.

2.2. Metallenzyme

Nahezu 30% aller Enzyme enthalten ein Metallion als Bestandteil. Die **eigentlichen Metallenzyme** enthalten das Metallion fest gebunden, und es kommt unter physiologischen Bedingungen nicht zur Dissoziation. Bei bestimmten Reaktionstypen sind spezifische Metalle wirksam, so Cu bei Oxidasen, Zn bei mehreren Dehydrogenasen und Hydrolasen, Fe bei einer Reihe von elektronenübertragenden Reaktionen und Oxygenasen. In der Tabelle 2.2. sind ausgewählte Beispiele zusammengestellt.

Die zweite Kategorie von Enzymen, die Metallionen benötigen, wird von den **durch Metallionen aktivierten** Enzymen gebildet. Bei ihnen ist das Metallion zwar wichtig für die enzymatische Aktivität, verbindet sich jedoch nur lose mit

Tabelle 2.2. Beispiele für Metallenzyme und Metallproteine

Metallion	Enzym, Protein	Biologische Funktion
Eisen	Cytochrome	respiratorischer und photosynthetischer Elektronentransport
	Cytochromoxidase	terminale Oxidase im respiratorischen Elektronentransport
	Katalase	Spaltung von H_2O_2
	Peroxidase	Oxidationen mittels H_2O_2
	Ferredoxine	Elektronenüberträger
	Leghämoglobin	symbiontische N_2-Fixierung
	Nitrogenase	N_2-Fixierung
	Nitratreduktase	Nitratreduktion
	Oxygenasen	O_2-Einführung in Substrate
Kupfer	Cytochromoxidase	terminale Oxidase im respiratorischen Elektronentransport
	Phenoloxidasen	Oxidation von Phenolen
	Plastocyanin	photosynthetischer Elektronentransport
Zink	Carboanhydrase	CO_2-Stoffwechsel
	Alkohol-Dehydrogenase	Alkoholabbau u.-synthese
Mangan	Pyruvat-Carboxylase	Kohlenhydrat- und Säurestoffwechsel
Molybdän	Nitratreduktase	Nitratreduktion
	Nitrogenase	N_2-Fixierung
Cobalt	Ribonucleotid-Reduktase	DNA-Biosynthese

dem Protein und ist auch am eigentlichen Katalyseprozeß nicht unmittelbar beteiligt. Die Metallionen (Mg, Ca, Zn, K) gehören zu den Faktoren, welche die Bildung des **Enzym-Substrat-Komplexes** und damit den Start der Reaktion ermöglichen.

So sind z. B. Magnesiumionen unerläßlich für die Wirksamkeit enzymatischer Reaktionen, an denen Phosphat oder phosphathaltige Substanzen beteiligt sind.

2.3. Das Wasser

Stoffwechselaktive pflanzliche Zellen und Gewebe bestehen zu 80—95% aus Wasser. Für das Leben besitzt Wasser einzigartige physikalisch-chemische Eigenschaften, die von der Pflanze in vielfältiger Weise genutzt werden. Viele dieser Eigenschaften hängen mit seiner **Dipolnatur** zusammen (Abb. 2.1.). Dieser polare Aufbau des H_2O-Moleküls ermöglicht die **Hydratisierung** von Kationen und Anionen sowie von zelleigenen Makromolekülen. Wasser ist ein

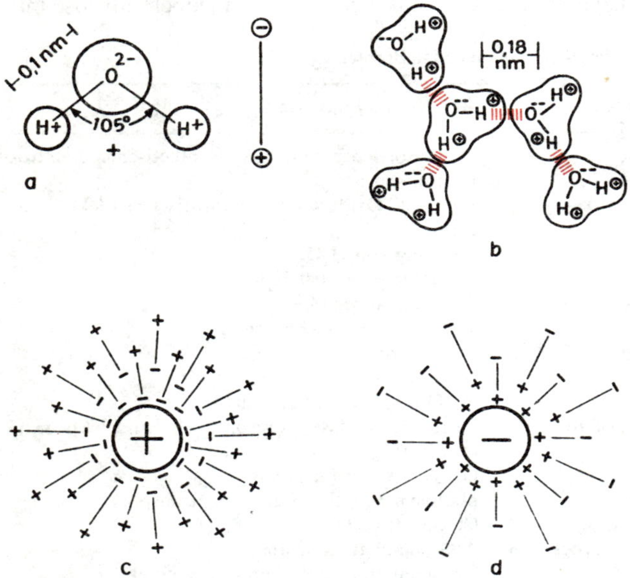

Abb. 2.1. Das Wassermolekül und einige seiner Eigenschaften. a Modell des Wassermoleküls als Dipol, **b** Aggregate von Wassermolekülen durch Ausbildung von H-Brücken, **c** und **d** positive und negative Ladungsträger mit Hydratationshüllen.

hervorragendes Lösungsmittel für ein breites Spektrum stark bis mäßig polarer Teilchen. Im physiologischen Temperaturbereich hat es eine **hohe Dielektrizitätskonstante** und eine **geringe Viskosität**. Da es sich auch chemisch relativ inert verhält, ist es ein nahezu ideales Medium für die Diffusion. Unterhalb von 850 nm hat es nur eine minimale Lichtabsorption. Für die Thermoregulation biologischer Systeme sind die extrem **hohe Verdampfungswärme** des Wassers von 44 kJ pro Mol bei 25 °C, seine **hohe Wärmekapazität** und **Wärmeleitfähigkeit** wichtig. Bei osmotischen Vorgängen wird schließlich die geringe Kompressibilität des Wassers ausgenutzt.

Mit der Dipolnatur der Wassermoleküle hängt die Fähigkeit zur Ausbildung von **Wasserstoffbrückenbindungen** zusammen. Dadurch treten Wassermoleküle nicht einzeln auf, sondern in temperaturabhängigen Aggregaten unterschiedlicher Größe. Im Eis ist die Ausbildung der H-Brücken maximal. Beim Schmelzen des Eises werden unter Aufnahme von 6 kJ pro Mol etwa 15% der H-Brücken gelöst. Bei 25 °C sind noch etwa 80% intakt. Eine andere Konsequenz der H-Brücken ist die hohe **Zerreißfestigkeit (Kohäsion)**, die eine Voraussetzung des **Transpirationsstromes** in den kapillaren Gefäßen des Xylems ist (s. S. 358). Bei der Verdampfung des Wassers werden die H-Brücken gelöst. Dazu ist ein Energiebetrag von 32 kJ pro Mol erforderlich, das sind über 70% der Verdampfungswärme.

Von entscheidender Bedeutung ist das Wasser schließlich für die Einstellung der jeweiligen Protonenkonzentration und damit des **pH-Wertes** in den Zellkompartimenten.

Wasser ist über die Bedeutung als Milieufaktor hinaus auch als direkter Reaktionspartner an vielen biochemischen Umsetzungen beteiligt. Es ist Ausgangspunkt des photosynthetischen und Produkt des respiratorischen Elektronentransportes. Beim Abbau wichtiger Speicherstoffe und Metabolite (z. B. Proteine, Nucleinsäuren und Stärke) spielen hydrolytische Spaltungen unter Mitwirkung spezifischer Hydrolasen eine bedeutende Rolle.

Schließlich ist auch die Phosphorylierung des ADP im Grunde eine Dehydratisierung des ADP:

$$ADP^{-3} + HPO_4^{2-} + H^+ \rightarrow ATP + H_2O$$

2.4. Biologische Makromoleküle

Von besonderer Bedeutung für das Leben allgemein, so auch für das pflanzliche, sind **Makromoleküle.** Wir verstehen darunter solche Moleküle, die aus vielen Grundbausteinen, **Monomeren**, bestehen und ein höheres Molekulargewicht als 5000 bis 10000 besitzen. Eine klare Abgrenzung zu niedermolekularen Verbindungen ist nicht zu ziehen. Sind ihre Monomere gleichartig, bezeichnen wir die Makromoleküle als **Homopolymere**, sind sie unterschiedlich, sprechen wir von **Heteropolymeren.** Zu den wichtigsten Biopolymeren gehören: **Nuclein-**

säuren, Proteine, Stärke, Cellulose, Lignin, Kautschuk. Daneben sind eine ganze Reihe anderer pflanzlicher Inhaltsstoffe zur Polymerisation befähigt.

In den biologischen Makromolekülen herrschen drei Bindungstypen vor. Die Polysaccharide sind über **Halbacetalbindungen**, die Proteine über **Säureamidbindungen** verknüpft. **Esterbindungen** finden sich in den Fetten und Lipiden sowie in den Nucleinsäuren, die Phosphorsäureester sind.

2.5. Nucleinsäuren

Nucleinsäuren sind von einzigartiger Bedeutung als Träger der genetischen Information und als Elemente der Realisierung dieser Information durch Vermittlung der Biosynthese spezifischer Proteine. Es sind polymere Makromoleküle mit Molekulargewichten von 20000 bis zu vielen Millionen.

2.5.1. Bausteine

Die monomeren Bausteine der Nucleinsäuren sind **Mononucleotide**, die aus drei Komponenten bestehen: einer **organischen Base**, einer **Pentose** und **Phosphorsäure.**

Base und Zucker sind N-glykosidisch zu **Nucleosiden** miteinander verbunden. Die **Nucleotide** sind Phosphatester der Nucleoside (Nucleosidphosphate). Die Pentosen sind entweder D-Ribose oder 2-Desoxy-D-Ribose (Desoxyribose).

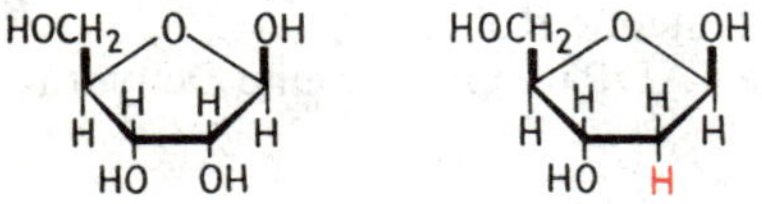

D-Ribose 2-Desoxy-D-Ribose **Abb. 2.2.**

Danach unterscheiden wir die **Desoxyribonucleinsäure (DNS** oder **DNA)** von den **Ribonucleinsäuren (RNS** oder **RNA).**

Bei den Basen handelt es sich um zwei Abkömmlinge des **Purins: Adenin** und **Guanin**, und um drei Abkömmlinge des **Pyrimidins: Cytosin, Thymin** und **Uracil** (Abb. 2.3.).

Die DNA enthält die Purinbasen Adenin und Guanin und die Pyrimidinbasen Cytosin und Thymin. In der RNA steht an Stelle des Thymins Uracil (Tab. 2.3.). Zu den erwähnten sog. kanonischen Basen kommt noch eine Reihe seltener Basen. So tritt das **5-Methyl-cytosin** relativ häufig in der DNA höherer Pflanzen auf, und das **5-Hydroxymethyl-cytosin** ersetzt in der DNA bestimmter Bakteriophagen das Thymin. Besonders häufig sind seltene Basen in der **tRNA** (vgl. S. 31). Neben ihrer Rolle als Bausteine der Nucleinsäuren kommt den Nucleotiden, insbesondere denen des Adenosins, noch eine hervorragende Rolle im Energiestoffwechsel der Zelle zu.

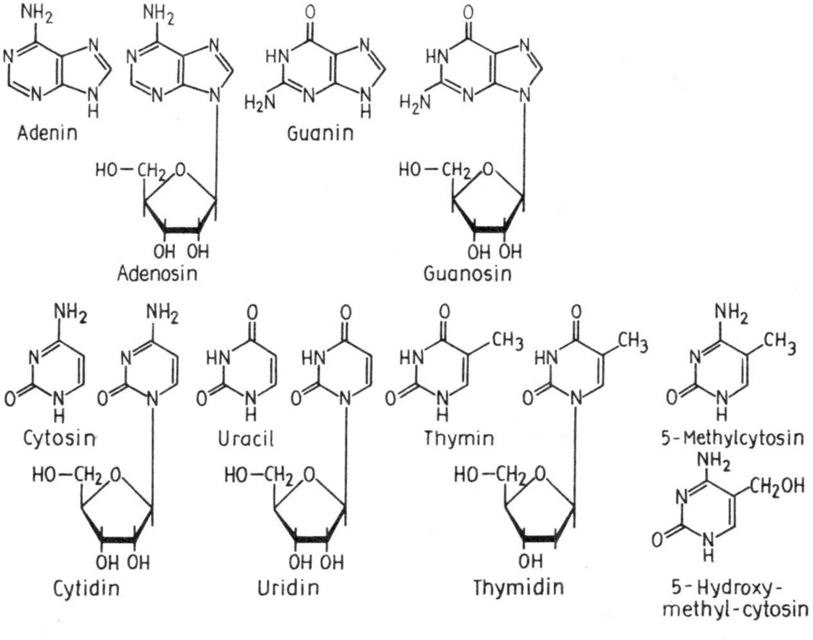

Abb. 2.3. Struktur der wichtigsten Nucleinsäurebasen und ihrer Ribonucleoside.

Tabelle 2.3. Die wichtigsten Basen in DNA und RNA

	Purine	Pyrimidine
DNA	Adenin (A) Guanin (G)	Cytosin (C) Thymin (T)
RNA	Adenin (A) Guanin (G)	Cytosin (C) Uracil (U)

2.5.2. Allgemeine Primärstruktur der Nucleinsäuren

Die Nucleotide sind in den Nucleinsäuren zu langen **Polynucleotidketten** verknüpft. Die Verknüpfung erfolgt durch **3′→5′-Phosphodiesterbindung** in unverzweigter, linearer Anordnung (Abb. 2.4.). Eine solche Nucleotidkette hat einen bestimmten Richtungssinn, sie ist **polar** gebaut. Auf der einen Seite steht eine Phosphatgruppe in 5′-Stellung, auf der anderen Seiten eine frei Hydroxylgruppe in 3′-Stellung. Dieser prinzipielle Aufbau gilt sowohl für die DNA wie für die RNA. Die Variationsmöglichkeiten liegen in der Sequenz der Basen. In spezifischen Basensequenzen ist der **Informationsgehalt** codiert.

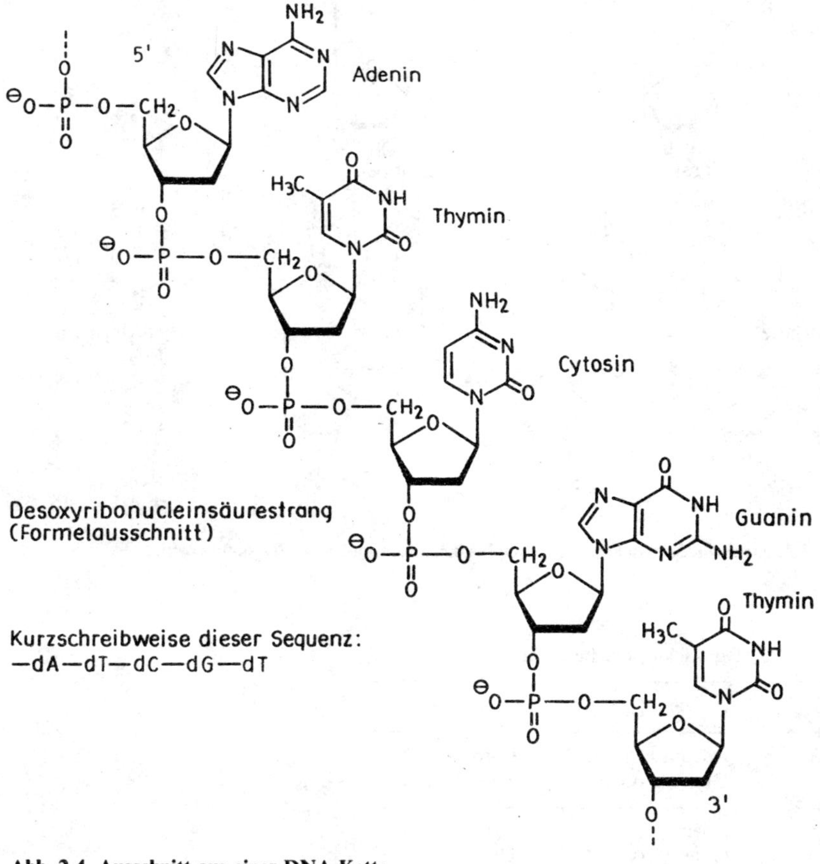

Abb. 2.4. Ausschnitt aus einer DNA-Kette.

Als **primärer** Informationsträger kommt in den allermeisten Fällen die DNA in Frage. Nur bei einigen Viren ist die genetische Information in RNA (vgl. S. 175) codiert. Wenn die DNA primärer Informationsträger ist, wird in den Prozeß der Merkmalsausbildung mRNA als Informationsvermittler, als **sekundärer** Informationsträger, eingeschaltet.

Ein Gen ist ein DNA-Abschnitt, in dessen **Basensequenz** die Information für eine bestimmte Polypeptidkette verschlüsselt ist.

2.5.3. Aufbau der DNA

Die Aufklärung der Basensequenzen in DNA steht noch am Anfang. Immerhin ist in den letzten Jahren die vollständige Aufklärung der Basensequenz

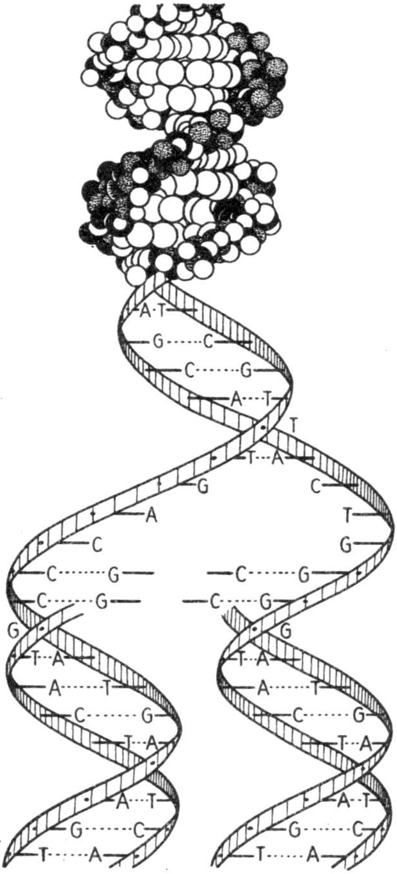

Abb. 2.5. Watson-Crick-Modell der doppelsträngigen DNA; im unteren Bereich ist der Replikationsprozeß dargestellt. Dieses Strukturmodell erklärt die analytischen Befunde Chargaffs, wonach in doppelsträngiger DNA immer Adenin und Thymin einerseits sowie Guanin und Cytosin andererseits in gleichen Mengen vorkommen. Das Modell ist gleichzeitig die Basis zum formalen Verständnis der Vermehrung der DNA, ihrer identischen Replikation. Die beiden DNA-Stränge weichen auseinander, und nach dem Prinzip der komplementären Basenpaarung lagern sich die jeweils passenden Nucleotide an die freiliegenden Basen der beiden Stränge, um dadurch die Bildung von neuen Partnersträngen einzuleiten.

der DNA zweier Viren gelungen, des Bakteriophagen Φ X 174 und des Affentumor-Virus SV 40. Die DNA von Φ X 174 hat 5375 Basen, die des SV 40 5226.

Von wenigen Ausnahmen abgesehen, sind im DNA-Molekül zwei gegenläufig (antiparallel) orientierte Polynucleotidstränge zur sog. **Doppelhelix (Watson-Crick-Modell)** vereint (Abb. 2.5.). Die beiden Ketten umwinden in regelmäßigen Schraubengängen eine gemeinsame Achse, wobei die Polyesterketten des Zucker-Phosphat-Gerüstes von der gemeinsamen Schraubenachse am weitesten entfernt und die Basen der beiden Ketten im Innern dieser Doppelschraube gegeneinander gerichtet sind. Zwischen ihnen bilden sich in spezieller Weise **H-Brücken** aus, die den Zusammenhalt der Ketten bewirken. Zusätzlich wird die Raumstruktur der Doppelhelix durch **hydrophobe Wechselwirkungen** der Basen stabilisiert.

Adenin ist immer mit Thymin, Guanin immer mit Cytosin gekoppelt (Abb. 2.5.). Die Basenpaarung ist hochspezifisch, und die beiden Stränge der Doppelhelix sind sterisch komplementär. Der Durchmesser der Helix beträgt 2 nm.

2.5.4. Ribonucleinsäure

Wie die DNA ist auch RNA ein langes, unverzweigtes Makromolekül, das aus Nucleotiden aufgebaut ist, die durch 3'→5'-Phosphodiesterbindungen verbunden werden. Die Anzahl der Basen in RNA beträgt 75 bis viele Tausend. In der Regel sind RNA-Moleküle **einsträngig.** Eine Ausnahme bilden einige Viren mit doppelsträngiger RNA als primärem genetischem Informationsträger.

Tabelle 2.4. Übersicht über verschiedene RNA-Typen

RNA-Typ	Sedimentationskonstante in Svedberg-einheiten (S)	Anzahl der Nucleotide	Mol.-Gewicht
tRNA	4 S	75—85	$2{,}5$—$2{,}8 \times 10^4$
rRNA der 70S-Klasse-Ribosomen	16 S	1700	$0{,}55 \times 10^6$
	23 S	3700	$1{,}1 \times 10^6$
	5 S	120	4×10^4
rRNA der 80S-Klasse-Ribosomen	18 S	2200	$0{,}7 \times 10^6$
	25 S	5200	$1{,}3 \times 10^6$
	5 S	120	4×10^4
	5,8 S	150	5×10^4
mRNA	heterogen	heterogen	heterogen

Infolge Schleifenbildung durch Faltung derselben Polynucleotidkette kommt es auch in RNA zur Ausbildung helikaler Bereiche mit konstanten Basenpaarungen von A und U sowie G und C.

Alle Zellen enthalten 3 Typen von RNA-Molekülen: **Transfer-RNA (tRNA), ribosomale RNA (rRNA)** und **Messenger-RNA (mRNA)** (vgl. Tab. 2.4.).

2.5.4.1. Transfer-RNA (tRNA)

Von allen RNA-Typen ist die tRNA am besten bekannt. Sie ist besonders reich an seltenen Nucleosiden: **Inosin, Pseudouridin, Dihydrouridin, Ribothymidin** sowie an **methylierten** Basen. Die tRNA sind das Ergebnis sekundärer Veränderungen einer **prä-tRNA.** Alle tRNA haben trotz unterschiedlicher Basen-

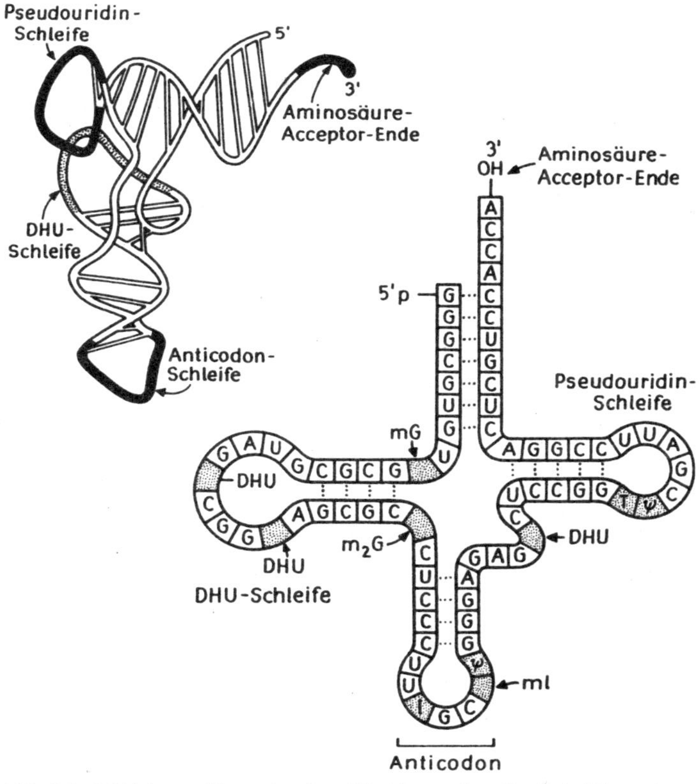

Abb. 2.6. tRNA in zweidimensionaler „Kleeblattstruktur" und dreidimensionaler Raumstruktur. *DHU* Dihydrouridin, *mG* Methylguanosin, m_2G Dimethylguanosin, *I* Inosin, *mI* Methylinosin, *T* Ribothymidin, ψ Pseudouridin.

sequenzen eine gemeinsame Grundstruktur, die sich näherungsweise in der Sekundärstruktur des **Kleeblatt-Modells** darstellen läßt (Abb. 2.6.). Funktionell wichtig sind insbesondere das **Aminosäure-Acceptorende** (CĊA), an das im Prozeß der Proteinbiosynthese die Aminosäure gebunden wird, und die **Anticodonschleife**, die sich an das spezifische **Triplett-Codon** der mRNA anlagert.

Es gibt für jede **proteinogene** Aminosäure mindestens eine spezifische tRNA; für einige Aminosäuren existieren mehrere **Isoacceptor-tRNA.** In eukaryotischen Pflanzenzellen rechnet man mit 100—120 verschiedenen tRNA.

Für eine Reihe von tRNA ist die Basensequenz genau bekannt. Die tRNA-Moleküle haben eine Raumstruktur (L-Form), wobei sekundäre H-Brücken ausgebildet werden (Abb. 2.6.).

2.5.4.2. Ribosomale RNA (rRNA)

Die ribosomalen RNA machen rund 70—80% der Gesamt-RNA einer Zelle aus. rRNA sind mit den ribosomalen Proteinen assoziiert und haben eine für Aufbau und Funktion der Ribosomen entscheidende Raumstruktur mit zahlreichen helikalen Bereichen und Schleifen.

16S-rRNA kommt in kleinen Untereinheiten der **Ribosomen** der 70S-Klasse vor **(Prokaryoten, Mitochondrien** und **Plastiden)**, 18S-rRNA in den kleinen Untereinheiten der Ribosomen der 80S-Klasse (aus dem Cytoplasma eukaryotischer Zellen). Die großen Untereinheiten der Ribosomen enthalten 23S-rRNA bzw. 25S-rRNA. Neben dieser hochmolekularen rRNA enthalten die großen Untereinheiten beider Ribosomenklassen noch niedermolekulare 5S-rRNA, die der 80S-Ribosomen zusätzlich noch 5,8S-rRNA. Die Basensequenz der 5S-rRNA ist bekannt. Die rRNA-Species gehen im Zuge von Reifungsprozessen aus **prä-rRNA** hervor.

2.5.4.3. Messenger-RNA (mRNA)

Die mRNA übernimmt die wichtige Rolle eines **Zwischenträgers**, einer Arbeitskopie, bei der Realisierung der genetischen Information. In ihrer Basensequenz ist die Information über die Aminosäuresequenz des zu synthetisierenden Proteins codiert. Dem heterogenen Charakter der Proteine entsprechend ist die Population von mRNA-Molekülen in der Zelle ebenfalls sehr heterogen. Ausnahmen sind Zellen, die in bestimmten Entwicklungsabschnitten nur wenige Proteine, im Extremfall nur eines, synthetisieren.

Funktionsfähige mRNA ist — wie die anderen RNA-Typen auch — das Ergebnis von Reifungsvorgängen der jeweiligen **prä-mRNA**, die große informationslose Abschnitte enthält. Das 3'-Ende der mRNA ist durch **Poly-Adenin-Sequenzen** gekennzeichnet, die bis zu mehreren hundert Basen lang sein können und nachträglich angeknüpft werden.

2.6. Proteine und Aminosäuren

Proteine sind der wichtigste Bestandteil des Cytoplasmas. Sie sind heteropolymere Makromoleküle, deren Masse zwischen 5000 und einigen Millionen Dalton liegt. Als monomere Bausteine dienen **Aminosäuren**, die kettenartig aneinandergereiht sind. Von den insgesamt über 200 bekannten Aminosäuren sind am Aufbau der Proteine nur 20 **proteinogene Aminosäuren** beteiligt. Viele Eiweiße enthalten außerdem noch andere Bestandteile, sog. **prosthetische Gruppen**, die für die Funktion des betreffenden Proteins unerläßlich sind. Man spricht dann von **Proteiden** und unterscheidet **Metallproteide, Phosphoproteide, Nucleoproteide, Lipoproteide, Glykoproteide** und **Chromoproteide.**

2.6.1. Einteilung der Proteine

Eine befriedigende systematische Klassifizierung der Eiweiße existiert nicht. Gebräuchlich ist eine Einteilung der Proteine nach ihrer Funktion. Danach gibt es **Reserve- oder Speicherproteine** (z. B. Legumin in Samen der Leguminosen, Gliadin in Weizen; in den Aleuronschichten bilden diese Proteine sogar relativ große Kristalle), **Strukturproteine**, die insbesondere am Aufbau des zellulären Membransystems beteiligt sind, **kontraktile Proteine, Transportproteine** und **Enzymproteine.**

Ebenfalls gebräuchlich ist die Einteilung in **fibrilläre** und **globuläre** Proteine. Die Löslichkeit der Eiweiße wird durch das Milieu, insbesondere durch die Anwesenheit von Ionen und durch den pH-Wert, wesentlich bestimmt.

2.6.2. Aminosäuren

Die wichtigsten funktionellen Gruppen der Aminosäuren sind die basische **Amino-**(—NH_2) und die saure **Carboxylgruppe** (—COOH). Sie sind **ionisierbar.** Im sauren Bereich ist die Aminogruppe protonisiert (liegt als —NH_3^+ vor), die Carboxylgruppe ist nicht ionisiert; das Gesamtmolekül trägt positive Ladung. Im basischen Bereich dagegen ist die Carboxylgruppe dissoziiert, und die Aminogruppe ist nicht ionisiert; das Gesamtmolekül trägt negative Ladung. Am sog. **Isoelektrischen Punkt (IEP)** schließlich liegt die Aminosäure als **Zwitterion** vor, denn beide Gruppen sind ionisiert; das Gesamtmolekül ist neutral.

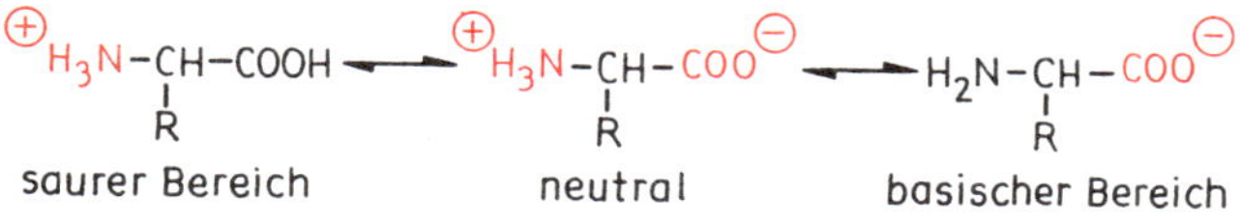

Kation bei saurem pH | Zwitterion am IEP | Anion bei basischem pH **Abb. 2.7.**

Tabelle 2.5.

1. Hydrophile Aminosäuren

a. saure Aminosäuren   b. basische Aminosäuren

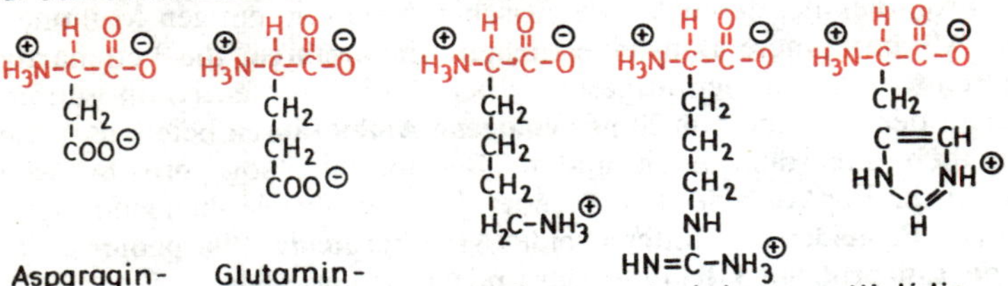

Asparaginsäure (Asp) · Glutaminsäure (Glu) · Lysin (Lys) · Arginin (Arg) · Histidin (His)

2. Hydrophobe Aminosäuren

a. hydrophobe aliphatische Aminosäuren   b. hydrophobe aromatische Aminosäuren

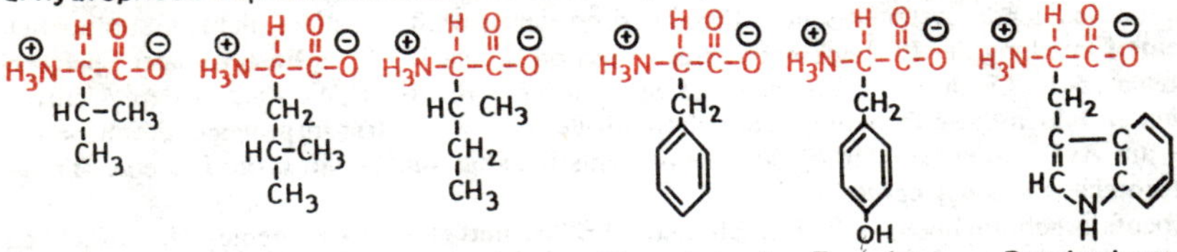

Valin (Val) · Leucin (Leu) · Isoleucin (Ile) · Phenylalanin (Phe) · Tyrosin (Tyr) · Tryptophan (Try)

3. Ambivalente Aminosäuren und Amide

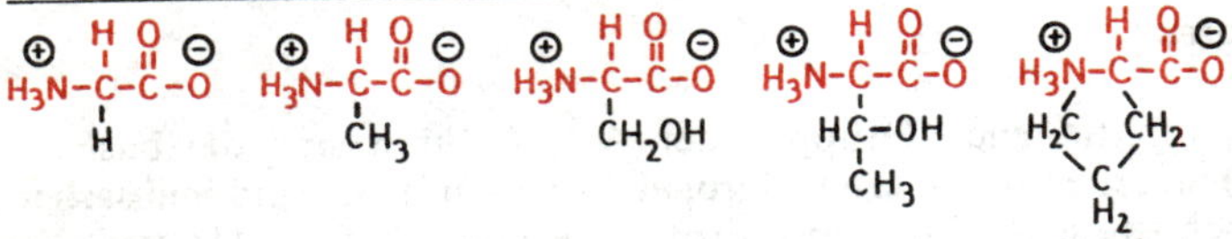

Glycin (Gly) · Alanin (Ala) · Serin (Ser) · Threonin (Thr) · Prolin (Pro)

Amide   schwefelhaltige Aminosäuren

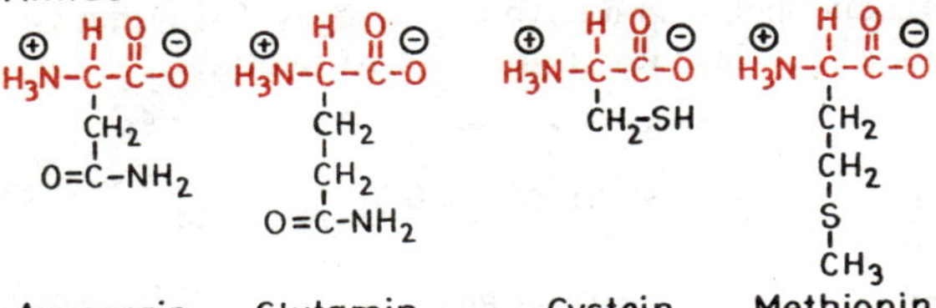

Asparagin (Asn) · Glutamin (Gln) · Cystein (Cys) · Methionin (Met)

Da die Aminosäuren in ihren **Seitenketten** häufig zusätzliche dissoziationsfähige saure oder basische Gruppen tragen, wird der jeweilige IEP von der Anzahl dieser Gruppen und von ihren Dissoziationskonstanten wesentlich mitbestimmt.

Die proteinogenen Aminosäuren sind α-Aminosäuren, d. h. die Aminogruppe ist an das der Carboxylgruppe benachbarte C-Atom gebunden. Außer Glycin sind alle Aminosäuren optisch aktiv. Die in den Proteinen vorkommenden Aminosäuren gehören sterisch zur L-Reihe. D-Aminosäuren kommen z. B. in den peptidischen Komponenten der Bakterienzellwände und in einigen Pilzgiften und Antibiotika vor.

Die Aminosäuren unterscheiden sich in den in der allgemeinen Formel mit R bezeichneten Seitenketten. Ein geläufiges Einteilungsprinzip der Aminosäuren beruht auf der chemischen Natur und dem Löslichkeitsverhalten ihrer Gruppen (Tab. 2.5.). Andere Einteilungen gehen von ihrer unterschiedlichen biosynthetischen Herkunft aus. Asparagin, Glutamin und Prolin sind strenggenommen keine Aminosäuren: Asparagin und Glutamin sind Säureamide, Prolin ist eine Iminosäure.

2.6.3. Aminosäuren werden durch Peptidbindung zu Polypeptiden verknüpft

Unter Wasseraustritt können die Carboxylgruppe der einen und die Aminogruppe der anderen Aminosäure zum **Peptid** reagieren:

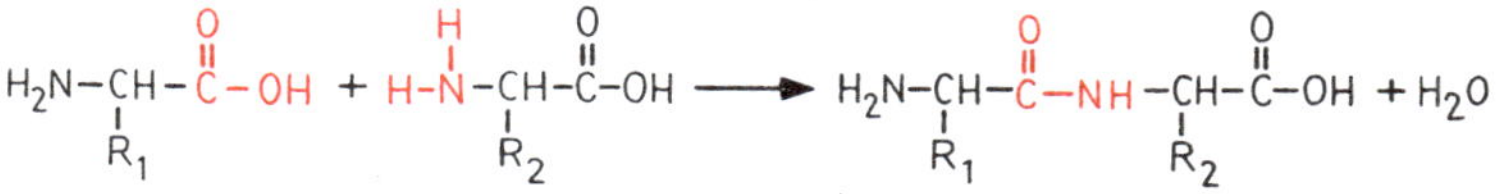

Abb. 2.8.

Eine mehrfache Knüpfung dieser charakteristischen **Peptidbindung** unter Beteiligung vieler Aminosäuren führt formal zum **Polypeptid**, zum Protein. Der biologische Weg der Proteinsynthese ist allerdings wesentlich komplizierter.

Die Polypeptidkette ist linear, unverzweigt und gerichtet, d. h. sie hat ein **Aminoende** und ein **Carboxylende.** Man „liest" ein Polypeptid vom Aminoende her. Die Hauptvalenzkette als **„Rückgrat"** des Proteins läuft periodisch durch folgende Atome: —N—C—C—N—C—C—N—

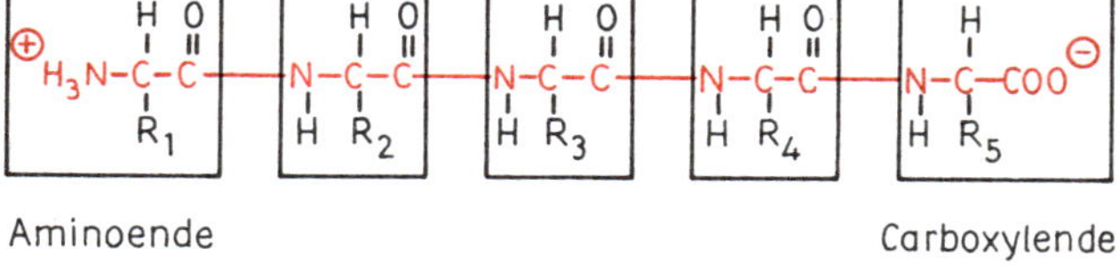

Abb. 2.9.

2.6.4. Die Mannigfaltigkeit der Proteine ist nahezu unendlich

Die meisten Proteine bestehen aus 100 bis 200 Aminosäuren, doch sind auch Eiweiße mit mehr als 1000 Aminosäuren bekannt. Geht man von einem kleinen Protein mit 100 Aminosäureresten aus und berücksichtigt, daß dabei in Form der proteinogenen Aminosäuren 20 unterschiedliche Bauelemente zur Verfügung stehen, ergeben sich 20^{100} oder $1{,}26 \times 10^{130}$ mögliche Kombinationen und damit unterschiedliche Proteine. Zum Vergleich: die Gesamtmasse unserer Erde entspricht der Masse von 10^{51}, die des Weltalls der von etwa 10^{78} H-Atomen.

2.6.5. Die Hierarchie der Proteinstrukturen

Wir unterscheiden **Primärstruktur, Sekundärstruktur, Tertiärstruktur** und **Quartärstruktur.**

2.6.5.1. Primärstruktur

Die Reihenfolge der Aminosäuren innerhalb der Polypeptidkette wird als **Aminosäuresequenz** oder **Primärstruktur** des Proteins bezeichnet. Sie ist für jedes Protein genetisch festgelegt und bestimmt alle seine weiteren Eigenschaften und Funktionen. Eine bestimmte Funktion ist nicht notwendigerweise an eine einzige Aminosäuresequenz gebunden. Doch gibt es bestimmte **essentielle Aminosäurepositionen**, während in weniger wichtigen Positionen ein Aminosäureaustausch ohne merkliche Konsequenzen für die Funktion möglich ist.

2.6.5.2. Raumstrukturen der Proteine

Die Proteine besitzen eine definierte Raumstruktur oder **Konformation.** Sie ergibt sich zwangsläufig aus der Aminosäuresequenz und wird durch zusätzliche Bindungen stabilisiert. Die Art dieser Bindungen ist in der Abb. 2.10. dargestellt.

Bis auf die **Disulfidbindung** zwischen zwei Cysteinresten benachbarter oder gefalteter Polypeptidketten handelt es sich um **nichtkovalente (Nebenvalenz)-Bindungen.** Ihre Festigkeit (Energiegehalt) ist wesentlich geringer als die **kovalenter** Bindungen. Ihre Bedeutung folgt daraus, daß sie stets in großer Zahl auftreten; ihre Bindungsstärke beruht also (wie beim Reißverschluß) auf der Summe vieler Einzelbindungen.

2.6.5.2.1. Sekundärstruktur. Wenn keine sterische Behinderung durch die Art und Größe der Aminosäurereste vorliegt, bilden sich **H-Brückenbindungen** zwischen den Carbonyl-O-Atomen und den Amid-N-Atomen der Polypeptidhauptkette heraus, die dadurch eine schraubenförmige Anordnung erhält

(α-Helix). Bilden sich H-Brücken zwischen gestreckt nebeneinander liegenden benachbarten Polypeptidketten, ordnen sich diese in einer zickzackförmig gefalteten Ebene zur **Faltblattstruktur.**

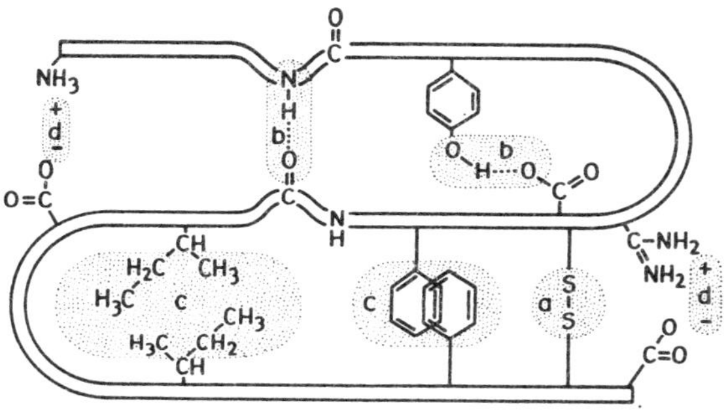

Abb. 2.10. Bindungstypen bei der Entstehung der Sekundär- und Tertiärstruktur von Proteinen. **a** kovalente Disulfidbindung, **b** Wasserstoffbrückenbildung, **c** hydrophobe (apolare) Bindung, **d** Ionenbindung. — Nach Lynen.

2.6.5.2.2. Tertiärstruktur. Bei **globulären** Proteinen wird auf Grund der Wechselwirkung zwischen den verschiedenen Seitengruppen der Polypeptidkette eine übergeordnete sphärisch-räumliche Anordnung stabilisiert, an der sich sowohl helikale wie nichthelikale Bereiche beteiligen und in der auch die prosthetischen Gruppen ihren Platz finden.

Am Zustandekommen dieser **Tertiärstruktur** sind sowohl die relativ festen Disulfidbindungen wie die nicht kovalenten Bindungen beteiligt. Die Faltungen der Peptidkette erfolgen vor allem derart, daß die **hydrophilen polaren** Gruppen nach außen orientiert sind, wo sie sich auf Grund ihrer Ladung mit einem **Hydratationsmantel** versehen und den Kontakt zum Milieu herstellen.

Ein globulärer Aufbau dieser Art ist insbesondere typisch für Enzymproteine.

2.6.5.2.3. Quartärstruktur. Durch Betätigung von nichtkovalenten Bindungskräften zwischen mehreren Tertiärstrukturen mit räumlich kompliziert angeordneten Polypeptidketten kommt es zu oligomeren Proteinmolekülen. Die **Untereinheiten (Protomeren)**, die sich zu einer solchen übergeordneten Quartärstruktur formieren, können — je nachdem, ob sie aus gleichartigen oder verschiedenartigen Polypeptiden aufgebaut sind — **identisch** oder **nicht-identisch** sein.

Beispiele für in Quartärstruktur organisierte Proteine sind viele Enzyme. So besteht z. B. die **Ribulosebisphosphat-Carboxylase** aus einer Assoziation von 8 kleinen und 8 großen Untereinheiten. Beim **Tabakmosaikvirus** treten 2130 identische Untereinheiten zu einer riesigen Quartärstruktur zusammen, in die auch RNA integriert ist. Der geordnete Aufbau größerer Elemente durch Zusammenlagerung von Protomeren verläuft unter geeigneten Bedingungen spontan durch **„self assembly“** (selbsttätige Aggregation) und ist eines der wichtigsten Prinzipien zellulärer Strukturbildung. Bestimmte Struktur- und Ladungsmuster an der Oberfläche der Protomeren führen dazu, daß die jeweils „richtigen“ Partner erkannt werden und die Zusammenlagerung von unterschiedlichen Komponenten zu sehr komplexen Strukturen auch in der richtigen Reihenfolge vollzogen wird. Besonders eindrucksvolle Beispiele sind die Aggregation der Protomeren zu **Multienzymkomplexen** und **Mikrotubuli** (Abb. 3.12.) oder der Aufbau von **Ribosomen** und **Viruspartikeln**, wobei in den zuletzt genannten Fällen auch die Nucleinsäuren einbezogen werden.

Mikrotubuli sind ein Beispiel **nichtlimitierter** Quartärstrukturen. Ihre Länge ist unterschiedlich und wird durch die Anzahl der aggregierten Tubulin-Moleküle bedingt.

2.6.5.3. Proteinstrukturen sind flexibel

Die dreidimensionalen Raumstrukturen sind nicht starr, sondern unter physiologischen Bedingungen innerhalb bestimmter Grenzen **flexibel.** Die Dynamik der Proteinstruktur äußert sich in **Konformationsänderungen**, die auf z. T. sehr subtile relative Positionsverschiebungen einzelner Teile der Polypeptidkette zueinander im Tertiär- oder Quartärverband zurückzuführen sind. Induziert werden derartige Konformationsänderungen durch Änderung der Milieubedingungen wie Temperatur, pH-Wert, Ionenkonzentration. Von besonderer Bedeutung für das Verständnis der **katalytischen** Wirkung von Enzymproteinen und der **Regulation ihrer Aktivität** sind Konformationsänderungen, die durch Bindung von **Substrat-** oder **Effektormolekülen** an das Protein zustande kommen.

2.6.6. Physikalisch-chemische Eigenschaften von Proteinen

Unter physiologischen Bedingungen liegen die Proteine in einer wäßrigen Phase vor. Von größerer Bedeutung sind daher die Wechselwirkungen zwischen den Proteinen und den **Wasserdipolen.** Polare Gruppen sind **hydratisiert.** Alle Faktoren, die den Ladungszustand der Proteine verändern, wie pH-Wert und Ionenkonzentration, wirken sich auf den Hydratationsgrad und damit auf den **Quellungszustand** der Proteine aus. Wie bei den Aminosäuren ist es insbesondere der pH-Wert, der den Ladungszustand auf dem Wege über die Dissoziation der sauren oder basischen Gruppen in den Aminosäureseitenketten bestimmt. Der IEP eines Proteins hängt vom relativen Verhältnis der sauren und basischen Gruppen ab. Bei pH-Werten oberhalb des IEP überwiegt negative, unterhalb des IEP positive Ladung. Am IEP selbst besteht ein Ladungsminimum, demnach auch ein Minimum an Hydratation. Im allgemeinen ist in der Zelle das Plasma negativ geladen; es reagiert leicht basisch.

2.7. Kohlenhydrate

Kohlenhydrate erfüllen in der Zelle zwei Hauptfunktionen. In niedermolekularer Form — als **Monosaccharide** — sind sie für die meisten Zellen die wichtigste leicht erschließbare **Energiequelle**, in **polymerer Form** bilden sie **Reservestoffe (Speicherpolysaccharide)** und dienen als **Gerüstsubstanzen (Gerüst-Polysaccharide).**

2.7.1. Allgemeine Merkmale der Kohlenhydrate

Bei den Kohlenhydraten unterscheidet man nach dem Vorkommen von **Aldehyd-** oder **Ketogruppen** im Molekül **Aldosen** und **Ketosen.** Glucose ist eine Aldose, Fructose eine Ketose. Als aliphatische, offene Strukturen kommen Kohlenhydrate kaum vor. In wäßriger Lösung erfolgt vielmehr durch intramolekulare **Halbacetalbildung** ein Ringschluß zwischen der Carbonylgruppe und einer Hydroxylgruppe. Dadurch entstehen Fünfringe **(Furanosen)** oder Sechsringe **(Pyranosen).** In freier Form liegen die wichtigsten Kohlenhydrate meist als Pyranosen vor. Die Furanoseform tritt in manchen zusammengesetzten Kohlenhydraten, z. B. im Fructoserest des Saccharosemoleküls, auf.

Durch die Ringstruktur sind zwei stereoisomere Formen möglich, die man als α-Form und β-Form bezeichnet. Sie werden durch die Position der OH-Gruppe am C-Atom 1 zur Ringebene ausgedrückt.

Nach der Anzahl der C-Atome werden Zucker als **Triosen** (3), **Tetrosen** (4), **Pentosen** (5), **Hexosen** (6) und **Heptosen** (7) bezeichnet.

Zu den wichtigsten Reaktionen der Zucker gehören die Bildung von **Phosphatestern** und von **Glykosiden.**

Im Stoffwechsel treten vor allem Monosaccharidphosphate auf, wobei das erste C-Atom, das letzte oder beide eine Phosphatgruppe tragen können. Ein Beispiel ist das Fructose-1,6-bisphosphat.

Die Hydroxylgruppe am C-Atom 1 ist die reaktionsfähigste; sie ist deshalb stets an der Bildung von glykosidischen Bindungen beteiligt. Dabei reagiert eine halbacetalische OH-Gruppe des Zuckers mit der Hydroxylgruppe eines Partnermoleküls unter Wasseraustritt. Eine Glykosidbildung ist mit anderen **Zuckern**, mit **Alkoholen** und **phenolischen Hydroxylgruppen** möglich. Je nach der Art der beteiligten Zuckerkomponente unterscheidet man **Glucoside, Galactoside, Fructoside** usw. Da bei der Ausbildung der Glykosidbindung zwei sterische Anordnungen möglich sind, unterscheidet man **α-glykosidische** und **β-glykosidische** Bindungen.

Neben den O-Glykosiden gibt es die **N-Glykoside**, die durch Reaktion einer halbacetalischen OH-Gruppe und einer NH-Gruppe entstehen. Hierzu gehören vor allem die Nucleotide.

Zusätzlich zur Bildung von Glykosiden und Phosphatestern führt die Reaktionsfähigkeit der Hydroxylgruppen zu einer Reihe von Derivaten, die insbesondere als Bausteine von Gerüstsubstanzen bedeutsam sind (Tab. 2.6.).

Tabelle 2.6.

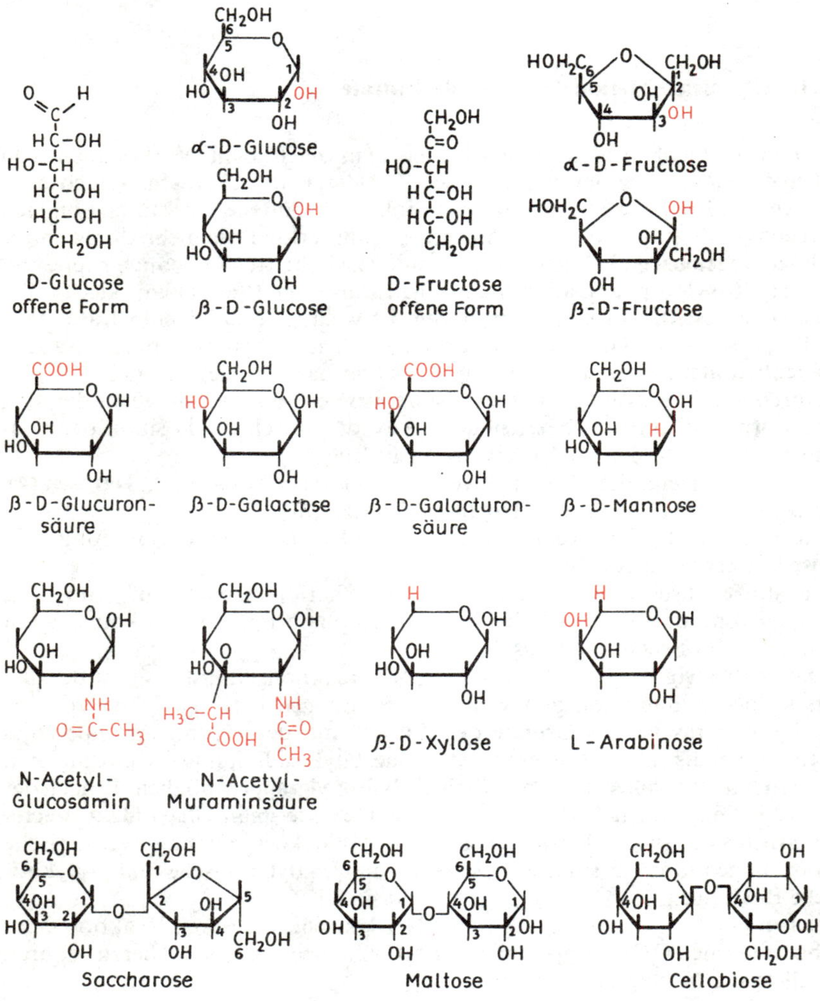

2.7.2. Zusammengesetzte Kohlenhydrate

Disaccharide enthalten zwei Monosaccharid-Reste, **Oligosaccharide** bis zu 10. Sind mehr als 10 Monomere am Aufbau beteiligt, sprechen wir von **Polysacchariden.**

In die Glykosidbindung können die Monosaccharide mit verschiedenen C-Atomen eintreten. Bevorzugt werden 1,4- und 1,6-Bindungen ausgebildet, in geringem Ausmaß treten aber auch 1,3-; 1,5-; 1,2- und 1,1-Bindungen auf.

2.7.2.1. Disaccharide und Oligosaccharide

Das bekannteste Disaccharid ist die **Saccharose**, auch Rohrzucker genannt (β-D-Fructofuranosyl-α-D-glucopyranosid). Glucose und Fructose sind so miteinander verbunden, daß keine reduzierenden Gruppen vorhanden sind. In einigen Pflanzen ist Saccharose Speichersubstanz (Zuckerrübe, Zuckerrohr). Sie ist die häufigste **Transportform** der Kohlenhydrate in der höheren Pflanze.

In α-1,1-glykosidischer Bindung sind im **Trehalosemolekül** zwei Glucosereste vereint. Ebenfalls aus zwei Glucoseresten bestehen **Maltose** und **Cellobiose.** In beiden Disacchariden liegen 1,4-Bindungen vor, im Falle der Maltose ist die Verknüpfung α-ständig, bei der Cellobiose β-ständig. Maltose ist ein Produkt des Stärkeabbaus, während Cellobiose der Disaccharidgrundbaustein der Cellulose ist.

Häufig vorkommende Oligosaccharide sind die Trisaccharide **Raffinose** und **Gentianose.** In der Raffinose ist Glucose α-1,6-glykosidisch, in der Gentianose Galactose β-1,6-glykosidisch mit dem Glucoseanteil der Saccharose verknüpft.

2.7.2.2. Polysaccharide

In den Polysacchariden sind bis zu mehreren hunderttausend Monomere zu verzweigten oder unverzweigten Ketten miteinander verknüpft. Als Bausteine treten in den **Hexosanen** Hexosen und in den **Pentosanen** Pentosen sowie deren Abkömmlinge auf. Polysaccharide mit nur einem Monosaccharid als Baustein werden allgemein als **Homoglykane**, im speziellen Fall als **Glucane**, **Fructosane**, **Xylane** usw. bezeichnet. **Heteroglykane** bestehen dagegen aus verschiedenen Monosaccharidresten.

Innerhalb der linearen Kettenanordnung herrschen 1,4-Bindungen vor, z. T. treten auch 1,3-Bindungen, ausnahmsweise auch 1,2-Bindungen auf. Die Kettenverzweigungen kommen bei den Hexosanen durch 1,6-, bei den Pentosanen durch 1,5-Bindungen zustande.

2.7.2.2.1. Speicherpolysaccharide. **Stärke** ist die vorherrschende Speichersubstanz der Pflanzen. Sie setzt sich aus den beiden Glucanen **Amylose** und **Amylopectin** zusammen. Amylose besteht aus unverzweigten Ketten von etwa 200 bis 500 α-1,4-glykosidisch verbundenen Glucoseresten. Grundbaustein ist somit das Disaccharid Maltose. Das Amylosemolekül ist schraubig angeordnet mit etwa 5 Glucoseresten pro Windung. Jodmoleküle können sich in diesen Hohlraum einlagern (Einschlußverbindung) und geben eine intensive Blaufärbung. Im Amylopectin ist die Hauptkette durch zusätzliche 1,6-Bindungen verzweigt. Durchschnittlich kommt auf 25 Glucosereste eine Verzweigung. Der Polymerisationsgrad des Amylopectins beträgt 1000 bis 10000 (Abb. 2.11.).

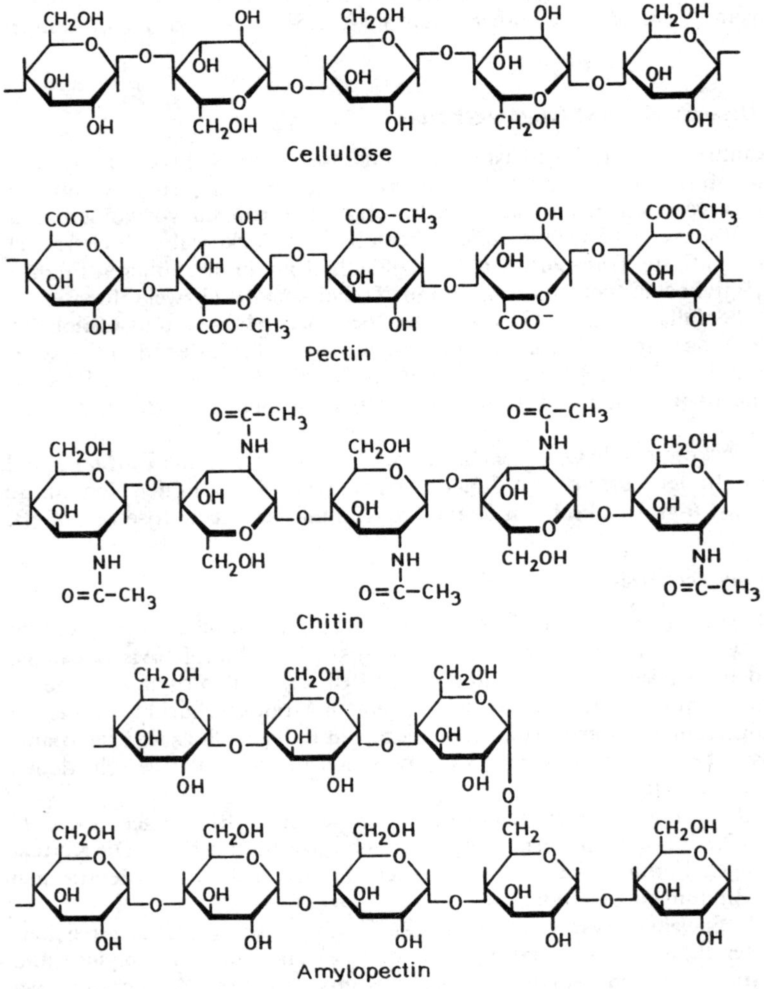

Abb. 2.11. Wichtige zelluläre Polysaccharide.

Glykogen ist der typische Reservestoff der Bakterien, Cyanophyceen und Pilze. Es ist ähnlich dem Amylopectin aufgebaut, jedoch noch stärker verzweigt. An die α-1,4-glykosidisch verbundene Hauptkette sind durch α-1,6-Bindungen Seitenketten von etwa 10—14 Glucoseresten geknüpft. Durchschnittlich kommt auf jeden 10. Glucoserest eine Verzweigung. Das Molekulargewicht des Glykogens kann bis zu 15 Millionen betragen.

Dextran besteht aus Glucoseresten, die in der Hauptsache α-1,6-glykosidisch miteinander verbunden sind. Durch zusätzliche Ausbildung von α-1,2-; α-1,3- oder α-1,4-Bindungen kommt es zu Verzweigungen. Dextrane sind sehr hochmolekular, ihr Molekulargewicht kann bis zu 4 Millionen betragen. Es sind Speicherpolysaccharide bei Bakterien und Pilzen.

Inulin ist ein Polyfructosan mit β-2,1-Bindungen der weniger als 100 Fructoseeinheiten, die in der furanoiden Form vorliegen. Es ist Speicherpolysaccharid bei Kompositen *(Asteraceae)*. **Paramylon** (Reservepolysaccharid bei *Euglenophyta*) und **Laminarin** (Reservepolysaccharid bei Braunalgen) besitzen eine lineare Molekülstruktur aus Glucoseeinheiten in β-1,3-glykosidischer Bindung.

2.7.2.2.2. Strukturpolysaccharide. Das wichtigste Strukturpolysaccharid der Pflanze ist **Cellulose.** Mengenmäßig ist sie die bedeutendste biologische Verbindung. Mehr als die Hälfte des organisch gebundenen Kohlenstoffs der Biosphäre liegt als Cellulose vor. Es sind unverzweigte Ketten, in denen bis zu 15000 Glucosereste β-1,4-glykosidisch verbunden sind (Abb. 2.11.). In der Zellwand lagern sich die gestreckten Celluloseketten zu übergeordneten **fibrillären** Strukturen zusammen, die durch H-Brücken stabilisiert werden.

Chitin ist ein Homopolymer, in dem etwa 2000 N-Acetyl-D-Glucosaminreste β-1,4-glykosidisch miteinander verknüpft sind. Die unverzweigten Ketten lagern sich zu **Mikrofibrillen** aneinander, die denen der Cellulose sehr ähnlich sind. Chitin ist der wesentliche Bestandteil der Zellwand aller echten Pilze. Außerdem bildet es das Exoskelett vieler wirbelloser Tiere (Abb. 2.11.).

Murein ist die wichtigste Komponente der bakteriellen Zellwand. Es ist ein Heteropolymer und besteht aus Ketten, in denen N-Acetylglucosamin und N-Acetylmuraminsäure in alternierender Folge β-1,4-glykosidisch verbunden sind. Diese linearen Polysaccharidketten werden über ein Tetrapeptid und eine Pentaglycin-Brücke zu einem riesigen **Peptidoglykan**-Molekül vernetzt **(Murein-Sacculus).** In den einzelnen Bakteriengruppen gibt es Varianten dieses Grundtyps.

In **Kallose** sind etwa 100 Glucosereste β-1,3-glykosidisch miteinander verbunden. **Agar** ist ein Strukturpolysaccharid aus den Zellwänden von Meeresrotalgen. Es ist ein Gemisch aus **Agarose** und **Agaropectin.** In Agarose sind Galactose und Anhydrogalactose alternierend durch β-1,4- und β-1,3-Bindungen linear verknüpft. Agaropectin enthält zusätzlich noch Galacturonsäure und Schwefelsäure. Die Zellwände der Braunalgen enthalten **Alginsäure**, ein Polymer, das vorwiegend aus β-1,4-verknüpften D-Mannuronsäure-Einheiten besteht.

Pectinstoffe sind wesentliche Bestandteile der Mittellamellen und Primärwände. Zu den Pectinstoffen gehören **Pectinsäure, Pectin** und **Protopectin.** Pectinsäure besteht aus unverzweigten Ketten von α-1,4-glykosidisch verknüpften D-Galacturonsäuren (Polygalacturonsäure). Im Pectinmolekül sind die Carboxylgruppen der Galacturonsäurereste teilweise mit Methanol verestert. Das Protopectin enthält in den Galacturonsäureketten auch Rhamnose eingebaut, und es treten Verzweigungen auf, an denen verschiedene andere Zucker und Zuckersäuren beteiligt sind. Die COOH-Gruppen sind teilweise methyliert. An der Verzweigung der Protopectine sind auch Doppelsalzbildungen mit Ca^{2+} und Mg^{2+} beteiligt.

Xylane sind Pentosane. Sie bilden den Hauptteil der sog. **Hemicellulosen.** In der heterogenen Gruppe der Hemicellulosen werden alle jene Gerüstsubstanzen vereinigt, die weder Cellulose- noch Pectinverbindungen sind. Die Xylankette besteht aus etwa 50 bis 100 β-1,4-glykosidisch verknüpften Xyloseresten. Einige Xylane enthalten zusätzlich Arabinose, Galactose und Glucuronsäure. Nach der Cellulose ist Xylan das mengenmäßig am weitesten verbreitete Kohlenhydrat. Stroh enthält 15—20%, Koniferenholz 7—12% und Laubholz 20—25% Xylane.

2.8. Lipide

Unter dem Sammelbegriff **Lipide** werden verschiedenartige Substanzgruppen zusammengefaßt, deren gemeinsames Merkmal es ist, in Wasser fast unlöslich, in organischen Lösungsmitteln (Chloroform, Benzol, Benzin) dagegen gut löslich zu sein. Dieses Löslichkeitsverhalten wird durch die relative Häufung starker **hydrophober** Gruppen in den Lipidmolekülen bedingt (Tab. 2.7). Zu den Lipiden rechnet man: **Fette, Phospholipide, Glykolipide, Wachse, Steroide, Carotinoide, Terpene.**

Tabelle 2.7. Hydrophile und hydrophobe Gruppen

	hydrophile Gruppen			hydrophobe Gruppen	
↓ Abnehmende Hydrophilie, Zunehmende Lipophilie	—COOH	Carboxyl	↓ Zunehmende Hydrophobie	$—CH_3$	Methyl
	—OH	Hydroxyl		$—CH_2—$	Methylen
	—C=O	Carbonyl		$—C_2H_5$	Ethyl
	$—NH_2$	Amino		$—C_5H_8$	Isopren
	$—C—NH_2$	Amid		$—C_6H_5$	Phenyl
	—SH	Sulfhydryl			

2.8.1. Fette

Fette sind sehr energiereiche Speicherstoffe. Ihrer chemischen Natur nach sind sie **Triester** des **Glycerins** mit **Fettsäuren.** Diese können **gesättigt** oder **ungesättigt** sein und haben meist 16 oder 18 C-Atome. Häufig vorkommende Fettsäuren zeigt Abb. 2.12. **Linolsäure** und **Linolensäure** finden sich besonders reichlich im Leinöl. Fette sind um so flüssiger, je mehr ungesättigte Fettsäuren sie enthalten.

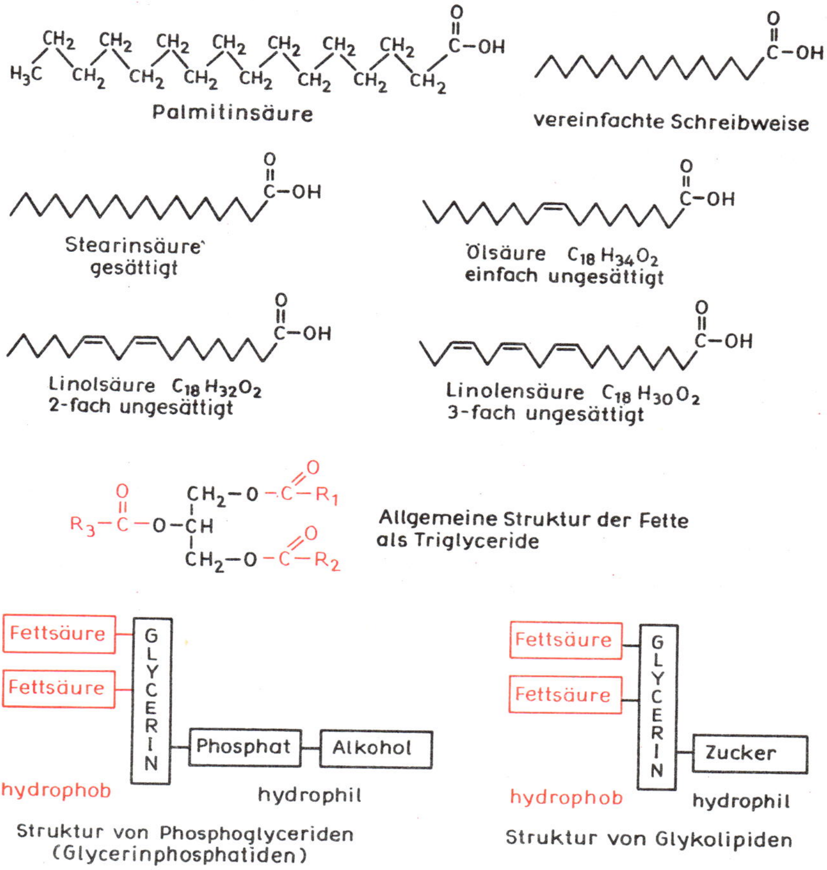

Abb. 2.12.

2.8.2. Phospholipide und Glykolipide

Phospholipide und Glykolipide sind die entscheidenden **Strukturlipide** biologischer Membranen. Ihr alkoholischer Grundbaustein ist entweder **Glycerin** oder **Sphingosin**, ein Aminodialkohol.

In den **Glycerinphosphatiden** ist eine Hydroxylgruppe des Glycerins nicht mit einer Fettsäure, sondern mit **Phosphorsäure** verestert. Die Phosphorsäure ist ihrerseits mit einem weiteren Alkohol verbunden, meist mit **Cholin, Ethanolamin, Inosit** oder mit der OH-Gruppe des **Serins.**

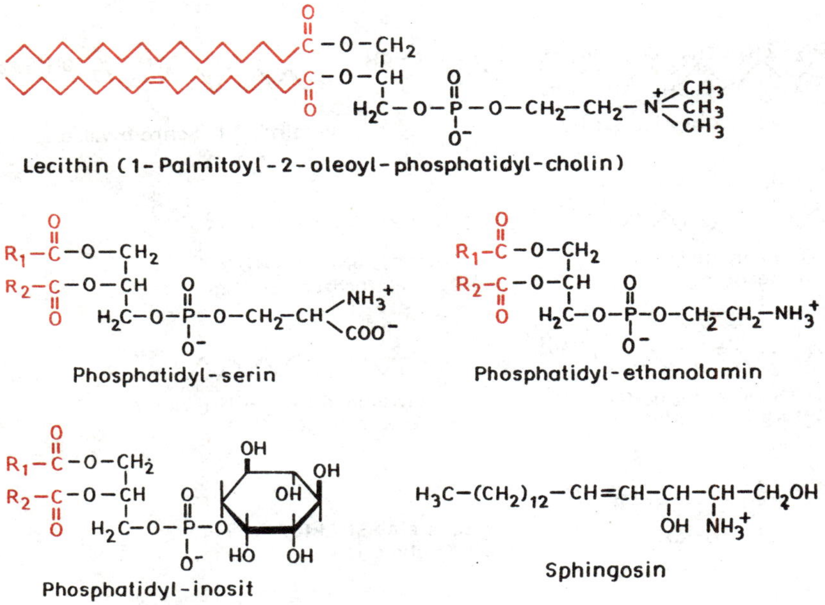

Abb. 2.13. Wichtige Membranlipide.

In den **Glykolipiden** ist eine Hydroxylgruppe des zentralen Alkohols (Glycerin oder Sphingosin) nicht mit Phosphorsäure, sondern mit einem **Zucker** glykosidisch verbunden. Die Zuckerkomponente ist meist Galactose oder Glucose.

Die gleichzeitige Anwesenheit hydrophiler (Phosphat, Cholin, Serin, Inosit, Zucker) und hydrophober Komponenten im Molekül führt zu einer starken **Polarisierung** der Phospho- und Glykolipide. Sie sind **„oberflächenaktiv"** und deshalb hervorragend geeignet, an Grenzschichten geordnete Strukturen (Lipidlamellen) zu bilden. Wegen dieser Eigenschaften sind sie generelle Bestandteile von Membranen (Abb. 3.9.).

2.8.3. Wachse

Wachse sind Gemische verschiedener Stoffe. Hauptkomponenten sind Ester höherer Fettsäuren (36—44 C-Atome) mit langkettigen einwertigen Alkoholen. Wachsauflagen findet man häufig auf der Oberfläche von Früchten und Blättern.

Steroide, Carotinoide und **Terpene** werden im Zusammenhang mit ihrer Funktion oder ihrer Biosynthese behandelt (7.13.).

3. Die pflanzliche Zelle

Zellen sind die kleinsten zum selbständigen Leben befähigten Einheiten. Sie können als wenig spezialisierte Einzelzellen ein individuelles Leben führen **(Einzeller, Protisten)**, aber auch Bausteine vielzelliger Pflanzen sein und dabei ihre Selbständigkeit zugunsten einer arbeitsteiligen Spezialisierung aufgeben. Viele Zellen mit gleichartiger Aufgabe bilden ein **Gewebe**, aus mehreren Geweben sind die **Organe** und aus verschiedenen Organen der **Organismus** aufgebaut. Hier sei zunächst von solchen Zellen abgesehen, die als **Protocyten (Prokaryotenzellen)** nicht die strukturelle Differenziertheit der **Eucyten (Eukaryotenzellen)** erreichen. Bei den Prokaryoten (den Cyanophyceen und Bakterien) sind die wesentlichen Kernbestandteile nicht zu einem morphologischen Kern formiert wie bei den Eukaryoten. Auf die Besonderheiten der prokaryotischen Zelle wird im Kap. 3.8. eingegangen.

Die Mehrzahl eukaryotischer Pflanzenzellen unterscheidet sich von den eukaryotischen Tierzellen in folgenden drei Merkmalen:

- durch den Besitz von **Plastiden**, im typischen Fall von Chloroplasten zur Photosynthese,
- durch das Auftreten von **Zellsaftvakuolen** als Orten der Speicherung gelöster Stoffe, darunter Exkretstoffe,
- durch die Umhüllung des Protoplasten mit einer vorwiegend aus Cellulose bestehenden **Zellwand**, die dem osmotischen Innendruck der Zelle (= Turgor) widersteht und ihr dadurch eine hohe Festigkeit verleiht.

Der zellige Aufbau von Pflanzen wurde von Robert Hooke an Flächenschnitten von Kork, Holundermark und Holz mit Hilfe eines Auflichtmikroskops entdeckt und 1665 erstmals beschrieben. Erst im 19. Jahrhundert entstand, besonders durch die Arbeiten von M. J. Schleiden (1838) und C. W. Nägeli (1844) an pflanzlichen Geweben sowie von Theodor Schwann (1839) an tierischen, die Einsicht, daß alle Lebewesen aus Zellen aufgebaut sind. Zu etwa gleicher Zeit kam es zur Entdeckung des Zellkerns durch R. Brown (1833), und bald darauf wurden das Vorkommen und die Bedeutung des Protoplasmas in der Zelle durch die Arbeiten von J. E. Purkinje (1839), H. v. Mohl (1846) und W. Hofmeister (1857) bekannt. Während der schnellen Fortschritte der Zellenlehre in der zweiten Hälfte des 19. Jahrhunderts entdeckte der Chemiker J. F. Miescher (1869) die Nucleinsäure als wesentlichen Bestandteil der Zellkerne und legte damit die Grundlage für die 100 Jahre später sich entwickelnde Molekularbiologie. Nachdem R. Virchow (1855) den Grundsatz „Omnis cellula ex cellula“ (Jede Zelle aus einer Zelle) formulieren konnte, wurde im letzten Drittel des 19. Jahrh. unter

Mitwirkung des Botanikers E. Strasburger die Kernteilung als Voraussetzung für die Zellvermehrung bei Pflanze und Tier bekannt.

3.1. Aufbau der Pflanzenzelle

Die Gestalt pflanzlicher Zellen ist auf Grund der festen Zellwand weitgehend formkonstant und in ihrer Mannigfaltigkeit für die Pflanzen typisch. So ist die Zellform in vielen Fällen ein taxonomisches Merkmal. Dieser Vielfalt steht die prinzipielle Einheitlichkeit im Aufbau des lebenden Inhalts aller Pflanzenzellen gegenüber. In der Zellgröße treten Unterschiede von mehreren Zehnerpotenzen auf. Die Durchmesser polyedrischer Zellen betragen etwa 5 µm bis 100 µm, es sind jedoch auch Zellen mit einem Durchmesser unter 0,2 µm (Bakterien und Cyanophyceen) sowie Faserzellen mit Längen über 20 cm bekannt. Die vielkernigen Zellen ungegliederter Milchröhren können mehrere Meter lang werden. Begrenzend für die Größenentwicklung der Zellen dürfte das Verhältnis zwischen dem Volumen des Protoplasten und der für den Stoffaustausch erforderlichen Oberfläche sein. Diese wird bei zunehmender Größe der Zellen (bei gleicher Gestalt) relativ geringer.

Pflanzenzellen liegen in ihrer Größe meist unter der Sichtbarkeitsgrenze des Auges. Die kleinsten Zellen wie auch kleinere Inhaltspartikel sind mit dem Lichtmikroskop gerade noch erkennbar. Dessen Auflösungsvermögen erreicht nach E. Abbe (1873) 0,2 bis 0,3 µm. Die Erforschung des Feinbaus der Zellen bzw. des Zellinhalts wurde erst durch die Entwicklung der Elektronenmikroskopie möglich, mit deren Hilfe (seit etwa 1950) die Grenze der Auflösung bis in den Nanometer-Bereich ausgedehnt werden konnte.

Kurze Übersicht (s. a. Tab. 3.1.):

Die **Zellwand** (der Ausdruck „Membran“ sei für Plasmamembranen reserviert) umgibt den Innenraum (das Lumen) der Zelle, in welchem sich die lebenden und unbelebten Bestandteile befinden. Als Ausnahme unter den Pflanzen fehlt eine Zellwand bei den Plasmodien der Myxomyceten, vielen Einzellern und auch den Keimzellen; tierische Zellen sind in der Regel ohne Zellwand. Das **Protoplasma** (der **Protoplast**) ist die Gesamtheit der lebenden Strukturen einer Zelle, von ihm werden unbelebte Bestandteile **(ergastische Einschlüsse)** umgeben oder abgesondert. Im Protoplasma ist der **Zellkern (Nucleus)** mit den **Kernkörperchen (Nucleoli**, Einzahl: Nucleolus) die größte der als **Organellen** bezeichneten Funktionseinheiten (Abb. 3.1.), zu denen u. a. die **Plastiden** und die **Mitochondrien** gehören. Alle sind vom **Cytoplasma** umgeben, das sich formal in ein gallertartig klares **Grundplasma** und eine Reihe weiterer, kleinerer **Einschlüsse** gliedern läßt. Von großer Wichtigkeit für die Organisation der lebenden Zellen sind die **Plasmamembranen.** Als **Plasmalemma** umgibt eine solche Membran den ganzen Zellinhalt; sie liegt der Innenfläche der Zellwand an. Der **Tonoplast** grenzt das Cytoplasma vom Zellsaft der **Vakuole** ab. Im Gegensatz zu diesen einfachen Membranen sind die Plasten von doppelten

Tabelle 3.1. Die Pflanzenzelle

Plasten	Zellkern Plastiden Mitochondrien	Doppelmembran-Elemente
Cytoplasma	Grundplasma Ribosomen, Polysomen Plasmafilamente	nicht-tubuläre Proteinstrukturen
	Mikrotubuli Zentriolen Geißeln Cilien	tubuläre Proteinstrukturen
	Endoplasmatisches Reticulum Plasmalemma Tonoplast (Membran der Vakuole) Dictyosomen	flächige Membranstrukturen
	Lysosomen Glyoxysomen Peroxisomen Sphärosomen	vesikuläre Membranstrukturen
Ergastische Einschlüsse	Vakuoleninhalt Aleuronkörner Lipidtropfen Stärkekörner Kristalle	nichtlebende Einschlüsse
Zellwand	Mittellamelle Primärwand Sekundärwand Cuticula	extramembranöse Strukturen

Membranen mit jeweils spezifischen Eigenschaften umgeben. Aus **Doppelmembranen** besteht auch das **Endoplasmatische Reticulum** (ER). Damit bezeichnet man einen Komplex von Membranflächen, die untereinander und mit der Kernmembran verbunden sind, das Cytoplasma in unvollständig getrennte Räume kammern und auf Dünnschnitten ein netzartiges Bild ergeben (lat. reticulum = Netzchen). An den Oberflächen des endoplasmatischen Reticulums ist ein großer Teil der **Ribosomen**, der Orte der Proteinsynthese, angeheftet. Diese werden im Grundplasma aber auch einzeln und in schraubig aufgereihten Verbänden, den **Polysomen**, angetroffen. Weitere typisch gestaltete Strukturen des Cytoplasmas sind die **Dictyosomen**, Stapel scheibenförmiger Membranzisternen, welche an den Rändern bläschenförmige Vesikel mit Sekretinhalten abschnüren. Die Gesamtheit der Dictyosomen einer Zelle bildet deren **Golgi-Apparat.** Von den kleineren Einschlüssen des Cytoplasmas, der **Mikrosomen-Fraktion**, konnten einige als Träger der Aktivität bestimmter Enzyme erkannt werden.

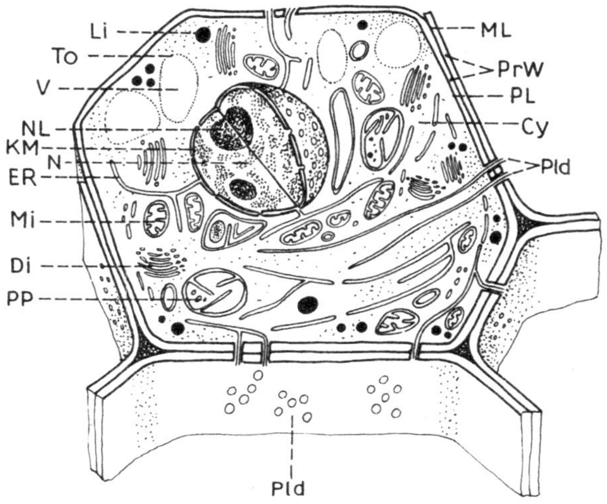

Abb. 3.1. Junge Pflanzenzelle, schematisch. *Cy* Cytoplasma, *Di* Dictyosom, *ER* Endoplasmatisches Reticulum, *KM* Kernmembran, *Li* Lipidtropfen, *Mi* Mitochondrium, *ML* Mittellamelle, *N* Nucleus, *NL* Nucleolus, *PL* Plasmalemma, *Pld* Plasmodesmen, *PP* Proplastid, *PrW* Primärwand, *To* Tonoplast, *V* Vakuole. — Nach Sitte, verändert.

3.2. Zellkern (Nucleus)

Aufbau: Der Zellkern ist meist kugel- bis linsenförmig, selten gestreckt bis fädig. Eine Doppelmembran bildet die **Kernhülle**, die im elektronenoptischen Bild deutlich erkennbare **Kernporen** (auf Grund recht differenzierter Randstrukturen auch Porenkomplexe genannt) ausbildet. Es handelt sich um Orte eines Stoffaustausches zwischen Kerninnerem und Cytoplasma, wobei in erster Linie an den Austritt von Ribonucleoproteiden zu denken ist. Aus der Doppelmembran des Kernes heraus gibt es Übergänge zur Doppelmembran des endoplasmatischen Reticulums.

Im Kerninnern lassen sich drei Anteile unterscheiden: **Chromatin** und **Karyolymphe** — beide werden auch als **Karyoplasma** zusammengefaßt — sowie die **Kernkörperchen** oder **Nucleoli.** Im Chromatin ist die **Kern-DNA** konzentriert, deren fädige Moleküle gemeinsam mit Protein, vorrangig **Histon**, zu **Chromosomen** verbunden sind. Chromatin ist die Gesamtheit der Chromosomen eines Kerns. Der Wortstamm chroma (griech. Farbe) bezieht sich auf die gute Färbbarkeit der fixierten Strukturen mit basischen Farbstoffen. Im Interphase-Kern (d. h. zwischen den Kernteilungen, s. u.) sind die Chromosomen lang ausgezogen (= „entspiralisiert") und heben sich kaum oder nur als feines Netzwerk von der Karyolymphe ab. Erst beim Teilungsgeschehen ziehen sie sich zu stabförmigen, oft etwas abgeknickten Gebilden unterschiedlicher Länge zusammen (Abb. 3.2.). Die Knickstelle ist in der Regel an einer Einschnürung (= **Zentromer**), die das **Kinetochor** enthält. Dieses ist Anheftungsort der **Chromosomenfasern** und für das Bewegungs- und Verteilungsgeschehen bei der Kernteilung verantwortlich. Der während der Interphase entspiralisierte Teil des Chromosoms wird als **Euchromatin** einem meist mittleren Chromosomenabschnitt, dem **Heterochromatin**, gegenübergestellt, der auch im Interphase-Kern ungestreckt (= spiralisiert) bleibt. In beiden Bereichen enthält das Chromosom mehrere, bei Riesenchromosomen sehr viele aus **Nucleoproteidfibrillen** zusammengesetzte **Chromonemen** (Einz.: Chromonema).

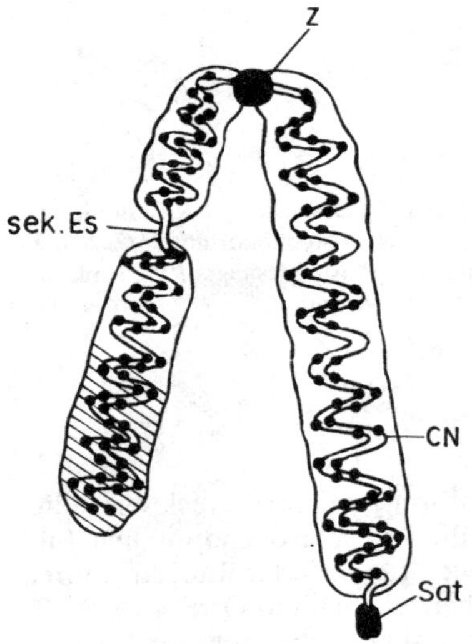

Abb. 3.2. Chromosomenbau, vereinfachtes Schema. *CN* Chromonema, *sek. Es* sekundäre Einschnürung, *Sat* Satellit, *Z* Zentromer. Der heterochromatische Bereich ist schraffiert. — Nach Frey-Wyssling und Mühlethaler.

Auf diesen schraubig gedrehten Fibrillen sind Orte hoher DNA-Konzentration als körnchenförmige **Chromomeren** aufgereiht. Durch Unterschiede in Größe und Abstand der Körnchen läßt sich das Vorliegen eines für das jeweilige Chromosom typischen Chromosomenmusters erkennen. So entstehen bei Riesenchromosomen mit vielen parallel gelagerten Chromonemen Banden von Chromomeren.

Die für das Leben eines Organismus erforderliche Grundausstattung ist ein **Chromosomensatz.** Er enthält eine artkonstante Anzahl von Chromosomen — von $n = 2$ bis zu mehreren 100 bei Farngewächsen und Algen —, von denen jedes eine bestimmte Gestalt („Chromosomenindividualität") besitzt. Bei der Vereinigung zweier verschiedengeschlechtiger Keimzellen oder Gameten mit jeweils einfachem (= **haploidem**) Chromosomensatz (n) entsteht der **diploide** Zygotenkern ($2n$) mit zwei Sätzen **homologer Chromosomen**, die sich paarweise entsprechen.

Das **Karyoplasma** ist in seiner Struktur wie auch in den Stoffwechselleistungen (z. B. durch Besitz von Ribosomen) dem umgebenden Cytoplasma ähnlich. Die **Nucleoli** enthalten im wesentlichen **Ribonucleoproteide**, daneben auch DNA als Voraussetzung für die in den Nucleoli erfolgende Synthese von ribosomaler RNA (rRNA).

Der Kerndurchmesser beträgt meist 5 bis 20 µm, extrem kleine Kerne finden sich bei Pilzen mit 0,5 bis 1 µm, sehr große Kerne besitzen Eizellen von Cycadeen mit 500 bis 600 µm. Der Einzelkern der Grünalge *Acetabularia* erreicht einen Durchmesser bis 100 µm. Die Kerngröße kann in den verschiedenen Geweben einer Pflanze unterschiedlich sein.

Funktion: Der Zellkern **speichert genetische Informationen** in der DNA der Chromosomen und ist Bildungsort verschiedener Formen der RNA (S. 30ff.). Die in einem Chromosomensatz verankerte genetische Information wird als ein **Genom** bezeichnet. Die Fähigkeit der Kern-DNA zur **Replikation**, d. h. zur Selbstverdopplung der Makromoleküle, und der Mechanismus der Kernteilung sichern die Informationsweitergabe an die Tochterzellen. Für diese Leistungen verfügt der Kern über die erforderliche enzymatische Ausstattung. Auch zur Proteinsynthese ist er fähig. Wie das umgebende Cytoplasma vermag er Hexose abzubauen (wenn auch nicht vollständig) und aus den glykolytischen Reaktionen einen Teil seines Energiebedarfs für Syntheseleistungen zu decken.

Entstehung: Zellkerne entstehen stets aus ihresgleichen durch Teilung. Der typische Kernteilungsprozeß vegetativer (= somatischer) Zellen wird als **Mitose** bezeichnet. Diese setzt voraus, daß sich im Interphasekern jedes der entspiralisierten Chromosomen verdoppelte. In vier Teilungsphasen werden die zwei Chromosomen jedes Paares auf zwei Kerne gleichartig verteilt (Abb. 3.3.).

— **Prophase**: Durch Spiralisation kontrahieren sich die fädig aufgelockerten **Interphasechromosomen** und bilden die lichtmikroskopisch erkennbaren **Transportchromosomen** aus, welche zunächst ein lockeres Fadenknäuel darstellen. Jedes Chromosom zeigt sich längs gespalten. Die Kernmembran löst sich in bläschenförmige Vesikel auf, und die Nucleoli verschwinden. Senkrecht zur späteren Zellteilungsebene beginnt von den **Polkappen** ausgehend (bei einigen niederen Pflanzen von **Zentriolen**, s. 3.5.7.) die Ausbildung eines **Spindelapparates**, bestehend aus Strängen von **Mikrotubuli** (S. 67), den **Spindelfasern.**

— **Metaphase**: Der Prozeß der Chromosomenkontraktion läßt jetzt deren Aufbau aus zwei getrennten Spalthälften, den **Chromatiden**, klar erkennen. Die Chromatidenpaare ordnen sich in der **Äquatorebene** des Spindelapparates an, dessen **Zentralfasern** von Polkappe zu Polkappe reichen, dessen **Chromosomenfasern** aber am Zentromer der Chromosomen angeheftet sind, bzw. von diesem ausgehen.

— **Anaphase**: Die bis zur Ausbildung ihrer spezifischen Gestalt kontrahierten Chromatidenpaare trennen sich und bewegen sich — das **Kinetochor** voran — auf die ihnen jeweils zugewandte Polkappe zu. Sie werden nun **Tochterchromosomen** genannt und lassen häufig schon eine neue Spaltung in je zwei Chromatiden erkennen. Die Mechanik des Bewegungsvorganges ist nicht bekannt.

— **Telophase:** Die zwei identischen Gruppen von Tochterchromosomen bilden nach Ankunft im Bereich der Polkappen durch Entspiralisierung je einen Interphasekern ohne erkennbare Chromosomenstruktur; Polkappen und Kernspindel verschwinden, die Kernmembran formiert sich als Fortsetzung des endoplasmatischen Reticulums neu, und die Nucleoli entstehen aus den Einschnürungsstellen von **Satellit-Chromosomen**, dem sogenannten **Nucleolus-Organisator.** In der Regel hat in der betreffenden Zelle die Zellteilung durch Neubildung einer Wand bereits dadurch begonnen, daß sich in der Äquatorebene der tonnenförmigen Kernspindel (= **Phragmoplast**) Golgi-Vesikel sammeln und ihre Inhalte zusammenfließen.

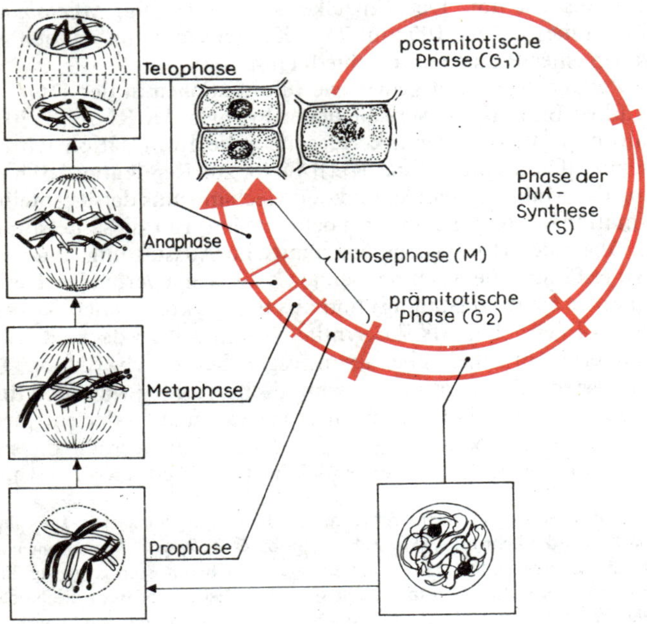

Abb. 3.3. Zellzyklus. Erläuterung im Text.

Der **Zellzyklus** (Abb. 3.3.) läßt einzelne Phasen der Entwicklung und deren Zeitbedarf von einer Kernteilung zur anderen erkennen. Die **Phase der DNA-Synthese** (S = Synthese) beansprucht einen wesentlichen Teil der Zeit, in ihr erfolgen auch die Histonsynthese und die Chromosomenverdoppelung. Auch in den Stadien G_1 und G_2 des Interphasenkerns (G von engl. gap = Zwischenraum) werden Nucleinsäuren synthetisiert, in G_2 verstärkt RNA. Bei prinzipieller Einheitlichkeit des Zellzyklus (= **Mitose-Zyklus**) gibt es deutliche Artunterschiede.

Die Bildung von haploiden Zellen der Fortpflanzung (Meiosporen und Gameten) erfolgt durch die **Reduktionsteilung** oder **Meiose.** Sie besteht aus zwei unmittelbar aufeinanderfolgenden **Reifeteilungen.** Bei der ersten werden die zwei homologen Chromosomensätze der diploiden Zelle nach ihrer Anordnung in der Äquatorebene als ganze Chromosomen und nicht als Spalthälften (Chromatiden) auf die Tochterkerne verteilt. Hierbei trennen sich jeweils die homologen Chromosomen voneinander, aber nicht in gleicher Weise, wie sie ehemals als mütterliches und väterliches Genom zusammenkamen. Es kommt zur **Neukombination** (= **Rekombination**) des genetischen Materials. Die unmittelbar nachfolgende zweite Reifungsteilung entspricht einer Mitose der haploid gewordenen Kerne. So entstehen aus einer diploiden Zelle vier haploide als Voraussetzung für die geschlechtliche Fortpflanzung.

Zur Rekombination von Erbanlagen führen bei der Meiose außer der Chromosomenverteilung aber auch Prozesse des Austausches, die während der **Paarung jeweils zweier homologer Chromosomen** in der Prophase der ersten meiotischen Teilung stattfinden können. Die bei der Paarung vereinigten 4 Chromatiden, 2 vom väterlichen und 2 vom mütterlichen Genom stammend, trennen sich wieder zu 2 Chromosomen. Soweit deren jeweils 2 Chromatiden aus Abschnitten des gleichen Ursprungselters bestehen, trennt dort bereits die erste Reifungsteilung ursprünglich väterliches und mütterliches Genom **(Präreduktion).** Sind Abschnitte des anderen Elters durch Segmentaustausch mit in das Chromosom gelangt, so führt erst die zweite Reifungsteilung, abgesehen von den neukombinierten Chromosomen, zur Trennung der Anteile beider Eltern in den haploiden Kernen **(Postreduktion).**

3.3. Plastiden

Aufbau: Plastiden sind typisch pflanzliche Organellen. Sie treten in allen eukaryotischen Pflanzenzellen mit Ausnahme der Pilze auf. Als **Chloroplasten** sind sie die Orte der Photosynthese (s. 7.6.2.), als **Chromoplasten** tragen sie zur Färbung von Pflanzenorganen bei und als **Leukoplasten** können sie Reservestärke (s. 3.6.4.) bilden. Farbstoffe enthaltende Plastiden werden auch als **Chromatophoren** bezeichnet. Alle Plastiden sind von einer Doppelmembran umgeben.

Die **Chloroplasten** sind meist linsen- bis kugelförmig, bei Algen besitzen sie häufig eine abweichende Gestalt (Abb. 3.4.). Den vom farblosen **Stroma** (hier synonym mit **Matrix** = **plasmatische Grundsubstanz**) erfüllten Innenraum durchziehen lamellar angeordnete, von Einfaltungen der Innenmembran ausgehende Doppelmembranen, die **Thylakoide** (griech. thylakos = Sack). Einige durchziehen unverändert den ganzen Raum, bei anderen führen lokale Membranausfaltungen zu Orten sehr enger Stapelung von Thylakoidmembranen, die wegen ihres Erscheinungsbildes im Lichtmikroskop **Grana** („Körner“) genannt werden (Abb. 3.5., 3.6.).

Die Thylakoidmembranen sind die Orte der Lichtreaktionen der Photosynthese. Auf ihnen bzw. in diese eingebaut befinden sich an Proteine gebundene

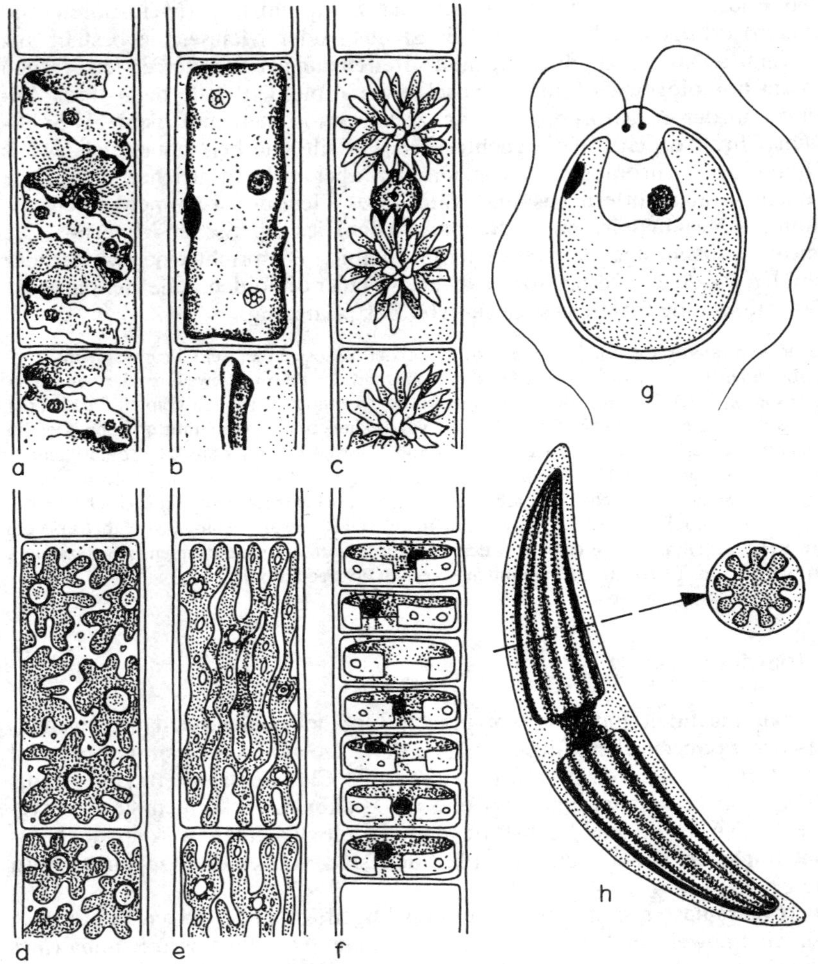

Abb. 3.4. Plastidenformen bei Algen. a Spiralband *(Spirogyra)*, **b** plattenförmig *(Mougeotia)*, **c** sternförmig *(Zygnema)*, **d** gelappte Flächen *(Rhodochorton)*, **e** netzförmig *(Oedogonium)*, **f** ringförmig *(Ulothrix)*, **g** becherförmig *(Chlamydomonas)*, **h** Riffelwalze *(Closterium)*. – Nach Füller; Kolkwitz und Krieger; Fritsch.

Chlorophylle und **Carotinoide** als Pigmente, Elektronenüberträger wie **Plastochinon, Ferredoxin** und **Cytochrome** sowie die erforderlichen Enzymproteine. Der Gesamtanteil von Proteinen an den Thylakoidmembranen beträgt 50%. Die Primärstärke wird im Stroma synthetisiert, bei Algen, einigen Moosen und Farnen speziell an den als **Pyrenoide** (= Stärkeherde) bezeichneten Orten. Im Stroma befinden sich ferner alle Voraussetzungen zur Synthese von DNA, RNA und Protein (Enzyme, Ribosomen u. a.). Die Algen be-

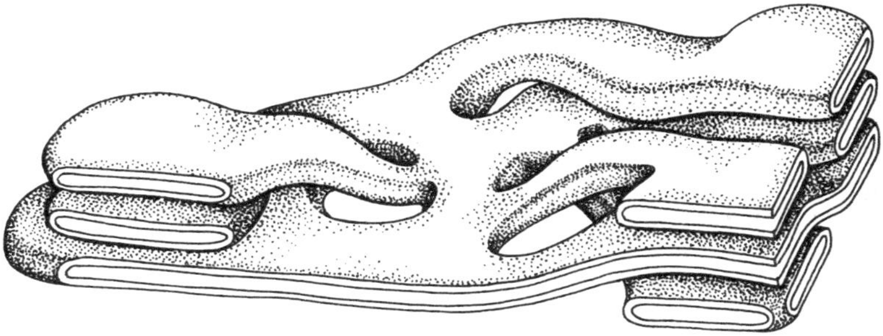

Abb. 3.5. Ausschnitt der Thylakoid-Anordnung im Chloroplasten, schematisch.

sitzen **homogene Chloroplasten**, deren Thylakoide keinen Grana bilden. **Rhodoplasten** sind die durch den Besitz von **Phycoerythrin** (neben blaugrünem **Phycocyanin)** rot gefärbten Plastiden von Rotalgen, bei den **Phaeoplasten** der Braunalgen wird die gelbbraune Färbung der ebenfalls photosynthetisch aktiven Plastiden durch das Carotinoid **Fucoxanthin** hervorgerufen.

Bei älteren Chloroplasten befinden sich im Stroma häufig lipidreiche Tröpfchen, sogenannte **Plastoglobuli**, welche durch Carotinoide gelb gefärbt sein können. Sie treten in reichem Maße in den **Chromoplasten** auf, denen Chlorophylle und Thylakoide fehlen. Durch Proteinfibrillen können Chromoplasten eine spindelförmig gestreckte oder kristalloide Gestalt besitzen. Ihr Auftreten führt zur gelben bis roten Färbung vieler Früchte, Blütenblätter und Wurzeln.

Die farblosen Plastiden, die **Leukoplasten**, bilden in ihrem Innern meist Reservestärke und sind in den Zellen der farblosen Speicherorgane anzutreffen. Leukoplasten besitzen ein Plastidenzentrum, den **Prolamellarkörper** (Abb. 3.6.), dessen Struktur — oft mit einem Kristallgitter verglichen — aus Membranelementen besteht. Sie zeigen darin viel Ähnlichkeit mit den ebenfalls farblosen, in Dunkelheit entstehenden Vorstufen der Chloroplasten, den **Etioplasten** (Etiolement = Vergeilung). Gehen diese durch Belichtung in Chloroplasten über, so verschwindet der Prolamellarkörper bei der Entstehung der Thylakoide. Bei den Leukoplasten im engeren Sinne ist eine derartige Entwicklung genetisch blockiert.

Der Durchmesser der linsenförmigen Chloroplasten höherer Pflanzen beträgt 3—8 µm, die Anzahl je Zelle variiert stark. Die in Algenzellen einzeln oder zu wenigen auftretenden Chloroplasten haben größere Abmessungen.

Funktion:

- **Chloroplasten** sind Orte der Photosynthese, bei der Lichtenergie in chemische Energie transformiert und zur Reduktion von „gebundenem“ CO_2 zu Kohlenhydraten eingesetzt wird (s. 7.6.). Durch den Besitz von DNA sind Plastiden Träger genetischer Informationen (extrachromosomale Erbfaktoren). Zu den Leistungen der Chloroplasten gehört auch die Synthese der Photosynthesepigmente, der Chloroplasten-DNA und -RNA sowie einiger der chloroplastenspezifischen Proteine.
- **Chromoplasten** sind für die Zellen offenbar ohne Bedeutung. Die durch sie hervorgerufene Organfärbung kann bei Blüten der zoogamen Bestäubung, bei Früchten der zoochoren Samenverbreitung förderlich sein.
- **Leukoplasten** können als **Amyloplasten** der Stärkebildung in Speicherzellen dienen; fehlt ihnen diese Fähigkeit, so sind sie ohne erkennbare Funktion.

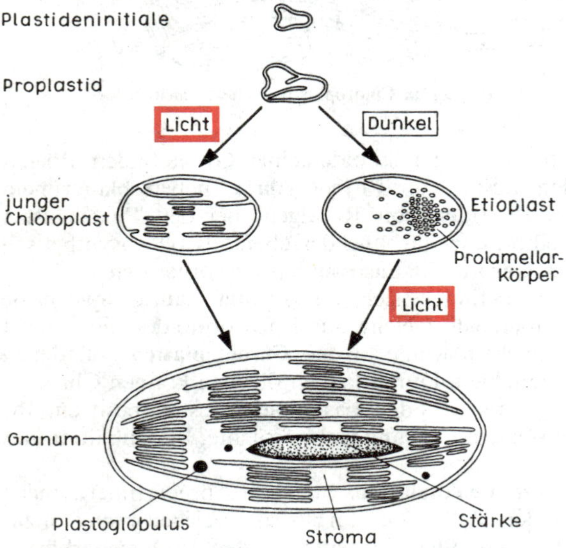

Abb. 3.6. Chloroplastenentwicklung. — Nach Mühlethaler und Frey-Wyssling, verändert.

Entstehung: Plastiden entstehen durch Zweiteilung aus ihresgleichen, sie sind wie der Kern sich selbst reproduzierende Organellen. Die Teilung erfolgt bei höheren Pflanzen bereits bei der Jugendform, den **Proplastiden** (Abb. 3.6.). Bei Algen und Moosen teilen sich in der Regel auch ausgewachsene Chloroplasten durch eine Querdurchschnürung des sich streckenden Plastidenkörpers.

Allen Teilungen geht eine Synthese und Verteilung von Plastiden-DNA voraus, wodurch die Weitergabe der genetischen Information an die nächste Plastidengeneration gesichert wird. Am Aufbau des Gesamtproteins der Chloroplasten einer Zelle (etwa 50 % des Proteins grüner Zellen) ist der kernabhängige Proteinsynthese-Apparat des Cytoplasmas mit beteiligt. — Die verschiedenen Plastidentypen sind durch ihre Genese untereinander verbunden (Abb. 3.7.).

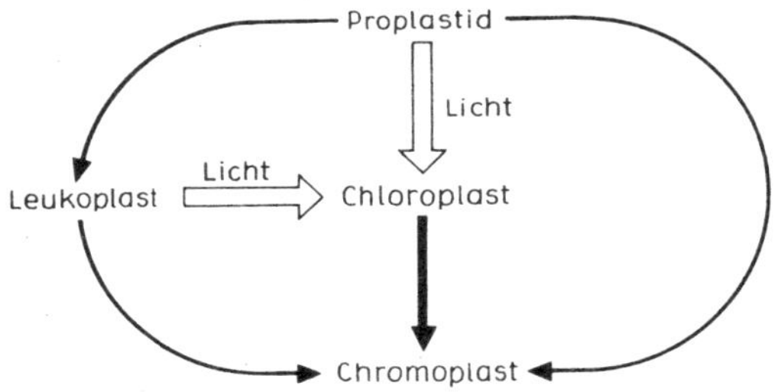

Abb. 3.7. Plastidenumwandlung. — Nach Ohmann aus Bielka.

3.4. Mitochondrien

Aufbau: Ihre Gestalt ist walzenförmig bis stab- oder fadenförmig. Doppelte Membranen umgeben sie, der Innenraum wird von einer Matrix erfüllt. In diesen Raum ragen röhrige **(tubuläre)** oder kammförmige **(cristate)** Aussackungen der inneren Mitochondrienmembran (Abb. 3.8.). An ihren Oberflächen, im extraplasmatischen Zwischenraum der Doppelmembran sowie in der Matrix sind zahlreiche Enzyme lokalisiert. Der Durchmesser beträgt meist 0,5 bis 1 μm, die Länge 1 bis 5 μm. Die Anzahl von Mitochondrien je Zelle ist besonders in stoffwechselaktiven Zellen sehr hoch.

Funktion: Ihre wichtigste Aufgabe ist die Transformation der chemischen Energie energiereicher Substrate in die leicht nutzbare Form energiereicher Phosphatbindungen, insbesondere ATP. Etwa 90 % des in verdunkelten, aeroben Zellen gebildeten ATP entsteht in ihnen. Während die Glykolyse im Cytoplasma erfolgt, enthalten Mitochondrien die Enzyme und Komponenten des **Tricarbonsäurecyclus** (s. 7.5.2.2.) der **Atmungskette** (s. 7.5.2.3.) und der **oxidativen Phosphorylierung** (s. 7.6.5.). Die Matrix besitzt aber auch DNA, RNA sowie die Elemente zur Realisierung der Information aus der Mitochondrien-DNA. Mitochondrien sind zum **Abbau von Fettsäuren** befähigt, aber auch zu deren Synthese wie zu anderen Synthesen. Die Leistungen der Mitochondrien setzen bestimmte Permeabilitätseigenschaften ihrer Membranen (z. B. für Pyruvat, Oxalacetat, Malat, ATP und ADP) sowie Prozesse des aktiven Transportes von Ionen und Metaboliten voraus.

Entstehung: Wie Zellkern und Plastiden entstehen auch Mitochondrien offenbar nur aus ihresgleichen durch Querteilung oder Sprossung (Abschnürung entstandener Fortsätze). Für eine „de novo"-Bildung oder für eine Entstehung aus anderen Organellen gibt es keine schlüssigen Beweise. Die Kontinuität eines eigenen mitochondrialen genetischen Systems wäre auch sonst schwer erklärbar.

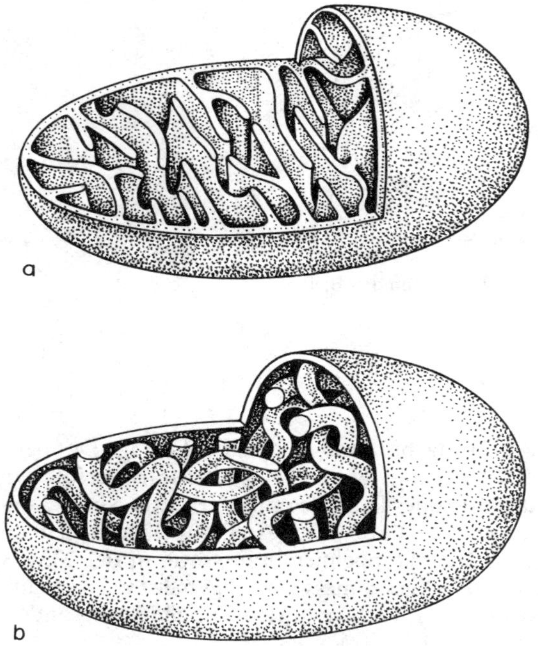

Abb. 3.8. Bau von Mitochondrien, schematisch. a Crista-Typ, **b** Tubulus-Typ. — Verändert nach Bogen.

3.5. Cytoplasma

3.5.1. Grundplasma

Aufbau: Als **protoplasmatische Matrix** besitzt es keine Membranstrukturen und anderen definierbaren Einschlüsse. Hauptbestandteile sind Wasser, globuläre Proteine und Lipoide. Der **kolloidale Zustand** des Grundplasmas wird im wesentlichen durch die Enzymproteine verursacht. Elektronenoptische Untersuchungen besonders am Grundplasma ließen röhrenförmige Plasmastrukturen, **Mikrotubuli**, erkennen, die aus meist 13 fädigen Reihen von globulärem

Protein **(Tubulin)** aufgebaut sind (Abb. 3.12a.). Ihnen wird eine wichtige Rolle bei gerichteten Transportprozessen in der Zelle (z. B. Protoplasmaströmung, s. 9.1.6.) zugeschrieben. Eindeutiger ist die Funktion der Mikrotubuli im Spindelapparat der Kernteilung und im Aufbau von Geißeln (s. 3.5.7.) bekannt. Die Röhren können sich in ihrer Länge durch Auf- oder Abbau aus Tubulin-Molekülen schnell verändern. — Ebenfalls röhrige, aber deutlich dünnere Proteinstrukturen werden regelmäßig im Siebröhrenprotoplasma angetroffen **(Phloem-Protein).** Vermutungen über deren Beteiligung am Siebröhrentransport sind bisher unbewiesen. Die Mikrotubuli besitzen einen Durchmesser von 18—30 nm, die Proteinfibrillen von etwa 4—15 nm.

Funktion: Das Grundplasma **verbindet die Kompartimente und vermittelt** zwischen diesen **den notwendigen Transport** von Metaboliten. Es ist aber selbst **Ort zahlreicher Enzymreaktionen** (z. B. der Glykolyse, s. 7.5.2.). Anorganische Ionen sind im Grundplasma gelöst oder sorptiv gebunden. Derartige Bindungen sind für die Aktivierung von Stoffwechselreaktionen wie für die Erhaltung des Hydratationszustandes von großer Bedeutung.

Entstehung: Die Bildung von Grundplasma ist an die Eiweißsynthese (Ribosomen) und Lipidsynthese gebunden.

3.5.2. Membranen

Aufbau: Die Abgrenzung des Protoplasten nach außen und seine Aufteilung in **Reaktionsräume (Kompartimente)** erfolgt durch Membranen. Lichtoptisch als feine Linien erkennbar, zeigen sie elektronenoptisch eine **Dreischichtigkeit.** Zusammen mit einer Analyse der Membransubstanzen führte das zu der Vorstellung, daß **Phospholipide** sich zu einer Doppelschicht mit zueinander gekehrten lipophilen Enden anordnen. **Globuläre Proteine** sollen sich in die stärker hydrophilen Membranoberflächen einlagern, die Membranen aber auch durchziehen können (Abb. 3.9.). Der strukturellen Ähnlichkeit der Membranen im erkennbaren Aufbau **(„Elementarmembran")** steht eine Vielfalt ihrer spezifischen Eigenschaften gegenüber, die besonders in den verschiedenartigen Proteinkomponenten begründet sein dürften. Nach dem **Fluid-mosaic-Modell** von Singer und Nicolson sollen die Membranlipide und -proteine ein hohes Maß an freier Beweglichkeit auch im Membranverband besitzen, ähnlich der in einer viscosen Lösung. Zweifellos ist aber mit größeren Unterschieden in der Stabilität der Membranen zu rechnen. — Als **Membranfluß** wird die Fähigkeit von Membranen bezeichnet, von einem Kompartiment stammend, mit der Membran eines anderen verschmelzen zu können (z. B. Golgi-Vesikel mit Plasmalemma). Die Dicke der Membran beträgt 5 bis 15 nm; die hellere Innenschicht ist etwas dicker als jede der beiden Außenschichten.

Funktion: **Membranen trennen plasmatische von extraplasmatischen Bereichen**, zu letzteren zählen auch der Raum zwischen den Doppelmembranen der Kompartimente und reticuläre Gebilde wie Vakuolen, Dictyosomen-

Innenräume u. a. m. Die verschiedenen Membranen der Zelle unterscheiden sich in ihren Permeationseigenschaften (Abb. 3.10.). Für viele kleinmolekulare Substanzen (z. B. viele Pflanzenschutzmittel) ist das Plasmalemma durchlässig (permeabel). Die den **passiven Membrandurchtritt (= Permeation)** veranlassenden Kräfte sind die der Diffusion. Dem Eintritt oder **Influx** steht der Austritt oder **Efflux** gegenüber. Eine geringe oder fehlende Durchlässigkeit der Membran für gelöste Stoffe im Gegensatz zur kaum behinderten Passage von Wasser ist das Kennzeichen ihrer **Semipermeabilität.** Die Sicherung der Aufnahme

Abb. 3.9. Membranmodell nach Singer und Nicolson (Fluid mosaic-Modell). In die strukturgebende Lipid-Doppelschicht sind **a** Proteine nahe der Membranoberfläche eingelagert und **b** durchdringen sie die ganze Membran. In beiden Fällen ragen die gefalteten Polypeptidketten über die Lipidoberflächen hinaus und tragen dort Ladungen. — Nach Lenard und Singer.

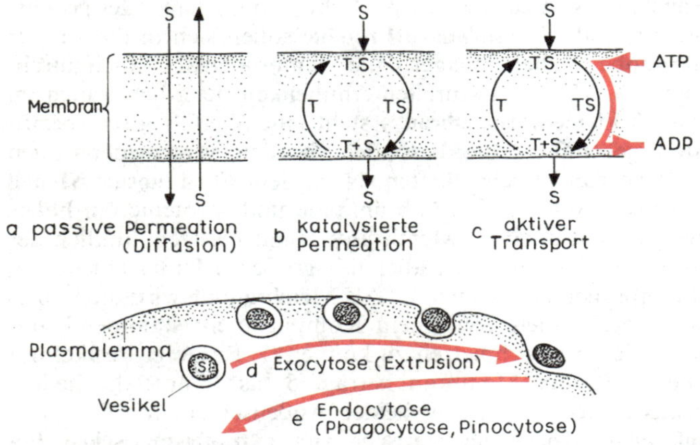

Abb. 3.10. Transportprozesse an Membranen. Erklärung im Text. *S* Substrat, *T* Träger (= Carrier).

lebensnotwendiger Stoffe in die Zelle wird durch die Funktion von Trägersubstanzen, **Carriern**, gewährleistet. Sie ermöglichen dem betreffenden Ion oder Molekül die Membranpassage durch deren vorübergehende Bindung (s. 7.7.). Bei der durch Carrier **katalysierten Permeation** erfolgt der Transport ebenfalls nur bis zum Konzentrationsausgleich auf beiden Seiten der Membran. Erst durch Verknüpfung von energieliefernden Reaktionen (ATP + ATPase) mit dem Carriersystem kommt es zu einem Transport entgegen dem Konzentrationsgefälle, zum **aktiven Transport** (Abb. 3.10.). Nur diese Membranfunktion führt in den Zellen zu der für den Lebensprozeß notwendigen **Akkumulation** spezifischer Substanzen. — Membranen sind weiterhin Bindungsorte zahlreicher Enzyme, Orte der Reizperzeption und Informationsübertragung, der Einschleusung oder **Endocytose** fester **(Phagocytose)** oder flüssiger **(Pinocytose)** Substanzen von außen sowie der Ausschleusung oder **Exocytose** von Bauelementen der Zellwand und von **Exkreten** (Abb. 3.10.d, e). Die letztgenannte Funktion erfüllt die Zellaußenmembran, das **Plasmalemma.** Der **Tonoplast** grenzt das Plasma zum Vakuolenraum hin ab. Eine unvollständige, oft lamellenförmige Kammerung erfährt das Cytoplasma durch das **Endoplasmatische Reticulum** (ER). Die Doppelmembran-Flächen des ER besitzen Durchbrechungen und flächige Verzweigungen, so daß ihre Innenräume kommunizieren. Direkte Verbindungen bestehen zwischen dem ER und der doppelten Kernmembran sowie dem Plasmalemma. Die Anheftung vieler Ribosomen führt zum sogenannten **rauhen ER**, dem das **glatte ER** ohne Ribosomen gegenübersteht. Der Innenraum des ER kann sich bläschenförmig erweitern und als ein Vesikel abgeschnürt werden. Er dient der Speicherung und dem Transport von Stoffen, zu denen vermutlich auch die in den Ribosomen des rauhen ER gebildeten Proteine gehören.

Entstehung: Membranen können sich durch Einbau neuer Lipid- und Proteinmoleküle vergrößern. Dieser Prozeß erfolgt sehr schnell, so daß z. B. das Plasmalemma den Protoplasten auch bei diesen Verformungen (etwa beim schnellen Herausziehen von Plasmafäden aus einem Plasmodium) stets nach außen abgrenzt. Ein „nackter" Protoplast ist membranumgeben. Bei der Teilung des Kernes zerfallen die Kernmembran wie auch Teile des ER zu kleinen kugeligen Vesikeln, aus denen sich nach der Zellteilung das Membransystem wieder vervollständigt.

3.5.3. Dictyosomen (Golgi-Apparat)

Aufbau: Ein Dictyosom ist ein Stapel scheibenförmiger, membranumgrenzter Hohlräume (Zisternen). Die Membranflächen einer einzelnen Scheibe liegen im Mittelbereich ähnlich dicht zusammen wie die doppelten Membranen der Organellen. Besonders die Scheiben an der Konkavseite des schalig gebogenen Stapels bilden an den Rändern blasenförmige Auftreibungen. Diese schnüren sich schließlich völlig ab und bilden kleine Sekretvakuolen, die **Golgi-Vesikel**

(Abb. 3.11.). Die Membranen des Dictyosoms sind denen des glatten ER sehr ähnlich. Die Enzymausstattung der Dictyosomen ist unterschiedlich wie die Art der dort konzentrierten Exkrete. Als **Golgi-Apparat** wird die Gesamtheit der Dictyosomen einer Zelle bezeichnet. Dictyosomen bestehen aus etwa 3—12 (meist 3—7) Zisternen mit einem Durchmesser von etwa 0,5 bis 2 µm.

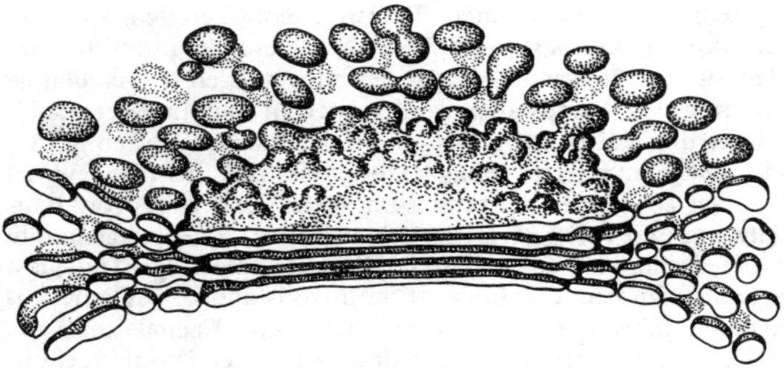

Abb. 3.11. Dictyosom mit Anschnitt. Nach Sitte.

Funktion: Dictyosomen sind **Orte der Konzentrierung oder auch Bildung von Sekreten.** Die Art der Stoffzuführung ist unbekannt. Das Sekret wird von den Zisternen in Form von Golgi-Vesikeln abgegeben. Diese können zum Plasmalemma wandern und dort durch Verschmelzen der Vesikelmembran mit dem Plasmalemma eine Ausschleusung des Sekrets herbeiführen (**Extrusion**, **Exocytose**, Abb. 3.10.). Auf diese Art werden etherische Öle, aber auch der Schleim von Wurzelhaubenzellen oder der Fangschleim von *Drosera* (s. 4.6.) sezerniert. Nach vollzogener Kernteilung wandern Golgi-Vesikel in die Äquatorebene des Phragmoplasten, verschmelzen dort und bilden mit ihrem Inhalt die Primordialwand (S. 72). Die Vesikel enthalten in diesem Falle Pektinstoffe. — Der Golgi-Apparat ist besonders in stoffwechselaktiven Zellen wie Drüsen- und Meristemzellen stark entwickelt.

Entstehung: Eine Neubildung von Dictyosomen erscheint aus dem ER wie aus der Kernmembran möglich. Auch eine Neubildung aus abgespaltenen Zisternen wird angenommen.

3.5.4. Lysosomen

Aufbau: Es handelt sich um kugelige, membranumgrenzte Vesikel unterschiedlicher Größe, welche verschiedene Enzyme enthalten. In ihrem Innern sind keine Strukturen erkennbar. Der Durchmesser übersteigt selten 2 µm.

Funktion: Die Lysosomen sind **Orte des hydrolytischen Abbaues** biologisch wichtiger Makromoleküle (Nucleinsäuren, Proteine, Polysaccharide, Lipide).

Die zu verdauenden Substanzen müssen die Lysosomen-Membran passieren, die ihrerseits die umgebenden Plasmastrukturen vor dem Angriff der eingeschlossenen Hydrolasen schützt. Die Substanzen entstammen dem äußeren Nahrungsangebot oder dem Bestand an zelleigenen Makromolekülen. Ein Austritt der Hydrolasen aus den Lysosomen erfolgt nach dem Zelltod und bewirkt die Autolyse der Zelle. Bei den Verdauungsdrüsen von karnivoren Pflanzen kommt es zur Exkretion hydrolytischer Enzyme als Folge einer Verschmelzung der Lysosomenmembran mit dem Plasmalemma (Extrusion).

Entstehung: Lysosomen sind ihrer Herkunft nach Golgi-Vesikel, deren Inhalt reich an Hydrolasen ist. Die Dictyosomen, welche derartige Vesikel abschnüren, erhalten die an Ribosomen gebildeten Enzyme eventuell durch Vesikel des ER. Während **primäre Lysosomen** nur als Überträger der hydrolytischen Enzyme gelten, werden diejenigen Vesikel, in denen die intrazelluläre Verdauung erfolgt, als **sekundäre Lysosomen** bezeichnet. Eine über die hydrolytische Spaltung hinausgehende Metabolisierung der Substanzen erfolgt in den Lysosomen offenbar nicht.

3.5.5. Weitere vesikuläre Membranstrukturen

Es gibt keine Einheitlichkeit bei der Benennung und Klassifizierung der Bestandteile des Cytoplasmas. Einige Begriffe sind historisch oder methodisch bedingt (Tab. 3.1.). So erhielt man bei der fraktionierten Ultrazentrifugation von Zellhomogenaten eine Fraktion von Partikeln, die als **Mikrosomen** bezeichnet wurden. Man weiß heute, daß es sich dabei um eine strukturell, chemisch und funktionell heterogene Fraktion handelt, die Teile des endoplasmatischen Reticulums mit Ribosomen, aber auch Bruchstücke der Kernmembran, der Mitochondrien oder Dictyosomen sowie Liposomen, Peroxysomen und Glyoxysomen enthält. Häufig werden vesikuläre Strukturen (Lysosomen, Peroxisomen, Glyoxysomen, Sphärosomen) unter der Bezeichnung **Cytosomen** zusammengefaßt.

Mikrobodies: Von Membran umgebene Vesikel mit einem Durchmesser von 0,2 bis 1,5 µm. Sie sind nicht auf den hydrolytischen Abbau spezialisiert wie die Lysosomen. Als **Glyoxysomen** besitzen sie die Enzyme des Glyoxylatcyclus sowie des Fettsäureabbaues und kommen im Fettspeichergewebe der Samen vor. Die **Peroxisomen** sind bei Pflanzen häufig den Plastiden zugeordnete Organellen der Lichtatmung, wozu ihnen außer der Katalase auch die Enzyme des Glykolatstoffwechsels zur Verfügung stehen. Vermutlich entstehen Mikrobodies durch Abschnürung von Zisternen des ER.

Sphärosomen: Hierunter werden Lipidtropfen unterschiedlicher Gestalt und chemischer Zusammensetzung verstanden. Im jungen Zustand sind sie vermutlich mit einer Elementarmembran umgeben, in späteren Stadien ist diese kaum nachweisbar. Der Durchmesser der Sphärosomen beträgt um 1 µm.

3.5.6. Ribosomen

Aufbau: Kleine, rundliche Partikel aus Ribonucleinsäure (rRNA) und Protein, welche hauptsächlich im Cytoplasma und an den Membranen des ER zu finden sind, daneben aber auch im Kern, in den Plastiden und den Mitochondrien. Als **Polysomen** bezeichnet man Komplexe von vielen Ribosomen, die an einem mRNA-Faden schraubig aufgereiht sind. Jedes Ribosom besteht aus zwei ungleich großen **Untereinheiten**; die Anheftung an der mRNA erfolgt an der kleineren Einheit. Nach der Größe der Sedimentationskonstanten werden **70S-Ribosomen** — sie kommen in Bakterien, Blaualgen, Plastiden und Mitochondrien vor — von den **80 S-Ribosomen** des Cytoplasmas eukaryotischer Zellen unterschieden. Ribosomen haben Durchmesser von 20 bis 30 nm.

Funktion: Sie bilden in Form der Polysomen die **Orte der Proteinsynthese** der Zelle. Die in der mRNA enthaltene genetische Information wird durch sie in Proteinstrukturen umgesetzt (s. 7.14.). Die Zahl der Ribosomen in der Zelle korreliert mit deren Proteinsyntheseaktivität, sie ist in wachsenden Zellen sehr hoch.

Entstehung: Die Biosynthese der rRNA erfolgt an der DNA des Kernes (80S-Ribosom) bzw. an der DNA der Plastiden oder Mitochondrien (70S-Ribosom). Ribosomen werden folglich durch Neubildung vermehrt. Der nach begrenzter Lebensdauer erfolgende Abbau macht eine ständige Ergänzung von Ribosomen erforderlich.

3.5.7. Geißeln

Aufbau: Geißeln (= **Flagellen**) treten als Organellen zur Fortbewegung bei Bakterien, Algen und Pilzen sowie bei vielen Fortpflanzungszellen auf. Sie besitzen bei eukaryotischen Zellen einen bemerkenswert einheitlichen Feinbau. Ihr fadenförmiger Körper wird von der Geißelmembran (= Plasmalemma) umgeben, den Innenraum durchziehen **zwei zentrale Mikrotubuli** (= Filamente) und **neun periphere Doppeltubuli** (= Doppelfilamente) ↑Abb. 3.12b u. c.). Letztere enthalten die Proteine **Tubulin** und das ATP-spaltende **Dynein** (entsprechend dem Actin und Myosin des Muskels). Der Komplex beider Proteine läßt bei Energiefreisetzung aus ATP ein Doppelfilament an dem benachbarten entlanggleiten, was zur Verkürzung der entsprechenden Geißelflanke führt. Die beiden zentralen Filamente stellen das nicht kontraktile Widerlager dar und lassen vermutlich Geißelkrümmungen nur senkrecht zu ihrer Verbindungslinie zu. Für die Steuerung der Bewegung ist wahrscheinlich der **Basalkörper (= Basalkorn)** an der Geißelbasis verantwortlich. Er enthält wie das Zentriol tierischer Zellen und mancher niederer Pflanzen ebenfalls Mikrotubuli. Eine grobe Einteilung unterscheidet **Peitschen-, Flimmer-, Band- und Fadengeißeln** (s. S. 178). — Der Durchmesser von Eukaryoten-Geißeln beträgt meist zwischen 0,15 und 0,3 µm. Die Länge kann von wenigen bis zu mehreren 100 µm betragen

(Geißellänge von *Euglena viridis* 50—60 µm). Kurze Geißeln, die in Vielzahl auftreten, werden als **Wimpern (Cilien)** bezeichnet. — Die **Bakteriengeißel** mit wesentlich kleineren Dimensionen besitzt den geschilderten Feinbau nicht. Sie besteht aus miteinander verdrehten Subfilamenten, welche Ketten von globulären Proteinen **(Flagellin)** darstellen. Ihr Bau läßt rudernde und drehende Bewegungen an ihrer Anheftungsstelle zu. Der Durchmesser von Bakteriengeißeln beträgt 0,01—0,02 µm (= 10—20 nm), ihre Länge bis zu 25 µm.

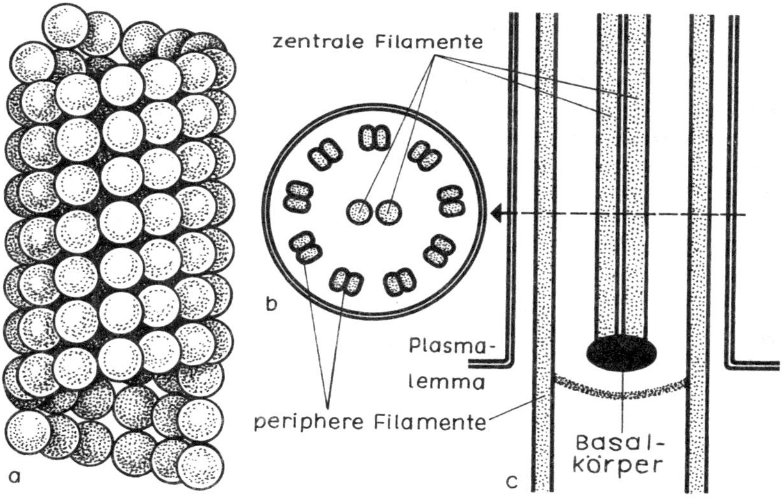

Abb. 3.12. Feinbau von Mikrotubulus und Eukaryoten-Geißel. a Abschnitt eines Mikrotubulus, **b** Querschnitt durch eine Geißel mit zwei zentralen Filamenten und neun peripheren Doppelfilamenten, **c** Längsschnitt durch Geißelbasis. — a nach Füller, b und c nach Schneider aus Hirsch, Ruska und Sitte.

Funktion: Pflanzliche Geißeln und Wimpern **dienen der Fortbewegung** im wäßrigen Medium. Wimpern führen ruderartige Bewegungen mit synchroner Abfolge durch. Ein **Ruderschlag** ist aber auch bei Geißeln (z. B. von *Chlamydomonas*) möglich. Häufiger sind schwingende Bewegungen in einer Ebene **(Wellenschlag)** oder kreisende im Raum **(Schraubenbewegung).** Dabei kann die Geißel am Bewegungsvorderende **(akrokont)** als Zuggeißel inseriert sein, am hinteren Ende **(opisthokont)** als Schubgeißel oder auch seitlich **(pleurokont).** Durch Richtungsänderung des Geißelschlages wird eine Steuerwirkung erreicht.

Entstehung: Die Neubildung von Geißeln erfolgt vom Basalkörper aus. Bei störenden Eingriffen können Geißeln abgeworfen werden, später aber neu entstehen.

3.6. Ergastische Einschlüsse (Paraplasmatische Strukturen)

3.6.1. Zellsaft-Vakuolen (Vakuom)

Aufbau: Durch eine Membran, den **Tonoplasten**, vom umgebenden Cytoplasma getrennt, enthalten Vakuolen den wäßrigen Zellsaft. In ihm sind viele unterschiedliche Substanzen gelöst wie anorganische und organische Ionen, Proteine, Kohlenhydrate sowie Anthocyane, Gerbstoffe und andere sekundäre Pflanzenstoffe. Durch organische Säuren zeigt der Zellsaft eine saure Reaktion. Die semipermeablen Eigenschaften des Tonoplasten sind von denen des Plasmalemmas verschieden. In ausgewachsenen Pflanzenzellen nimmt die zentrale Vakuole meist über 90% des gesamten Zellvolumens ein.

Funktion: Zellsaftvakuolen **speichern für die Pflanze nutzlose und auch schädliche Exkretstoffe** als Ausscheidungen des Protoplasten, **aber auch Reservestoffe**, die dem Stoffwechsel wieder zugeführt werden können. Als **Wasserreservoir** dienen sie der Konstanthaltung des Plasma-Quellungszustandes bei Landpflanzen (homoiohydre Lebensweise, S. 360). Vakuolen vermögen auf Grund ihres osmotischen Potentials Wasser aufzunehmen, wobei die festen

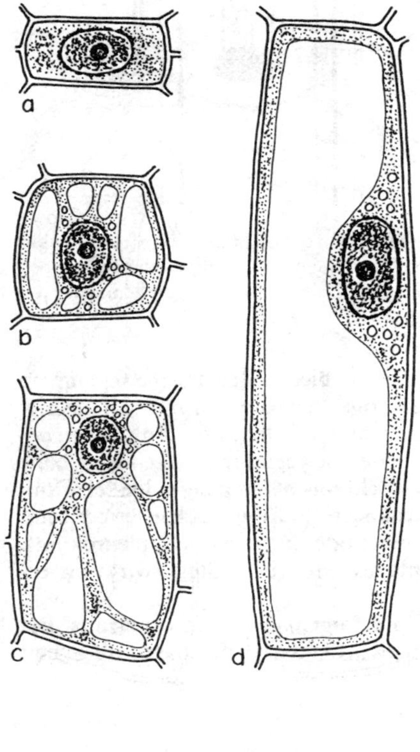

Abb. 3.13. Bildung von Zellsaft-Vakuolen (nach Troll).

Zellwände ein Zerreißen der Zellen verhindern. Der entstehende Turgordruck verhilft lebenden Zellen und damit Geweben und Organen zu ihrer Festigkeit.

Entstehung: Zellsaft-Vakuolen entstehen aus abgeschnürten Vesikeln des ER. Im Prozeß der Zellstreckung vergrößert sich ihr Volumen, sie verschmelzen miteinander und bilden zuletzt einen einzigen, vom Cytoplasma umgebenen Vakuolenraum (Abb. 3.13.). Die Möglichkeit einer Neubildung von Vakuolen durch Entmischung im Cytoplasma ist umstritten. Die Gesamtheit aller Vakuolen einer Zelle wird als Vakuom bezeichnet.

3.6.2. Aleuronkörner

Aufbau: Es sind feste, meist kugelige Proteineinschlüsse in den Zellen wasserarmer Speichergewebe. Sie werden von einer Membran umgeben. Die Globuline können als regelmäßig geformte Protein-**Kristalloide** vorliegen, als Nichteiweiß-Bestandteile des Aleuronkornes treten **Globoide** auf, welche vorwiegend **Phytin** (Ca-Mg-Inosithexaphosphorsäure) enthalten (Abb. 3.14.). Der Durchmesser von Aleuronkörnern beträgt im Gramineen-Endosperm 3—5 µm, im Ricinus-Samen bis zu 20 µm.

Funktion: Als **Speicher von Reserveproteinen** gehören sie zum Nährstoffvorrat der Samen. Bei der Keimung erfolgt nach Wasseraufnahme in die Aleuronkörner die Mobilisierung der Proteine durch **Proteasen**, wie auch der Phosphorsäure des Phytins durch **Phytase.**

Entstehung: Aus proteinreichen Zellsaftvakuolen bilden sich durch Wasserentzug während der Samenreifung feste Aleuronkörner.

3.6.3. Lipidvakuolen

Aufbau: Im wasserarmen Gewebe (z. B. Endosperm) liegen Fette oder Öle fein verteilt in kleinen Tröpfchen vor (mit Membran?), im wasserreichen Gewebe als größere kugelige Fettvakuolen, die von einer Membran umgeben sind. Die Größe zentraler Zellsaftvakuolen erreichen sie nicht.

Funktion: Es sind **Speicher der energiereichen Fette**, die bevorzugt in Zellen von Samen auftreten. Die Mobilisierung (= hydrolytische Spaltung) der Fette erfolgt durch **Lipasen**, die in Lysosomen (s. 3.5.4.) nachgewiesen wurden; der Abbau der Fettsäuren findet in Mitochondrien (s. 3.4.) statt.

Entstehung: Lipidtröpfchen ohne umgebende Membran dürften durch Entmischung entstanden sein; bei denen mit Membran ist ein Ursprung aus lipidreichen ER-Vesikeln wahrscheinlich (Cytosomen). Oft ist ungeklärt, ob es sich um Speicherstoffe oder um Exkrete handelt. — Eine prinzipielle Trennung der Lipidvakuolen von den meist wesentlich kleineren Sphaerosomen erscheint nicht möglich.

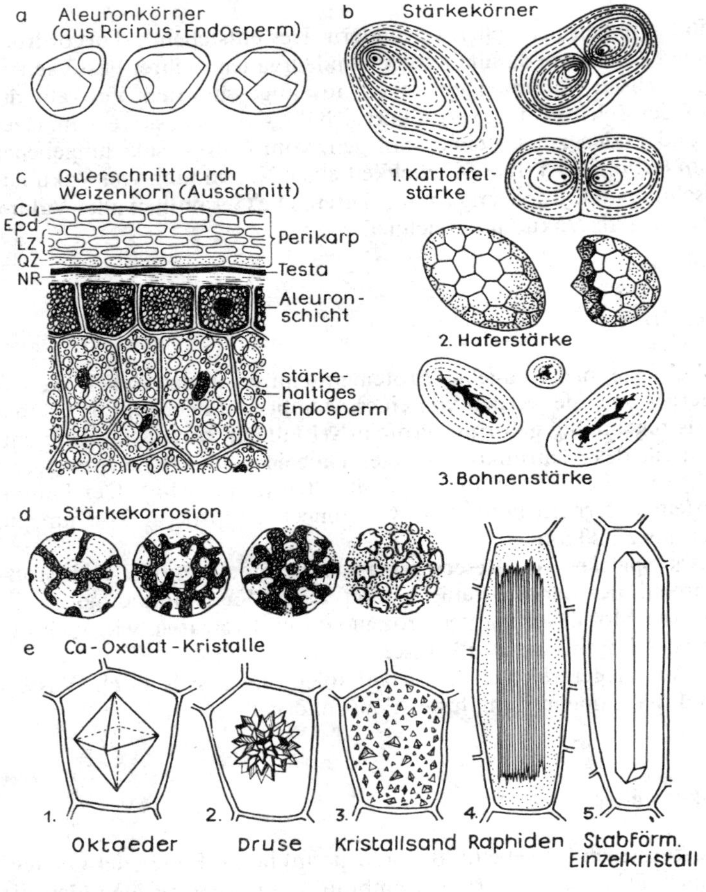

Abb. 3.14. Feste Einschlüsse der Zelle. *Cu* Cuticula, *Epd* Epidermis, *LZ* Längszellen, *NR* Nucellarrest, *QZ* Querzellen. c nach Strasburger, d nach Noll, e nach Troll.

3.6.4. Stärkekörner

Aufbau: Die Gestalt der Körner ist arttypisch, in der Größe variabel, mit regelmäßig und unregelmäßig rundlichen Formen und nur selten stab- und hantelförmig. Eine dichte Packung, z. B. im hornigen Endosperm von *Zea mays*, bringt abgeflacht-polyedrische Stärkekörner hervor. Häufig ist eine **zentrische** (vom Plastiden-Mittelpunkt ausgehend) oder **exzentrische Schichtung**

in den Körnern als Folge unterschiedlicher Hydratisierung der Stärke festzustellen (Abb. 3.14.). Unter konstanten Außenbedingungen unterbleibt die Schichtung bei Gramineen (exogene Rhythmik); bei vielen dikotyledonen Pflanzen tritt sie weiter auf (endogene Rhythmik, s. 8.5.). Durch mehrere Bildungszentren in einem Leukoplasten entstehen **zusammengesetzte Stärkekörner.** Die Anteile der beiden Fraktionen der Stärke (Amylum), der **Amylose** mit unverzweigten Glucoseketten (mit Iod Blaufärbung) und dem **Amylopectin**, mit verzweigten Ketten (Braunrotfärbung mit Iod), sind je nach Pflanzenart unterschiedlich. Der Durchmesser von Stärkekörnern kann bei der Kartoffel 100 μm erreichen, bei Getreide aber nur etwa 50 μm. Stets sind auch wesentlich kleinere Stärkekörner in einer Zelle enthalten.

Funktion: Stärke ist **das häufigste Speicher-Kohlenhydrat** in den Pflanzen. Ihr Abbau durch **Amylasen** führt zur D-Glucose, dem Substrat der Glykolyse. Die Unlöslichkeit der Stärke in Wasser schützt die Zelle vor Störung des osmotischen Gleichgewichtes, macht aber für den Transport den Abbau zu löslichen Zuckern notwendig.

Entstehung: Stärkekörner entstehen stets in Plastiden, in Chloroplasten die **Primärstärke**, in Leukoplasten (Amyloplasten) die **Sekundärstärke** (= Reservestärke). Die Bildungsorte in den Plastiden heißen **Pyrenoide** (Stärkeherde). — Die Florideenstärke der Rotalgen und das Paramylum der Euglenophyten entstehen nicht in Plastiden, ihr chemischer Aufbau weicht von dem der Stärke ab (vgl. S. 43).

3.6.5. Kristalle

Aufbau: Die weitaus meisten Kristalle der Pflanzen bestehen aus **Calcium-Oxalat**, das als Monohydrat ($Ca(C_2O_4) \times 1\ H_2O$) oder als Dihydrat ($Ca(C_2O_4) \times 2\ H_2O$) sehr verschiedene Kristallformen bilden kann (Abb. 3.14.). Häufig anzutreffen sind: Einzelkristalle wie **Oktaeder** und **prismatische Säulen**, Kristallaggregate wie **Drusen, Raphiden** als Bündel nadelförmiger Kristalle und aus vielen kleinen Kristallen bestehender **Kristallsand.** Oxalatkristalle entstehen zwar im Plasma, gelangen von dort aber auch in Vakuolen und in die Zellwand.

Nur selten ist **Calciumcarbonat** in lebenden Pflanzenzellen kristallisiert zu finden, wie z. B. bei den Cystolithen von *Ficus*-Arten; häufiger ist es jedoch in den Zellwänden eingelagert. Ebenfalls selten im Zellumen, häufiger aber an Wänden treten **Kieselsäure-Partikel** $(SiO_2)_n$ auf. **Calciumsulfatkristalle** sind in einigen *Desmidiales* anzutreffen.

3.7. Zellwand

3.7.1. Mittellamelle

Aufbau: Als Zwischen- und Verbindungsschicht zwischen benachbarten Zellen im Gewebe besteht sie aus Pectinstoffen (β-1-4-Polygalacturonsäure und ihre Derivate), die eine unstrukturierte Gallerte bilden. Zu diesen Pectinstoffen gehören die **Pectinsäure, Pectine** und **Protopectine** (s. 2.7.2.2.). Die Mittellamelle ist nur wenige Nanometer dick.

Funktion: Sie **bewirkt den festen Zusammenhang der Wände** zweier durch Teilung entstandener Zellen und ermöglicht damit den Aufbau von Geweben. Ein enzymatischer Abbau durch pflanzeneigene Pectase (= Pectin-Esterase) und Pectinase (= Pectin-Depolymerase) kann, wie z. B. bei reifen Früchten, zur Trennung der Zellen führen. Durch bakteriellen Pectinabbau werden z. B. bei der Flachsröste Parenchymgewebe von den Bastfasern getrennt **(Mazeration).**

Entstehung: Ausgangspunkt ist die **Zellplatte**, die als Verschmelzungsprodukt von Golgi-Vesikeln in der Äquatorebene der Kernteilungsspindel entsteht. Durch Anlagerung weiterer Vesikel mit Pectinstoffen bildet sich aus dieser Zellplatte die durch zwei neue Plasmalemma-Schichten begrenzte **Primordialwand** als vollständige Trennung der beiden jungen Zellen. Gleichzeitig beginnt bereits die Anlagerung von Primärwandschichten von beiden Seiten, wodurch die dazwischenliegende Primordialwand zur Mittellamelle wird.

3.7.2. Primärwand

Aufbau: Sie ist die erste zelleigene Wandschicht. In ihrer gallertig gequollenen **Grundsubstanz** aus Pectinstoffen und sogenannten Hemistoffen (Hemicellulose, saure Polysaccharide und vermutlich auch Proteine) sind **Gerüstsubstanzen** aus Cellulose (Pilze: Chitin) eingelagert. Diese bilden **Mikrofibrillen**, wobei mehrere tausend der langkettigen Moleküle zu Strängen vereinigt sind. Untereinheiten der Mikrofibrillen sind **Elementarfibrillen (Micellen).** Die Anordnung der Mikrofibrillen in der Primärwand zeigt eine **Streuungstextur**, sie bilden ein unregelmäßiges Fibrillennetz, ohne an den Berührungsstellen miteinander verbunden zu sein. Es war möglich, einen lamellären Feinbau der Primärwände zu erkennen. In ihnen sind **primäre Tüpfelfelder** als Orte besonders geringer Mikrofibrillen-Dichte erkennbar. Auf diesen Tüpfelfeldern erfolgt der Durchtritt vieler **Plasmodesmen** (= Cytoplasmafäden, von Plasmalemma umgeben) zu den Nachbarzellen. — Vom Gesamtvolumen der Primärwand nimmt die Gerüstsubstanz nur etwa 10% oder weniger ein. Die Dicke der Primärwand liegt in der Größenordnung von 0,5 μm, der Durchmesser von Cellulose-Mikrofibrillen bei 0,025 μm.

Funktion: Die Primärwand **bietet jungen Zellen Schutz und dem Turgordruck des Zellinhaltes einen elastischen Widerstand**, ohne den für aktive Lebensprozesse notwendigen Stoffaustausch mit der Umgebung wesentlich zu behindern. Sie ist permeabel und kann bei der Zellstreckung im Zusammenhang mit ihrem Flächenwachstum eine plastische (irreversible) Dehnung erfahren.

Entstehung: Durch Golgi-Vesikel werden die Substanzen der Primärwand-Grundsubstanz über das Plasmalemma ausgeschleust (Exocytose, Abb. 3.10.). Der Aufbau der Aggregate aus Gerüstsubstanz erfolgt in den Wandlamellen der Grundsubstanz. Durch Zellstreckung erfolgt eine Ausdehnung des Fibrillennetzes, aber kaum eine Verdünnung der Wand. Diesem Prozeß wirkt die **Einlagerung (Intussuszeption)** neuer Grundsubstanz und die **Anlagerung (Apposition)** neuer Lagen von Mikrofibrillen entgegen. Der Aufbau von Primärwänden aus mehreren Lamellen von Gerüstsubstanz-Netzen wird mit der **Theorie des Multi-Netz-Wachstums**, einer diskontinuierlich erfolgenden Anlagerung neuer Innenschichten, erklärt. In ihnen steigt der Gehalt an Cellulose zum Zellinneren hin an.

3.7.3. Sekundärwand und Cuticula

Aufbau: Die gegenüber der Primärwand sehr wesentlich dickere Sekundärwand legt sich dieser von innen an und enthält neben der Grundsubstanz etwa 90% Cellulose. Die Mikrofibrillen sind häufig zu größeren Einheiten, den **Makrofibrillen**, verbunden und verlaufen bevorzugt in einer Richtung: es liegt **Paralleltextur** vor. In den verschiedenen Schichten der Sekundärwand kann die Verlaufsrichtung jedoch unterschiedlich sein. Langgestreckte Zellen mit dicker Sekundärwand zeigen entweder einen Verlauf der Fibrillen entsprechend der Längsachse der Zellen (**Fasertextur**, z. B. bei Flachsfasern) oder durch schräge Anordnung zur Zell-Längsachse einen schraubigen Fibrillenverlauf (**Schraubentextur**, z. B. beim Baumwollhaar). — Auf den primären Tüpfelfeldern der Primärwand unterbleibt die Sekundärwandbildung, es entstehen **Tüpfel**, die bei dikken Zellwänden durch die **Tüpfelkanäle** die Zellumina zweier benachbarter Zellen in Kontakt bringen. Aus dem Tüpfelfeld entsteht eine **Schließhaut.** — In dem Cellulosegerüst der Zellwand können die sehr kleinen Hohlräume zwischen den Elementarfibrillen **(Intermicellarräume)** Quellungswasser aufnehmen. In den größeren **interfibrillären Räumen** der Primär- und Sekundärwände wie auch in der Mittellamelle kann die Grundsubstanz durch eingelagerte **Inkrusten** wie **Lignin** (Holzstoff) verdrängt werden. Dieser Prozeß der **Verholzung** wird dadurch bewirkt, daß die Phenyl-Propan-Verbindungen Coniferylalkohol und Sinapinalkohol als Glykoside von den Zellen ausgeschieden werden und unter Mithilfe zellwandeigener Glykosidase und Phenoloxidase zu Radikalen werden, die in den Zellwänden zu Lignin polymerisieren. Die Einlagerung dieser amorphen Substanz bewirkt eine höhere Festigkeit der Zellwände bei gleichzeitiger Verringerung ihrer Elastizität, was für Festigungszellen und Wasserleitungselemente (Tracheen und Tracheiden) von Vorteil ist. Verholzung führt weiterhin stets zum Absterben der betreffenden Zellen, obwohl die Permeabilität der Wand für Wasser und kleinmolekulare Substanzen nicht sehr stark verringert wird. — Während Lignin stets in das Cellulose-Wandgerüst eingelagert wird (Inkrustierung), können **Cutin** und **Suberin** (Korkstoff) auf Grund ihrer Lipophilie nur als Schichten oder Zwischenschichten aufgelagert werden **(Adkrustierung).** Die Hauptbestandteile der beiden letztgenannten Substanzen sind polymere Fett- und Oxyfettsäuren, die mit ebenfalls lipophilen Wachsen gemeinsam auftreten. Cutin wird als flüssiges Procutin von Epidermiszellen sezerniert, wandert durch die Außenwand und bildet auf deren Außenfläche einen geschlossenen Überzug, der durch Polymerisation verhärtet. Diese **Cuticula** enthält in ihren äußeren Schichten **Wachseinschlüsse** und kann an ihrer Oberfläche Wachs kristallin ausscheiden. In den zellwandnahen Schichten der Cuticula sind **Pectinfelder** enthalten, in den angrenzenden äußeren Schichten der Zellwand **Cutinlamellen (cutinisierte Wand).** — Das Suberin wird ebenfalls in Form seiner Vorstufen von den Zellen vieler Abschlußgewebe ausgeschieden und polymerisiert als dünne Lamellen an der Innenseite der Primärwände (oft anstelle der Sekundärwand). Zwischen den Suberinschichten befinden sich sehr dünne Wachsschichten. Wenn alle Wände der Zelle Korklamellen ausbilden, kommt es zum völligen Abschluß und zum Zelltod.

Außer Lignin werden auch **Gerbstoffe, Farbstoffe** und **andere sekundäre Pflanzenstoffe**, schließlich auch **$CaCO_3$** und **SiO_2** in die Zellwände eingelagert.

Ein Cellulosemolekül besteht aus etwa 15000 Glucoseresten (unverzweigte, gestreckte Ketten mit 1,4-glykosidischer Bindung der sesselförmigen Glucopyranosereste, s. S. 43). Die Länge eines Moleküls beträgt bei der angegebenen Zahl von Monomeren 5 µm. In einer Elementarfibrille (Micelle) sind etwa 100 Cellulosemoleküle vereinigt, etwa 10 bis 20 Elementarfibrillen bilden eine Mikrofibrille, deren Durchmesser bei etwa 0,02 µm liegt. Die in den Sekundärwänden auftretenden Makrofibrillen sind eine Vereinigung von zahlreichen Mikrofibrillen; sie erreichen einen Durchmesser von etwa 0,4 µm, womit sie an der Grenze des Auflösungsvermögens von Lichtmikroskopen liegen. Die Dicke der Zellwand kann bei Sklerenchymzellen 10 µm übersteigen.

Funktion: Sekundärwände **erhöhen die Festigkeit der Zellwand** oft über das Maß einer für die Turgeszenz erforderlichen Widerstandsschicht hinaus. So entsteht ein in sich stabilisiertes Wandgerüst vorrangig im Dienst der Organfestigkeit und der Wasserleitung. Die wichtigste Funktion der Cuticula ist der Transpirationsschutz der Sproßoberfläche.

Entstehung: Grundsubstanz (und Enzyme?) wird wie bei der Primärwandbildung in Golgi-Vesikeln transportiert und am Plasmalemma ausgeschleust. Sie bildet neue cellulosereiche Wandschichten. In gleicher Weise können Adkruste abgeschieden und angelagert werden, während Inkruste nach ihrer Abscheidung die bereits gebildeten Wandschichten zu durchdringen vermögen.

3.8. Die Zelle der Prokaryoten

Von dem bisher geschilderten Aufbau der eukaryotischen Pflanzenzelle unterscheiden sich Zellen der **Bakterien** (Abb. 6.4.) und **Cyanophyceen** (= Cyanobacteria, Abb. 6.5.), der Prokaryoten, durch ihre einfachere Struktur. So haben sie keinen Kern mit Kernmembran und Nucleoli, bei dessen Teilung ein Spindelapparat tätig ist. Sie enthalten aber DNA in Form eines ringförmig geschlossenen Doppelstranges, der mit dazugehöriger RNA und Protein das **Kernäquivalent (Nucleoid)** bildet. Außer in diesem Chromosom enthalten Bakterien auch wesentlich kleinere ringförmige DNA-Doppelstränge, die **Plasmide**, als Träger genetischer Information. Das Chromosom verdoppelt sich vor einer Zellteilung umlaufend von einem Startpunkt des Ringes aus, und je ein Chromosom gelangt in eine der Tochterzellen. Photosynthetisch aktive Prokaryoten besitzen keine membranumgebenen Plastiden (wie auch keine Mitochondrien), wohl aber intraplasmatische Membranen als Träger der Assimilationsfarbstoffe. Die Membranen können als **Thylakoide** in mehr oder weniger ausgeprägt stapelförmiger Anordnung vorkommen oder — wie bei einigen Rhodobakterien — in Form von netzartig durch Stränge zusammenhängenden Bläschen **(„Chromatophoren“).** Aus tubulären Einstülpungen der Cytoplasmamembran entstandene, oft lamellig membranöse Körper werden **Mesosomen** genannt. Ihre Funktion ist noch strittig. — Alle Membranen zeigen wie in eukaryotischen Zellen eine Dreischichtigkeit mit etwa den gleichen Schichtdicken wie diese. Zu den erkannten Unterschieden zur Eucyte gehört, daß die Bakterienmembran das Elektronentransportsystem der Atmungskette besitzt und die Enzyme der oxidativen Phosphorylierung (in Eucyten im Mitochondrium). Netzartige Endomembransysteme (ähnlich dem ER) sind in Bakterien festgestellt worden; Zellsaftvakuolen fehlen, wohl aber können **Gasvakuolen** auftreten.

Am Aufbau der Zellwand von Prokaryoten sind verschiedenartige Substanzen beteiligt. Hauptbestandteil ist das **Murein**, ein nichtfibrilläres Polymer aus N-Acetyl-glucosamin und N-Acetyl-muraminsäure in 1,4-glykosidischer Verknüpfung. Verschiedene Aminosäuren, insbesondere Diaminosäuren, führen durch Peptidbindung mit den unverzweigten Mureinmolekülen zu deren Vernetzung. Zu den Wandbestandteilen gehören auch **Lipoproteide** und **Lipopolysaccharide**, Gruppierungen, welche die spezifischen Bakterien-Antigene bedingen. — Die **Bakteriengeißel** wurde bereits im Kap. 3.5.7. vorgestellt. Zellteilung erfolgt bei Prokaryoten meist durch irisblendenartige Durchschnürung **(„Spaltung“).** Es tritt keine generative Vermehrung auf (nur bei Bakterien parasexuelle Vorgänge, s. S. 169). Außerhalb der meist dünnen Zellwand sind Prokaryoten häufig von einer **Gallert-** oder **Schleimschicht** umgeben, bei Überdauerungsformen auch von festen **Kapseln** oder **Sporenhüllen.** Diese Umhüllungen sind vorwiegend aus Polysacchariden aufgebaut, die Hülle der **Endosporen** von Bakterien aus Protein. Im Cytoplasma der Prokaryoten befinden sich **Ribosomen** vom **70S-Typ**, die zur Proteinsynthese Aggregate bilden.

4. Gewebe

Die Zellen vielzelliger Pflanzen sind sehr unterschiedlich differenziert entsprechend ihren Aufgaben, die sie meist in Verbänden von funktionell und anatomisch gleichartigen Zellen, als Gewebe, erfüllen. Die Stammesgeschichte hat eine begrenzte Zahl von Gewebetypen als Folge der Arbeitsteilung hervorgebracht.

Bei **„echten“ Geweben** sind die benachbarten Zellen durch ihre Entstehung aus gemeinsamen Ursprungszellen verbunden und kommunizieren durch Plasmodesmen. **Scheingewebe** (Pseudoparenchyme) wie das **Plectenchym** („Flechtgewebe“) der Pilze und mancher Algen (Abb. 6.14.), entstehen durch einen nachträglich festen Verbund von oft verzweigten Zellfäden, deren Zellen nur in der jeweiligen Fadenreihe, von der Zellteilung her, durch Plasmodesmen verbunden sind. Verquellende Zellwände können die Verbindung der Zellfäden aber sehr eng gestalten.

Gewebe entstehen als Folge der Bildung vieler junger Zellen durch Teilungswachstum, einer Funktion, die als **Bildungsgewebe** oder **Meristem** erfüllt. Diesem stehen die verschiedenartig differenzierten **Dauergewebe** gegenüber.

4.1. Bildungsgewebe (Meristeme)

Ausgehend vom embryonalen Zustand einer Pflanze behalten bestimmte Zellen und Zellzonen ihre Teilungsfähigkeit. Neben diesen vom **Urmeristem** abstammenden **primären Meristemen** treten aber auch **sekundäre** auf, die aus erneut teilungsfähig werdenden Dauergewebszellen entstehen **(Folgemeristeme).**

Primäre Bildungsgewebe: Mit einem **Apikalmeristem** erfolgt das Wachstum von Sproß- und Wurzelspitze, neue Zellen bilden sich an den dort befindlichen **Vegetationspunkten** (Vegetationskegel). Ein mikroskopischer Medianschnitt zeigt die Sproßspitze von Blütenpflanzen als einen Kegel, dessen meristematische Zellen, die **Initialzellen**, in einer (bei *Lycopodium* und Gymnospermen) oder mehreren Schichten (bei Angiospermen) angeordnet sind (Abb. 4.1.d, e). Bei mehrschichtigen Vegetationskegeln bilden die äußeren Initialzellschichten (1—5) die **Tunica**, in der nur **antiklin**, d. h. senkrecht zur Organoberfläche, Zellteilungen erfolgen. Die Zellen der innersten Schicht, des **Corpus**, teilen sich sowohl **anti- wie periklin** (senkrecht und parallel zur Organoberfläche), die peripheren Zellbereiche aber meist lebhafter als die zentralen. An den Kegel von Initialzellen schließt sich der Bereich der **Blatthöcker** an, die sich an der jungen Achse in dichter Folge erheben. Oberhalb jedes Blatthöckers **(Blattprimordium)** bleibt bei der nun folgenden Achsen- und Blattentwicklung jeweils eine Gruppe embryonaler Zellen an der Achsenoberfläche zurück, aus der ein neuer Vegetationskegel entsteht. Hier bilden sich **Knospen**, wie man die von Blattorganen eingehüllten Vegetationskegel des Sprosses nennt (s. 5.2.2.).

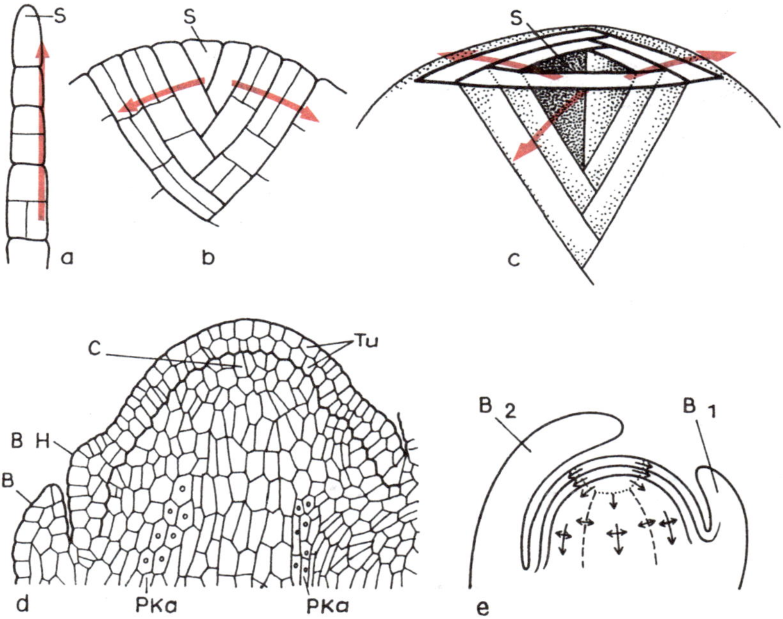

Abb. 4.1. Spitzenmeristeme. a einschneidige, **b** zweischneidige, **c** dreischneidige Scheitelzelle. **d** Vegetationskegel von *Asparagus falcatus*, zwei Tunicaschichten über dem Corpus; **e** schematische Darstellung der Wachstumsrichtungen in den Teilungszonen. *B* Blatt, *BH* Blatthöcker, *C* Corpus, *PKa* Prokambium, *S* Scheitelzelle, *Tu* Tunica. — d, e nach Kaussmann.

Am Vegetationspunkt der stets blattlosen Wurzel geht das apikale Wachstum bei den Blütenpflanzen von einer Gruppe von Initialzellen der Wurzelspitze aus. Diese ist von einer **Wurzelhaube** oder **Kalyptra** bedeckt. Die Initialzellen bilden sowohl in basaler Richtung neue Zellen für die sich verlängernde Wurzel, als auch in apikaler Richtung neue Wurzelhaubenzellen. Im einzelnen sind die Verhältnisse in den Wurzeln recht unterschiedlich (s. 5.4.1.), eine Gliederung in Tunica und Corpus gibt es nicht.

Bei Thallophyten und den meisten Farnpflanzen tritt bei apikalem Wachstum an Stelle mehrerer Initialzellen eine einzelne, sogenannte **Scheitelzelle** auf. Im Gegensatz zu Initialzellen, welche seitlich aus dem Initialfeld verdrängt werden können, bleibt diese als Teilungszelle stets an der Spitze erhalten. Nach der Zahl der Richtungen, in denen nacheinander Tochterzellen abgetrennt werden, unterscheidet man ein- bis vierschneidige Scheitelzellen (Abb. 4.1.a—c). Einschneidig sind sie bei einigen Algengruppen (z. B. *Sphacelariales*, *Dictyotales*, S. 194). **Zweischneidige** Scheitelzellen lassen z. B. Blättchen bei Laubmoosen entstehen, eine **dreischneidige** führt zur Bildung der Achse bei Moosen, Farnen und Schachtelhalmen. Die **vierschneidige** Scheitelzelle ist auf Wurzelspitzen von Farnen beschränkt, wo sie in drei Ebenen Zellen für den Wurzelkörper bildet, in der vierten Ebene apikalwärts aber Wurzelhaubenzellen.

Ebenfalls primäres Meristem sind die Zonen von Bildungszellen, welche das **interkalare Wachstum** bei der **Internodienstreckung** bewirken (bei der Gramineenachse oberhalb des Knotens besonders lange funktionstüchtig) sowie die interkalare Bildung von Blattstielen. Die **Blattflächen** verdanken ihre Entstehung einem komplexen und in den systematischen Gruppen sehr unterschiedlichen Prozeß von **Spitzen-, Rand-, Flächen- und Dickenwachstum.** Die Blattmeristeme beenden ihre Tätigkeit nach Fertigstellung des Blattes (Ausnahme z. B. *Welwitschia mirabilis*). Wie das Apikalmeristem kann auch das Kambium der Leitbündel seine Teilungsaktivität unbegrenzt erhalten (s. sek. Dickenwachstum, S. 113). Bildungsgewebe, die als Abkömmlinge des Urmeristems erhalten bleiben, werden auch als **Restmeristeme** bezeichnet. **Meristemoide** sind Einzelzellen oder kleine Zellgruppen, die als Rest- oder Folgemeristem teilungsfähig sind (z. B. Trichoblasten der Epidermis).

Sekundäre Bildungsgewebe (= Folgemeristeme) sind: das **Phellogen** (= Korkkambium) als Bildungsort von Korkzellen (s. Abschlußgewebe), das **interfascikulare Kambium** beim sekundären Dickenwachstum nach dem Aristolochia-Typ (s. 5.2.4.), das Kambium des Monokotyledonen-Dickenwachstums und des anomalen Dickenwachstums z. B. der *Beta*-Rübe (s. 5.4.2.) u. a.

Die Tätigkeit eines Kambiums wird durch eine strenge Reihung (nicht „auf Lücke“ liegen) der abgeschiedenen Zellen im histologischen Schnitt sichtbar.

4.2. Grundgewebe (Parenchyme)

Diesem Typ von Dauergewebe gehören die weitaus meisten Zellen der Pflanze an. Die weiteren fünf Dauergewebstypen dienen im Grunde nur dem Schutz und der Versorgung der im Pflanzeninnern liegenden Parenchyme.

Die ehemals embryonalen Zellen haben den Endzustand ihrer Differenzierung erreicht, besitzen ein Vakuom und — für ihre Funktionen als lebende Zellen — dünne Wände. In dem Gewebe entstanden an den Zellkanten durch lokale Auflösung der Mittellamelle **Interzellularräume**, welche insgesamt als ein Netz feiner Luftkanälchen dem Atmungs- und Assimilations-Gasaustausch dienen (Abb. 4.2.). Diese Entstehung von Hohlräumen wird als **schizogen** (griech. schizein = spalten) bezeichnet. Der feste Verband der Zellen wird durch die Interzellularen nicht gelockert. Die Organfestigkeit krautiger Achsen und Blätter beruht aber nicht nur auf der festen Haftung turgeszenter Zellen, sondern sehr wesentlich auf der **Gewebespannung.** Dabei läßt ein äußerer Mantel fester Zellen bzw. Gewebe nur eine begrenzte Ausdehnungsmöglichkeit für die ausdehnungsfähigen Zellen des umschlossenen Parenchyms zu. Es entsteht eine der Turgeszenz von Zellen analoge Situation. Turgorverlust führt zum Verlust der Gewebespannung und zum Welken krautiger Pflanzen.

Wichtige **Ausbildungsformen des Grundgewebes** sind:

— das **Assimilationsparenchym**, das reich an Chloroplasten und Interzellularen ist und vorrangig im Mesophyll auftritt,

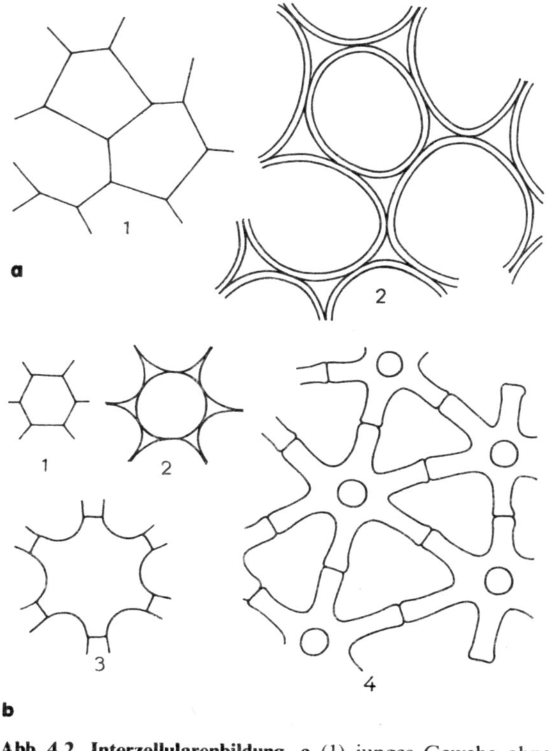

Abb. 4.2. Interzellularenbildung. a (1) junges Gewebe ohne, (2) älteres mit Interzellularen. **b** (1—4) Entstehung des Aerenchyms (Sternparenchym) bei *Juncus* (die Kreise in den Sternzellen bei (4) sind nach oben gerichtete Fortsätze).

— das **Speicherparenchym** mit Fett, Eiweiß oder Kohlenhydraten als Reservestoffen, es findet sich in Wurzeln, Achsen, Samen und Früchten,
— das **Wasserspeichergewebe** mit großen, farblosen Zellen in Blättern und Achsen, vorwiegend bei Sukkulenten,
— das **Durchlüftungsgewebe (Aerenchym)**, das durch extrem große Interzellularräume (Lakunen) gekennzeichnet wird, es dient besonders in Sumpf- und Wasserpflanzen dem Gasaustausch (Abb. 4.2.).

Bei Geweben wird die Gesamtheit der durch Plasmodesmen verbundenen Protoplasten als der **Symplast** bezeichnet, alle dazwischenliegenden Zellwände, Interzellularen und Räume toter Zellen bilden den **Apoplast.**

4.3. Abschlußgewebe

Die **Epidermis** entsteht aus der äußeren Schicht der Tunica und bedeckt den ganzen Pflanzenkörper. Sie gewährleistet Abschluß und Schutz, aber auch die notwendige Verbindung zur Außenwelt. Im Sproßbereich wird der Schutz durch Wandverdickungen, Auflagerungen und Trichome erreicht, der notwendige Gasaustausch durch Ausbildung von Spaltöffnungen. Die Epidermis der Wurzel gewährleistet durch eine dünne Außenwand und das Fehlen einer Cuticula die Nährstoffaufnahme. Wegen ihrer von der Sproßepidermis abweichenden Struktur und Funktion wie auch wegen ihrer andersartigen Entstehung wird die **Wurzelepidermis** richtiger **Rhizodermis** genannt. Ihre Behandlung erfolgt bei den Absorptionsgeweben (s. 4.4.).

Die **Sproßepidermis** hat zu schützen gegen den Verlust von Gewebswasser, die Einwirkung von UV-Licht, eine mechanische Beschädigung z. B. durch Flugsand oder Eis, gegen Wasserbenetzung und Fäulniserreger oder auch gegen Haftung von Parasitensporen und Insektenbeinen.

Damit in Zusammenhang sind folgende Merkmale zu sehen:

- das Fehlen von Interzellularen zwischen den Epidermiszellen
- die erhöhte Dicke der meisten Epidermis-Außenwände
- die wellige Wandverzahnung der Zellen untereinander
- die Ausbildung von Cuticula und cutinisierter Außenwandschicht
- das Auftreten von Wachsüberzügen auf der Cuticula und von Wachseinlagerungen in den äußeren Cuticularschichten
- der Besatz mit toten Haaren verschiedener Ausbildung
- eventuell auch der gelegentliche Anthocyangehalt (Filter gegen UV-Strahlung?)

Spaltöffnungen oder **Stomata** entstehen aus jungen Epidermiszellen (Meristemoide) durch Teilung zu **Schließzellen** und eventuell auch **Nebenzellen.** In dem Begriff **„Spaltöffnungsapparat“** werden beide Zelltypen erfaßt. Spaltöffnungen dienen in erster Linie der CO_2-Aufnahme aus der Außenluft, ferner der Wasserdampfabgabe aus dem Pflanzeninnenraum, der **Transpiration** (s. 7.7.2.). Da diese zu einem großen Anteil unerwünschte Begleiterscheinung der notwendigen CO_2-Aufnahme ist, ist eine Regulierung der

Spaltenweite zur Vermeidung zu großer Wasserverluste erforderlich. Die zwei Schließzellen öffnen bei Turgoranstieg zwischen sich einen Spalt, indem sie sich bohnenförmig gegeneinander krümmen (**Helleborus-Typ**, Abb. 4.3.a, b). Das ist die Folge einer geringeren Dehnbarkeit der dicken Bauchwände der Schließ-

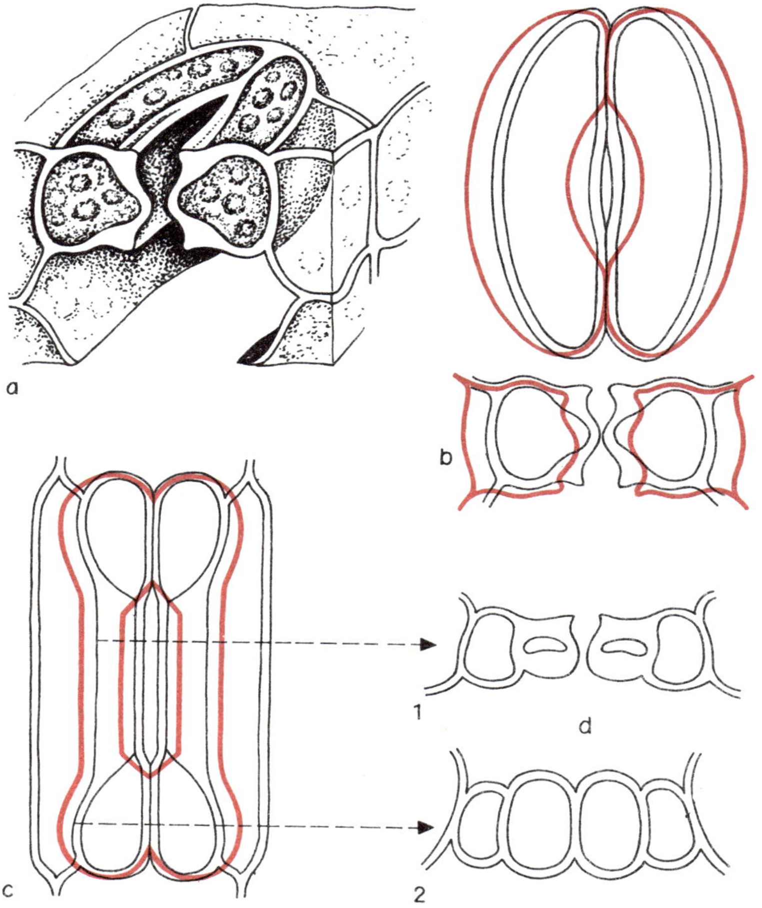

Abb. 4.3. Spaltöffnungen. a Querschnitt durch die Schließzellen einer Spaltöffnung des Helleborus-Typs. **b** Aufsicht und Querschnitt bei diesem Typ, schematisch. **c** Aufsicht und **d** Querschnittsbilder einer Gramineen-Spaltöffnung, schematisch. (1) Querschnitt im mittleren Bereich, (2) Querschnitt im Endbereich. Rote Linien im geöffneten Zustand. — a nach Holman und Robbins, b—d nach Haberlandt.

zellen (der Spalte zugekehrt) gegenüber den dünnen Rückenwänden. Bei Spaltöffnungen der Gräser rücken die starren, dickwandigen Mittelteile der Schließzellen auseinander, wenn sich die dünnwandigen Enden bei Turgoranstieg keulig verdicken (**Gramineen-Typ**, Abb. 4.3.c, d). Die Verteilungsdichte, Größe und Gestalt der Spaltöffnungen sind unterschiedlich und lassen art-

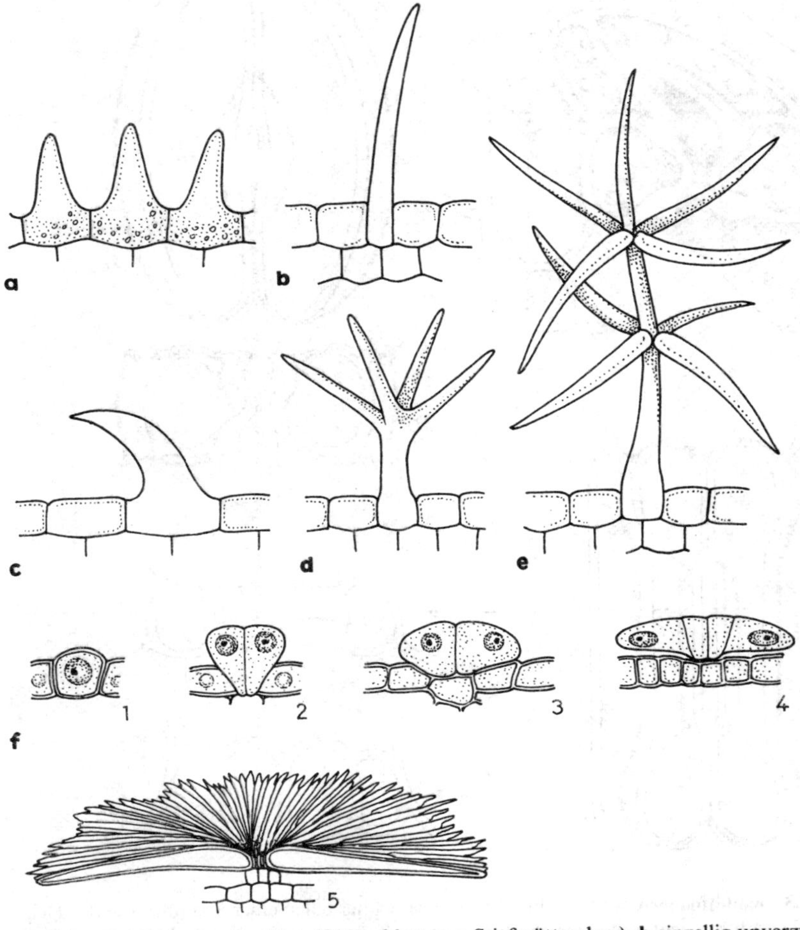

Abb. 4.4. Trichome I. a Papillen (Blütenblatt von Stiefmütterchen), **b** einzellig-unverzweigtes Haar *(Delphinium)*, **c** Klimmhaar *(Galium)*, **d** einzellig-verzweigtes Haar *(Arabis)*, **e** mehrzellig-verzweigtes Haar *(Verbascum)*, **f** (1—5) Entstehung eines vielzelligen Schuppenhaares *(Hippophaë rhamnoides)*. — b nach Renner, c—e nach Troll, verändert, f nach Servettaz.

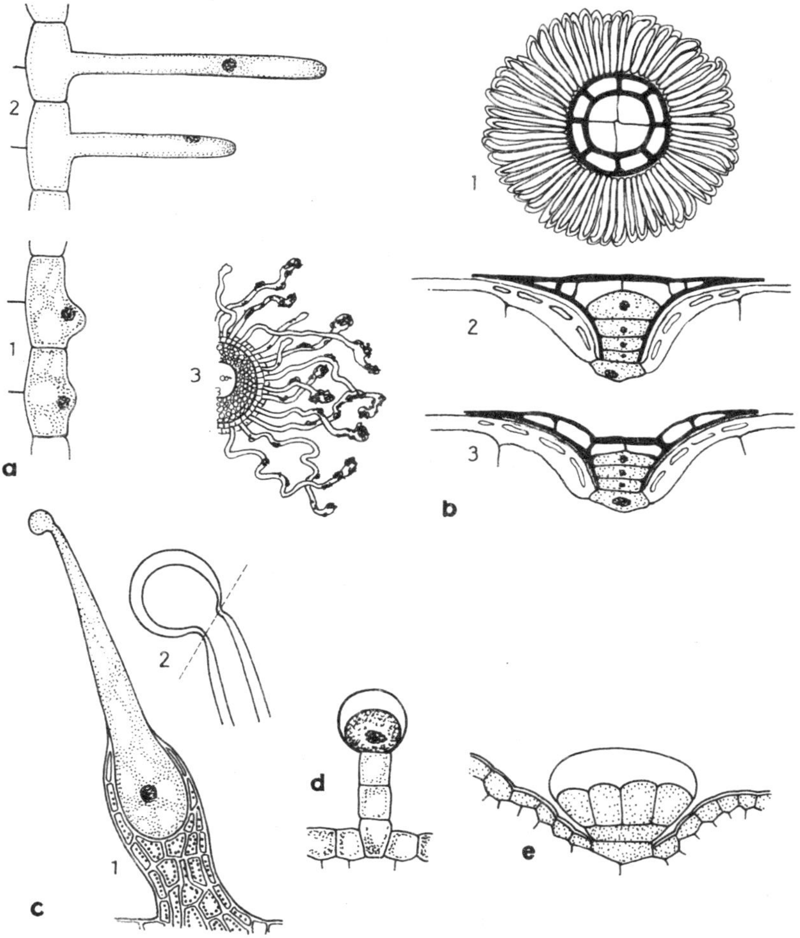

Abb. 4.5. Trichome II. a Wurzelhaare, (1) u. (2) Bildung aus Rhizodermiszellen, (3) am Wurzelquerschnitt der Haarzone. **b** Schildförmiges Schuppenhaar zur Wasseraufnahme an der Blattbasis von *Vriesea splendens* (Bromeliaceen) (1) in Aufsicht, (2) bei Wasseraufnahme, (3) bei Wassermangel. **c** Brennhaar im Längsschnitt *(Urtica dioica)*, der Bulbus (blasiger Teil) des Haares in einer mehrzellig becherförmigen Emergenz sitzend, (2) Querschnitt durch das Köpfchen mit der Abbruchlinie. **d** Drüsenhaar *(Pelargonium)* mit einer Kalotte von etherischem Öl zwischen der abgehobenen Cuticula und der Zellwand der apikalen Drüsenzelle. **e** Drüsenhaar *(Mentha piperita)* mit mehreren Drüsenzellen. — a 1, 2 nach Rothert, 3 nach Frank, b nach Fitting, c nach Haberlandt, e nach Tschirch aus Troll.

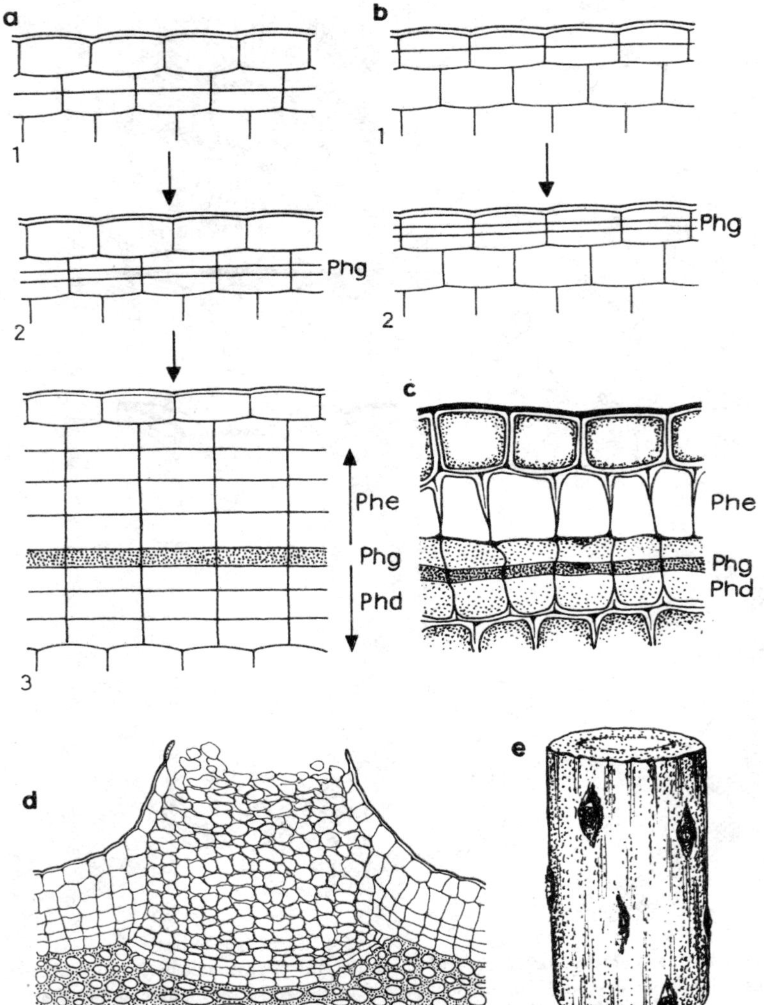

Abb. 4.6. Periderm. a (1—3) Peridermbildung aus subepidermaler Rindenschicht. **b** (1—2) Phellogenentstehung aus der Epidermis, schematisch. **c** Periderm von *Sambucus nigra* in jungem Zustand. **d** Lenticelle von *Sambucus nigra* im Querschnitt. **e** Lenticellen an der Achse von *Sambucus*. Weitere Erklärungen im Text. *Phe* Phellem, *Phg* Phellogen, *Phd* Phelloderm. — c nach Braune, Leman und Taubert, d nach Troll.

spezifische Anpassungen an die jeweiligen Umweltbedingungen erkennen. Im Gegensatz zu den normalerweise von Chloroplasten freien Epidermiszellen (Ausnahme bei Farnen und Unterwasserblättern) besitzen Schließzellen Chloroplasten.

Haarbildungen oder **Trichome** treten auf Pflanzenepidermen sehr häufig auf. Ob ein- oder mehrzellig, stets entstehen sie aus einer Epidermiszelle (Abb. 4.4.). Im toten Zustand dienen sie dem Verdunstungs- und Bestrahlungsschutz, auf Samenschalen auch der Samenverbreitung (Flughaare). Beispiele für lebende Haare sind:

- **Brennhaare**; sie sind von Urticaceen (Brennesselgewächsen), aber auch von anderen Familien bekannt (Abb. 4.5.c). Bei Berührung bricht das Köpfchen der Haarspitze an einer durch Dünnwandigkeit und Kieselsäureeinlagerung leicht brüchigen Stelle ab. Das Haar öffnet sich kanülenartig, und das Nesselgift — ein Gemisch aus Histamin und Acetylcholin — wird in die Stichwunde gedrückt.
- **Futterhaare** aus nährstoffreichen Zellen; sie können in Insektengallen entstehen und dort den Larven als Nahrung dienen.
- **Drüsenhaare** (s. Sekretionsgewebe, 4.6.)
- **Absorptionshaare** (s. Absorptionsgewebe, 4.4.)

Als **Emergenz** werden Bildungen bezeichnet, an denen außer der Epidermis auch subepidermale Schichten beteiligt sind. Das ist z. B. beim Stachel der Rosen, bei den Tentakeln der Blätter von *Drosera*-Arten sowie bei vielzelligen Drüsenzotten (s. Exkretionsgewebe, 4.6.) der Fall.

Einen sekundären Abschluß bildet das **Periderm.** Es tritt auf, wo sich durch Organwachstum die Oberfläche stark vergrößert und die Epidermis diesem Wachstum nicht durch Teilung folgen kann. Eine als **Dilatation** bezeichnete Vergrößerung der Epidermis durch antikline Teilung ihrer Zellen ist in manchen Fällen jedoch möglich, z. B. beim Wachstum vieler Früchte, wie Apfel und Kirsche. Das Periderm gliedert sich in **Phellem** (= Schichten verkorkter Zellen), **Phellogen** (= Korkkambium) und **Phelloderm** (den benachbarten Rindenzellen gleichende Abkömmlinge des Phellogen). Das Phellogen entsteht als sekundäres Meristem in der Epidermis (z. B. der Kartoffelknolle) oder auch in subepidermalen Schichten der Rinde (z. B. Holunder-Sproßachse, Abb. 4.6.a—c). Auf die inneren Zellwandflächen der nach außen abgeschiedenen Phellemzellen werden **Suberinlamellen** abgelagert. Die absterbenden Zellen bilden den **Kork**, Phellodermzellen bleiben hingegen unverkorkt. Als sekundärer Abschluß tritt Korkbildung auch an Wunden auf (**Wundkork** z. B. auf Anschnitten der Kartoffelknolle). Schließlich wird das Abfallen von Blättern oder Früchten (Abscission, S. 406) durch Bildung von **Trennungsphelloiden** so vorbereitet, daß die zurückbleibenden Blattnarben einen dünnen Korkabschluß besitzen. Auf die im Verband des Periderms einer Sproßachse auftretenden **Korkporen** oder **Lenticellen** (Abb. 4.6.d, e) wird im Kap. 5.2.6. eingegangen.

4.4. Absorptionsgewebe

Während die Sproßepidermis überwiegend Schutzfunktion besitzt, dient die **Rhizodermis** der jungen Wurzel vorrangig der Aufnahme von Wasser und darin gelöster Substanz. Dieser Funktion entsprechen folgende anatomische Voraussetzungen:

- die Dünnwandigkeit der Zellwände und das Fehlen einer Cuticula erleichtern die Permeation (s. 3.5.2.)
- die feine Verzweigung der Wurzeln und das Auftreten von Wurzelhaaren vergrößern die Rhizodermisoberfläche

Wurzelhaare sind schlauchförmige Auswüchse von Rhizodermiszellen (Abb. 4.5.a). Sie bleiben einzellig, und ihre dünne Wand ist plastisch formbar, so daß sie leicht in kleinste Lücken zwischen die Bodenpartikel eindringen können. Pectinschleim auf der Oberfläche erleichtert das Gleiten. Die Länge von Wurzelhaaren beträgt zwischen 0,1 und 8 mm. Ihre Anzahl ist sehr unterschiedlich, häufig sind es aber mehrere hundert pro mm^2. Werden bereits bei der Bildung der Rhizodermis einzelne Zellen durch ihre geringere Größe als spätere Träger von Wurzelhaaren erkennbar, so nennt man diese **Trichoblasten.** Die Lebensdauer von Wurzelhaaren ist meist auf wenige Tage begrenzt. Sie fehlen häufig bei Wasserpflanzen.

Die besondere Aufgabe epiphytischer Orchideen und Araceen, mit ihren Wurzeln anhaftende Wassertropfen aufzunehmen, führte zur Entwicklung eines **Velamen.** Es sind vielschichtige Rhizodermen, deren Zellen absterben und die dann die Wurzel wie mit einer Schicht von Fließpapier umgeben. Die Räume der abgestorbenen Zellen sind häufig durch Poren miteinander verbunden und können aufgesaugtes Wasser leicht an die lebenden Zellen der Wurzelrinde abgeben (Abb. 5.27.b).

Einrichtungen zur Wasseraufnahme sind die **Schuppenhaare** (Abb. 4.5.b) an der Blattspreite von Ananasgewächsen (Bromeliaceen). Eine Blattrosette dient zum Auffangen von Wasser am meist epiphytischen Standort. Jedes Haar bildet einen Stöpselverschluß, der sich bei Anwesenheit von Wasser mittels lebender Zellen durch Heben öffnet, bei Wasserverlust dieser Zellen aber nach unten gezogen wird. Die oberen toten Zellen bilden dann einen dichten Abschluß.

Als **Hydropoten** werden zur Wasseraufnahme befähigte Zellen auf Blättern von Nymphaeaceen und anderen submersen Pflanzen bezeichnet. Grundsätzlich vermag aber jedes Laubblatt durch die Epidermiszellen hindurch Wasser aufzunehmen.

4.5. Leitgewebe

Die Entwicklung von Leitgeweben gehört zu den entscheidenden Evolutionsschritten bei der Ausbildung cormophytischer Landpflanzen (S. 228). Ein Stofftransport über größere Strecken ist mittels **Gewebetransport,** wie er zwischen Parenchymzellen auftritt, nicht zu gewährleisten. Wir unterscheiden zwei Leitungssysteme: zur Wasserleitung das **Xylem,** dessen Wasserstrom in Richtung zum geringeren Wasserpotential in der Pflanze festgelegt ist, zur Assimilatleitung das **Phloem,** welches stets in Richtung zum jeweiligen Verbrauchsort in der Pflanze transportiert. Mit wenigen Ausnahmen verlaufen Xylem und Phloem in gemeinsamen **Leitbündeln** (Abb. 4.7.a).

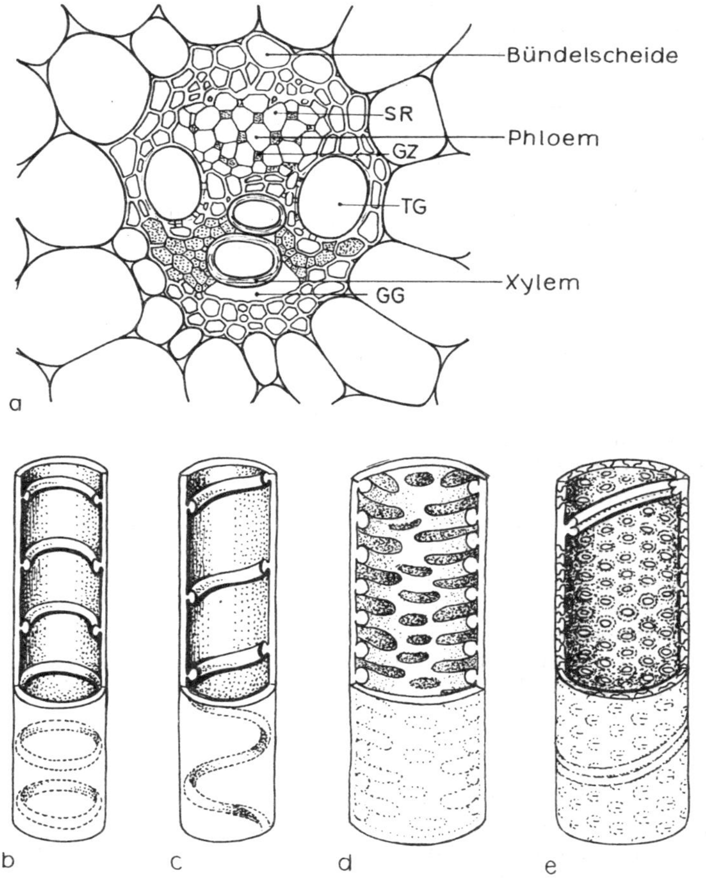

Abb. 4.7. Leitgewebe I. a Querschnitt des kollateral geschlossenen Leitbündels von *Zea mays.* **b—e** Wasserleitungselemente: **b** Ring- und **c** Schraubentracheide, **d** Netzgefäß, **e** Tüpfelgefäß mit Ringwulst an der Fusionsstelle zweier Gefäßglieder. *SR* Siebröhre, *GZ* Geleitzelle, *TG* Tüpfelgefäß, *GG* Gefäßgang (rhexigener Hohlraum). — a nach Denffer.

Im **Xylem (= Holz-** oder **Gefäßteil)** wird Wasser mit darin gelösten Salzen und auch organischen Verbindungen geleitet. Das erfolgt in den **Tracheiden** (Abb. 4.7.b, c), langgestreckten, oft spindelförmigen Einzelzellen mit tüpfelreichen Wänden, und in den **Tracheen,** durch Auflösung von Zellquerwänden (Fusion) entstandenen Röhren (Abb. 4.7.e). Neben diesen beiden Zelltypen, die ihre Funktion mit verholzten Wänden in totem Zustand erfüllen, sind im Xylem die lebenden **Holzparenchymzellen** vorhanden, welche die Gefäße (Tracheen) und Tracheidenbündel umgeben. Zur Festigung können weiterhin **Holzfasern** als dickwandig-spindelförmige, tote Zellen im Xylem auftreten. Wenig verdickte Holzfasern mit lebendem Inhalt sind die **Ersatzfasern.**

Nur aus Tracheiden besteht das Xylem nahezu aller Pteridophyten und Gymnospermen; bei Angiospermen sind fast immer Tracheen und Tracheiden gemeinsam anzutreffen. Die Verholzung verringert die Wasserdurchlässigkeit der Wände und erhöht deren Festigkeit, sie läßt die Zellen absterben und verbessert durch den Verlust des Protoplasten deren Wegigkeit für Wasser. **Ring-, schrauben-** oder **netzförmige Verdickungsleisten**, die auf einer meist schmalen Basis der Gefäßinnenwand aufsitzen, oder eine bis auf die Tüpfel generell verstärkte Wand **(Tüpfelgefäß)** schützen die Tracheiden und Tracheen vor der Gefahr des Kollabierens (Abb. 4.7.b—e). Der Transpirationssog verursacht in den Wasserleitungselementen einen Unterdruck. — **Hoftüpfel** ermöglichen eine hohe Wandfestigkeit auch an den Stellen, welche für den notwendigen Wasserdurchtritt unverdickt bleiben müssen: Die Behöfung mit der freien Öffnung des **Porus** wölbt sich über die **Schließhaut** (Abb. 5.13.g). — **Ring-** und **Schraubentracheiden** sind wegen ihrer länger andauernden Streckungsfähigkeit meist als erste in jungen Leitbündeln anzutreffen.

Die als Ausnahme bei Farnen *(Pteridium aquilinum)* auftretenden Tracheen zeigen auf den Schrägwänden häufig leiterförmige Durchbrechungen. Sie sind durch Auflösung der Schließhäute von mehreren ovalen Tüpfeln entstanden. — Die Länge von Tracheen erreicht meist einige cm, sie kann bei Lianen mehrere Meter betragen, mit einem Durchmesser von etwa 0,7 mm. In den meisten Fällen beträgt der Tracheendurchmesser aber nur wenige hundertstel Millimeter. — Eine irreversible Verstopfung alter Tracheen ist durch **Thyllen** möglich. Es sind lokale, blasige Auswüchse der umgebenden Parenchymzellen, die durch die Tüpfel hindurchwachsen und den Tracheenraum erfüllen (Abb. 5.16.f).

Im **Phloem (= Bast-** oder **Siebteil)**, und zwar in den **Siebröhren**, erfolgt der Transport der Assimilationsprodukte und einiger anorganischer Nährstoffe wie Kalium- und Phosphationen. Aus gemeinsamen Ursprungszellen mit den Siebröhrengliedern entstehen bei Angiospermen die plasmareichen **Geleitzellen** (Abb. 4.8.), welche zur Leitfunktion der Siebröhren beitragen. Weiter gehören zum Phloem die **Bastparenchymzellen** und die verholzten oder unverholzten **Bastfasern** als Festigungselemente. Die Siebröhren sind durch ihren komplexen Aufbau aus oft weitlumigen Siebröhrengliedern gekennzeichnet sowie durch das Vorkommen von **Siebplatten** (Abb. 4.8.f) oder **zusammengesetzten Sieb-**

platten mit mehreren porendurchsetzten Feldern als Querwänden. Die **Poren** der Siebplatte können einen Durchmesser bis zu 15 µm erreichen. Sie ermöglichen einen ausgedehnten Kontakt zwischen den Protoplasten der Zellen und damit den Transport von Assimilaten. Der Protoplast der Siebröhrenzelle erfährt bei der Differenzierung folgende Veränderungen:

- Auflösung des Zellkernes
- Verschwinden der Tonoplastenmembran und Ausbildung einer **protoplasmatischen Mischphase** im Lumen
- Verlagerung von Mitochondrien und endoplasmatischem Reticulum in den wandnahen Cytoplasmaraum.

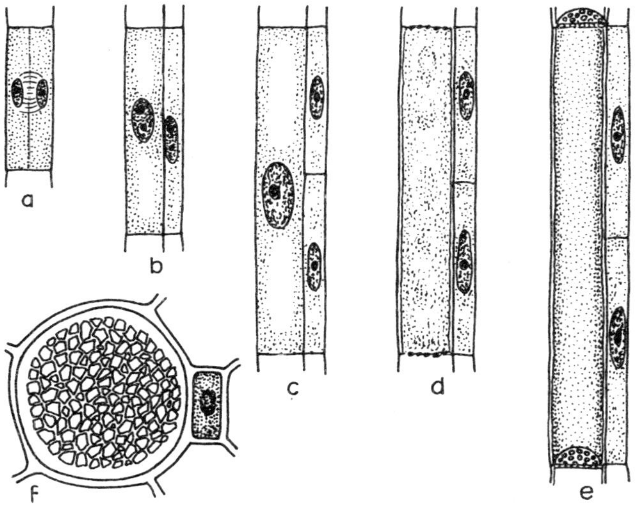

Abb. 4.8. Leitgewebe II. Differenzierung von Siebröhre und Geleitzelle, schematisch. **a** Mutterzelle in der Teilung. **b** Größendifferenzierung von Siebröhrenzelle und Geleitzelle, **c** nach Teilung der Geleitzelle und Bildung von Schleimkörpern in der Siebröhrenzelle. **d** Auflösung des Zellkernes in der Siebröhre, Beginn der Bildung von Siebplatten. **e** Reifes Siebröhrenglied mit Geleitzellen. **f** Siebplatte im Querschnitt von Siebröhre und Geleitzelle. — a—e vereinfacht nach Esau, f nach Fitting aus Strasburger.

Die Lebensdauer der Siebröhren ist meist auf ein oder wenige Jahre begrenzt, in Palmen bleiben sie aber über viele Jahrzehnte funktionstüchtig. Um die Plasmastränge in den Siebporen bildet sich eine **Kallosescheide** (1,3-Glucan). Bei Alterung kann weitere Kallose die Siebplatte verstopfen; in manchen Pflanzen erfolgt die Kallosebildung vorübergehend während der Vegetationsruhe.

Die Siebröhren der Angiospermen haben ihre Vorläufer in den **Siebzellen** der Pteridophyten und Gymnospermen. Es sind langgestreckte Zellen, die untereinander wie auch mit seitlichen

Parenchymzellen durch **Siebtüpfel** oder **Siebfelder** verbunden sind. Gegenüber einfachen Tüpfeln werden diese von wesentlich dickeren Plasma-Verbindungsfäden (Plasmodesmen) durchzogen.

Die **Leitbündel** setzen sich aus Xylem und Phloem zusammen. Auf Querschnittsbildern sind sie als unterschiedliche Typen erkennbar (Abb. 4.9.). Für die Sprosse der Blütenpflanzen sind **kollaterale Leitbündel** charakteristisch. Gymnospermen- und Dikotyledonen-Achsen besitzen **offene** kollaterale Bündel mit einem Kambium zwischen Xylem und Phloem. Sie sind mit dem außenliegenden Phloem auf dem Achsenquerschnitt **ringförmig** angeordnet. Bei dem **bikollateralen** Leitbündel grenzt an den Xylemteil ein zweiter Phloemteil ohne die erneute Zwischenschaltung eines Kambiums (z. B. bei Solanaceen und Cucurbitaceen, S. 271). Typisches Leitbündel der Sprosse von Monokotyledonen sowie Schachtelhalmen ist das **geschlossene** kollaterale Leitbündel. Bündel dieses Typs besitzen kein Kambium und sind auf dem Achsenquerschnitt **zerstreut** angeordnet. Häufig bilden die Festigungselemente der Leitbündel **Bündelscheiden**, doch können derartige Scheiden — sie besitzen keine Interzellularräume zwischen den Zellen — auch aus stärkereichen Parenchym-

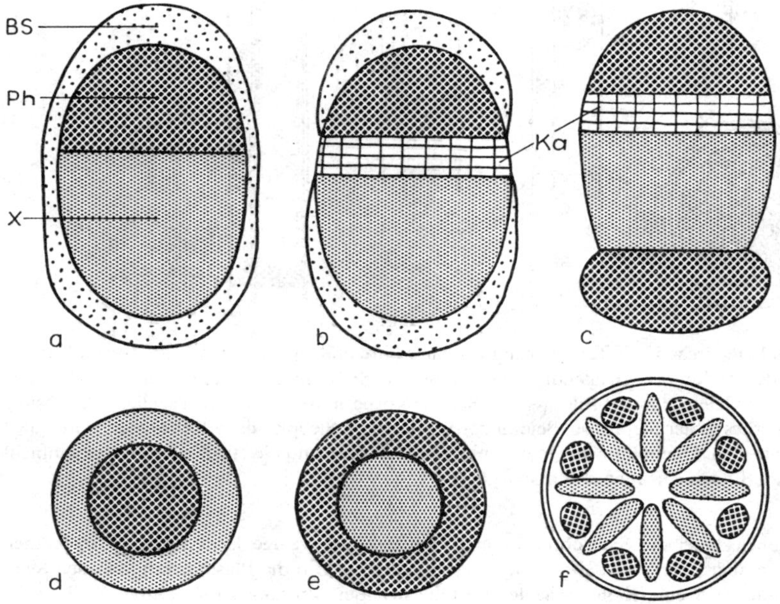

Abb. 4.9. Leitbündeltypen. a kollateral geschlossen, **b** kollateral offen, **c** bikollateral, **d** konzentrisch mit Außenxylem, **e** konzentrisch mit Innenxylem, **f** radial. *BS* Bündelscheide, *Ka* Kambium, *Ph* Phloem, *X* Xylem.

zellen bestehen **(Stärkescheide).** — Bei vielen Farnen sind die Xylem-Elemente von denen des Phloem umgeben, es bilden sich **konzentrische Leitbündel mit Innenxylem.** Der umgekehrte Fall des konzentrischen Leitbündels **mit Innenphloem** (oder Außenxylem) tritt bei Rhizomen von Monokotyledonen und im Mark einiger Dikotyledonen auf. — Bemerkenswert einheitlich findet sich in den Wurzeln aller Cormophyten das **radiale Leitbündel.** Bei diesem Typ wird die Gesamtheit der Achsenleitbündel in der Wurzel zu einem zentralen Strang vereinigt. Der Übergang vom Sproß erfolgt im Wurzelhals. Entsprechend der Zahl der Xylemstrahlen wird das Bündel als **diarch** (2), **triarch** (3), **tetrarch** (4) usw. bis **polyarch** (viele) bezeichnet.

4.6. Ausscheidungs- oder Sekretionsgewebe

Durch Ausscheidung von Stoffen sichert sich die Pflanze vor Schadeinwirkungen durch eigene Stoffwechselprodukte oder akkumulierte Salzionen. Mit der Sekretion können aber auch Funktionen verbunden sein wie Tierfang und -verdauung (s. 7.14.5.), die Anlockung bestäubender Insekten u. a. m. Für die Ausscheidung wie auch die eventuelle Ablagerung des Ausgeschiedenen gibt es sehr unterschiedliche anatomische Voraussetzungen, die sich nur im weiteren Sinne als Gewebe zusammenfassen lassen. Der Nachweis einer Ausscheidung als ein **Sekret** mit bestimmten Funktionen oder ein **Exkret** ohne solche ist im Einzelfall meist schwer zu führen.

Die Abgabe flüssigen Wassers, die **Guttation**, erfolgt an **Hydathoden.** Durch sie kann auch bei wasserdampfgesättigter Atmosphäre ein bestimmter Wasserstrom und Nährsalztransport aufrechterhalten bleiben. Hydathoden können epidermale Drüsen sein, die als einzellige Trichome **(Trichomhydathoden)** oder mehrzellige Epithelien ausgebildet sind, sie können aber auch in Form von **Wasserspalten** komplizierter gebaut sein. Bei letzteren befindet sich unterhalb der runden, nicht verschließbaren Öffnung in der Regel ein als **Epithem** bezeichnetes Gewebe mit einem tracheidalen Anschluß **(Epithemhydathoden)** (Abb. 4.10.b). Bei solchen passiven Hydathoden wird dem Druck des austretenden Xylemwassers (s. Wurzeldruck) durch das interzellularenreiche Epithem kaum ein Widerstand entgegengesetzt. Die aktiven Hydathoden besitzen oft kein Epithem, stets jedoch ein drüsenartiges Gewebe ohne Interzellularräume. Zu diesen zählen die im Guttationswasser Kalk abscheidenden **Kalkdrüsen** der Saxifragaceen (Abb. 4.10.a). Nach Eintrocknen des kalkreichen Wassers bleiben kleine Kalkschuppen auf der Blattoberfläche zurück. Der noch unbekannte Wasser-Exkretionsmechanismus aktiver Hydathoden ist vermutlich die Folge eines durch aktive Ionenaufnahme auftretenden Turgoranstiegs und einer Druckfiltration. Eine Lösung mit hohem Gehalt an NaCl scheiden die epidermalen, mehrzelligen **Salzdrüsen** von absalzenden **Halophyten** (z. B. Plumbaginaceen, Abb. 4.10.c) aus. Die Konzentration der abgeschiedenen Salzlösung wurde als etwa gleichhoch wie die Salzkonzentration in der Drüsenzelle gefunden, beide hatten aber einen höheren Salzgehalt als das umgebende Blattgewebe. Danach ist mit einer aktiven Salzaufnahme durch die Drüsenzelle aus dem Blattinnern und einer passiven Ausscheidung zu rechnen. Hydathoden sind bevorzugt an Spitzen von Blättern oder Blattzähnchen zu finden.

Nektarien scheiden zuckerhaltige Sekrete aus und kommen im Blütenbereich als **„florale Nektarien"**, an vegetativen Organen als **„extraflorale Nektarien"**

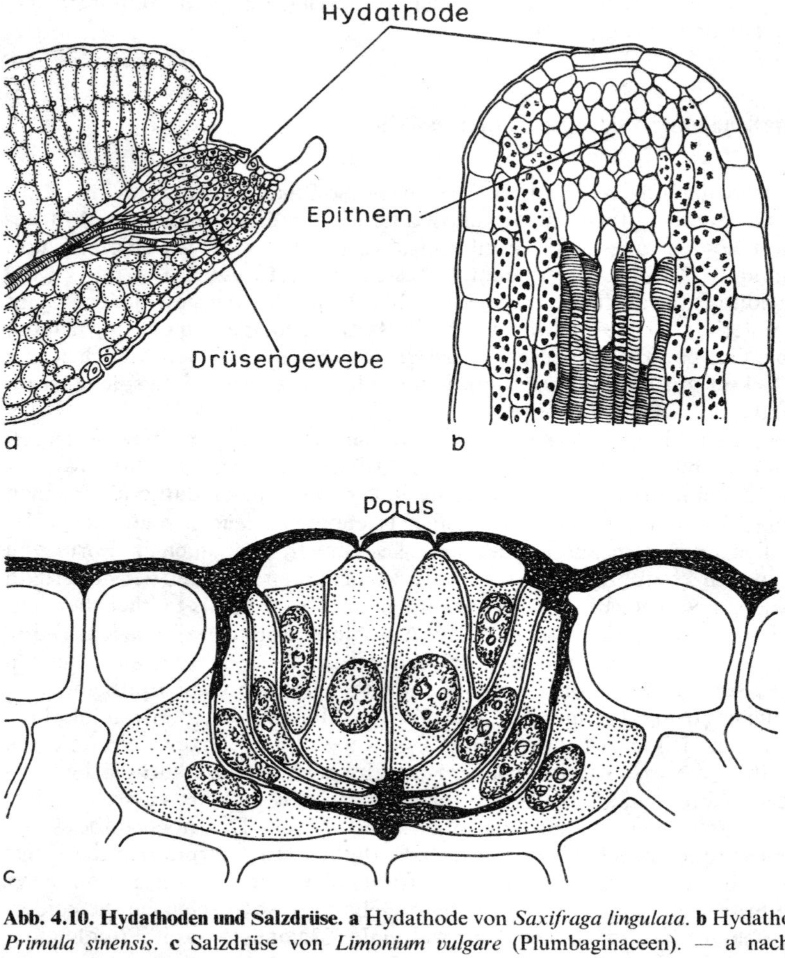

Abb. 4.10. Hydathoden und Salzdrüse. a Hydathode von *Saxifraga lingulata*. **b** Hydathode von *Primula sinensis*. **c** Salzdrüse von *Limonium vulgare* (Plumbaginaceen). — a nach Troll, b nach Haberlandt, c nach Ruhland.

vor. Sie können aus einem ein- bis mehrschichtigen Epithel bestehen oder ein- bis mehrzellige Drüsenhaare sein. Neben diesen „gestalteten" Nektarien gibt es „gestaltlose", deren Zuckerausscheidung nicht an besondere anatomische Zellstrukturen geknüpft ist. Hier vermag ein kleinzelliges Gewebe im Innern Drüsenfunktionen zu erfüllen, oder es erfolgt ein passiver Austritt auf Grund des Turgors der Siebröhren. Nektarien können als Austrittsöffnung eine **Nektarspalte** aufweisen, die der bereits erwähnten Wasserspalte ähnlich ist. Bei den mit Hilfe von Drüsenzellen sezernierenden Nektarien ist noch ungeklärt, an welcher Stelle des Weges vom Phloem bis zum Sekrettropfen aktive Transportprozesse ablaufen. Ein Phloemanschluß ist stets in der Nähe von Nektarien zu finden. Der Nektar ist vom Phloemsaft durch einen höheren Zuckergehalt (etwa 1 mol Lösung) und durch qualitativ veränderte Zusammensetzung verschieden.

Als **Verdauungsdrüsen** werden allgemein die mit dem Fang und der Auflösung tierischer Beute im Zusammenhang stehenden Sekretionsorte bei Pflanzen bezeichnet. Es sind Drüsenzellen oder -Zellschichten (Epithele), die bei den Kleb-, Klapp- und Kannenfallenmechanismen unterschiedlichen Bau aufweisen. In die Kannen von *Nepenthes* (Abb. 5.28.g) wird ein proteolytisches Enzym von mehrzelligen **Köpfchendrüsen** in die ebenfalls sezernierte Fangflüssigkeit abgeschieden. Eine Sekretion von Verdauungsenzymen erst nach Beutefang wurde bei Karnivoren mit Kleb- und Klappfallenmechanismus (*Drosera*, *Dionaea*, Abb. 5.28.a—d) festgestellt. Wie bei der oft gleichzeitigen Absonderung von Fangschleimen dürfte es sich um eine Exocytose (s. S. 62) handeln.

Die Ausscheidung von etherischen Ölen, Harzen und anderen lipophilen Substanzen erfolgt an der Pflanzenoberfläche oder in innere Hohlräume hinein. Auf der Epidermis sind es **Drüsenhaare** (z. B. bei *Pelargonium*, Abb. 4.5.d), **Drüsenschuppen** (z. B. bei **Mentha**, Abb. 4.5.e) oder **Drüsenzotten** (z. B. bei *Aesculus*-Knospenschuppen), welche das im Protoplasma der Drüsenzellen gebildete Sekret sehr schnell durch die Außenmembran ausscheiden, wo es sich meist zwischen Zellwand und Cuticula anhäuft. Erst nach Zerreißen der Cuticula kann das Sekret verdampfen, oder es bleibt als klebriger Überzug zurück. Eine biologische Bedeutung von flüchtigen Sekreten — ihr Hauptanteil sind **Terpenoide** — ist bei flächig angeordneten Duftdrüsen im Dienste der Bestäubung erkennbar, in Einzelfällen waren auch allelopathische, d. h. Nachbarpflanzen schädigende, Wirkungen nachweisbar.

Im Innern von Pflanzengeweben werden **Harze, Balsame** oder auch **Schleime** in **schizogen**, d. h. durch partiellen Abbau der Mittellamelle entstandenen Interzellularräumen abgelagert. Das „Harz" der Harzkanäle (Abb. 5.14.) vieler Koniferen (eigentlich ein Balsam, da es neben nichtflüchtigen auch flüchtige Terpenoide enthält) und die etherischen Öle in den Sekretgängen der Apiaceen seien als Beispiele genannt. Schizogen entstandene, mehr kugelige Sekretbehälter, mit einem sezernierenden Epithel ausgekleidet, finden sich bei *Hypericum* (Abb. 4.11.a). **Lysigen**, d. h. durch Auflösung von Zellen, entstehen die Behälter für etherische Öle in den Schalen von *Citrus*-Früchten (Abb. 4.11.b). Zellen, welche in ihrem Innern das gebildete Öl getrennt vom Plasma aufbewahren, sogenannte **„Ölzellen"**, sind z. B. bei Baldrian (Abb. 4.12.), Lorbeer-, Ingwer- und Pfeffergewächsen zu finden. — **Rhexigen** durch Zellzerreißung entstandene Hohlräume, wie z. B. in hohlen Stengeln, enthalten keine Sekrete.

Milchsaft ist in Pflanzen entweder in **Milchzellen (= ungegliederte Milchröhren)** oder in **Milchgefäßen (= gegliederte Milchröhren)** enthalten. Zum Unterschied von den in bestimmter Zahl embryonal angelegten und unter Verzweigung in Sproß und Wurzel mitwachsenden Milchzellen (Abb. 4.11.d)

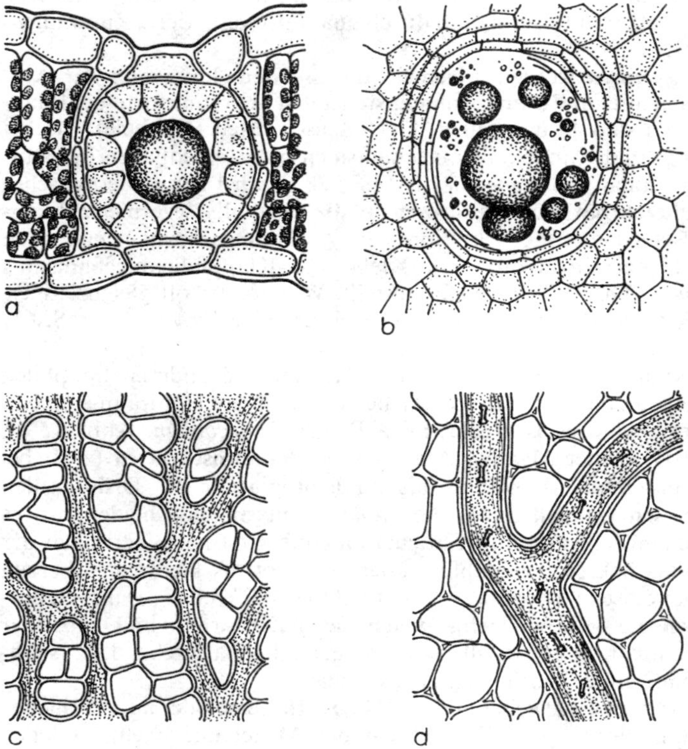

Abb. 4.11. Sekretbehälter und Milchröhren. a schizogener Ölbehälter aus dem Laubblatt von *Hypericum perforatum*, **b** lysigener Ölbehälter aus der Fruchtwand von *Citrus*. **c** gegliederte Milchröhren (Ausschnitt) aus der Wurzelrinde der Schwarzwurzel *(Scorzonera hispanica)*, durch Zellfusion kommunizierende Röhren, **d** ungegliederte Milchröhren (Ausschnitt) aus dem Sproß von *Euphorbia splendens*, ästig verzweigte Zellen, nicht kommunizierend. — a, b nach Haberlandt, c, d nach Giesenhagen.

entstehen Milchgefäße (Abb. 4.11.c) durch Fusion vieler Zellen und bilden ein Netz kommunizierender Röhren. Die Cellulosewände können besonders bei Milchzellen sehr dick sein. Der auffälligste Inhaltsstoff ist **Kautschuk**, ein Polyterpen, das in Tröpfchen verteilt die Milch (= **Latex**) bildet; in einzelnen Fällen rufen aber auch Wachs- oder Eiweißpartikel die milchige Beschaffenheit hervor. Als weitere Inhaltsstoffe sind Stärke (oft in Stab- oder Hantelform), Enzyme, Alkaloide, Sterine und andere Terpenoide zu nennen. Milchsaftführende Zellen sind lebend, sie besitzen einen Plasmaschlauch, darin viele Kerne und Leukoplasten. Die Kautschukpartikel werden sowohl im Grundplasma als auch im Vakuolenraum festgestellt. Ob dem Latex eine Funktion für die Pflanze zukommt, ist unklar, ein Entzug von Milchsaft führt aber zu dessen Neubildung. Ungegliederte Milchröhren treten z. B. bei Euphorbiaceen, Asclepiadaceen und Apocynaceen auf, gegliederte Milchröhren bei dem Haupt-Kautschuklieferanten *Hevea brasiliensis* (Euphorbiaceen), bei liguliflоren Asteraceen, Papaveraceen und Campanulaceen.

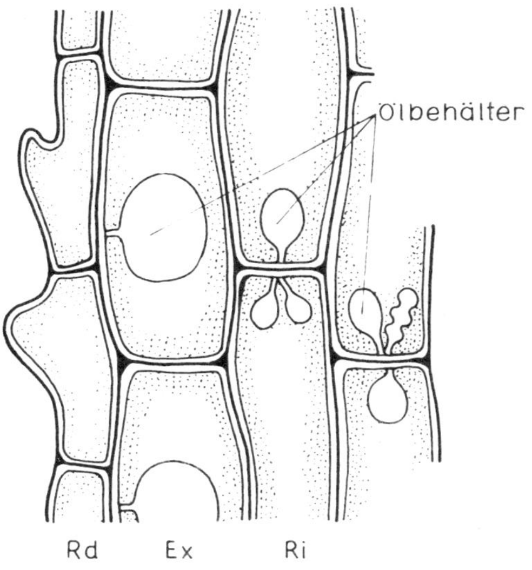

Abb. 4.12. Ölzellen der Wurzelrinde von Baldrian *(Valeriana officinalis)*. *Ex* Exodermis, *Rd* Rhizodermis, *Ri* Rinde. — Nach Holzner-Lendbradel.

4.7. Festigungsgewebe

Für die Ausnutzung des lichterfüllten Raumes benötigen die höheren Pflanzen feste Stützen und Träger. Die **Turgeszenz** der Zellen und die **Gewebespannung** sind zur Sicherung der Festigkeit meist nicht ausreichend. So bildeten sich Zellen bzw. Gewebe, die diesem Anliegen durch die Festigkeit der Zellwände besser gerecht wurden: **Kollenchym** und **Sklerenchym** (Abb. 4.13.).

4.7.1. Kollenchym

Als wichtiges Unterscheidungsmerkmal zwischen Kollenchym- und Sklerenchymzellen sei vorangestellt, daß erstere lebend bleiben, letztere aber nicht. Bei den meist gestreckten Kollenchymzellen sind nicht alle Wandflächen verdickt, wodurch die Möglichkeit für den lebensnotwendigen Stoffaustausch erhalten bleibt. Die verdickten Wandteile sind das Ergebnis einer gesteigerten primären Wandbildung, sie verholzen nicht. Damit im Zusammenhang steht eine bedeutende Elastizität und auch plastische Dehnbarkeit von Kollenchy-

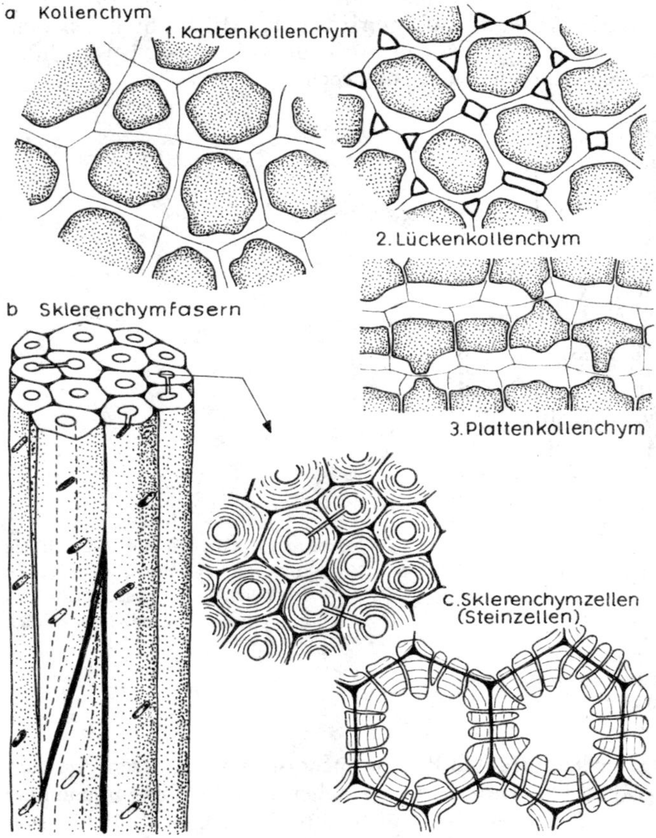

Abb. 4.13. Festigungsgewebe. — a nach Haberlandt, b nach Troll.

men, weshalb sie beim primären Wachstum der Pflanzen angelegt werden. Häufig ist ihr Vorkommen in subepidermalen, peripheren Schichten der Achsen und auch Blätter. Querschnittsbilder lassen verschiedene Kollenchymtypen unterscheiden. Lokale, auf die Kanten der Wände beschränkte Wandverdickung zeigt das **Kantenkollenchym** (Abb. 4.13.a). Die aus Lagen mit abwechselnd stärkerem Cellulose- oder Pectingehalt aufgebauten Wandkanten mehrerer Zellen vereinigen sich zu kleinen Säulen, während die Mitte der Wände dünn bleibt und einen leichten Stoffdurchtritt gestattet. Deutliche Interzellularräume kennzeichnen das **Lückenkollenchym.** Beim **Plattenkollenchym** sind nur die Tangentialwände stark verdickt, die radialen Wände nicht. Kollenchyme besitzen eine Zugfestigkeit von etwa 10 bis 12 kp/mm^2. Bei weitaus geringerer Zugbelastung kommt es aber schon zu plastischer (irreversibler) Verlängerung des Gewebes. Der lebende Inhalt der Zellen entspricht dem von Parenchymzellen, häufig treten Chloroplasten auf.

4.7.2. Sklerenchym

Die Zellen des Sklerenchyms sind mit ihrer allseits verdickten, oft verholzten Zellwand wesentlich festere mechanische Elemente als Kollenchymzellen. Sie sind nicht plastisch dehnbar und in Funktion meist tot. In langgestreckter Gestalt sind es **Sklerenchymfasern** (Abb. 4.13.b), welche im Xylem als **Holzfasern** auftreten, wenn sie aber außerhalb des Xylems vorkommen, unter dem Namen **Bastfasern** zusammengefaßt werden. Holzfasern haben stets verholzte Wände, aber auch Bastfasern können verholzt sein, was bei Monokotyledonen sogar häufig der Fall ist. Die Wände der technisch genutzten Fasern von *Linum sativum* (Flachs), *Cannabis sativa* (Hanf) und *Boehmeria nivea* (Ramie-Faser) sind wenig oder nicht verholzt, im Gegensatz zu den Fasern von *Agave*-Arten, von *Musa textilis* und *Phormium tenax* (Neuseeländischer Hanf). Alle Fasern haben schmale **Tüpfelspalten** in ihren meist dicken Wänden, welche wesentlich wasserärmer als die der Kollenchymzellen sind. Während Holzfasern nur im Holz von Dikotyledonen auftreten, sind Bastfasern bei allen Cormophyten und sogar schon bei Laubmoosen zu finden.

Die Zugfestigkeit der Bastfasern von *Phormium tenax* erreicht 25 kp/mm^2. Dabei wird die Elastizitätsgrenze nur wenig überschritten. Bei Eisendraht gleicher Stärke ist die Zugfestigkeit geringer, zum Zerreißen kommt es aber wegen großer plastischer Dehnbarkeit erst bei wesentlich höheren Belastungen.

Kürzere und meist stumpf endende Festigungszellen werden **Sklereide** genannt. Sie bilden als **Sklerenchym-** oder **Steinzellen** (Abb. 4.13.c) **(Brachysklereide)** die festen Gewölbe von Steinfrüchten und Nüssen oder treten in Rinden und Borken, im Mark von Achsen und im Fruchtfleisch von Birnen und Quitten auf. Die sehr dicken, geschichteten Wände lassen nur ein kleines Lumen im Innern frei, in das **verzweigte Tüpfelkanäle** als Verbindung zu den Nachbarzellen münden. **Makrosklereide** sind längere, oft säulenförmige Sklerenchymzellen, wie sie in den Wänden von Kapselfrüchten oder als dickwandige, gestreckte Epidermiszellen von Samen der Papaveraceen zu finden sind. Oft kommen sie vereinzelt und z. T. verzweigt als Festigungszellen in Blättern von immergrünen Pflanzen vor.

5. Grundorgane

Als Teil der Gesamtpflanze erfüllt jedes Organ (griech.: organon = Werkzeug) bestimmte Aufgaben, wozu es durch einen zweckentsprechenden Aufbau aus verschiedenartigen Geweben befähigt wird. Die **Grundorgane** der Cormophyten sind **Sproßachse, Blatt** und **Wurzel,** die beblätterte Achse wird **Sproß** genannt. Die Blüte ist ein gestauchter Sproßabschnitt im Dienste der Fortpflanzung. In Entstehungsweise und Struktur besitzt jedes der Grundorgane organspezifische Merkmale, doch zeigen sie eine große Formenmannigfaltigkeit in den verschiedenen taxonomischen Gruppen. In abgewandelter Form auftretende Grundorgane, meist mit erkennbarer Anpassung an bestimmte neue Funktionen, sind Ausdruck einer **Metamorphose** (griech., Gestaltwandlung). Im Gegensatz zur Zoologie kennzeichnet dieser Begriff in der Botanik nicht einen im individuellen Leben erfolgenden Gestaltwechsel von Organen und Organismen. Die in verschiedener Gestalt auftretenden Grundorgane, wie z. B. Blatt und Blattdorn, sind **homologe Organe**, d. h. auf ein gemeinsames Grundorgan zurückführbar. **Analoge Organe**, wie z. B. die Sproßknolle der Kartoffel und die Wurzelknolle der Dahlie, lassen trotz Ähnlichkeit in Gestalt und Funktion sowohl in ihrem Bau als auch in ihrer Entwicklung die Herkunft von verschiedenen Grundorganen erkennen.

Nach der Art ihrer Sproßentwicklung unterscheidet man bei den Cormophyten folgende **Wuchsformen**:

Bäume und **Sträucher** sowie die unter $^1/_2$ m Höhe bleibenden **Zwergsträucher** (z. B. Ericaceen) als ausdauernde Holzgewächse. Die **Halbsträucher** (z. B. *Paeonia*) verholzen nur in den unteren Teilen, die oberen sind krautig, ein Übergang zu den **Kräutern** mit meist nur saftigen Sproßteilen. Zweijährige Kräuter und die mehrjährigen **Stauden** überdauern mit unterirdischen Teilen.

Als **Lebensformen** bezeichnet man eine Gruppierung der Cormophyten nach der Art ihrer Erneuerung, genauer nach der Lage ihrer Erneuerungsknospen (s. 5.2.2.):

Phanerophyten tragen diese weit über dem Erdboden (z. B. Gehölze, Kletterpflanzen), **Chamaephyten** in Nähe des Erdbodens (z. B. Zwerg- und Halbsträucher), **Hemikryptophyten** an der Erdoberfläche (z. B. Wintergetreide), **Kryptophyten** in der Erde (z. B. Rhizom- und Zwiebelpflanzen). **Therophyten** überdauern als Einjährige (= Annuelle) mit ihren Samen.

5.1. Same und Keimpflanze

Der Same dient der Vermehrung, Überdauerung, oft auch der Verbreitung höherer Pflanzen und entsteht als Ergebnis der geschlechtlichen Fortpflanzung (s. 5.6.). Von einer festen oder häutigen **Samenschale (Testa)** umgeben, findet sich in ihm der **Embryo** (Abb. 5.2.b) als unentwickelte, junge Pflanze. Diese zeigt bereits eine Gliederung in **Keimsproß (Plumula), Keimwurzel (Radicula)** und **Keimblätter (Kotyledonen).** Die Samen enthalten in der Regel ein Nährgewebe (Abb. 5.1.), dessen Speicherstoffe (Fette, Kohlenhydrate, Eiweiße) den Keimling während der ersten Zeit seiner Entwicklung versorgen. Das Nährgewebe heißt **Endosperm**, wenn es innerhalb des Embryosackes (s. 5.6.2.) gebildet wird, **Perisperm**, wenn es aus Nucellus-Gewebe der Samenanlage hervorgeht. Werden die Nährstoffe bereits bei der Samenbildung von den Keimblättern des Embryos aufgenommen, so bilden sich dickfleischige **Speicherkotyledonen** (Abb. 5.2.b). Samen ohne Nährstoffreserven findet man z. B. bei manchen Orchideen. Sie sind bei der Keimung auf eine Symbiose mit Mykorrhiza-Pilzen (s. 7.13.4.) angewiesen. Die **Samenkeimung** läßt aus dem Embryo die Keimpflanze entstehen, wobei folgende Prozesse ablaufen:

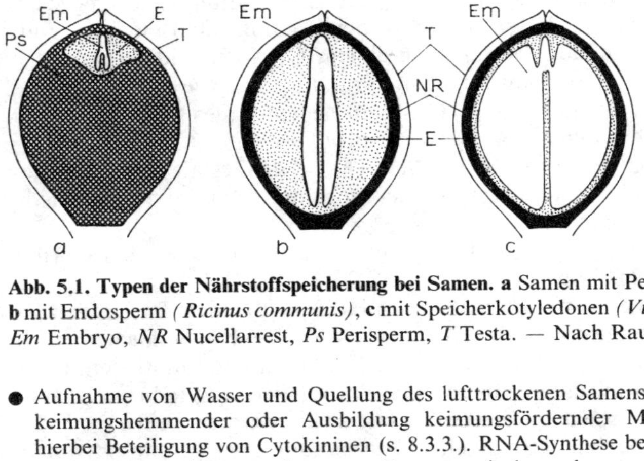

Abb. 5.1. Typen der Nährstoffspeicherung bei Samen. a Samen mit Perisperm *(Piper nigrum)*, **b** mit Endosperm *(Ricinus communis)*, **c** mit Speicherkotyledonen *(Vicia faba)*. *E* Endosperm, *Em* Embryo, *NR* Nucellarrest, *Ps* Perisperm, *T* Testa. — Nach Rauh.

- Aufnahme von Wasser und Quellung des lufttrockenen Samens, eventuell nach Abbau keimungshemmender oder Ausbildung keimungsfördernder Mechanismen (s. 8.4.3.); hierbei Beteiligung von Cytokininen (s. 8.3.3.). RNA-Synthese beginnt.
- Aktivierung und Neusynthese von Enzymen, insbesondere von Hydrolasen (z. B. α-Amylase), ausgelöst durch die im Embryo gebildeten Gibberelline (s. 8.3.2.).
- Mobilisierung von Reservestoffen und Nährstofftransport in die wachsenden Teile des Embryos; weitere Protein- und Nucleinsäuresynthese. Beginn von Zellteilungen unter Mitwirkung von Auxin (s. 8.3.1.).
- Austritt der Keimwurzel, die durch positiv geotropes Wachstum (s. 9.2.2.2.) in den Boden gelangt, die Keimpflanze verankert und mit Wasser- und Mineralstoffen aus dem Boden versorgt.

- Austritt des Keimsprosses aus dem Samen, seine negativ geotrope Aufrichtung sowie die Entfaltung und Ergrünung der ersten photosynthetisch aktiven Blätter.

Die **epigäische Keimung** (Abb. 5.2.a, d) erfolgt durch Strecken des Achsenabschnittes unterhalb der Ansatzstelle der Kotyledonen, des **Hypokotyls.** Der Keimsproß wird dadurch mit den Kotyledonen nach oben gehoben. Dabei entfalten sich, z. B. bei *Ricinus communis*, die zwei ergrünenden Keimblätter

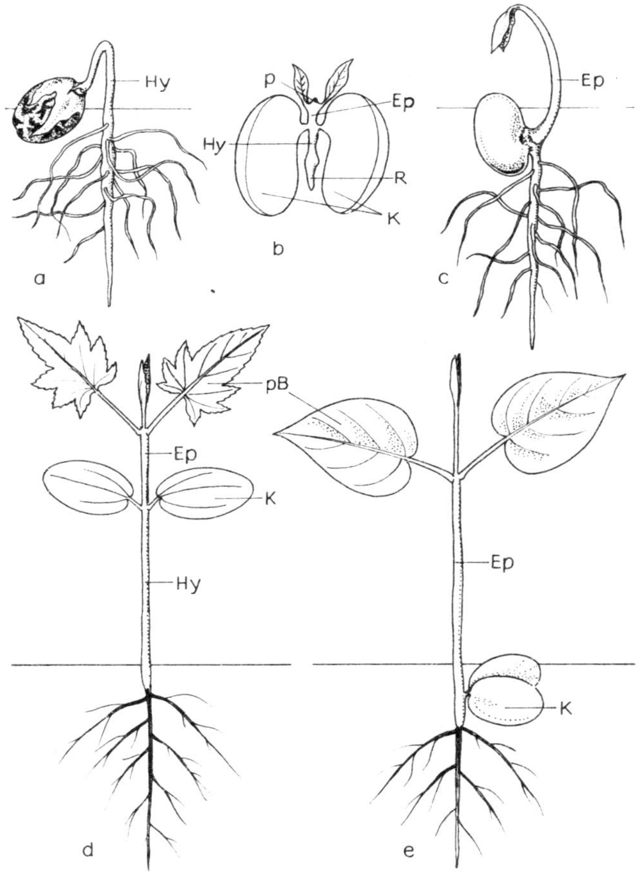

Abb. 5.2. Epigäische und hypogäische Keimung. a junges, **d** späteres Keimlingsstadium bei epigäischer Keimung *(Ricinus communis)*; **c** junges, **e** späteres Keimlingsstadium bei hypogäischer Keimung *(Phaseolus coccineus)*. **b** Embryo mit Speicherkotyledonen. *Ep* Epikotyl, *Hy* Hypokotyl, *K* Kotyledonen, *P* Plumula, *pB* Primärblätter, *R* Radicula. — d u. e nach Rauh.

über der Erde. Die Monokotyledone *Allium cepa* keimt epigäisch durch Streckung der Kotyledone zu einem ergrünenden, sich schließlich aufrichtenden Haken (Abb. 5.3.II). Die Kotyledonarspitze bleibt im Nährgewebe des Samens als Haustorialorgan (= Saugorgan), die Sproßknospe hat ihren Sitz in einer Kotyledonarscheide.

Die **hypogäische Keimung** (Abb. 5.2.c, e) führt zum Verbleiben der Kotyledonen im bzw. am Boden, da sich der Achsenabschnitt oberhalb des Kotyle-

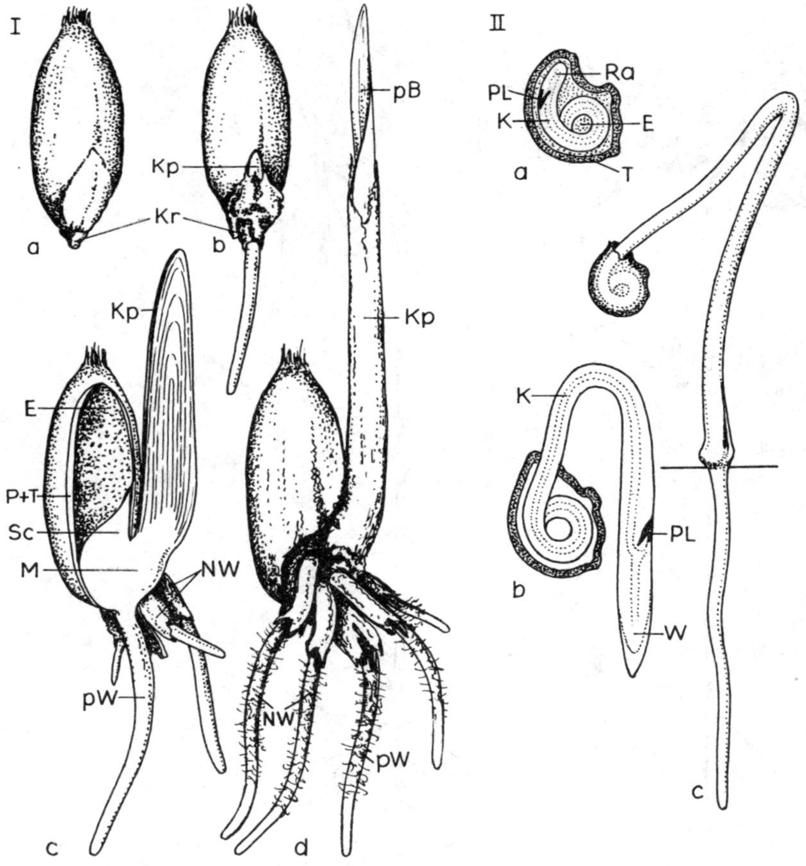

Abb. 5.3. Keimung bei Weizen und Küchenzwiebel. I a—d Keimungsstadien des Weizens *(Triticum aestivum)*, **II a—c** Keimungsstadien der Küchenzwiebel *(Allium cepa)*. *E* Endosperm, *K* Kotyledone, *Kp* Koleoptile, *Kr* Koleorrhiza, *M* Mesokotyl, *NW* Nebenwurzel, *P* Perikarp, *pB* Primärblatt, *Pl* Plumula, *pW* Primärwurzel, *Ra* Radicula, *Sc* Scutellum, *T* Testa, *W* Wurzel. — I nach Holman und Robbins, II nach Troll.

donaransatzes, das Epikotyl, streckt, nicht aber das Hypokotyl. Nach Abgabe der Nährstoffe sterben die Kotyledonen ab. Die ersten der Photosynthese dienenden Blattorgane werden **Primärblätter** genannt, wenn ihre Gestalt von der anschließender **Folgeblätter** abweicht. Hypogäisch keimende Samen mit Speicherkotyledonen besitzen z. B. *Vicia faba* (Ackerbohne), *Phaseolus coccineus* (Feuerbohne) und *Aesculus hippocastanum* (Roßkastanie), hypogäisch keimende Nährgewebs-Samen besitzen u. a. die Gräser und die Dattelpalme.

Die Gräser mit ihren einsamigen Früchten, den **Karyopsen**, besitzen einige Besonderheiten im Samen- und Keimlingsaufbau (Abb. 5.3.I). Die **Testa** ist mit der umgebenden **Fruchtwand (Perikarp)** fest verwachsen. An das Endosperm, bestehend aus dem Mehlkörper und einer außen liegenden Aleuronschicht (Abb. 3.14.c.), legt sich der Embryo mit dem **Scutellum** („Schildchen") genannten einzigen Keimblatt seitlich an. Die Radicula ist in einer Wurzelscheide, der **Koleorrhiza**, eingeschlossen, und die Keimwurzel durchstößt bei der Keimung diese Scheide (s. auch S. 286). Die Funktion der **Primärwurzel** wird sehr bald durch **sproßbürtige Wurzeln** (s. 5.4.3.) unterstützt. Der Sproßvegetationspunkt (s. 4.1.) mit den Blattanlagen ist von der Keimblattscheide, der **Koleoptile**, umhüllt. Zwischen der Koleoptilbasis und dem Scutellumansatz befindet sich das **Mesokotyl**, ein Achsenabschnitt, der durch sein Wachstum die Koleoptile an die Erdoberfläche hebt. Das gleichzeitig erfolgende Längen-

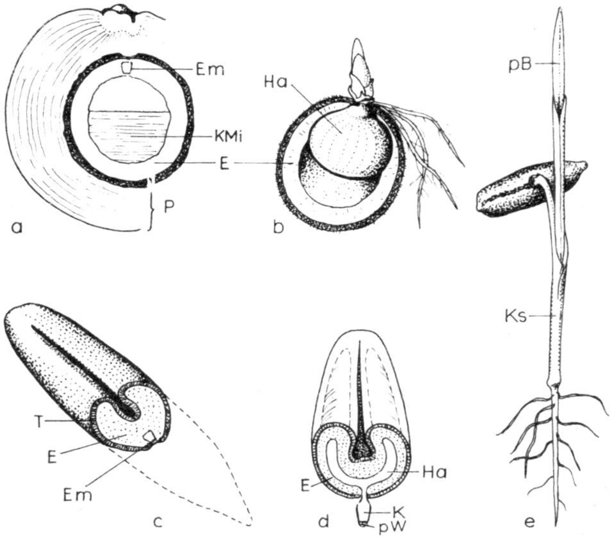

Abb. 5.4. Keimung bei Kokosnuß und Dattel. a Querschnitt der ungekeimten Steinfrucht von *Cocos nucifera*. **b** keimende Frucht im Querschnitt (nach Entfernung der Faserhülle). **c** Querschnitt durch Dattelsamen *(Phoenix dactylifera)* ungekeimt, **d** gekeimt, **e** späteres Keimlingsstadium. *E* Endosperm, *Em* Embryo, *K* Kotyledone, *KMi* Kokosmilch, *Ks* Kotyledonarscheide, *Ha* Haustorialorgan, *P* Perikarp, *pB* Primärblatt, *pW* Primärwurzel, *T* Testa. — Nach Troll, verändert.

wachstum der Koleoptile beruht auf Zellstreckung und nicht auf Zellteilungen. Die positiv phototropische Reaktion der Koleoptile führte zur Entdeckung des Auxins (s. 8.3.1.). Nach der Streckung wird die Koleoptilspitze von dem wachsenden Primärblatt durchstoßen.

Der Dattelsame (*Phoenix dactylifera*) besitzt wie die Kokosnuß (*Cocos nucifera*) einen sehr kleinen, wenig differenzierten Embryo (Abb. 5.4.). In beiden Fällen bildet die Kotyledone erst während des Keimungsvorganges ein Saugorgan (= **Haustorialkörper**), um die Nährstoffe aufzunehmen. Diese liegen bei der Dattel als Reservecellulose gespeichert vor, bei der Kokosnuß als fettreiches Nährgewebe und wirk- und nährstoffreiche Kokosmilch. Die Streckung und die positiv geotrope Reaktion der Kotyledone führt bei Dattelsamen — ähnlich wie bei *Allium cepa* — die Wurzelanlage des Embryos in den Boden. Die Keimung ist wie bei *Cocos* hypogäisch, die Kotyledone ergrünt nicht.

5.2. Sproßachse

Die stabförmige Sproßachse bzw. das durch Verzweigung entstandene Achsensystem trägt die Blätter und ermöglicht ihnen eine zur Lichtnutzung günstige Stellung im Raum. Achsen stellen aber als Organe der Stoffleitung auch die Verbindung zwischen Blättern und Wurzeln her und können in ihren älteren Teilen Reservestoffe speichern.

5.2.1. Entstehung der Achse

Als erster Achsenabschnitt bildet sich zwischen dem Ansatz der Keimblätter und der Keimwurzel das **Hypokotyl** (Abb. 5.2.b). Ihm folgt das **Epikotyl**, der Abschnitt von den Keimblättern bis zum nächsten Blatt. An der Achse wird jeder einer Blattanheftung dienende Abschnitt als **Knoten** oder **Nodium** bezeichnet, jedes zwischen den Knoten befindliche Achsenstück als **Internodium.** Die zunächst dicht aufeinandersitzenden Nodien entfernen sich durch das interkalare Streckungswachstum (S. 390) der Internodien voneinander, es entsteht eine „gestreckte" Achse, die man **Langtrieb** nennt (Abb. 5.5.a, b). Die Tätigkeit der interkalaren Wachstumszone erlischt in der Regel nach erfolgter Streckung. Bei Gräsern kann jedoch eine Teilungsfähigkeit der Bildungszellen erhalten bleiben, wodurch eine Aufrichtung niederliegender Halme möglich wird.

Entwickeln sich die Blätter an der Hauptachse zu voller Größe, ohne stärkere Streckung der Internodien (die Achse bleibt „gestaucht"), so entsteht eine **Rosettenpflanze.** Eine Stauchung bei Seitenachsen führt zu einem **Kurztrieb**, wie er am Fruchtholz vieler Obstbäume (z. B. Kirsche, Apfel), den zweinadligen Blatttrieben der Waldkiefer und den vielnadligen Blatttrieben der Lärche (Abb. 5.5.a, b) zu finden ist. Bei vielen Rosettenpflanzen erfolgt eine Achsenstreckung bei der Ausbildung des Blütenstandes („Halbrosettenpflanzen").

Waagerecht (= **plagiotrop**) auf dem Boden wachsende Achsenorgane werden als **Kriechtriebe** bezeichnet, wenn sie normal beblättert sind und sich sproß-

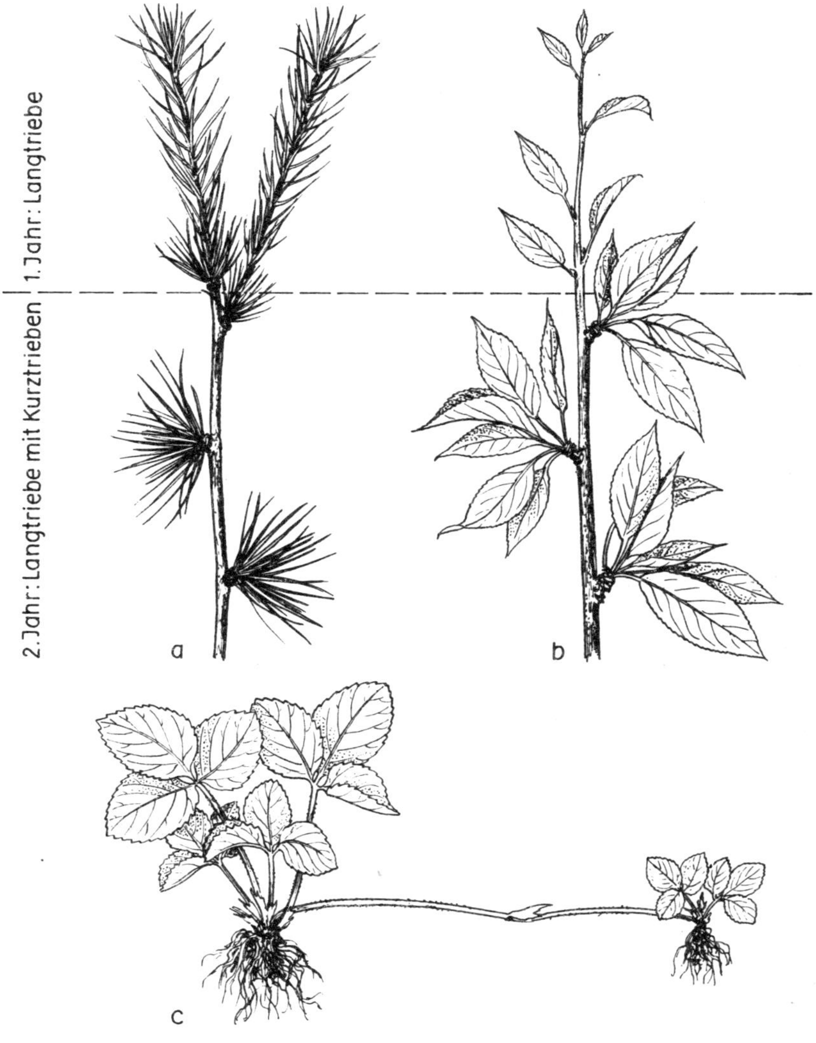

Abb. 5.5. **Lang- und Kurztriebe** von **a** Lärche *(Larix decidua)* und **b** Kirsche *(Cerasus avium)*. **c Ausläuferbildung** bei der Gartenerdbeere *(Fragaria ananassa)*.

bürtig bewurzeln (z. B. *Lysimachia nummularia*). **Ausläufer** sind demgegenüber stärker gestreckt, mit Niederblättern besetzt, und sie bilden über der Erde (z. B. Erdbeere, Abb. 5.5.c) oder in ihr wachsend (z. B. Quecke) an ihren Enden neue Pflanzen. Ortho- oder plagiotrop (s. 9.2.2.2.) in der Erde wachsende, verdickte Speichersprosse sind **Rhizome** (Erdsprosse, z. B. *Iris*-Arten, Abb. 5.23.g, *Polygonatum*).

5.2.2. Verzweigung

Bei den Thallophyten, Moosen und vielen Farnen erfolgt das apikale Wachstum meist durch eine **Scheitelzelle** (s. 4.1.). Von ihr werden neue Faden- oder Gewebszellen abgetrennt, sie vermag sich in gewissen Abständen aber durch äquale Längsteilung in zwei Scheitelzellen zu teilen, als Ausgangspunkt einer **gabeligen** oder **dichotomen Verzweigung** (Abb. 5.6.b). Die Dichotomie kann **isotom**, mit gleichartigen Gabelästen oder **anisotom**, mit einem stärkeren und einem schwächeren Gabelast, erfolgen. Außer dichotomer tritt bei Thallophyten auch **seitliche Verzweigung** auf. Dabei trennt die Scheitelzelle eine neue Zelle als Ausgangspunkt eines Seitenzweiges ab (Abb. 5.6.a), oder solche Zweige entstehen durch Teilung nicht-apikaler Thalluszellen. Eine dichotome Verzweigung aus mehrzellig apikalem Meristem erfolgt nur selten, so bei den aus Initialzellen bestehenden Scheitelkanten einiger Braunalgenthalli (z. B. *Dictyopteris*, Abb. 5.6.c) und den aus mehreren Initialen bestehenden Vegetationskegeln von Bärlappgewächsen (Abb. 5.6.d).

Bei den Samenpflanzen erfolgt die Sproßverzweigung seitlich durch Austreiben von Knospen, die in Blattachseln von **Deckblättern (= Tragblättern)** entstehen **(axilläre Verzweigung).** Die ersten Blätter des Seitensprosses heißen Vorblätter, bei Dikotyledonen sind es zwei, die transversal stehen, bei Monokotyledonen steht das eine adossiert (Blattrücken zur Mutterachse, Abb. 6.33.b.). Angiospermen tragen in der Achsel jedes Laubblattes eine **Knospe,** verschiedentlich auch **Beiknospen** (Abb. 5.7.). Diese sind bei Dikotyledonen meist in senkrechter Reihe, **serial**, angeordnet (z. B. bei Heckenkirsche, *Lonicera xylosteum*), bei Monokotyledonen zu beiden Seiten der Hauptknospe, **kollateral** (z. B. bei Knoblauch, *Allium sativum*). Bei den Nadelgehölzen sind nur in den Achseln einzelner Nadelblätter Knospen vorhanden.

Grundtypen der seitlichen Verzweigung sind das **Monopodium** und das **Sympodium.** Die monopodiale Verzweigung ist durch den stets dominierenden Austrieb der **Endknospe (= Terminalknospe)** und die Unterordnung der aus **Seitenknospen** entstehenden Seitenachsen gekennzeichnet (Abb. 5.6.e). Beispiele sind Fichte *(Picea)* und Tanne *(Abies)* unter den Nadelhölzern, Eiche *(Quercus)*, Esche *(Fraxinus)* und Ahorn *(Acer)* unter den Laubhölzern. Sympodiale Verzweigung liegt vor, wenn nicht der Austrieb der Endknospe, sondern der einer oder mehrerer Seitenknospen den Längenzuwachs ergibt. Setzt stets eine Nebenachse die Hauptachse fort, indem sie das bisherige

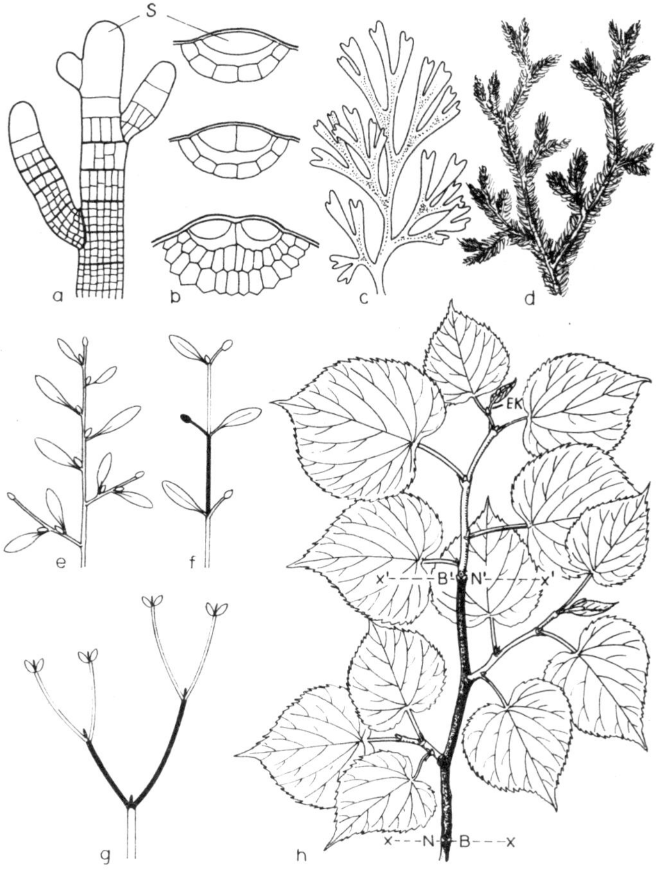

Abb. 5.6. Verzweigungen. a seitliche Thallusverzweigung der Braunalge *Sphacelaria, S* Scheitelzelle. **b** Beginn dichotomer Verzweigung der Braunalge *Dictyota*, **c** durch mehrzellig apikales Meristem erfolgende Thallusverzweigung der Braunalge *Dictyopteris*, **d** apikal verzweigter Cormus von Bärlapp *(Lycopodium)*, **e** Monopodium, schematisch, **f** Monochasium, schematisch, **g** Dichasium, schematisch (bei f und g ist der Zuwachs eines Jahres schwarz ausgezogen), **h** zweijähriges Monochasium eines Lindenzweiges *(Tilia cordata)*. Die Ebenen X und X' sind Grenzen des Jahreszuwachses, B und B' Narben abgefallener Blätter, deren Achselknospen das Wachstum der Achse übernahmen, N und N' Narben der abgefallenen Oberenden des jeweiligen Achsenzuwachses. *EK* Endknospe. — a nach Haberlandt, b nach Denffer, c—h nach Troll.

Sproßende übergipfelt, so entsteht ein **Monochasium** (Abb. 5.6.f). Die Zweige der Linde *(Tilia*, Abb. 5.6.h) und Ulme *(Ulmus)* sind eine derartige Folge von Seitenachsen, von denen jede die Richtung der vorher gebildeten fortsetzt. Monochasial ist auch der Aufbau mancher der plagiotrop (= waagrecht) wachsenden Rhizome wie das des Salomonssiegel *(Polygonatum)*. Ein Dichasium liegt bei der Verzweigung des Flieders (*Syringa*, Abb. 5.6.g) und der Mistel *(Viscum)* vor. Bei ihnen treiben zwei gegenüberstehende Seitenknospen stets gleichzeitig aus, während die Terminalknospe verkümmert oder nur ein kurzes Achsenstück bildet. Dichasiale Verzweigung kann der gabligen (= dichotomen) Verzweigung ähnlich sein, hat aber eine grundlegend andere Entstehung!

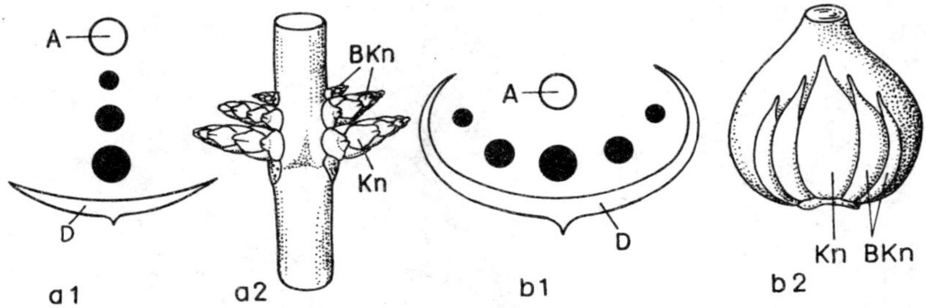

Abb. 5.7. Beiknospen. a Seriale Beiknospen, a (1) als Diagramm, a (2) an der Achse der Heckenkirsche *(Lonicera xylosteum)*. **b laterale** Beiknospen, b (1) als Diagramm, b (2) an der Zwiebel vom Knoblauch *(Allium sativum)*. A Achse, BKn Beiknospe, D Deckblatt, Kn Knospe. — a nach Troll, b nach Irmisch.

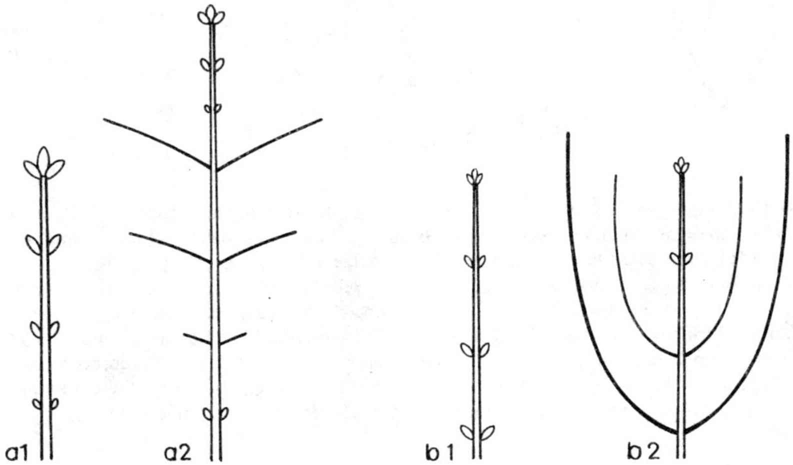

Abb. 5.8. Akro- und Basitonie. Schema der **a** akrotonen und **b** basitonen Verzweigung.

Als Beispiel für ein **Pleichochasium**, eine Fortsetzung der Hauptachse durch mehrere Seitenachsen, sei die Verzweigung bei der zur Blüte gelangenden Zypressenwolfsmilch *(Euphorbia cyparissias)* genannt.

Die Gestalt einer Pflanze wird durch den Ort ihrer Verzweigung an den Haupt- und Nebenachsen geprägt. Treiben bevorzugt Knospen der Spitzenregion zu neuen Seitenzweigen aus, so spricht man von **Akrotonie** (Abb. 5.8.a). Wir finden akrotone Verzweigung häufig bei baumförmigen Sprossen, während Sträucher und Stauden meist eine **Basitonie** (Abb. 5.8.b) oder auch **Mesotonie** aufweisen, d. h. diese legen die neuen Seitenzweige vorrangig am unteren oder mittleren Abschnitt der Haupt- oder Nebenachse an. In allen Fällen bleiben die meisten Knospen als **„ruhende Knospen"** in ihrer Entwicklung gehemmt. Durch Verlust von Achsenteilen können ruhende Knospen zum Austreiben veranlaßt werden (s. Apikaldominanz, S. 399). Erfolgt das durch Parasitenbefall bei sehr vielen Knospen, so entsteht ein sogenannter „Hexenbesen". Seitenzweige aus vorjährig angelegten Knospen bilden die **Erneuerungssprosse** (= Jahrestrieb), solche aus diesjährig angelegten Knospen die **Bereicherungssprosse.**

Blütenstände. Die verzweigten generativen Achsensysteme der Blütenpflanzen heißen Blütenstände. Rein beschreibend kann man folgende wichtige Typen unterscheiden (Abb. 5.9.):

a) **Einfache Blütenstände** (Blütenstandsachse unverzweigt):
- Traube: Achse gestreckt, Blüten gestielt (Kreuzblütler, Johannisbeere)
- Ähre: Achse gestreckt, Blüten ungestielt (Wegerich)
- Kolben: Achse gestreckt, verdickt, Blüten ungestielt (Aronstab)
- Dolde: Achse gestaucht, Blüten gestielt (Efeu, Primel)
- Köpfchen: Achse gestaucht, verbreitert, Blüten ungestielt (Löwenzahn)

b) **Zusammengesetzte Blütenstände** (Blütenstandsachse verzweigt):
- Doppeltraube: Traube, die statt Einzelblüten wieder Trauben trägt (Steinklee); entsprechend Doppeldolde (Doldengewächse, S. 268), Doppelähre („Ähren"gräser, S. 286)
- Rispe: Verzweigungsgrad der racemösen (monopodialen), gestreckten Seitensprosse von oben nach unten zunehmend (Flieder, Wein„traube")
- Thyrsus: rispenähnlicher Blütenstand, aber Teilblütenstände cymös (sympodial), ohne dominierende Hauptachse, meist nur aus den Achseln der Vorblätter verzweigt (Lippenblütler)
- Cymoid: Thyrsus, bei dem nur aus den Achseln der obersten, der Endblüte benachbarten Blätter Seitenachsen entwickelt werden; dazu Dichasium (Hornkraut) und Pleiochasium (Wolfsmilch)

Die cymösen Teilblütenstände der Thyrsen können bei den Dikotylen von Seitensprossen aus beiden Vorblattachseln gebildet werden (dichasiale Verzweigung, häufig bei den Nelkengewächsen). Oft ist dabei aber jeweils einer der beiden Seitensprosse gefördert (anisoton dichasiale Verzweigung). Das leitet über zu den monochasialen Teilblütenständen. Bei diesen können sich die Seitensprosse entweder stets aus der Achsel des gleichen (linken oder rechten) Vor-

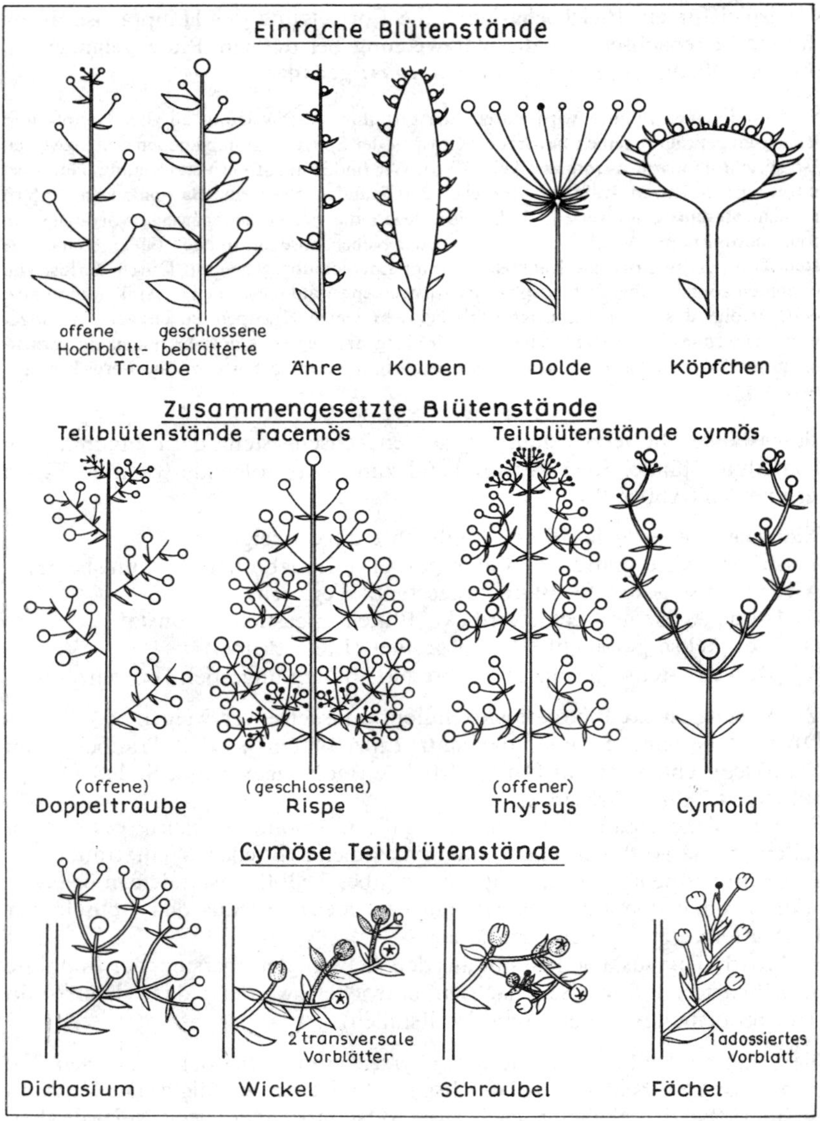

Abb. 5.9. Blütenstände.

blattes entwickeln, dann entsteht die Schraubel (Johanniskraut), oder jeweils abwechselnd aus der rechten und linken Vorblattachsel, dann entsteht die für die Lippenblütler und viele Boretschgewächse charakteristische Wickel. Bei den Monokotyledonen ist nur 1 adossiertes Vorblatt vorhanden (S. 106, Abb. 6.33.); durch Verzweigung aus seiner Achsel entsteht die Fächel *(Iris)*.

Für die Verwandtschaftsforschung ist diese rein deskriptive Gliederung der Blütenstände unbefriedigend. Bei einer Gliederung, die die Homologie stärker berücksichtigt, unterscheidet man vor allem die geschlossenen Blütenstände, bei denen Haupt- und Nebenachsen mit Terminalblüten abschließen (Flieder, Wein), und die stärker abgeleiteten offenen Blütenstände ohne Terminalblüten (Lippenblütler, Kreuzblütler). Als Ausgangsform wird eine geschlossene Rispe angesehen, von der durch Reduktion und Stauchung auf verschiedenen Wegen die einfachen Infloreszenzen und durch extreme Reduktion Einzelblüten abzuleiten sind. So ist die Dolde der Doldenblütler als stark abgewandelter Thyrsus, die der Primel-Arten aber als gestauchte offene Traube aufzufassen. Die Einzelblüte der Gartentulpe ist von einem offenen Thyrsus, die des Mohnes von einer geschlossenen Rispe durch Reduktion abzuleiten. Infolge der Abwandlung der Blütenstände in der Phylogenie treten häufig Übergangsformen zwischen den oben geschilderten Typen auf.

5.2.3. Primärer Bau der Sproßachse

Am inneren Aufbau der Achse sind Leit-, Festigungs-, Grund- und Abschlußgewebe beteiligt (s. Kap. 4). Vom Sproßvegetationspunkt der Terminalknospe ausgehend, sind folgende Zonen als Stadien der Achsenentwicklung zu unterscheiden: Die 10 bis 50 µm lange **Initialzone** bildet neue embryonale Zellen, welche in der anschließenden 20 bis 80 µm langen **Determinationszone** in ihrer künftigen Differenzierung festgelegt werden. Mit histologischen Methoden (z. B. Färbung) lassen sich eine äußere **Urrinde**, ein zentrales **Urmark** und dazwischen ein Zylinder von embryonal bleibendem **Restmeristem** unterscheiden. Im Bereich von etwa 40 µm bis zu 25 mm von der Spitze erfolgen in der **Differenzierungszone** weitere Zellteilungen, die Zellstreckung und die Ausbildung der Gewebe. Mit der Zellstreckung vollzieht sich das **primäre Dickenwachstum.** Es werden aber auch die Blattanlagen erkennbar, und in der Rinde differenzieren sich **Prokambiumstränge**, die Vorstufen der Leitbündel (s. 4.5.). Die Prokambiumstränge lassen schließlich einen mehr oder weniger geschlossenen Zylinder zwischen Mark und Rinde entstehen, bei dem zunächst die außenliegenden Zellen erste Phloemelemente **(Protophloem)** bilden. In kurzem Abstand davon differenzieren sich im Prokambium erste Xylemzellen **(Protoxylem)** aus. Diese Leitelemente dienen bereits der Versorgung der wachsenden Achse, wobei sie aber selbst noch am Streckungsprozeß teilnehmen müssen (Ring- oder Schraubengefäße im Protoxylem!). Mit nachlassender Streckung übernehmen die neugebildeten, leistungsfähigen **Metaxylem-** und **Metaphloemteile** deren Funktion. Schließlich verfestigen Sklerenchymfasern, meist als äußere Schicht des Zentralzylinders, die Sproßachse. Das außerhalb des Zentralzylinders liegende Gewebe der **primären Rinde** und das zentrale **Markgewebe** können der Nährstoffspeicherung dienen, im Parenchym des Markes kann schizogen oder rhexigen (S. 93/94) eine **Markhöhle** entstehen. Die Leitgewebe der primären Sproßachse bilden bei den meisten Holzgewächsen einen nahezu **geschlossenen Leitzylinder.** Bei den nicht-holzigen Dikotyledonen und den Pteridophyten herrschen netzartig **durchbrochene Bündelrohre** (Abb. 5.10.a, d, e) mit regelmäßigem, z. T. kompliziertem Aufbau vor. Aus dem Blattstiel treten

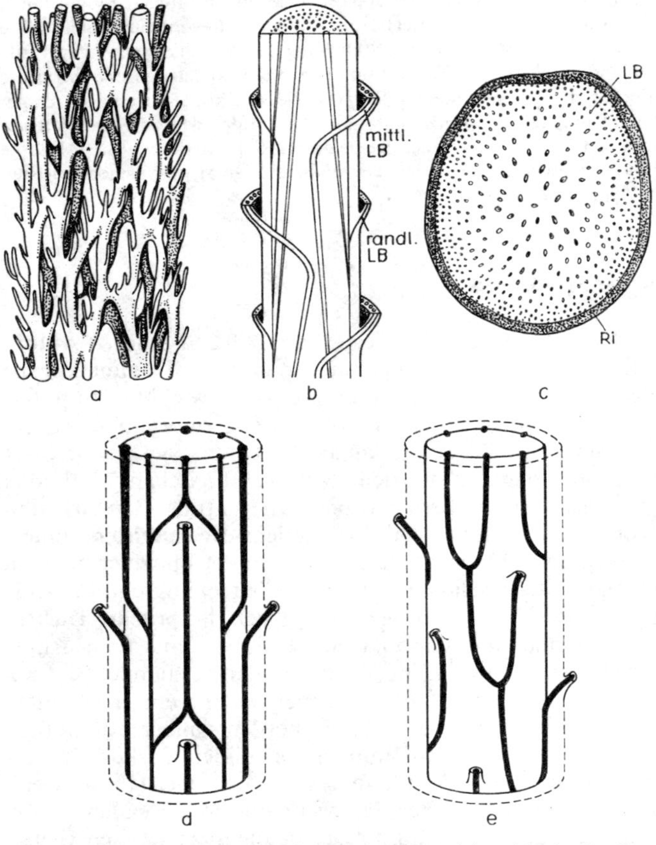

Abb. 5.10. Leitbündelverlauf in Sproßachsen. a Leitbündelrohr des Farns *Dryopteris filix-mas* (Dictyostele). **b** Leitbündelverlauf in Monokotyledonensproß im medianen Längsschnitt. **c** Sproßquerschnitt von *Zea mays.* **d** Leitbündelverlauf in der Sproßachse bei wirteliger und **e** bei zerstreuter Blattstellung (S. 130). *Lb* Leitbündel, *Ri* Rinde. — a nach Reinke aus Guttenberg, b—e nach Troll.

die Blattleitbündel, auch **Blattspurstränge** genannt (ein bis mehrere je Blatt), als „**blatteigene**" Bündel in die Sproßachse ein und münden — in der Regel unterhalb des Eintrittsknotens — in die „**stammeigenen**" Bündel des Bündelrohres.

Bei Monokotyledonen vermag das Meristem bereits am Sproßscheitel die künftige Dicke des primären Sprosses in einem derartigen Umfang anzulegen, daß dieser den späteren Erfordernissen auch ohne ein Dickenwachstum genügt. Extrem dick ist dieser primäre Sproß bei den Palmen, bei denen sich der Vegetationspunkt durch ein kragenförmig wucherndes Gewebe in einer Grube befindet. Die weitere Differenzierung der Sproßachse führt zu der im Querschnitt erkennbaren zerstreuten Anordnung der meist kollateral-geschlossenen Leitbündel (Abb. 5.10.b, c). Diese treten nebeneinander zu vielen aus den parallelnervigen Blättern in die Sproßachse ein, wobei besonders die starken, mittleren Bündel zunächst in weitem Bogen in die Achse eindringen. Weiter unterhalb des Eintrittsknotens nähern sie sich wieder dem peripheren Bereich, wo es zur Vereinigung von Bündeln kommt. An den Knoten können die Leitbündel durch Anastomosen in Verbindung stehen.

5.2.4. Sekundärer Bau der Sproßachse

Der wachsende Umfang des Blattwerkes bei mehrjährigen Dikotyledonen und Nadelhölzern erfordert in deren Achsen eine wachsende Leitungskapazität und Festigkeit sowie die Erneuerung von zeitlich begrenzt lebensfähigem Leitgewebe. Dem werden die Achsen durch ein **sekundäres Dickenwachstum** gerecht, das besonders Bäume und Sträucher auszeichnet. Bei den heute lebenden Farnpflanzen und den meisten Monokotyledonen erfolgt kein sekundäres Dickenwachstum, der Umfang der Gesamt-Blattfläche nimmt nach Abschluß der Jugendphase nicht ständig zu. Die Leitgewebe (einschließlich Phloem!) können bei ausdauernden Formen lange funktionstüchtig bleiben. Das sekundäre Dickenwachstum der Dikotyledonen und Gymnospermen gründet sich auf die Tätigkeit eines **Kambiumzylinders**, zu dem sich die Kambien der auf dem Achsenquerschnitt kreisförmig angeordneten Leitbündel vereinigen. Auf Grund seiner Entstehung lassen sich drei Typen unterscheiden (Abb. 5.11.a—e):

1. **Der Tilia-Typ**, bei dem als Ergebnis des primären Dickenwachstums ein geschlossenes Kambiumrohr zwischen Xylem (innen) und Phloem (außen) für das sekundäre Dickenwachstum bereitsteht. Diesem Typ gehören die meisten Holzgewächse, aber auch krautige Pflanzen (z. B. *Linum*) an.
2. Der **Aristolochia-Typ**, bei dem die Leitbündelkambien durch die zwischen ihnen liegenden Zellen der primären Markstrahlen zunächst getrennt sind. Hier muß vor Beginn des sekundären Dickenwachstums durch eine Kambium-Neubildung in den Zwischenbündelräumen das **Interfascikularkambium** (Abb. 5.11.f), ein geschlossenes Kambiumrohr geschaffen werden. Man findet diesen Typ bevorzugt bei Lianen.

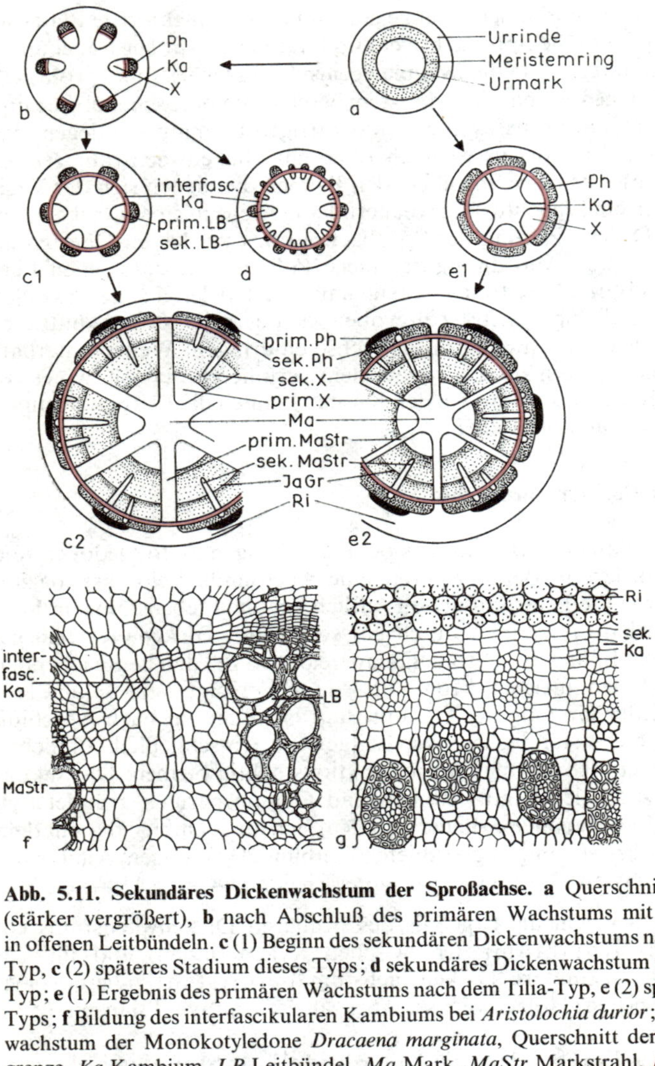

Abb. 5.11. Sekundäres Dickenwachstum der Sproßachse. a Querschnitt durch Sproßspitze (stärker vergrößert), **b** nach Abschluß des primären Wachstums mit getrennten Kambien in offenen Leitbündeln. **c** (1) Beginn des sekundären Dickenwachstums nach dem Aristolochia-Typ, **c** (2) späteres Stadium dieses Typs; **d** sekundäres Dickenwachstum nach dem Helianthus-Typ; **e** (1) Ergebnis des primären Wachstums nach dem Tilia-Typ, e (2) späteres Stadium dieses Typs; **f** Bildung des interfascikularen Kambiums bei *Aristolochia durior*; **g** sekundäres Dickenwachstum der Monokotyledone *Dracaena marginata*, Querschnitt der Achse. *JaGr* Jahresgrenze, *Ka* Kambium, *LB* Leitbündel, *Ma* Mark, *MaStr* Markstrahl, *Ph* Phloem, *Ri* Rinde, *X* Xylem. Bei b—e sind die Kambien rot eingezeichnet. — f nach Went, g nach Haberlandt.

3. Der **Helianthus-Typ** geht von breiten Markstrahl-Zwischenräumen zwischen den Kambien der Leitbündel aus als Ergebnis des primären Dickenwachstums. Das sekundäre Dickenwachstum beginnt mit der Ausdifferenzierung kleinerer **Zwischenleitbündel** in dem Markstrahlparenchym. Es folgt die Verbindung der Kambien alter und neuer Leitbündel zu einem geschlossenen Rohr durch interfascikulares Kambium. Diesem Typ gehören bevorzugt krautige Dikotyledonen an.

Das **Dickenwachstum von Speichersprossen** (Abb. 5.12.a, b) ist meist auf primäre Vermehrung von Grundgewebszellen zurückzuführen, die bei der Kartoffelknolle und dem Kohlrabi dem Mark, bei Cactaceen der Rinde angehören. — Bei **Monokotyledonen** kommt ein sekundäres Dickenwachstum der Sprosse nur in Ausnahmefällen vor, so bei *Dracaena, Cordyline* und *Yucca* — alle drei sind baumförmige *Liliales*. Der Kambiumring stammt hier von den Meristemzellen des primären Dickenwachstums ab oder wird aus Rindenzellen neu gebildet (Abb. 5.11.a). Er liegt in den innersten Rindenschichten. Durch seine Tätigkeit werden bevorzugt nach innen Zellen abgeschieden. Sie bilden ein sekundäres Parenchym, in dem sich sekundäre Leitbündel ausdifferenzieren. Es handelt sich dabei um konzentrische Leitbündel mit Außenxylem oder geschlossene kollaterale Leitbündel.

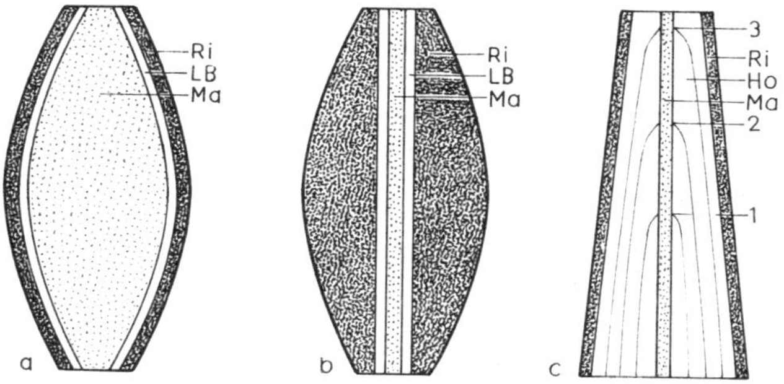

Abb. 5.12. Formen der Achsenverdickung. Erstarkungswachstum **a** durch Zellvermehrung im Mark (Kohlrabi), **b** in der Rinde (Kaktee). **c** Sekundäres Dickenwachstum durch Zellteilung im Kambium (1—3 gibt kegelförmigen Holzzuwachs dreier Jahre an). *Ho* Holz, *LB* Leitbündel, *Ma* Mark, *Ri* Rinde.

5.2.5. Holzkörper

Als Ergebnis des sekundären Dickenwachstums von Gymnospermen und Dikotyledonen entsteht innerhalb des sich vergrößernden Kambiumrohres der Holzkörper. **Holz** ist die Gesamtheit der vom Kambium nach innen abgeschiedenen Zellen und umfaßt auch die Parenchymzellen mit unverholzten Zellwänden. Den Hauptteil bilden aber die der Wasserleitung dienenden Tracheiden bei den Gymnospermen sowie Tracheiden und Tracheen bei den Dikotyledonen (Abb. 5.13.a—e). Diese Zellen verlaufen längs im Holzkörper;

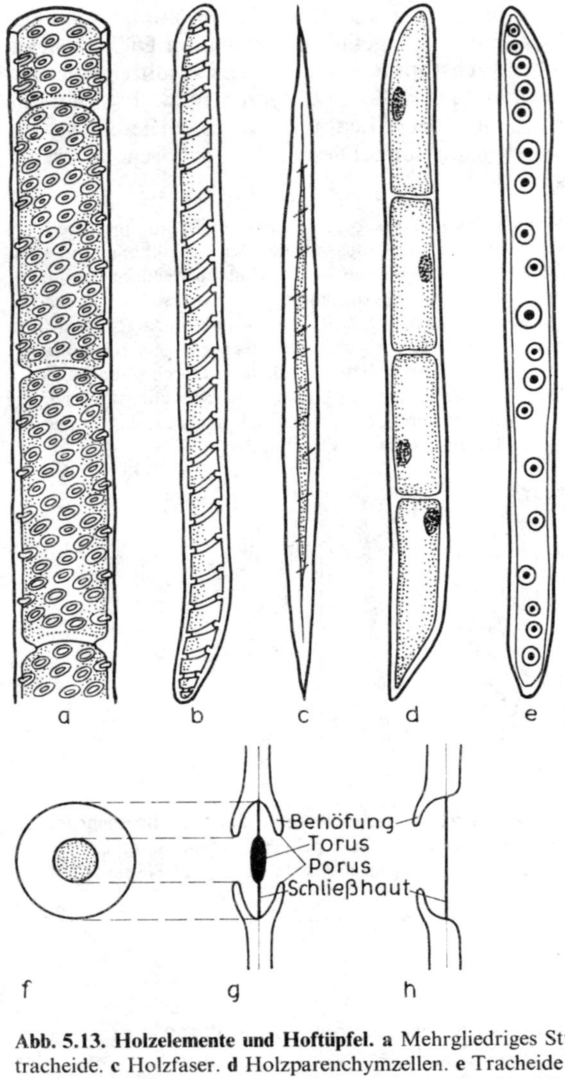

Abb. 5.13. Holzelemente und Hoftüpfel. **a** Mehrgliedriges Stück einer Tüpfeltrachee. **b** Ringtracheide. **c** Holzfaser. **d** Holzparenchymzellen. **e** Tracheide mit Hoftüpfeln (aus Nadelholz). **f** Hoftüpfel in Aufsicht, **g** im Querschnitt, **h** einseitig behöfter Tüpfel im Querschnitt. — a—e nach Rauh.

senkrecht dazu in radialer Richtung durchziehen die **Markstrahlen** die Sproßachse. In ihnen dienen **tracheidale Markstrahlzellen** dem Quertransport des Wassers im Stamm. Die Speicherung sowie Zu- und Ableitung organischer Stoffe sind die Aufgaben des **Holzparenchyms** und des **Markstrahlparenchyms**, aber auch Holzfasern, solange sie lebend sind. Tote Holzfasern der Dikotyledonen dienen ausschließlich der Festigung, einer Funktion, die bei Gymnospermen die Tracheiden neben der der Wasserleitung erfüllen. Tracheen und Tracheiden sind unter- und miteinander durch **Hoftüpfel** (Abb. 5.13.f—h) verbunden. — Der Querschnitt einer mehrjährigen Achse zeigt im Holzkörper eine dem Alter an Jahren entsprechende Anzahl konzentrischer Kreise, die sogenannten **Jahresringe.** Sie sind Ausdruck der jahreszeitlich wechselnden Aktivität des Kambiums, das bei Vegetationsbeginn die weitlumigen Gefäße des **Frühholzes** nach innen abscheidet, gegen Ende der Zuwachsperiode im Sommer aber die zunehmend englumigeren des **Spätholzes.** Der Wiederbeginn der kambialen Zellbildung im Frühjahr markiert die **Jahresgrenze** (Abb. 5.14.a), der Abstand zweier Jahresgrenzen ist der **Jahreszuwachs.** Im Verlaufe des sekundären Dickenwachstums entstehen in dem Leitgewebe zwischen den **primären Markstrahlen** wiederholt **sekundäre Markstrahlen.** Im Gegensatz zu primären Markstrahlen beginnen sie weiter außen, nicht am Mark (Abb. 5.11.c2, e2). Alle Markstrahlen reichen über die Kambiumzone hinweg in das Phloem. Der artunterschiedliche Aufbau der Markstrahlen ist an radialen und tangentialen Längsschnitten erkennbar.

Jeder Jahreszuwachs sitzt als Kegelmantel auf dem Zuwachs des Vorjahres (Abb. 5.12.c), was in der Maserung parallel geführter Längsschnitte („Stoßfurnier") gut sichbar wird. Bei einem um den Stamm kontinuierlich herumlaufenden, tangentialen Längsschnitt („Schälfurnier", häufig von Eiche) tritt die Maserung nicht hervor.

Das **Gymnospermenholz** (Abb. 5.14.) besitzt durch die Gleichförmigkeit der Tracheiden als einziger Wasserleitungs- und Festigungselemente einen sehr regelmäßigen Aufbau. Die Markstrahlen sind oft nur eine Zellschicht breit, aber mehrere Zellschichten hoch. Das Holzparenchym ist meist gering entwickelt, so tritt es bei *Pinus*, *Picea* und *Larix* nur als Auskleidung der schizogen entstandenen **Harzkanäle** auf. Kleinere Harzkanäle sind bei diesen Arten in einigen Markstrahlen zu finden, ohne Harzkanäle ist z. B. das Holz der Eibe *(Taxus)*. Die Wasserleitung erfolgt im Gymnospermenholz auf einer großen leitenden Fläche des Zuwachses von zehn Jahren oder mehr. Die Leitungsgeschwindigkeit ist mit 1,2 bis 1,4 m/h vergleichsweise gering.

Das **Dikotyledonenholz** zeigt durch den Besitz von Tracheen, Tracheiden und Holzfasern neben den lebenden Zellen des Holzparenchyms und der Ersatzfasern eine große Mannigfaltigkeit im Aufbau (Abb. 5.15.). Nach Anordnung und Weite der Tracheen lassen sich zerstreutporige von ringporigen Hölzern unterscheiden (Abb. 5.16.a, b). Die Tracheen der **zerstreutporigen** Hölzer besitzen nur wenig unterschiedliche Durchmesser und sind über den Jahreszuwachs verteilt, wie z. B. bei Ahorn *(Acer)*, Buche *(Fagus)*, Pappel *(Populus)*

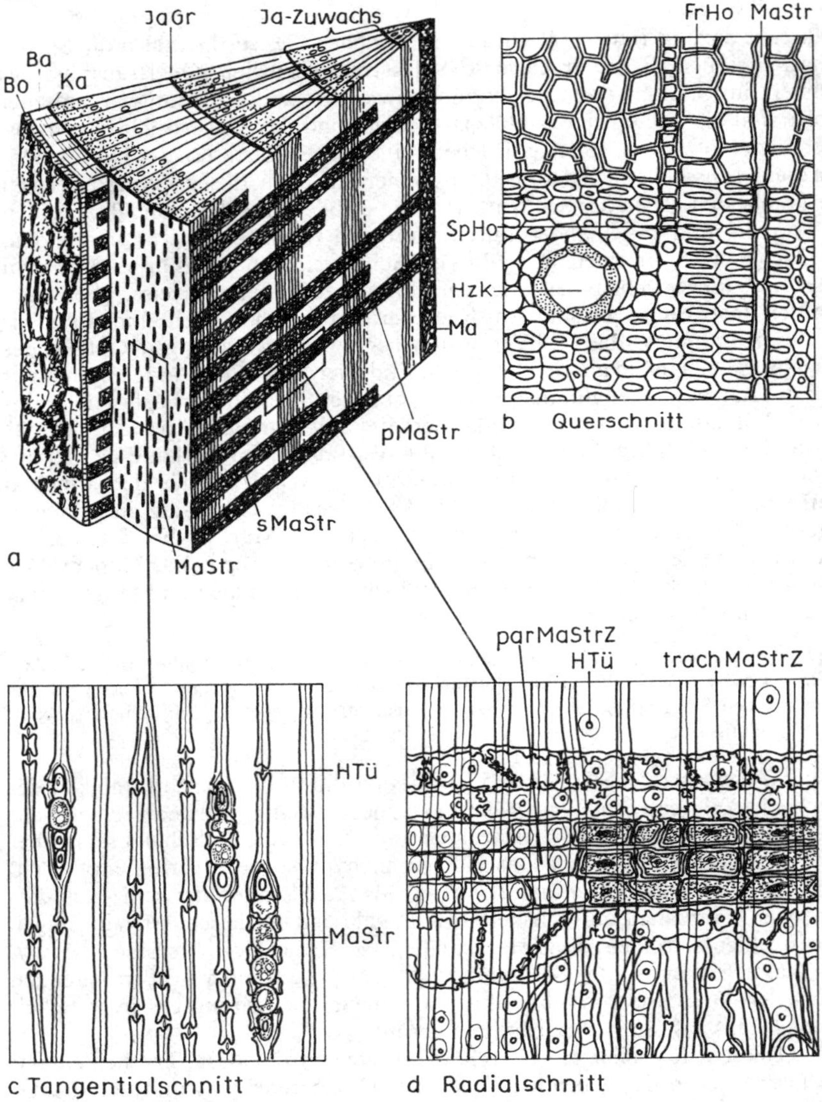

Abb. 5.14. Holzaufbau von *Pinus sylvestris*. *Ba* Bast, *Bo* Borke, *FrHo* Frühholz, *HTü* Hoftüpfel, *Hzk* Harzkanal, *JaGr* Jahresgrenze, *Ka* Kambium, *Ma* Mark, *MaStr* Markstrahl, *par MaStrZ* parenchymatische Markstrahlzellen, *pMaStr* primärer Markstrahl, *sMaStr* sekundärer Markstrahl, *SpHo* Spätholz, *trach MaStrZ* tracheidale Markstrahlzellen. — a nach Schenck, b—d nach Kny.

und Linde *(Tilia)*. Bei **ringporigen** Hölzern sind wenige, sehr weite Gefäße nur im Frühholz zu finden, das Spätholz besteht vorwiegend aus englumigen Tracheiden und Holzfasern, wie z. B. bei Esche *(Fraxinus)*, Eiche *(Quercus)*, Robinie *(Robinia)* und Rüster *(Ulmus)*. Weitlumige Gefäße gestatten einen schnellen Wassertransport, besitzen aber in der Regel eine kürzere Funktionsdauer als englumige. So erfolgt die Wasserleitung bei zerstreutporigen Hölzern im Holzzuwachs einer Reihe von Jahren mit Geschwindigkeiten von 2 bis 6 m/h. Ringporige Hölzer leiten das Wasser nur in dem Holzzuwachs des letzten Jahres oder weniger Jahre, jedoch mit Geschwindigkeiten bis über 40 m/h. Während die Weite ihrer Tracheen über 100 μm betragen kann und die Länge mehr als 10 m erreicht, haben zerstreutporige Hölzer Gefäßweiten unter 100 μm und Längen, die 1—2 m nicht übersteigen. Der Funktionsverlust von Wasser-

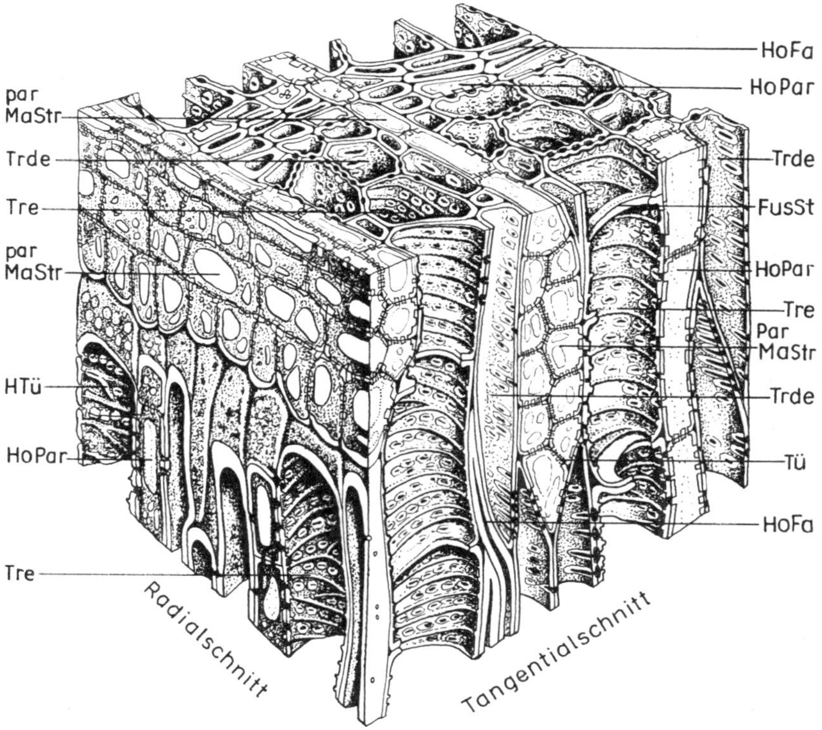

Abb. 5.15. Angiospermenholz *(Tilia)*. *FusSt* Fusionsstelle von Tracheengliedern, *HoFa* Holzfaser, *HoPar* Holzparenchymzelle, *HTü* Hoftüpfel, *MaStr* Markstrahl, *par MaStr* parenchymatischer Markstrahl, *Trde* Tracheide, *Tre* Trachee, *Tü* Tüpfel. Nach Braune, Leman und Taubert.

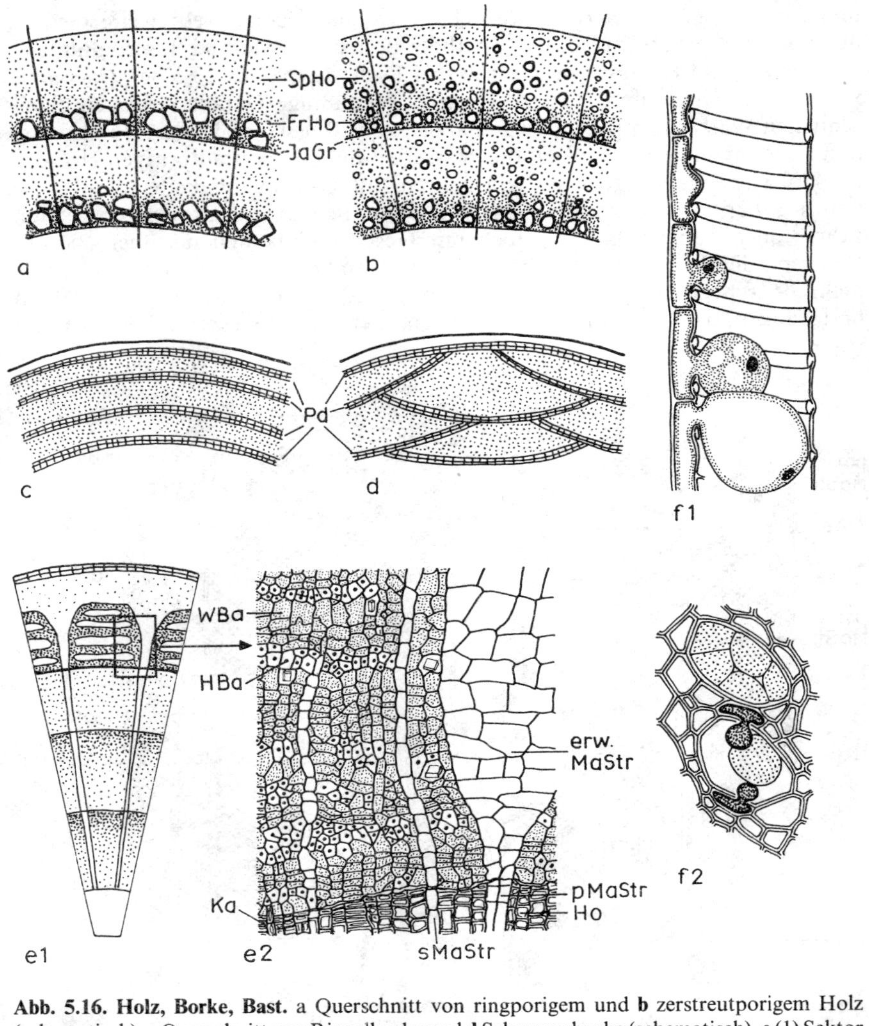

Abb. 5.16. Holz, Borke, Bast. a Querschnitt von ringporigem und **b** zerstreutporigem Holz (schematisch). **c** Querschnitt von Ringelborke und **d** Schuppenborke (schematisch). **e** (1) Sektor eines Querschnittes vom Lindenzweig, **e** (2) Ausschnitt daraus aus dem Bastteil. **f** (1) Trachee mit Thyllenbildung im Längsschnitt; **f** (2) im Querschnitt. *erwMaStr* erweiterter Markstrahl, *FrHo* Frühholz, *HBa* Hartbast, *Ho* Holz, *JaGr* Jahresgrenze, *Ka* Kambium, *Pd* Periderm, *pMaStr* primärer Markstrahl, *sMaStr* sekundärer Markstrahl, *SpHo* Spätholz, *WBa* Weichbast. — e (2) nach Kaussmann, f nach Holman und Robbins.

leitungselementen erfolgt in der Regel durch Eindringen von Luft. Eine Verstopfung der Gefäße ist durch die Ausbildung von **Thyllen** (Abb. 5.16.f) möglich.

Nicht mehr der Wasserleitung dienende Teile des Holzkörpers können:

a) als Teil des **Splintholzes** dem wasserleitenden Holzteil gleichen und einen hohen Anteil ihres Wassers behalten, wie z. B. Spitzahorn (*Acer platanoides*), Birke (*Betula*) und Pappel (*Populus*)
b) als **Reifholz** einen austrocknenden, aber kaum verfärbten Kern besitzen, wie z. B. Fichte (*Picea*), Feldahorn (*Acer campestre*), Buche (*Fagus*) und Linde (*Tilia*)
c) als **Kernholz** durch Einlagerung von Gerbstoffderivaten, Farbstoffen, Harzen und anderen vorrangig aromatischen Verbindungen, die als Stoffwechselprodukte absterbender Parenchymzellen entstehen, eine dunkelgefärbte **Verkernung** erfahren, wie z. B. bei Kiefer (*Pinus*), Eibe (*Taxus*), Eiche (*Quercus*) und Walnuß (*Juglans*).

Gegenüber dem äußeren, wasserleitenden Splintholz besitzt das Kernholz höhere mechanische Festigkeit und ist widerstandsfähig gegen Fäulnis. Dazu kann auch die gelegentliche Einlagerung von kohlensaurem Kalk oder Kieselsäure beitragen. Bekannte tropische Kernhölzer sind Mahagoni und Palisander.

5.2.6. Sekundäre Rinde und Borke

Die sekundäre Rinde (= **Bast)** entsteht als Ergebnis der nach außen gerichteten kambialen Zellbildung. Durch neue Siebröhren werden nicht nur funktionslos gewordene ältere ersetzt, sondern es wird auch die Gesamtkapazität der Assimilatleitung erhöht. Neben neuen Phloemelementen entstehen Bastfasern als Festigungselemente. Dabei können Komplexe von Bastfasern als **„Hartbast“** mit Komplexen aus den übrigen Phloemelementen (Siebröhren, Geleitzellen und Bastparenchym), dem **„Weichbast“**, abwechseln (Abb. 5.16.e). Die Kambiumzellen der Markstrahlen bilden nach außen wie nach innen neue Markstrahlzellen. — Im Verlaufe des sekundären Dickenwachstums kommt es in dem zu eng werdenden äußeren Rindenzylinder zu einer tangentialen Zugbeanspruchung. Die Zellen des Rindenparenchyms können z. B. bei der Linde der Gefahr des Zerrissenwerdens durch Zellteilungen begegnen. Diese Form der Gewebsvergrößerung wird **Dilatation** genannt. Die Epidermis besitzt diese Fähigkeit nur selten, ihre Funktion wird in der Regel bald von einem **Periderm** übernommen (S. 85). Ein vollständiger Luftabschluß durch das interzellularenfreie Korkgewebe kann durch die Bildung von **Korkporen** oder **Lenticellen** vermieden werden (Abb. 4.6.d, e). Diese entstehen meist an Spaltöffnungen, unter denen das Phellem keine geschlossenen Zellschichten bildet, sondern isolierte Korkzellen, die als „Zellpulver“ die abgestorbene Epidermis nach außen drücken und öffnen. Die hierbei erreichte Gasdurchlässigkeit kann am Ende der Vegetationsperiode durch Ausbildung geschlossener Korkschichten wieder aufgehoben werden.

Der **Borkenbildung** liegt die wiederholte Anlegung eines Periderms in immer tieferen Schichten der primären, später auch der sekundären Rinde zugrunde.

Durch Lagen toter Korkzellen werden dabei außen liegende, lebende Rindenzellen von der Nährstoff- und Wasserversorgung abgeschnitten und sterben ab. Die Art der Anlegung neuer Peridermschichten und die Ausbildung von Trennungsgeweben bestimmen die Form der Borke (Abb. 5.16.c, d):

1. **Ringelborke** entsteht durch wiederholt weiter innen angelegte, geschlossene Peridermschichten, z. B. bei Kirsche *(Cerasus)* und Birke *(Betula)*. Eine Ablösung der Ringelborke kann erfolgen, wenn das Dickenwachstum des Stammes diese Schichten längs aufreißen läßt. Beim Weinstock *(Vitis vinifera)* kann sich die Borke in Längsstreifen ablösen **(„Streifenborke“).** Leichter als die ganze Borke trennen sich bei der Birke papierdünne Korkschichten vom Stamm.
2. **Schuppenborke** wird durch wiederholt weiter innen angelegte schuppenförmige Peridermflächen gebildet. Bleiben die Peridermschichten miteinander und mit den Rindengeweben fest verbunden, so wird die Borke sehr dick, durch Zunahme des Stammumfanges aber tief rissig, wie bei einheimischen Eichen *(Quercus)*. Die Abtragung von diesen Borken ist gering. Bilden sich aber Trennungsschichten, bestehend aus sehr dünnwandigen Korkzellen, wie z. B. bei Kiefer *(Pinus)* und Platane *(Platanus)*, so führt das durch Spannungen beim Dickenwachstum zur Ablösung der Schuppen vom Stamm.

5.3. Blatt

Das Blatt ist ein Seitenorgan der Sproßachse meist mit begrenztem Wachstum (S. 390). Seine flächige Ausbildung und der Chlorophyllgehalt kennzeichnen es als Organ zur Photosynthese, doch gibt es eine Vielzahl in Gestalt und Funktion sehr unterschiedlicher Blätter.

5.3.1. Entwicklung und Bau des Laubblattes

Die **Blattanlagen (= Blattprimordien)** der Blütenpflanzen entstehen als Erhebungen auf der jungen Achse unterhalb des Sproßscheitels durch lokale, perikline Zellteilungen in der Tunica (s. 4.1.). Es bilden sich die **Blatthöcker** in spitzenwärts gerichteter, **akropetaler Folge.** Das Wachstum der Blätter beschränkt sich zunächst auf ihre Spitze **(= akroplastes Wachstum)**, wird aber bald durch ein interkalares Wachstum an der Basis **(= basiplastes W.)** abgelöst. Farnpflanzen bilden ihre Blätter durch zweischneidige Scheitelzellen (s. 4.1.), die dicht hinter der terminalen, dreischneidigen Scheitelzelle der Achse entstehen, und behalten ein akroplastes Wachstum der Blattorgane. Die Blatthöcker flachen sich in der weiteren Entwicklung zur Achse hin ab und zeigen

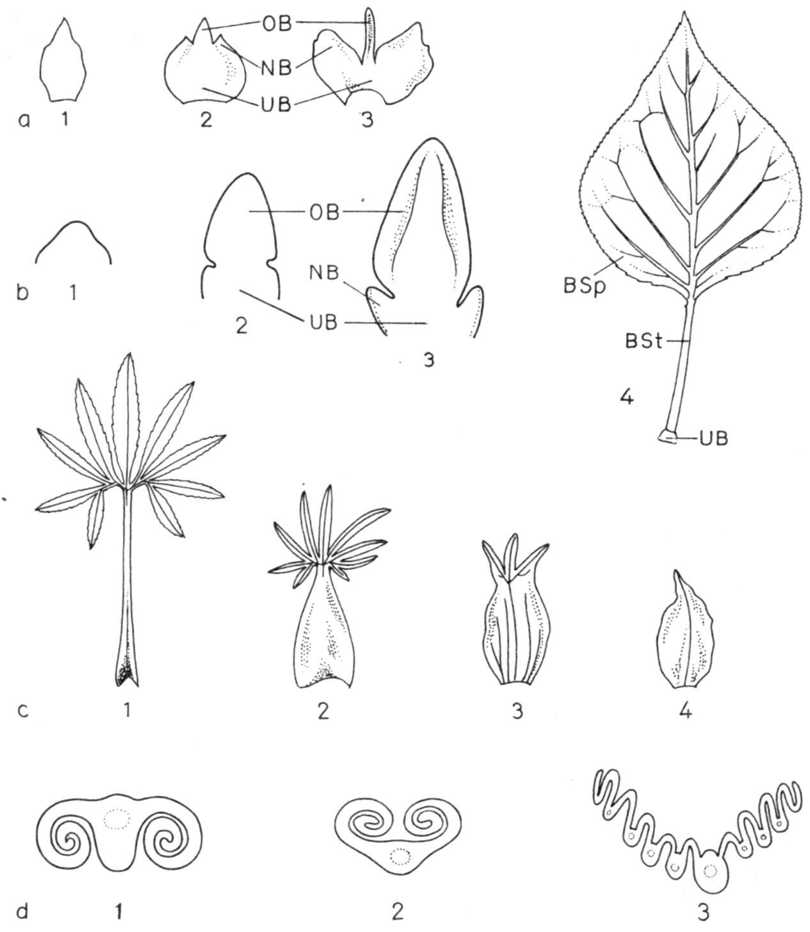

Abb. 5.17. Blattentwicklung und Knospenlage. a (1—3) Entwicklung eines Niederblattes *(Vicia faba)*. **b** (1—4) Entwicklung eines Laubblattes *(Prunus sibirica)*. **c** (1) Laubblatt, **c** (2—4) Hochblätter mit zunehmender Reduktion der Blattspreite *(Helleborus foetidus)*. **d** Knospenlage (Vernation) (1) revolutiv *(Fallopia aubertii)*, (2) involutiv *(Populus canadensis)*, (3) plikativ *(Fagus sylvatica)*. *BSp* Blattspreite, *BSt* Blattstiel, *NB* Nebenblatt, *OB* Oberblatt, *UB* Unterblatt. — Nach Troll.

beim Dikotyledonen-Laubblatt durch seitliche Einschnitte bald eine Gliederung in **Ober-** und **Unterblatt** (Abb. 5.17.b). Das weitere Wachstum der Spreite wird entsprechend ihrer Gestalt von verschiedenen Wachstumszonen an der Basis und den Rändern übernommen. Durch ihr schnelleres Wachstum überragen die Blätter den Vegetationskegel und bilden so die **Knospe.** Die von Knospenschuppen eingeschlossenen jungen Blätter zeigen eine arttypische **Knospenlage** oder **Vernation** (Abb. 5.17.d). Die Spreitenhälften können dabei nach oben gerollt sein (jede für sich: **involutive**, ineinandergerollt: **convolutive Knospenlage**) oder nach unten **(revolutive K.).** Sie können in der Knospe aber auch gefaltet sein (jede Hälfte für sich: **plikative K.** oder beide Hälften zusammengefaltet: **conduplikative K.).**

Das **Unterblatt** besteht aus dem **Blattgrund**, der meist verdickten Basis des Blattes, und den bei einigen Dikotyledonen-Gruppen (z. B. Rosaceen) daran sitzenden **Nebenblättern (Stipulae).** Das **Oberblatt** gliedert sich in **Blattspreite (Lamina)** und **Blattstiel (Petiolus).** Die Entwicklung des Stieles setzt aber später ein, er schiebt sich durch interkalares Wachstum zwischen Blattgrund und Spreite. Diese ist bei **Fiederblättern** geteilt, die Blattfiedern sitzen an der **Blattspindel (Rhachis).** Der Blattstiel endet dort am ersten Fiederpaar. Bei Gräsern und vielen anderen Monokotyledonen ist das Unterblatt meist als eine die Achse umfassende **Scheide** ausgebildet, welche ohne Blattstiel in die Spreite übergeht.

Typische Laubblätter sind **dorsiventral (= bifacial)** gebaut, die **Oberseite** ist von der **Unterseite** verschieden. Da Blätter zumindest in jungem Zustand ihre Blattoberseite der Achse zukehren, wird diese auch als **adaxiale Seite** bezeichnet, die abgewandte Unterseite als **abaxiale.**

Die **Nervatur** ist die Gesamtheit der Gefäßbündel im Blatt. Verlauf und Verzweigung der Nerven sichern für alle Bereiche des Blattes einen Anschluß an das Leitungssystem der Pflanze. Die Monokotyledonen haben in der Regel **parallel-** oder **bogennervige** Blätter, die Dikotyledonen **netznervige**, wobei die Stärke der Leitbündel vom Mittelnerv zu den Verzweigungen höherer Ordnung abnimmt. Die Seitennerven sind vielfach untereinander verbunden. Bei dieser **geschlossenen Nervatur** enden nur sehr feine, meist tracheidale Nerven blind. Querverbindungen **(Kommissuren)** gibt es auch zwischen den parallel verlaufenden Nerven bandförmiger Blätter. Eine typische **offene Nervatur** ohne Kommissuren zeigt das Blatt von *Ginkgo biloba.* In Blättern treten in der Regel geschlossene **kollaterale Leitbündel** auf. Das Phloem ist der Blattunterseite und das Xylem der Oberseite zugekehrt, als Folge des Ausbiegens aus den Stammleitbündeln (s. 5.2.3.). In den Blattstielen besitzen auch Dikotyledonenblätter einen parallelen Nervenverlauf.

Der **anatomische Aufbau eines Laubblattes** ist am Querschnitt erkennbar (Abb. 5.18.a). Er zeigt eine weitgehende Übereinstimmung bei vielen Angiospermen, stärker abweichend ist der Bau der nadelförmigen Blätter von Koniferen.

Das typische Dikotyledonen-Laubblatt steht senkrecht zum einfallenden

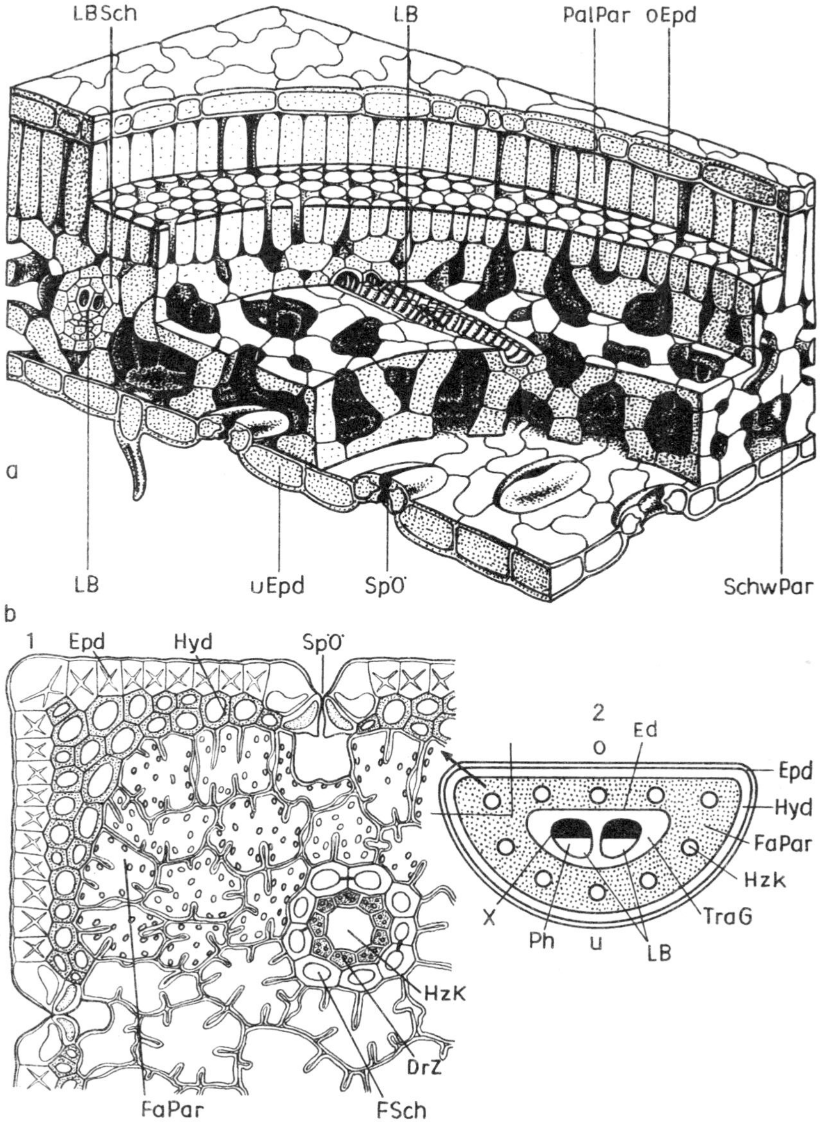

Abb. 5.18. Anatomie von Laub- und Nadelblatt. a Bifaciales Blatt, kombinierter Quer- und Flächenschnitt, schematisch. **b** Querschnitt vom Nadelblatt *(Pinus sylvestris)*, (1) Ausschnitt der Querschnittsübersicht (2). *DrZ* Drüsenzelle, *Ed* Endodermis, *Epd* Epidermis, *FaPar* Faltenparenchym, *FSch* Faserscheide, *Hyd* Hypodermis, *Hzk* Harzkanal, *LB* Leitbündel, *LBSch* Leitbündelscheide, *o* oben, *oEpd* obere Epidermis, *PalPar* Palisadenparenchym, *Ph* Phloem, *SchwPar* Schwammparenchym, *SpÖ* Spaltöffnung, *TraG* Transfusionsgewebe, *u* unten, *uEpd* untere Epidermis, *X* Xylem. — a nach Braune, Leman und Taubert, b 1 nach Kny.

Licht, ist **euphotometrisch**, der dorsiventrale Aufbau zeigt Asymmetrie zwischen Ober- und Unterseite. Beide Seiten sind von der Epidermis bedeckt, die obere besitzt aber häufig eine dickere Cuticula, die untere eine größere Anzahl von Spaltöffnungen (S. 80). Die **Blattepidermis** kann durch tangentiale Zellteilung auch mehrschichtig werden, eine solche multiple Epidermis tritt z. B. als wasserspeicherndes Gewebe in *Ficus*-Blättern auf.

Zwischen der oberen und unteren Epidermis erstreckt sich das **Mesophyll**, zur Oberseite hin als chloroplastenreiches **Palisadenparenchym** und zur Unterseite als interzellularenreiches **Schwammparenchym.** Die stabförmigen Palisadenzellen stehen dicht nebeneinander in ein- oder mehrschichtigen Lagen senkrecht zur Blattoberfläche. Zwischen ihnen sichern Interzellularräume den erforderlichen Gasaustausch. Die nach unten angrenzenden Zellen des Schwammparenchyms vermitteln als **Sammelzellen** den Abtransport der Assimilate zu den Blattleitbündeln, die im Bereich zwischen Palisaden- und Schwammparenchym liegen. Die kleineren Bündel werden in der Regel von einer **Bündelscheide** aus Parenchymzellen (ohne Interzellularen) dicht umschlossen. Diese Zellen enthalten bei den „C_4-Pflanzen" (s. 7.6.7.2.) sehr große Chloroplasten, welche mit den Chloroplasten der umgebenden Mesophyllzellen intensiv Metabolite der Photosynthese austauschen. Die Bündelscheide dient auch dem Stofftransport in die Leitgewebe und in einigen Fällen der Stärkespeicherung. Sie stellt die Fortsetzung der Endodermis dar, welche das Leitbündelrohr der Achse umgibt. Bei stärkeren Blattleitbündeln treten **erweiterte Bündelscheiden** auf, die — evtl. unterstützt von Kollenchymzellen oder Sklerenchymsträngen (besonders bei Xerophyten) — von der Unter- bis zur Oberseite reichen und als **Rippen** die Blattfestigkeit erhöhen.

Neben dem beschriebenen bifacialen Angiospermen-Laubblatt treten folgende in ihrer Anatomie abweichende Blattformen auf:

- das **äquifaciale Blatt** mit etwa spiegelbildlichem Aufbau der Ober- und Unterhälfte des Blattquerschnittes. Dabei kann je eine Palisadenschicht auf der Ober- und Unterseite ausgebildet sein (z. B. ältere *Eucalyptus*-Blätter), oder das Mesophyll besteht aus einem einheitlichen, oft einfach gebauten ein- oder wenigschichtigen Assimilationsparenchym (z. B. viele Unterwasserblätter).
- das **unifaciale (= monofaciale) Blatt**, dessen Oberfläche nur von der Blattunterseite gebildet wird. Man kann es sich aus dem bifacialen Blatt durch eine Reduktion der Blattoberseite entstanden vorstellen. Es besitzt eine zylindrische (z. B. *Juncus*-Arten) oder auch eine abgeflachte Form (z. B. Oberteil des *Iris*-Blattes).

Das **Koniferenblatt** sei am Beispiel der Kiefernnadel *(Pinus sylvestris)* vorgestellt (Abb. 5.18.b). Der Querschnitt hat etwa die Form eines Kreisabschnittes, bei dem die Sekante die Blattoberseite darstellt. Die langlebigen Blätter besitzen eine xeromorphe Struktur, die Epidermis besteht aus dickwandigen Zellen und ist von einer kräftigen Cuticula bedeckt. Die Spaltöffnungen sind in Höhlungen eingesenkt, die man häufig von Wachskörnchen erfüllt findet. Unter der Epidermis dient eine **Hypodermis** aus ein bis zwei Schichten von Sklerenchymfasern zur mechanischen Festigkeit des Blattes und zum Schutz vor Wasserverlust. Dann erst kommt das Assimilationsparenchym, wegen einwärts in die Zellen vorspringender Wandfalten als **Faltenparenchym** bezeichnet. In dieses Parenchym sind **Harzkanäle** eingelagert, die ihre Festigkeit durch eine sklerenchymatische Faserscheide **(Stützzellen)** erhalten und deren Innenwand von dünnwandigen Drüsenzellen **(Sekretzellen)** bedeckt ist. Eingebettet in ein zentrales, chloroplastenfreies Parenchym, das **Transfusionsgewebe**, liegen zwei kollaterale Leitbündel im Zentrum des Querschnittes. Eine Endodermis umgibt das Transfusionsgewebe.

5.3.2. Blattypen

Jede cormophytische Pflanze besitzt Blätter unterschiedlicher Gestalt und Funktion. Nach ihrem Auftreten im Entwicklungsablauf sind die Blattypen in der **Blattfolge** zusammengestellt:

Keimblätter oder **Kotyledonen** entstehen als Blattorgane des Embryos (Abb. 5.2.b) in Einzahl (Monokotyledonen), Zweizahl (die meisten Dikotyledonen) oder in Zwei- bis Mehrzahl (Gymnospermen). Sie sind von einfacher Gestalt, zunächst ohne Blattstiel, und haben im Samen die Aufgabe, Nährstoffe zu mobilisieren und diese den Wachstumszonen des Keimlings zuzuleiten (s. 5.1.). Die Kotyledonen können bei epigäischer Keimung ergrünen (Abb. 5.2.d).

Niederblätter sind schuppenförmig, meist bräunlich oder grün gefärbt. Sie dienen als **Knospenschuppen** dem Schutz junger Sproßanlagen oder sitzen als kleine Blattorgane an Erdsprossen. Niederblätter entstehen aus Blatthöckern wie Laubblätter, eine Ausbildung von Spreite und Stiel unterbleibt aber, d. h. sie bestehen nahezu nur aus dem Unterblatt (Abb. 5.17.a). Es treten aber Übergangsformen zu den Laubblättern auf.

Primärblätter werden die ersten Laubblätter genannt, wenn deren Gestalt sich von der der folgenden Blätter deutlich unterscheidet. So haben die Primärblätter von *Vicia faba* nur zwei Fiedern gegenüber fünf oder sieben der Folgeblätter.

Folgeblätter sind über den Primärblättern inserierte Laubblätter, welche die artspezifischen Laubblattmerkmale zeigen. Sie können **gestielt** oder **sitzend** (ungestielt) sein, **geteilte** oder **ungeteilte Spreiten** besitzen. Die **Blattränder** sind ganzrandig, gesägt, gezähnt oder gekerbt. Bei **Schildblättern** verläuft der Blattstiel nicht vom Rande in die Lamina, sondern von der Unterseite her. Die Bildung schildförmiger oder peltater Blätter **(Peltation)** steht mit einem unifacialen Bau der Blattstiele in Zusammenhang, die Lamina kann vollflächig (z B. *Nymphaea*), gefiedert (z. B. *Oxalis*) oder auch trichter- bis schlauchförmig (z. B. *Bergenia*) sein. Übergänge von flachen Spreiten zu peltaten zeigen solche Blätter, deren seitlicher Stielansatz trichterförmig ist, wobei die Verwachsung der beidseitigen Spreitenränder über den Stiel hinweg die Querzone bildet. — Folgeblätter können auch an einer Pflanze deutliche Unterschiede aufweisen. **Anisophyllie** liegt vor, wenn dorsiventrale Sprosse auf Ober- und Unterseite Blätter unterschiedlicher Größe tragen (z. B. bei *Selaginella*, Abb. 6.24., und — durch Schwerkraft induziert — bei Seitenzweigen des Spitzahorns). Als **Heterophyllie** bezeichnet man das Auftreten verschieden gestalteter Laubblätter an einer Pflanze (z. B. Wasser- und Schwimmblätter von *Ranunculus aquatilis* oder von *Salvinia*).

Hochblätter treten in der Blütenregion oberhalb der Laubblätter auf, entweder als kleine, den Blütenständen als Hülle dienende Deckblätter (**= Brakteen)** oder als größere Blattorgane im Dienste der Fortpflanzung. Brakteen bestehen wie Niederblätter im wesentlichen aus dem Blattgrund. Übergänge von Laub- zu Hochblättern, wie z. B. bei *Helleborus*, weisen letztere als Hemmungsform des Laubblattes aus (Abb. 5.17.c). Beispiele für größere Hochblätter sind das als **Spatha** bezeichnete Hüll- oder Schaublatt von Araceen, das zum Flugorgan gewordene und mit der Blütenstandachse zum Teil verwachsene Tragblatt des Fruchtstandes der Linde (*Tilia*, Abb. 6.31.) und der Kranz von roten oder weißen Schaublättern unterhalb des Blütenstandes von *Euphorbia pulcherrima* („Weihnachtsstern").

Auf die **Blattorgane der Blüte** sei hier nur verwiesen. Ihre Besprechung erfolgt bei der Behandlung der Angiospermen (S. 247).

5.3.3. Blattstellung

Die Zahl der Blätter an einem Knoten und deren Anordnung zeigt innerhalb systematischer Gruppen Regelmäßigkeiten, die unter dem Begriff „Blattstellung" zusammengefaßt werden. Wir unterscheiden **wirtelige, zweizeilige** und **zerstreute** Blattstellung.

Die **wirtelige Blattstellung** ist durch das Vorhandensein von mehr als einem Blatt je Knoten gekennzeichnet. Beim Schachtelhalm (*Equisetum*) oder Tannenwedel (*Hippuris*) sind es viele kleine Blätter, die als Quirl an einem Knoten sitzen, beim Wacholder (*Juniperus*) und Oleander (*Nerium oleander*) sind es jeweils drei größere. Am häufigsten sind aber zweiblättrige Wirtel, wie sie z. B. beim Flieder (*Syringa*), bei Esche (*Fraxinus*), Ahorn (*Acer*), Lippenblütlern (Lamiaceen) und Nelkengewächsen (Caryophyllaceen) auftreten. Blattstellungen lassen sich in einem **Diagramm** (Abb. 5.19.a—c) darstellen, in dem die Aufeinanderfolge der Knoten durch eine Reihe konzentrischer Kreise mit dem Sproßscheitel als Mittelpunkt dargestellt ist. Hieran lassen sich auch die zwei Grundregeln der wirteligen Blattstellung erkennen: die **Äquidistanz**, d. h. das Auftreten gleicher Winkelabstände zwischen den Blättern eines Kreises, und die **Alternanz**, d. h. die Anlegung von Blättern eines Wirtels in den Zwischenräumen des vorhergehenden Wirtels. So kommt es bei den zweigliedrigen Wirteln zu der **kreuzgegenständigen** oder **dekussierten Blattstellung.** Die Blätter stehen in vier Reihen, den sog. **Geradzeilen (Orthostichen)**, an der Achse. — Die **zweizeilige, distiche Blattstellung** ist durch die Anlegung nur eines Blattes je Knoten und deren genau alternierende Stellung auf zwei Geradzeilen gekennzeichnet. Im Gegensatz zu den mehrzähligen

Blattwirteln besitzen die einzelnen Blätter eine wesentlich breitere, die Achse mehr oder weniger umfassende Basis. Distiche Beblätterung haben z. B. die Gräser (Gramineen), die Schwertlilie (*Iris*), aber auch dikotyledone Pflanzen wie die Buche (*Fagus*). Der Winkel zwischen den Längsachsen zweier aufeinanderfolgender Blätter wird als **Divergenzwinkel** bezeichnet, als **„Divergenz"** der diesem Winkel entsprechende Bruchteil des kreisförmigen Stengelumfanges. So tritt bei Distichie ein Divergenzwinkel von 180° auf bzw. eine Divergenz von

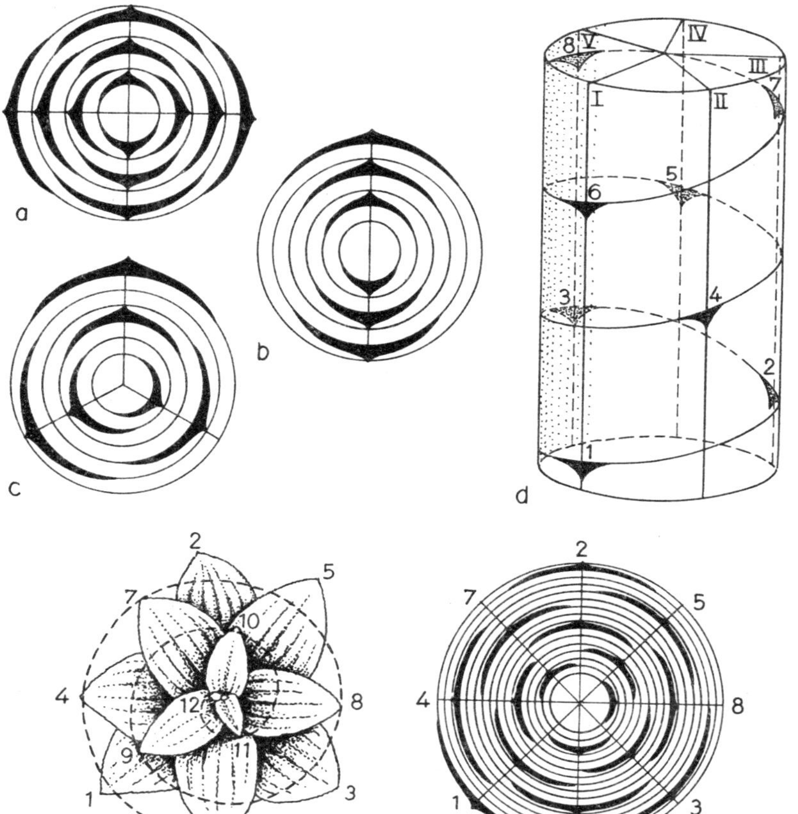

Abb. 5.19. Blattstellung. a Diagramm einer wirteligen Blattstellung mit zweiblättrigen Wirteln (= dekussierte Blattst.), **b** zweizeilige (= distiche) Blattst., **c** zerstreute (= schraubige) Blattst. mit der Divergenz ${}^{1}/_{3}$, **d** Achsenabschnitt mit Grundspirale für die Divergenz ${}^{2}/_{5}$, **e** Blattrosette von *Plantago media* mit der Divergenz ${}^{3}/_{8}$, **f** Diagramm des Beispieles e (Geradzeilen als Radien eingezeichnet). — a—d nach Prantl aus Guttenberg, e und f nach Troll.

1/2. Ist der Divergenzwinkel jeweils um wenige Grad kleiner als 180°, kommt es zu einer schwach schraubigen Anordnung der Blätter, zur **Spirodistichie**, z. B. bei *Gasteria*-Arten, beim Schraubenbaum (*Pandanus*) und der Banane (*Musa*). — Bei der **zerstreuten oder schraubigen Blattstellung (Dispersion)** sind die Divergenzwinkel deutlich kleiner als 180°. Häufig auftretende Divergenzen sind 1/3 z. B. bei Cyperaceen, 2/5 z. B. bei der Birke (*Betula*), 3/8 beim Wegerich (*Plantago*, Abb. 5.19.e, f). Eine alle Blattbasen verbindende Linie wird als **Grundspirale** (Abb. 5.19.d) bezeichnet. Im Falle einer Divergenz 3/8 bedeutet das, daß auf drei Umläufe der Grundspirale 8 Blattansätze berührt werden, ehe das neunte Blatt wieder auf derselben Geradzeile steht wie das erste. Bei sehr dichter Blattstellung (z. B. Zapfenschuppen bei Nadelhölzern, Blütenköpfchen von Compositen) nähert sich die Divergenz einem **Grenzwinkel von 137° 30′**.

5.4. Wurzel

5.4.1. Aufbau der Wurzel

Die Wurzel dient der Wasser- und Mineralsalzaufnahme sowie der Verankerung im Boden, in den hinein sie in der Regel die Achse fortsetzt. Im Gegensatz zur Sproßachse bilden Wurzeln niemals Blätter aus und sind daher nicht in Nodien und Internodien gegliedert. Die Fähigkeit zur Wurzelbildung finden wir bei den meisten Farngewächsen (Pteridophyten) und den Samenpflanzen (Spermatophyten), beide Gruppen werden als **Rhizophyten** zusammengefaßt. Wurzeln haben meist zylindrische Gestalt, sind verzweigt und weisen bei Gymnospermen und Dikotyledonen häufig ein sekundäres Dickenwachstum auf.

Der Vegetationspunkt ist mit Ausnahme einiger Wasserpflanzen (z. B. *Hydrocharis*, *Lemna*) von einer **Wurzelhaube** oder **Kalyptra** bedeckt (Abb. 5.20.b; S. 77). Sie stellt einen Schutz der in die Erde eindringenden Spitze dar. Während absterbende Zellen der Außenschichten durch Verschleimen der Wände das Eindringen der Wurzel in den Boden erleichtern, erfolgt von einem Wurzelspitzenmeristem die Neubildung von Wurzelhaubenzellen. Bei den Farnen erfüllt diese Funktion die subapikal gelegene, vierschneidige Scheitelzelle neben ihrer Aufgabe der Wurzelkörperbildung. Auch die Wurzelhaube bei Gymnospermen und Dikotyledonen entsteht meist aus solchen Initialen bzw. davon abgeleiteten Meristemen, die den Aufbau der Wurzel selbst übernehmen. Bei Monokotyledonen ist aber in der Regel ein eigenes Meristem **(Kalyptrogen)** bei der Bildung und ständigen Ergänzung der Wurzelhaube tätig. Durch den Besitz von Statolithenstärke in den Zellen (s. 9.2.2.2.) und als Bildungsort von Hormonen spielen Wurzelhauben für die Steuerung des Wurzelwachstums offenbar eine bedeutende Rolle.

Im Aufbau der Wurzel-Apikalmeristeme bestehen deutliche Unterschiede. So können bestimmte Initialzellgruppen, oft schon an einer Schichtung erkennbar, für die Ausbildung bestimmter Dauergewebe wie Rhizodermis, Rinde und

Zentralzylinder zuständig sein. In anderen Fällen gibt es keine gesonderten Initialen für einzelne Gewebsbereiche. Unmittelbar im Apikalbereich konnte aber inmitten der sich teilenden Zellen **(Zellteilungszone)** eine als **„ruhendes Zentrum"** bezeichnete Gruppe weitgehend inaktiver, meristematischer Zellen festgestellt werden. Die Rolle dieses eventuell als „Meristemreserve" dienenden Komplexes ist noch ungeklärt.

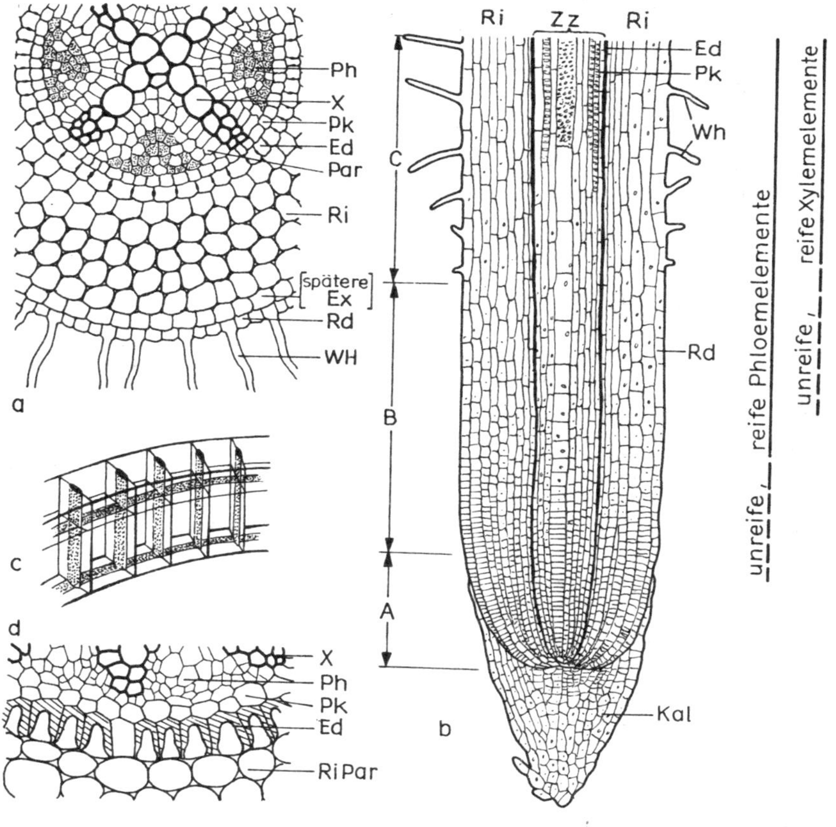

Abb. 5.20. Aufbau der Wurzel. a Schema eines Wurzelquerschnittes, **b** eines Wurzellängsschnittes mit **A** Zellteilungszone, **B** Zellstreckungszone, **C** Wurzelhaarzone. **c** Zellen der Endodermis mit Casparyschen Streifen (Primärendodermis), schematisch, **d** Tertiärendodermis bei *Iris germanica*, Ausschnitt. *Ed* Endodermis, *Ex* Exodermis, *Kal* Kalyptra (= Wurzelhaube), *Par* Parenchym, *Ph* Phloem, *Pk* Perikambium, *Rd* Rhizodermis, *Ri* Rinde, *RiPar* Rindenparenchym, *WH* Wurzelhaar, *X* Xylem, *Zz* Zentralzylinder. — a nach Stocker, b nach Holman und Robbins, verändert, d nach Braune, Leman und Taubert.

Ein Teilungswachstum gibt es auch bei den Zellen hinter dem Vegetationspunkt, bei Mais-Wurzeln bis etwa 2,5 mm von der Spitze entfernt (Abb. 5.20.b). Hier erfolgt in der Regel bereits der Zellstreckungsprozeß, der in der Rinde früher als im Zentralzylinder einsetzt. Als erste Leitelemente werden die Siebröhren gebildet. Erst am Ende der **Streckungszone** treten in den Leitbündeln reife Xylemelemente auf. Etwa in gleicher Höhe beginnt die Ausbildung von Wurzelhaaren in der Rhizodermis, die dort bereits aus den stark vakuolisierten großen Rhizodermiszellen und den kleinen, plasmareichen **Trichoblasten** besteht, letztere als Ursprung der Wurzelhaare (Abb. 4.5.a). Diese dienen der Wasseraufnahme wie die übrigen Rhizodermiszellen auch, vergrößern aber die Wurzeloberfläche beträchtlich. Bei einigen systematischen Gruppen sind die Wurzelhaare nur spärlich ausgebildet oder fehlen ganz. Entsprechend der geringen Lebensdauer der Haare ist die **Wurzelhaarzone** begrenzt. Es sterben alle Zellen der Rhizodermis ab, und die subepidermale, oft schon mit ersten Suberin-Wandlamellen ausgestattete **Exodermis** übernimmt die Funktion des Abschlußgewebes. Damit beginnt die **Zone der Wurzelverzweigung.**

Das Querschnittsbild der Wurzel in der Wurzelhaarzone (Abb. 5.20.a) läßt ihren radiär-symmetrischen Bau erkennen. Von der **Rhizodermis** bedeckt, umgibt die **Wurzelrinde** als ein breiter Ring dünnwandiger Zellen den **Zentralzylinder** mit den darin befindlichen Leitgeweben. Als innerste Rindenschicht besitzt die **Endodermis** Besonderheiten ihres Wandbaues, die eine Abgrenzung zwischen Rinde und Zentralzylinder begünstigen. So treten zwischen ihren Zellen keine Interzellularräume auf, die sonst in der Wurzelrinde regelmäßig zu finden sind. In den radialen Endodermis-Wänden sind lipophile, dem Suberin ähnliche Substanzen eingelagert, die auf dem Wurzelquerschnitt als **Casparysche Streifen oder Punkte** (Abb. 5.20.a, c) an ihrer dunkleren Färbung erkennbar sind. In den gequollenen Zellwänden wird der Diffusionsweg für gelöste Substanzen von der Rinde in den Zentralzylinder und umgekehrt durch diese Einlagerungen weitgehend blockiert. Bei Monokotyledonen ist die Endodermis **(Primärendodermis)** durch innere Suberinlamellen **(Sekundärendodermis)** oder weitere Wandverdickungen auf Radial- und Innenwänden **(Tertiärendodermis)** oft zusätzlich verstärkt. Letztere ist im Querschnitt an den U-förmig verdickten Zellwänden erkennbar (Abb. 5.20.d). In einer solchen Endodermis behalten einzelne Zellen als sogenannte **Durchlaßzellen** unverdickte Wände. Man findet sie häufig dort auf dem Querschnittsbild, wo die Xylemstrahlen der Endodermis gegenüberstehen. Viele Befunde sprechen dafür, daß der besondere Bau der Endodermis die im Apoplasten der Wurzelrinde vorhandenen Stoffe nur über den Symplasten der Endodermis in den Zentralzylinder gelangen läßt. Andererseits verhindert die Endodermis das Herausdiffundieren gelöster Stoffe aus dem Zentralzylinder. Als innerste Schicht der Rinde grenzt die Endodermis an die äußerste Schicht des Zentralzylinders, den **Perizykel** oder das **Perikambium.** Durch Teilungsschritte in einzelnen Zellen des meist ein-, seltener mehrschichtigen Perizykels erfolgt die Anlegung von Seitenwurzeln (Abb. 5.21.), welche die Wurzelrinde durchwachsen und nach außen gelangen. Ihre Anordnung in Längsreihen resultiert aus der Bildung gegenüber Xylemstrahlen. Zu Xylem- und Siebelementen differenzierte Zellabkömmlinge des Perizykels stellen die Anschlüsse zwischen den Leitgeweben von Haupt- und Nebenwurzeln her. Die **Verzweigung** der Wurzeln erfolgt somit **endogen** im Gegensatz zu der exogen, d. h. von äußeren Zellschichten ausgehenden Verzweigung des Sprosses. Zellen des Perikambiums sind schließlich am sekundären Dickenwachstum beteiligt.

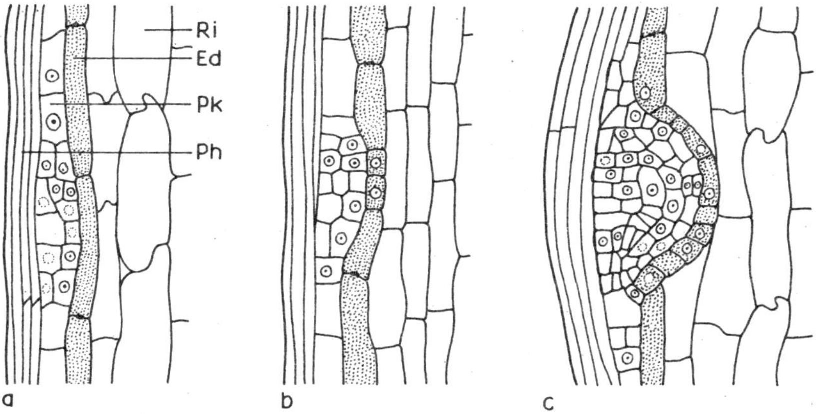

Abb. 5.21. Seitenwurzelbildung. a Beginn durch vorwiegend perikline Teilung im Perikambium. **b** Beginn antikliner Teilung in der Endodermis. **c** beginnender Durchbruch der Seitenwurzel durch die Wurzelrinde. *Ed* Endodermis, *Ph* Phloem, *Pk* Perikambium, *Ri* Rinde. — Nach Esau aus Kaussmann.

5.4.2. Sekundäres Dickenwachstum der Wurzel

Den wachsenden Anforderungen bei der Wasser- und Mineralsalzversorgung mehrjähriger Pflanzen wird die Wurzel bei Gymnospermen und den meisten Dikotyledonen durch ein sekundäres Dickenwachstum gerecht, bei Monokotyledonen durch Ausbildung neuer sproßbürtiger Wurzeln (s. 5.4.3.). Als Voraussetzung für das sekundäre Dickenwachstum werden Parenchymzellen des Zentralzylinders, die sich zwischen den Phloem- und Xylembereichen des radialen Leitbündels befinden, wieder teilungsfähig. Sie vereinigen sich zu einem geschlossenen, sternförmigen Kambium (Abb. 5.22.) unter Einbeziehung der den Xylemstrahlen gegenüberliegenden Perikambiumzellen. Bevorzugt in den Einbuchtungen scheidet der sternförmige Kambiumring neue Zellen ab, die auf der Innenseite das sekundäre Xylem, nach außen das sekundäre Phloem bilden. Die Sternform des Kambiumringes verändert sich bei diesem Wachstum bald zu einer Kreisform. Das vom Kambium nach innen abgeschiedene Holz unterscheidet sich in Aufbau und Funktion von dem Holz der Achse nicht (s. 5.2.5.), entsprechendes gilt für die sekundäre Rinde. Charakteristisch für das Wurzelholz ist jedoch, daß die Strahlen des primären Xylems nicht durch das sekundäre Xylem fortgesetzt werden, sondern am Beginn der primären Markstrahlen liegen (Abb. 5.22.c). Die sich vergrößernde Wurzeloberfläche wird durch ein Periderm (s. 4.3.) geschützt, das in einer äußeren Rindenschicht, aber auch in dem Perizykel entstehen kann. Ein **anomales sekundäres Dickenwachstum** zeigt die Rübenwurzel von *Beta*. Die Tätigkeit des primären Kambiums dieser diarchen Wurzel wird abgelöst von der eines weiter außen im Perizykel gebildeten neuen Kambiums. Auch dieses bildet nur solange Zellen, bis in der neuen sekundären Rinde ein drittes Kambium entstand und so weiter. Das Ergebnis sind konzentrisch umeinander angeordnete Zuwachszonen mit einem Wechsel von stark parenchymatischen Holz- und Bastteilen.

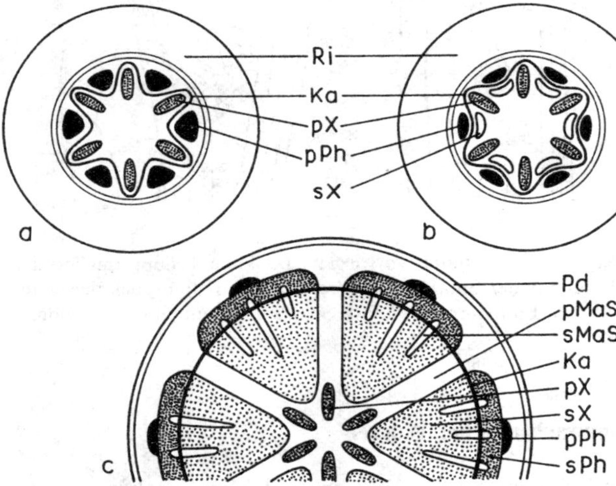

Abb. 5.22. Sekundäres Dickenwachstum der Wurzel. a Primärer Wurzelbau im Querschnitt nach Anlegung des sternförmigen Kambiums, **b** nach Beginn der Kambiumtätigkeit und **c** im späteren Stadium des Dickenwachstums. *Ka* Kambium, *Pd* Periderm, *pMaStr* primärer Markstrahl, *pPh* primäres Phloem, *pX* primäres Xylem, *Ri* Rinde, *sMaStr* sekundärer Markstrahl, *sPh* sekundäres Phloem, *sX* sekundäres Xylem.

5.4.3. Formen der Radikation

Die Ausbildung der Wurzeln, die Radikation, läßt sich in zwei Grundtypen gliedern: die **allorrhize** (s. Abb. 5.2.) und die **homorrhize Bewurzelung** (s.

Abb. 5.3.d). Die meisten Dikotyledonen und Gymnospermen sind allorrhiz bewurzelt. Sie bilden eine **Hauptwurzel**, die in Richtung der fortwachsenden Spitze, d. h. akropetal, immer neue **Seitenwurzeln** entstehen läßt. Während die Hauptwurzel positiv geotrop (s. 9.2.2.2.) in Richtung Erdmittelpunkt wächst, wachsen die Seitenwurzeln erster Ordnung schräg in den Boden hinein, sie reagieren plagiogeotrop. Die Wachstumsrichtung von Seitenwurzeln höherer Ordnung wird meist nicht durch die Schwerkraft gesteuert, sie sind ageotrop, wohl aber durch Feuchtigkeitsgefälle (hydrotrop) oder Nährstoffgefälle (chemotrop) (s. 9.2.2.3.) dirigierbar. Das allorrhize Wurzelsystem mehrjähriger Pflanzen besitzt in der Regel Wurzeln mit sekundärem Dickenwachstum und dient außer zur Stoffaufnahme und Verankerung auch zur Speicherung von Nährstoffen. Die letzten Verzweigungen der Wurzel sind als **Nährwurzeln** aber stets dünn und oft kurzlebig.

Außer durch Seitenwurzeln kann die allorrhize Bewurzelung auch durch **Nebenwurzeln** verstärkt werden, die sich als sogenannte **„sproßbürtige Wurzeln"** an Achsenorganen bilden können. Ort ihrer meist endogenen Entstehung sind teilungsfähige Zellen im Bereich junger Leitgewebe, bei Stecklingen von Achsen und Blättern aber auch Kallusgewebe. So wie die Seitenwurzeln die Wurzelrinde durchbrechen, durchbrechen Nebenwurzeln die Rinde der Sproßachse. Der Aufbau beider Wurzelformen ist vollständig gleich. Im Perizykel älterer Wurzeln, also endogen, können auch neue Sprosse, **Wurzelsprosse**, entstehen. Dieser Vorgang dient der vegetativen Vermehrung und Ausbreitung (z. B. *Cirsium arvense*, *Populus*).

Die **homorrhize Bewurzelung**, die für Monokotyledonen typisch ist, besteht aus sproßbürtigen Nebenwurzeln. Die bei der Keimung entstehende Primärwurzel wird nicht zur Hauptwurzel, sie ist oft von begrenzter Lebensdauer. Da aber im Jugendstadium eine Hauptwurzel in Erscheinung tritt, spricht man bei Monokotyledonen häufig von **„sekundärer Homorrhize"**. Bei Farnpflanzen ist bereits die erste Wurzel — hier exogen — seitlich am embryonalen Sproß angelegt, es liegt **„primäre Homorrhizie"** vor. Die Einzelwurzeln können bei homorrhizer Bewurzelung verzweigt oder unverzweigt sein, stets fehlt ihnen bei Monokotyledonen und Pteridophyten aber ein sekundäres Dickenwachstum.

5.5. Gestalt- und Funktionswandel der Grundorgane

Der äußere und innere Bau der Grundorgane zeigt eine Vielfalt von Anpassungen an die natürliche Umwelt. Äußere Bedingungen führten in der Stammesgeschichte zu besonderen, ausgeprägten Gestaltwandlungen **(= Metamorphosen)**, und als Folge eines auf gleiche Merkmale hin erfolgenden Selektionsvorganges entstanden ähnliche, konvergente Formen. **Konvergenz** zeigt sich sowohl in der Ähnlichkeit der Gestalt verschiedener Grundorgane (Analogie z. B. von

Blatt- und Sproßdornen) als auch in ähnlichen Formen der Pflanzen verschiedener Taxa (z. B. bei Sukkulenten, Lianen, Polsterpflanzen). Im folgenden wurde die Einteilung pflanzlicher Metamorphosen nach den Hauptfunktionen vorgenommen; die Zuordnung zu den Grundorganen läßt die Tabelle 5.1. erkennen.

Tabelle 5.1. Metamorphosen der Grundorgane

Funktion	Wurzel	Sproßachse	Blatt
Speicherung	**Wurzelsukkulenz** wasserreiche Wurzelknollen, z. B. *Pachypodium* (Südafrika)	**Stammsukkulenz** Cactaceae, Euphorbiaceae, Asteraceae, Asclepiadaceae	**Blattsukkulenz** *Sedum*, *Sempervivum*, *Agave*
	Wurzelrübe (mit Hypokotyl-Beteiligung) Möhre, Zuckerrübe, Rettich		
	Sproßrübe (Wurzel, Hypokotyl und Sproßbasis) Kohlrübe, Sellerie		
	Wurzelknolle Dahlie, Erdorchideen	**Sproßknolle** Kohlrabi, epiphyt. Orchideen **Hypokotylknolle** Radieschen, Rote Rübe, *Cyclamen* **Ausläuferknolle** Kartoffel **Rhizom** *Polygonatum*, *Iris*	**Zwiebel** 1. Schuppenzwiebel: Lilie 2. Schalenzwiebel: Tulpe, Küchenzwiebel
	Wurzelbulbille Scharbockskraut (*Ranunculus ficaria*)	**Achsenbulbille** Knollenknöterich (*Polygonum viviparum*)	**Brutzwiebel** Zwiebelzahnwurz (*Dentaria bulbifera*)
Befestigung	**Wurzelranken** *Vanilla planifolia* (Orchidee) **Haftwurzeln** Efeu, Epiphyten **Stelzwurzeln** Mais, *Rhizophora*-Arten **Stützwurzeln** *Ficus bengalensis* („Banyan")	**Sproßranken** Vitaceae, *Passiflora* **Windende Achsen** Feuerbohne, Hopfen	**Blattranken** 1. aus ganzem Blatt: Ranken-Platterbse (*Lathyrus aphaca*) 2. aus Blattfiedern: Fabaceae, wie Erbse und Wicke 3. Blattstielranken: Kapuzinerkresse

Tabelle 5.1. (Fortsetzung)

Funktion	Wurzel	Sproßachse	Blatt
	Brettwurzeln Bäume tropischer Regenwälder **Zugwurzeln** Aronstab, Türkenbund-Lilie		
Abwehr	**Wurzeldornen** Palmen der Gattg. *Acanthorrhiza*	**Sproßdornen** *Crataegus*, *Gleditsia*	**Blattdornen** Cactaceae, Berberitze **Nebenblattdornen** Robinie, sukkulente Euphorbiaceen
Photosynthese	**Assimilationswurzeln** *Taeniophyllum* (Orch.), Podostemaceen	**Flachsprosse oder Platykladien** *Opuntia*-Arten **Blattähnliche Flachsprosse oder Phyllokladien** *Asparagus*, *Ruscus*	**Blattstielblätter oder Phyllodien** Folgeblätter bei *Acacia*
Stoffaufnahme	**Atemwurzeln** Mangrove-Pflanzen wie *Jussieua*, *Sonneratia* **Luftwurzeln mit Velamen** epiphytische Orchideen **Haustorien phanerogamer Parasiten** *Cuscuta*, *Orobanche*, *Viscum*		**Blattzisternen** epiphytische Bromeliaceen **Zerteilte Unterwasserblätter** *Salvinia*, *Ranunculus aquatilis* **Blattorgane zum Tierfang** *Drosera*, *Dionaea*, *Nepenthes*, *Utricularia*

5.5.1. **Speicherung** (Abb. 5.23.)

Die Fähigkeit zur Wasser- und Nährstoffspeicherung tritt bei allen Grundorganen auf. **Sukkulente Pflanzen** (Abb. 5.25.b, d) gehören zu den Bewohnern von Trockengebieten, den Xerophyten (s. 7.7.3.), und besitzen ein ausge-

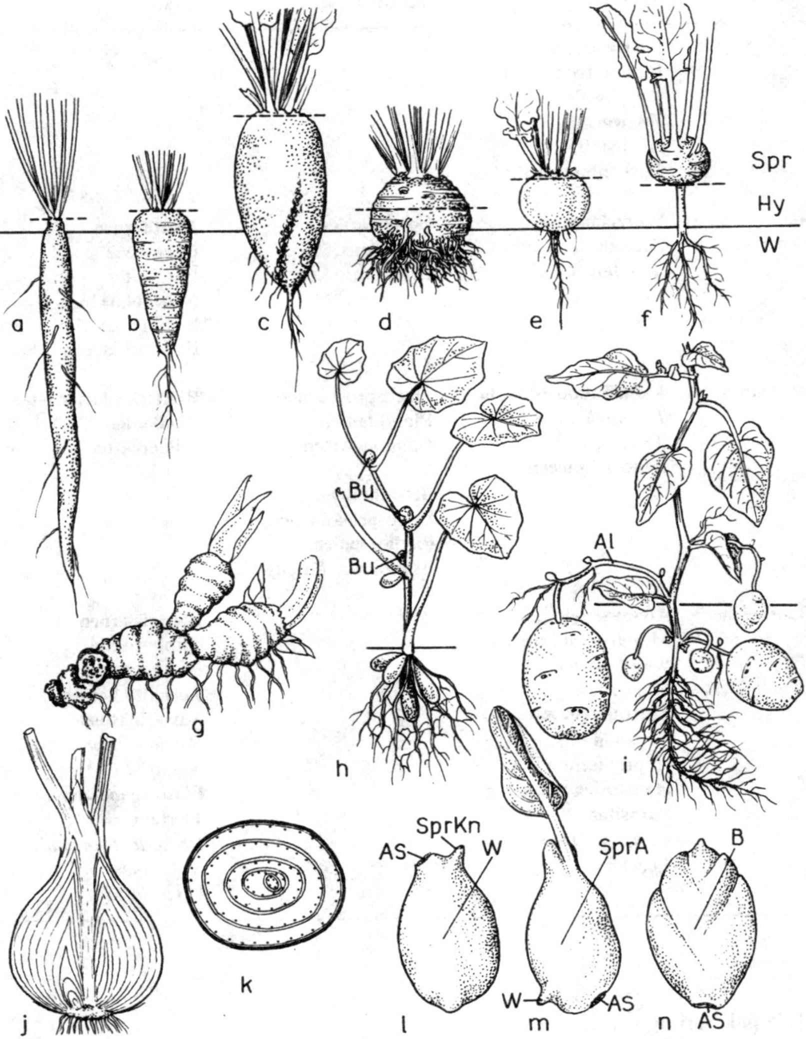
Spr
Hy
W
a
b
c
d
e
f
Bu
Bu
Al
g
h
i
SprKn
AS
W
SprA
B
j
k
l
W
AS
m
n
AS

prägtes **Wasserspeichergewebe** aus farblosen, meist dünnwandigen Zellen. Soweit nicht die Blätter selbst sukkulent sind, ist deren Ausbildung reduziert, um die flächenproportional erfolgende Wasserdampfabgabe minimal zu halten. Für Sukkulente ist eine geringe Oberflächenentwicklung (= Oberfläche (dm^2)/ Frischgewicht (g)) und ein hoher **Sukkulenzgrad** (= Wassergehalt bei Sättigung (g)/Oberfläche (dm^2)) charakteristisch. Pflanzen mit ein- bis wenigschichtigem Wassergewebe in epidermaler oder subepidermaler Lage bilden Übergangsformen zu den Sukkulenten. Die bei Halophyten, den Pflanzen der Salzstandorte, häufig auftretende Sukkulenz ist eine Folge vermehrter Ionenaufnahme und daher nicht generell als Wasserspeicherung aufzufassen.

In den vegetativen Organen sind die gespeicherten Nährstoffe meist Kohlenhydrate, in den Samen meist Fette. Bei **Rüben** ist die Hauptwurzel als Speicher ausgebildet, gleichzeitig aber oft das Hypokotyl **(„Wurzelrüben")** oder das Hypokotyl und die Sproßbasis **(„Sproßrüben").** Im Gegensatz zu den zweijährigen Möhren, *Beta*-Rüben (Kulturformen), Rettich und Kohlrüben besitzen Meerettich, Schwarzwurzeln und Zaunrübe ausdauernde Rüben. Die Verdikkung der Rüben kann auf einem Dickenwachstum der Rinde (Möhre), des Holzkörpers (Rettich) oder auch auf anomalem Dickenwachstum (*Beta*-Rüben, s. 5.4.2.) beruhen. **Wurzelknollen** entstehen aus sproßbürtigen Wurzeln, **Sproßknollen** aus der Sproßachse, oft nur aus dem Hypokotyl oder den Enden von Ausläufern. Bei Erdorchideen wird jährlich eine Wurzelknolle zum Ersatz der vorjährigen gebildet, eine ähnliche Neubildung von Sproßknollen finden wir bei der Herbstzeitlose *(Colchicum autumnale)* und dem Krokus. Speicherblätter bilden die **Zwiebeln**, die einen gestauchten Sproß mit der abgeflachten „Zwiebelscheibe" als Achsenkörper besitzen. Diese Blätter gehen aus Niederblättern oder Blattbasen hervor und sind schuppenförmig **(Schuppenzwiebeln**, z. B. Lilie) oder schalenförmig **(Schalenzwiebeln**, z. B. Tulpe) angeordnet. Aus einzelnen Achselknospen der Zwiebelblätter können in jedem Jahr neue Zwiebeln entstehen. Jeweils ein Grundorgan als Speicher besitzen auch die zur vegetativen Vermehrung dienenden **Brutknospen.** Es sind gestaucht bleibende Seitensprosse, an denen die jungen Blätter **(Brutzwiebel)**, die Achse **(Achsenbulbille)** oder eine sproßbürtige Wurzel **(Wurzelbulbille)** zu Nährstoffspeichern werden.

◀ **Abb. 5.23. Speicherorgane. Wurzelrübe: a** Schwarzwurzel *(Scorzonera hispanica)*; **b** Möhre *(Daucus carota)*. **Sproßrübe: c** Futterrübe *(Beta vulgaris* var. *crassa)*; **d** Sellerie *(Apium graveolens)*. **Hypokotylknolle: e** Rote Rübe *(Beta vulgaris* ssp. *rapacea* var. *conditiva)*. **Sproßknolle: f** Kohlrabi *(Brassica rupestris* var. *gongylodes)*. **Rhizom: g** Schwertlilie *(Iris)*. **Wurzelknollen: h** Scharbockskraut *(Ranunculus ficaria)*. **Ausläuferknollen: i** Kartoffel *(Solanum tuberosum)*. **Schalenzwiebel: j** Längs- und **k** Querschnitt von Küchenzwiebel *(Allium cepa)*. **Bulbillen: l** Wurzelbulbille von Scharbockskraut (s. auch h); **m** Achsenbulbille vom Knollenknöterich; **n** Brutzwiebel (= Blattbulbille) von Zwiebelzahnwurz (l—n stark vergrößert, Größenvergleich bei h). *Al* Ausläufer, *AS* Abbruchstelle, *B* Blatt, *Bu* Bulbille, *Hy* Hypokotyl, *Spr* Sproß, *SprA* Sproßachse, *SprKn* Sproßknospe, *W* Wurzel. — h, i nach Troll.

5.5.2. **Befestigung** (Abb. 5.24.)

Kletterpflanzen sind befähigt, ihre Achsen an vorhandenen Stützen zu befestigen, um den Blättern einen hohen Lichtgenuß zu sichern. Windesprosse besitzen dünne Achsen mit stark verlängerten Internodien, und suchen als Keimpflanze, durch kreisende Bewegung der Sproßspitze (Circumnutation, s. 9.1.5.) eine geeignete Stütze zu erreichen. Dieses Kreisen ist die Folge eines an den Achsenflanken umlaufend geförderten Wachstums, und in gleichartiger Schraubenlinie winden sie an der gefundenen Stütze empor. Die Oberflächen der windenden Achsen besitzen häufig Einrichtungen zur guten Haftung wie Rillen oder Haare.

Nach der Drehrichtung unterscheidet man Linkswinder (Bohne, Winde), Rechtswinder (Hopfen) und Rechts- und Linkswinder (Bittersüß, Windenknöterich).

Ranken sind fadenförmige Befestigungsorgane, die aus allen drei Grundorganen gebildet werden können: Es gibt **Wurzel-, Sproß-** und **Blattranken** (s. Tab. 5.1.). Ähnlich wie die Spitzen von Windesprossen können Ranken durch kreisende Suchbewegungen eine Stütze erreichen und nach deren Berührung thigmotropisch oder thigmonastisch reagieren (s. 9.3.2.1.). Die Befestigung erfolgt entweder durch Umschlingen der Stütze (z. B. Sproßranken des Weins, *Vitis vinifera*, Wurzelranke von *Vanilla planifolia*) oder durch Ausbildung von Haftscheiben an den Rankenenden (z. B. Sproßranke des Wilden Weins, *Parthenocissus*). Während Ranken entfernter stehende Stützen erreichen. bewirken **Haftwurzeln** eine Befestigung der Achse an der in unmittelbarer Nähe befindlichen Unterlage. Sie entstehen beim Efeu *(Hedera helix)* auf der lichtabgewandten Seite der Achse und reagieren negativ phototropisch (s. 9.2.2.1.), nicht thigmotropisch. Bei epiphytischen, d. h. auf anderen Pflanzen lebenden Orchideen und Araceen umschlingen sie die Achse der Wirtspflanze. Wurzelranken und Haftwurzeln sind sproßbürtig. Bei den **Spreizklimmern**, wie z. B. dem Klebkraut *(Galium aparine)*, wird durch hakenförmige Klimmhaare an Achsen und Blättern (bei anderen Pflanzen auch durch Stacheln und Dornen) eine Aufhängung des Sprosses an den seitlich überwachsenen Nachbarpflanzen erreicht. Eine Abstützung des Sprosses durch sproßbürtige Wurzeln, die oberhalb der Erdoberfläche an der Achse entspringen, bilden die **Stelzwurzeln.** Sie kommen verbreitet bei den Mangrovepflanzen (z. B. *Rhizophora*) in den Mündungsgebieten tropischer Ströme vor. Die **Stützwurzeln** von *Ficus bengalensis* entspringen an ausladenden Ästen und stützen diese nach Verankerung im Boden säulenförmig, so daß diese Äste etwa waagerecht weiterwachsen und ein „Baum" schließlich eine große Fläche einnehmen kann. Wie Stützpfeiler erhöhen **Brettwurzeln** die Standfestigkeit großer Bäume an der Stammbasis. Als schmale, massive Rippen treten sie oberhalb des Erdbodens aus dem Stamm heraus. **Zugwurzeln** besitzen die Fähigkeit, sich nach der Verankerung ihrer Spitzenzone im Boden zu verkürzen. Das erfolgt durch radiale Streckung der zunächst in Längsrichtung angelegten Wurzelrindenzellen, wobei

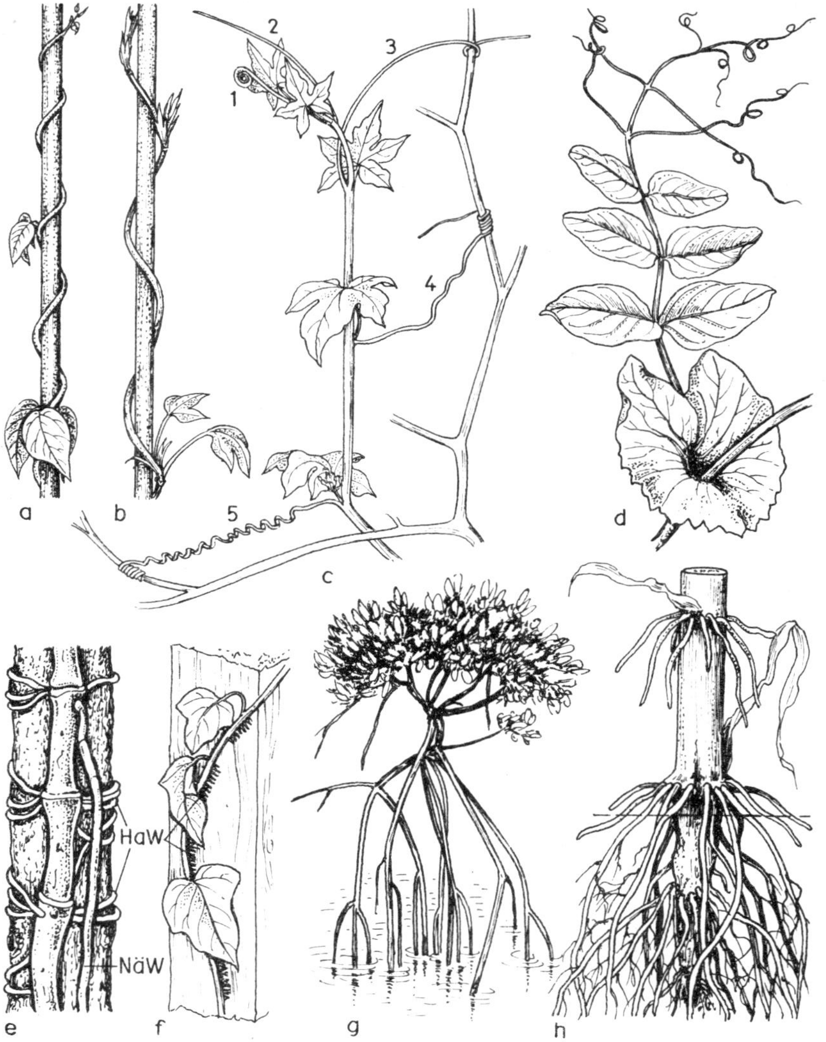

Abb. 5.24. Befestigungsorgane. Windepflanzen: a linkswindende Feuerbohne *(Phaseolus coccineus)*; **b** rechtswindender Hopfen *(Humulus lupulus)*. **Ranken: c** Blattranken der Zaunrübe *(Bryonia dioica)*, 1—5 kennzeichnet Stadien der Rankenentwicklung; **d** Fiederblattranken der Erbse *(Pisum sativum)*. **Haftwurzeln: e** tropische Aracee an einem Stützbaum; **f** Efeu *(Hedera helix)*. **Stelzwurzeln: g** Mangrovebaum *(Rhizophora mucronata)*; **h** Mais *(Zea mays)*. *HaW* Haftwurzeln, *NäW* Nährwurzeln. — b, e nach Troll, c nach Sachs aus Stocker, d nach Holman und Robbins.

diese eine Reihe von Ringwülsten an der Wurzel bilden. Auf diese Weise können Rhizome, Knollen oder Zwiebeln in die erforderliche Bodentiefe gebracht werden.

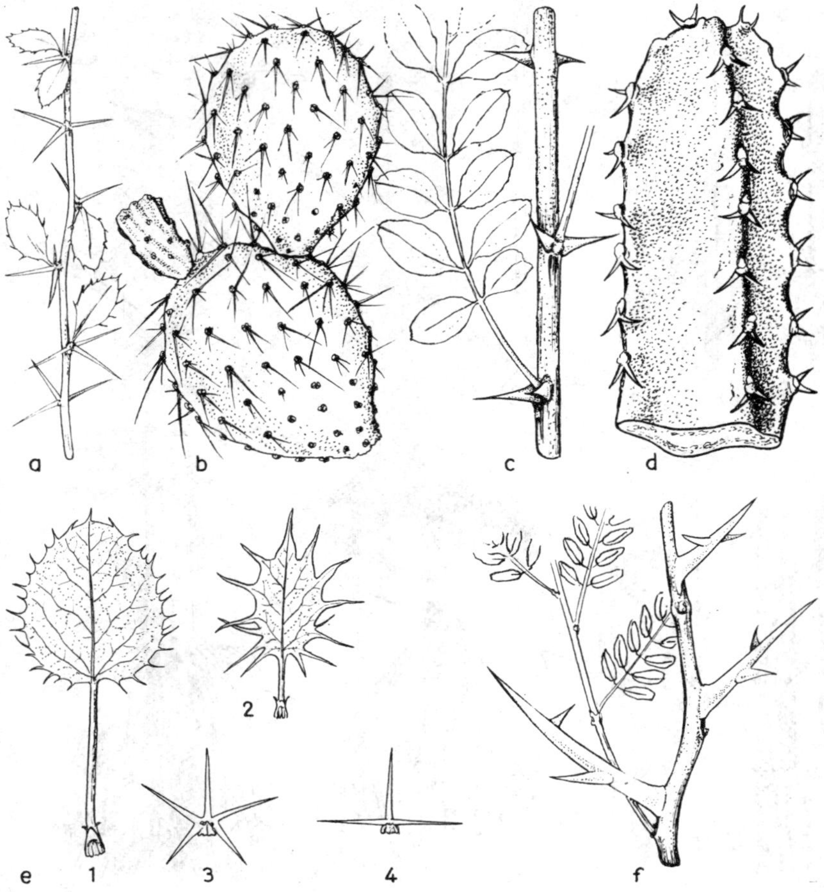

Abb. 5.25. Dornen. Blattdornen: a an der Achse der Berberitze *(Berberis vulgaris)*, die Blätter entstammen Kurztrieben aus Achselknospen der Blattdornen. Übergänge vom Laubblatt zum Blattdorn bei **e** 1—4. **b** Flachsproß von *Opuntia*, dessen Seitensprosse als Kurztriebe („Areolen“) mehrere Blattdornen tragen. **Nebenblattdornen: c** an der Achse der Robinie *(Robinia pseudoacacia)*, **d** am Sproß einer sukkulenten Euphorbiacee. **Sproßdornen: f** Gleditschie *(Gleditsia triacanthos)* mit verdornten Seitensprossen 1. und 2. Ordnung. — d nach Giesenhagen, e nach Troll.

5.5.3. **Abwehr** (Abb. 5.25.)

Der durch Dornen gegebene Schutz der Pflanzen ist offensichtlich, ihr Besitz hat positiven Selektionswert. Dornen bilden sich aus allen drei Grundorganen. Verdornte Wurzeln sind allerdings selten und treten in unserer Flora nicht auf (z. B. die Palme *Acanthorrhiza*). Zu **Sproßdornen** (= Dornensprosse) werden meist unverzweigte Seitenachsen durch eine gehemmte Entwicklung, die Ausbildung einer Spitze und Sklerenchymreichtum (Schlehdorn, *Prunus spinosa*). **Blattdornen** (= Dornblätter) können Laubblättern oder auch Nebenblättern homolog sein. Bei der Berberitze *(Berberis vulgaris)* werden Laubblätter des Langtriebes zu drei- oder fünfstrahligen Dornblättern. **Nebenblattdornen** sind stets paarig. Die ebenfalls der Abwehr dienenden **Stacheln** gehören zu den Emergenzen (s. 4.3.).

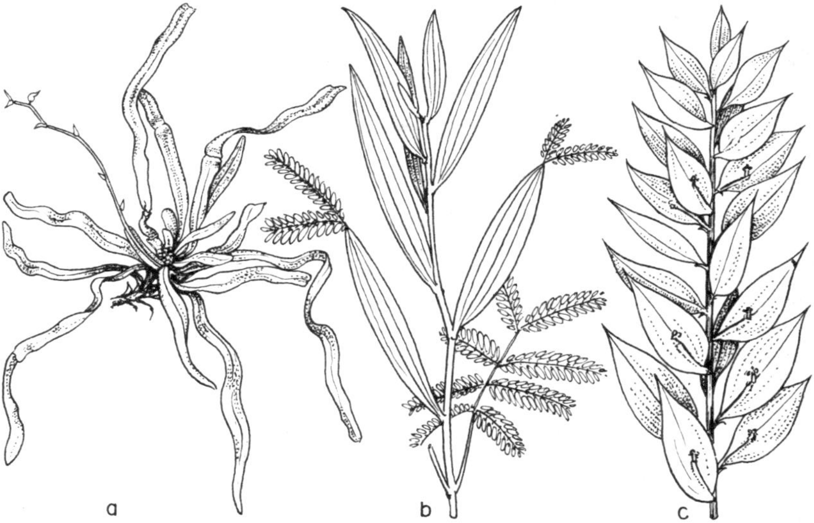

Abb. 5.26. Nichtlaubblattartige Assimilationsorgane. a Assimilationswurzeln von *Taeniophyllum* (Orchidee). **b** Phyllodien bei *Acacia heterophylla*. **c** Platykladien bei *Ruscus aculeatus*. — a nach Goebel, b nach Reinke.

5.5.4. **Photosynthese** (Abb. 5.26.)

Zu Organen der Photosynthese sind in seltenen Fällen auch Wurzeln — sogenannte **Assimilationswurzeln** — ausgebildet, so bei *Taeniophyllum*, einer epi-

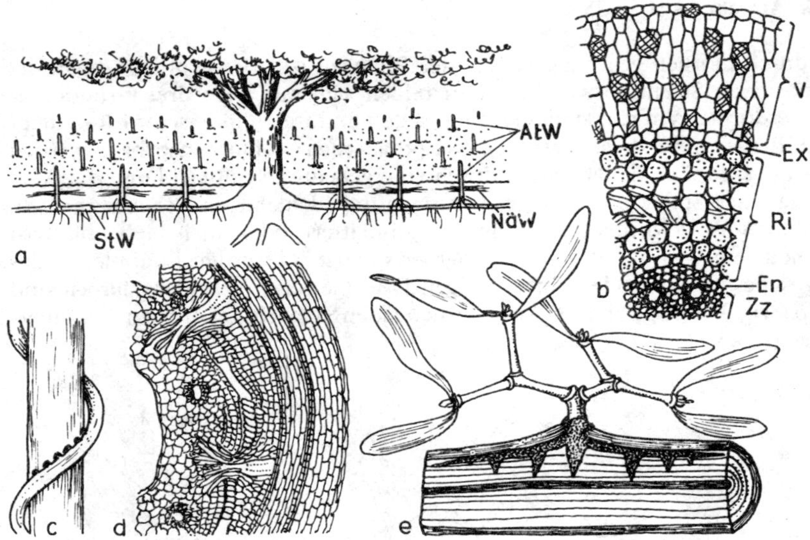

Abb. 5.27. Spezielle Organe der Stoffaufnahme. **a** Atemwurzeln bei *Sonneratia alba*. *AtW* Atemwurzeln, *NäW* Nährwurzeln, *StW* Strangwurzeln. **b** Orchideenwurzel *(Stanhopea oculata)* mit Velamen, Teil eines Querschnittes. *En* Endodermis, *Ex* Exodermis, *Ri* Rinde, *V* Velamen, *Zz* Zentralzylinder. Einige Zellen des toten Velamens zeigen faserförmige Wandverdickungen. **c** *Cuscuta*-Achse, mit Haustorien an der Wirtspflanze befestigt; **d** Längsschnitt zeigt die in das Wirtsgewebe (links) eingedrungenen Haustorien. **e** Mistelpflanze *(Viscum album)* auf befallenem Ast im Längsschnitt: von den waagerecht verlaufenden Rindenwurzeln gehen Senker in den Holzkörper. — a nach Troll verändert, b nach Haberlandt, d nach Kny, e nach Guttenberg.

phytischen Orchidee, und bei den Podostemaceen, einer submers in tropischen Flüssen lebenden Blütenpflanzen-Familie. In beiden Fällen liefern die bandförmigen, grünen Wurzeln den Pflanzen die erforderlichen Assimilate. Wesentlich häufiger übernehmen Achsen die Aufgabe der Photosynthese. So besitzt der Besenginster *(Sarothamnus scoparius)* **grüne, rutenförmige Achsen**, daneben aber auch kleine Blätter. Meist ohne Blätter erfolgt die Photosynthese bei Pflanzen mit **Flachsprossen** oder **Platykladien.** Es kann die Hauptachse abgeflacht sein *(Opuntia)* oder die Nebenachse *(Asparagus, Ruscus)*.

Die Achsennatur der Flachsprosse wird dann gut erkennbar, wenn auf ihren „Spreiten" Blätter oder Seitenachsen mit Blüten entstehen. Es ist in solchen Fällen jedoch auch möglich, daß es sich um ein teilweise verbundenes Wachstum der Seitenachse mit der Blattfläche handelt (kongenitales Wachstum). Assimilierende Flächen können auch durch Abflachung von Blattstielen als **Blattstielblätter** oder **Phyllodien** gebildet werden (z. B. bei *Acacia*-Arten).

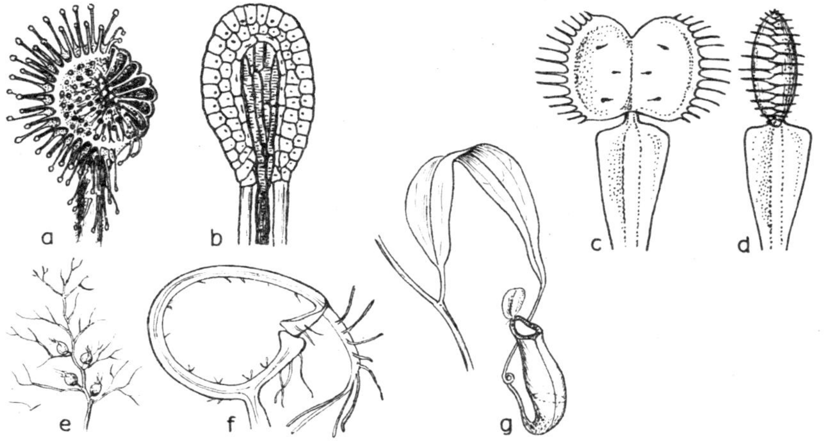

Abb. 5.28. Organe zum Tierfang. a Blatt des Sonnentaus *(Drosera rotundifolia)*, Tentakel einer Blatthälfte über Beutetier gekrümmt. **b** Köpfchen eines Tentakels mit Drüsengewebe und zentralem Tracheidenstrang. **c** Blatt der Venusfliegenfalle *(Dionaea muscipula)* mit dem als Klappfalle geöffneten Endabschnitt, jede Spreitenhälfte mit drei Fühlborsten, **d** geschlossene Falle. **e** Teil eines Fiederblattes des Wasserschlauches *(Utricularia vulgaris)* mit Fangblasen, **f** einzelne Blase im Längsschnitt mit geschlossener Klappe. **g** Kannenpflanze *Nepenthes* mit der aus der Spreite eines Blattes gebildeten Gleitkesselfalle (vom glatten Rand der Kannenöffnung fallen Insekten in den von Drüsen sezernierten wäßrigen Kanneninhalt). — a nach Darwin, c und d nach Denffer, e und f nach Szweykowska und Szweykowski, g nach Troll.

5.5.5. Stoffaufnahme (Abb. 5.27., 5.28.)

Eine Wurzelmetamorphose mit der besonderen Eignung zur Aufnahme von Luftsauerstoff stellen die **Atemwurzeln** dar, wie sie bei einigen Mangrovepflanzen, insbesondere der Gattungen *Sonneratia* und *Avicennia*, anzutreffen sind. Sie entspringen oberseits der im Schlammgrund waagerecht verlaufenden Strangwurzeln und wachsen negativ geotrop nach oben. Die in den Luftraum gelangenden Spitzen besitzen bei *Sonneratia* abblätternde Korkschichten und bei *Avicennia* den Lenticellen ähnliche Öffnungen, wodurch ein Gasaustausch ermöglicht wird.

Die Wasseraufnahme wird bei Epiphyten durch unterschiedliche Einrichtungen gesichert. Hier seien erwähnt: lange, **tauartige Nährwurzeln**, die bis in den Boden reichen und sich dort verzweigen (z. B. Araceen), mit **Velamen** versehene **Luftwurzeln** (Abb. 5.27.b) und die zum Auffangen von Wasser dienenden Zisternen der Blattrosetten von Bromeliaceen mit Schuppenhaar an der Basis der Blattoberfläche (Abb. 4.5.b). Eine der Wurzel analoge Gestalt und Funktion zeigt das **Unterwasserblatt** von *Salvinia*. Die **Haustorien** parasitischer Blütenpflanzen dienen der Stoffaufnahme aus dem Wirt und sind bei *Cuscuta* vermutlich nicht von Wurzeln abzuleiten. Bei der Mistel *(Viscum album)* zeigen **Rindenwurzeln** und **Senker**, die im Innern der Wirtsachse verlaufen, einen hohen Grad von Anpassung an den parasitischen Wasser- und Nährsalzentzug. Sehr unterschiedlich ist die Spezialisierung von Blattorganen bei den zoophagen-Pflanzen (Abb. 5.28.). Im einzelnen sind es sehr spezielle Gestalt- und Funktionsänderungen für die Aufgabe einer **Klebfalle** (*Drosera* s. 4.6., *Pinguicula*), **Klappfalle** (*Dionaea* s. 9.1.4.), **Saugfalle** (*Utricularia* s. 9.1.2.) oder **Gleitkesselfalle** (*Nepenthes* s. 4.6.).

5.6. Fortpflanzung und Vermehrung

Unter **Fortpflanzung** versteht man die Ausbildung einer neuen Generation. Sie ist in der Regel mit der **Vermehrung**, d. h. der Vervielfachung der Individuenzahl gekoppelt.

5.6.1. Vegetative Vermehrung

Die Möglichkeit der vegetativen Vermehrung wird von Niederen und Höheren Pflanzen ausgenutzt. Sie hat den Vorteil der Erhaltung von Kreuzungsprodukten und des Aufbaus großer Populationen, auch wenn eine Befruchtung unmöglich ist. Allerdings kommt es dabei nicht zur Neukombination des genetischen Materials. Die vegetativen Nachkommen eines Individuums sind — abgesehen von seltenen Knospen-Mutationen — erbgleich, sie werden als **Klon** bezeichnet.

Die einfachste Form der vegetativen Vermehrung ist die **Teilung** von **Einzellern**: die **Spaltung** quer zur Längsachse mit irisblendenartiger Zell-Durchschnürung bei Prokaryoten, die **Längsteilung (Schizotomie)** der monadalen Algen und Pilze und die **Sprossung** der Hefen und einiger Bakterien (Abb. 5.29., s. S. 207).

Für die vegetative Vermehrung von **Mehrzellen** gibt es 4 Möglichkeiten (Abb. 5.29.):

1. die **Fragmentation**, d. h. den Zerfall von Coenobien oder Thalli in Bruchstücke, die zu neuen Pflanzen werden können (z. B. Zerfall der Fäden von *Oscillatoria*, Abb. 5.29., oder der Thalli von Algen, Pilzen und Flechten),
2. die **Abschnürung einzelner Zellen** (z. B. Konidien der Pilze, Abb. 6.19.b),
3. die Ausbildung besonderer mehrzelliger **Brutkörper** und nährstoffreicher **Brutknospen.** Brutkörper gibt es bei Braunalgen, Rotalgen, Flechten (Abb. 6.18.) und Moosen (z. B. *Marchantia*, Abb. 5.29.). Brutknospen **(Bulbillen)** werden bei vielen Gefäßpflanzen gebildet, und zwar entweder in den Blattachseln (Zahnwurz, Scharbockskraut, Abb. 5.23.h)

oder aus durchwachsenen Blüten (**Pseudoviviparie**, z. B. Knollen-Rispengras), aber auch adventiv an Blattrippen (z. B. einige Farne) oder am Blattrand (*Kalanchoe*),

4. **Dividuenbildung.** Darunter wird das Selbständigwerden der Äste von Erdsprossen durch das Absterben der verbindenden älteren Teile verstanden (z. B. Rhizomäste von *Iris*, Abb. 5.29., Ausläufer der Erdbeere, Sproßknollen der Kartoffel, Tochterzwiebeln des Knoblauchs).

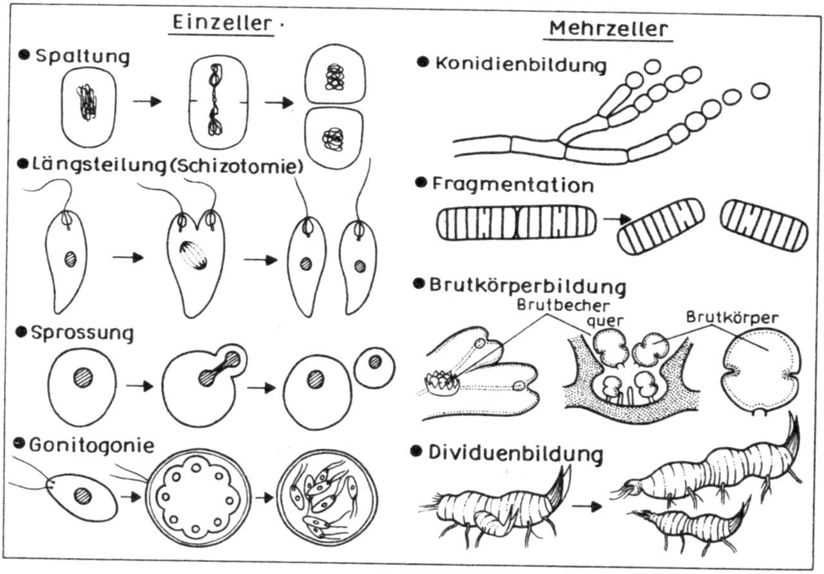

Abb. 5.29. Typen der vegetativen Vermehrung.

5.6.2. Vermehrung durch Keimzellen (Gonite)

Die Ausbildung von Keimzellen hat sich in der Stammesgeschichte allmählich entwickelt. Sie erfolgt nach einer besonderen Zellteilungsart in besonderen Behältern.

Bereits bei Flagellaten (monadalen Algen) kommt es vor, daß kurz aufeinander folgende Zellteilungen innerhalb der **Cyste** ablaufen, wodurch dieser empfindliche Vorgang geschützt wird. Diese Teilungsart entspricht ganz der Bildung von **Keimzellen (Goniten)** bei höher organisierten Pflanzen, der **Gonitogonie** (mehrere Teilungen innerhalb der **Gonitocyste**). Schon bei einzelligen Algen und Pilzen mit Zellwand ist dieser Teilungstyp die Regel. Die **Gonite** (Sg.: der Gonit) werden aus der Gonitocyste gleichzeitig frei. Im ursprünglichen Fall werden sie in großer Zahl gebildet. Reduktion kann bis zur Einzahl führen;

dann ist der Gonitencharakter u. U. nur durch Vergleich mit verwandten Sippen oder durch das Austreten der Gonite zu erkennen.

Bei den Mehrzellern bleiben die Teilungsprodukte einer vegetativen Zelle durch eine Mittellamelle verbunden. Dieser Zellteilungstyp, die **Cytotomie** (vgl. S. 53f.), ist wohl von der Gonitogonie durch vorzeitigen Abschluß der Teilungen abzuleiten. Beim Eintritt der reproduktiven Phase erfolgt jedoch eine Rückkehr zu dem ursprünglicheren Zellteilungstyp, der Gonitogonie. Im einfachsten Fall können dabei alle oder beliebige Zellen eines Individuums in Gonitocysten übergehen, meist ist die Anordnung der Gonitocysten aber festgelegt (terminal, lateral, z. T. — so bei *Chara* und *Ectocarpus* — in Ketten und Gruppen).

Ohne Sexualvorgang entwicklungsfähige Gonite heißen **Sporen**; die nur nach einem Sexualvorgang **(Kopulation)** entwicklungsfähigen nennt man **Gameten.** Entsprechend unterscheidet man unter den Gonitocysten **Sporocysten** und **Gametocysten.** Unbewegliche ♀ Gameten (Gynogameten, Megagameten) heißen **Eizellen**, die Gonitocyste, in der sie gebildet werden, nennt man **Oogonium.**

Bei allen Algen und Pilzen werden die Gonitocysten primär nicht von einer besonderen Hülle umgeben. (Die Oogonien der Armleuchteralgen und der Grünalge *Coleochaete* werden sekundär von Hüllfäden eingeschlossen.) Bei den Landpflanzen *(Archegoniatae)* dagegen sind mehrere Gonitocysten zusammen in eine **Hülle aus sterilen Zellen** eingeschlossen, mit der sie das **Gonitangium** bilden. Allen Gonitangien gemeinsam ist die Auflösung der Gonitocystenwandungen vor der Entlassung der Gonite, so daß diese sich zur Reife nur innerhalb der mehrzelligen Gonitangienwand befinden. Die sporenbildenden Gonitangien heißen **Sporangien**, die gametenbildenden **Gametangien** (♂ **Antheridien** und ♀ **Archegonien**, vgl. Abb. 6.22).

Im Laufe der Stammesgeschichte wurden diese Gonitangien bei den Landpflanzen zunehmend vereinfacht und z. T. reduziert. Während die Sporangien noch bei den Angiospermen vorhanden sind (sie heißen hier Pollensack bzw. Nucellus, vgl. S. 240, 249, 251), werden die Gametangien hier auf wenige Zellen reduziert. Archegonien finden sich zuletzt bei den Gymnospermen (s. S. 243), Antheridien bei den Farnpflanzen.

Gonitocysten und Gonitangien sind also nicht homolog. Deshalb sollten die Begriffe Gonitangium, Gametangium und Sporangium nicht auf die Gonitenbehälter der Algen und Pilze angewandt werden, wie das in vielen Lehrbüchern z. Z. noch geschieht.

5.6.2.1. Geschlechtliche Fortpflanzung

Die phylogenetische Bedeutung des Sexualvorganges, d. h. der Verschmelzung zweier Gameten zur Zygote, liegt in der Erhöhung der Mannigfaltigkeit durch Neukombination der genetischen Substanz. Mit Vermehrung hat der Sexualvorgang ursprünglich nichts zu tun. Bei den Einzellern kopulieren ganze Individuen miteinander **(Hologamie).** Hier wird also die Individuenzahl zunächst sogar vermindert. Bei Mehrzellern ist der

Vorgang der Verschmelzung der beiden Elterngenome auf das einzellige Gonitenstadium beschränkt **(Merogamie)**, bei ihnen sind daher Vermehrung und Sexualvorgang gekoppelt.

Für den Start eines neuen Individuums bedeutet es einen Vorteil, wenn die Zygote viele Nährstoffreserven enthält. Mit höherem Nährstoffvorrat ist aber eine geringere Beweglichkeit mindestens e i n e s Gameten verbunden. Das führte in der Evolution zu folgender Progression (Abb. 5.30.):

Isogamie: beide Gameten gleichgroß, begeißelt (oder amöboid), höchstens physiologisch als + und —Gameten zu unterscheiden →

Anisogamie: Gameten verschieden groß, ♀ Gameten größer (**Gynogameten**, Megagameten) als die ♂ (**Androgameten**, Mikrogameten), aber noch beide durch Geißeln beweglich →

Oogamie: Androgameten mit Geißeln beweglich, Gynogameten unbeweglich (Eizelle, gebildet meist in Einzahl im Oogonium bzw. — bei Archegoniaten — im Archegonium).

Bei einigen Algen, Pilzen und Samenpflanzen führt die Entwicklung weiter zur **Aplanogamie**, bei der überhaupt keine begeißelten Gameten mehr auftreten, sondern die Inhalte unbeweglicher, ein- bis vielkerniger Zellen (Gamocysten) fusionieren (Abb. 5.30). Dazu gehören

1. die **Cystogamie**, d. h. die Verschmelzung zweier Geschlechtszellen **(Gamocysten)** nach lokaler Wandauflösung, wobei die Zygote aus beiden Zellen (*Zygomycetes*) oder nur aus der Gynogamocyste gebildet werden kann (Oomyceten, Ascomyceten). Auch bei den Samen-

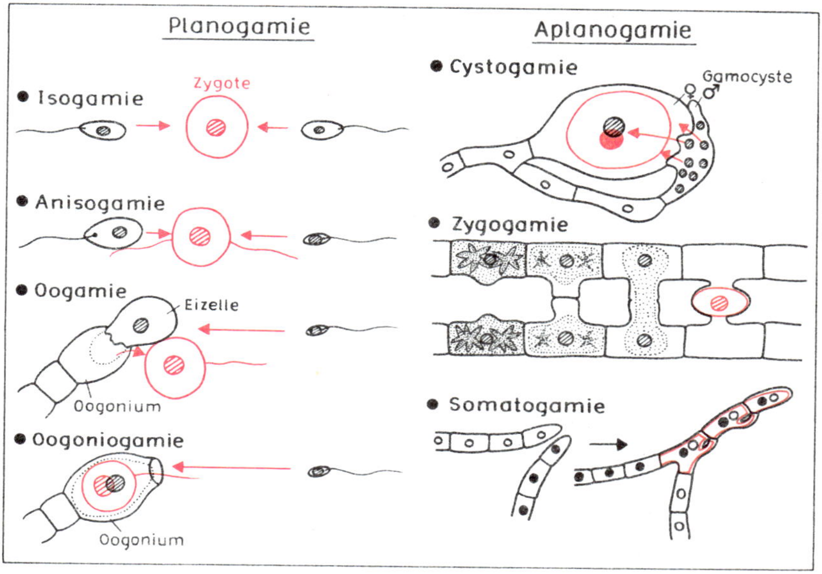

Abb. 5.30. Typen der geschlechtlichen Fortpflanzung.

pflanzen liegt mit wenigen Ausnahmen (Oogamie bei *Ginkgo* und Cycadeen) Cystogamie vor: die unbegeißelte Spermazellen gelangen im Pollenschlauch zur Eizelle.

2. die **Zygogamie (Konjugation)**, bei der die Zellinhalte zu amöboiden Gameten werden und durch Kopulationskanäle zwischen den Zellen zueinander gelangen. Dabei verhält sich oft der eine als Ruhegamet, der andere als Wandergamet (z. B. *Conjugatophyceae*, S. 184),
3. die **Somatogamie**, bei der überhaupt keine besonderen Geschlechtszellen mehr ausgebildet werden, so daß normale Körperzellen miteinander kopulieren (Basidiomyceten, s. S. 216ff.).

Über Degenerationsformen der geschlechtlichen Fortpflanzung s. unten.

5.6.2.2. Kernphasen- und Generationswechsel

Der durch die Befruchtung verdoppelte Chromosomensatz muß vor einem erneuten Sexualvorgang (spätestens bei der Gametenbildung) wieder reduziert werden. Durch den Zeitpunkt von Befruchtung und Meiose im ontogenetischen Zyklus ist die Dauer der **Haplophase** und **Diplophase** bestimmt.

Der Kernphasenwechsel kann sich in 3 Haupttypen vollziehen (Abb. 5.31.):

1. **Zygotischer Kernphasenwechsel**: Meiose bei der Keimung der Zygote, Mitosen nur in der Haplophase.
2. **Intermediärer Kernphasenwechsel**: Nach der Zygotenkeimung zunächst Mitosen und Ausbildung einer diploiden **Sporophyten**-Generation, die unter Meiose Sporen bildet. Aus diesen **Meiosporen** geht eine haploide **Gametophyten**-Generation hervor, die Gameten bildet **(antithetischer** oder **heterophasischer Generationswechsel).** Mitosen also in der Haplo- und Diplophase. Die beiden Generationen können einander gleichen (**isomorpher** Generationswechsel) oder verschieden sein (**heteromorpher** Generationswechsel). In der Phylogenie kommt es dabei zunehmend zum Überwiegen des Sporophyten über den Gametophyten. Vorteile dieser Entwicklung liegen wohl darin, daß der diploide Sporophyt genetisch besser ausbalanciert ist und daß in der Diplophase Rezessivität und Dominanz möglich werden. Bei Moosen und Samenpflanzen sind die beiden Generationen fest miteinander verbunden. Bei den Moosen wächst der Sporophyt auf dem assimilierenden Gametophyten, bei den Samenpflanzen der reduzierte Gametophyt auf dem assimilierenden Sporophyten (s. S. 240ff.).
3. Beim **gametischen Kernphasenwechsel** schließlich erfolgt die Meiose bei der Gametenbildung, so daß Mitosen nur in der Diplophase auftreten. Dieser Entwicklungszyklus ist bei den Oomyceten und einigen Algen (bei den mehrzelligen nur *Fucales*) verwirklicht, eigenartigerweise nicht bei den Samenpflanzen.

Der Wechsel zweier Generationen ist nicht immer mit Kernphasenwechsel verbunden. Bei den meisten Rotalgen (S. 196ff.) wechseln 2 diploide Sporophytengenerationen mit einer haploiden Gametophytengeneration ab.

Sekundärer **Verlust der sexuellen Fortpflanzung** wird als **Apomixis** bezeichnet. Hierbei entfällt die reguläre Meiose, und neue diploide Pflanzen werden ent-

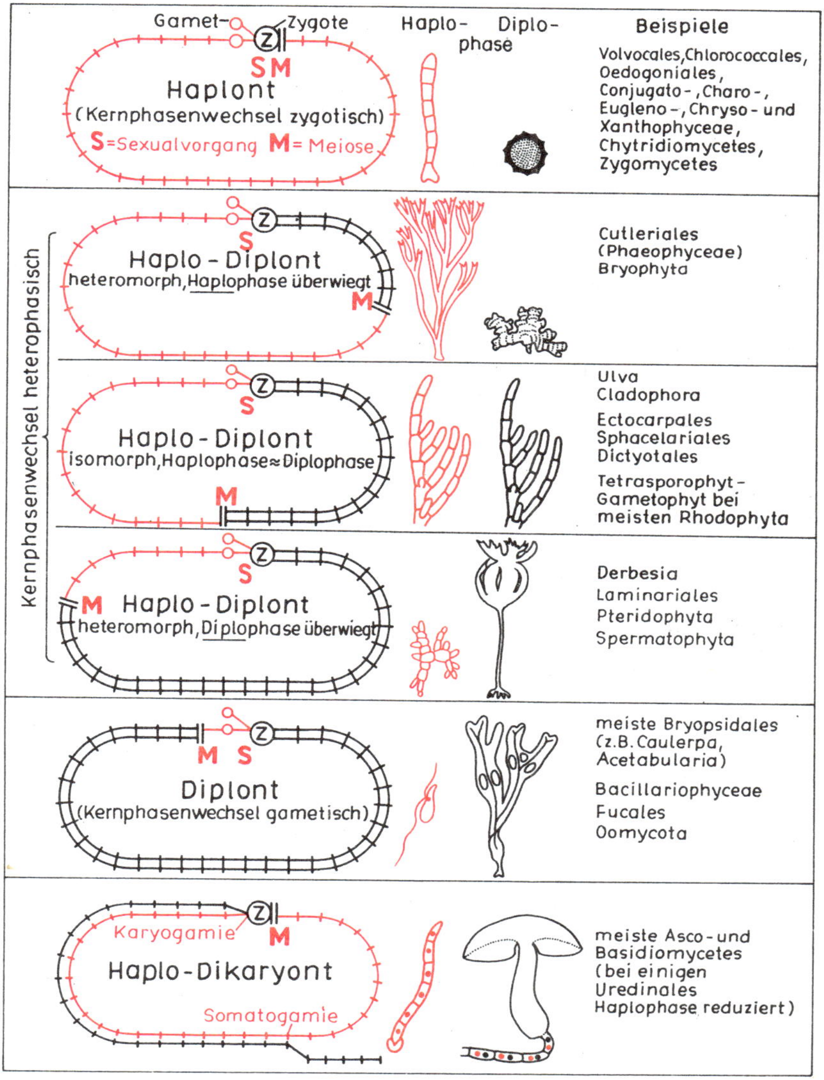

Abb. 5.31. Lebenszyklen und Kernphasenwechsel.

weder aus einer (durch defekte Meiose) diploiden Eizelle gebildet **(Parthenogenese)** oder aus anderen Zellen des diploiden Sporophyten, z. B. aus Nucellus-Zellen (Wegfall der Meiosporenbildung, **Aposporie**). Über die Bedeutung der bei den Samenpflanzen ziemlich häufigen Apomixis vgl. S. 162. Bei Farnen kann Aposporie zur Ausbildung eines diploiden Gametophyten aus vegetativen Zellen des Sporophytenblattes führen. — Als **Apogamie** bezeichnet man die selten vorkommende Entwicklung haploider Sporophyten aus vegetativen Zellen des haploiden Gametophyten.

5.6.2.3. Ungeschlechtliche Vermehrung durch Meiosporen und Mitosporen

Der Begriff „Spore" im alten Sinne umfaßt alle freiwerdenden und ohne Sexualakt zu neuen Lebewesen entwicklungsfähigen Einzelzellen, ohne Rücksicht auf Entstehung und Homologie. Hier sollen aber nur Gonite darunter verstanden werden (s. S. 147). Sporen können beweglich **(Zoosporen)**, unbeweglich **(Aplanosporen)** oder als Dauersporen **(Hypnosporen)** besonders widerstandsfähig sein.

Neben der Bildung von **Meiosporen**, die in der Regel als ungeschlechtliche Vermehrungszellen in den Zyklus der geschlechtlichen Vermehrung eingebunden sind, gibt es bei Niederen Pflanzen sowohl in der Haplophase als auch in der Diplophase die Möglichkeit der **ungeschlechtlichen Vermehrung** durch **Mitosporen** (vgl. z. B. Abb. 6.11.a, 6.7.c, 6.14.b). Sie ist nicht mit der vegetativen Vermehrung zu verwechseln, bei der keine Gonite gebildet werden. Bei Pilzen ist ungeschlechtliche und vegetative Vermehrung z. T. schwer zu trennen (s. S. 203).

6. Systematik und Evolution

6.1. Grundlagen der systematischen Botanik

6.1.1. Aufgaben und Gliederung

Die systematische Botanik beschäftigt sich mit der Beschreibung **(Phytographie)**, Abgrenzung und Gruppierung (**Taxonomie**, von Taxon = Sippe) und Benennung **(Nomenklatur)** der Pflanzensippen, mit den Prozessen der Sippendifferenzierung **(Evolutionsforschung)** und dem Zustandekommen der abgestuften Ähnlichkeit in der Stammesgeschichte **(Phylogenetik).**

Als synthetische Wissenschaft verwendet die systematische Botanik die Ergebnisse aller übrigen botanischen Teildisziplinen, sie bildet aber gleichzeitig deren Grundlage, indem sie **Verallgemeinerungseinheiten** für bestimmte Aussagen schafft.

Dies gilt in gleicher Weise für Befunde der Morphologie (z. B. „die Farne sind durch primäre Homorrhizie ausgezeichnet"), der Anatomie (z. B. „alle Koniferen besitzen Holz ohne Tracheen"), der Cytologie (z. B. „alle Agavaceen — *Agave* und *Yucca* — haben Chromosomensätze mit 5 langen und 25 kurzen Chromosomen"), der Physiologie (z. B. „reizbare Blattgelenke finden sich besonders oft bei Leguminosen"), der Biochemie (z. B. „die blauroten Farbstoffe aller *Chenopodiaceae* sind Betalaine") oder der Ökologie (z. B. „alle *Pyrolaceae* sind durch Mykorrhiza an Rohhumus gebunden").

6.1.2. Entwicklung der Pflanzensysteme

Bis ins Mittelalter unterschied man in Europa nur etwa 800 Pflanzensippen. Ihre Gruppierung erfolgte vor allem auf der Ebene der Gattungen, die einerseits zu Lebensformgruppen zusammengefaßt, andererseits, besonders in wirtschaftlich wichtigen Gruppen, in Arten und Varietäten untergliedert wurden. So wurde bereits die Existenz **distinkter Taxa**, aber auch die **abgestufte Mannigfaltigkeit** in der Volks-Taxonomie widergespiegelt. Bis zum 15. Jahrhundert waren Aristoteles, Theophrast, Dioskorides und Plinius die meist kritiklos abgeschriebenen Autoritäten. Viele Fehldeutungen der botanischen Schriften dieser südeuropäischen Autoren entstanden daraus, daß ihre Pflanzennamen auf zentraleuropäische Pflanzen angewandt wurden in der Meinung, es müßten überall die gleichen Arten wachsen.

Die Renaissance brachte genaue Naturbeobachtung, die sich z. B. in den **Kräuterbüchern** (Brunfels 1530, Fuchs 1539, Bock 1542) und in der ersten **Flora** der Welt (J. Thal: Sylva hercynia, 1577) niederschlug. Die 698 **Gattungen**, die Tournefort, der „Vater des Gattungsbegriffes", Ende des 17. Jahrhunderts aufführte, waren noch ohne System zu überblicken. Aber die anwachsenden Kenntnisse erzwangen die Aufstellung höherer Kategorien. C. v. Linné kannte

1336 Pflanzengattungen mit 7700 Arten. Auf Grund einer „sicheren Kalkulation" vermutete er, daß die Gesamt-Artenzahl 10000 kaum erreichen dürfte. (Heute sind 400000 Arten bekannt.) Linné gruppierte die Gattungen und Arten der Samenpflanzen in seinem zuerst 1735 aufgestellten **künstlichen System** nach der Zahl und Verteilung der Staubgefäße (daher „Sexualsystem") in 23 Klassen, denen er nur eine Klasse mit allen Kryptogamen (Algen, Pilze, Moose, Farne) gegenüberstellte.

Erst nach Verbesserung des Mikroskops wurden die Algen, Pilze und Moose im 19. Jahrhundert genauer bekannt. Deshalb wird auch bei der nomenklatorischen Priorität (s. S. 159) dieser Gruppen nicht bis auf Linné (Species plantarum, 1. Mai 1753) zurückgegangen, sondern z. B. für die Moose auf Hedwig 1801, für die meisten Pilze auf Fries 1821.

Die wichtige Kategorie der **Pflanzenfamilie** wurde 1789 von Jussieu aufgestellt, er unterschied 100 (als „Ordnungen" bezeichnete) Familien, heute ist allein bei den Samenpflanzen die Unterscheidung von etwa 500 Familien üblich.

Bereits Linné hatte versucht, durch Berücksichtigung mehrerer Merkmale ein **natürliches System** aufzustellen. Der Durchbruch der Abstammungslehre (vgl. S. 159) brachte das Betreben, in **phylogenetischen Systemen** (erstes von Wettstein 1901—08) die Stammesgeschichte widerzuspiegeln. Da diese allerdings vorwiegend aus der Ähnlichkeit rezenter Taxa erschlossen wird, besteht zu den natürlichen Systemen kein grundlegender Unterschied.

Auch in den wichtigsten Systemen des letzten Jahrzehnts (für die Angiospermen Takhtajan, Cronquist, Dahlgren, für die Farne Pichi-Sermolli, für die Algen Fott, Casper, Hoek, für die Pilze Gäumann, Arx, Kreisel, Chadefaud, Singer) bleiben trotz der Einbeziehung immer neuer Merkmalsgruppen, trotz der ständig weiter anwachsenden Kenntnis der rezenten Taxa (allein aus Mittel- und Südafrika werden täglich 1—2 neue Angiospermen-Arten bekannt!) und ausgestorbener Sippen viele Fragen der Zuordnung unklar.

Als Arbeits- und Verständigungsgrundlage muß das System auch in gewissem Grade stabil und praktikabel sein, es kann also nicht jede neue Erkenntnis unmittelbar widerspiegeln. So ist das System ein Kompromiß zwischen Kenntnis, Tradition und Brauchbarkeit.

6.1.3. Methoden der Taxonomie und Verwandtschaftsforschung

6.1.3.1. Unterlagen der Ähnlichkeits- und Verwandtschaftsforschung

Die moderne Systematik verwendet zur möglichst natürlichen Gruppierung der Pflanzensippen zahlreiche Merkmalsklassen.

Morphologische Merkmale sind nach wie vor die wichtigsten, besonders für die Gefäßpflanzen. Die größte Zahl der Arten kann nur an Herbarmaterial untersucht werden (große Herbarien: London-Kew, Leningrad, Paris, Leiden). Daher ist die Morphologie (zusammen mit der Chorologie) sehr oft die einzige Grundlage der taxonomischen Gliederung. Sie liefert auch die einfachsten Merkmale für die Bestimmung. In den letzten Jahrzehnten ergaben besonders die Überprüfung alter morphologischer Befunde und **morphogenetische** Untersuchungen viel Neues, z. B. die Unterscheidung der primären und sekundären Polyandrie (s. S. 249), die Kenntnis der zentrifugalen oder zentripetalen Anlagefolge der Staubblätter (s. S. 249), das Verständnis des Gynoeceums der Kreuzblütler.

Anatomische Merkmale, z. B. die Struktur des Holzes, der Leitbündel, der Epidermis und der Sekretionsgewebe, sind besonders für die Großgliederung der Gefäßpflanzen wichtig.

Die **Palynologie**, die die Pollen und Sporen der Gefäßpflanzen untersucht, hat mit der Zahl und Anordnung der Aperturen (s. S. 249, Abb. 6.29.b) und der Pollenwand-Feinstruktur Merkmale für die Gliederung von den Klassen bis zu den Arten geliefert.

Embryologische Merkmale, vor allem die Struktur und Entwicklung der Samenanlage, sind schwer zu untersuchen. Sie haben z. B. bei einigen Monokotylen-Gruppen Bedeutung für die Verwandtschaftsforschung.

Feinstrukturen, besonders der elektronenoptisch untersuchte Bau der Zellwand, der Plastiden und der Geißeln, lieferten sehr wichtige Merkmale für die Gliederung der Algen und Pilze.

Cytogenetische Untersuchungen haben durch die experimentelle Synthese hybridogener Sippen und durch Merkmalsreihen im Bereich der Chromosomenzahl und -struktur die Evolution in einer Reihe von Gattungen aufgehellt. Sie haben aber auch Merkmale für höhere Kategorien, z. B. Familien (s. S. 153) geliefert.

Biochemische Merkmale haben in den letzten Jahren an Bedeutung für die Beurteilung der Verwandtschaft besonders in höheren taxonomischen Kategorien gewonnen. Das betrifft Farbstoffe (vgl. Tab. 6.2.), Speicherstoffe, Wandbaustoffe, Proteine und viele sekundäre Pflanzenstoffe (vgl. z. B. Abb. 6.40. auf vorderem Vorsatzblatt).

Die **Chorologie** untersucht das Verbreitungsgebiet (Areal) der Sippen, um unter Berücksichtigung erdgeschichtlicher Daten die Geschichte und die ökologische Konstitution der Sippen zu erschließen.

Auch **ökologisch** sind viele Sippen verschiedenen Ranges gut charakterisiert (z. B. Halophilie der *Chenopodiaceae*).

6.1.3.2. Beurteilung der Ähnlichkeit und der Verwandtschaft

Der Grad der **Verwandtschaft** zwischen zwei Pflanzensippen wird durch den Zeitpunkt bestimmt, zu dem die regelmäßige wechselseitige Befruchtung zwischen ihnen abgerissen ist, d. h. durch den Zeitpunkt der **Trennung der Keimbahnzusammenhänge.** Zur Rekonstruktion der stammesgeschichtlichen Vorgänge reichen die Fossilien nicht aus. So wichtig die Fossilfunde einiger Zwischenglieder auch sind (z. B. Psilophyten, Samenfarne, Progymnospermen, Urkoniferen), so wenig Fossilien sind anderseits in vielen Gruppen der Algen, Pilze und krautigen Samenpflanzen erhalten. Daher muß die Verwandtschaft weitgehend aus der Übereinstimmung der Merkmale der rezenten Taxa erschlossen werden.

Die abgestufte Ähnlichkeit legt auch der Taxonom gewöhnlich der **Gliederung einer Pflanzengruppe** zugrunde. Er überblickt die verfügbaren Merkmale, schätzt ihre Variabilität ein, stellt eine Merkmalstabelle auf und nimmt mit ihrer Hilfe versuchsweise eine Gruppierung vor. Die Prüfung der Korrelation der Merkmale zeigt dann, ob natürliche Gruppen gefunden wurden. Je größer die Zahl der analysierten Merkmalsklassen ist, desto sicherer kann das Urteil über die Ähnlichkeit sein. Statistische Methoden zur Festlegung von Ähnlichkeitskoeffizienten auf Grund zahlreicher Merkmale liefert die **numerische Taxonomie.** Aus Ähnlichkeit ist aber nicht ohne weiteres auf Verwandtschaft zu schließen.

Um die Ähnlichkeit der Verwandtschaftsforschung zugrunde legen zu können, muß man folgende Grundsätze beachten:

1. Die **Bedeutung der Merkmale ist unterschiedlich.** Sie muß in jedem Verwandtschaftskreis neu geprüft werden. Durch einfache Mutationsschritte hervorgerufene Merkmale wiegen weniger schwer als komplex bedingte. Merkmale, die plastisch auf Umweltänderungen reagieren, müssen auf ihre Variationsbreite untersucht werden. Neu erschlossene Merkmalsklassen werden häufig auf Grund ihrer Neuheit überbewertet.

2. Ein wichtiger Schritt der Verwandtschaftsforschung ist die **Feststellung der Homologie** (s. S. 17), bei morphologischen Merkmalen die Rückführung verschiedener Merkmalsausbildung auf einen **Grundbauplan.** Die **3 Homologie-Kriterien** sind: das Kriterium der Lage, das Kriterium der speziellen Qualität der Strukturen und das Kriterium der Verknüpfung durch Zwischenformen. Aus ähnlichen, aber auf verschiedenem Wege (bzw. aus verschiedenen Ausgangsstrukturen) entstandenen (konvergenten) Merkmalen darf nicht auf Verwandtschaft geschlossen werden. **Konvergenz** tritt bei fast allen Merkmalsklassen auf, auch bei biochemischen Merkmalen (z. B. Nicotin bei den nicht miteinander verwandten Gattungen *Cannabis*, *Juglans*, *Acacia*, *Prunus*, *Nicotiana* und *Zinnia*). Sie kann durch die Untersuchung der Morphogenese (bzw. — bei biochemischen Merkmalen — der Biosynthesewege) erkannt werden.

3. Sind Merkmale als homolog erkannt, bleibt noch die **Progressionsrichtung** innerhalb der Merkmalsreihen festzustellen, d. h. es muß beurteilt werden, welche Merkmalsausprägung ursprünglich und welche abgeleitet ist. Dafür gibt es zwar einige allgemeine Regeln (z. B. ist ursprünglich eine große Zahl gleichförmiger Strukturen, abgeleitet eine kleine, festgelegte Zahl unterschiedlicher Strukturen; vgl. hierzu auch das Dollosche Gesetz, s. S. 165), aber nur wenige Merkmale können immer als sicher abgeleitet gelten (z. B. Parasitismus gegenüber autotropher Lebensweise, Polyploidie gegenüber Diploidie). Eine große Staubblattzahl, baumförmiger Wuchs oder sympodiale Sproßverkettung können ursprünglich oder abgeleitet sein. In manchen Fällen helfen Jugendstadien, die richtige Lesrichtung von Merkmalsreihen zu finden (Biogenetische Regel: Die Ontogenie rekapituliert die Phylogenie).

4. Durch die unterschiedliche Evolutionsgeschwindigkeit der Merkmale kommt es zur **Heterobathmie**, d. h. zum Auftreten von primitiven und progressiven Merkmalen bei ein und derselben Pflanze.

5. Wegen der **unterschiedlichen Evolutionsgeschwindigkeit** der einzelnen Sippen und der **unterschiedlichen Divergenz** der Evolution kann bei gleicher Zeit der Keimbahntrennung unterschiedliche Verwandtschaft vorgetäuscht werden.

6. Ein gedankliches Hilfsmittel bei der Rekonstruktion des Stammbaumes auf Grund rezenter Sippen ist das **Hennigsche Prinzip.** Danach ist zum Beweis der Monophylie einer Sippe (Abstammung von einer gemeinsamen Stammarrt) nur der gemeinsame Besitz solcher abgeleiteter Merkmale zu verwenden, die Transformationen des gleichen Ausgangsmerkmals sind, dagegen nicht der gemeinsame Besitz ursprünglicher Merkmale. So charakterisiert der gemeinsame Besitz des abgeleiteten Merkmals „Gametangien" die *Archegoniatae* (S. 222) als monophyletische Einheit, während die übrigen autotrophen Pflanzen durch den gemeinsamen Besitz des ursprünglichen Merkmals „Gametocysten" nicht als phylogenetische Einheit charakterisiert werden. Auf Grund einer solchen Merkmalswertung ergeben sich Schwestergruppenverhältnisse, die in dichotom verzweigten Stammbaumschemata dargestellt werden können. — In vielen Verwandtschaftskreisen ist die Rekonstruktion der Phylogenie heute aber noch unmöglich.

6.1.4. Taxonomische Kategorien

Die Verwandtschaft wird im System durch hierarchische (einander untergeordnete) **Kategorien** widergespiegelt.

Die am besten definierte Kategorie ist die **Art** (Species). Eine Art ist die Summe aller in den wesentlichen Merkmalen übereinstimmenden, untereinander kreuzbaren und auf ein definiertes Areal beschränkten Individuen. Da die Arten in Raum und Zeit dynamische Einheiten sind, muß das System der rezenten Pflanzen Arten (und Sippen anderer Kategorien) in verschiedenen Entwicklungsetappen widerspiegeln.

Eine besondere Schwierigkeit der Artabgrenzung in der Botanik ergibt sich aus dem offenen System der Pflanze (s. S. 17f.). Vegetativ oder ungeschlechtlich vermehrte Arten können in großer Zahl ohne Kreuzungsbarrieren erhalten bleiben. Außerdem kommt es durch das passive Verhalten der Pflanze bei der Befruchtung immer wieder zur Kreuzung getrennter Sippen und durch Allopolyploidie zur Entstehung fruchtbarer hybridogener Sippen (vgl. S. 164) und polymorpher Sippenschwärme.

Sippen, die durch geographische Isolation oder unvollkommene Kreuzungsbarrieren auf dem Wege der Artbildung sind, werden innerhalb der Arten als **Unterarten** (Subspecies) unterschieden. Geringfügig abweichende, genetisch fixierte, aber nicht isolierte Sippen werden als **Varietäten** und **Formen**, bei Kulturpflanzen als **Sorten** (Cultivar) abgetrennt.

Gruppen von ähnlichen Arten werden zu **Gattungen** zusammengefaßt, Gruppen ähnlicher Gattungen zu **Familien** usw. (vgl. Tab. 6.1.). Für die höheren Kategorien lassen sich immer weniger durchgängige Merkmale finden. Bis zur Abteilung gilt aber die Forderung, daß jedes Taxon eine phylogenetische Einheit darstellen soll.

Das **Ergebnis** der systematischen Forschungsarbeit ist nicht nur ein **System**,

Tabelle 6.1. Die taxonomischen Kategorien und ihre Kennzeichnung

Taxonomische Kategorien (deutsch, lateinisch)	Übliche Endungen	Beispiele
Reich (regnum)		*Eukaryota-Plantae*
Unterreich (subregnum)	*-bionta*	*Chlorobionta*
Abteilung (phylum)	*-phyta*; Pilze: *-mycota*	*Spermatophyta*
Unterabteilung (subphylum)	-phytina Pilze: *-mycotina*	*Angiospermophytina*
Klasse (classis)	Algen: *-phyceae* Pilze: *-mycetes* Archegoniaten: *-opsida* oder *-atae*	*Dicotyledoneae* (= *Magnoliatae*, *Dicotyledonopsida*)
Unterklasse (subclassis)	*-idae*	*Asteridae*
Überordnung (superordo)	*-anae*	*Lamianae*
Ordnung = Reihe (ordo)	*-ales*	*Lamiales*
Familie (familia)	*-aceae*	*Lamiaceae*
Unterfamilie (subfamilia)	*-oideae*	*Lamioideae*
Tribus (tribus)	*-eae*	*Saturejeae*
Subtribus (subtribus)	*-inae*	*Thyminae*
Gattung (genus)		*Thymus* L.
Untergattung (subgenus)		*Thymus*
Sektion (sectio)		*Camptodromi* (A. Kern.) A. Kern.
Subsektion (subsectio)		*Serpylli* (Scop.) Shost.
Serie (series)		*Holotrichi* Borb.
Art (species)		*Thymus serpyllum* L.
Unterart (subspecies)		ssp. *serpyllum*
Varietät (varietas)		var. *porphyrogenitus* (Lyka) P. Schmidt
Form (forma)		f. *bergtianus* Lyka

das natürliche Abstammungsgemeinschaften umschreibt und die Kenntnis der Phylogenie widerspiegelt, sondern zugleich ein Inventar der Pflanzensippen in **Monographien** und in **Regionalfloren**, die auch die Bestimmung ermöglichen. Für die Gefäßpflanzen Zentraleuropas sind solche Floren die „Exkursionsflora" von Rothmaler und Hegis „Flora von Mitteleuropa", für die Gefäßpflanzen ganz Europas die „Flora Europaea". Für die Niederen Pflanzen Mitteleuropas ist Rabenhorsts „Kryptogamenflora" das umfassendste Bestimmungswerk. Ein Bestimmungswerk für alle Pflanzen oder auch nur alle Höheren Pflanzen der Welt gibt es nicht, für viele Gebiete fehlen auch noch Floren.

6.1.5. Nomenklatur

Zur international verständlichen, einheitlichen Kennzeichnung erhalten die Pflanzen **lateinische Namen**, die aus dem Gattungsnamen (z. B. *Picea*) und dem stets klein zu schreibenden **Art-Epitheton** (z. B. *abies*) bestehen. Dem Art-Epitheton wird (meist abgekürzt) der Name des **Autors** angefügt, der die Art zuerst unter dem betreffenden Namen beschrieben hat. So wurde die Gemeine Fichte als „*Pinus abies* L." von Linné 1753 beschrieben. Nach dem „International Code of Botanical Nomenclature" muß der Name mit einer **lateinischen Diagnose** unter Angabe eines **Typus** (meist Herbar-Exemplar), auf den sich die Beschreibung bezieht, **gedruckt veröffentlicht** werden. Die **Prioritätsregel** besagt, daß jeweils der älteste (seit Linné, Hedwig, Fries u. a., s. S. 154) in einer bestimmten Rangstufe (Kategorie) gebrauchte Name korrekt ist, wenn er nicht mit dem Namen einer anderen, früher beschriebenen Sippe gleichlautet **(älteres Homonym).** Jüngere Namen der gleichen Sippe **(Synonyme)** sind nicht korrekt.

Bei **Überführung** einer Art in eine andere Gattung (meist auch bei der Überführung einer Sippe in eine andere Rangstufe: Art, Unterart, Varietät), wird das Epitheton, wenn kein Homonym entsteht, beibehalten, der Erstbeschreibungs-Autor in Klammern gesetzt und der abgekürzte Name des Autors angefügt, der die Überführung vorgenommen hat **(Kombinations-Autor).**

Z. B. wurde die gemeine Fichte, *Picea abies* (L.) Karst., von Linné 1753 als *Pinus abies* L. beschrieben, von Lamarck 1778 als *Pinus excelsa* Lamk. Später wurden die Nadelholz-Gattungen enger gefaßt (Kiefer: *Pinus* L. 1753, Fichte: *Picea* Dietrich 1824). 1841 überführte Link als erster die Gemeine Fichte in die Gattung *Picea* und nannte sie *Picea excelsa* (Lamk.) Link. Karsten nahm erst 1881 die Kombination *Picea abies* (L.) Karst. vor. Trotzdem ist dieser Name korrekt, weil *Pinus abies* L. älter als *Pinus excelsa* Lamk. ist.

Solche strengen Regeln gibt es nur für die Kategorien bis hinauf zur Familie. Deren Namen müssen nach einer als Typus festgelegten Gattung mit dem Suffix *-aceae* gebildet werden, ausnahmsweise sind einige fest eingebürgerte Namen zugelassen wie *Leguminosae*, *Umbelliferae*, *Cruciferae*, *Compositae*, *Gramineae*.

Für die Namen der Ordnungen und höheren Taxa werden nur Empfehlungen ausgesprochen.

6.2. Evolutionsforschung

6.2.1. Deszendenztheorie

Die vor allem von Lamarck (1744—1829) und Darwin (1802—1882; 1859: Origin of Species) begründete Theorie, daß alle Lebewesen verwandt sind und sich durch Umformung von Gestalt und Lebensweise aus meist einfacheren Vorfahren entwickelt haben, die **Deszendenztheorie** oder Abstammungslehre, ist heute allgemein anerkannt.

Mit den Triebkräften und Mechanismen der Evolution beschäftigt sich die **Evolutionsforschung.** Die wichtigsten Vorgänge (Abb. 6.1.) sind

1. Veränderungen der Erbanlagen durch **Mutation**,
2. Neukombination der Erbanlagen durch **Rekombination** (incl. Hybridisation),
3. Differenzierte Förderung einzelner Genotypen innerhalb der so entstandenen Mannigfaltigkeit durch **Selektion** (Auslese) und
4. Fixierung und Verselbständigung neuer Taxa durch **Isolation** (räumliche oder reproduktive Trennung).

6.2.2. Modifikative und genetische Variation

Durch die Erbanlagen **(Genotypus)** werden Reaktionsnormen vererbt, die bei unterschiedlichen Umweltbedingungen zu unterschiedlichen Merkmalsausprägungen und damit zu einem unterschiedlichen **Phänotypus** führen. Umweltbedingte Abänderungen (z. B. Hungerformen) werden als **Modifikation** von der erblichen Variation unterschieden. Ob erbliche oder modifikative Variation vorliegt, zeigt längere Kultur unter gleichartigen Bedingungen in Versuchsgärten oder Klimakammern (vgl. Abb. 6.1.c). Natürliche **Populationen** (abgrenzbare, durch die Möglichkeit ständiger Kreuzbefruchtung verbundene Individuengruppen einer Art, die einen gemeinsamen Genpool = Genvorrat besitzen) bestehen in der Regel aus vielen verschiedenen Biotypen (Gruppen erbgleicher Individuen).

Diese Vielfalt ist entstanden durch **Mutation.** Darunter versteht man Veränderungen des Erbgutes, also der DNA-haltigen Zellstrukturen: Chromosomen (Gen-, Chromosomen- und Genom-Mutationen), Plastiden (Plastommutationen) und Cytoplasmastrukturen (Plasmonmutationen).

Durch einzelne **Genmutationen** kann z. B. Schlitzblättrigkeit hervorgerufen, die Blütensymmetrie geändert (Abb. 6.1.a), aber auch der Wuchsstoffhaushalt und damit die Wuchshöhe und der Wuchsrhythmus geändert werden. Der Ort der mutierten Gene (Allele) ist durch Kreuzung und Kopplungsanalyse festzustellen, so sind z. B. für das Löwenmäulchen und andere Arten Genkarten entworfen worden.

Chromosomenmutationen (Abb. 6.1.a) entstehen durch Chromosomenbruch und Fusion der Bruchstellen, wobei einzelne Teile verlorengehen (Deletion), verdoppelt werden (Duplikation), umgekehrt eingebaut werden (Inversion) oder an anderen Stellen bzw. in anderen Chromosomen eingebaut werden können (Translokation).

Bei **Genommutationen** ändert sich die Chromosomen*zahl*. Sie entstehen entweder im Zusammenhang mit Chromosomenmutationen durch die schrittweise Veränderung der Chromosomenzahl (aufsteigende oder absteigende **Dysploidie**), durch ungleiche Verteilung der Chromosomen bei der Mitose oder Meiose **(Aneuploidie)** oder durch Vervielfachung der Chromosomensätze bei gestörter Mitose oder Meiose **(Polyploidie).**

Chromosomen- und Genommutationen treten besonders oft bei Hybriden auf. **Allopolyploidie**, d. h. Vervielfachung von nicht homologen Chromosomensätzen bei Hybriden, ermöglicht fertile Hybridisation bereits genetisch isolierter Sippen (vgl. S. 164).

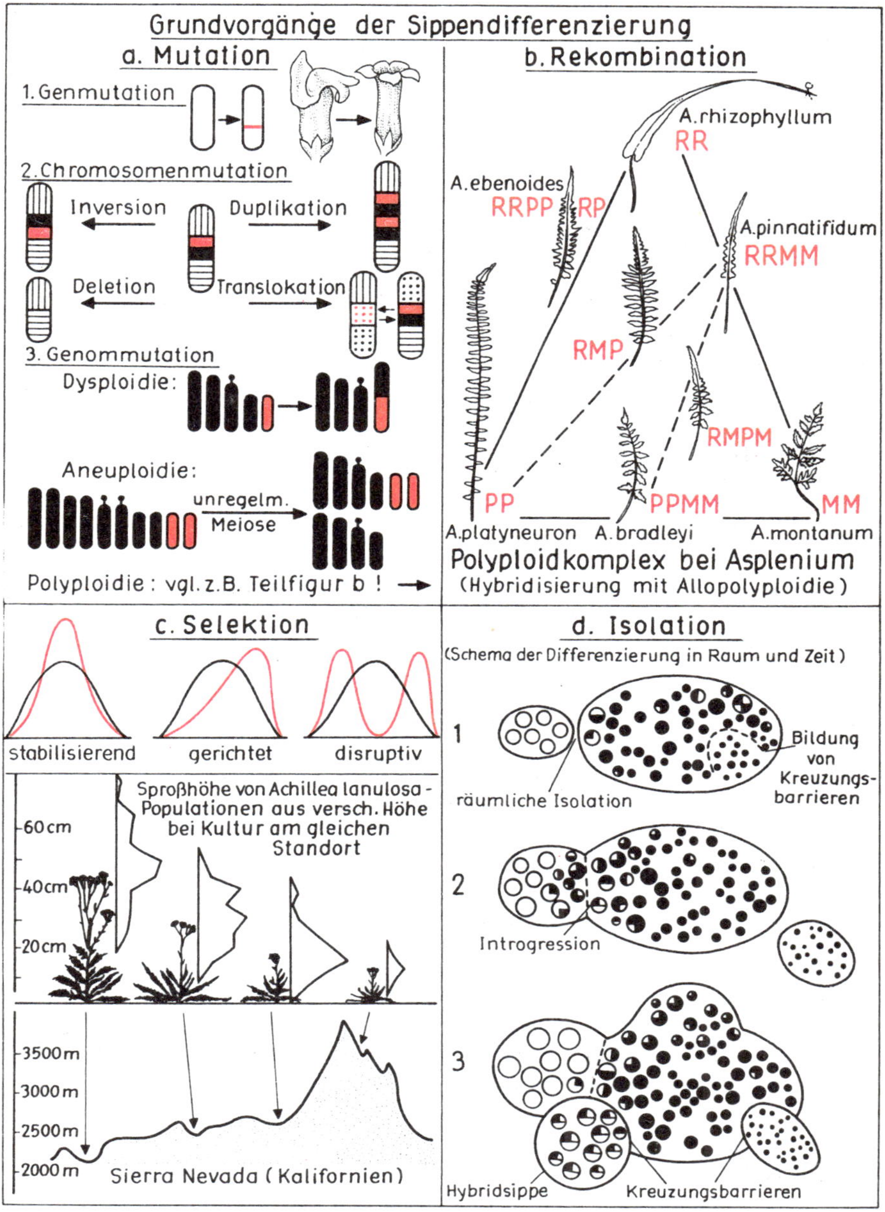

Grundvorgänge der Sippendifferenzierung
a. Mutation
1. Genmutation
2. Chromosomenmutation
Inversion
Duplikation
Deletion
Translokation
3. Genommutation
Dysploidie:
Aneuploidie:
unregelm. Meiose
Polyploidie: vgl. z.B. Teilfigur b !
b. Rekombination
A. rhizophyllum
RR
A. ebenoides
RRPP
RP
A. pinnatifidum
RRMM
RMP
RMPM
PP
PPMM
MM
A. platyneuron
A. bradleyi
A. montanum
Polyploidkomplex bei Asplenium
(Hybridisierung mit Allopolyploidie)
c. Selektion
stabilisierend
gerichtet
disruptiv
Sproßhöhe von Achillea lanulosa - Populationen aus versch. Höhe bei Kultur am gleichen Standort
60 cm
40 cm
20 cm
3500 m
3000 m
2500 m
2000 m
Sierra Nevada (Kalifornien)
d. Isolation
(Schema der Differenzierung in Raum und Zeit)
1
räumliche Isolation
Bildung von Kreuzungs-barrieren
2
Introgression
3
Hybridsippe
Kreuzungsbarrieren

Abb. 6.1.

Dysploide Reihen finden sich bei geographischen Rassen und bei nahe verwandten Arten, sie wurden auch experimentell hergestellt.

Zwischen dem Grad der Änderung des Genoms und der Merkmals-Änderung besteht kein sichtbarer Zusammenhang. Auch cytologisch ganz verschiedene Biotypen können u. U. morphologisch kaum unterscheidbar sein.

Plastom- und **Plasmonmutationen** bedingen z. B. unterschiedliche Ergebnisse reziproker Kreuzungen bei verschiedenen Pflanzengruppen.

Die Häufigkeit der Mutationen, die **Mutationsrate**, liegt für einzelne Gene pro Generation meist weit unter 0,05 %, wegen der hohen Gesamtzahl der Gene (bei Höheren Pflanzen > 10000) können aber bis 10 % einer Nachkommenschaft Träger neuer Mutationen sein. Die meisten Mutationen wirken sich allerdings negativ aus.

Die Mutationsrate kann durch Mutatorgene selbst genetisch gesteuert werden. Die Geschwindigkeit der mutativen Veränderung einer Population hängt aber auch sehr von der Geschwindigkeit der Generationsfolge ab.

6.2.3. Rekombination

Durch sexuelle Fortpflanzung und Meiose (S. 55) werden die Erbanlagen neu kombiniert (Rekombination). So wird die genetische Plastizität der Sippen stark erhöht, neue Merkmalskombinationen entstehen, bisher nur rezessiv vererbte Merkmale können manifest werden.

Aus dem Verhältnis von generativer und vegetativer Vermehrung ergibt sich die Rekombinationsrate. Das **Rekombinationssystem** einer Population hat entscheidende Bedeutung für die Evolution. Es wird selektiv gesteuert und von vielen Faktoren beeinflußt. Erhöht wird die **Rekombinationsrate** durch einen großen **Ausbreitungsradius** der Pollen, Sporen und Früchte, durch Sicherung der Fremdbefruchtung (**Allogamie**, vgl. S. 250), die den Genfluß innerhalb der Population bedingt, durch kurze Generationsdauer und große Häufigkeit des crossing over.

In entgegengesetzter Richtung, also genetisch stabilisierend, wirken Selbstbefruchtung (**Autogamie**, obligat bei manchen annuellen Unkräutern wie Hirtentäschel, die so als Einzelpflanzen große Populationen aufbauen können), **Apomixis** (Verlust der sexuellen Fortpflanzung, vgl. S. 150f.), **Isolationsmechanismen** und **geringe Populationsgröße.**

Auch die oft mit Allopolyploidie verbundene **Hybridisierung** gehört zu den Rekombinationsvorgängen (Abb. 6.1.b; S. 164).

6.2.4. Selektion

In kleinen Populationen kann es **zufällig** zur Eliminierung oder zur Fixierung von Allelen kommen (genetische Drift). Gewöhnlich werden aber vorteilhafte

Merkmale durch **Selektion** ausgelesen, und zwar entweder durch natürliche Konkurrenz oder durch künstliche Zuchtwahl.

Stabilisierende Selektion engt durch Unterdrückung der Extremformen die Variationsbreite ein, **gerichtete Selektion** verschiebt die Variationsbreite einseitig, **disruptive Selektion** führt zur mehrgipfeligen Aufgliederung der Variationskurve (Abb. 6.1.c). Schon nach kurzer Zeit (evtl. nach nur einigen Monaten) kann das Biotypenspektrum, z. B. durch Beweidung oder durch Schwermetallsalze (etwa unter einer kupferhaltigen Starkstromleitung oder an einem Zinkdrahtzaun) stark verändert werden.

6.2.5. Isolation

Die durch die Selektion herausdifferenzierten Sippen könnten durch Rekombination wieder eingeschmolzen werden, würde nicht durch irgendeinen Isolationsmechanismus der Genaustausch zwischen ihnen eingeschränkt oder verhindert. Oft wird der Genaustausch durch **räumliche Isolation** unterbunden, und es kommt dabei zur Entstehung von Rassen (= infraspezifischen Taxa). In den verschiedenen Arealteilen setzen sich nur die Biotypen durch, die den jeweiligen Umweltbedingungen am besten entsprechen. Insofern ist innerhalb der räumlichen Isolation nur unscharf **ökologische** von **geographischer Isolation** zu trennen. Ist die ökologische bzw. geographische Merkmalsdifferenzierung zwischen zwei Sippen kontinuierlich, sprechen wir von einer **Öko-** bzw. **Topo-Cline.** Deutlicher abgestufte Differenzierung erlaubt die Unterscheidung ökologischer Rassen (Ökotypen) oder geographischer Rassen. **Ökotypen** können sich u. a. durch ihre Bindung an unterschiedliche Wirtspflanzen (bei Parasiten, z. B. Kiefern- und Tannenmistel) oder durch ihre unterschiedliche Rhythmik unterscheiden.

Geographische Rassen sind zwar untereinander zunächst noch kreuzbar, die Rekombination ist aber durch die Entfernung stark eingeschränkt (Abb. 6.1.d). So bilden sich **allopatrisch**, d. h. in verschiedenen Gebieten, einander vertretende verwandte **(vikariierende)** Sippen heraus.

Ökologische und geographische Vikarianz gibt es auch bei höheren Taxa. So gibt es viele Artenpaare, die sich in Kalk- und Urgesteinsboden teilen; Taxa verschiedenen Ranges, die einander in verschiedenen Kontinenten oder Zonen vertreten (z. B. *Araliaceae* tropisch, *Apiaceae* temperat), und Parasitensippen, die sich durch unterschiedliche Wirtsgruppen unterscheiden (z. B. *Erysiphe* sect. *Plumaria* mit *E. graminis*, vgl. S. **000**, auf Monokotylen; übrige Sektionen auf Dikotylen).

Reproduktive Isolation. Erst nach dem Einbau von Kreuzungsbarrieren können die entstandenen Sippen im gleichen Gebiet vorkommen. Diese reproduktive Isolation kann der räumlichen **allmählich** folgen, sie kann aber auch **abrupt** auftreten und unmittelbar eine **sympatrische** (im selben Gebiet erfolgende) Differenzierung ermöglichen (Abb. 6.1.d). Die erste Strategie finden wir vor allem bei sexuellen Sippen mit hoher Rekombinationsrate, bei Gehölzen und anemogamen Pflanzen, die letztere bei Autogamen, Apomikten, Kräutern und kurzlebigen Pflanzen.

Reproduktive Isolationsmechanismen sind z. B. die unterschiedliche Blütezeit, blütenbiologische Isolation (z. B. Anpassung an unterschiedliche Bestäuberinsekten) und gametische Isolation (Wegfall der chemischen Anlockung der Gameten, Pollenschlauchhemmung, vgl. 8.4.2.), die herabgesetzte Vitalität und Fertilität der Hybriden durch Mitose- und Meiosestörungen oder physiologische Disharmonie.

Die Barrieren-Bildung ist von der Dauer der Isolation weitgehend unabhängig. Die *Platanus*-Arten Amerikas und Eurasiens sind nach 60 Mio Jahren Trennung noch kreuzbar, dagegen sind viele genetisch isolierte mediterrane Annuellen-Arten nicht älter als 1 Mio Jahre. Die Barrieren-Bildung spiegelt auch nicht den Grad der Verwandtschaft: Sogar eine Kreuzung über Familiengrenzen hinweg wurde beobachtet.

6.2.6. Hybridisation

Rekombinationsvorgänge, die über die normale Fortpflanzungsgemeinschaft hinausgehen, heißen Hybridisierung oder Bastardierung. Zwischen stärker isolierten Arten findet man oft nur beschränkte Gen-Infiltration **(Introgression)** im Anschluß an vereinzelte Hybridisierung.

Durch **Allopolyploidie** (s. S. 160) werden bei der Hybridisierung Meiose- und Fertilitätsstörungen vermieden. So ist auch die fruchtbare Kreuzung genetisch verschiedener, weitgehend isolierter Sippen möglich. Gleichzeitig erhöht Allopolyploidie den Rekombinationsspielraum.

Besonders bei katastrophaler Umweltveränderung oder anthropogener Verschleppung in neue Lebensräume ermöglicht Hybridisierung und die damit verbundene Variabilität rasche Anpassung und Sippenbildung (z. B. Ausbildung vieler *Oenothera*-Arten nach der Einbürgerung in Europa, Entstehung nordamerikanischer *Asplenium*-Arten, Abb. 6.1.b).

Fast alle Kulturpflanzen, die meisten Ackerunkräuter und etwa die Hälfte aller Gefäßpflanzen-Arten sind durch Allopolyploidie entstanden.

Auch wenn bei der Hybridisierung **Meiosestörungen** auftreten, z. B. infolge ungerader Ploidiestufen oder Aneuploidie, so können sich konkurrenzstarke Hybriden durch vorwiegend **vegetative** (S. 145ff.) oder durch **ungeschlechtliche Vermehrung** (Apomixis) durchsetzen. So vermehren sich aneuploide Lauch- und Milchsternarten durch Brutzwiebeln, der triploide Kalmus durch Dividuenbildung. — Apomiktisch vermehren sich die meisten der einander sehr ähnlichen Arten („Kleinarten") der Polyploidkomplexe von *Rubus* (Brombeere), *Alchemilla* (Frauenmantel, aneuploid), *Taraxacum* (Löwenzahn, meist triploid) und *Hieracium* (Habichtskraut, häufig triploid).

Da Polyploidkomplexe regelmäßig von niedriger zu höherer Polyploidie aufgebaut werden, ist in ihnen die Phylogenie eindeutig abzulesen. Alte, aussterbende Sippen bestehen oft nur noch aus hochpolyploiden Überlebenden (Paläopolyploiden) des einstigen Polyploidkomplexes, so z. B. *Ophioglossum* (vgl. S. 237), das mit 2n = 1260 die höchste bekannte Chromosomenzahl hat.

6.2.7. Phasen der Sippenentwicklung

Neue Sippen oberhalb des Artbereiches werden prinzipiell auf Grund der gleichen Vorgänge herausgebildet wie Rassen und Arten. Insofern unterscheiden sich **Mikroevolution** und **Makroevolution** nicht voneinander. Innerhalb der Makroevolution wurden oft 3 Phasen unterschieden: 1. **Anagenese** (wesentliche phylogenetische Progression durch Entstehung neuer Konstruktionstypen). 2. **Kladogenese** (Durchspielen der Möglichkeiten des neuen Konstruktionstyps mit dem Ergebnis großer Formenmannigfaltigkeit, die für Basisgruppen charakteristisch ist). 3. **Stasigenese** (Stabilisierung, Auslese weniger, besonders günstiger Typen, schließlich Aussterben).

Dabei handelt es sich aber nicht um endogene Abläufe, etwa um eine in der genetischen Struktur der Sippe begründete „Alterung" und „Erstarrung". Es ist vielmehr die Konkurrenz anderer, den derzeitigen Bedingungen besser angepaßter Konstruktionstypen, die die Variabilität und das Areal der Sippen einschränkt. Eröffnen sich neue Lebensräume, können auch „erstarrte" oder im Aussterben begriffene Sippen wieder auffächern (z. B. Koniferen in der im Pliozän gebildeten Taigazone, *Ephedra* in jungen Halbwüstengebieten).

Daß zahlreiche Mutationsschritte zusammen durch gegenläufige Mutationen wieder rückgängig gemacht werden, ist sehr unwahrscheinlich. Darauf beruht die Regel von der Irreversibilität komplexer Evolutionsvorgänge **(Dollosches Gesetz).** Die Rückkehr zu aufgegebenen Strukturen und Lebensformen erfolgt auf neuen Wegen (z. B. atypisches Dickenwachstum einiger Monokotylen; Cyathienbildung bei Rückkehr zur Entomogamie bei *Euphorbia*, vgl. S. 270).

Spezialisation bedeutet also nicht unbedingt einen Verlust von Anpassungsfähigkeit, nur ist für spezialisierte Sippen u. U. der Weg zur Ausbildung bestimmter Merkmale weiter als für weniger spezialisierte.

6.3. Übersicht über das System

Als man die Mikroorganismen noch ungenügend kannte, sah man die Grenze zwischen Pflanzen und Tieren als die wichtigste im Bereich der Organismengruppen an. Heute werden die prinzipiellen Bauunterschiede zwischen den kern- und plastidenlosen Prokaryoten und den Eukaryoten (S. 75) am höchsten bewertet.

Nach der gegenwärtig verbreitetsten Gliederung der Organismen werden die *Eukaryota* in 4 Reiche untergliedert:

1. die auf der Einzeller-Stufe stehengebliebenen **Protista**,
2. die primär chlorophyllfreien Pilze **(Fungi)** mit Chitinzellwänden,
3. die chlorophyllhaltigen, primär autotrophen Pflanzen **(Plantae)** mit Cellulose-Zellwänden,
4. die mehrzelligen, heterotrophen, zellwandlosen Tiere **(Animalia).**

Alle eucytischen Organismen sind wahrscheinlich **monophyletisch** (d. h. aus **einer** phylogenetischen Wurzel entstanden). Die drei Mehrzeller-Reiche haben sich aus den *Protista* **polyphyletisch** (d. h. aus **mehreren** phylogenetischen Wurzeln) entwickelt; vgl. z. B. über die Sonderstellung der *Myxomycota* und *Oomycota* innerhalb der Pilze S. 199; über die isolierte Stellung der Rotalgen innerhalb der Algen S. 198; auch die *Parazoa* sind — innerhalb der *Animalia* — isoliert.

Die Grenze zwischen den Protista und den 3 Mehrzeller-Reichen ist unscharf. Wir behandeln daher hier die autotrophen Protista zusammen mit den mehrzelligen Niederen Pflanzen („Algen").

Innerhalb des Reiches *Plantae* bilden die Grünalgen (Abteilung *Chlorophyta*) mit den Moosen und Gefäßpflanzen eine Abstammungsgemeinschaft (Unterreich *Chlorobionta*, vgl. S. 179 und Abb. 6.2., 6.3.). Die Abtrennung der Moose und Gefäßpflanzen als Abteilungsgruppe *Archegoniatae* (Pflanzen mit Gonitangien, s. S. 222) läßt sich mit dem Fehlen von Übergangsformen zu den Grünalgen rechtfertigen.

Aus Traditionsgründen werden in der botanischen Systematik gewöhnlich (so auch hier) die Prokaryoten, Algen, Pilze, Moose und Gefäßpflanzen behandelt. Aus didaktischen Gründen werden die Algen vor den Pilzen besprochen. Die Anordnung in Abb. 6.2., 6.3. und Tab. 6.10. berücksichtigt die Verwandtschaft.

6.3.1. Reich Prokaryota

Die Zellen dieser einfachsten, ältesten und kleinsten Lebewesen sind Protocyten (S. 75). Sie haben keine generative Vermehrung (nur bei Bakterien parasexuelle Vorgänge, s. S. 169). Die Zellteilung ist eine irisblendenartige Durchschnürung **(„Spaltung")**, seltener eine Sprossung.

Die beiden hierher gehörenden Abteilungen unterscheiden sich besonders im Pigmentgehalt und in der Lebensweise:

1. *Bacteria* (Bakterien): einzellig oder in lockeren Zellverbänden (coenobial); z. T. begeißelt, meist heterotroph, autotrophe Formen mit Bacteriochlorophyllen, aber ohne Phycobiline, Assimilation ohne Sauerstoff-Freisetzung.
2. *Cyanobacteria* (*Cyanophyta*, Blaualgen): einzellig, coenobial oder mehrzellig (fadenförmig, dabei erste polare Differenzierung und Differenzierung in Zellen unterschiedlicher Funktion); unbegeißelt; meist autotroph, mit Chlorophyll a und Phycobilinen, Assimilation mit Sauerstoff-Freisetzung.

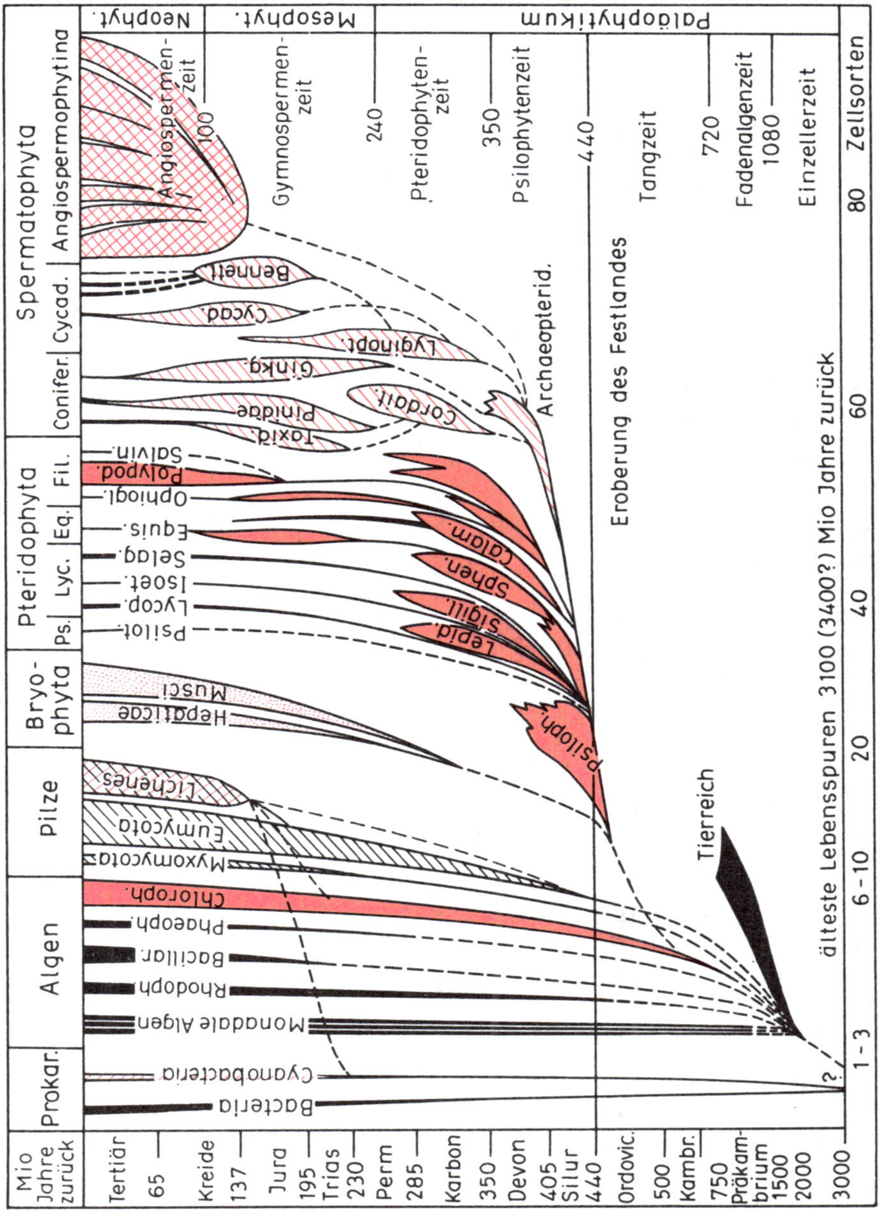
Mio Jahre zurück
Tertiär
65
Kreide
137
Jura
195
Trias
230
Perm
285
Karbon
350
Devon
405
Silur
440
Ordovic.
500
Kambr.
750
Präkambrium
1500
2000
3000
Prokar.
Algen
Pilze
Bryophyta
Pteridophyta
Ps.
Lyc.
Eq.
Fil.
Spermatophyta
Conifer.
Cycad.
Angiospermophytina
Neophyt.
Mesophyt.
Paläophytikum
Angiospermenzeit
100
Gymnospermenzeit
240
Pteridophytenzeit
350
Psilophytenzeit
440
Tangzeit
720
Fadenalgenzeit
1080
Einzellerzeit
Zellsorten
80
60
40
20
6-10
1-3
Bacteria
Cyanobacteria
Monadale Algen
Rhodoph.
Bacillar.
Phaeoph.
Chloroph.
Myxomycota
Eumycota
Lichenes
Hepaticae
Musci
Psilot.
Lycop.
Isoet.
Selag.
Equis.
Ophiogl.
Polypod.
Salvin.
Lepid.
Sigill.
Sphen.
Calam.
Psiloph.
Taxid.
Pinidae
Cordait.
Ginkg.
Lyginopt.
Cycad.
Bennett.
Archaeopterid.
Eroberung des Festlandes
Tierreich
älteste Lebensspuren 3100 (3400?) Mio Jahre zurück
?

Abb. 6.2.

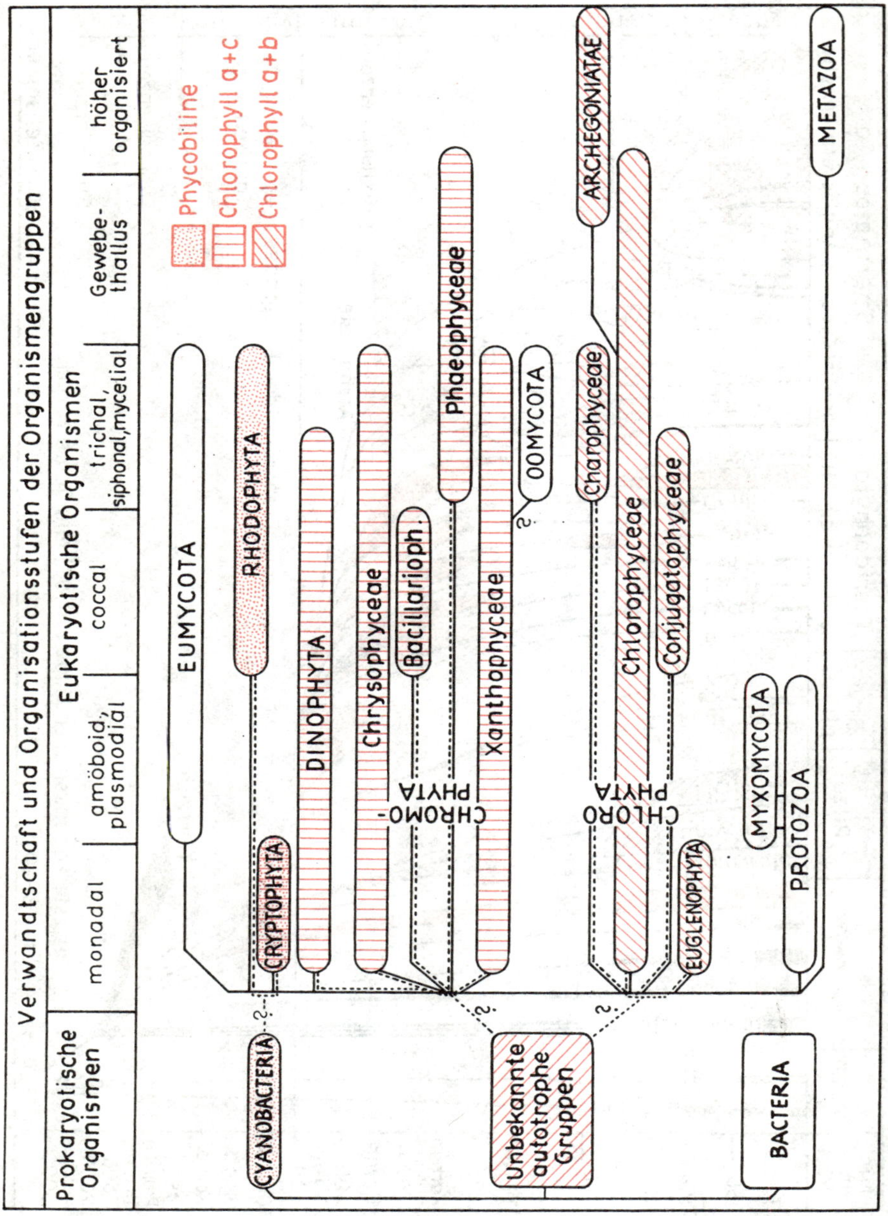

Verwandtschaft und Organisationsstufen der Organismengruppen
Prokaryotische Organismen
Eukaryotische Organismen
monadal
amöboid, plasmodial
coccal
trichal, siphonal, mycelial
Gewebe-thallus
höher organisiert
Phycobiline
Chlorophyll a+c
Chlorophyll a+b
EUMYCOTA
RHODOPHYTA
CRYPTOPHYTA
DINOPHYTA
Chrysophyceae
Bacillarioph.
Phaeophyceae
Xanthophyceae
OOMYCOTA
CHROMO-PHYTA
Charophyceae
ARCHEGONIATAE
Chlorophyceae
Conjugatophyceae
CHLORO PHYTA
EUGLENOPHYTA
MYXOMYCOTA
PROTOZOA
METAZOA
CYANOBACTERIA
Unbekannte autotrophe Gruppen
BACTERIA
?

Abb. 6.3.

1. Abteilung Bacteria, Bakterien 1500 Arten

Charakteristik: Unterschiede zu *Cyanobacteria* s. oben! Bakterien sind Prokaryoten von **geringer Größe** (meist ~1—5 µm, Spirillen ausnahmsweise bis 80 µm lang, Kokken-Sporen nur 0,12 µm, diese enthalten noch 10^8 Atome, das bedeutet aber die Untergrenze für das Leben).

Ihre **Gestalt** ist kugelig, oder stäbchenförmig und dabei gerade, schraubig gewunden oder kommaförmig, bei den Actinomyceten verzweigt, unregelmäßig bis hyphenartig (Abb. 6.4.). Durch unvollständige Trennung können sie zu Paaren, Ketten, Paketen und Haufen verbunden bleiben. Auf Kulturmedien werden charakteristisch gefärbte und geformte Bakterienkolonien gebildet.

Der **Protoplast** ist schwach kompartimentiert (vgl. S. 75!). K e r n m e m b r a n u n d m e m b r a n u m g r e n z t e Z e l l o r g a n e l l e n f e h l e n. Die Photosynthesepigmente autotropher Formen (**Bacteriochlorophylle**, S. 324) liegen in nicht abgegrenzten **Thylakoidstapeln.** Den Mitochondrien entsprechen als Enzymträger wohl die **Mesosomen**, tubuläre oder lamellare Membrankörper. Die Ribosomen sind kleiner (70S-Typ, s. S. 66) als bei den Eukaryoten. Reservestoffe sind Polysaccharide, Lipide, Polyphosphat (Volutin) und Polyhydroxybuttersäure.

Die **Zellwand** besteht aus einer etwa 20 nm dicken Mureinschicht (s. S. 75), der additive Substanzen (besonders Lipide) ein- und aufgelagert sind. Bei den sogenannten „S-Formen" ist die Zellwand noch von einer unscharf begrenzten Schleimhülle bzw. einer begrenzten Kapsel umgeben, die bei den „R-Formen" fehlt.

Von der Wandstruktur hängt der Ausfall der für die systematische Gliederung wichtigen **Gram-Färbung** ab. Er ist positiv (d. h. auf Jodbeizung folgende Anilinfärbung mit Ethanol nicht leicht auszuwaschen) bei mehrschichtigem Mureingerüst und geringerem Anteil additiver Substanzen, negativ bei einschichtigem Mureingerüst und hohem Anteil additiver Substanzen. Grampositive Bakterien sind gegen Penicillin, gramnegative gegen Streptomycin empfindlicher.

Viele Arten tragen 10—20 nm dicke und bis 25 µm lange **Geißeln** (s. S. 67). Charakteristisch ist ihre Anordnung (**peritrich, lophotrich, monotrich**; Abb. 6.4.). Sie ermöglichen durch Zug oder Schub eine Geschwindigkeit von etwa 1 m/h.

Vorkommen und Lebensweise: Die geringe Größe und die dadurch große relative Oberfläche ermöglichen

— hohen Stoffumsatz (Atmungsintensität mehrere 100mal so hoch wie die von Blattgewebe, s. S. 316,
— rasche Vermehrung (Generationsdauer manchmal nur 20 min) und große Individuenzahlen (im Abwasser bis 10 Mia/g, im Boden 100 Mio/g, im Trinkwasser möglichst <50/g),
— rasche und weite Verbreitung über die ganze Erde in Boden, Wasser und Luft.

Die **Vermehrung** erfolgt durch Zellteilung (Spaltung, s. S. 75), seltener Spros-

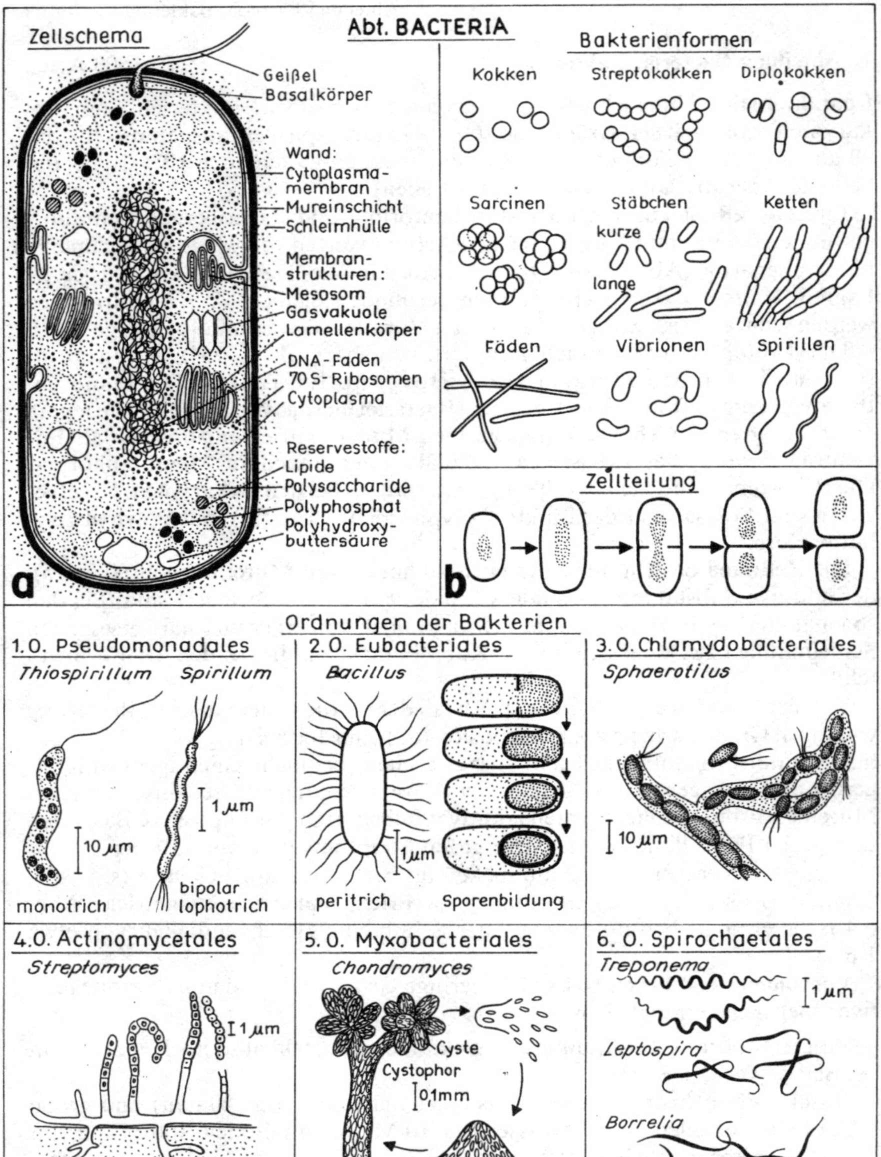
Abt. BACTERIA
Zellschema
Geißel
Basalkörper
Wand:
Cytoplasma-membran
Mureinschicht
Schleimhülle
Membran-strukturen:
Mesosom
Gasvakuole
Lamellenkörper
DNA-Faden
70 S-Ribosomen
Cytoplasma
Reservestoffe:
Lipide
Polysaccharide
Polyphosphat
Polyhydroxy-buttersäure
a
Bakterienformen
Kokken
Streptokokken
Diplokokken
Sarcinen
Stäbchen
kurze
lange
Ketten
Fäden
Vibrionen
Spirillen
Zellteilung
b
Ordnungen der Bakterien
1.O. Pseudomonadales
Thiospirillum
Spirillum
10 µm
1 µm
monotrich
bipolar lophotrich
2.O. Eubacteriales
Bacillus
1µm
peritrich
Sporenbildung
3.O. Chlamydobacteriales
Sphaerotilus
10 µm
4.O. Actinomycetales
Streptomyces
1 µm
5.O. Myxobacteriales
Chondromyces
Cyste
Cystophor
0,1mm
6.O. Spirochaetales
Treponema
1 µm
Leptospira
Borrelia
c

Abb. 6.4.

sung). Auch eine Übertragung des genetischen Materials ist möglich („Parasexualität"), z. B. die als „Konjugation" (s. aber S. 150) bezeichnete einseitige Übertragung von DNA-Stücken vom Spender auf den Empfänger beim Kontakt zweier Zellen.

Als **Sporen** (Endosporen bei *Bacillaceae*, Konidien bei Actinomyceten) sind die Bakterien sehr widerstandsfähig gegen Trockenheit, Kälte und Hitze, einige vertragen jahrhundertelanges Austrocknen und stundenlanges Kochen. Für das aktive Leben sind artspezifische Temperaturbereiche und Feuchtigkeit erforderlich. Einzelne Arten können bei —10 °C, andere bei 90 °C noch aktiv sein. Die meisten werden aber durch **Pasteurisieren** (Erhitzen auf 80 °C) abgetötet.

Die Zahl der **Stoffwechsel**-Typen ist groß. **Autotrophie** ist selten (Photosynthese — ohne O_2-Freisetzung — bei den roten und grünen Schwefelbakterien, Chemosynthese bei farblosen Schwefelbakterien, nitrifizierenden Bakterien, Knallgas- und Methanbakterien, vgl. S. 346f.). Am häufigsten sind **Saprophyten**, die organische Substanz abbauen, seltener (meist fakultative) **Parasiten**, die durch Toxine pathogen sein können. Da Bakterien (im Gegensatz zu den Pilzen!) neutrales bis alkalisches Substrat bevorzugen, sind unter ihnen viele Erreger von Tier- und Menschenkrankheiten, aber wenige von Pflanzenkrankheiten. Die phytopathogenen Bakterien verursachen meist durch Auflösen der Mittellamellen Gewebetod.

Die Bakterien haben im Naturhaushalt und für den Menschen eine große **Bedeutung**:
als **Destruenten** nahezu aller organischen Substanzen im Stoffkreislauf der Natur: aerobe **Verwesung**, anaerobe **Fäulnis**; **Gärung**; **Stickstoffmineralisation**: Ammonifikation, Nitrifikation; Denitrifikation, Sulfurikation, Desulfurikation (s. S. 319, 347, 370),
als **Krankheitserreger** von Mensch und Tier (Pest, Cholera, Typhus, Ruhr, Milzbrand usw.)
als nützliche **Symbionten** (Haut- und Darmflora des Menschen und der Tiere; Luftstickstoffbinder in Leguminosen-Wurzelknöllchen, S. 365),
für die industrielle **biologische Synthese** (Vitamin B_{12}, Antibiotika, Enzyme, Impfstoffe) und Gärung (Silage, Käse, Sauergemüse, Essigsäure).

Die **Stellung** der *Prokaryota* ist isoliert. Die Abgrenzung der *Bacteria* gegenüber den im Bau sehr ähnlichen *Cyanobacteria* ist z. T. künstlich.

Die **Gliederung** der einzigen Klasse *(„Bacteriophyceae")* beruht auf morphologischen und biochemischen Merkmalen. Das System kann kaum natürlich oder gar phylogenetisch sein. Es wird gegenwärtig gründlich umgearbeitet.

Ordnung Pseudomonadales: gramnegativ, **polar begeißelt**, meist stäbchen- oder schraubenförmig, nie sporenbildend, z. B. *Rhodospirillaceae*, *Chromatiaceae*, dazu *Thiospirillum* (Abb. 6.4.), und *Chlorobiaceae* mit Photosynthese (s. S. 346). *Nitrobacter* und *Nitrosomonas* sind nitrifizierende, *Pseudomonas*-Arten denitrifizierende Bakterien. *Pseudomonas* auch Fäuleerreger in Pflanzen. *Vibrio cholerae*, Cholera-Erreger, *Spirillum* in Schweinejauche (Abb. 6.4.).

Ordnung Eubacteriales: grampositiv oder -negativ, **peritrich begeißelt**, Stäbchen oder Kugeln. Große Gruppe mit vielen Familien, z. B. *Coccaceae* (grampositive Kugeln) mit *Streptococcus* (*S. lactis*, Milchsäurebakterium), *Staphylococcus* (Eiter!) und *Sarcina* (Abb. 6.4.b); *Bacillaceae* (grampositive Stäbchen mit **Endosporen**bildung, Abb. 6.4.c, dazu *Bacillus* *subtilis* im Heuaufguß, *Rhizobium*, Luftstickstoffbinder in Leguminosen-Wurzeln, S. 365), *Azotobacter*, Luftstickstoffbinder frei im Boden, S. 364, *Enterobacteriaceae* gramnegativ mit *Escherischia coli* im Dickdarm des Menschen, *Clostridium tetani*, Wundstarrkrampf-, *Salmonella paratyphi*, Paratyphus-, *Shigella*, Ruhr-Erreger.

Ordnung Chlamydobacteriales: gramnegativ, im Wasser festsitzende, **umscheidete Fäden** bildend, z. B. *Sphaerotilus natans* Abb. 6.4.c, fellartiger Überzug im Abwasser.

Ordnung Actinomycetales (Strahlenpilze): grampositive, unbegeißelte Stäbchen, die echte **Verzweigungen** bilden können. *Actinomyces*, Strahlenpilz, artenreich im Boden, auch in Mensch und Tier Geschwüre erregend, zentimetergroße, einzellige Mycelien mit mehreren Nucleoiden, Luftstickstoffbindung (S. 365). *Streptomyces*, Abb. 6.4.c, im Boden (Erdgeruch), Antibiotika-Produktion. *Mycobacterium tuberculosis* und *M. leprae*. Erreger von Tuberkulose bzw. Lepra.

Ordnung Myxobacterales (Schleimbakterien): ohne Zellwand, daher gramnegativ; farbige Schwärme unbegeißelter, aber beweglicher Stäbchen auf Erde und Mist, von Bakterien oder Cellulose lebend, können z. T. durch Zusammenkriechen des Schwarmes Fruchtkörper mit Cysten bilden. *Chondromyces* Abb. 6.4.c.

Ordnung Spirochaetales: ohne Zellwand, daher gramnegativ, Bau stark abweichend: Körper lang (bis 500 µm) und dünn, Protoplasmazylinder umgeben von kontraktilem, schraubigem Fibrillenband **(Axialfilament)** und **Hüllmembran.** Schlängelnd beweglich. *Treponema* Abb. 6.4.c, Syphilis-Erreger.

Ordnung Rickettsiales: meist geißellose, kleine (ca. 0,3 µm), gramnegative, nur in Zellen von Eukaryoten (Vertebraten und Arthropoden) wachsende Prokaryoten mit Zellwand, z. B. *Rickettsia prowazekii* und *Rochalimaea quintana*, Erreger von Fleck- bzw. Fünftagefieber).

(Weitere Ordnungen: *Hyphomicrobiales* = *Caulobacteriales*, *Caryophanales*, *Mycoplasmatales*).

2. Abteilung Cyanobacteria (Cyanophyta), Blaualgen 2000 Arten

Charakteristik: Stets unbegeißelte, einzellige, coenobiale oder mehrzellige **photoautotrophe Prokaryoten**, die neben Chlorophyll a und Carotinen **Phycobiline** enthalten (blaues Phycocyan, oft auch rotes Phycoerythrin) und dadurch blaugrün, olivgrün, violett oder schwarz gefärbt sind. Einige Arten sind zur komplementären chromatischen Adaptation fähig (S. 327). Bei der Assimilation wird als H_2-Donator Wasser verwendet, also O_2 freigesetzt. Wenige Arten sind zur mixotrophen oder heterotrophen Ernährung in der Lage.

Zellbau (Abb. 6.5.a): im Zentrum des Protoplasten liegt das farblose **Zentroplasma** mit dem **Chromatinapparat** (Kernäquivalent) aus „nackten“ DNA-Fäden, das von dem unscharf abgegrenzten, gefärbten **Chromatoplasma** umgeben wird. Hier finden sich an der Außenseite von Thylakoiden Phycobiliprotein-Körnchen. Assimilationsprodukt ist **Cyanophyceenstärke** (ähnlich Glykogen, S. 177 und 43), gespeichert wird das Polyphosphat **Volutin.** Planktische Formen haben Gasvakuolen, die bei Eukaryoten fehlen.

Der **Zellwand** aus Murein (S. 75) sind Pectin, Hemicellulosen, z. T. auch Cellulose aufgelagert. Die äußersten Schichten können verschleimen und Gallertscheiden bilden. Die meisten Arten können sich (wenigstens zeitweise) kriechend fortbewegen (S. 442).

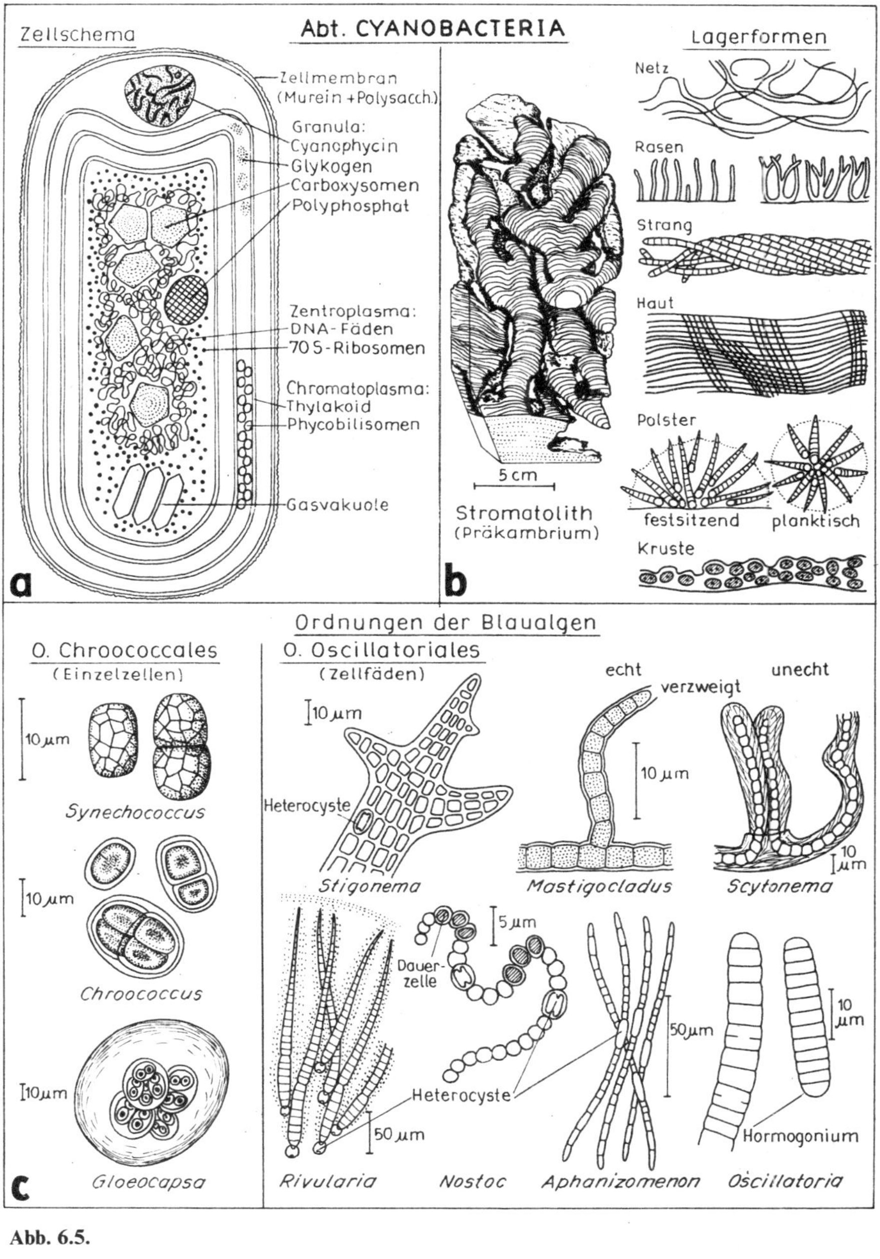
Abt. CYANOBACTERIA
Zellschema
Zellmembran
(Murein +Polysacch.)
Granula:
Cyanophycin
Glykogen
Carboxysomen
Polyphosphat
Zentroplasma:
DNA-Fäden
70 S-Ribosomen
Chromatoplasma:
Thylakoid
Phycobilisomen
Gasvakuole
a
5 cm
Stromatolith
(Präkambrium)
b
Lagerformen
Netz
Rasen
Strang
Haut
Polster
festsitzend
planktisch
Kruste
Ordnungen der Blaualgen
O. Chroococcales
(Einzelzellen)
10 µm
Synechococcus
10 µm
Chroococcus
10 µm
Gloeocapsa
c
O. Oscillatoriales
(Zellfäden)
10 µm
Heterocyste
Stigonema
echt
verzweigt
unecht
10 µm
Mastigocladus
10 µm
Scytonema
5 µm
Dauer-
zelle
Heterocyste
50 µm
50 µm
10 µm
Hormogonium
Rivularia
Nostoc
Aphanizomenon
Oscillatoria

Abb. 6.5.

Die **Vermehrung** erfolgt durch Zweiteilung (Spaltung, Abb. 5.29.), seltener durch multiple Spaltung, Sprossung, seriale Ablösung von Exosporen am Ende festsitzender Individuen oder Fragmentation von Fäden (Hormogonienbildung, Abb. 5.29., 6.5.), also nur **vegetativ.** Einige Arten bilden **Dauerzellen** zur Überdauerung ungünstiger Perioden, andere **Endosporen** (Abb. 6.5.c), d. h. der Protoplast umgibt sich innerhalb der Zellwand mit einer widerstandsfähigen Hülle.

Bei mehrzelligen Arten tritt erstmals morphologische und funktionelle **Zelldifferenzierung** auf: Polare Differenzierung z. B. bei *Rivularia* (Abb. 6.5.c), pigmentarme, dickwandige **Heterocysten** als Orte der Stickstoffbindung bei *Nostoc* (Abb. 6.5.c) und als Nachbarzellen von Dauerzellen (Abb. 6.5.c).

Ökologie und Bedeutung: Die meisten Arten leben als wichtige Primärproduzenten planktisch oder als Überzug Höherer Pflanzen und des Bodens im Süßwasser. Manche, z. B. *Aphanizomenon*, Sichelalge, verursachen Wasserblüte, sie sind eine wichtige Wasserfloh- und damit Fischnahrung, Massenauftreten kann aber auch Fischsterben verursachen. In Aquarien bilden sie blaugrüne, schleimige, eigenartig riechende Überzüge auf Steinen und Pflanzen. Durch Kalkablagerung in der Gallertscheide entsteht Seekreide, durch periodisches Wachstum die Bänderung der **Stromatolithen**, die die ältesten Lebensspuren sind (Präkambrium, Südafrika, vor 3100 Mio Jahren, Abb. 6.5.b). Auch im Boden, auf Felsen, Gletschern und in bis 75 °C heißen Thermalquellen leben Blaualgen. Einige Arten binden Luftstickstoff (in Reisfeldern bis 128 kg/ha im Jahr, S. 364), andere sind Flechten-Symbionten (S. 211) oder können in farblosen Flagellaten als assimilierende Endosymbionten fungieren.

Stellung im System: In der Nähe der Bakterien. Nach einigen Autoren sollen aus Blaualgen die Rotalgen-Plastiden entstanden sein (S. 198; gleiche Farbstoffe!). Die **Gliederung** der einzigen Klasse („*Cyanophyceae*") beruht auf morphologischen Merkmalen. Die Bestimmung ist durch Gestalt- und Farbwechsel erschwert.

Ordnung Chroococcales: Rundliche Einzelzellen, die durch Gallerthüllen zu mehrzelligen Kolonien verbunden bleiben können (Abb. 6.5.c). *Synechococcus* ohne Gallerthülle, in Torfmooren; *Chroococcus* und *Gloeocapsa* (Abb. 6.5.c) als gallertige Überzüge an feuchten Felsen.

Ordnung Oscillatoriales (= Hormogonales): Zellfäden, meist mit interkalarem Wachstum, selten mit Scheitelzelle (*Stigonema*, Abb. 6.5.c). Oft mit Gallertscheide. Unverzweigt, z. B. *Oscillatoria* in Wasser und Schlamm, beweglich, Hormogonien-Bildung, Abb. 6.5.c, andere mit unechter Verzweigung (d. h. in der Scheide zerbrechen weiterwachsende Fäden, *Scytonema*, Abb. 6.5.c) oder echt verzweigt (*Mastigocladus*, Abb. 6.5.c).

(Weitere Ordnungen: *Pleurocapsales*, *Dermocarpales*)

Anhang: **Viren und Phagen**

Als das **Virus** (lat. Gift) bezeichnete man das krankmachende Agens von infektiösen Tier- und Pflanzenkrankheiten, bei denen im Lichtmikroskop keine Erreger nachweisbar waren. In den 30er Jahren fand man dann (zuerst bei der Tabak-Mosaikkrankheit) kristallisierbare, hochmolekulare Nucleoproteide, die im Elektronenmikroskop als Polyeder, Stäbchen oder Fäden sichtbar waren. Sie bestehen aus einer gewundenen Kette einer RNA (meiste Pflanzenviren) oder DNA, die von einer Eiweißhülle umgeben wird. Ihre Größe beträgt 10—800 nm.

Die Viren sind **keine Lebewesen.** Sie haben keinen eigenen Stoff- und Energiewechsel. Außerhalb von Wirtszellen sind sie inaktiv und können sich nicht vermehren. Sie veranlassen aber bestimmte Wirtszellen zur identischen Reproduktion der Virensubstanz. Insofern ähneln sie Chromosomen, und es handelt sich vielleicht um verselbständigte Teile des Genoms („vagabundierende Gene“).

Als **Phagen** werden Viren von Bakterien und Cyanophyceen bezeichnet. Sie sind z. T. besonders groß und von kompliziertem Bau. Beim Bakteriophagen T 2 (Abb. 6.6.) umgibt die Eiweißhülle nicht nur das **Köpfchen** mit der DNA, sondern sie bildet auch noch einen **Schwanz** mit bedornter **Endplatte** und **Schwanzfäden.** Letztere erkennen Rezeptorstellen für die Anheftung des Schwanzes. Nach der Anheftung erweicht der Schwanz lokal die Bakterienzellwand, kontrahiert sich und drückt eine in seinem Inneren gelegene Kanüle in den Bakterienleib, durch die sich das Innere des Köpfchens in das Bakterium ergießt. Im Verlauf von einer halben Stunde werden zunächst Phagen-spezifische mRNA und Proteine gebildet, die Synthese von Bakterien-Protein blockiert, die Phagen-DNA repliziert und die Hüll-Proteine gebildet. Bei der Reifung bringt ein Phagen-Lysozym die Bakterienzelle schließlich zum Platzen, so daß Dutzende neuer Phagen auf einmal frei werden. (Bei anderen Virus-Arten erfolgt die Freisetzung kontinuierlich.)

Bei **temperierten Viren** kann die DNA als **Provirus** in die Wirts-DNA eingebaut und mit ihr vermehrt werden. Die Proviren können durch Strahlen, Chemikalien oder auch spontan frei und dann wie virulente Viren vermehrt werden.

Viruskrankheiten von Mensch, Tieren und Pflanzen (vgl. Abb. 6.6., neuerdings wurden virusähnliche Partikel auch in Pilzen gefunden) haben eine sehr große Bedeutung. Bei der Bekämpfung versuchte man zunächst, die Übertragung zu verhindern (z. B. durch Blattlausbekämpfung), jetzt auch die Virus-Nucleoproteide zu spalten oder zu blockieren.

Bei der noch in Arbeit befindlichen **Gliederung** der Viren verwendet man folgende Merkmalsgruppen: 1. Art der Nucleinsäure (DNA oder RNA), 2. Symmetrie („kubisch“ = polyedrisch,

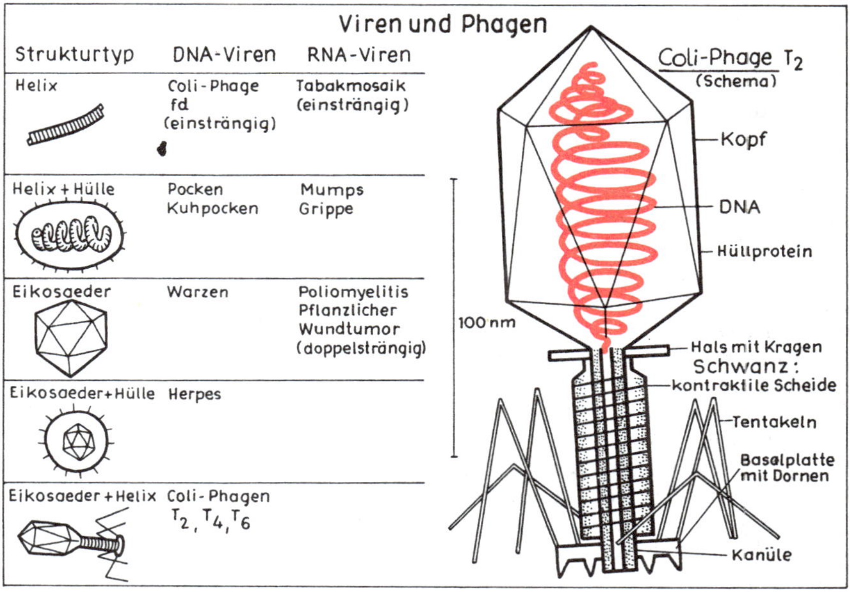

Abb. 6.6.

z. B. Zwanzigflächner: Eikosaeder; oder helikal, schraubiger Viruskörper), 3. Außenhülle aus Lipoproteiden (vorhanden oder fehlend), 4. Genom (Nucleinsäure Einzel- oder Doppelstrang) und 5. Morphologie (isometrisch, tubulär, fadenförmig, quasiisometrisch) (Abb. 6.6.).

6.3.2. Reich Plantae

Die Zellen aller Pilze, Algen, Höheren Pflanzen und Tiere sind **eukaroytisch** (Eucyten), d. h. sie besitzen einen echten **Zellkern** mit **Kernmembran, Nucleolus, Kernspindelbildung** und **Chromosomen** (s. S. 49ff.). Ein wichtiges Argument für den monophyletischen Charakter der Eukaryoten ist der **einheitliche Bau der Geißeln** aller Gruppen aus 9 + 2 von einer gemeinsamen Hülle umgebenen und nicht verdrillten Fibrillen (S. 66).

Das **Regnum Plantae** umfaßt ein- und mehrzellige Organismen mit Cellulose-Zellwänden und mit photosynthetischen Pigmenten in Plastiden, daneben auch nahe verwandte Organismen mit sekundärem Pigmentverlust.

A. Algen

Als Algen können diejenigen autotrophen Eukaryoten zusammengefaßt werden, die ihre Gameten und Sporen in einzelligen, primär nicht umhüllten Behältern (Gametocysten, Sporocysten, S. 148) bilden und meist an Wasser oder feuchtes Milieu gebunden sind. Ihre Chromatophoren tragen meist Pyrenoide (S. 57).

In der Pigmentausstattung, den Assimilationsprodukten, der Plastiden-Feinstruktur und der Begeißelung sind die Algen aber so unterschiedlich, daß sie offenbar keine phylogenetische Einheit bilden.

Nach diesen Merkmalen werden sie in **mehrere parallele Entwicklungslinien** gegliedert, die als Abteilungen oder Klassen unterschieden werden (Abb. 6.3., Tab. 6.2. u. S. 288).

Unter den **Pigmenten** sind sowohl die Chlorophylle als auch die Carotinoide und Xanthophylle taxonomisch wichtig, ihre Vorkommen sind allerdings erst an relativ wenigen Beispielen untersucht. Bei der Verwendung von Xanthophyllen zur Charakterisierung der Algengruppen muß beachtet werden, daß sich bestimmte Xanthophylle in Abhängigkeit vom Licht reversibel ineinander umwandeln können.

Die **Reserve-Polysaccharide** gehören zu 2 Hauptgruppen: Zur ersten, in der die Glucosereste in der Hauptkette α-1:4-glykosidisch schraubenförmig verkettet sind, zählen die Stärke *(Chlorophyta)*, Florideenstärke *(Rhodophyta)*, die Cyanophyceenstärke und die Reservestoffe der *Cryptophyta* und *Dinophyta*. Bei der zweiten Gruppe sind die Glucosereste β-1:3-glykosidisch verknüpft, dazu gehören die Reservestoffe der *Euglenophyta* (Paramylon) und der *Chromophyta* (Chrysolaminarin, Laminarin). Akzessorische Reservesubstanzen wie Fette und Öle haben wenig taxonomischen Wert, da ihr Vorkommen stark umweltabhängig ist.

Jede Algenabteilung zeichnet sich durch ein eigenes Muster im **Plastiden-**

Tabelle 6.2. Pigmente, Reservestoffe und Begeißelung der Algenklassen

Abteilung und Klasse		Pigmente: Chlorophylle	Pigmente: syst. wichtige akzessorische		Reservestoffe	Begeißelung
Chlorophyta	Chlorophyceae					2 iso-akrokont, Peitschengeißeln
	Conjugatophyceae	a+b	Lutein		Stärke (α-1:4-Polyglucan)	nie begeißelt
	Charophyceae					2 iso-subakrokont, Peitscheng. mit Schuppen
Euglenophyta					Paramylon (β-1:3)	(1-)2(-7) iso-akrokont, 1 schraubige Haarreihe
Chromophyta	Chrysophyceae		Fuco-xanthin			2 hetero-akro(pleuro)kont 1 Flimmerg., 1 Peitscheng.
	Haptophyceae	a+c	Fucox.	Diadinoxanthin	Chryso-laminarin (Laminaran) (β-1:3)	2 iso-akro(pleuro)kont, keine Flimmern, Haptonema
	Xanthophyceae		Hetero-xanthin			2 hetero-pleurokont, 1 Flimmerg., 1 Peitscheng.
	Bacillariophyceae		Fucox.			1 (-0) akrokont, Flimmergeißel
	Phaeophyceae		Fucox.			2 hetero-pleurokont, 1 Flimmerg., 1 Peitscheng.
Dinophyta			Fucox. + Peridinin			2 hetero-pleurokont, Querg. mit 1, Längsg. mit 2 Reihen zarter Haare
Cryptophyta			Allo-xanthin		Stärke (α-1:4)	2 hetero-subakrokont, lange mit 2, kurze mit 1 Haarreihe
Rhodophyta		a+(d)	Lutein	Phyco-biline	Florideenstärke (α-1:4)	nie begeißelt
Cyanobacteria (zum Vergleich)		a	Myxoxan-thophyll		Cyanophyceen-stärke (α-1:4)	nie begeißelt

feinbau aus. Auf diesem Merkmal (neben anderen) beruht die Abtrennung der *Dinophyta* und der *Cryptophyta* als eigene Abteilungen.

Die **Geißeln** treten in verschiedener Zahl auf (1, sehr häufig 2, seltener 4—∞ oder auch 0), sie sind unterschiedlich inseriert (S. 67), gleichlang (isokont) oder verschieden lang (heterokont) und gleich oder verschieden gestaltet (Peitschengeißel, Flimmergeißel mit 1 oder 2 Haarreihen, Bandgeißel, Abb. 6.9.c, Fadengeißel), auch der Feinbau der Basalregion liefert wichtige Abteilungs- und Klassenmerkmale (Tab. 6.2.).

Innerhalb der einzelnen Entwicklungslinien werden unabhängig voneinander verschiedene **Organisationsstufen** erreicht, die oft zur Umgrenzung der Ordnungen verwendet werden:

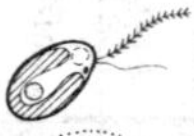

1. die **monadale** (nackte, stets begeißelte Einzeller = Flagellaten, oft mit rotem Augenfleck = Stigma, bei Süßwasserformen pulsierende Vakuolen),

2. die **capsale** (unbegeißelte Einzeller mit gallertiger Zellwand),

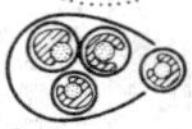

3. die **coccale** (unbewegliche Einzeller mit fester Zellwand und ohne die obengenannten Flagellaten-Organellen),

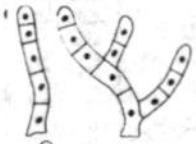

4. die **trichale** (Mehrzeller aus unverzweigten oder verzweigten Fäden, diese manchmal in verschiedene Fadentypen differenziert = heterotrichal),

5. die **siphonale** (Einzeller mit vielkerniger Zelle)

6. die **siphonocladale** (Mehrzeller mit vielkernigen Zellen)

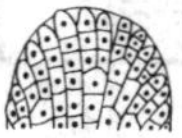

7. die **plectenchymatische** (Mehrzeller mit Flechtgewebe aus Zellfäden, s. S. 76, Sonderform von 4.) und

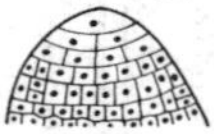

8. die **Gewebethallus**-Stufe (Mehrzeller mit echten, meist von Scheitelzellen gebildeten Geweben).

Bei den *Chromophyta* ist außerdem selten die **rhizopodiale** (amöboide) Organisation vertreten, die an die monadale Stufe anzuschließen ist.

Die Algen umfassen 10% aller Pflanzenarten. Als Phytoplankton (S. 190) bilden sie die wichtigsten **Primärproduzenten der Meere** und wichtige Sauerstoff-Lieferanten (ca. 30% des zur Atmung verfügbaren O_2) der Erde. Ihre Biomasse ist zwar viel geringer als die der Landflora (kaum 0,1%), ihre Produktivität aber durch das rasche Wachstum sehr hoch. Vom Menschen werden sie unmittelbar als Nahrungs- und Rohstoffquelle genutzt (s. S. 180, 191, 194, 198).

Zur Ableitung der Algen gibt es zwei Theorien (s. S. 15f.):

1. Entstehung durch zunehmende Kompartimentierung aus autotrophen Prokaryoten,
2. Entstehung aus heterotrophen Einzellern mit endosymbiontisch lebenden autotrophen Prokaryoten (als Vorläufer der Plastiden).

So wäre die Übereinstimmung der Assimilationspigmente von *Cyanobacteria* und *Rhodophyta* zu erklären; für die *Chlorophyta* illustriert diese Möglichkeit ein kürzlich entdeckter mariner Prokaryot mit Chlorophyll a und b *(Prochloron didemnii)*.

1. Abteilung Chlorophyta 13000 Arten

Charakteristik: Eukaryoten, deren Chromatophoren durch **Chlorophyll a und b** grün sind (Chloroplasten) und außerdem α- und β-Carotin sowie das Xanthophyll **Lutein** enthalten. Als Assimilationsprodukt wird an Pyrenoiden **Stärke** gebildet. Die Zellwand besteht aus Cellulose und Pectin, sie fehlt nur bei Gameten, Zoosporen und einigen monadalen Arten. Monadale Formen und Zoosporen tragen vorn 2 oder 4, Gameten **2 stets gleichlange, flimmerlose Geißeln**, sie besitzen meist einen becherförmigen Chloroplasten und ein **Stigma.** Die Thallusorganisation steigt von der monadalen bis zur Gewebethallus-Stufe auf. Vegetative Vermehrung erfolgt durch **Schizotomie** oder **Thallus-Fragmentation**, ungeschlechtliche durch **Gonitogonie** (Zoosporen oder unbegeißelte Aplanosporen).

Die **sexuelle Vermehrung** steigt von der Isogamie über Anisogamie und Oogamie bis zur Oogoniogamie auf. Die Zygote ist meist als Dauerzelle (Hypnozygote) ausgebildet. Da die *Chlorophyta* zu 90% **Süßwasserbewohner** sind, müssen nämlich ungünstige Jahreszeiten überdauert werden.

Charakteristisch ist die Mannigfaltigkeit des Kernphasen- und **Generationswechsels** (vgl. Abb. 5.31.). Die meisten Grünalgen sind Haplonten (z. B. *Ulothrix*, Abb. 6.7.c), viele haben einen isomorphen Generationswechsel (z. B. *Cladophora*, Abb. 6.8.a). Selten sind reine Diplonten (z. B. *Acetabularia*, Abb. 6.8.c).

Stellung: Die Pigment-, Geißel- und Wandbaumerkmale verbinden die *Chlorophyta* mit den Landpflanzen *(Archegoniatae)* zu einer phylogenetischen Einheit (s. S. 222). In anderen Algengruppen *(Chromophyta)* gibt es zwar parallele morphologische Differenzierungen, es bestehen aber zu ihnen keine engeren Verwandtschaftsbeziehungen.

Die Abteilung wird in folgende Klassen gegliedert:

Chlorophyceae, Grünalgen: mit begeißelten Schwärmern.
Conjugatophyceae, Jochalgen: stets geißellos, Zygo-(oder Cysto-)gamie, coccal oder trichal.
Charophyceae, Armleuchteralgen: mit komplizierterem Bau des Vegetationskörpers und hochentwickelter sexueller Fortpflanzung (Oogoniogamie).
(Eine 4. Klasse — s. S. 182 — wird hier nicht näher behandelt.)

1. Klasse Chlorophyceae, Grünalgen 8000 Arten

Charakteristik: Androgameten stets begeißelt, nicht in Gametocysten-Ketten gebildet. Im übrigen durch die Abteilungsmerkmale gekennzeichnet.

Progressionsrichtungen sind zu erkennen

1. in der zunehmenden Thallus-Differenzierung: Einzelligkeit → Mehrzelligkeit (bzw. → Mehrkernigkeit bei Ausbleiben der Zellteilung), Ausbildung der Polarität, zunehmende Arbeitsteilung der Zellen,

2. in der Höherentwicklung der sexuellen Vermehrung: Isogamie → Anisogamie → Oogamie → Oogoniogamie, Abb. 5.30.,
3. in der Ausbildung des Generationswechsels: Haplonten → isomorpher Generationswechsel → heteromorpher G. mit zunehmender Betonung der Diplophase → reine Diplonten (Abb. 5.31.),
4. in der zunehmenden cytologischen Differenzierung, z. B.: Chloroplasten einfach und becherförmig → aufgegliedert → zahlreich und linsenförmig.

Gliederung: Nach den Organisationsstufen des Thallus (s. S. 178) werden 7 Ordnungen unterschieden (Abb. 6.7., 6.8.), die übrigen Merkmale zeigen dabei deutliche Heterobathmie (s. S. 156). Zur

1. Ordnung Volvocales gehören **monadale** Formen mit meist becherförmigem Chloroplasten und Stigma, z. T. bereits mit Cellulose-Zellwand. Die einzellige *Chlamydomonas* (Abb. 6.7.a) kann sich durch Schizotomie vegetativ vermehren; als sexuelle Vermehrung kommen neben Isogamie (evtl. mit genotypischer Geschlechtsdifferenzierung in +Gameten und —Gameten) bereits Anisogamie und Oogamie vor. Auch die Chloroplasten-Differenzierung reicht schon von 1 becherförmigem bis zu ∞ linsenförmigen Chloroplasten.

Innerhalb der Ordnung steigt die Organisation von Einzellern über koloniebildende Formen (z. B. *Gonium*: Tafel aus 4—16 Zellen, Abb. 6.7.a; *Pandorina*: Kugel aus 16 Zellen, Abb. 6.7.a) bis zu *Volvox* auf, einer stecknadelkopfgroßen Hohlkugel aus Tausenden von Zellen. Diese sind durch breite Plasmabrücken verbunden, ihre Geißeln schlagen synchron. Wegen der Polarität (Zellen am vorderen Pol der Kugel mit größeren Stigmata) und wegen der Arbeitsteilung (fortpflanzungsfähig sind nur Zellen des hinteren Pols) ist *Volvox* bereits als Mehrzeller anzusprechen. Bei der vegetativen Vermehrung teilen sich einzelne Zellen mehrfach zu einem Hohlnapf, der sich zu einer Tochterkugel umstülpt, so daß die Geißeln nach außen gelangen (Abb. 6.7.a). Die Tochterkugeln werden durch Zerfall des Mutterorganismus frei (Leichenbildung). Sexuell pflanzt sich *Volvox* durch Oogamie fort. Zu der

2. Ordnung Chlorococcales gehören viele wichtige Planktonalgen des Süßwassers. Ihre Vertreter sind **coccal**, also einzellig und — abgesehen von Zoosporen und Isogameten — unbeweglich. Die ungeschlechtliche Vermehrung erfolgt stets durch Bildung zahlreicher Zoosporen oder Aplanosporen in der Mutterzelle (Gonitogonie), die anschließend zu vegetativen Zellen, danach selbst zu Sporocysten werden. Oft lagern sich die Zoosporen schon in der Mutterzelle zu charakteristisch geformten **Aggregationsverbänden** zusammen (Abb. 6.7.b). *Chlorella* (kugelige Einzelzellen, Abb. 6.7.b) wird zur industriellen Proteinproduktion erprobt. Zellaggregate von (2—) 4 (—16) Zellen bildet *Scenedesmus*, von 16 Zellen *Pediastrum*, beide im eutrophen Süßwasser häufig, von ∞ Zellen das bis halbmeterlange *Hydrodictyon* (Wassernetz, Abb. 6.7.b). *Trebouxia* bildet Gonidien in Flechten (s. S. 211). Von stabförmigen *Chlorococcales* ist der Übergang fließend zur

3. Ordnung Ulotrichales. Sie enthält nicht nur **trichale** Formen (mit einfachen wandständigen Chloroplasten), wie die festsitzende, erstmals durch Cytotomie

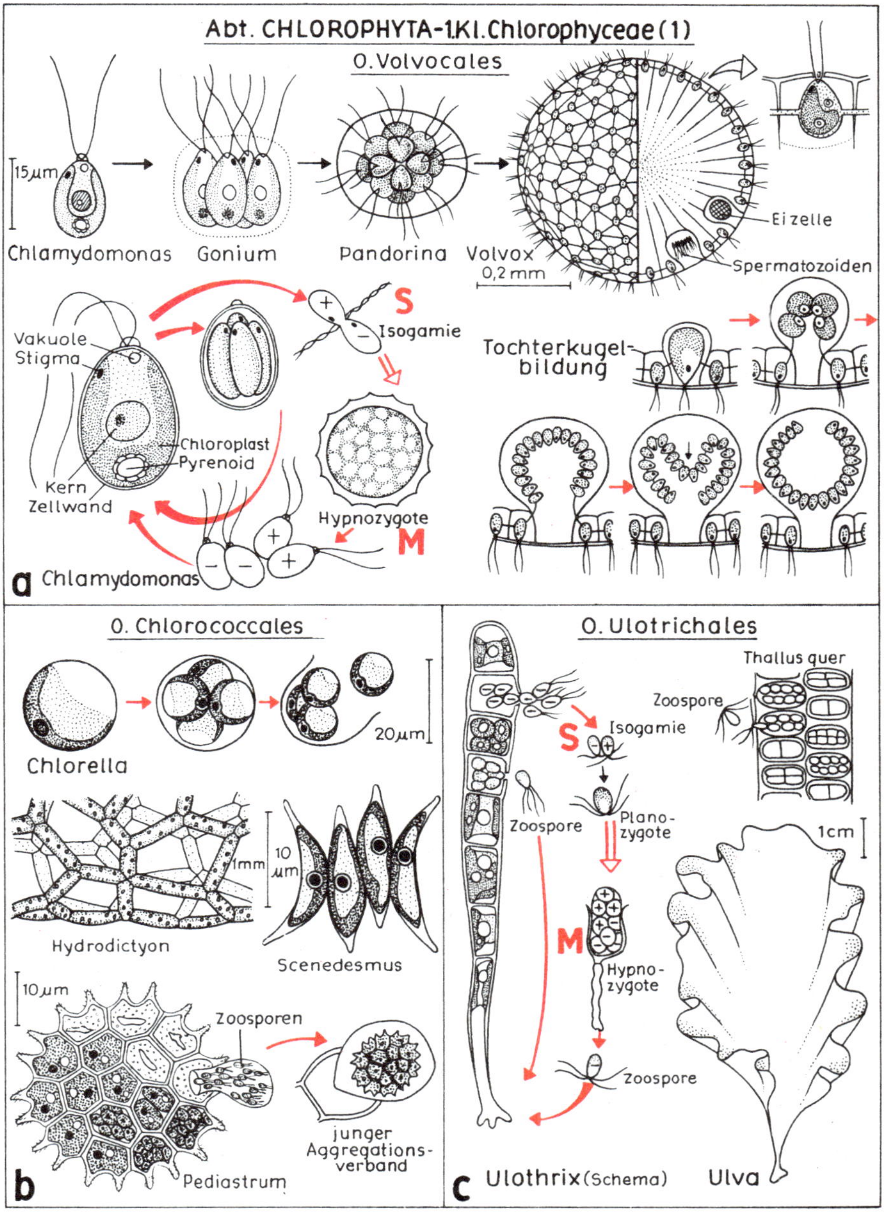

Abt. CHLOROPHYTA-1.Kl. Chlorophyceae (1)
O. Volvocales
15 µm
Chlamydomonas
Gonium
Pandorina
Volvox
0,2 mm
Eizelle
Spermatozoiden
Vakuole
Stigma
Chloroplast
Pyrenoid
Kern
Zellwand
S
Isogamie
Hypnozygote
M
Tochterkugel-
bildung
a
Chlamydomonas
O. Chlorococcales
20 µm
Chlorella
1mm
10 µm
Hydrodictyon
Scenedesmus
10 µm
Zoosporen
junger
Aggregations-
verband
b
Pediastrum
O. Ulotrichales
Thallus quer
Zoospore
S
Isogamie
Zoospore
Plano-
zygote
1cm
M
Hypno-
zygote
Zoospore
c
Ulothrix (Schema)
Ulva

Abb. 6.7.

interkalar wachsende *Ulothrix zonata*, die sich als Haplont durch zweigeißelige Isogameten oder viergeißelige Zoosporen fortpflanzt (Abb. 6.7.c). Die Meiose erfolgt in der Zygote, die auch als einzellige Sporophytengeneration aufgefaßt wird. *Monostroma*, *Ulva* (Meersalat) und *Enteromorpha* (Wasserdarm), die im Salzwasser vorkommen, bilden durch zusätzliche Längsteilungen flächige bzw. schlauchförmige **Gewebethalli.** *Ulva lactuca* (Abb. 6.7.c) und *Enteromorpha* haben diplohaplontischen isomorphen Generationswechsel. Bei *Monostroma* sind verschiedene Typen von Entwicklungszyklen bekannt. Die

4. Ordnung Cladophorales umfaßt verzweigte trichale Formen mit mehrkernigen Zellen, z. B. die im Meer und in Flüssen mit rhizoidartiger Basalzelle festsitzenden *Cladophora*-Arten (Abb. 6.8.a), die mit Scheitelzellen wachsen und meist einen heterophasischen isomorphen Generationswechsel haben. Die Arten der

5. Ordnung Chaetophorales sind meist Haplonten. Die Zellen sind einkernig und haben einfache Chloroplasten, aber der trichale Thallus ist differenziert in eine Sohle aus kriechenden, verzweigten, manchmal auch pseudoparenchymatisch verbundenen Fäden und aufrechte Wasserfäden **(heterotrichal).** Bei *Coleochaete* tragen die Wasserfäden die Androgametocysten und die flaschenförmigen Oogonien. Die Oogonien öffnen sich zur Befruchtung durch die farblosen Spermatozoiden (**Oogoniogamie**, Abb. 6.8.b). Um die Zygote bilden Zellfäden sekundär ein einschichtiges Hüll-Plectenchym **(„Zygotenfrucht“).** Bei der orangegelben, auf Felsen lebenden Landpflanze *Trentepohlia* ist dagegen die Sexualität primitiv: Die zweigeißeligen Schwärmer können als Zoosporen oder als Isogameten reagieren. Als

6. Ordnung Bryopsidales (= *Siphonales*, Schlauchalgen) werden vielkernige Algen **ohne Querwände** zusammengefaßt. Die siphonale (coenocytische) Organisation ist wohl direkt an die coccale anzuschließen. Nur zu der stets sexuellen Vermehrung werden vielkernige Plasmabezirke durch Querwände abgetrennt, in denen Meio-Anisogameten gebildet werden. Der Lebenszyklus ist diplontisch oder stark heteromorph diplohaplontisch.

Das letztere gilt für *Derbesia*. Sie bildet Meiozoosporen, aus denen die früher als Gattung *Halicystis* angesehene haploide Gametophytengeneration hervorgeht (heterophasischer heteromorpher Generationswechsel mit überwiegendem Sporophyten). Die marine *Caulerpa* (Abb. 6.8.c) besitzt eine meterlange, kriechende Hauptachse mit aufrechten Thalluslappen. *Acetabularia* (Abb. 6.8.c) bildet auf einem mit Rhizoiden festgewachsenen Stiel einen Hut aus radialen Kammern, in denen in Cysten die Gameten gebildet werden. Der Riesenkern teilt sich (unter Meiose) erst, wenn die Gametenbildung eingeleitet wird. Durch Kalkinkrustation gebildete Fossilien der Familie *Dasycladaceae* gestatten die Rekonstruktion der Phylogenie dieser Sippe seit dem Kambrium. — Eine isolierte Stellung nimmt die

7. Ordnung Oedogoniales ein (trichal, unverzweigt, Chloroplast gitterförmig, Abb. 3.4.e, Oogoniogamie, Zoosporen mit Geißelkranz, **Kappenbildung** am oberen Zellende durch besondere Teilungsweise der zweischichtigen Zellwand, Abb. 6.8.d).

(**2.Klasse. Prasinophyceae.** Schuppenalgen, 100 Arten; vgl. Fußnote S. 262).

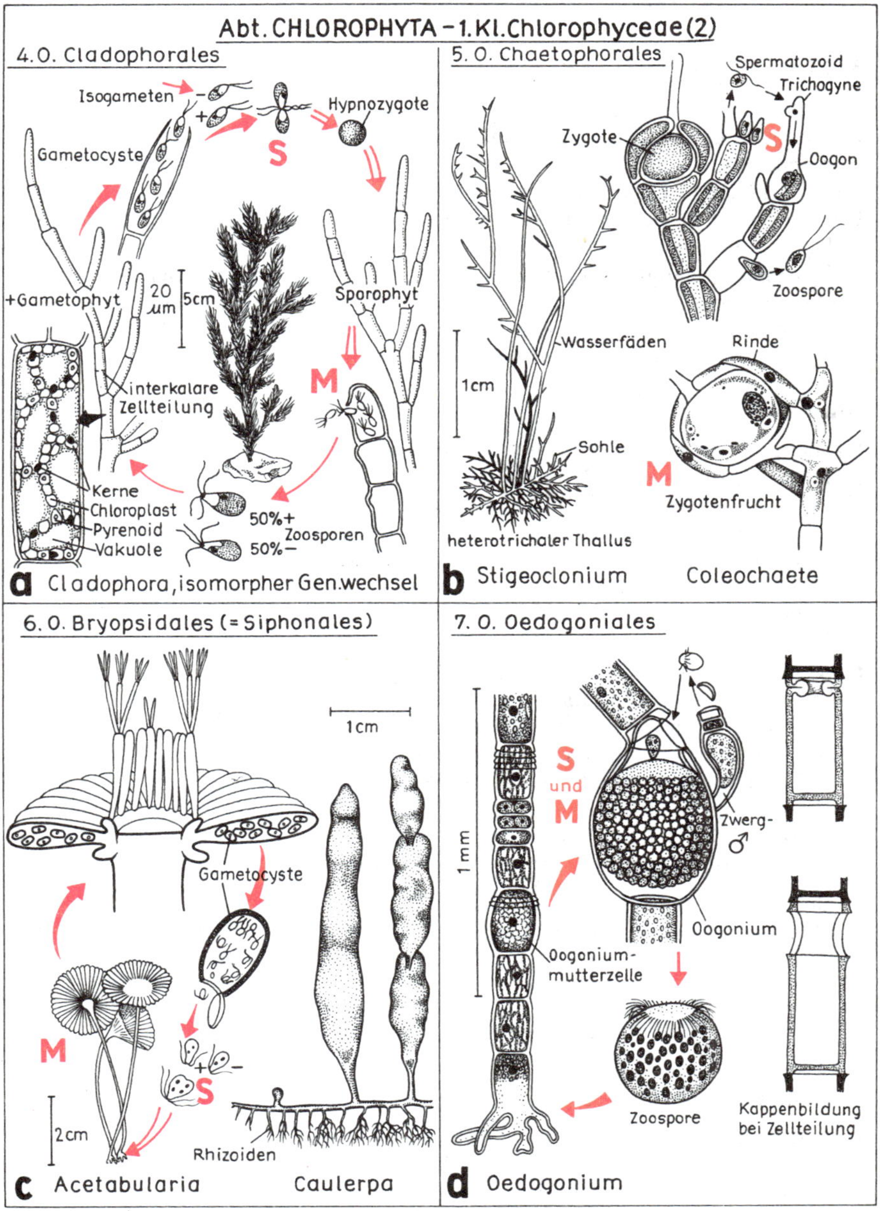

Abt. CHLOROPHYTA – 1. Kl. Chlorophyceae (2)
4. O. Cladophorales
Isogameten
Hypnozygote
Gametocyste
S
+Gametophyt
20 µm
5cm
Sporophyt
M
interkalare Zellteilung
Kerne
Chloroplast
Pyrenoid
Vakuole
50%+
Zoosporen
50%−
a Cladophora, isomorpher Gen.wechsel
5. O. Chaetophorales
Spermatozoid
Trichogyne
Zygote
Oogon
Zoospore
Wasserfäden
1cm
Rinde
Sohle
Zygotenfrucht
heterotrichaler Thallus
b Stigeoclonium
Coleochaete
6. O. Bryopsidales (= Siphonales)
1cm
Gametocyste
M
S
2cm
Rhizoiden
c Acetabularia
Caulerpa
7. O. Oedogoniales
S und M
Zwerg-♂
1 mm
Oogonium
Oogonium-mutterzelle
Zoospore
Kappenbildung bei Zellteilung
d Oedogonium

Abb. 6.8.

3. Klasse Conjugatophyceae, Jochalgen 5000 Arten

Charakteristik: Stets geißellose, grüne Algen, entweder **einzellig** oder in unverzweigten, leicht zerfallenden **Fäden** ohne Polarität und Zellspezialisierung. Chromatophoren groß, meist axial, mit zahlreichen Pyrenoiden. Zellwand innen aus Cellulose, außen aus Pectin und Schleim. Sexuelle Vermehrung durch Umwandlung des gesamten Protoplasten der vegetativen Zellen in einen **unbegeißelten, amöboiden Gameten**, der zum Partnergameten durch einen Konjugationskanal gelangt (**Konjugation**, Zygogamie, s. S. 150). In der Zygote, die ein Dauerorgan ist, erfolgt Meiose; von den 4 gebildeten Kernen degenerieren 2—3. Die Jochalgen sind Haplonten. Sie leben nur im Süßwasser. Ihre Ableitung und Verwandtschaft ist unklar (coccale Grünalgen?).

Gliederung:

Ordnung Zygnemales: **Zellfäden**, die schleimige, watteartige Knäuel in Tümpeln und Gräben bilden. Jede Zelle ist teilungsfähig. Die Zellwand schließt sich nach der Kernteilung irisblendenartig und durchschnürt bei *Spirogyra* auch den Chloroplasten. Zur Konjugation bilden parallel liegende, geschlechtsverschiedene Fäden sich vorwölbende Papillen aus, an deren Berührungsstellen die Zellwand aufgelöst wird (Konjugationskanal). Der Wandergamet gleitet amöboid zum Ruhegameten und verschmilzt mit ihm (Abb. 6.9.b). *Spirogyra* (Schraubenalge) mit 1—6 schraubigen, bandförmigen Chloroplasten, Abb. 6.9.b; *Zygnema* mit sternförmigem Chloroplasten, Abb. 3.4.c.

Ordnung Desmidiales: **Einzeller**, deren Zellen oft eine auffällige, z. B. stern- oder halbmondförmige Gestalt haben (Zieralgen). Häufig durch Einschnürung in der Mitte in 2 Halbzellen geteilt. Zellwand aus 2 gleichen Hälften bestehend, von denen nach der Zellteilung von den Tochterzellen jeweils eine ergänzt wird (Abb. 6.9.b). Zur Konjugation umgeben sich zwei Zellen mit Gallerte.

Zwischen den Partnern wird ein Konjugationskanal ausgebildet, oder die Zellwandhälften weichen auseinander, und die Protoplasten kopulieren.

Zieralgen leben planktisch oder benthisch (vgl. Tab. 6.3.) im Süßwasser mit meist saurem pH. Manche Arten kriechen durch Ausscheidung von Schleim (S. 442). Beispiele: *Closterium* (Abb. 6.9.b) halbmondförmig, beweglich; *Cosmarium* (Abb. 6.9.b) flach biskuitförmig; *Micrasterias* sternförmig, in Mooren; *Staurastrum* bizarr vielgestaltig, vor allem tropisch.

(Weitere Ordnungen: *Gonatozygales*, *Mesotaeniales*).

4. Klasse Charophyceae, Armleuchteralgen 300 Arten

Charakteristik: Thallusbau und sexuelle Vermehrung der Armleuchteralgen sind so eigenartig, daß die artenarme Gruppe auch als eigene Abteilung geführt wird. Sie enthält aber die gleichen Assimilationspigmente wie die *Chlorophyceae* und als Assimilationsprodukt auch Stärke.

Der Thallus ist **schachtelhalmähnlich** (Abb. 6.9.a) und 3—60 cm hoch. Eine

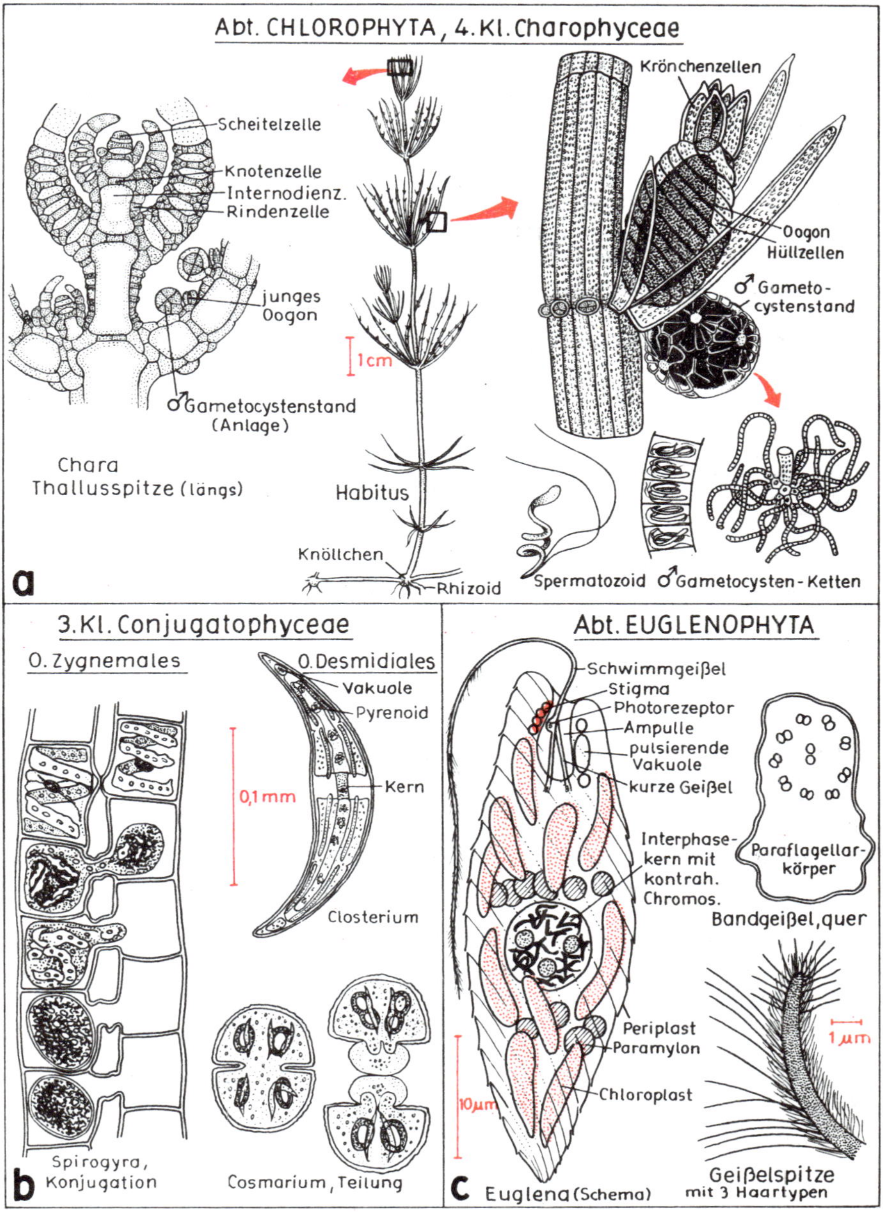

Abt. CHLOROPHYTA, 4. Kl. Charophyceae
Scheitelzelle
Knotenzelle
Internodienz.
Rindenzelle
junges Oogon
♂ Gametocystenstand (Anlage)
Chara Thallusspitze (längs)
1 cm
Habitus
Knöllchen
Rhizoid
Krönchenzellen
Oogon
Hüllzellen
♂ Gametocystenstand
Spermatozoid
♂ Gametocysten-Ketten
a
3. Kl. Conjugatophyceae
O. Zygnemales
O. Desmidiales
Vakuole
Pyrenoid
0,1 mm
Kern
Closterium
Spirogyra, Konjugation
Cosmarium, Teilung
b
Abt. EUGLENOPHYTA
Schwimmgeißel
Stigma
Photorezeptor
Ampulle
pulsierende Vakuole
kurze Geißel
Interphase-kern mit kontrah. Chromos.
Paraflagellar-körper
Bandgeißel, quer
Periplast
Paramylon
Chloroplast
10 µm
1 µm
Geißelspitze mit 3 Haartypen
c
Euglena (Schema)

Abb. 6.9.

Scheitelzelle liefert durch inaequale Teilung lange Internodien- und kurze Knotenzellen. Die letzteren teilen sich weiter und bilden wirtelige Kurztriebe und bei manchen Arten eine einschichtige Rinde um die mehrkernig werdende, bis 8 cm lange Internodienzelle (Abb. 6.9.a).

Vermehrung durch Sporen fehlt, vegetative Vermehrung erfolgt durch überwinternde Speicherknollen.

Zur sexuellen Vermehrung **(Oogoniogamie)** werden an den Knoten der Kurztriebe Oogonien und **kugelige Androgametocystenstände** entwickelt. Die letzteren **(„Androthecien")** bestehen außen aus einer Wand aus 8 Schildzellen. Jede dieser Zellen trägt innen eine Stielzelle, der viele lange Gametocystenketten ansitzen. Jede Androgametocyste ist durch Reduktion monogonitisch, d. h. sie bildet nur 1 zweigeißeliges Spermatozoid. Die **Oogonien** werden **sekundär** von 5 schraubigen Zellen umhüllt, die an der Spitze 5 oder 10 Krönchenzellen abgliedern (Abb. 6.9.a). Die hartschalige Zygote überwintert als Dauerorgan. Bei der Keimung erfolgt Meiose, die Pflanzen sind also **Haplonten.**

Vorkommen: Die unberindete *Nitella* und die meist berindete *Chara* (Abb. 6.9.a) bilden in Seen und flachem Meer- oder Brackwasser ausgedehnte, oft kalkinkrustierte Rasen.

Verwandtschaftsbeziehungen zu anderen *Chlorophyta* sind unklar, obwohl Fossilien bereits aus dem Devon vorliegen. Heute lebt nur noch eine Familie *(Characeae)*.

2. Abteilung Euglenophyta, Augentierchen — 800 Arten

Charakteristik: Diese Gruppe relativ großer (10—530 μm) Flagellaten entspricht bis auf ein sonst bei Pflanzen unbekanntes Xanthophyll im Pigmentgehalt den *Chlorophyta*. Sie wird als eigene Abteilung geführt, da sie in vielen Merkmalen abweicht: Protoplast mit fester protoplasmatischer Hülle aus spiraligen Streifen **(Periplast, Pellicula)**, die vom Plasmalemma umschlossen wird. Vorderende der Zelle zur Ampulle vertieft, dort entspringen aus getrennten Basalkörnern 2 eigenartige, spiralig beflimmerte **Bandgeißeln** (Abb. 6.9.c), die meist ungleich lang sind und an deren Basis ein Photorezeptor anliegt. Häufig ragt nur eine Geißel aus der Ampulle heraus. Ein **Stigma** und **pulsierende Vakuolen** liegen der Geißelgrube benachbart. Die Mitochondrien sind manchmal zu einem oberflächennahen Netz verbunden. Die **Chloroplasten** sind scheibchen-, stern- oder bandförmig und zusätzlich von einer ER-Falte umhüllt. Assimilationsprodukt ist **Paramylon** (s. S. 43). Die Vermehrung erfolgt durch Schizotomie, auch — in Notzeiten — im unbegeißelten Palmella-Stadium (Gallertlager). Sexualität wurde nicht beobachtet.

Vorkommen: Meist limnisch in eutrophem Wasser. Autotroph (aber vitaminabhängig), mixotroph oder durch Plastidenverlust heterotroph. Einige grüne Formen verlieren im Dunkeln die Farbe, sie ergrünen bei Licht gewöhnlich wieder, Mutanten bleiben aber u. U. dauernd farblos.

Nur 1 Ordnung (*Euglenales*). *Euglena*, scheinbar eingeißelig (Abb. 6.9.c), *E. rubida* rot durch Haematochrom.

3.—5. Abteilung: Braune Algen

3. Abteilung Chromophyta (Heterokontophyta) 13000 Arten

Gemeinsame Merkmale dieser Abteilung sind in erster Linie komplizierte elektronenmikroskopische Strukturen (Phaeoplast außer der doppelten Phaeoplastenmembran zusätzlich von einer Falle des ER umhüllt; in den Phaeoplasten liegen je 3 Thylakoide in Stapeln aufeinander; der Augenfleck — Stigma — ist in einen Plastiden eingeschlossen; ein bis mehrere Dictyosomen sind gegen die Vorderseite des Kerns gepreßt), in zweiter Linie die **Pigmente** und die Reservestoffe: Chlorophyll a und c (kein b) wird von **Xanthophyllen überdeckt**, die eine grüngelbe bis braune Färbung verursachen. Gespeichert werden die Polysaccharide **Laminarin** und **Chrysolaminarin** sowie Öl. Geißeln sind in der Regel in Zweizahl vorhanden und unterschiedlich lang. Die lange, beflimmerte Geißel ist nach vorn gerichtet, die kürzere Peitschengeißel nach hinten (Ausnahmen: Kieselalgen und *Silicoflagellales* eingeißelig, Kalkalgen isokont). Bis auf die rein diplontischen *Bacillariophyceae*, die *Phaeophyceae* (mit heterophasischem Generationswechsel oder Diplonten) und einige *Haptophyceae* sind die *Chromophyta* Haplonten.

1. Klasse Chrysophyceae, Goldalgen 1000 Arten

Charakteristik: Meist **einzellig** (monadal, rhizopodial, capsal, coccal), seltener trichal. **Goldbraun** durch die Xanthophylle Lutein und Fucoxanthin. Gespeichert werden Chrysolaminarin und Öl. Zellen einkernig, mit 1—2 Phaeoplasten. Vorkommen überall im Süßwasser und Meer, besonders planktisch. Schwer zu konservieren, daher ungenügend bekannt. Zur

Ordnung Chrysomonadales gehören Flagellaten mit 2 verschieden langen Geißeln (Flimmer- und Peitschengeißel). Sie können endogen verkieselte, mit einem Stöpsel verschlossene Cysten bilden (Abb. 6.10.a), z. B. die nackte, formveränderliche *Ochromonas* oder *Dinobryon* mit Coenobien aus tütenförmigen Cellulosegehäusen (Abb. 6.10.a), beide im Süßwasser und Meer.

Die drei Arten der **Ordnung Silicoflagellales** (= *Dictyochales*) sind Bestandteile des marinen Planktons. Sie besitzen ein inneres Kieselskelett (Abb. 6.10.a).

(Weitere Ordnungen: *Chrysamoebidales*, *Chrysocapsales*, *Chrysosphaerales*, *Chrysotrichales*). Die

2. Klasse Haptophyceae, Kalkalgen 250 Arten

unterscheidet sich von den *Chrysophyceae* durch 2 **isomorphe, gleichlange Peitschengeißeln** und den Besitz eines zusätzlichen Anheftungsfadens, des **Hapto-**

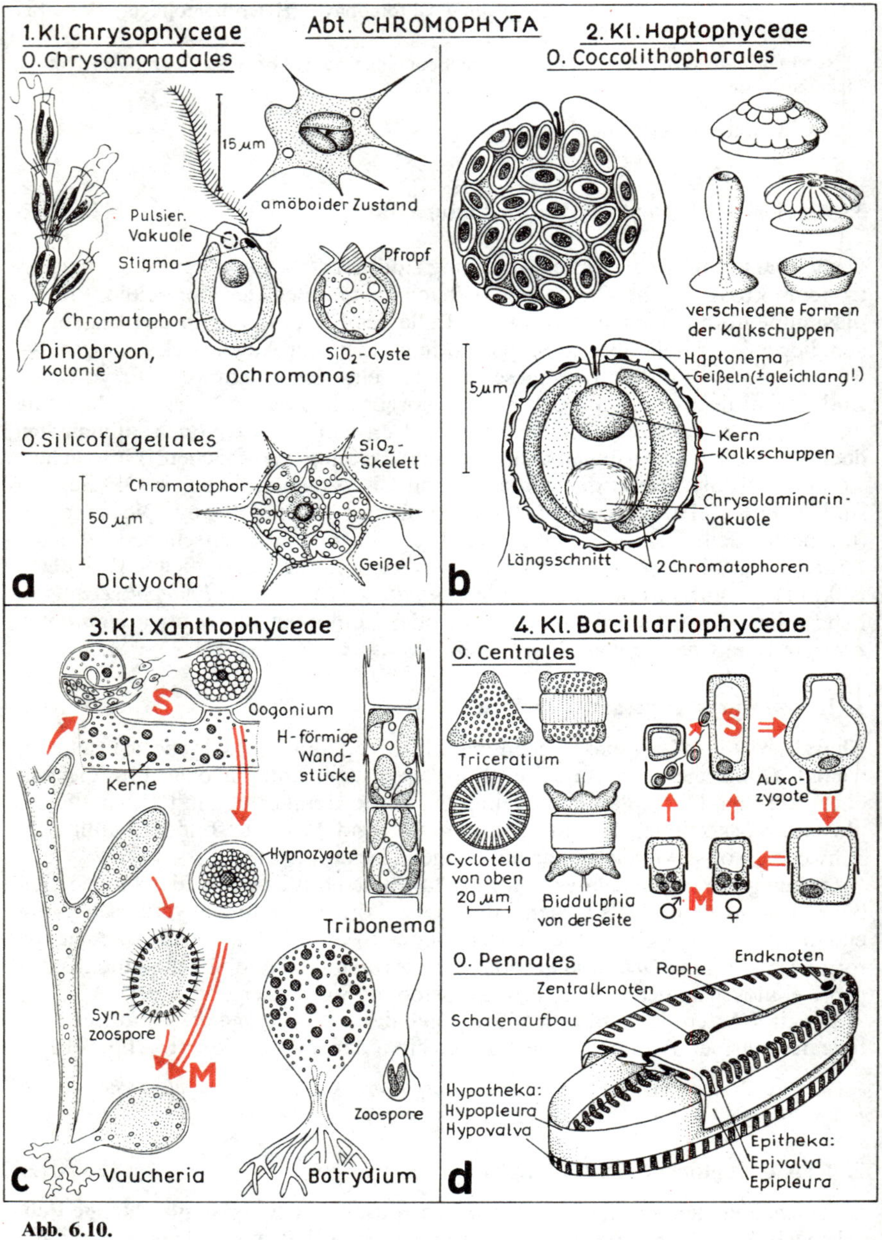
Abt. CHROMOPHYTA
1. Kl. Chrysophyceae
O. Chrysomonadales
15 µm
amöboider Zustand
Pulsier. Vakuole
Stigma
Pfropf
Chromatophor
Dinobryon, Kolonie
SiO_2-Cyste
Ochromonas
O. Silicoflagellales
SiO_2-Skelett
Chromatophor
50 µm
Geißel
a
Dictyocha
2. Kl. Haptophyceae
O. Coccolithophorales
verschiedene Formen der Kalkschuppen
5 µm
Haptonema
Geißeln (± gleichlang!)
Kern
Kalkschuppen
Chrysolaminarin-vakuole
Längsschnitt
2 Chromatophoren
b
3. Kl. Xanthophyceae
S
Oogonium
H-förmige Wand-stücke
Kerne
Hypnozygote
Tribonema
Syn-zoospore
M
Zoospore
c
Vaucheria
Botrydium
4. Kl. Bacillariophyceae
O. Centrales
Triceratium
S
Auxo-zygote
Cyclotella von oben
20 µm
Biddulphia von der Seite
♂
M
♀
O. Pennales
Endknoten
Raphe
Zentralknoten
Schalenaufbau
Hypotheka:
Hypopleura
Hypovalva
Epitheka:
Epivalva
Epipleura
d

Abb. 6.10.

nemas. Sie weicht auch in elektronenmikroskopischen Merkmalen ab und wird deshalb auch als eigene Abteilung behandelt. Hierher gehören mit der **Ordnung Coccolithophorales** ebenfalls wichtige marine Plankter, die sich durch eine Hülle aus charakteristisch geformten Kalkkörperchen auszeichnen (Abb. 6.10.b) und damit an der Bildung von Kalksedimenten, z. B. der Kreide, beteiligt sind.

(Weitere Ordnung: *Prymnesiales* ohne Kalkkörperchen.)

3. Klasse Xanthophyceae (Heterocontae), Gelbgrünalgen — 500 Arten

Charakteristisch sind als Pigmente Chlorophyll a und c, β-Carotin und Xanthophylle (Heteroxanthin und Diadinoxanthin). Fucoxanthin fehlt, daher ist die Farbe **grünlichgelb.** Gespeichert werden Öl und Chrysolaminarin. **Geißeln ungleich lang**, wie für die Abteilung typisch, daher der ältere Name „*Heterocontae*". Die oft aus 2 Hälften zusammengesetzte Zellwand besteht aus Pectin, die Cysten sind SiO_2-inkrustiert. Sexuelle Fortpflanzung (Oogoniogamie) ist nur bei *Vaucheria* nachgewiesen. Die *Xanthophyceae* sind (wie auch die *Chrysophyceae*) durch glasklares Plasma ausgezeichnet und sehr zart. Ihre Thallusorganisation ist meist **coccal**, seltener **monadal, trichal oder siphonal.**

Die Arten der **Ordnung Heterotrichales** sind trichal, die Wandhälften zweier benachbarter Zellen sind hier zu im Längsschnitt H-förmigen Teilen verbunden. Die unverzweigten Fäden der im Süßwasser verbreiteten *Tribonema* (Abb. 6.10.c) sind im Grunde nur fadenförmig verbundene Coenobien und damit unmittelbar an coccale Formen anzuschließen. Zur **Ordnung Botrydiales** gehört das stecknadelkopfgroße, auf Schlamm mit Rhizoiden festsitzende *Botrydium granulatum* (Abb. 6.10.c), das bei Überflutung zahlreiche Zoosporen entläßt, zur **Ordnung Vaucheriales** nur die siphonale *Vaucheria* (Abb. 6.10.c), die auf feuchtem Boden und im Süß- und Brackwasser vorkommt und aus den Sporocysten nur je eine Synzoospore (Gesamtheit aller Zoosporen) entläßt.

(Weitere Ordnungen: *Heterochloridales*, *Rhizochloridales*, *Heterogloeales*, *Mischococcales*)

4. Klasse Bacillariophyceae (Diatomeae), Kieselalgen — 10000 Arten

Charakteristik: **Einzeller** oder Coenobien, durch Überlagerung der Chlorophylle durch Xanthophylle (Diadinoxanthin, **Fucoxanthin**) braun gefärbt. Reservestoffe sind Öl, Volutin und **Chrysolaminarin.** Die Zellwand besteht aus **2 verkieselten Schalenhälften**, dabei wird die kleinere **Hypotheka** von der größeren **Epitheka** überdeckt (Abb. 6.10.d). Die übereinandergreifenden Seitenflächen heißen Gürtelbänder **(Pleuren)**, die Boden- und Deckelfläche Schalen **(Valven).** Die Wand besteht außen und innen aus Pectin, ihre mittlere Schicht aus SiO_2 (bis 50% des Zellgewichts), sie ist fein strukturiert und perforiert.

Die Kieselalgen sind stets **Diplonten** mit gametischem Kernphasenwechsel. Die vegetative Vermehrung erfolgt durch Zweiteilung, wobei jede Tochterzelle eine Theka erhält. Da stets nur eine neue Hypotheka gebildet wird, nimmt bei einem Teil der Population die Größe ständig ab. Ist ein Grenzwert erreicht, wird die Ausgangsgröße durch geschlechtliche Fortpflanzung und anschließende starke Volumenvergrößerung der Zygote (**„Auxozygote“**) erreicht.

Vorkommen und Bedeutung: In allen Gewässern, im Moos und im Boden; die *Centrales* vor allem als wichtige Plankter im Meer, die *Pennales* benthisch im Süßwasser (vgl. Tab. 6.3.). Fossile Schalenablagerungen bilden die Kieselgur.

Tabelle 6.3. Wichtigste Algengruppen der verschiedenen Lebensräume

Meer (marin)	**Benthos** (festsitzend) bis 100(—200) m Tiefe, in Nordmeeren nur 50 m, deutlich zoniert, bis 100 t/ha	*Phaeophyceae* (**kalte** Meere) *Rhodophyta* (**warme** Meere) seltener *Chlorophyta* u. a. (wenige *Spermatophyta*!)
	Plankton (frei schwebend) besonders oberhalb 400 m, vereinzelt bis 4000 m Tiefe. Bis 100 Zellen/cm³.	*Dinophyta* *Chromophyta*: *Haptophyceae* *Silicoflagellales* **Bacillariophyceae**
Süßwasser (limnisch)	**Benthos** bis 20(—70) m Tiefe	*Chlorophyta*: *Charophyceae* *Cladophorales* watten- *Oedogoniales* bildend *Zygnemales* (*Spermatophyta* dominieren!)
	Plankton Menge u. Zusammensetzung abhängig von pH, Trophie, Temperatur, 100 bis mehrere Mio Zellen/cm³. Bis 300 kg Trockenmasse/ha.	*Chlorophyceae*, besonders *Chlorococcales* *Bacillariophyceae*: *Centrales* *Euglenophyta* (bes. eutroph) *Chrysophyceae* (auch oligotroph) *Conjugatophyceae* (*Desmidiales* oligotroph)
Land	**Felsen, Mauern, Rinde, Blätter**	*Chlorophyta*: *Chlorococcales* *Chaetophorales* *Desmidiales*
	Boden (Edaphon) (Algen bis 0,3 Gewichtsprozent des Bodens)	*Chlorophyta*: *Chlorococcales*, *Desmidiales* *Xanthophyceae* *Bacillariophyceae*: *Pennales* selten *Rhodophyta* und *Chrysophyceae*

Verwandtschaft und Gliederung: Die SiO_2-Zellwand läßt Beziehungen zu den Chrysophyceen mit ihren verkieselten Cysten vermuten. — Die Vertreter der

Ordnung Centrales sind **radiär**symmetrisch. Der Sexualvorgang ist eine Oogamie, die 4 Meiogameten tragen am Vorderende 1 Flimmergeißel (übrige Chromophyta zweigeißelig heterokont!). Z. B. *Biddulphia*, marin, Abb. 6.10.d. Die Arten der

Ordnung Pennales sind **bilateral**symmetrisch (stab-, hantel- oder schiffchenförmig) oder drehsymmetrisch. Häufig sind in der Mittellinie **(Raphe)** die Valven längs durchbrochen. Viele Arten sind **kriechend beweglich** (durch Plasmareibung oder Schleimabscheidung, S. 442). Begeißelte Gameten fehlen bei dieser Ordnung. Bei der Meiose bleiben von 4 Kernen nur 2 übrig, jede Zelle bildet einen **Ruhe-** und einen **Wandergameten**, die Schalenhälften klappen auseinander, und der Wandergamet kriecht amöboid zum Ruhegameten. Die marine *Pleurosigma* dient wegen ihrer feinen Schalenstruktur als Testobjekt für das Auflösungsvermögen von Mikroskopen. *Navicula* mit über 1000, *Pinnularia* mit 200 Arten, beide im Meer und Süßwasser, größte Arten bis 180 µm (Abb. 6.10.d).

5. Klasse Phaeophyceae, Braunalgen 2000 Arten

Charakteristik: (vgl. S. 177) Die Braunalgen enthalten in ihren Zellen meist zahlreiche Phaeoplasten, die durch **Fucoxanthin** braun gefärbt sind. Die Thallusorganisation reicht von verzweigt **trichal** (Abb. 6.11.a, auch heterotrich durch Ausbildung von Haftfäden) über berindete Fäden und Plectenchyme **bis zu echten Gewebethalli** (Abb. 6.12.b) mit Gliederung in **Rhizoid, Cauloid** und **Phylloid** (diese entsprechen nicht den Grundorganen der Gefäßpflanzen!), und Andeutung von **Assimilations-, Speicher- und Leitgewebe** (z. T. siebröhrenartige Zellen, Abb. 6.12.a). Reservestoffe sind das Polysaccharid **Laminarin** (gelöst in der Vakuole), der Alkohol Mannit und Öl, auffällig ist die Iodid-Akkumulation in den Thalli (s. S. 22).

Die vegetative Vermehrung erfolgt durch Thalluszerfall (manchmal durch besondere Vermehrungszweige), die ungeschlechtliche durch Zoosporen. Die sexuelle Fortpflanzung steigt von der Isogamie zur Oogamie auf. Meist ist der Kernphasenwechsel mit einem isomorphen Generationswechsel *(Isogeneratae)*, bei höher entwickelten Formen mit einem heteromorphen *(Heterogeneratae)* **Generationswechsel** gekoppelt. Die *Cyclosporeae* sind als Endpunkt dieser Entwicklung reine Diplonten (einziger Fall bei mehrzelligen Pflanzen!). Die birnförmigen Gameten und Zoosporen tragen subapikal 2 Geißeln (eine längere Flimmergeißel nach vorn, eine kurze Peitschengeißel nach hinten), sie besitzen einen Augenfleck und meist einen Phaeoplasten.

Ökologie und Bedeutung: Braunalgen leben fast nur festsitzend an Küsten, besonders der kälteren Meere (Tab. 6.3.), dort bilden sie stellenweise **Tangwälder** aus mehrere Zentner schweren, bis 100 m langen Vegetationskörpern mit schenkeldicken Stämmen (Abb. 6.12.a). Durch das Fucoxanthin sind sie zur Ausnutzung kurzwelligen Lichtes fähig. Die Zygoten keimen infolge der gleichmäßigen Bedingungen im Meer sofort. Die Phylloide (oft die ganzen Sporophyten) leben meist nur einen Sommer.

Viele Arten enthalten in der Wand außer Cellulose Pectinstoffe, z. B. das Polysaccharid **Algin**, das für die Industrie als Bindemittel große Bedeutung hat (Weltproduktion von Algina-

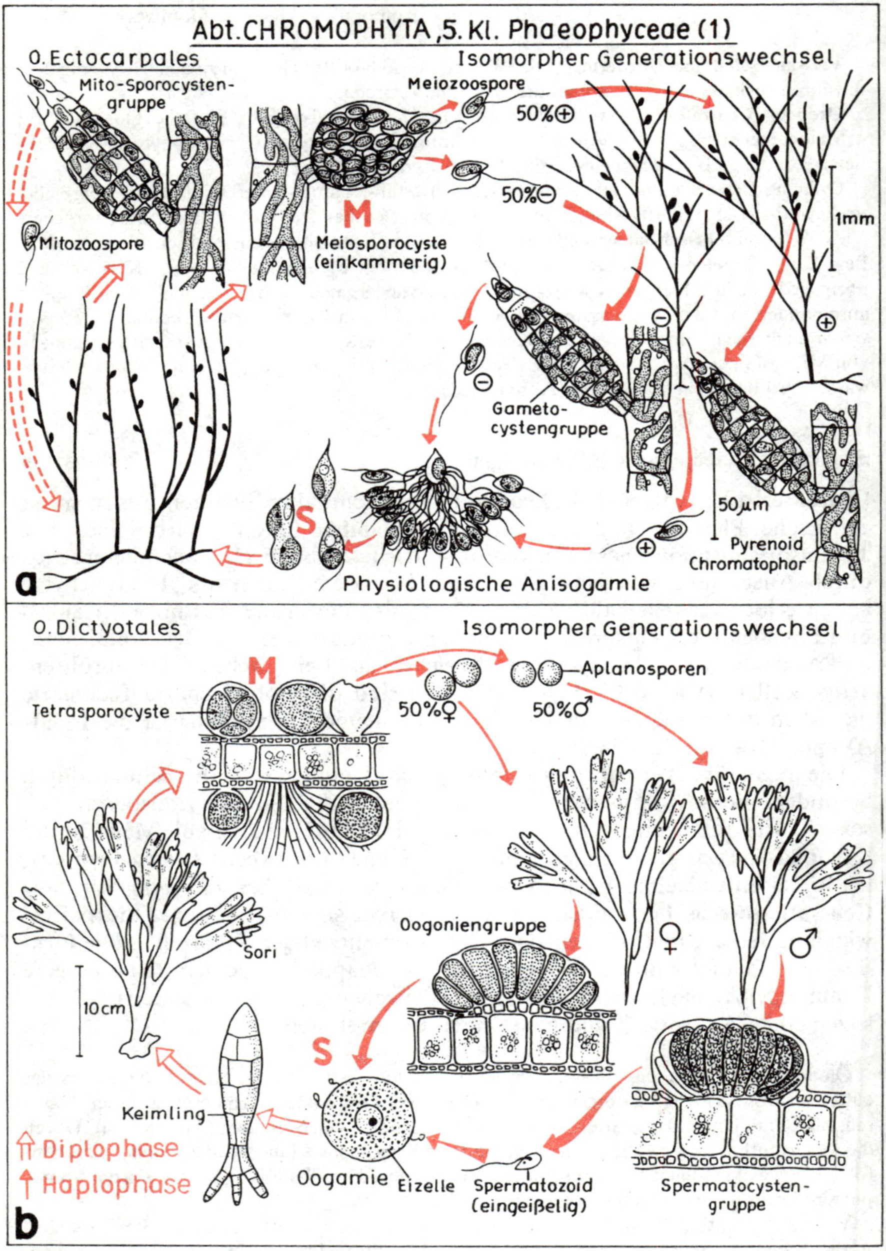
Abt. CHROMOPHYTA, 5. Kl. Phaeophyceae (1)
O. Ectocarpales
Isomorpher Generationswechsel
Mito-Sporocystengruppe
Mitozoospore
Meiozoospore
50%⊕
50%⊖
M
Meiosporocyste (einkammerig)
1mm
Gametocystengruppe
50µm
Pyrenoid
Chromatophor
S
Physiologische Anisogamie
a
O. Dictyotales
Isomorpher Generationswechsel
M
Tetrasporocyste
Aplanosporen
50%♀
50%♂
Sori
10cm
Oogoniengruppe
♀
♂
S
Keimling
Oogamie
Eizelle
Spermatozoid (eingeißelig)
Spermatocystengruppe
Diplophase
Haplophase
b

Abb. 6.11.

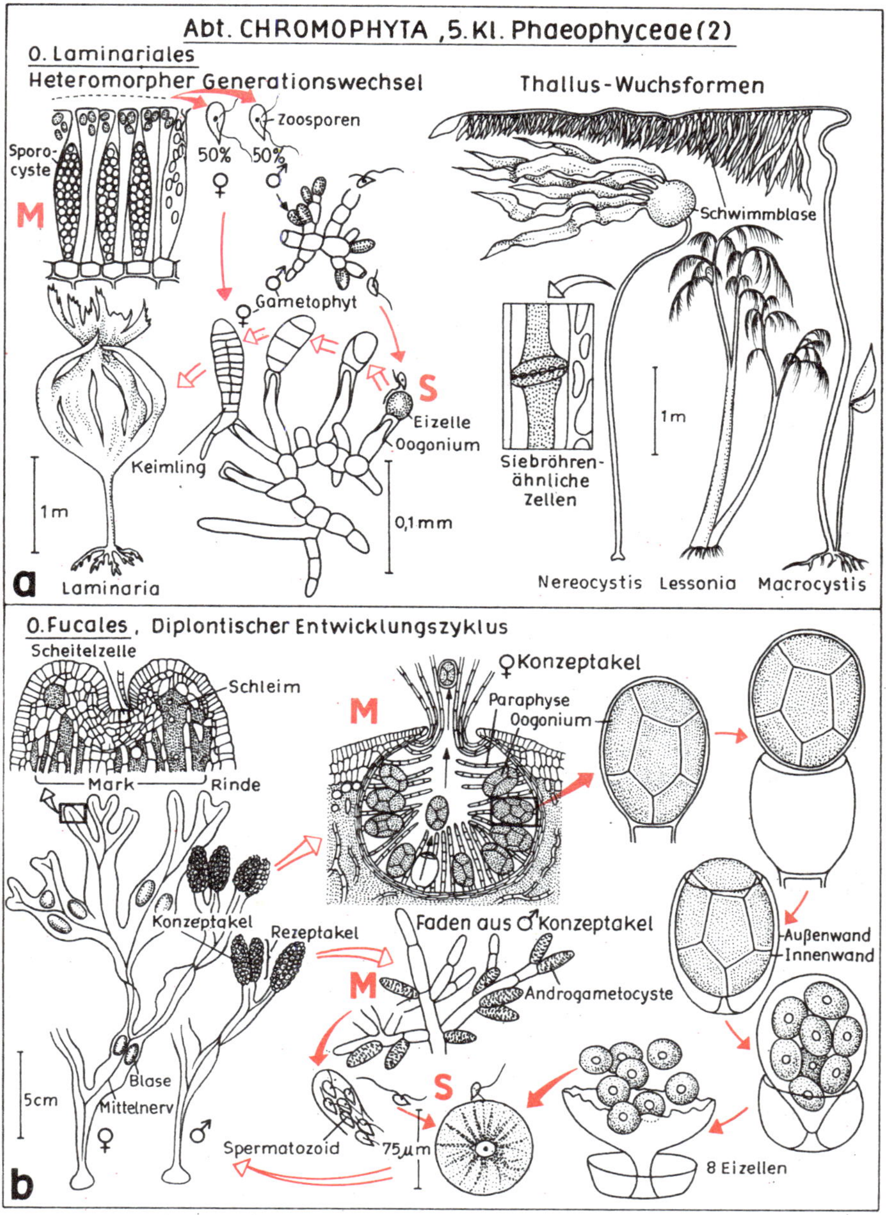
Abt. CHROMOPHYTA, 5. Kl. Phaeophyceae (2)
O. Laminariales
Heteromorpher Generationswechsel
Zoosporen
Sporocyste
M
50%
50%
♀
♂
Gametophyt
♀
♂
S
Eizelle
Oogonium
Keimling
1 m
0,1 mm
a
Laminaria
Thallus-Wuchsformen
Schwimmblase
Siebröhrenähnliche Zellen
1 m
Nereocystis
Lessonia
Macrocystis
O. Fucales, Diplontischer Entwicklungszyklus
Scheitelzelle
Schleim
Mark
Rinde
M
♀Konzeptakel
Paraphyse
Oogonium
Konzeptakel
Rezeptakel
Faden aus ♂Konzeptakel
M
Androgametocyste
Außenwand
Innenwand
5cm
Blase
Mittelnerv
♀
♂
S
Spermatozoid
75 µm
8 Eizellen
b

Abb. 6.12.

ten 1964: 14000 t, verwendet zur Produktion von Papier, Kunstleder, Briketts, Pudding, Speiseeis, Geliermittel, Schlagschaum usw.). Braunalgen werden auch zu Futtermehl verarbeitet, in Ostasien sind sie als Gemüse (Kombu) wichtig. Die Frischmasse-Produktion der Braunalgen erreicht 15 t/ha im Jahr.

Stellung: Begeißelung und Assimilationspigmente weisen auf eine Verwandtschaft mit den *Chrysomonadales* hin.

Zur **Gliederung** in die 11 Ordnungen werden Merkmale der Thallus-Organisation und des Generationswechsels verwendet.

Ordnungsgruppe Isogeneratae (meist isomorpher Generationswechsel).

Ordnung Ectocarpales. Hierher gehört als wichtigste Gattung *Ectocarpus*. Er bildet *Cladophora*-ähnliche büschelige Fadenthalli, die interkalar wachsen. Vom Sporophyten werden bei hohen Temperaturen in **keulenförmigen Gonitocystengruppen** (Gonitothomus, „pluriloculäre Sporangien") **Mitozoosporen** (1 pro Zelle) zur ungeschlechtlichen Vermehrung gebildet, bei niedrigen Temperaturen in blasenförmigen, **einzelnen Sporocysten** zahlreiche **Meiozoosporen.** Aus den letzteren gehen **Gametophyten** hervor, die den Sporophyten ähneln und auch in ganz ähnlichen Gonitocystengruppen **Mito-Isogameten** hervorbringen. Die Zygote keimt ohne Ruheperiode und ohne Schwärmerbildung direkt zur diploiden Sporophytengeneration (Abb. 6.11.a).

Ordnung Dictyotales, z. B. *Dictyota dichotoma* Gabeltang, Gewebethallus mit großer Scheitelzelle (Abb. 5.6.b, 6.11.b). Oogamie, Meiosporen unbeweglich.

(Weitere Ordnungen: *Sphacelariales*, *Cutleriales*, *Tilopteridales*)

Ordnungsgruppe Heterogeneratae (heteromorpher Generationswechsel).

Ordnung Laminariales, Riesentange. Sporophyt nicht unter 50 cm groß, parenchymatischer Gewebethallus, bei *Macrocystis* (bis über 100 m lang, Cauloid bis 60 m, Phylloide mit Schwimmblasen) und *Lessonia* (Abb. 6.12.a) histologisch und morphologisch differenziert. Meiozoosporen in Sporocysten-Sori auf der Phylloid-Oberfläche gebildet. Gametophyt trichal, z. T. bereits auf wenige Zellen reduziert, Oogamie (Abb. 6.12.a). Z. B. *Laminaria saccharina*, Zuckertang, Kombu-Lieferant (Abb. 6.12.a); *Chorda filum*, Meersaite, bis 8 m, beide auch Nord- und Ostsee.

(Weitere Ordnungen: *Chordariales*, *Sporochnales*, *Desmarestiales*, *Dictyosiphonales*)

Ordnungsgruppe Cyclosporeae (Diplonten ohne Generationswechsel). Hierher nur die

Ordnung Fucales. Gametophyt extrem reduziert: Die Meiospore wird direkt zum Ei bzw. zum Spermatozoid, Meiose also bei der Gametenbildung. z. B. *Fucus vesiculosus*, Blasentang. *F. serratus*, Sägetang, diözisch. Beide in Nord- und Ostsee häufig. Bandartiger Gewebethallus mit derber Mittelrippe. Oogonien (mit 8 Eiern) und Androgametocysten in Konzeptakeln zusammengefaßt (Abb. 6.12.b).

4. Abteilung Dinophyta

1000 Arten

Diese Abteilung enthält in der einzigen **Klasse Dinophyceae** (Panzergeißler) meist monadale, aber auch wenige coccale und trichale Formen. Im Pigmentgehalt entspricht sie weitgehend den *Chromophyta* (S. 177, spezifisch das Xanthophyll Peridinin).

Charakteristische Merkmale der Abteilung sind die **Begeißelung** (in der Querfurche eine einseitig beflimmerte Bandgeißel als Steuergeißel, in der Längsfurche eine zweireihig zart beflimmerte Geißel als Schubgeißel), der **Kernbau** („Dinokaryon": Chromosomen auch im Interphasekern kontrahiert) und die **Reservestoffe** (Stärke, Öl).

Vorkommen: Die Panzergeißler sind nach den Diatomeen Hauptbestandteil des marinen Phytoplanktons (daher oft mit Schwebefortsätzen ausgerüstet), kommen aber auch im Süßwasser vor.

Gliederung: 6 Ordnungen (*Desmomastigales*, *Prorocentrales*, *Dinophysidales*, *Peridiniales*, *Dinotrichales*)

Die meisten Arten der Abteilung gehören zur **Ordnung Peridiniales** (Dinoflagellaten). Ihre Zellen tragen meist eine Cellulosehaut oder einen Panzer aus perforierten Celluloseplatten. Die Zellen sind zygomorph gebaut, die Geißeln

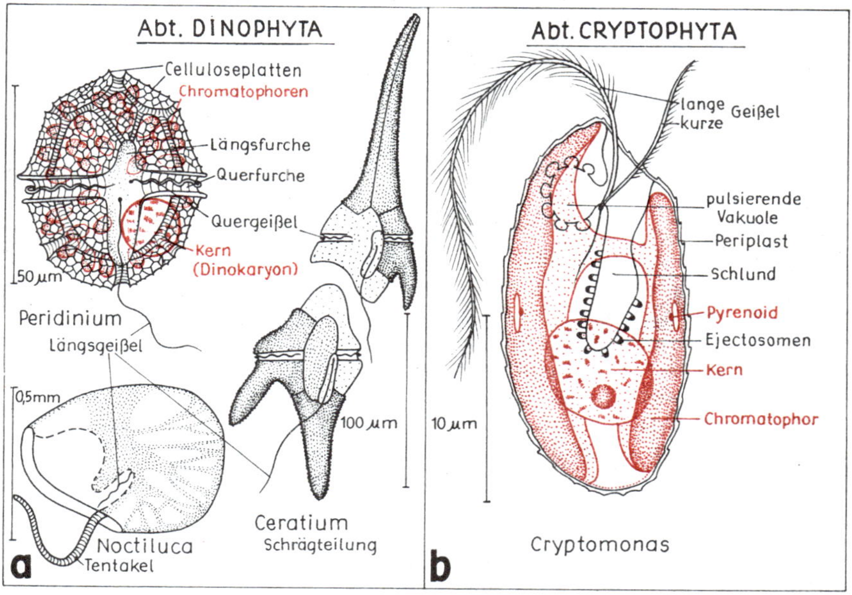

Abb. 6.13.

liegen in einer Quer- und einer Längsfurche. Die Vermehrung erfolgt meist durch Teilung schräg zur Längsachse mit nachfolgender Regeneration der fehlenden Schalenteile (Abb. 6.13.a). Z. B. *Noctiluca*, Meeresleuchten, nackt, mit Tentakel. *Ceratium* und *Peridinium* mit Panzer (Abb. 6.13.a). Die

5. Abteilung Cryptophyta, Schlundgeißler — 65 Arten

umfaßt in 1 Klasse *(Cryptophyceae)* mit 1 Ordnung *(Cryptomonadales)* nur wenige Arten von asymmetrischen Flagellaten. Sie sind von einem steifen, aus polygonalen Eiweißplatten aufgebauten **Periplasten** umgeben. Von den **2 ungleich langen Geißeln** ist die längere mit 2 Haarreihen besetzt, die kürzere trägt eine Reihe kürzerer Haare oder ist kahl. Die Geißeln entspringen einer taschenartigen Einstülpung am Vorderende, dem für diese Gruppe sehr charakteristischen **Schlund.** In den 2 Chromatophoren treten neben Chlorophyll a und c auch **Phycobiline** (Phycocyan und Phycoerythrin) auf. Die an der Innenseite der Plastiden liegenden Pyrenoide bilden **Stärke.** Die Schlundgeißler sind weltweit im Süß- und Salzwasser verbreitet. Im Mikroskop fallen sie durch ihre schaukelnd-rotierende Bewegung auf. Vermehrung durch Schizotomie. Z. B. *Cryptomonas* (Abb. 6.13.b) im Meer und Süßwasser, *Chilomonas* farblos, massenweise in faulendem Wasser, osmotroph.

Einige **weitere isolierte Flagellatengruppen**, die farblosen Choanoflagellaten (Craspedomonaden, Kragengeißler; festsitzend, mit Plasmakragen, monokont), die Trypanosomen (Erreger der Schlafkrankheit) und die Diplozoen (*Giardiatae*, parasitische Doppelindividuen) werden wegen ihrer heterotrophen Ernährung gewöhnlich in der Zoologie behandelt.

6. Abteilung Rhodophyta, Rotalgen — 4000 Arten

Charakteristik: Die zahlreichen scheibenförmigen oder gelappten Chromatophoren der Rotalgen enthalten Chlorophyll a (kein b, z. T. wenig d), sind aber durch **Pycobiline** (stets rotes **Phycoerythrin**, selten auch blaues **Phycocyan**) immer rot bis violett gefärbt **(Rhodoplasten).** Als Assimilationsprodukt wird an den Chromatophoren die glykogenähnliche **Florideenstärke** kondensiert. Die Zellwand besteht innen aus Cellulose, außen aus Pectin.

Thallusbau: Einzeller sind selten (z. B. die Erdalge *Porphyridium cruentum*), die allermeisten Arten sind verzweigt trichal und dabei oft plectenchymatisch (nie echt parenchymatisch). Nach der unterschiedlichen longitudinalen Symmetrie sind hier **2 Plectenchymtypen** zu unterscheiden: der **Springbrunnentyp** mit dichotom verzweigtem Fadensystem und Spitzenwachstum und der **Zentralfadentyp** mit seitlicher Verzweigung (Abb. 6.14.a). Teilweise werden komplizierte Thalli ausgebildet, z. B. entwickelt *Delesseria* jährlich aus den vorjährigen „Blattrippen" blattähnliche Thallusabschnitte mit Stiel, Mittel- und Seitenrippen (Abb. 6.14.a).

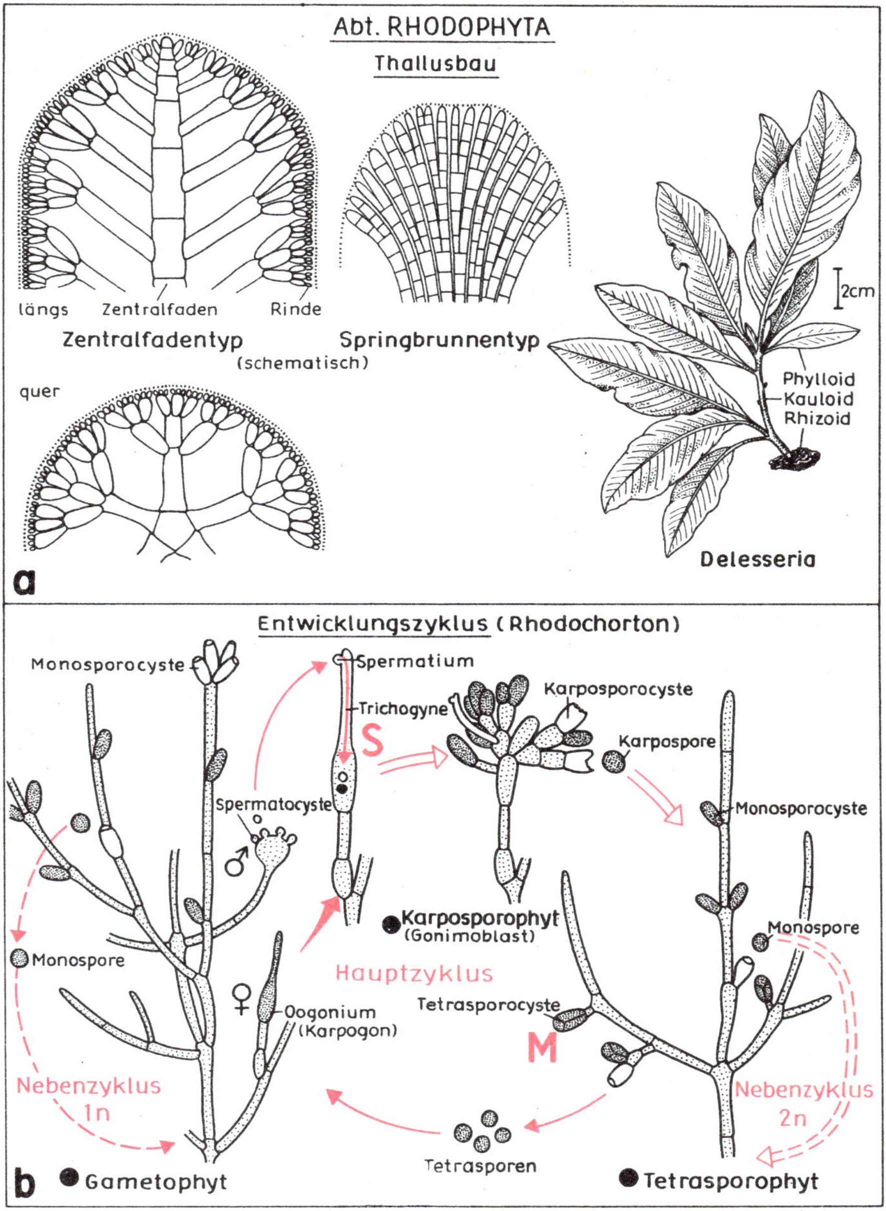
Abt. RHODOPHYTA
Thallusbau
längs
Zentralfaden
Rinde
Zentralfadentyp
Springbrunnentyp
(schematisch)
quer
2cm
Phylloid
Kauloid
Rhizoid
Delesseria
a
Entwicklungszyklus (Rhodochorton)
Monosporocyste
Spermatium
Trichogyne
S
Karposporocyste
Karpospore
Monosporocyste
Spermatocyste
♂
Monospore
Karposporophyt
(Gonimoblast)
Monospore
Hauptzyklus
♀
Oogonium
(Karpogon)
Tetrasporocyste
M
Nebenzyklus
1n
Nebenzyklus
2n
Tetrasporen
b
Gametophyt
Tetrasporophyt

Abb. 6.14.

Bei der **Fortpflanzung** ist das völlige und, da auch Centriolen fehlen, wohl primäre **Fehlen begeißelter Gameten oder Sporen** auffällig. Im typischen Fall wechseln **3 Generationen** miteinander ab (Abb. 6.14.b): 1. der haploide **Gametophyt**, 2. der dem Gametophyten aufsitzende diploide **Karposporophyt** (Gonimoblast), 3. der ebenfalls diploide **Tetrasporophyt.** Die ♀ Gamocyste ist in ein schlankes Empfängnisorgan, die **Trichogyne**, ausgezogen, die sich zur Aufnahme des unbeweglichen, passiv herangetragenen **Spermatiums** öffnet. Die Zygote keimt schon auf dem Gametophyten zu diploiden Zellfäden, dem Karposporophyten, aus, der oft von Gametophyten umhüllt („Cystokarp") und von besonderen **Auxiliarzellen** angeblich ernährt wird. Der Karposporophyt erzeugt nackte, unbewegliche Mitosporen. Aus diesen geht als selbständige Generation der dem Gametophyten meist ähnliche Tetrasporophyt hervor. Dieser erzeugt Meiosporen (Tetrasporen), aus denen wieder Gametophyten werden. Von diesem Typ des Generationswechsels gibt es viele Abweichungen. So entwickelt sich bei *Batrachospermum* (Froschlaichalge, im Süßwasser) der Gametophyt auf dem reduzierten Tetrasporophyten, bei anderen *Nemaliales* fehlt der Tetrasporophyt vollkommen.

Vorkommen und Bedeutung: Der allergrößte Teil der Rotalgen lebt festsitzend an Meeresküsten, wenige im Süßwasser und Boden (s. oben). Durch ihre komplementäre Färbung können sie das in der Tiefe herrschende kurzwellige Licht ausnutzen, deswegen kommen sie noch in großer Tiefe vor (bis 180 m). Die Rotalgen sind die **beherrschenden Algen des Meeresbenthos der Tropen** (während die Braunalgen die Küstenvegetation der kalten Meere bestimmen, vgl. S. 190).

Aus den Zellwänden z. B. von *Gelidium* wird **Agar-Agar** gewonnen, aus anderen Arten Polysaccharide für pharmazeutische und technische Zwecke. *Porphyra* wird in Ostasien zu **Gemüse** und Gebäck verwendet und deshalb auch an den Küsten in Algengärten kultiviert.

Verwandtschaft: Die Abteilung ist eine **natürliche Gruppe.** Sie steht innerhalb der Algen sehr isoliert: Geißeln fehlen ganz, die Chloroplasten-Thylakoide sind nicht in Stapeln angeordnet, als akzessorische Pigmente kommen Phycobiline vor, diese liegen wie bei den *Cyanobacteria* in Körnchen auf den Thylakoiden. Deshalb leiten einige Autoren die Rotalgen durch zunehmende cytologische Kompartimentierung oder Endosymbiose (S. 15f.) von **Blaualgen** ab. Andere verweisen wegen der Trichogyne, wegen der Ähnlichkeit des Karposporophyten mit ascogenen Hyphen, wegen der von einem Porus durchbrochenen Septen (vgl. S. 208) und des ähnlichen Kernverhaltens (s. S. 203) auf eine mögliche Parallelentwicklung zu den **Ascomyceten.**

Gliederung: 2 Unterklassen mit 7 Ordnungen:

1. Unterklasse Bangiophycidae

Thallus einfach, meist trichal, Wachstum oft interkalar, Karposporophyt fehlt. Ordnungen *Porphyridiales* und *Bangiales*

2. Unterklasse Florideophycidae

Spitzenwachstum, Karposporophyt meist vorhanden. Gliederung nach den Auxiliarzellen, noch recht künstlich. Eine ziemlich natürliche Gruppe ist die

Ordnung Ceramiales. Hierher gehören die auch in Nord- und Ostsee verbreiteten *Polysiphonia* (Röhrentang), *Delesseria* (Seeampfer, Abb. 6.14.a) und *Ceramium* (Horntang), zur

Ordnung Gigartinales *Furcellaria* (Gabeltang) und *Chondrus* (Knorpeltang), zur **Ordnung Nemaliales** die Süßwasser-Rotalge *Batrachospermum* und *Rhodochorton* (meist marin, die auf Abb. 6.14.b dargestellte Art als Epiphyt auf *Batrachospermum*).

(Weitere Ordnungen: *Cryptonemiales*, *Rhodymeniales*).

6.3.3. Reich Fungi, Pilze

Die Pilze im traditionellen Sinne sind eine sehr heterogene Sammelgruppe **heterotropher** Organismen mit (wenigstens zeitweiliger) **Zellwandbildung.**

Hierzu rechnete man auch die **Myxomycota** (Schleimpilze) und die **Oomycota** (Algenpilze), die von den Echten Pilzen vor allem im Vorkommen von **Cellulose** und durch die **heterokont begeißelten Schwärmer** grundsätzlich abweichen. Die Schleimpilze entsprechen — abgesehen von den cellulosebewandeten Sporen — weitgehend den Rhizopoden, denen sie zugeordnet werden können. Die Algenpilze ähneln in der Cellulosewand und den heterokonten Schwärmern den *Xanthophyceae* (S. 189), vielleicht können sie ihnen als heterotrophe Formen angeschlossen werden.

Nach Ausschluß dieser beiden Gruppen (und evtl. der *Chytridiomycetes*, S. 205) verbleiben die **Eumycota** (Echte Pilze) als recht einheitliches, wahrscheinlich monophyletisches Taxon. In neueren Systemen wird ihnen der Rang eines eigenen Reiches (s. S. 166) eingeräumt.

Aus Traditionsgründen werden die Algenpilze und Schleimpilze hier mit besprochen.

1. Abteilung Myxomycota, Schleimpilze — 500 Arten

Charakteristik: Heterotrophe (saprophytische oder parasitische) Eukaryoten mit **nacktem, amöboid beweglichem** Vegetationskörper und Ausbildung von **cellulosebewandeten Sporen**, die meist in umwandeten Sporenfrüchten **(Sporokarpien)** entstehen. — Die 3 Klassen weichen in Bau und Lebensweise stark voneinander ab, Verwandtschaftsbeziehungen zwischen ihnen sind nicht sicher.

1. Klasse Myxomycetes, Echte Schleimpilze — über 400 Arten

Charakteristik: Schleimpilze mit vielkernigem, diploidem, nacktem Protoplasmakörper **(Plasmodium)** von der Größe einiger mm^2 bis $1{,}5\ m^2$. Große Plasmodien differenzieren sich funktionell und morphologisch in eine dichtere Plasmafront und ein Netz von dickeren Plasmasträngen (Abb. 6.15.a). Über Ecto- und Endoplasma und die Plasmaströmung s. S. 442. Die *Myxomycetes* ernähren sich **phagotroph** durch Einschluß und Verdauung von Bakterien oder auch **osmotroph saprophytisch.**

Entwicklungszyklus: Aus haploiden Sporen gehen einkernige, akro-heterokonte **Myxoflagellaten** hervor, die sich durch Schizotomie vermehren und durch

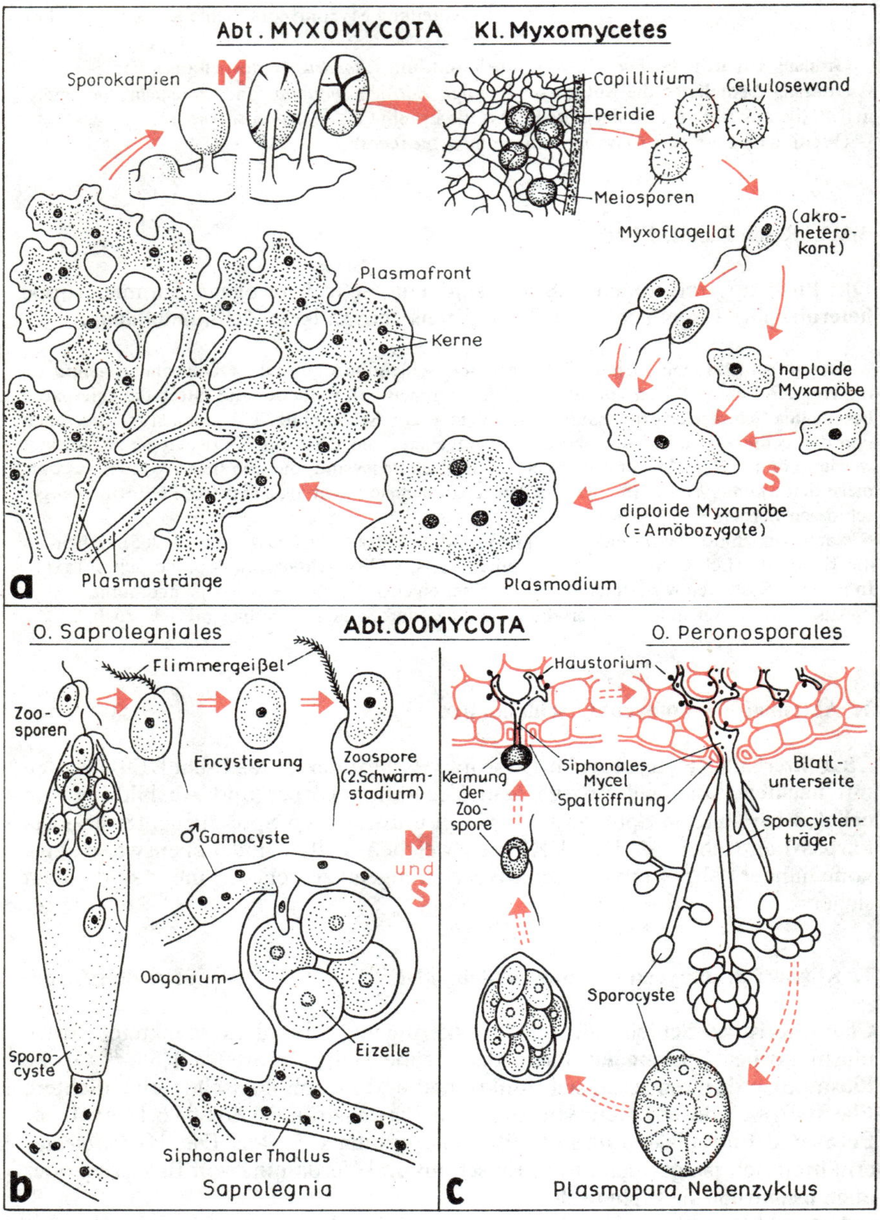
Abt. MYXOMYCOTA
Kl. Myxomycetes
Sporokarpien
M
Capillitium
Cellulosewand
Peridie
Meiosporen
Myxoflagellat
(akro-heterokont)
Plasmafront
Kerne
haploide Myxamöbe
S
diploide Myxamöbe (= Amöbozygote)
Plasmodium
Plasmastränge
a
Abt. OOMYCOTA
O. Saprolegniales
O. Peronosporales
Flimmergeißel
Zoosporen
Encystierung
Zoospore (2. Schwärmstadium)
♂ Gamocyste
M und S
Oogonium
Eizelle
Sporocyste
Siphonaler Thallus
Saprolegnia
b
Haustorium
Keimung der Zoospore
Siphonales Mycel
Spaltöffnung
Blattunterseite
Sporocystenträger
Sporocyste
Plasmopara, Nebenzyklus
c

Abb. 6.15.

Geißelverlust zu **Myxamöben** werden (Abb. 6.15.a). Beide Stadien können zu amöboiden Zygoten verschmelzen. Aus der Zygote, mitunter auch aus der Verschmelzung von mehreren, entwickelt sich das **Fusionsplasmodium**, das sich unter starker Plasmaströmung über das Substrat (feuchte Pflanzenreste, meist am Waldboden) bewegt (S. 442). Dabei vergrößert es sich unter synchroner Kernteilung, reagiert schließlich positiv phototaktisch und bildet mehrere, oft gestielte **Sporokarpien**, die eine Hülle besitzen **(Peridie**, bei einigen Ordnungen kalkinkrustiert) und in denen viele **Meiosporen** entstehen. Bei der Reife zerfällt die Peridie. Die Sporenausstreuung wird häufig durch ein netzmaschiges **Capillitium** (Abb. 6.15.a) oder spiralig versteifte Capillitiumfasern erleichtert (S. 435), beide entstehen aus Plasma und Vakuolensubstanz. Miteinander verschmolzene Sporokarpien mit gemeinsamer Hülle heißen **Aethalien**; solche bildet z. B. *Lycogala epidendrum* (Blutmilchpilz). Weitere häufige große Formen sind *Fuligo* (Lohblüte) und *Stemonitis* (Fadenstäubling).

(7 Ordnungen: *Protosteliales*, *Ceratiomyxales*, *Echinosteliales*, *Liceales*, *Trichiales*, *Stemonitales*, *Physarales*.)

2. Klasse Acrasiomycetes, Zellige Schleimpilze — 20 Arten

Hier kriechen aus den Sporen **keine Flagellaten**, sondern gleich Amöben aus, die sich durch Schizotomie vermehren. Diese werden durch Lockstoffe zu einer Initial-Amöbe gelenkt (S. 462), bilden durch Übereinanderkriechen ein **Aggregationsplasmodium**, ohne ihre Individualität einzubüßen, und entwickeln nur einen gemeinsamen Fruchtkörper (= Sorokarpium) aus Stiel und unbehülltem Köpfchen ohne Capillitium. (1 Ordnung *Acrasiales*, z. B. *Dictyostelium*)

3. Klasse Plasmodiophoromycetes, Parasitische Schleimpilze — ca. 20 Arten

Die Vertreter dieser Klasse sind **obligate, intrazellulär lebende Parasiten.** Beim Kohlhernie-Erreger *Plasmodiophora brassicae* kriechen im Frühjahr aus Meiosporen heterokonte **Zoosporen** aus, dringen in ein Wurzelhaar ein und entwickeln sich dort zu einem vielkernigen Plasmodium. Im Sommer werden wieder Zoosporen gebildet, die auch als Gameten verschmelzen können. Aus den Zygoten gehen in den Zellen der Wurzelrinde diploide Plasmodien hervor, die Wurzelwucherungen an Kohlpflanzen verursachen und im Herbst wieder Hypno-Meiosporen bilden **(heterophasischer Generationswechsel).** (1 Ordnung *Plasmodiophorales*)

2. Abteilung Oomycota — 900 Arten

Von den Echten Pilzen unterscheidet sich diese Abteilung durch **Cellulose-Zellwände** und durch die nierenförmigen **heterokonten Zoosporen** (kürzere Flimmergeißel nach vorn, längere Peitschengeißel nach hinten). Der Thallus ist ein **verzweigtes siphonales Mycel.** Die Befruchtung ist **Cystogamie** (Abb. 6.15.b): es werden keine beweglichen ♂ Gameten mehr gebildet, sondern die ♂ Kerne gelangen durch Befruchtungsschläuche zu den Eizellen. Die Oomycetes sind **Diplonten** mit gametischem Kernphasenwechsel.

(1. Klasse *Hyphochytromycetes*, 15 Arten; 2. Klasse *Labyrinthulomycetes*, 12 Arten, Stellung unsicher; je 1 Ordnung)

3. Klasse Oomycetes, Algenpilze 850 Arten

Hierher gehören wasserbewohnende Saprophyten und Parasiten, aber auch wirtschaftlich wichtige Krankheitserreger von Landpflanzen. Innerhalb der Klasse vollzieht sich der **Übergang zum Landleben.** Dabei werden schließlich statt Zoosporen **Sporocysten** verbreitet, aus denen aber oft noch Zoosporen auskeimen (Hinweis auf die Herkunft aus dem Wasser). — Die meisten Vertreter der

Ordnung Saprolegniales (z. B. *Saprolegnia*, Abb. 6.15.b) bilden in klarem **Wasser** an toten Pflanzen oder Insektenteilchen mehrkernige, **saprophytische** Mycelien. Die zweigeißeligen Zoosporen werden in Vielzahl in keulenförmigen Sporocysten ausgebildet, die Eizellen zu mehreren in kugeligen Oogonien. Die Androgamocysten mit den ♂ Kernen legen sich chemotrop den Oogonien an und dringen mit Befruchtungsschläuchen zu den Eizellen vor (Abb. 6.15.b), worauf **Hypnozygoten** gebildet werden. *Aphanomyces astaci* (Pest des Edelkrebses), *Saprolegnia parasitica* (an Fischen).

Ordnung Peronosporales. Hierher gehören **Saprophyten** und **Parasiten** von **Landpflanzen**, darunter wirtsspezifische Erreger wichtiger Pflanzenkrankheiten **(Falscher Mehltau).** Die ungeschlechtliche Vermehrung entspricht prinzipiell der der *Saprolegniales*, aber in Anpassung an das Landleben werden hier meistens die **Sporocysten** als Ganzes verbreitet. Diese entlassen Zoosporen, die dem abweichend gestalteten 2. Zoosporenstadium der *Saprolegniales* ähneln. Die Infektion der Wirtspflanze erfolgt daher besonders bei Regen.

Die Zoosporenbildung kann aber auch ganz unterdrückt werden: Die den Konidien der Echten Pilze (S. 203) ähnliche Sporocyste keimt dann mit einem **Keimschlauch**, in dem noch Reste rückgebildeter Geißeln nachweisbar sind (z. B. *Peronospora tabacina*, Blauschimmel des Tabaks). Bei *Phytophthora infestans* (Kraut- und Knollenfäule der Kartoffel) und *Plasmopara viticola* (Falscher Mehltau des Weinstocks) keimt die Sporocyste bei hoher Feuchtigkeit mit Schwärmern, bei geringer mit einem Keimschlauch.

Die Zoosporen bzw. Keimschläuche gelangen durch die Spaltöffnungen in das Blatt und bilden in den Interzellularräumen ein verzweigtes, **siphonales Mycel**, das mit **Haustorien** in die Wirtszelle eindringt. Aus den Spaltöffnungen, also meist an der Blatt-Unterseite, wachsen dann **Sporocystenträger** heraus, die mehrfach Sporocysten hervorbringen und wie ein weißer Belag wirken (Abb. 6.15.c). Der Sexualvorgang erfolgt im Wirts-Parenchym, dabei werden nun auch die (bei den höher entwickelten Formen einkernigen) Eizellen im Oogon nicht mehr scharf abgegrenzt. Zur Bekämpfung der *Peronosporales*-Pflanzenkrankheiten verhindert man die Sporocysten-Keimung z. B. durch Spritzen mit kupferhaltigen Mitteln.

(Weitere Ordnungen: *Leptomitales* 20 Arten, *Lagenidiales* 50 Arten).

3. Abteilung Eumycota, Echte Pilze

über 100000 Arten

Charakteristik: Die Echten Pilze sind **primär heterotrophe** Eukaryoten, denen **Plastiden** (auch die von ihnen abzuleitenden Augenflecke) stets fehlen. Der Vegetationskörper, das **Mycel**, ist meist ein System verzweigter Fäden **(Hyphen)**, die nur an der **Spitze wachsen** und in Fruchtkörpern **Pseudoparenchyme** bilden können. Seltener kommen **Sproßzellverbände** vor (Abb. 6.16.c). Die Zellwände bestehen aus **Chitin; Septen** werden **irisblendenartig** von außen nach innen eingezogen. Benachbarte Protoplasten bleiben durch einen zentralen **Porus** in Kontakt; Hyphenglieder unterscheiden sich also von Zellen der Pflanzen. — Die **Chromosomen** sind sehr **klein**, das **Chromatin verdichtet** sich während der Kernteilung **nicht**, die **Mitosespindel** ist kaum nachweisbar und **intranucleär.**

Die **ungeschlechtliche Vermehrung** erfolgt bei den wenigen wasserbewohnenden Formen durch **opisthokonte** Mito-Zoosporen, Landbewohner vermehren sich vegetativ durch Exosporen oder Zerfall des Mycels in Einzelzellen **(Arthrosporen)**, ungeschlechtlich durch Endosporen (s. S. 149). Bei den Pilzen ist vegetative und ungeschlechtliche Vermehrung allerdings schwer zu trennen, weil sich die Exosporen oft von ungeschlechtlichen Goniten ableiten. Deshalb werden vegetative und ungeschlechtliche Sporen als **Konidien** zusammengefaßt.

Der **Geschlechtsvorgang** ist nur bei den einfachsten Formen *(Chytridiomycetes)* noch Iso- oder Anisogamie, sonst stets **Somato-** oder **Cystogamie** (s. S. 149f.). Als Degenerationsformen der sexuellen Fortpflanzung sind **Autogamie** und **Apogamie** anzusehen (s. S. 152).

Die **Geschlechtsverteilung** ist sehr mannigfaltig: **Homothallische** Pilze sind immer monözisch, d. h. sie bilden + (♂) und — (♀)-Kerne auf demselben Mycel, und sexuelle Vereinigung (Diplonten- oder Dikaryontenbildung) kann auf einem einzigen haploiden Mycel stattfinden. Bei **heterothallischen** Pilzen sind nur verschiedene Mycelien zur Sexualität fähig, entweder weil sie genotypisch (selten auch morphologisch) **diözisch** sind (viele *Endo-* und *Zygomycetes*), oder weil bei monözischen Formen ein haploides Mycel nur + (♂) und — (♀)-Kerne verschiedener **Kreuzungstypen** bildet. Diese **Selbstinkompatibilität** kann **bipolar** sein, wenn sie nur durch ein Allelenpaar gesteuert ist, wie bei vielen *Asco-* und *Basidiomycetes*, oder — bei Steuerung durch 2 Allelenpaare — **tetrapolar.** Im letzten Fall ist Befruchtung nur beim Zusammentreffen zweier Individuen möglich, die sich in beiden Allelenpaaren unterscheiden (viele *Basidiomycetes*).

Bei den Höheren Pflanzen *(Asco-* und *Basidiomycetes)* dominiert die sexuelle Fortpflanzung, sie wird daher als **Hauptfruchtform** von der vegetativen oder ungeschlechtlichen, der **Nebenfruchtform**, unterschieden. Nebenfruchtformen haben bei lichenisierten und parasitischen Pilzen große Bedeutung für die Massenvermehrung.

Lebensweise: Bei Vorhandensein von organischen Kohlenstoffverbindungen und Wasser können Pilze in allen Klimaten vorkommen. Jede einzelne Art hat aber ganz spezifische Ansprüche an Substrat und Klima. Die *Eumycota* bevorzugen meist **saures Milieu**, sind daher häufig Erreger von Pflanzenkrankheiten und nur selten von Tier- und Menschenkrankheiten (**Mykosen**, oft auf der Haut, Erreger dann als Dermatomyceten bezeichnet, meist imperfekte Ascomyceten).

Unter den **Saprophyten** sind wichtige **Bodenbildner**, aber auch gefährliche **Holzzerstörer** (viele *Basidiomycetes*, besonders *Poriales*). Der Hausschwamm, *Serpula lacrymans*, zerstört die Cellulose (Braun- oder Destruktionsfäule), der Feuerschwamm, *Phellinus igniarius*, dagegen das Lignin (Weiß- oder Korrosionsfäule). Viele Holzzerstörer können als Saprophyten auch das tote Holz lebender Gehölze befallen und wirken als Schädlinge in Forsten und Obstanlagen (z. B. Hallimasch, *Armillariella mellea*; Wurzelschwamm, *Heterobasidion annosum*). Sie bewirken das Abbrechen von Stämmen und Stockfäule. Mit Mycelsträngen **(Rhizomorphen)** können solche Pilze auf andere Bäume übergreifen.

Parasitische Pilze können an lebendes Wirtsgewebe gebunden sein (**obligate** Parasiten, z. B. Mehltau, S. 215, Rostpilze, S. 218, Brandpilze, S. 218) oder wahlweise lebendes oder totes Substrat besiedeln (**fakultative** Parasiten, dazu alle Pilzkrankheiten des Menschen). Durch phytopathogene Pilze werden jährlich 5—15% der Welternte vernichtet.

Aus dem Parasitismus konnten sich auch bei den Pilzen **Symbiosen** entwickeln, unter denen besonders die **Mykorrhiza** (Pilzwurzel) wirtschaftlich wichtig ist (vgl. S. 381; ektotrophe Mykorrhiza bei vielen Bäumen, z. B. *Salicales*, *Fagales*, *Betulales*, *Pinales*; endotrophe beim größten Teil der krautigen Waldpflanzen, z. B. Erdbeeren, *Ericaceae*, *Pyrolaceae*, *Orchidaceae*). Durch Symbiose mit Algen sind viele Pilze **lichenisiert** und können als **Flechten** extreme Lebensräume besiedeln (S. 211).

In der **Industrie** werden Pilze zur Gärung (Hefe), Käsebereitung (*Penicillium*), als Futterhefe (*Candida*) und zur Produktion von Antibiotika (*Penicillium*), Vitaminen, Wuchsstoffen, Alkaloiden und organischen Säuren verwendet. Mehrere Arten werden als Speisepilze kultiviert.

Gliederung: Die **5 Klassen** unterscheiden sich deutlich durch folgende Merkmale:

1. *Chytridiomycetes*: mit begeißelten Stadien (nur hier), z. T. siphonal; Iso-, Aniso- oder Oogamie.
2. *Zygomycetes*: siphonales Mycel; Cystogamie morphologisch gleicher Gamocysten; Meiosporocyste = Hypnozygote; Fruchtkörper selten, einfach.
3. *Endomycetes*: Häufig Sproßzellverbände (Pseudomycel); Cystogamie oder Somatogamie; selten Ausbildung von Dikaryonten; Meiosporocyste meist Ascus; keine Fruchtkörperbildung.
4. *Ascomycetes*: Hyphenmycel mit einfachen Septenpori; Cystogamie mit verzögerter Karyogamie, daher Dikaryonten-Stadium; Meiosporocyste = Ascus. Meist Fruchtkörperbildung.
5. *Basidiomycetes*: Hyphenmycel mit komplizierten Septenpori (Doliporus, S. 216); meist Somatogamie; Dikaryonten-Stadium dominierend; Meiosporocyste = Basidie; meist Fruchtkörperbildung.

Die in Symbiose mit Algen lebenden lichenisierten Pilze, die früher als eigene Abteilung **Lichenes (Flechten)** behandelt wurden, sind zum größten Teil *Ascomycetes* und werden dort besprochen.

Progressionsrichtungen sind u. a. zu erkennen im Übergang vom Wasser- zum Landleben und in Verbindung damit in der Ausbildung spezieller Sporentypen sowie im Übergang von Anisogamie zur Cysto- und Somatogamie und weiterer Vereinfachung der Sexualvorgänge, in der Ausbildung von Fruchtkörpern mit zunehmend komplizierterem Bau, in der zunehmenden Dominanz der Dikaryophase, im Übergang zum Parasitismus mit zunehmender Wirtsspezifität und verschiedenen Reduktionen.

Verwandtschaft: Während die Verwandtschaft der *Zygo-*, *Endo-*, *Asco-* und *Basidiomycetes* recht sicher erscheint, werden die *Chytridiomycetes* nicht von allen Autoren als Basisgruppe der *Eumycota* angesehen. Vermutet werden auch Beziehungen zwischen den *Ascomycetes* und *Rhodophyta* (s. S. 198). Wahrscheinlich erfolgte die Abtrennung der Pilze von den übrigen *Eukaryota* schon eher als die Differenzierung in Pflanzen und Tiere.

Das **System der Pilze** wird gegenwärtig **stark überarbeitet**, da sich viele Gruppen als phylogenetisch uneinheitlich erwiesen haben. Der phylogenetisch-taxonomische Wert bekannter Merkmale wird geprüft, **Feinstrukturen** und **Inhaltsstoffe** bieten neue Merkmale, sind aber nur von einzelnen Sippen bekannt. **Kulturversuche** zeigen die Variabilität der Merkmale und decken Entwicklungsabläufe auf. Sehr viele Arten sind noch unbekannt. Auch das **Artproblem** bedarf noch der Klärung, besonders bei morphologisch wenig verschiedenen, aber wirtsspezifischen Parasiten.

1. Klasse Chytridiomycetes, Flagellatenpilze 250 Arten

Charakteristik: Die artenarme Gruppe ist durch ihre **opisthokonten Zoosporen** gut charakterisiert. Diese sind zwar eingeißelig, aber der Rest eines zweiten Basalkörpers legt die Ableitung von zweigeißeligen Formen nahe. Die sexuelle Fortpflanzung steigt von der Isogamie bis zur Cystogamie auf. Der Vegetationskörper ist meist ein **einzelliges Rhizoidmycel**, manchmal ein kleines mehrkerniges verzweigtes Mycel, in das sekundär auch Septen eingezogen sein können. Die Flagellatenpilze leben als Saprophyten oder Parasiten meist im Süßwasser oder im Boden, einige als Parasiten an Höheren Pflanzen.

Bei der **Ordnung Chytridiales** ist der Thallus ein **Rhizoidmycel** aus verzweigten, kernlosen Rhizoiden und kernhaltigen, bläschenförmigen Anschwellungen. *Rhizophydium* wächst auf Kiefernpollen, *Polyphagus* (im Wasser) scheidet an den Rhizoiden Klebstoff aus, fängt damit Euglenen und saugt sie aus (Abb. 6.16.a).

Bei der **Ordnung Myxochytridiales** ist der Thallus ein **nackter, intrazellulär parasitischer Protoplast.** Bei *Olpidium* (Erreger der Schwarzbeinigkeit der Kohl-Keimlinge, Abb. 6.16.a) steht die Sexualität auf einem primitiven Stadium: Der gesamte Protoplast entwickelt sich zur Gonitocyste. Die aus ihr hervorgehenden Schwärmer können als Zoosporen neue Wirtszellen infizieren, aber auch als Gameten verschmelzen. Die Zygote überwintert als Dauerzelle und entläßt wieder zahlreiche Schwärmer, die unter Geißelverlust in Wirtszellen eindringen. Als Erreger des Kartoffelkrebses ist *Synchytrium endobioticum* wirtschaftlich wichtig. Bei *Zygochytrium* fehlen bereits begeißelte Gameten, 2 gleichwertige Kopulationsäste wachsen aufeinander zu und verschmelzen zur Zygote (Abb. 6.16.a).

Die Vertreter der **Ordnung Blastocladiales** haben begeißelte **echte Geschlechtszellen** (Iso- oder Anisogamie) und heterophasischen isomorphen Generationswechsel. *Allomyces* bildet wenig verzweigte, siphonale Mycelien in Erde (Abb. 6.16.a).

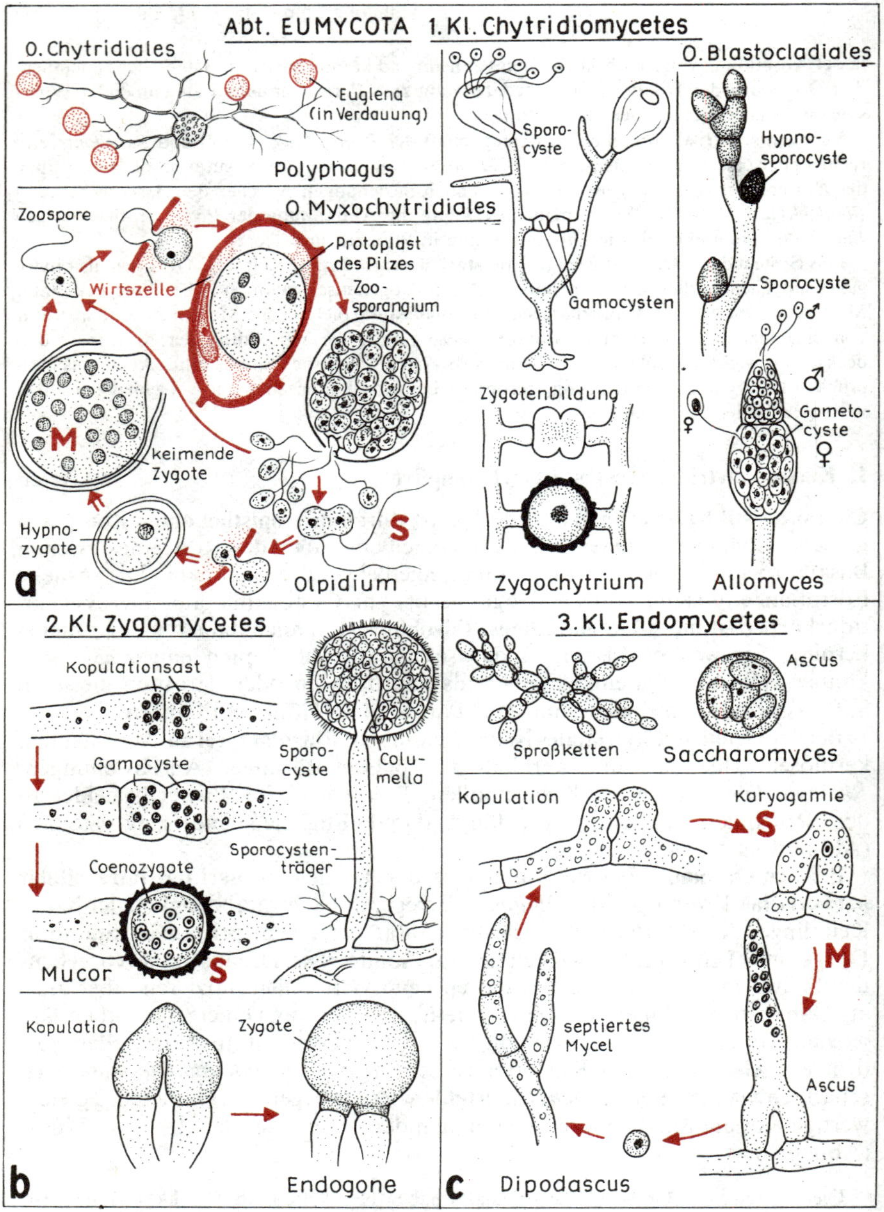

Abt. EUMYCOTA 1. Kl. Chytridiomycetes
O. Chytridiales
Euglena
(in Verdauung)
Polyphagus
Sporo-
cyste
Gamocysten
O. Blastocladiales
Hypno-
sporocyste
Sporocyste
O. Myxochytridiales
Zoospore
Wirtszelle
Protoplast
des Pilzes
Zoo-
sporangium
M
keimende
Zygote
Hypno-
zygote
S
a
Olpidium
Zygotenbildung
Zygochytrium
♂
♀
Gameto-
cyste
Allomyces
2. Kl. Zygomycetes
Kopulationsast
Gamocyste
Coenozygote
Mucor
S
Sporo-
cyste
Colu-
mella
Sporocysten-
träger
Kopulation
Zygote
b
Endogone
3. Kl. Endomycetes
Sproßketten
Ascus
Saccharomyces
Kopulation
Karyogamie
S
M
septiertes
Mycel
Ascus
c
Dipodascus

Abb. 6.16.

Die **Ordnung Monoblepharidales** mit verzweigten Hyphen-Mycelien, die an Pflanzenresten im Süßwasser kleine Pusteln bildet, hat noch die typischen opisthokonten Zoosporen, aber bereits **Oogamie** (innerhalb der *Eumycota* nur hier!).

2. Klasse Zygomycetes, Jochpilze 300 Arten

Diese Pilze haben ihren Namen von der Form ihrer Cystogamie: Zwei aufeinander zuwachsende **Kopulationsäste** schnüren **vielkernige Gamocysten** ab, die zu vielkernigen Hypnozygoten verschmelzen (Abb. 6.16.b). Die Meiose und Geschlechtsbestimmung bei diözischen Arten (+ und — Mycelien) erfolgt bei der Keimung dieser **Coenozygote.** Die *Zygomycetes* sind vorwiegend Boden- und exkrementbewohnende Saprophyten (wenige Parasiten) mit reich verzweigtem, unseptiertem oder sekundär (ohne Porus!) septiertem Mycel. Als **Landbewohner** haben sie keine begeißelten Stadien mehr. Statt der Zoosporen werden (oft mehrkernige) Endosporen, bei höher entwickelten Formen konidienähnliche Sporocysten verbreitet (vgl. S. 203).

Die **Ordnung Mucorales** umfaßt Pilze mit unseptiertem Mycel und reichlich sporulierenden Nebenfruchtformen (z. B. kugelige Sporocysten beim Köpfchenschimmel, *Mucor mucedo*, Abb. 6.16.b). Der auf Exkrementen lebende Saprophyt *Pilobolus* schleudert die Sporocysten von den phototropen Trägern bis 2 m weit der Lichtquelle entgegen (S. 436). Auch der wie *Mucor* heterothallische *Phycomyces* ist Objekt der Reiz- und Entwicklungsphysiologie. Bei der parasitischen.

Ordnung Entomophthorales sind die vielkernigen Mycelien bereits septiert. Die Sporocysten stehen terminal auf keulenförmigen Trägern. Beim Fliegenschimmel *Entomophthora muscae* wachsen die Sporocysten aus der befallenen Fliege heraus, werden aktiv abgeschleudert und bilden einen weißen Hof um das tote Tier.

Auch die Mycelien der **Ordnung Endogonales** sind sekundär septiert. Hier kommt erstmals **Fruchtkörperbildung** vor. Bei *Endogone* (Abb. 6.16.b) verbleibt in der Zygote nur noch ein Kernpaar. Die Zygote wölbt sich aus der Kopulationsbrücke heraus, ein Verhalten, das an Ascomyceten erinnert (Abb. 6.17.a). Die Sporocysten und Zygoten werden von einem dichten Hyphengeflecht eingeschlossen, so entstehen einfache Fruchtkörper. Als **Fruchtkörper** wird ein plectenchymatischer Körper bezeichnet, der die Meiosporocysten enthält.

(Weitere Ordnungen: *Zoopagales*, *Harpellales*, *Kickxellales*).

3. Klasse Endomycetes, Sproßpilze 300 ? Arten

Charakteristik: Der Thallus der Sproßpilze kann aus septierten Hyphen bestehen, meist ist er aber ein durch Sprossung (S. 60) gebildetes **Pseudomycel**, oder er besteht nur aus Sproßzellen (Abb. 6.16.c). **Begeißelte Stadien und Fruchtkörper fehlen.** Die sexuelle Fortpflanzung ist sehr mannigfaltig. Häufig ist schon Somatogamie: benachbarte Sproßzellen verschmelzen. Meist folgt die Karyogamie unmittelbar auf die Plasmogamie. Die Zygote wird hier nicht zur Hypnozygote, sondern entwickelt sich **direkt** oder nach einer Dikaryo- oder

Diplophase zu einer langgestreckten Meiosporocyste, dem **Ascus** (Abb. 6.16.c, s. unten). In ihm werden unter Meiose die **Ascosporen** gebildet, deren Zahl im Bereich der Klasse allmählich auf 8 (seltener 4) fixiert wird. Bei den *Taphrinales* wird erstmals Plasmogamie und Karyogamie durch konjugierte Mitosen des Kernpaares **(Dikaryon)** getrennt, also ein Paarkern-Mycel **(Dikaryont)** ausgebildet (s. S. 151). Die Sproßpilze leben saprophytisch oder parasitisch, oft sind sie an ganz spezielle Lebensbedingungen gebunden.

Stellung: Die Klasse hat Beziehungen zu primitiven *Ascomycetes* und *Basidiomycetes* (*Ustilaginales*), wohl auch zu den *Zygomycetes* (*Endogone!*) und vielleicht zu den *Chytridiomycetes* (*Blastocladiales*), sie nimmt also innerhalb der *Eumycota* eine Schlüsselstellung ein.

Die **Ordnung Saccharomycetales** (= *Endomycetales*) enthält Arten mit reduziertem Mycel, die meist **in zuckerhaltigen Flüssigkeiten** leben. Ursprünglich gebaut ist *Dipodascus albidus* (im Schleimfluß der Bäume) mit vielkernigem Mycel und zahlreichen Ascosporen (Abb. 6.16.c). Die Zellteilung ist nur selten Querteilung, z. B. bei *Schizosaccharomyces* (Spalthefe), meist Sprossung wie bei *Saccharomyces* (Wein-, Bier- und Bäckerhefe, viele Rassen, Abb. 6.16.c). Die Zellwand besteht vorwiegend aus Polysacchariden und nur **wenig Chitin.** Bei der Futterhefe *Candida*, die sogar in Sulfit-Ablaugen kultiviert werden kann, ist Ascusbildung unbekannt. — Die Vertreter der **Ordnung Taphrinales** sind in der Haplophase Saprophyten (Sproßmycelien), nach Bildung des Paarkernmycels wirtsspezifische **Gefäßpflanzen-Parasiten.** *Taphrina*-Arten verursachen z. B. Hexenbesen bei der Birke und die Narrentaschen der Pflaume.

4. Klasse Ascomycetes, Schlauchpilze — 60000 Arten

Mit etwa 60000 überwiegend terrestrisch lebenden Arten (davon 20000 Flechten, 20000 „Fungi imperfecti") sind die Schlauchpilze die größte Pilzklasse.

Ihr **Mycel** besteht aus **haploiden**, septierten, verzweigten **Hyphen** mit **Chitin**-Zellwänden. Die Septen sind von einem **einfachen Porus** durchbrochen (Abb. 6.17.a).

Vermehrung: Als Nebenfruchtformen treten Konidien auf, diese entsprechen nicht Zoosporen, sondern meist vegetativen Hyphenzellen. Der Sexualvorgang ist Cystogamie (selten Somatogamie). Die keulige, mehrkernige Androgamocyste kommt beim Sexualakt mit der **Trichogyne**, einem Empfängnishaar am Scheitel der ebenfalls mehrkernigen Gynogamocyste (hier **Ascogon** genannt), in Berührung. Nach partieller Wandauflösung kommt es zur Plasmogamie, und die männlichen Kerne gelangen ins Ascogon, wo sie sich mit den weiblichen Kernen zu **Kernpaaren** anordnen. Das so befruchtete Ascogon wächst mit dikaryotischen Hyphen unter **konjugierten Kernteilungen** (synchrone Teilung beider Kerne eines Paares) aus. Diese Hyphen, aus denen später die schlauchförmigen Meiosporocysten (Asci, Einzahl **Ascus**) hervorgehen, werden als **ascogene Hyphen** bezeichnet.

Die Ascusbildung erfolgt durch Aussprossung aus den Zellen der ascogenen Hyphen (Knospentyp), durch Umwandlung der Zellen der ascogenen Hyphen in Asci (Kettentyp) oder am häufigsten durch den Hakentyp. Hierbei krümmt sich jede ascogene Hyphe an ihrer Endzelle zu einem spitzen **Haken**, und nach

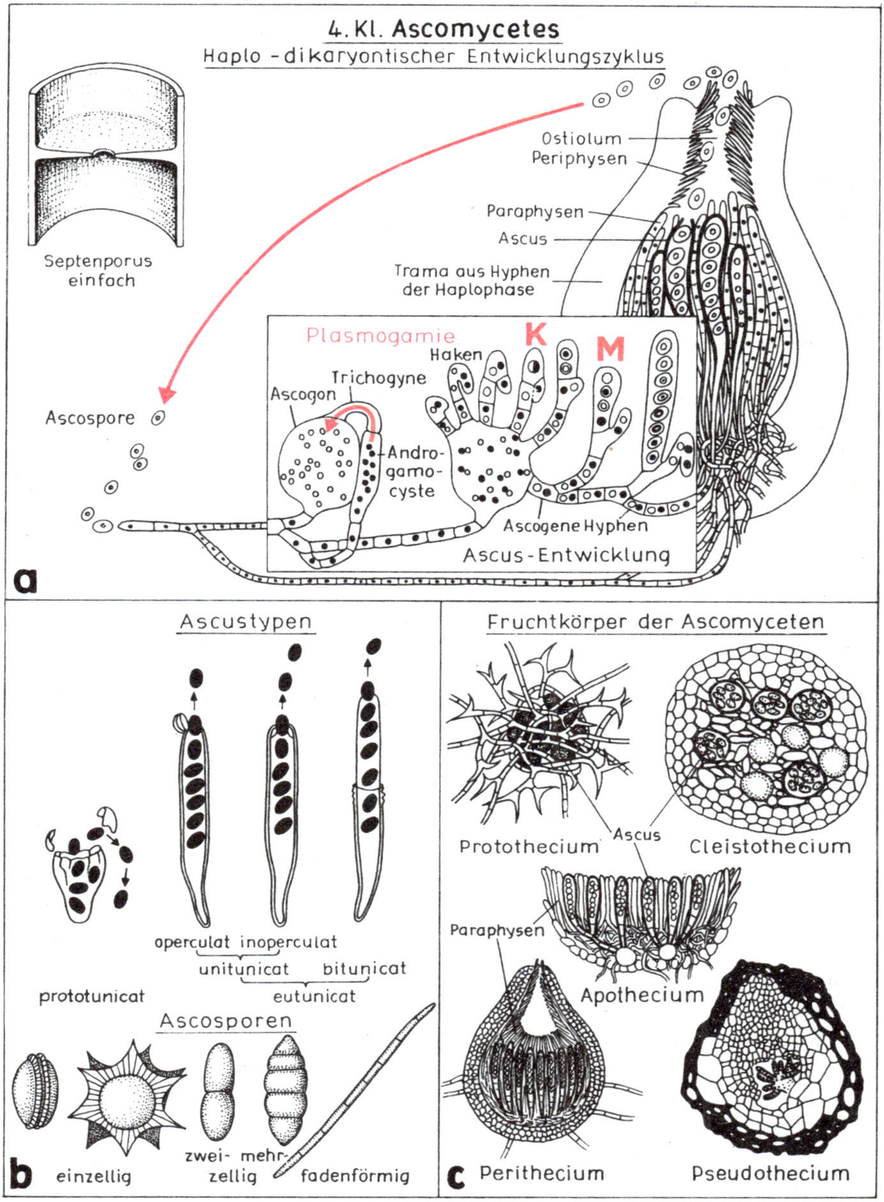
4. Kl. Ascomycetes
Haplo-dikaryontischer Entwicklungszyklus
Septenporus einfach
Ostiolum
Periphysen
Paraphysen
Ascus
Trama aus Hyphen der Haplophase
Plasmogamie
K
M
Haken
Trichogyne
Ascogon
Ascospore
Andro-gamo-cyste
Ascogene Hyphen
Ascus-Entwicklung
a
Ascustypen
operculat
inoperculat
unitunicat
bitunicat
prototunicat
eutunicat
Ascosporen
einzellig
zwei-
mehr-
zellig
fadenförmig
b
Fruchtkörper der Ascomyceten
Protothecium
Ascus
Cleistothecium
Paraphysen
Apothecium
c
Perithecium
Pseudothecium

Abb. 6.17.

synchroner Teilung des Kernpaares bleiben 2 verschiedengeschlechtige Kerne in der Hakenkrümmung, von den übrigen wandert einer in die Basis der Hakenzelle, der andere in das Hakenende (Abb. 6.17.a). Nun wird die Hakenkrümmung durch eine Zellwand abgetrennt. Erst in diesem **Proascus** (Ascus-Anlage) erfolgt die **Karyogamie.** Darauf werden durch 3 Teilungsschritte und freie Zellbildung die **Meiosporen** (meist 4 oder 8) gebildet. Unterhalb des Ascus verschmelzen meist Hakenende und Hakenstiel durch Zellwandauflösung (rudimentäre Kopulationsbrücken?). Dadurch ist der dikaryotische Zustand wieder hergestellt, und die Ascusbildung kann in der gleichen Weise wiederholt werden (Abb. 6.17.a).

Homothallische Formen, bei denen nur **ein Mycel zur Ascusbildung** nötig ist (S. 203), sind häufig, aber es gibt auch heterothallische Arten (infolge Inkompatibilität oder auch Diözie). Als **Deuterogamie** wird eine Befruchtung der Ascogone durch normale Hyphenzellen oder Konidien bezeichnet. Auch Selbstpaarung der weiblichen Kerne im Ascogon **(Autogamie)** oder **Apomixis** (Wegfall der Kernpaarung, Ascusbildung in der Haplophase) kommen vor.

Zur **Gliederung** der Schlauchpilze werden vor allem Merkmale des Fruchtkörperbaus und der Ascus-Feinstruktur verwendet. Die **Fruchtkörper** der Ascomyceten (Ascokarpien) werden in der Regel aus **haploidem Plectenchym** gebildet und fassen zahlreiche **Asci** zusammen, zwischen denen sterile Hyphen **(Paraphysen)** liegen. Die Asci können eine regelmäßige Fruchtschicht **(Hymenium)** bilden.

Die **Fruchtkörpertypen** zeigt Abb. 6.17.c: Bei der Unterklasse *Euascomycetidae* leitet die Befruchtung die Fruchtkörperbildung ein (**ascohymeniale** Fruchtkörperbildung). Hierher gehören
- das **Protothecium**, bei dem die Asci nur von einem lockeren Hyphengeflecht umgeben sind,
- das kugelige **Cleistothecium**, das eine völlig geschlossene Hülle um das Paarkernmycel bildet,
- das krugförmige **Perithecium**, das eine kanalartige Öffnung besitzt und
- das **Apothecium**, ein schlüsselförmiger Fruchtkörper, in dem das Hymenium offen liegt.

Bei der Unterklasse *Loculoascomycetidae* ist die Fruchtkörperbildung von der Befruchtung unabhängig. Erst im ausgebildeten Fruchtkörper entstehen Ascogon und ascogene Hyphen. Die Asci wachsen in lysigene Höhlungen des Fruchtkörpers (Loculi) hinein (**ascoloculare** Fruchtkörperbildung). Hierher gehört
- das **Pseudothecium**, das sich erst sekundär öffnet.

Die **Ascuswand** kann einfach sein und bei der Sporenreife zerfallen (**protunicater** Ascus). Beim **eutunicaten** Ascus bleibt sie erhalten, die reifen Sporen werden ausgeschleudert (s. S. 436). Hier sind zu unterscheiden:

1. der **unitunicate** Ascus mit einer Wand aus zwei elastisch dehnbaren Schichten und einem Apikalapparat mit Deckel **(operculat unitunicat)** oder mit einem Porus mit Quellkörpern **(inoperculat unitunicat)** und
2. der **bitunicate** Ascus mit einer zweischichtigen, innen elastischen, außen starren Wand (Abb. 6.17.b) und Apikalapparat.

Die Schlauchpilze werden in 4 Unterklassen gegliedert:

1. *Archaeascomycetidae*[1]), lichenisierte, d. h. in Symbiose mit Algen lebende Pilze (Flechten), Fruchtkörperbildung ascohymenial, Ascusbau ursprünglich;
2. *Euascomycetidae* mit ascohymenialer Fruchtkörperbildung, Asci nie bitunicat;
3. *Loculoascomycetidae* mit ascolocularer Fruchtkörperbildung;
4. *Deuteromycetidae (= Ascomycetes imperfecti)*: Hauptfruchtformen unbekannt, künstliche Sammelgruppe.

1. Unterklasse Archaeascomycetidae[1]) 20000 Arten

Bis auf wenige Ausnahmen (Flechtenparasiten oder Saprophyten) leben diese Pilze als **Flechten** in **Symbiose** mit **Blaualgen** (z. B. *Chroococcus*, *Nostoc*, *Gloeocapsa*) oder **Grünalgen** (z. B. *Trebouxia*, *Chlorella*, *Trentepohlia*, S. 180). Die **Thallusgestalt** der Flechten wird meist vom Pilz bestimmt. Eine Ausnahme bilden die **Gallertflechten**, bei denen der Schleim der Blaualgen-Kolonien von Pilzhyphen durchwuchert wird. Rein beschreibend unterscheidet man außerdem die mit der Unterlage fest verbundenen **Krustenflechten**, die gelappten, mit „Rhizoid"-hyphen-Strängen (Rhizinen) angewachsenen **Laubflechten**, die strauchähnlich verzweigten **Strauchflechten**, die scheibenförmigen, mit einem zentralen Stiel befestigen **Nabelflechten**, die wenig verzweigten, kelchförmigen **Becherflechten** und die in Gestalt verzweigter Fäden von Ästen lang herabhängenden **Bartflechten** (Abb. 6.18.c). Im Thallusquerschnitt sind die Algenzellen **(Gonidien)** nur selten gleichmäßig verteilt. Meist bilden die Pilzhyphen an der Ober- und Unterseite eine dichtere **Rinde** (Pseudoparenchym), dazwischen ein lockeres **Mark**, in dem die Algen in einer parallel zur Thallusoberfläche verlaufenden **Gonidienschicht** liegen (Abb. 6.18.a). Dem Gasaustausch dienen Durchbrechungen der Rindenschicht **(Cyphellen).** Manche Pilze können mit 2 verschiedenen Algen verschieden geformte Flechten bilden. Thallusfremde Algensippen können warzenförmige Wucherungen **(Cephalodien)** verursachen.

Die Algenzellen sind (durch Teilungshemmung?) ungewöhnlich groß. Die Pilzhyphen umspinnen sie oder stülpen mit Haustorien ihre Zellwand ein (Abb. 6.18.a), oder sie dringen in die Algenzellen ein. Dabei werden diese manchmal zerstört, so daß der Pilz auf der Alge parasitiert und diese nur durch rasche Vermehrung weiter existiert (so besonders bei Flechten mit undifferenziertem Thallus). Von der Alge bezieht der Pilz Assimilate, vor allem Zucker; die Alge wird in der Flechte mit Wasser und Nährsalzen versorgt. In dieser **Symbiose** vermögen die Flechten Standorte zu besiedeln, an denen Pilz und Alge allein nicht gedeihen könnten. Die zahlreichen **Flechtenstoffe** (aliphatische Säuren, Depside, Chinone, z. T. mit antibiotischer Wirkung wie Usninsäure) können die Pilze allerdings unter besonderen Bedingungen auch allein bilden.

---

[1]) Unpublizierter Name, von H. Kreisel für die Gruppe vorgeschlagen.

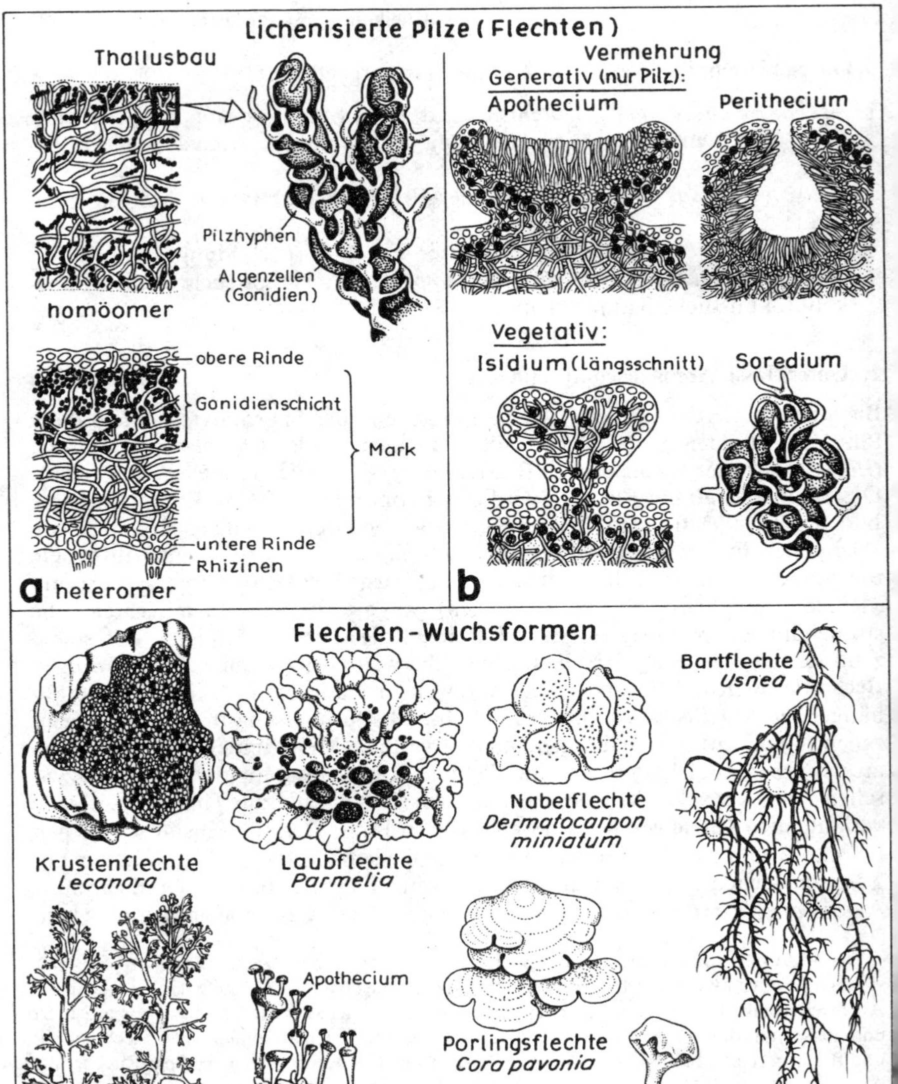

Lichenisierte Pilze (Flechten)
Thallusbau
Pilzhyphen
Algenzellen (Gonidien)
homöomer
obere Rinde
Gonidienschicht
Mark
untere Rinde
Rhizinen
a heteromer
Vermehrung
Generativ (nur Pilz):
Apothecium
Perithecium
Vegetativ:
Isidium (Längsschnitt)
Soredium
b
Flechten-Wuchsformen
Krustenflechte
Lecanora
Laubflechte
Parmelia
Nabelflechte
Dermatocarpon miniatum
Bartflechte
Usnea
Apothecium
Podetium
Becherflechte
Cl. pyxidata
Strauchflechte
Cladonia rangiferina
Porlingsflechte
Cora pavonia
Hutpilzflechte
Omphalina
c

Abb. 6.18.

Vermehrung: Während sich die Flechtenalgen nur vegetativ vermehren, bilden die Pilze ihre Fruchtkörper aus. Da nur ausnahmsweise von den Pilzsporen Algenzellen mitgerissen werden, muß die keimende Pilzspore zufällig auf eine zugehörige Algenzelle treffen, um sich zur Flechte zu entwickeln. Daher erfolgt die Vermehrung **vorwiegend vegetativ**, meist durch **Soredien**, kleine (0,1 mm), pilzumsponnene Algengruppen (Abb. 6.18.b), die an der Thallusoberfläche gebildet werden (manchmal konzentriert in **Soralen**), aber auch durch **Thallusbruchstücke** oder die leicht abbrechenden **Isidien**, stiftförmige Thalluswucherungen.

Ökologie: Da die Flechten Wasserdampf aufnehmen, hohe Temperaturen ertragen, einzelne aber auch noch bei —24 °C eine positive Photosynthese-Bilanz erreichen können, sind sie in Trocken- und Kältegebieten konkurrenzkräftig, in arktischen Tundren sind sie vegetationsbestimmend (Ren-Nahrung!), andererseits lieben sie als poikilohydrische Organismen hohe Luftfeuchte und wachsen deshalb besonders üppig als Epiphyten in Berg-Nebelwäldern. Wenige Arten leben im Wasser. Sehr empfindlich sind die meisten Flechten gegen SO_2 in der Luft (Indikatoren der Luftverunreinigung!).

Gliederung: Die Einordnung der wichtigsten Flechtengruppen im System der nicht lichenisierten Pilze bereitet noch große Schwierigkeiten. Die hier als Ascomyceten-Unterklasse zusammengefaßten Flechten unterscheiden sich von anderen lichenisierten Pilzen durch ursprüngliche Ascus-Merkmale. Die Untergliederung richtet sich nach dem Fruchtkörper- und Ascusbau. — Lichenisierte Pilze treten auch innerhalb der *Euascomycetidae* (z. B. *Helotiales*) und bei einigen Ordnungen der *Basidiomycetes* auf (*Agaricales*, *Cantharellales*, *Poriales*).

Die größte **Ordnung Lecanorales** ist durch eine besondere Form bitunicater Asci und Apothecien charakterisiert. Wichtige, z. T. sehr artenreiche Gattungen sind die Krustenflechten *Lecanora* und *Lecidea*, die Gallertflechte *Collema*, die Laubflechten *Hypogymnia* und *Cetraria* (*C. islandica*, Isländisches Moos), die Strauch- und Becherflechte *Cladonia* (*C. rangiferina*, Rentierflechte), die Nabelflechte *Umbilicaria* und die Bartflechte *Usnea*.

(Weitere Ordnungen: *Arthoniales*, *Verrucariales*, *Pyrenulales*, *Caliciales*, *Graphidales*)

2. Unterklasse Euascomycetidae

Wichtige **Merkmale** sind **ascohymeniale** Fruchtkörperentwicklung, **proto- oder unitunicate Asci** und meistens **helle Mycelien.** Die Gliederung in 3 Gruppen nach der Fruchtkörperform dient der Übersicht über die zahlreichen Ordnungen, erfaßt aber keine phylogenetischen Einheiten:

Plectomyceten, ohne Fruchtkörper oder mit Proto- oder Cleistothecien, dazu *Gymnascales*, *Eurotiales*, **Pyrenomyceten**, mit Perithecien, dazu *Erysiphales*, *Hypocreales* (weitere Ordnungen: *Microascales* mit *Ceratocystis ulmi*, Ulmensterben; *Sphaeriales*; *Ascosphaerales*, ohne Fruchtkörper; *Laboulbeniales*; *Xylariales* mit *Neurospora*, bekanntes genetisch-physiologisches

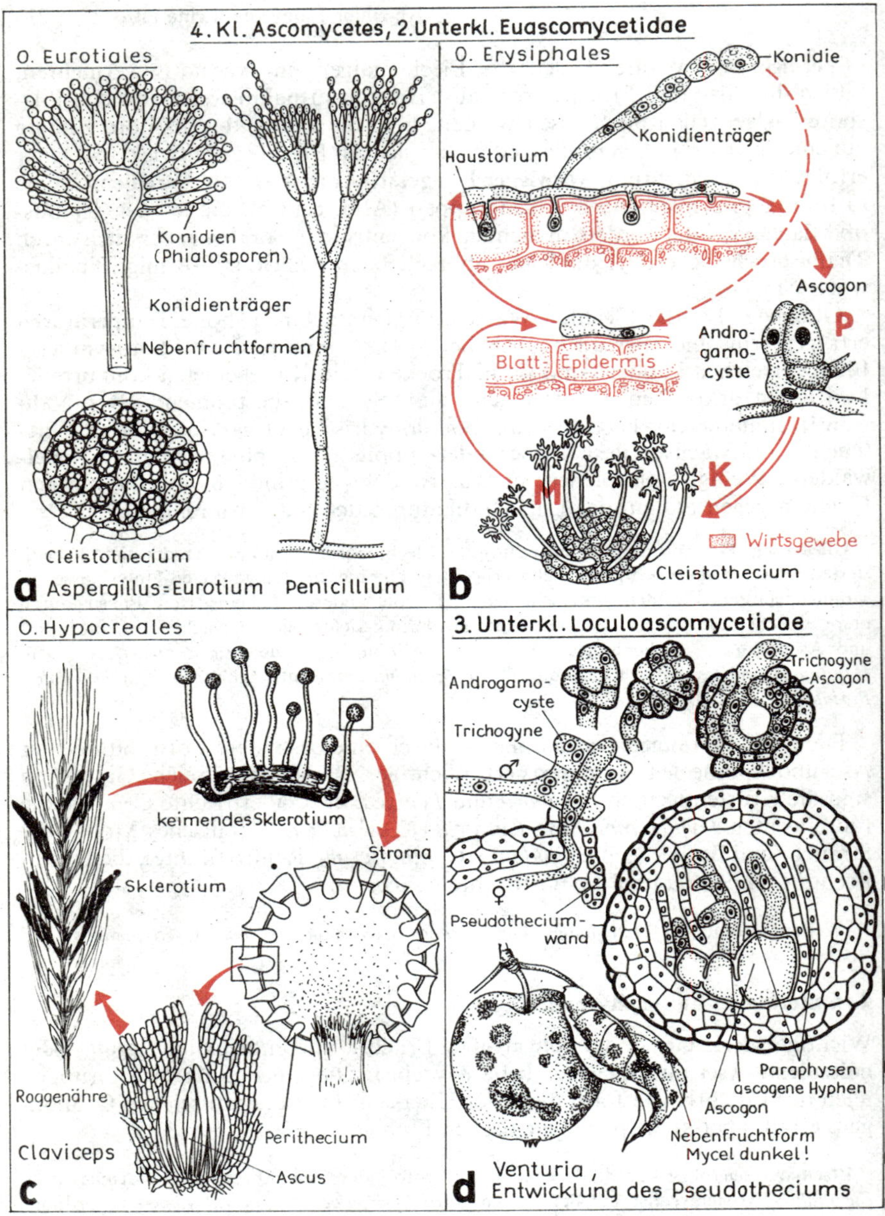
4. Kl. Ascomycetes, 2. Unterkl. Euascomycetidae
O. Eurotiales
Konidien
(Phialosporen)
Konidienträger
Nebenfruchtformen
Cleistothecium
a Aspergillus = Eurotium
Penicillium
O. Erysiphales
Konidie
Konidienträger
Haustorium
Ascogon
Andro-
gamo-
cyste
P
Blatt-Epidermis
M
K
Wirtsgewebe
Cleistothecium
b
O. Hypocreales
keimendes Sklerotium
Stroma
Sklerotium
Roggenähre
Claviceps
Perithecium
Ascus
c
3. Unterkl. Loculoascomycetidae
Androgamo-
cyste
Trichogyne
♂
♀
Trichogyne
Ascogon
Pseudothecium-
wand
Paraphysen
ascogene Hyphen
Ascogon
Nebenfruchtform
Mycel dunkel!
d Venturia,
Entwicklung des Pseudotheciums

Abb. 6.19.

Versuchsobjekt), **Discomyceten**, mit Apothecien, dazu *Pezizales*, *Helotiales*, (weiter *Tuberales* mit *Tuber*, Trüffel).

Die **Ordnung Gymnascales** hat protunicate Asci und keine oder einfache Fruchtkörper (Proto- oder Cleistothecien). Hierher gehören saprophytische Bodenpilze, aber auch der Hautflechten-Erreger *Trichophyton*.

Die **Ordnung Eurotiales** hat Cleistothecien und protunicate Asci, wichtiger sind aber die **Nebenfruchtformen: Phialosporen**, d. h. primär endogen gebildete, aus der Spitze flaschenförmiger Zellen (Phialiden) austretende Mitosporen (Abb. 6.19.a). Nebenfruchtform der Gattungen *Eurotium*, *Emericella* und *Sartroya* ist der Gießkannenschimmel (Formgattung *Aspergillus*, Produktion von Citronensäure, Amylasen, Proteasen), zu anderen Hauptfruchtform-Gattungen gehört die Nebenfruchtform *Penicillium*, der für Antibiotika-Produktion und Käseherstellung wichtige Pinselschimmel.

Die **Ordnung Erysiphales** (Echte Mehltaupilze) umfaßt **obligate Phytoparasiten.** Die Mycelien bilden auf Blättern und Sproßachsen der Wirtspflanzen oft abwischbare Beläge (vgl. dagegen „Falsche Mehltaupilze“ unter *Oomycota*, S. 202), gelangen aber auch durch die Spaltöffnungen in die Interzellularräume des Mesophylls. Mittels Haustorien dringen sie in Epidermis- oder Parenchymzellen ein. In Verbindung mit dem Mycelbelag kommt es durch die reichliche Konidienbildung (Formgattungen *Oidium*, *Ovulariopsis*, *Oidiopsis*) zum bemehlten Aussehen befallener Pflanzenteile (Abb. 6.19.b).

Nach der Verschmelzung der einkernigen Gamocysten entsteht der Ascus direkt aus dem Ascogon, oder es werden erst ascogene Hyphen ausgebildet. Die Ascocarpien sind Cleistothecien, die bei Reife durch Quellung gesprengt werden. Sie besitzen meist Appendices (Anhängsel), die oft für die Verbreitung der Ascocarpien von Bedeutung sind. Je Cleistothecium entstehen bis zu 30 Asci, bei manchen Gattungen ist nur ein einziger Ascus im Fruchtkörper enthalten. Etwa 150 Mehltauarten sind von wirtschaftlicher Bedeutung, so *Uncinula necator* (Nebenfruchtform *Oïdium tuckeri*), der 1845 aus Amerika eingeschleppte Weinstock-Mehltau, und *Blumeria graminis* auf Getreide.

Die Fruchtkörper der **Ordnung Hypocreales** (incl. *Clavicipitales*) sind **Perithecien**, die oft zu mehreren in einem Thalluskörper, dem **Stroma**, zusammengefaßt und durch Carotinoide lebhaft gefärbt sind. Die Asci sind unitunicat. Oft herrschen Nebenfruchtformen vor, so die Formgattung *Fusarium* (Welkekrankheiten) bei den *Nectriaceae*. Der fakultative Parasit *Claviceps purpurea* bildet in Gräser-Fruchtknoten dunkle, harte Mycelkörper oder **Sklerotien (Mutterkorn)**, aus denen im Frühjahr am Boden Stromata mit zahlreichen Perithecien wachsen (Abb. 6.19.c). Die Ascosporen gelangen auf Gräser-Narben und infizieren wieder Fruchtknoten. Zur Gewinnung der Mutterkorn-Alkaloide wird der Pilz auf Roggen auch kultiviert. Im Kulturmedium des Reisparasiten *Gibberella fujikuroi* wurden die Gibberelline entdeckt.

Zur **Ordnung Pezizales** gehören meist am Waldboden lebende Saprophyten mit großen, nicht in Stromata zusammengefaßten **Apothecien.** *Peziza* (Becherling) hat noch sitzende Fruchtkörper, bei den Morcheln (*Morchella*, alle Arten

Speisepilze) und Lorcheln *(Helvella)* sind sie gestielt und bis 25 cm groß. Die Asci sind bei den *Pezizales* operculat, bei der **Ordnung Helotiales** inoperculat. Hierher gehören holz- und bodenbewohnende Saprophyten (z. B. *Ascocoryne*, Gallertbecher), aber auch wichtige Pflanzenparasiten: *Monilinia*, die Monilia-Fäule des Kern- und Steinobstes, *Botryotinia fuckeliana* (Nebenfruchtform *Botrytis cinerea*), der Grauschimmel, z. B. an Tulpenzwiebeln und Erdbeeren.

3. Unterklasse Loculoascomycetidae

Die wichtigsten Merkmale dieser Unterklasse, nämlich **ascoloculare Fruchtkörperbildung, proto- und bitunicate Asci** sowie meist **dunkelfarbige Mycelien** und Nebenfruchtformen, sind offenbar abgeleitet.

Bei der **Ordnung Dothideales** *(= Pseudosphaerales)* stehen die fast stets bitunicaten Asci in schwärzlichen, kugel- bis birnenförmigen Pseudothecien. Der Erreger des Apfel- und Birnenschorfs, *Venturia* (Nebenfruchtform *Fusicladium*), ist ein heterothallischer Parasit. Aus den Pseudothecien ragen lange Trichogynen zum Kontakt mit ♂ Gamocysten heraus. Die Ascosporen werden nach der Überwinterung ausgeschleudert.

(Weitere Ordnungen: *Myriangiales*, *Capnodiales* incl. *Meliolales*, *Dothiorales*, *Coronophorales*, *Phacidiales* mit *Rhytisma acerinum*, Ahorn-Blattfleckenkrankheit, Abb. 6.19.d)

4. Formen-Unterklasse Deuteromycetidae

Nach Ausschluß weniger *Endo-* und *Basidiomycetes* gehören die Fungi imperfecti (Pilze, deren Hauptfruchtform unbekannt ist) zu den Schlauchpilzen. Sie werden nach der Konidien-Ausbildung in einem künstlichen System geordnet. Wichtige Formgattungen, deren Zuordnung z. T. gelungen ist, sind *Trichophyton*, *Oidium*, *Aspergillus*, *Penicillium*, *Fusarium*, *Monilia*, *Botrytis* und *Fusicladium* (s. oben). Ist die Hauptfruchtform gefunden, gilt deren Name; der Name der Nebenfruchtform kann aber weiter verwendet werden, wenn von dieser die Rede ist.

5. Klasse Basidiomycetes — Ständerpilze ca. 30000 Arten

Charakteristik: Der Name der Klasse bezieht sich auf die Meiosporocysten, die **Basidien** (Ständer), die an Stielchen **(Sterigmen) 4** (selten 2) **Basidiosporen** tragen. Nach der Karyogamie und Meiose in der Probasidie wandern die 4 haploiden Kerne durch die Sterigmen in Sporensäckchen ein (Abb. 6.20.a).

Der Vegetationskörper wird überwiegend, der **Fruchtkörper** ausschließlich vom **Dikaryonten** gebildet. Dieser entsteht durch **Somatogamie** und anschließende konjugierte Mitosen des Dikaryons, oft kombiniert mit **Schnallenbildung**, die der Hakenbildung bei den Schlauchpilzen ähnelt (Abb. 6.20.a; Schnallen fehlen in den Fruchtkörpern der *Russulales*, *Lycoperdales*, *Boletaceae* und den *Uredinales*). Die Septenporen sind röhrenartig erweitert und von einer plasmatischen Porenkappe überwölbt (**Doliporus**, Abb. 6.20.a). Das dikaryotische Mycel bildet die Fruchtkörper unabhängig vom Zeitpunkt der Be-

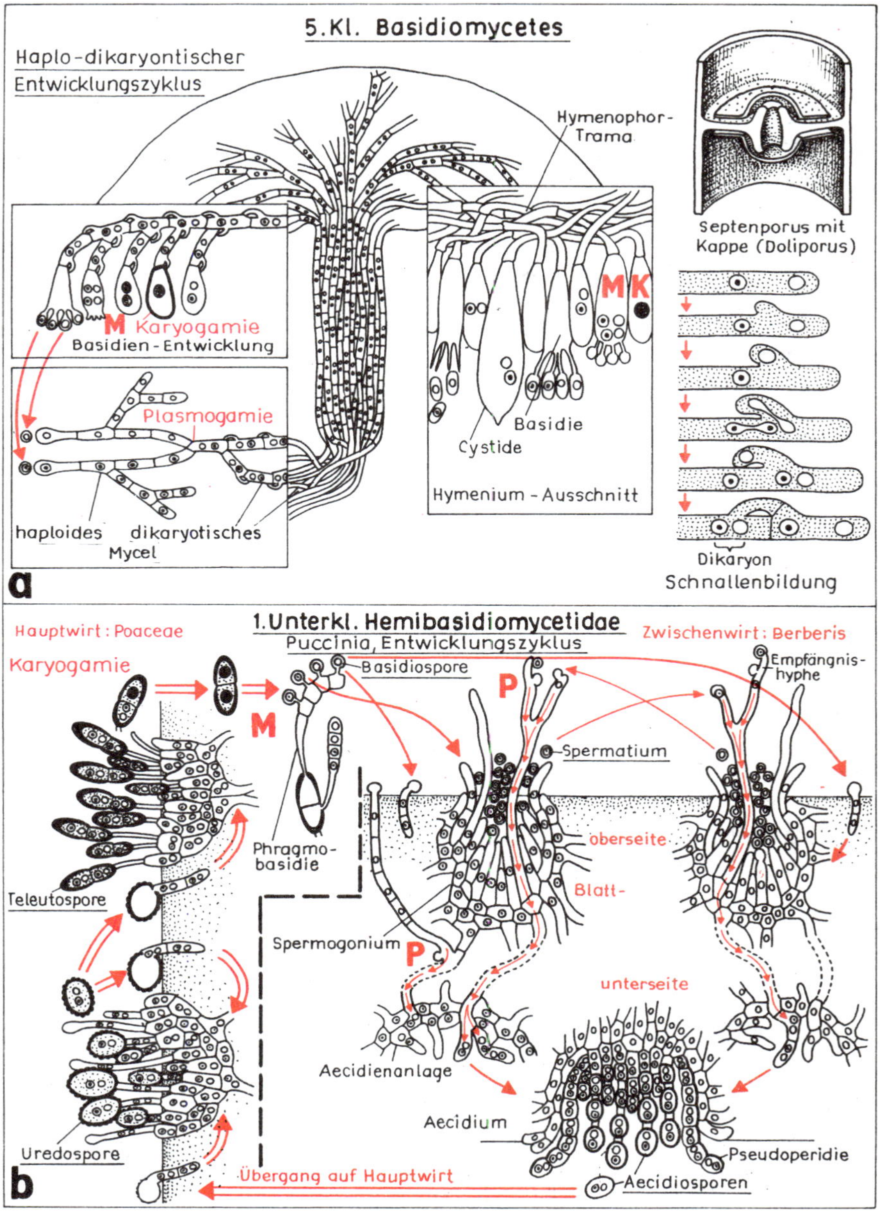
5. Kl. Basidiomycetes
Haplo-dikaryontischer Entwicklungszyklus
Hymenophor-Trama
Septenporus mit Kappe (Doliporus)
M
Karyogamie
Basidien-Entwicklung
MK
Plasmogamie
Basidie
Cystide
Hymenium - Ausschnitt
haploides
dikaryotisches
Mycel
Dikaryon
Schnallenbildung
a
1. Unterkl. Hemibasidiomycetidae
Puccinia, Entwicklungszyklus
Hauptwirt: Poaceae
Zwischenwirt: Berberis
Karyogamie
M
Basidiospore
P
Empfängnis-hyphe
Spermatium
oberseite
Blatt-
Phragmo-basidie
Teleutospore
Spermogonium
P
unterseite
Aecidienanlage
Aecidium
Pseudoperidie
Uredospore
Übergang auf Hauptwirt
Aecidiosporen
b

Abb. 6.20.

fruchtung. Ist es aus den haploiden Keim-Mycelien durch Somatogamie einmal hervorgegangen, kann es jahrelang weiterwachsen (nicht bei allen Arten unter Schnallenbildung!) und immer wieder zu bestimmten Zeiten Fruchtkörper hervorbringen. Manchmal werden dabei auffällige **Hexenringe** gebildet.

Fruchtkörper fehlen nur den *Hemibasidiomycetidae*. Der Bau der Fruchtkörper ist entweder

— **hymenial**: die Basidien bilden — oft zusammen mit besonders gestalteten vegetativen Zellen, den **Cystiden** und **Pseudoparaphysen** (Abb. 6.20.b) — eine Schicht, das **Hymenium**, auf der gesamten Fruchtkörper-Oberfläche bzw. auf einem besonderen **Hymenophor** („Futter" der Röhrlinge und Blätterpilze), oder

— **gasteral**: die Basidien stehen im Fruchtkörper-Inneren zerstreut oder in Hymenien auf inneren Oberflächen. Die sporenbildende **Gleba** ist von Hüllschichten, den **Peridien**, umgeben (z. B. Bovist).

Die **Gliederung** beruht auf dem Typ der Basidien: einzellige **Holobasidie** oder 4zellige (septierte) **Phragmobasidie** (Abb. 6.20.b); auf der Morphologie des Fruchtkörpers; auf der Struktur des Fruchtkörper-Fleisches (**Trama**), an dem 1—3 Hyphentypen beteiligt sind (dünnwandige generative Hyphen, dickwandige Skeletthyphen und dickwandige, stark verzweigte Bindehyphen) und das danach als mono-, di- oder trimitisch bezeichnet wird (Abb. 6.21.b). — Die

1. Unterklasse Hemibasidiomycetidae

umfaßt Pflanzenparasiten **ohne Fruchtkörper** und **ohne Porenkappen**, die Basidien sind (mit Ausnahme einiger Brandpilze) septiert **(Phragmobasidien).**

Ihre **Stellung** am Anfang der Ständerpilze (Beziehungen zu den *Endomycetes*!) ist unsicher wegen möglicher Reduktion durch Parasitismus.

Die Arten der

Ordnung Ustilaginales (Brandpilze) haben oft zunächst ein haploides Sproßzell-Stadium. Somatogamie führt zum dikaryotischen Mycel, das interzellulär in Angiospermen lebt, ohne sie zunächst sichtbar zu schädigen. In eng umgrenzten Teilen der Wirtspflanze entfaltet es sich und kann Tumorbildung verursachen. Schließlich zerfällt es in diesen Pflanzenteilen (Fruchtknoten, Antheren, Blätter oder Stengel) in die dicht gepackten **Brandsporen** (Teleutosporen). Aus diesen keimt unter Meiose nach dem Winter ein 4zelliges *(Ustilaginaceae)* oder einzelliges *(Tilletiaceae)* Promycel, das (nicht sicher) einer Basidie entspricht und haploide Sporen abgliedert. Die Getreide-Brandpilze, z. B. *Ustilago nuda*, Gerstenflugbrand, werden durch chemische oder thermische Saatgutbeizung bekämpft.

Noch wichtigere Getreideschädlinge gehören zur **Ordnung Uredinales** (Rostpilze). Ihr Entwicklungszyklus ist unter allen Organismen der komplizierteste: Die **5 Sporenformen** und der mit **Kernphasenwechsel** gekoppelte **Wirtswechsel** sollen am Beispiel von *Puccinia graminis*, dem Schwarzrost des Getreides, geschildert werden (Abb. 6.20.b).

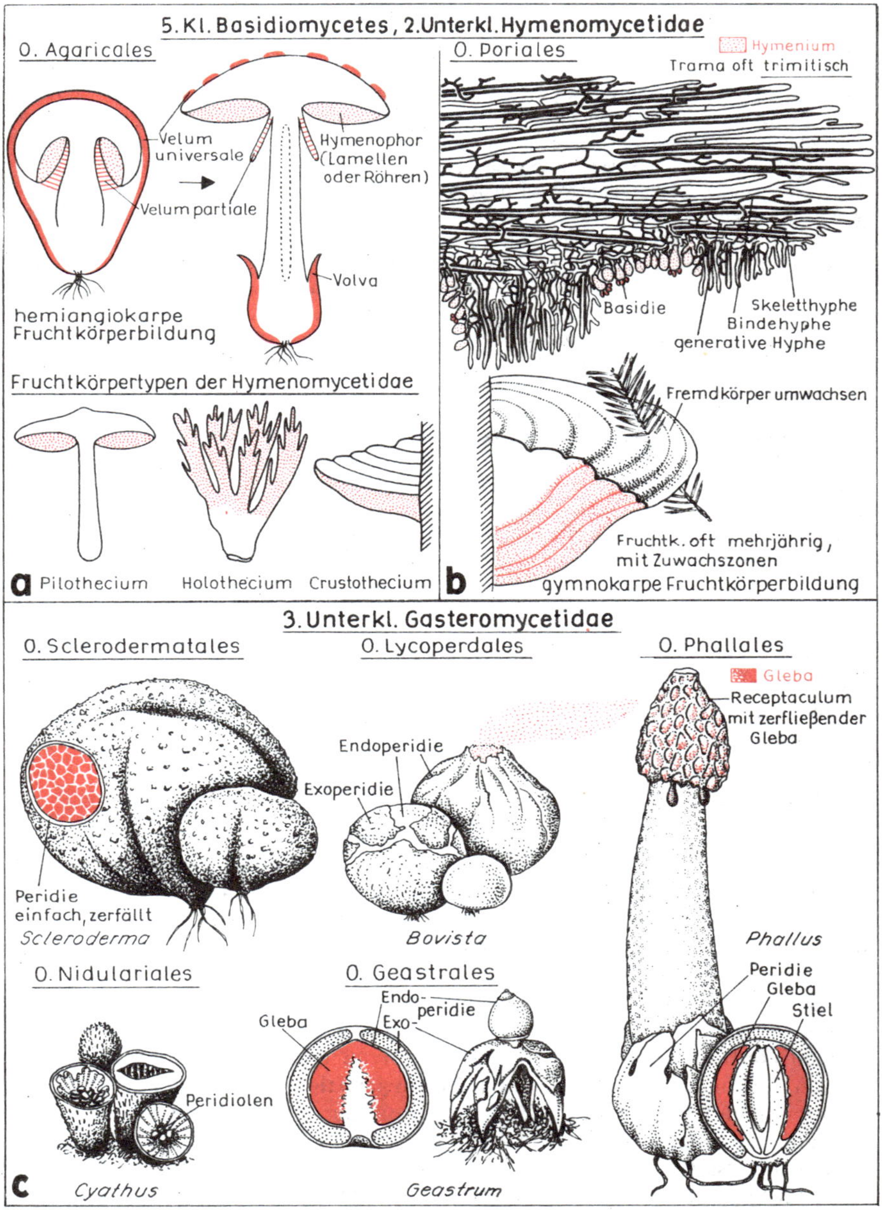
5. Kl. Basidiomycetes, 2. Unterkl. Hymenomycetidae
O. Agaricales
Velum universale
Hymenophor (Lamellen oder Röhren)
Velum partiale
Volva
hemiangiokarpe Fruchtkörperbildung
Fruchtkörpertypen der Hymenomycetidae
a
Pilothecium
Holothecium
Crustothecium
O. Poriales
Hymenium
Trama oft trimitisch
Basidie
Skeletthyphe
Bindehyphe
generative Hyphe
Fremdkörper umwachsen
Fruchtk. oft mehrjährig, mit Zuwachszonen
b
gymnokarpe Fruchtkörperbildung
3. Unterkl. Gasteromycetidae
O. Sclerodermatales
O. Lycoperdales
O. Phallales
Gleba
Receptaculum mit zerfließender Gleba
Endoperidie
Exoperidie
Peridie einfach, zerfällt
Scleroderma
Bovista
Phallus
O. Nidulariales
O. Geastrales
Endo-
peridie
Exo-
Gleba
Peridiolen
Peridie
Gleba
Stiel
c
Cyathus
Geastrum

Abb. 6.21.

Aus Teleutosporen des Vorjahres gehen unter Meiose Phragmobasidien mit **Basidiosporen** hervor. Letztere infizieren Blätter des Zwischenwirtes (hier Berberitze) und entwickeln interzelluläre Mycelien. Diese bilden an der Blattoberseite **Spermogonien** (= Pyknidien) mit **Spermatien** (Pyknosporen). Da die Spermogonien Nektar absondern, können die Spermatien von Insekten verschleppt werden. Sie sind aber selbst zur Neuinfektion nicht in der Lage. Gleichzeitig bildet das haploide Mycel an der Blattunterseite Aecidien-Anlagen. Nach Somatogamie mit einem zweiten Mycel oder nach Befruchtung durch Spermatien des anderen Kreuzungstyps, die von Empfängnishyphen aufgenommen und deren Kerne durch die Septenporen bis zur Aecidienanlage gelangen, kommt es in den becherförmigen Aecidien zur Ausbildung von Ketten dikaryotischer, meist polyedrischer **Aecidiosporen**, die den Hauptwirt (Getreide) infizieren. Zur Massenvermehrung führt die Bildung von **Uredosporen** (Sommersporen) aus dem dikaryotischen Mycel, die in Lagern angelegt werden und einzeln auf Stielen stehen. Im Herbst werden zwischen den Uredosporen oder in besonderen Lagern die dickwandigen, ebenfalls dikaryotischen, zweizelligen **Teleutosporen** gebildet, in denen die Karyogamie und bei der Keimung die Meiose erfolgt.

Phylogenie: Heute leben die *Uredinales* mit Tausenden von Arten auf fast allen Samenpflanzen-Gattungen. Im Paläozoikum waren die Wirte Farne und Gymnospermen. Mit der Entstehung der Angiospermen erfolgte beim Vorrücken in kühlere Gebiete und offene Vegetation die Ausbildung des Wirtswechsels. In den Tropen ist Wirtswechsel selten. Abgeleitet ist auch die Verkürzung des geschilderten Zyklus (z. B. **Mikroformen**, die nach der Somatogamie gleich Teleutosporen bilden).

Die Teleutosporen sind bei ursprünglichen Formen einzellig und stehen in Ketten, die Progression führt über mehrzellige Teleutosporen (z. B. *Cronartium*, Perennierender Haplont: Blasenrost der Kiefer) zur Festlegung der Zahl und zur Reduktion (2 bei der Gattung *Puccinia*). Rostpilze verursachen 5—15%, manchmal bis 50% Ernteausfall bei Getreide. Die Züchtung resistenter Sorten bringt wegen der Anpassung der Pilze nur vorübergehende Erfolge.

2. Unterklasse Hymenomycetidae

Charakteristik: Bei dieser Gruppe, zu der viele bekannte Gift- und Speisepilze, Mykorrhizapilze und Holzzerstörer gehören, werden **hymeniale Fruchtkörper** ausgebildet. Die dorsiventralen Basidiosporen werden von den Sterigmen aktiv abgeschleudert. Die Basidien sind meist unseptiert, nur bei den *Auriculariales* und *Tremellales* kommen Phragmobasidien vor.

Die Fruchtkörper sind äußerst vielgestaltig (krusten-, pustel-, keulen-, korallenförmig usw.), in der höchst entwickelten Form gestielt-hutförmig. Bei einigen Gattungen der *Agaricales* ist das Hymenophor der Hutunterseite im jungen Zustand durch eine Haut, das **Velum partiale**, bedeckt, die zwischen Hymenophor und Stieloberfläche (Manschette) oder Hutrand und Stiel entsteht (Ring oder Schleier). Außerdem kann der junge Fruchtkörper ganz von einem **Velum universale** umgeben sein, dessen Reste nach der Fruchtkörperstreckung als Fetzen oder Flocken auf dem Hut (z. B. Fliegenpilz), als Volva an der Stielbasis (z. B. *Amanita phalloides*, Grüner Knollenblätterpilz) oder als wolliger oder schleimiger Überzug auf Hut und Stiel zu erkennen sind (Abb. 6.21.a).

Stets ohne Velum und häufig noch ganz dem Substrat aufgewachsen sind die Fruchtkörper bei der **Ordnung Tremellales** (z. B. *Tremella*, Zitterpilz). Die **Ordnung Russulales** bildet bereits hutförmige Fruchtkörper. Das Fruchtkörperfleisch ist hier durch Nester kugeliger Zellen (Sphaerocysten) bröckelig, ein Velum fehlt. *Lactarius*, der Reizker, enthält Milchsaft, *Russula* (Täubling) nicht. Zu der großen

Ordnung Agaricales (incl. *Boletales*) gehören Hutpilze mit lamellen- oder röhrenförmigem Hymenophor. Nach der Bildung des Fruchtkörperprimordiums folgt eine rasche Streckung, Fremdkörper werden vom Fruchtkörper beiseitegedrückt. Z. B. *Agaricus bisporus*, Kulturchampignon. Die

Ordnung Polyporales umfaßt hauptsächlich holzbewohnende Hutpilze mit kurzlebigen, ungezonten, meist dimitischen Fruchtkörpern (z. B. *Polyporus*, Porling), während bei den ebenfalls meist auf Holz lebenden Arten der

Ordnung Poriales die Fruchtkörper zum Teil mehrere Jahre weiterwachsen (dabei Fremdkörper einschließen) und gezont sein können. Die Trama ist hier mono- bis trimitisch, das Hymenophor glatt, röhren-, lamellen- oder stachelförmig (z. B. *Phellinus ignarius*, Feuerschwamm; *Trametes versicolor*, Schmetterlingsporling). Zur

Ordnung Cantharellales (Fruchtkörper hutförmig, keulenförmig oder verzweigt, ohne ausgeprägte Streckungsphase, ohne Velum, kurzlebig) gehört der Kiefern-Mykorrhizapilz *Cantharellus cibarius* (Pfifferling) und *Sparassis crispa*, die Krause Glucke.

(Weitere Ordnungen: *Auriculariales*, *Dacrymycetales*, *Tulasnellales*).

3. Unterklasse Gasteromycetidae

Die Fruchtkörper der „Bauchpilze“ sind mannigfaltig und oft kompliziert gebaut (z. B. Erdsterne, Pilzblumen, Teuerling). Die kugeligen, oft warzigen Basidiosporen werden **nicht aktiv abgeschleudert.** Durch Kernteilung in den Basidiosporen ist das Mycel meist von Anfang an dikaryotisch.

Die gasteralen Fruchtkörper bestehen aus der zunächst geschlossenen, ein- oder mehrschichtigen Hülle **(Peridie)** und der von ihr eingeschlossenen **Gleba**, die die Basidien enthält.

Gasterale Fruchtkörper sind wahrscheinlich auf verschiedenem Wege entstanden, z. B. in der Verwandtschaft der *Russulales*, *Polyporales* und *Agaricales* („Secotioide *Gasteromycetes*“); die Unterklasse ist daher **polyphyletisch.** Die folgenden Ordnungen zeigen aber keine klaren Beziehungen zu anderen Basidiomyceten-Gruppen.

Ordnung Sclerodermatales: Gleba **ohne Hymenium.** Fruchtkörper rundlich-knollenförmig, die dicke, harte Peridie meist durch unregelmäßigen Zerfall geöffnet. *Scleroderma citrinum*, Kartoffelbovist (Abb. 6.21.c).

Ordnung Lycoperdales: Basidien in der stark gefalteten Gleba auf der Trama ein deutliches **Hymenium** bildend. Reif lösen sich Basidien und Trama zu pulveriger Sporenmasse auf (Autolyse), Tramahyphen bilden dann ein lockeres Geflecht, das **Capillitium.** Peridie zweischichtig, **Exoperidie** frühzeitig **verschwindend.** Endoperidie dauerhaft, am Scheitel geöffnet. *Calvatia*, Riesenbovist, bis 1 m groß; *Lycoperdon*, Stäubling (Abb. 6.21.c).

Ordnung Geastrales: Peridie mehrschichtig. Die Exoperidie reißt durch Quellungsmechanismus **sternförmig** auf und rollt sich zurück. Endoperidie mit 1 bis mehreren scheitelständigen Öffnungen. Gleba radial gekammert, bei der Reife pulverig. In Wäldern und Steppen. *Geastrum*, Erdstern (Abb. 6.21.c).

Ordnung Nidulariales: Die etwa zentimetergroßen Fruchtkörper öffnen sich am Scheitel mit einem vorgebildeten Fenster und geben linsenförmige **Peridiolen** (Glebakammern) frei, die durch Regentropfen aus dem Becher geschleudert werden (z. B. *Cyathus*, Teuerling, Abb. 6.21.c), oder die Peridie wird durch Quellung gesprengt und die ganze Gleba bis 5 m weit weggeschleudert.

Ordnung Phallales: Fruchtkörper hypogäisch angelegt. Unter der Peridie bildet die Trama eine Gallertschicht **(Volva)**, die die Glebakammern umschließt. Der zentrale Teil der Gleba, das Receptaculum, wird bei der Reife stark gestreckt und durchbricht die Volva, die Sporenmasse zerfließt stinkend auf ihm, Verbreitung endozoochor durch Fliegen. *Phallus*, Stinkmorchel (Abb. 6.21.c); *Anthurus*, Tintenfischpilz („Pilzblumen").

(Weitere Ordnungen: *Tulostomatales*, *Melanogastrales*, *Hymenogastrales*, *Gautieriales*, *Gastrosporiales*).

6.3.4. Reich Plantae (Fortsetzung):

Abteilungsgruppe Archegoniatae (Cormobionta, Telomophyta), Echte Landpflanzen

Hierher gehören die Moose und die Gefäßpflanzen (*Tracheophyta*; Farne und Samenpflanzen). Sie sind offenbar von den *Chlorophyta* abzuleiten, u. a. weil sie die gleichen Assimilationspigmente (vgl. Tab. S. 177 u. Abb. 6.2.), gleiches Zellwandmaterial und gleiche Speicher-Kohlenhydrate besitzen (s. S. 179). Die *Archegoniatae* unterscheiden sich aber durch mehrere Anpassungen an das Landleben wesentlich von den Algen.

Zu diesen Anpassungen, die die Landpflanzen gleichzeitig als phylogenetisch einheitliche Gruppe charakterisieren, gehört vor allem der Besitz von vielzelligen Gonitangien (Sporangien und Gametangien) mit einer Hülle aus sterilen Zellen (Abb. 6.22., 6.26.c). Die ♀ Gametangien, die **Archegonien**, sind flaschenförmig. Von der einschichtigen Wand aus sterilen Zellen wird eine Kette von Zellen umgeben: Zuunterst liegen als 2 Schwesterzellen die große **Eizelle** und die **Bauchkanalzelle**, über dieser folgen im Archegoniumhals die **Halskanalzellen** (bei Moosen mehrere, bei Pteridophyten nur eine, die Archegonien der Samenpflanzen sind stärker reduziert, vgl. S. 243f., 251). Die ♂ Gametangien, die **Antheridien**, sind kugelig, ihre Wand umgibt das spermatogene Gewebe, dessen Zellen zu je 2 begeißelten Spermatozoiden (im stark reduzierten Antheridium der meisten Samenpflanzen nur zu 2 Spermakernen) werden.

Als weitere wichtige Anpassungen an das Landleben besitzen die *Archegoniatae* eine **Cuticula** (s. S. 74) und **Spaltöffnungen** (S. 80f.) an den Sproßorganen.

Bei den meisten Gefäßpflanzen und dem größten Teil der Moose ist der Vegetationskörper in **Sproßachse** und **Blätter** gegliedert. Während aber die rezenten Gefäßpflanzen einen typischen **Cormus** aus Sproßachse, Blättern und Wurzeln besitzen, haben die **Moose nie Wurzeln**, sondern nur **Rhizoiden.** Außerdem entspricht der Vegetationskörper der Moose insofern nicht dem der

Gefäßpflanzen, als er bei den ersteren den Gametophyten, bei den letzteren den Sporophyten darstellt. Der Besitz der geschilderten Gametangien, der Stomata und der Cuticula charakterisiert Moose und Gefäßpflanzen als Abstammungsgemeinschaft. Beide haben sich aber getrennt weiterentwickelt, die Moose unter Betonung der Haplophase, die Gefäßpflanzen unter Reduktion der Haplophase und Betonung der Diplophase. Das ist offenbar deshalb der erfolgreichere Weg gewesen, weil der Sporophyt nicht wie der Gametophyt zur Befruchtung Wasser braucht und deswegen nicht an Bodennähe gebunden ist, vielleicht auch, weil die Diplophase genetisch besser ausbalanciert ist (vgl. S. 150).

1. Abteilung Bryophyta, Moospflanzen 25000 Arten

Charakteristik: die Moose sind Archegoniaten mit einem thallösen oder (häufiger) in Sproßachse und einfach gebaute Blättchen gegliederten (frondosen) Gametophyten, der keine Wurzeln, sondern Rhizoiden besitzt. Die Archegonien haben mehrere Halskanalzellen. Der Sporophyt wächst als untergeordnete Generation auf dem assimilierenden Gametophyten.

Die Abstammung ist unklar. Anschluß der *Anthocerotopsida* vielleicht direkt an grünalgenähnliche Vorfahren, der übrigen Moose an ursprüngliche *Psilophytatae* (S. 230f.). Älteste Funde erst aus dem Oberdevon.

Entwicklungszyklus (Abb. 6.22.d): Die Meiospore keimt zu einem grünen Fadenthallus, dem **Protonema**, das mit einer einschneidigen Scheitelzelle wächst und farblose Rhizoiden ausbildet. An Seitenästen werden dreischneidige Scheitelzellen und daraus Knospen gebildet, die sich zu dem eigentlichen Moospflänzchen entwickeln. Protonema und Moospflänzchen sind Stadien des **Gametophyten** (Haplophase). Das Moospflänzchen ist mit Rhizoiden am Substrat befestigt. Auf ihm werden die **Antheridien** und **Archegonien** ausgebildet, die bisweilen von besonderen Hochblättern und bei Laubmoosen von Safthaaren (Paraphysen) umgeben sind. Bei feuchter Witterung entlassen die Antheridien die Spermatozoiden, die chemotaktisch (S. 461 f.) angelockt werden und die durch Wassertropfen in den Archegoniumhals und durch die verschleimenden Hals- und Bauchkanalzellen zur Eizelle gelangen.

Aus der Zygote entwickelt sich **auf der haploiden Moospflanze** der diploide **Sporophyt**, hier **Sporogon** genannt. Er ist in **Fuß**, Stiel **(Seta)** und **Sporenkapsel** gegliedert. Bei der Streckung der Seta zerreißt die bei den Laubmoosen zunächst mitwachsende Archegoniumwand, der obere Teil sitzt als Haube (**Kalyptra**, haploid!) auf der Sporenkapsel. Das Sporogon, das auch Stomata trägt, assimiliert nur wenig und lebt auf Kosten des Gametophyten.

Bei den Laubmoosen bilden sterile Zellen im Zentrum der Sporenkapsel eine Säule **(Columella)**, die zur Wasser- und Nährstoffversorgung der Sporen dient. Bei den *Bryidae* entwickelt sich an der Spitze der mehrschichtigen Sporenkapsel-Wand ein Öffnungsmechanismus: ein Ring **(Anulus)** von Zellen sprengt einen kappenförmigen **Deckel** ab. Unter diesem befindet sich oft ein **Peristom**, d. h. 1—2 (selten 3—6) Kränze von Zähnen aus Zellreihen oder verdickten tangentialen Wänden der 3 inneren Zellschichten der Kapselwand, die die Kapsel durch hygroskopische Bewegungen öffnen und schließen (s. S. 433, Abb. S. 434, Abb. 6.22.d). Die Zahl der Peristomzähne (16 oder ein Vielfaches davon) und ihre Gestalt sind für die Bestimmung wichtig.

Bei den Sporenkapseln der Lebermoose fehlen Columella, Deckel und Peristom. Aus jeder Zelle des Archespors entsteht bei ihnen durch inaequale Teilung eine Sporenmutterzelle und ein fadenförmiger **Elater** mit schraubigen Verdickungsleisten. Die Elateren lockern die Sporen durch Kohäsionsbewegungen und streuen sie aus (s. S. 435, Abb. 6.22.a).

Die Sporen entstehen unter Meiose simultan (Wandbildung erst nach dem zweiten Teilungsschritt). Sie werden vom Wind verbreitet und entwickeln sich wieder zu neuen Gametophyten. Bei diözischen Moosen (z. B. *Polytrichum*) können die Sporen gleich oder verschieden gestaltet sein.

Ökologie, Vorkommen und Bedeutung. Da die Moose nur unvollkommen ans Landleben angepaßt sind (sehr dünne Cuticula, Spaltöffnungen nur am Sporogon der Laubmoose und bei *Anthoceros*, primitives Leitgewebe ohne Gefäße, keine Wurzeln, Befruchtung an Wasser gebunden), sind sie vorwiegend in feuchteren Gebieten verbreitet. Sie sind allerdings z. T. in der Lage, längeres

Tabelle 6.4. Merkmale der Hepaticopsida und Bryopsida

Merkmal	*Hepaticopsida*	*Bryopsida*
Gametophyt		
Protonema	meist schwach entwickelt, bei thallösen Arten kurz schlauchförmig	kräftig entwickelt, bei Protonemamoosen vorherrschend
Moospflanze	thallös oder frondos	stets frondos (Stengel und Blättchen)
Zellen mit Ölkörpern	meist vorhanden	fehlen
Blattstellung	2zeilig, selten 3zeilig	meist schraubig (Ausnahme z. B. *Fissidens*)
Blattbau	ohne Mittelrippe	meist mit mehrschichtiger Mittelrippe
Rhizoide	einzellig, unverzweigt	mehrzellig, verzweigt
Sporophyt		
Elateren	vorhanden	fehlen
Columella	fehlt	vorhanden
Peristom	fehlt	häufig vorhanden
Seta	kurzlebig, zart, erst zuletzt gestreckt	langlebig, fest, vor der Kapsel entwickelt
Kapselöffnung	Längsrisse, Längsklappen	Deckel, selten Längsspalten

Austrocknen zu überleben (poikilohydrisch). Andererseits speichern sie in ihren Polstern Wasser, wozu auch spezielle Anpassungen ausgebildet wurden (Wassersäcke an Lebermoosblättern, Wasserspeicherzellen bei *Sphagnum*, Abb. 6.22.c). Moose sind gute Zeiger für Klima und Boden, aber auch für anthropogene Luftverunreinigung, diese wird vor allem von vielen Rindenmoosen nicht vertragen. Ihre praktische Bedeutung ist gering: 1. Wasserspeicher in Wäldern, 2. Torflieferanten, 3. Ren-Weide in Moostundren.

In Zentraleuropa wachsen etwa 1000 Laubmoos- und 350 Lebermoos-Arten. Ihre Bestimmung (Literatur: Gams, Rabenhorst) ist in den meisten Gruppen (z. B. *Sphagnum*) nur mit Hilfe des Mikroskops möglich, viele verbreitete Arten sind aber auch im Gelände sicher anzusprechen. Leicht ist das Sammeln und Konservieren.

Die systematische Forschungsarbeit konzentriert sich gegenwärtig auf die Revision von Gattungen im weltweiten Maßstab, denn durch die getrennte Bearbeitung in verschiedenen Kontinenten wurden viele Arten mehrmals beschrieben oder ihre Verwandtschaft verkannt.

Gliederung: Die Moose werden in 3 Klassen gegliedert, von denen die *Bryopsida (Musci)* als abgeleiteter gelten, weil sie

1. stets in Stengel und Blättchen gegliedert sind,
2. einen stärker entwickelten Sporophyten besitzen und
3. eine höher entwickelte Blatt- und Sproßanatomie aufweisen.

Die beiden großen Klassen sind schon nach den in Tab. 6.4. genannten Merkmalen meist gut zu erkennen.

1. Klasse Anthocerotopsida, Hornmoose — 100 Arten

Diese artenarme Klasse weicht von den übrigen Moosen so stark ab, daß sogar vorgeschlagen wurde, ihr eine eigene Abteilung einzuräumen. Der Gametophyt (Abb. 6.22.a) ist thallös (mit Stomata!) und wächst mit einer **Scheitelkante.** Jede Zelle enthält nur einen **schlüsselförmigen**, pyrenoidführenden Chloroplasten (vgl. *Chlorophyta*, S. 180, bei allen übrigen Moosen und den Gefäßpflanzen gibt es zahlreiche linsenförmige Chloroplasten ohne Pyrenoide). Die Gametangien sind in den Thallus eingesenkt. Der **Sporophyt** ist **ungestielt**, wächst mit einem **interkalaren Meristem**, enthält eine zentrale sterile Gewebesäule (Columella), bildet die **Sporen nicht synchron.** Durch nochmalige Teilung der Elaterenzellen kommen 4 oder mehr Elateren auf jede Sporentetrade. *Anthoceros*, Hornmoos, nicht selten auf kalkarmen Äckern.

2. Klasse Hepaticopsida (Hepaticae), Lebermoose — 10000 Arten

Merkmale s. Tab. 6.4.!

Ordnung Metzgeriales (600 Arten): Gametophyt thallös, aus einer bis mehreren Schichten gleichwertiger Zellen aufgebaut. Archegonien und Sporogone auf dem Rücken des Thallus, oft von Hülle (Perichaetium) umgeben. *Pellia*, *Metzgeria* (Abb. 6.22.a).

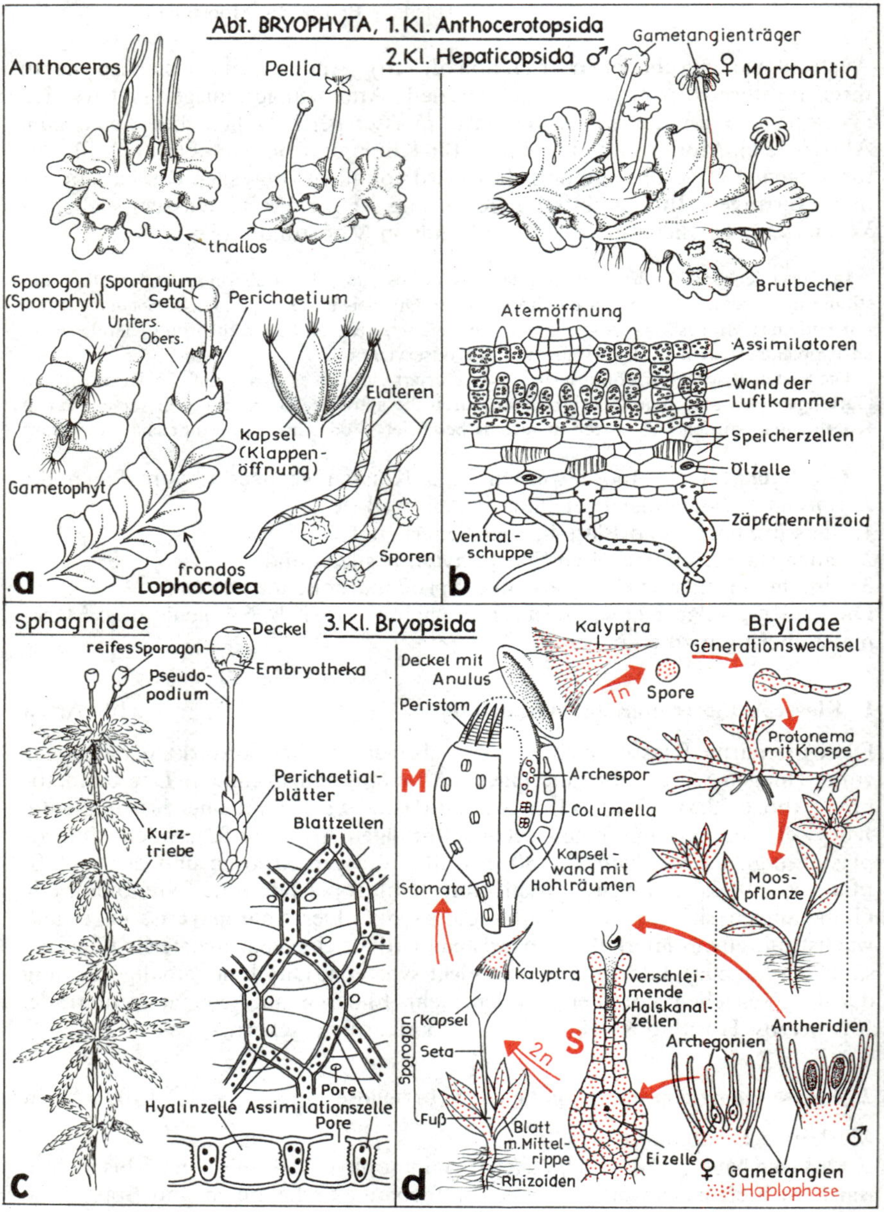
Abt. BRYOPHYTA, 1. Kl. Anthocerotopsida
2. Kl. Hepaticopsida
Anthoceros
Pellia
thallos
Gametangienträger
♂
♀ Marchantia
Brutbecher
Sporogon (Sporophyt)
Sporangium
Seta
Unters.
Obers.
Perichaetium
Elateren
Kapsel (Klappen-öffnung)
Gametophyt
frondos
Sporen
Lophocolea
a
Atemöffnung
Assimilatoren
Wand der Luftkammer
Speicherzellen
Ölzelle
Zäpfchenrhizoid
Ventral-schuppe
b
Sphagnidae
3. Kl. Bryopsida
Bryidae
reifes Sporogon
Deckel
Embryotheka
Pseudo-podium
Perichaetial-blätter
Kurz-triebe
Blattzellen
Pore
Hyalinzelle
Assimilationszelle
Pore
c
Kalyptra
Deckel mit Anulus
1n
Spore
Generationswechsel
Peristom
M
Archespor
Columella
Kapsel-wand mit Hohlräumen
Stomata
Protonema mit Knospe
Moos-pflanze
Kalyptra
Sporogon
Kapsel
Seta
Fuß
2n
S
verschlei-mende Halskanal-zellen
Archegonien
Antheridien
Blatt m. Mittel-rippe
Rhizoiden
Eizelle
♀
Gametangien
♂
Haplophase
d

Abb. 6.22.

Ordnung Jungermanniales (9000 Arten): Frondos, Stämmchen ohne Leitgewebe, Blätter einschichtig, ohne Mittelrippe, oft zwei- oder mehrlappig. Die stets dreischneidige Scheitelzelle liefert außer den flankenständigen Blattreihen meist eine dritte Reihe kleinerer Blätter (Unterblätter) auf der Unterseite. Stomata fehlen, auch am Sporophyten. Archegonien endständig. Artenreich in den Tropen, in Mitteleuropa 250 Arten. Bei *Frullania* bildet einer der beiden Blattlappen einen flaschenförmigen Wassersack. *Lophocolea* (Abb. 6.22.a).

Ordnung Marchantiales (400 Arten): Thallus hoch differenziert, z. B. bei der diözischen *Marchantia polymorpha*, Brunnenmoos, höchstentwickelter Gametophyt des Pflanzenreiches: Luftkammern mit Atemporen und Assimilatoren, Speichergewebe, Ventralschuppen, einzellige Rhizoiden, Brutbecher mit Brutkörpern (Abb. 5.29.), dreifach dichotom geteilte, sternförmige Antheridien- und Archegonienträger, Abb. 6.22.b. (Weitere Ordnungen: *Sphaerocarpales*, hier wurden erstmals im Pflanzenreich Geschlechtschromosomen gefunden; *Calobryales*, Blätter dreizeilig)

3. Klasse Bryopsida (Musci), Laubmoose 15000 Arten

Merkmale s. Tab. 6.4. (S. 224).

1. Unterklasse Sphagnidae. 1 Ordnung mit der einzigen Gattung *Sphagnum*, Torfmoos (336 Arten). Bildet in den kühlen bis gemäßigten Zonen ausgedehnte **Torfmoore** (Brennstoff!). Das Protonema ist ein flächiger Thallus. Die Sprosse sind in Langtriebe und dicht beblätterte Kurztriebe gegliedert. Zwischen kleinen chlorophyllhaltigen Zellen liegen leere, poröse, von Ringfasern ausgesteifte **Wasserspeicherzellen** (Abb. 6.22.c). Dadurch sind die Torfmoose vom Grundwasser unabhängig, obwohl sie nur in der Jugend an der Basis ein Rhizoidbüschel tragen. Die ungestielte, auf einem Kurztrieb (Pseudopodium) sitzende Kapsel öffnet sich durch Unterdruck mit Knall.

2. Unterklasse Andreaeidae. Wenige felsbewohnende Arten, z. B. *Andreaea*, Klaffmoos. Sie erinnern in der Öffnung der Kapsel mit Längsklappen an die *Hepaticopsida*, im Bau der Columella und des Pseudopodiums an die *Sphagnidae*.

3. Unterklasse Bryidae. Umfaßt mit fast 15000 Arten die meisten, darunter auch die größten Formen. Das Stämmchen besitzt einen Zentralstrang (ähnlich der Protostele (s. S. 229), der z. B. bei *Mnium*, Sternmoos, auch Blattspurstränge abgibt. Kapselöffnungen meist mit **Peristom** (Abb. 6.22.d). Die Archegonien und Sporogone stehen entweder am Ende aufrechter Triebe **(akrokarp)** oder an Seitenzweigen plagiotrop wachsender, meist fiederig verzweigter Pflänzchen **(pleurokarp).**

Ordnung Dicranales: Peristom aus zweischenkligen Zähnen. Z. B. *Leucobryum*, Weißmoos, in der Gärtnerei verwendet, auf sauren Waldböden, ähnlich wie *Sphagnum* mit Wasserspeicherzellen. *Dicranum*, Hornzahnmoos, in Wäldern häufig.

Ordnung Pottiales: Meist an Trockenheit angepaßte Erd- und Felsmoose mit Papillen auf der Peristom-Außenseite und auf der Blattoberfläche. Z. B. *Tortula*.

Ordnung Schistostegales: Nur *Schistostega*, Leuchtmoos, dessen ausdauerndes, flächiges Protonema aus kugeligen, Licht reflektierenden Zellen gebildet wird.

Ordnung Bryales: Akrokarp. Peristom doppelt. *Mnium*, häufig in Wäldern, *Bryum argenteum* in Pflasterritzen.

Ordnung Hypnobryales: Pleurokarpe Moose mit meist geneigter Kapsel, Peristom doppelt. In Wäldern häufig: *Hylocomium*, Etagenmoos; *Pleurozium*, Rotstengelmoos; *Pseudoscleropodium*, Grünstengelmoos.

Ordnung Polytrichales: Stark abweichender Peristombau: Zähne aus Reihen ganzer Zellen. Leitgewebe hoch entwickelt, bei *Dawsonia* mit Lignin (Leitgeschwindigkeit 2 m/h). Blätter mit Assimilationslamellen. *Polytrichum*, Frauenhaarmoos, in Wäldern, *P. commune* in Zwischenmooren, bis 40 cm lang.

(Weitere Ordnungen: *Archidiales*, *Fissidentales*, *Grimmiales*, *Funariales*, *Tetraphidales*, *Isobryales*, *Hookeriales*, *Buxbaumiales*).

2. Abteilung Pteridophyta, Farnpflanzen — 10700 Arten

Die Farnpflanzen sind ans **Landleben** besser angepaßt als die Moose. Sie besitzen echte **Wurzeln, Leitbündel mit Gefäßen, Festigungsgewebe, Stomata und mehrschichtige Blätter mit Cuticula.** Trotzdem sind heute von dieser im Devon, Karbon und Unter-Perm (Paläophytikum, Farnzeit, S. 167) sehr reich entfalteten Abteilung nur einige Gruppen erhalten: die wenigen Gattungen der Bärlappe, Moosfarne, Brachsenkräuter, Schachtelhalme und der z. T. erst in jüngerer Zeit (Jura) artenreich entfalteten Farne. Die Ursache für diesen Rückgang ist vor allem in der Verdrängung durch die noch besser angepaßten Samenpflanzen zu sehen. Im Gegensatz zu diesen ist bei den Farnpflanzen z. B. noch die Befruchtung an Wasser gebunden.

Charakteristik und Generationswechsel. Die *Pteridophyta* sind **Gefäßpflanzen** *(Tracheophyta)*, d. h. sie besitzen Tracheiden, in seltenen Fällen (*Pteridium*, Adlerfarn, *Selaginella*, Moosfarn) bereits Tracheen. Bei fossilen Formen kam auch sekundäres Dickenwachstum vor.

Die *Pteridophyta* sind **Cormophyten**, d. h. ihr Sporophyt ist in **Sproßachse, Blätter** und **echte Wurzeln** gegliedert (Ausnahme: *Psilophytatae*).

Der Farnpflanzen-Cormus zeigt allerdings einige **Unterschiede zu dem der Samenpflanzen**: Blatt, Sproß und Wurzel wachsen meist mit einer **Scheitelzelle** (Ausnahme: Initialzellgruppe beim Sproß der Bärlappe und einiger primitiver *Filicatae*). In Blättern ist sie zweischneidig (zu ihrem Schutz sind junge Farnblätter meist eingerollt), an Sprossen drei- bis fünfschneidig (Abb. 4.1.c), an Wurzeln vierschneidig. Die Bewurzelung ist **primär homorrhiz**, d. h. die erste Wurzel bricht seitlich aus der Sproßachse hervor. Die Seitenwurzeln werden nicht aus dem Perikambium, sondern aus der innersten Rindenschicht, die Kalyptra von der vierschneidigen Scheitelzelle der Wurzel gebildet (vgl. S. 78). Die **Sproßverzweigung** kann seitlich oder dichotom sein, erfolgt aber **nicht**, wie bei den Samenpflanzen, **aus den Blattachseln.**

Die *Pteridophyta* sind wie die *Bryophyta* Archegoniaten mit **heteromorphem, heterophasischem Entwicklungszyklus.** Während aber bei den Moosen der Sporophyt als untergeordnete Generation auf dem Gametophyten wächst und von diesem ernährt wird, ist der thallöse Gametophyt der *Pteridophyta*, der hier als **Prothallium** bezeichnet wird, von untergeordneter Bedeutung, kaum zentimetergroß und meist kurzlebig.

Die auf den Prothallien entwickelten **Antheridien** und **Archegonien** (letztere meist mit nur noch 1 Halskanalzelle) können monözisch oder diözisch verteilt sein. Nach der Befruchtung durch polar begeißelte Spermatozoiden (Oogoniogamie) entwickelt sich aus der Zygote die diploide, ungeschlechtliche Generation, der **Sporophyt**, der bald selbständig wird und viel größer und höher organisiert ist als bei den Moosen. Er trägt auf den Blättern (nur bei den *Psilophytatae* endständig an Achsengebilden) die **Sporangien.** Diese bestehen aus einer mehr- oder einschichtigen **Wand** aus sterilen Zellen und dem **Archespor.** Bei vielen Farnpflanzen (nicht bei den Psilophyten) werden eine bis mehrere Schichten des Archespors zum **Tapetum**, einem Ernährungsgewebe, das sich bei der Ausbildung der Sporen beteiligt, und zwar durch Sekretion (**Sekretionstapetum**, bei den *Lycopodiatae*) oder Auflösung der Zellwände (**Periplasmodialtapetum**; *Equisetatae*, *Filicatae*). Die zentralen (meist 16) Zellen des Archespors liefern als **Sporenmutterzellen** unter Meiose je 4 **Meiosporen** (simultan bei *Lycopodiatae*, *Equisetatae* und ursprünglichen *Filicatae*, sukzedan bei *Polypodiidae*), aus denen wieder ein haploides Prothallium hervorgeht (Abb. 6.26.c).

Bedeutung. Während die fossilen Bärlapp- und Schachtelhalm-Bäume (Abb. 6.25., 6.26.) als Lieferanten der **Steinkohle** wichtig sind, haben die rezenten Pteridophyten kaum praktische Bedeutung (z. B. Sumpfschachtelhalm, *Equisetum palustre*, als Giftpflanze auf Wiesen; Ackerschachtelhalm, *E. arvense*, als Ackerunkraut; Moosfarn, *Selaginella*, und einige Farne wie Venushaar, *Adiantum*, als Zierpflanzen).

Große theoretische Bedeutung hat die Gruppe für die Phylogenie, da sie die ersten Landpflanzen und die Vorfahren der Samenpflanzen enthält.

Progressionstendenzen bei den Farnpflanzen.

1. Differenzierung zunächst gleichwertiger Gabeläste **(Telome)** in seitliche Organe mit begrenztem Wachstum (Blätter und Sporangiophoren = Sporangienträger) und leitende Achsen durch die Grundvorgänge der **Übergipfelung, Planation, Verwachsung, Einkrümmung und Reduktion (Telomtheorie**, Abb. 6.23.c).
2. Vervollkommnung des Leitgewebesystems der Sproßachse (**Stelärtheorie**, Abb. 6.23.c): **Protostele** (zentraler Xylemstrang von primitivem Phloem ohne Siebzellen umgeben, z. B. *Rhynia* und Jugendstadium rezenter Farne) → durch Verwachsung bzw. Tieferverlegen der Gabelungsstellen Ausbildung mehrerer Xylemstränge mit allseitiger Metaxylembildung: **Polystele** (bei Farnen) → durch Abschirmung der Induktion der Metaxylembildung Ausbildung der **Eustele** (Metaxylembildung nur zentrifugal, Ausbildung von Anastomosen zwischen den Xylemsträngen, z. B. Koniferen, Dicotyledonen), der **Aktinostele** (Metaxylembildung zentripetal, z. B. Sper-

matophyten-Wurzeln) oder der **Siphonostele** (Metaxylembildung tangential, z. B. Baumfarne).

3. Differenzierung der Blätter in sporentragende **Sporophylle** und assimilierende **Trophophylle.**
4. Zunehmende Gruppierung der Sporophylle in **Blüten (= Sporophyllstände mit begrenztem Wachstum)** bei Bärlappen und Schachtelhalmen.
5. Zunehmende Gruppierung der Sporangien in **Sori** (Sg. Sorus), Ausbildung von Hüllen um die Sori (Indusien), Verwachsung der Sporangien zu **Synangien.**
6. Differenzierung der Sporen in kleine, ♂ Mikroprothallien hervorbringende **Mikrosporen** und wenige große, ♀ Megaprothallien hervorbringende **Megasporen (Heterosporie).** Diese Erscheinung, die vor allem den Vorteil der sicheren Fremdbefruchtung hat, entwickelte sich bei den Pteridophyta unabhängig voneinander in 8—10 Linien.
7. Mit der Heterosporie verbunden ist die Reduktion der Megasporenzahl und des Gametophyten, besonders des Mikrogametophyten, und der Einschluß des Prothalliums in die Spore, schließlich in das Sporangium und besondere Hüllen **(Samenbildung).** Samen wurden von mehreren Gruppen unabhängig voneinander entwickelt.

Gliederung. Die 4 Klassen unterscheiden sich durch Blattgröße, Blattstellung und Sporangienstellung deutlich voneinander. Die obengenannten Progressionstendenzen sind unterschiedlich kombiniert.

1. *Psilophytatae*: Blätter fehlend, höchstens schuppenförmige Epidermalbildungen, Pflanzen mit räumlich verzweigten Sproßachsen (Telomen), Sporangien endständig.
2. *Lycopodiatae*: Blätter klein (Mikrophylle), oft mit Ligula, wechselständig oder dekussiert und dann anisophyll. Sporangien einzeln auf den Blättern (epiphyll), Sprosse und Wurzeln gabelig verzweigt.
3. *Equisetatae*: Mikrophylle keilförmig-gabelnervig oder ± reduziert, quirlständig; Sporangien zu wenigen an der Unterseite tischförmiger Sporangiophoren (Sporangienträger).
4. *Filicatae*: Blätter groß (Megaphylle), meist gefiedert und wechselständig, Sporangien in Vielzahl am Rand oder an der Unterseite der Blätter.

1. Klasse Psilophytatae, Urfarne

Die Urfarne, die ältesten Land-Gefäßpflanzen, sind nur vom Silur bis zum Oberdevon bekannt. Der erste Urfarn wurde 1859 beschrieben, aber erst um 1920 wurde, besonders durch die Untersuchungen von Kidston und Lang, die Bedeutung der Gruppe für die Phylogenie erkannt.

Von den etwa 50 auf der Nord- und Südhalbkugel bekannten Arten seien nur einige wichtige vorgestellt:

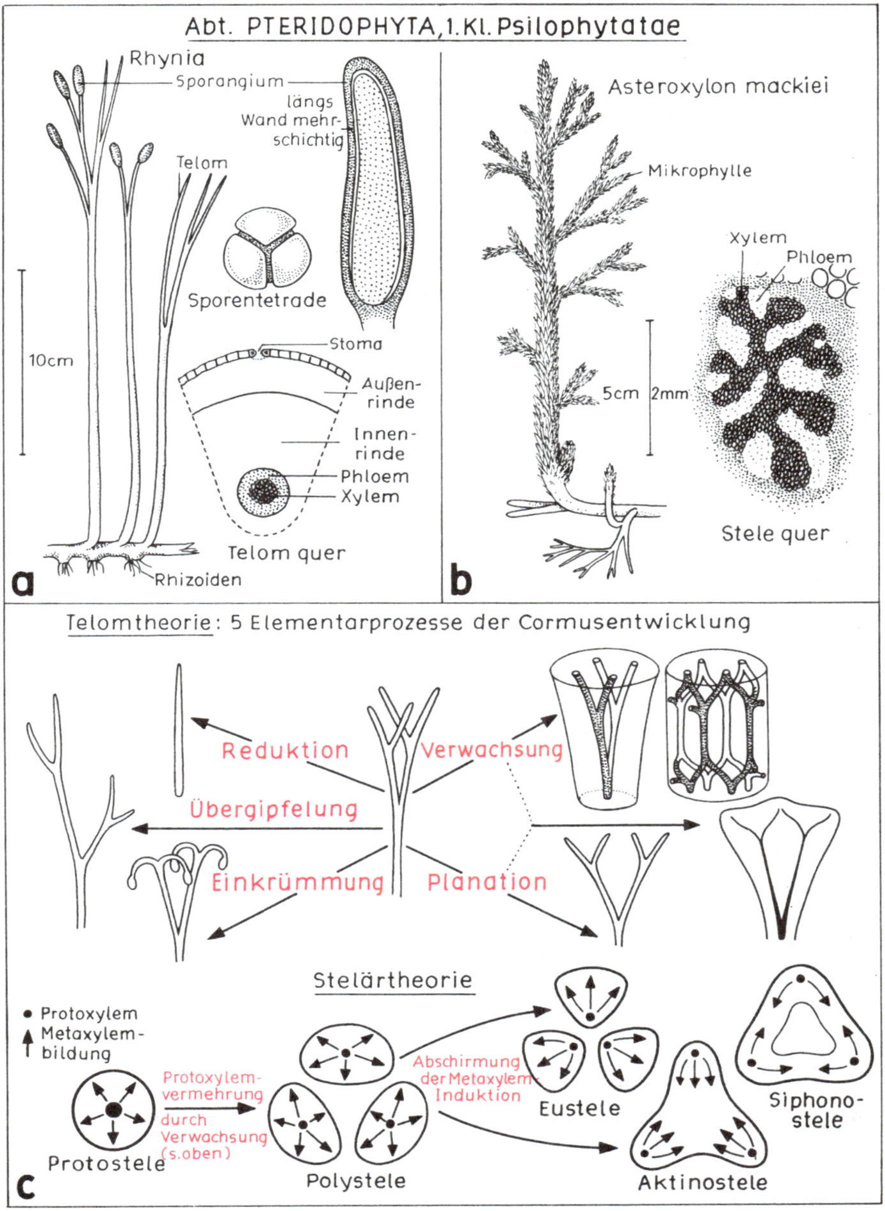
Abt. PTERIDOPHYTA, 1. Kl. Psilophytatae
Rhynia
Sporangium
längs
Wand mehrschichtig
Telom
Sporentetrade
10cm
Stoma
Außenrinde
Innenrinde
Phloem
Xylem
Telom quer
Rhizoiden
a
Asteroxylon mackiei
Mikrophylle
Xylem
Phloem
5cm
2mm
Stele quer
b
Telomtheorie: 5 Elementarprozesse der Cormusentwicklung
Reduktion
Verwachsung
Übergipfelung
Einkrümmung
Planation
Stelärtheorie
Protoxylem
Metaxylembildung
Protoxylemvermehrung
durch Verwachsung (s. oben)
Protostele
Polystele
Abschirmung der Metaxylem-Induktion
Eustele
Aktinostele
Siphonostele
c

Abb. 6.23.

Die nach dem nordschottischen Unterdevon-Fundort Rhynie genannte *Rhynia* (Abb. 6.23.a) ist durch Querschliffe auch in anatomischen Merkmalen gut bekannt. Sie besteht aus gabelig verzweigten, halbmeterhohen blatt- und wurzellosen Achsenorganen (Telomen), die sich über kriechende Grundachsen erheben, Spaltöffnungen tragen und von einer zentralen Protostele durchzogen werden. Die Sporangien sind endständig und entlassen die Isosporen durch Zerfall der mehrschichtigen (?) Wandung. Vielleicht läßt sich die Ansicht bestätigen, daß *Rhynia gwynne-vaughanii* als niederliegender, Rhizoiden tragender Gametophyt zu dem aufrechten Sporophyten *R. major* gehört.

In den Sporangien des ebenfalls im verkieselten Torf bei Rhynie gefundenen *Horneophyton* findet sich eine sterile Gewebesäule, die der Moos-Columella ähnelt. Deshalb wurden von einigen Forschern die Moose hier angeschlossen, andere sehen nur eine Konvergenz-Entwicklung in diesen Columella-Bildungen. Andere Gattungen (*Taeniocrada*, *Zosterophyllum*) waren offenbar Flachwasserpflanzen mit z. T. flutenden, tangartigen Gabelastsystemen. Ihre Sporangien waren ährenförmig angeordnet und schon mit einem Öffnungsmechanismus ausgerüstet.

Das nach der charakteristischen sternförmigen Aktinostele (S. 229) benannte *Asteroxylon* (Abb. 6.23.b, ebenfalls aus Rhynie) besitzt echte Wurzeln (oder wurzelähnliche Achsen) an den kriechenden Rhizomen. An den etwa meterhohen, oberirdischen, bereits deutlich anisotomen oder monopodialen Gabelastsystemen sitzen kleine, schuppen- oder nadelförmige Anhängsel, die bereits Ähnlichkeit mit den Mikrophyllen der *Lycopodiatae* zeigen, aber keine Leitbündel besitzen, obwohl Blattspurstränge vom Zentralzylinder bis zu ihrer Basis ziehen.

Als Anhang sei hier die isolierte rezente **Ordnung Psilotales** (10 Arten) erwähnt, die entweder als eigene Klasse geführt oder an die Psilophyten angeschlossen wird, nach anderen Autoren aber zu den *Lycopodiatae* oder gar zu den *Filicatae* zu stellen ist. Das tropisch-subtropische *Psilotum* besitzt eine Grundachse mit Rhizoiden, sparrige Gabelastsysteme und jeweils 3 zu Synangien vereinte Sporangien oberseits am Grund von Mikrophyllen.

2. Klasse Lycopodiatae, Bärlappe — 1250 Arten

(Charakteristik s. S. 230)

Heute leben von dieser Klasse nur noch 8 Gattungen: die Bärlappgewächse (5 Gatt., 450 A.), die Brachsenkrautgewächse (2 Gatt., 100 A.) und *Selaginella* (Moosfarn, über 700 A.). Im Devon und besonders im Karbon waren die *Lycopodiatae* viel artenreicher und bestimmten z. T. das Vegetationsbild.

Die ursprüngliche, devonische Gattung *Drepanophycus* **(Ordnung Drepanophycales)** vermittelt noch zu den Psilophyten. Die Sporangien dieses niedrigen Krautes saßen aber schon einzeln auf den Mikrophyllen. Von hier ging eine rasche Entwicklung über die bis 5 m hohen Vertreter der **Ordnung Protolepidodendrales** bis zu der die Steinkohle bildenden karbonischen **Ordnung Lepidodendrales** (Schuppenbäume). Sie erreichten 40 m Höhe und durch **sekundäres Dickenwachstum** bis 5 m Stammdurchmesser. Dichotome Aufzweigungen der Stammbasis trugen die Wurzeln (Abb. 6.24.c). Über der Blattbasis saß eine **Ligula**, die Niederschlagswasser aufnehmen und über ein besonderes Leitbündel dem Zentralzylinder zuleiten konnte. Der Stamm besaß nämlich trotz

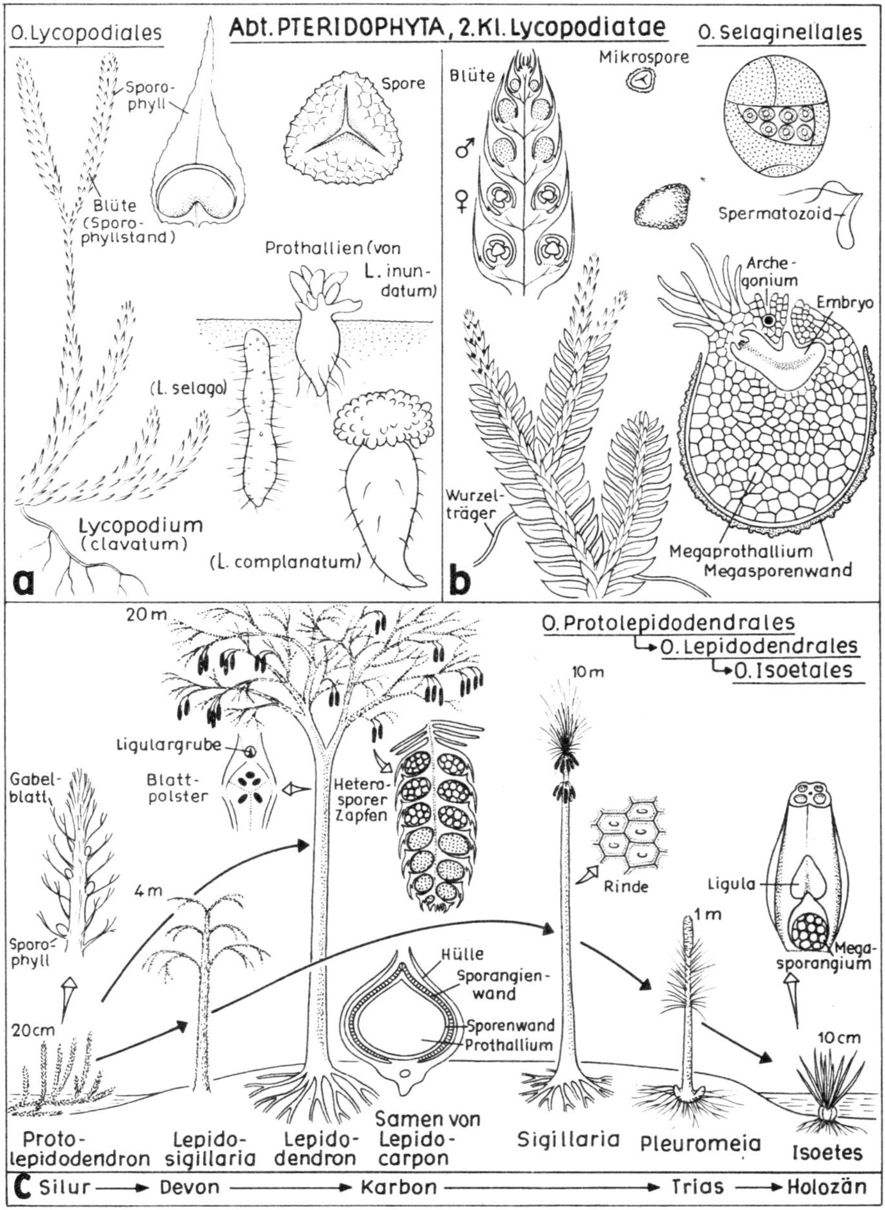
Abt. PTERIDOPHYTA, 2. Kl. Lycopodiatae
O. Lycopodiales
Sporo-
phyll
Spore
Blüte
(Sporo-
phyllstand)
Prothallien (von
L. inun-
datum)
(L. selago)
Lycopodium
(clavatum)
(L. complanatum)
a
O. Selaginellales
Mikrospore
Blüte
♂
♀
Spermatozoid
Arche-
gonium
Embryo
Wurzel-
träger
Megaprothallium
Megasporenwand
b
20 m
O. Protolepidodendrales
O. Lepidodendrales
O. Isoetales
10 m
Ligulargrube
Gabel-
blatt
Blatt-
polster
Hetero-
sporer
Zapfen
Rinde
4 m
Ligula
1 m
Sporo-
phyll
Hülle
Sporangien-
wand
Mega-
sporangium
20 cm
Sporenwand
Prothallium
10 cm
Proto-
lepidodendron
Lepido-
sigillaria
Lepido-
dendron
Samen von
Lepido-
carpon
Sigillaria
Pleuromeia
Isoetes
C
Silur → Devon → Karbon → Trias → Holozän

Abb. 6.24.

seiner Dicke nur wenig sekundäres Holz, dafür aber eine **dicke Rinde.** An den Enden der Zweige saßen zapfenförmige **Blüten**, die je Megasporangium nur wenige, im Extremfall nur 1 Megaspore, im Mikrosporangium zahlreiche Mikrosporen enthielten, also **heterospor** waren. Bei *Lepidocarpon* führte die Entwicklung — unabhängig von den Samenpflanzen — sogar zur **Samenbildung**, allerdings wurden in den Samen zwar Megaprothallien, aber noch keine Embryonen gefunden. Die Megasporen und die darin entwickelten Megaprothallien verblieben im Sporangium, das vom Megasporophyll anstelle des Integuments umhüllt wurde (Abb. 6.24.c). *Lepidodendron* (Schuppenbaum, Abb. 6.24.c) hatte rhombische Blattpolster, eine stark dichotom verzweigte Krone und kurze Mikrophylle, *Sigillaria* (Siegelbaum, Abb. 6.24.c) eine wenig verzweigte Krone und halbmeterlange, schmale Blätter.

Von diesen hohen karbonischen Bäumen führt eine Reduktionsreihe über die 3 m hohe *Pleuromeiopsis*, die 1 m hohe *Pleuromeia* aus dem Buntsandstein, die 20 cm hohe *Nathorstiana* **(Ordnung Isoëtales)** aus der Unterkreide bis hin zu der rezenten *Stylites*, einer erst 1954 gefundenen, 20 cm hohen Moorpflanze der Anden und zu der kaum mehr stammbildenden, heterosporen Wasserpflanze *Isoëtes* (Brachsenkraut, Abb. 6.24.c), die als „Erinnerungsmerkmale" immer noch das sekundäre Dickenwachstum und die Ligula besitzt. Ihre Spermatozoiden sind vielgeißelig, die aller übrigen *Lycopodiatae* zweigeißelig.

Die übrigen rezenten Vertreter sind meist niedrig (kletternde tropische Bärlappe bis 20 m lang!), krautig und ohne sekundäres Dickenwachstum.

Die **Ordnung Lycopodiales** ist isospor. Sie besitzt in der Gattung *Huperzia* (Teufelsklaue) noch vom Sproß durchwachsene Sporophyllstände, in der Gattung *Lycopodium* (Bärlapp) bereits echte Blüten (= Sporophyllstände mit begrenztem Wachstum, Abb. 6.24.a). Aus den Sporen entwickelt sich ein **mykotrophes** (in Symbiose mit Pilzen lebendes) **Prothallium.** Bei manchen Arten bildet es erst nach 15 Jahren, bei anderen nach wenigen Monaten die Gametangien aus. Auch die Gestalt der Prothallien ist sehr mannigfaltig (Abb. 6.24.a). Es gibt voll mykotrophe, aber auch ergrünende Typen. Für die taxonomische Gliederung sind die Gametophyten — ebenso wie die der übrigen Pteridophyten — bisher kaum herangezogen worden.

Die **Ordnung Selaginellales** umfaßt heute nur die große, vorwiegend tropische Gattung *Selaginella* (Moosfarne, Abb. 6.24.b). Ähnlich den *Lepidodendrales* haben die Moosfarne besondere Sproßorgane als Wurzelträger **(Rhizophoren).** Die Blätter besitzen eine Ligula. Die Sporen sind verschiedengestaltig **(heterospor).** Wie die *Lycopodiales* sind die *Selaginellales* ein sehr alter Verwandtschaftskreis. Einige Arten (Untergattung *Homoeophyllum*) haben auch noch kriechende Achsen mit aufrechten, spiralig beblätterten Seitentrieben und z. T. durchwachsenen Sporophyllständen. Die meisten Arten (Untergattung *Heterophyllum*) bilden wedelartig abgeflachte, anisotom verzweigte Sproßsysteme aus, die dekussiert mit anisophyllen Mikrophyllen besetzt sind und zapfenartige Blüten tragen (Abb. 6.24.b). Die Zahl der Megasporen ist auf (12—) 4 (—1) reduziert. Wenn sie aus den Megasporangien entlassen werden, ist in ihnen der winzige Gametophyt (Abb. 6.24.b) schon ausgebildet. Der männliche

Gametophyt bleibt in der Mikrospore eingeschlossen, er besteht nur aus einer Mikroprothallienzelle und 1—2 stark reduzierten Antheridien, die viele zweigeißelige Spermatozoiden hervorbringen. Bei der fossilen Verwandten *Miadesmia* kam es zur **Samenbildung**: Das von einer besonderen Hülle umgebene Megasporangium wurde mit der Megaspore verbreitet.

3. Klasse Equisetatae, Schachtelhalme

(Charakteristik s. S. 230) 30 Arten

Diese Klasse hat sich wie die *Lycopodiatae* schon im Devon von den Psilophyten abgespalten. Bereits die im Unterdevon auftretende **Ordnung Hyeniales** (Gattung *Hyenia*) ist vielleicht wegen der wirteligen Stellung der sterilen, mehrfach gegabelten seitlichen Telomstände hierher zu rechnen. Bei der noch isosporen **Ordnung Sphenophyllales** (Keilblattartige, Oberdevon-Perm, Abb. 6.25.b) standen nicht nur die keilförmigen, gabelnervigen Blätter deutlich wirtelig, sondern auch die ährenförmigen Blüten bestanden aus wirtelig angeordneten **Sporangiophoren.** Im Karbon beteiligten sich die *Equisetatae* mit der **Ordnung Calamitales**, baumförmigen Arten (Abb. 6.25.b) mit bis 30 m hohen **Röhrenstämmen**, am Aufbau der Waldvegetation und trugen auch zur Kohlebildung bei. Die *Calamitales* waren z. T. bereits **heterospor**, eine Gruppe *(Calamocarpaceae)* war sogar bis zur Ausbildung samenartiger Fruktifikationen (ohne Integumente) fortgeschritten.

Aus den Vorläufern der Calamiten entwickelte sich im Oberkarbon die bis heute lebende **Ordnung Equisetales.** Von den 30 rezenten Arten der Gattung *Equisetum* (Schachtelhalm, Abb. 6.25.a) werden einige 5—8 m, der bei uns heimische *E. telmateia* über 2 m hoch, die meisten Arten sind aber niedrige Kräuter. Aus dem unterirdisch kriechenden, dünnen Rhizom des Sporophyten erhebt sich die deutlich in Knoten und lange Internodien gegliederte, hohle, assimilierende Sproßachse. Sie trägt **verwachsene Wirtel von Mikrophyllen** und zarte, ebenfalls wirtelige Seitensprosse. Die Mikrophyllscheiden schützen interkalare Sproßwachstumszonen. Die dicke Epidermis des Sporophyten ist verkieselt. Bei den abgeleiteten Arten sind nur die sterilen Triebe grün, die fertilen bleich und unverzweigt. Die endständigen **Blüten** sind kurze Ähren von **tischförmigen Sporangiophoren.** Diese tragen auf der Unterseite 5—10 sackförmige Sporangien mit mehrschichtiger Wand (Abb. 6.25.a). Die Bezeichnung Sporophyll trifft auf sie insofern nicht zu, als sie in der Phylogenie nie blattartig abgeflacht waren und auch in ihrer Stellung als seitliche Sproßachsensysteme nicht Blättern entsprachen.

Equisetum ist unvollkommen heterospor. Ob von den kleinen, grünen Prothallien Archegonien oder Antheridien oder beide gebildet werden, hängt nicht nur von der nur wenig verschiedenen Sporengröße, sondern auch von Ernährungsverhältnissen ab. Die chlorophyllhaltigen Sporen tragen eigenartige, bei Feuchtigkeit spiralförmig eingerollte Fortsätze (**Hapteren**, Abb. 6.25.a, S. 435). Durch diese bleiben sie bei der Verbreitung gruppenweise verhakt, so daß die Chance der Befruchtung durch die schraubig gedrehten, schopfig vielgeißeligen Spermatozoiden auch bei heterözischen Prothallien groß ist.

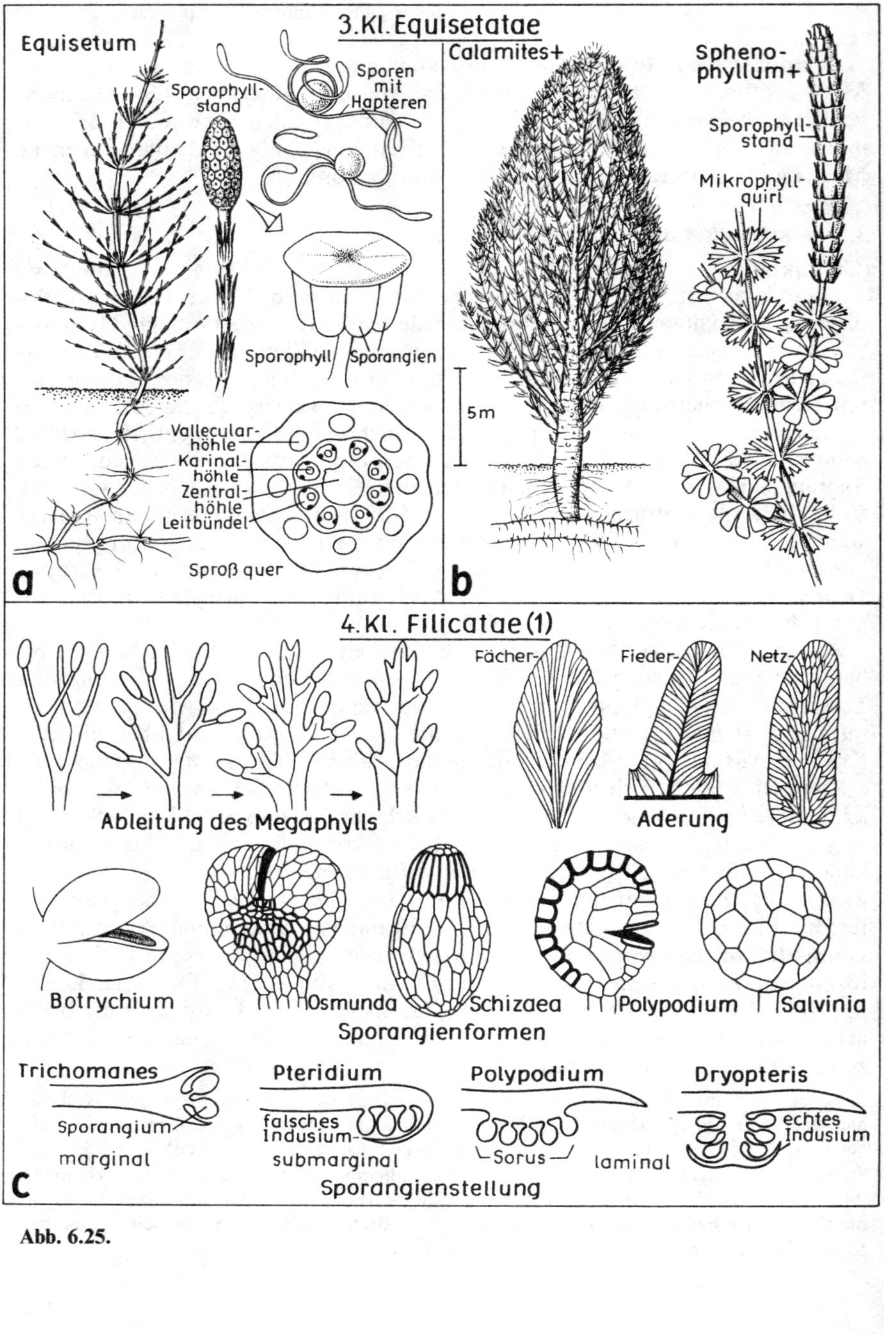
3.Kl. Equisetatae
Equisetum
Sporophyll-
stand
Sporen
mit
Hapteren
Sporophyll
Sporangien
Vallecular-
höhle
Karinal-
höhle
Zentral-
höhle
Leitbündel
Sproß quer
a
Calamites+
5m
Spheno-
phyllum+
Sporophyll-
stand
Mikrophyll-
quirl
b
4. Kl. Filicatae (1)
Ableitung des Megaphylls
Fächer-
Fieder-
Netz-
Aderung
Botrychium
Osmunda
Schizaea
Polypodium
Salvinia
Sporangienformen
Trichomanes
Sporangium
marginal
Pteridium
falsches
Indusium
submarginal
Polypodium
Sorus
laminal
Dryopteris
echtes
Indusium
c
Sporangienstellung

Abb. 6.25.

4. Klasse Filicatae, Farne

(Charakteristik s. S.230) 9400 Arten

Das **Megaphyll** der Farne hat sich im Laufe der Entwicklung durch Planation und Verwachsung aus räumlich verzweigten Telomsystemen herausgebildet. Die Sporangien kamen dabei zunächst in randliche Stellung (Abb. 6.25.c), bei stärker abgeleiteten Sippen sind sie auf die Blattunterseite gerückt. Unabhängig voneinander ist es in mehreren Gruppen zur Differenzierung der Blätter in **Sporophylle** und **Trophophylle** gekommen, zur Ausbildung von Blüten kam es nirgends. Der Bau der **Sporangien**, besonders ihr Öffnungsmechanismus, ist ein wichtiges Merkmal für die Gliederung der mannigfaltigen und artenreichen Klasse (Abb. 6.25.c). Die primitiveren Farne haben mehrschichtige Sporangienwände, sie sind **eusporangiat** wie die Psilophyten; die Sporangienwände der Mehrzahl der rezenten Arten sind einschichtig **(leptosporangiat).** Heterosporie kommt bei den Wasserfarnen und einigen fossilen Gruppen vor, sonst sind die Farne isospor. Die Prothallien sind meist oberirdisch und grün, bei den *Ophioglossidae* unterirdisch und mykotroph. Die **Spermatozoiden** sind **vielgeißelig** (Abb. 6.26.c).

Gliederung: Die folgenden 9 Unterklassen wurden früher zu 4 Gruppen vereinigt, stellen aber selbständige Entwicklungslinien dar.

1. Unterklasse Protopteridiidae, Erstfarne: Nur fossile, meist devonische Formen, die noch **endständige Sporangien** und keine Blätter aufweisen. Sie vermitteln also zu den Psilophyten, zu denen sie früher auch gerechnet wurden. Sie besitzen aber deutliche **Hauptachsen**, an denen **kleine Gabelastsysteme seitlich** wie Blätter ansitzen. Die devonische Gattung *Pseudosporochnus* war ein 2 m hohes Bäumchen (Abb. 6.26.a) mit buschiger Krone. *Cladoxylon*, ein Strauch mit fächerförmigen Sporangienständen, hatte mehrfach dichotome Blätter und eine hoch entwickelte Polystele.

2. Unterklasse Archaeopterididae (Progymnospermen): Diese als **Vorfahren der Gymnospermen** wichtigen fossilen Farnpflanzen wurden erst in den letzten Jahrzehnten aus schon länger bekannten Einzelresten rekonstruiert. Der vorwiegend oberdevonische *Archaeopteris* (Abb. 6.26.a), ein 20 m hoher Baum, hatte typisches Gymnospermenholz mit Hoftüpfeltracheiden und sekundärem Dickenwachstum. Die Megaphylle endeten z. T. bereits in flächige, gabelnervige Abschnitte. Die Fortpflanzung entsprach noch ganz der heterosporer Farnpflanzen.

(**3. Unterklasse Coenopterididae**: Fossil, besonders Karbon. Heterospore Sporangien mit Öffnungsmechanismus.)

4. Unterklasse Ophioglossidae, Natternzungenfarne: Kleine, isospore, eusporangiate Farne, von denen heute noch 3 Gattungen mit 80 Arten leben, z. B. das bereits netznervige *Ophioglossum* (Natternzunge, Abb. 6.26.b). Die im oberen Abschnitt der Raumwedel ährenförmig angeordneten Sporangien haben keinen Anulus, sondern reißen an einer Zone feinwandiger Zellen (Stomium) auf (Abb. 6.25.c).

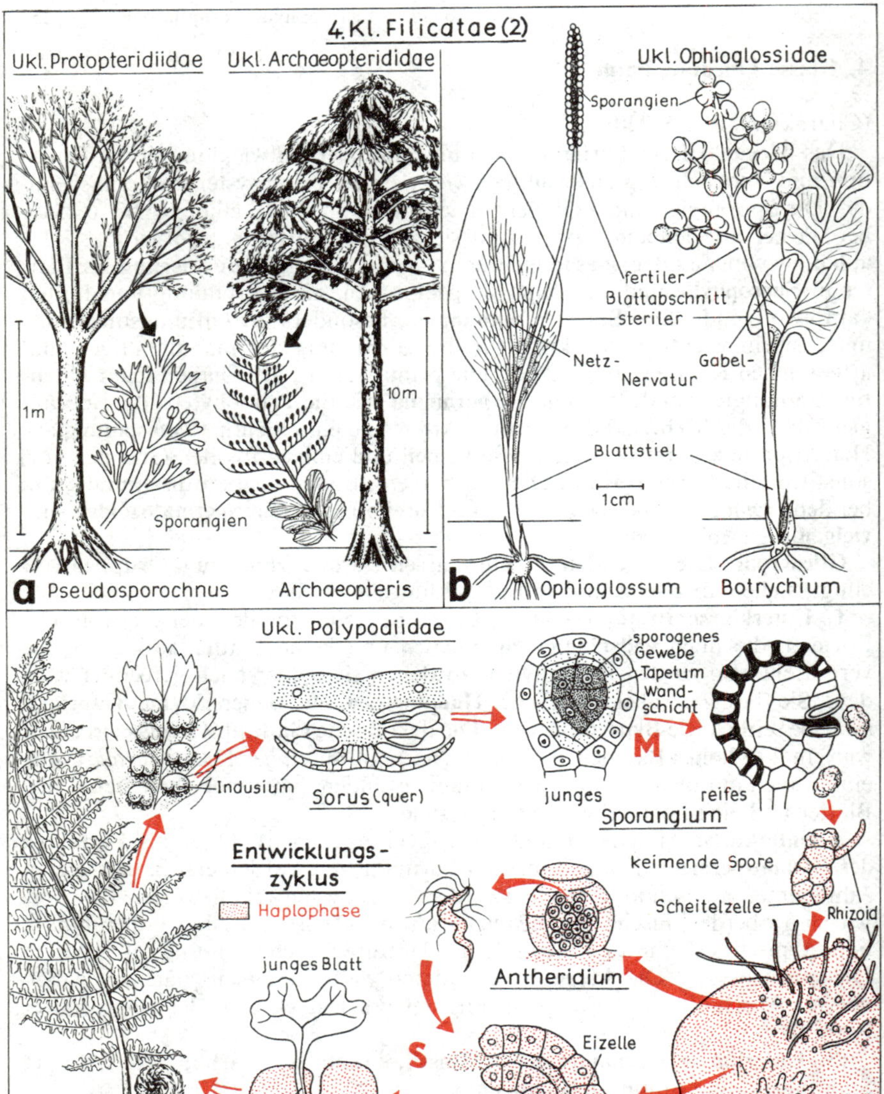
4. Kl. Filicatae (2)
Ukl. Protopteridiidae
Ukl. Archaeopterididae
Ukl. Ophioglossidae
1m
Sporangien
10m
a
Pseudosporochnus
Archaeopteris
Sporangien
fertiler
Blattabschnitt
steriler
Netz-
Nervatur
Gabel-
Blattstiel
1cm
b
Ophioglossum
Botrychium
Ukl. Polypodiidae
Indusium
Sorus (quer)
sporogenes
Gewebe
Tapetum
Wand-
schicht
M
junges
reifes
Sporangium
Entwicklungs-
zyklus
Haplophase
keimende Spore
Scheitelzelle
Rhizoid
Antheridium
junges Blatt
Eizelle
S
Rhizom
Prothallium
Scheitelzelle
c
Sporophyt
sproßb. Wurzel
Archegonium
Prothallium (Unterseite)

Abb. 6.26.

5. Unterklasse Marattiidae (200 Arten): Ebenfalls eusporangiate, aber große Farne mit bis 6 m langen, flachen Wedeln und kräftigen, kurzen Stämmen. Die zu **Synangien** verbundenen Sporangien stehen bereits auf der Blattunterseite. Karbon bis rezent, jetzt vorwiegend tropisch.

6. Unterklasse Osmundidae, Königsfarne (21 Arten, z. B. *Osmunda*, Königsfarn) sind altertümlich und isoliert. Ihre stets einzeln stehenden Sporangien verbinden Merkmale der leptosporangiaten *Polypodiidae* (einschichtige Wand) mit denen der eusporangiaten Farne (kein Anulus, nur seitliche Kappe dickwandiger Zellen, Abb. 6.25.c). Die doppelt gefiederten Wedel haben noch die primitive **Gabelnervatur**, sie sind in unterschiedlichem Maße in Sporo- und Trophophylle differenziert.

7. Unterklasse Polypodiidae, Eigentliche Farne: Sporangien **leptosporangiat**, stets mit einem Ring von Zellen mit verdickten Radial- und Innenwänden (**Anulus**, bei den einzelnen Familien unterschiedlich ausgebildet, Abb. 6.25.c). Beim Austrocknen dieser Zellen kann sich nur ihre unverdickte Außenseite verkürzen, der Anulus biegt sich nach hinten durch und reißt das Sporangium auf (**Kohäsionsmechanismus**, Abb. 9.2., Abb. 6.26.c). Die Gliederung der 9000 fast durchweg isosporen Arten wird gegenwärtig überarbeitet. Progressionen betreffen die Nervatur: Gabelnervatur (z. B. *Adiantum*, Venushaar) → Fiedernervatur (z. B. *Polystichum*, Schildfarn) → Netznervatur (z. B. *Nephrolepis*, Abb. 6.25.c) und die Stellung der Sporangien, die zunächst zu Sori (Einz. **Sorus**, Häufchen) gruppiert werden und vom Blattrand, der sie als **unechtes Indusium** schützen kann *(Adiantum)*, immer mehr auf die Blattunterseiten rücken und eventuell von einem echten Indusium (Schleier, z. B. *Dryopteris*, Wurmfarn) bedeckt werden (Abb. 6.25.c, 6.26.c).

Abb. 6.26.c zeigt den Entwicklungszyklus von *Dryopteris* (vgl. S. 229). Das aus der Meiospore entwickelte Prothallium wächst mit einer in der Thallusbucht sitzenden zweischneidigen Scheitelzelle. In der Nähe der Bucht bildet es auf seiner Unterseite die Archegonien, in der Peripherie die Antheridien.

Die 8. Unterklasse Marsileidae (Kleeblatt-Wasserfarne, 80 Arten) und die **9. Unterklasse Salviniidae** (Schwimm-Wasserfarne, 20 A.) wurden früher zusammengefaßt, sie schließen aber wahrscheinlich an unterschiedliche *Polypodiidae*-Vorfahren an. Sie sind wie diese leptosporangiat, aber **heterospor.** Die Sporangien haben keinen Anulus (Abb. 6.25.c). Die Prothallien sind stark reduziert. Bei *Marsilea* sind die Mega- und Mikrosporangien in einem umgebildeten Blatteil an der Basis der kleeähnlichen Fiederblätter eingeschlossen **(Sporokarpien).** Bei der wurzellosen *Salvinia* (Schwimmfarn) ist in Anpassung ans Wasserleben je ein Blatt des dreigliedrigen Wirtels als fein zerfranstes Unterwasserblatt, die beiden übrigen als eiförmige Schwimmblätter ausgebildet (vgl. S. 128).

Forschungsrichtungen: Cytologische Untersuchungen erlauben Rückschlüsse auf die Entstehung der Arten. Die Gattungs- und Familiengliederung, die zunächst nach den wenigen

Arten der gemäßigten Breiten aufgestellt war, muß nach Kenntnis der zahlreichen tropischen Sippen neu überarbeitet werden. Viele Ergebnisse zur Phylogenie sind noch von Fossil-Untersuchungen zu erwarten.

3. Abteilung Spermatophyta, Samenpflanzen 225000 Arten

Charakteristik: Das Hauptmerkmal dieser größten und wichtigsten Abteilung des Pflanzenreiches ist die Ausbildung der **Samen** (= Samenanlage im Zustand der Reife und Trennung von der Mutterpflanze). Ihre Ausbildung ist weiter fortgeschritten als bei den nicht verwandten Samenbärlappen, die Embryobildung wird zunehmend beschleunigt und vervollkommnet.

Da der Gametophyt reduziert ist und stets in der Spore, ja im weiblichen Geschlecht sogar in dem Sporangium eingeschlossen bleibt, wurde der **antithetische, heterophasische Generationswechsel** erst 1851 von Hofmeister erkannt. Die vorher eingebürgerten Namen der Fortpflanzungsorgane haben sich aber erhalten. Sie werden in Tabelle 6.5. den homologen Begriffen bei heterosporen Farnen gegenübergestellt.

Die Bildung des Mikroprothalliums beginnt schon in der Spore (Pollenkorn). Es werden nur 0—2 (—40) **Prothalliumzellen**, 1 **Pollenschlauchzelle**, 0—1 **Stielzelle** und 2 (selten mehr) **Geschlechtszellen** gebildet (vgl. Abb. 6.27.a, 6.30., bei *Ginkgo*, Cycadeen und wohl auch bei fossilen Formen noch begeißelte Spermatozoiden, sonst geißellose Spermazellen). Die Geschlechtszellen werden aus dem Pollenkorn zur Befruchtung durch den **Pollenschlauch** entlassen, der primär (noch bei *Cycas* und *Ginkgo*) zur Befestigung und Ernährung in der Samenanlage diente, später die Funktion der Hinleitung der Spermazellen zur Eizelle übernahm. Die Ausbildung des Mega-Gametophyten und die Befruchtung unterscheiden sich bei Gymnospermen und Angiospermen (S. 243f. und 251). Durch die Verlagerung der Befruchtung auf die

Tabelle 6.5. Homologie der Fortpflanzungsorgane der heterosporen Farne und der Samenpflanzen

Farne ♀	Samenpflanzen ♀	Farne ♂	Samenpflanzen ♂
Megasporophyll	Fruchtblatt	Mikrosporophyll	Staubblatt
Megasporangium	Nucellus	Mikrosporangium	Pollensack
Megasporen-mutterzelle	Embryosack-mutterzelle	Mikrosporen-mutterzelle	Pollen-mutterzelle
Megaspore	Embryosack	Mikrospore	Pollenkorn
Megaprothallium	Primäres Endosperm (oder sekundärer Embryosack)	Mikropro-thallium	Vegetative Zellen
Archegonium	Archegonium oder Eizelle + Synergiden	Antheridium	Generative Zelle
Eizelle	Eizelle	Spermatozoid	Spermazelle

sporophytische Mutterpflanze tritt an die Stelle des wasserabhängigen Spermatozoiden-Transportes die Übertragung der resistenten Mikrosporen (= Pollenkörner), statt der Megasporen werden die besser versorgten Samen verbreitet. Über Bau und Entwicklung des Samens vgl. S. 100, 254 und Abb. 6.30. Die **Samenanlagen** sitzen meist den Megasporophyllen (Fruchtblättern) randlich an. Eine Samenanlage besteht aus dem **Megasporangium** (Nucellus) und 1—2 mehrschichtigen Hüllen, den **Integumenten.** Diese umschließen den Nucellus dicht, lassen aber an seinem distalen Ende eine Öffnung, die **Mikropyle**, frei.

In der Phylogenie entstand zunächst das **innere Integument**, das wohl von sterilen Hüll-Telomen abzuleiten ist. Bei den *Coniferophytina* ist es allein vorhanden. Bei den meisten *Cycadophytina* und *Angiospermophytina* gibt es außerdem ein **äußeres Integument**, das wohl aus einer Achsenwucherung entstanden ist.

Außer bei der ♀ *Cycas* (S. 245) und bei den *Lyginopteridatae* treten die Sporophylle stets zu **Blüten** (Sporophyllständen mit begrenztem Wachstum) zusammen. Der deshalb oft gebrauchte Name Blütenpflanzen für die *Spermatophyta* ist wegen der weiten Verbreitung von Blüten bei *Lycopodiatae* und *Equisetatae* nicht sehr treffend.

Der Vegetationskörper zeigt gegenüber den Farnpflanzen eine reichere **Gewebedifferenzierung** (z. B. häufig Sekretionsgewebe, Epidermis ohne Chloroplasten, zunehmend differenzierte Gefäße, Siebröhren im Phloem). Das Wachstum erfolgt durch Meristeme. Die Sproßachse ist aus den Blattachseln **(axillär) verzweigt**, zeigt sekundäres Dickenwachstum und besitzt ursprünglich eine **Eustele.** Abgesehen von den primär 2 (sekundär ∞ oder 1) gegenständigen Keimblättern ist die Blattstellung ursprünglich schraubig. Bei fossilen Formen gibt es noch Raumblätter, bei Cycadeen noch lange Spitzenwachstum der zunächst eingerollten Blattfiedern, bei abgeleiteten Sippen interkalares Blattwachstum. Die Bewurzelung ist primär allorrhiz (vgl. S. 134f.).

Gliederung: Die *Spermatophyta* haben sich als **polyphyletische** Gruppe erwiesen. Die früher von den Angiospermen (Bedecktsamer, Fruchtblätter als Fruchtknoten um den Samen geschlossen) unterschiedenen **Gymnospermen** (Nacktsamer, Samen frei auf den Fruchtblättern liegend) haben zwar einige gemeinsame Merkmale:

Nacktsamigkeit, Fehlen von Blütenhülle, Fruchtknoten und Narbe; Getrenntgeschlechtigkeit, Anemogamie als primitivste Form der Pollenübertragung, vielzellige Megaprothallien mit Archegonien, baum- oder strauchförmigen Wuchs, Tracheidenholz, Siebröhren ohne Geleitzellen. Sie haben sich aber wahrscheinlich schon im Oberdevon in mindestens 2 getrennten Linien aus den Psilophyten und Progymnospermen entwickelt. Daher werden sie heute in 2 Unterabteilungen getrennt:

1. Unterabteilung **Coniferophytina** mit kleinen, gabelnervigen Blättern; mit Staubblättern, die nur einzelne Pollensackgruppen tragen und mit Fruchtblättern in Gestalt einfacher (selten gegabelter) Samenanlagenträger.

2. Unterabteilung **Cycadophytina** mit großen, fiedernervigen Blättern; mit Staubblättern, die viele Pollensackgruppen tragen, und Megasporophyllen, die primär mehrere Samenanlagen tragen. Von ursprünglichen Sippen dieser Unterabteilung leitet sich wahrscheinlich die

3. Unterabteilung **Angiospermophytina** (vgl. S. 246ff.) ab.

1. Unterabteilung Coniferophytina, Gabelnervige Nacktsamer — 600 Arten

Charakteristik: vgl. S. 241.

Gliederung: 2 Klassen, 1) *Ginkgoatae* mit gestreckter Blütenachse und gelappten Blättern, 2) *Pinatae* mit verkürzter Blütenachse und ungeteilten Blättern.

1. Klasse Ginkgoatae, Ginkgobäume — 1 Art

Diese Klasse ist fossil seit dem Unterperm nachgewiesen, im Mesophytikum war sie reich entfaltet. Heute umfaßt sie nur den reliktären Ginkgo *(Ginkgo biloba)*, einen diözischen Baum aus Ostchina. Charakteristisch sind die noch gabeladerigen Blätter (Abb. 6.27.a) sowie die primitiven Blüten: An Achsen end- bzw. seitenständige Samenanlagen und Pollensackgruppen. Die Befruchtung durch die großen, spiralig begeißelten Spermatozoiden erfolgt erst Monate nach der Bestäubung in abgefallenen Samenanlagen.

2. Klasse Pinatae, Nadelhölzer — 600 Arten

Hier ist die Blütenachse stärker gestaucht, die ♀ Blüten bilden oft zapfenartige Blütenstände. Im Perm ausgestorben ist die vorwiegend karbonische

1. Unterklasse Cordaitidae, lanzettblättrige Bäume, die noch zahlreiche sterile Schuppenblätter in den Blüten trugen und wohl noch Spermatozoiden ausbildeten, worauf die Pollenkammern in den Samenanlagen hinweisen. Die

2. Unterklasse Pinidae zeigt im ♀ Geschlecht stärkere Blütenreduktion: Achse, sterile Schuppenblätter und Samenanlage verschmelzen zur **Samenschuppe**, diese reduzierte Blüte verschmilzt mit ihrem Tragblatt, der **Deckschuppe.** Viele solcher Verwachsungsprodukte bilden zapfenartige ♀ **Blütenstände.** Die allmähliche Verschmelzung der Blütenorgane dokumentiert die fossile **Ordnung Voltziales** (Oberkarbon — Jura, Abb. 6.27.a).

Im ♂ Geschlecht sind bei den *Pinidae* **einfache Blüten** aus zahlreichen Staubblättern mit je 2 Pollensäcken ausgebildet. Die Pollenkörper haben blasenförmige, von der äußeren Exineschicht gebildete Luftsäcke zur Verbesserung der Schwebfähigkeit. Spermatozoiden werden nicht mehr ausgebildet, die Spermazellen gelangen durch den **Pollenschlauch** zu den Archegonien (Abb. 6.27.c).

Jede Samenanlage enthält nur 1 Megaspore **(Embryosackzelle)**, aber das daraus hervorgehende **vielzellige Prothallium** bildet **mehrere Archegonien** (Abb. 6.27.c). Das Prothallium dient später als Nährgewebe für den Embryo. Es

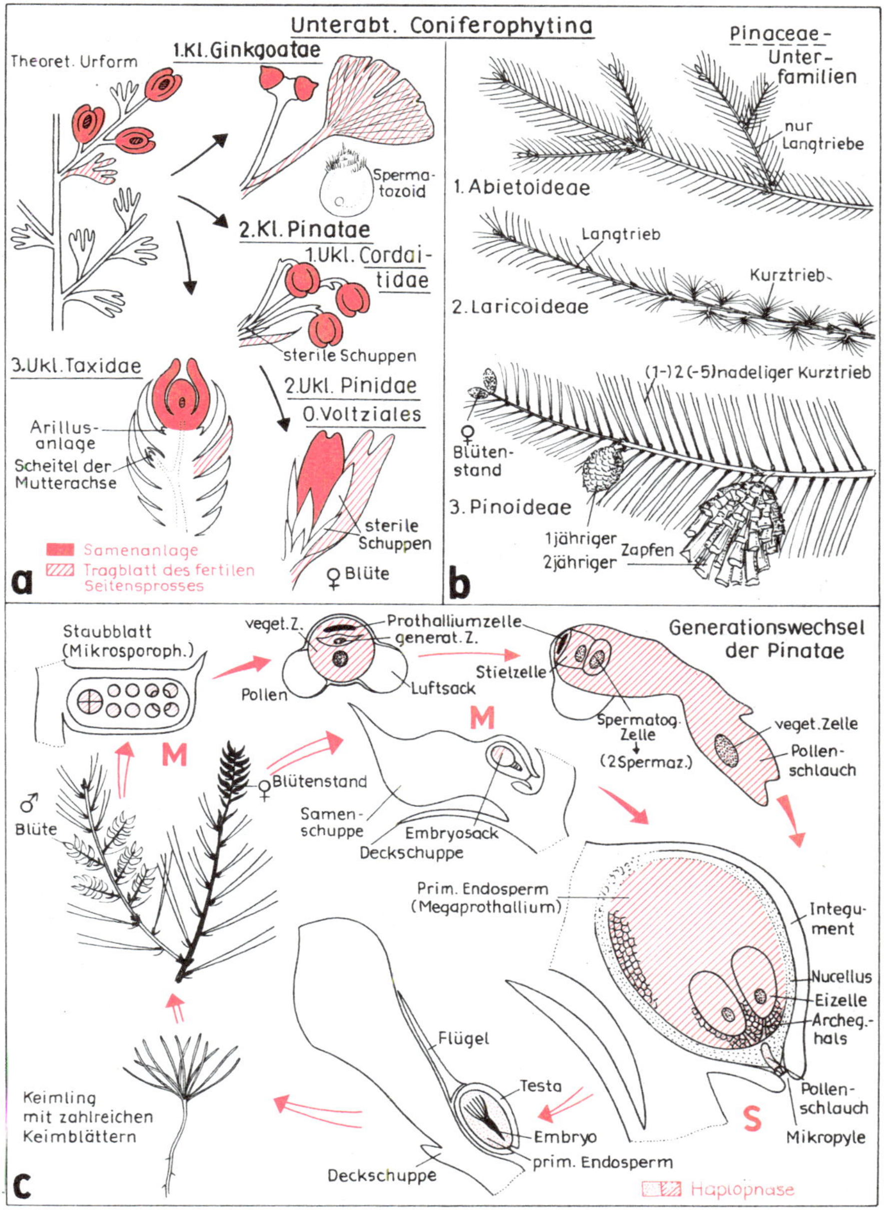

Unterabt. Coniferophytina
Theoret. Urform
1.Kl. Ginkgoatae
Spermatozoid
2.Kl. Pinatae
1.Ukl. Cordaitidae
sterile Schuppen
3.Ukl. Taxidae
Arillusanlage
Scheitel der Mutterachse
2.Ukl. Pinidae
O.Voltziales
sterile Schuppen
Samenanlage
Tragblatt des fertilen Seitensprosses
♀ Blüte
a
Pinaceae-Unterfamilien
nur Langtriebe
1. Abietoideae
Langtrieb
Kurztrieb
2. Laricoideae
(1-)2(-5)nadeliger Kurztrieb
♀ Blütenstand
3. Pinoideae
1jähriger
2jähriger
Zapfen
b
Staubblatt (Mikrosporoph.)
veget. Z.
Prothalliumzelle
generat. Z.
Pollen
Luftsack
Stielzelle
Generationswechsel der Pinatae
M
Spermatog. Zelle
(2 Spermaz.)
veget. Zelle
Pollenschlauch
♂ Blüte
♀ Blütenstand
Samenschuppe
Embryosack
Deckschuppe
Prim. Endosperm (Megaprothallium)
Integument
Nucellus
Eizelle
Archeg.-hals
Pollenschlauch
Mikropyle
S
Flügel
Testa
Embryo
prim. Endosperm
Deckschuppe
Keimling mit zahlreichen Keimblättern
Haplophase
c

Abb. 6.27.

wird, da es sich vor der Befruchtung ausbildet, als **primäres Endosperm** bezeichnet (vgl. S. 254).

Die Blätter sind primär **dichotom paralleladerig** (*Voltziales*, noch bei vielen *Pinus*-Arten doppelnervig), später nadelförmig oder schuppenförmig. Ihre Verteilung gestattet die Gliederung der wichtigsten Familie aus der **Ordnung Pinales**, der *Pinaceae* (Kieferngewächse, 250 Arten) in 3 Unterfamilien (Abb. 6.27.b):

a) *Abietoideae*: Nadeln nur an Langtrieben. Z. B. *Abies* (Tanne), *Picea* (Fichte), *Pseudotsuga* (Douglasie).
b) *Laricoideae*: Nadeln an Kurz- und Langtrieben. *Larix* (Lärche, sommergrün) und *Cedrus* (Ceder, immergrün).
c) *Pinoideae*: Nadeln in 1-, 2-, 3- oder 5nadeligen Kurztrieben, die in Schuppenblattachseln an Langtrieben stehen, nur im Jugendstadium Langtriebe benadelt. Einzige Gattung: *Pinus* (Kiefer, 100 Arten).

Zu den *Pinales* gehören weiter die *Cupressaceae* (Zypressengewächse, 130 Arten) mit gegenständigen oder wirteligen Nadeln (bzw. Blattschuppen) und wenigblütigen Zapfen (z. B. *Juniperus*, Wacholder, mit Beerenzapfen), die südhemisphärischen *Araucariaceae* (z. B. *Araucaria*, Zimmertanne) und die heute in disjunkten Reliktarealen über die Welt verbreiteten *Taxodiaceae* (z. B. *Sequoiadendron*, Mammutbaum, Stamm 12 m × 135 m), die im Tertiär wichtige Braunkohlenbildner waren. Als

3. Unterklasse Taxidae werden die Verwandten von *Taxus* (Eibe) abgetrennt, weil ihre Samenanlagen an schuppenblättrigen Blütenachsen einzeln terminal stehen. Ein roter, fleischiger Achsenbecher umgibt den reifen Samen **(Ornithochorie!).** Die terminale Stellung ist aus dem Grundbauplan der weiblichen *Coniferophytina*-Blüten unschwer abzuleiten (Abb. 6.27.a). Die männlichen Sporophylle ähneln mit ihren 6—8 herabhängenden Pollensäcken denen von *Equisetum* (S. 235).

2. Unterabteilung Cycadophytina, Fiederblättrige Nacktsamer 180 Arten

Charakteristik: Vgl. S. 241 f.

Ableitung: Diese Gruppe entwickelte sich parallel zu den *Coniferophytina* aus den Progymnospermen (vgl. S. 237). Heute ist sie ebenfalls nur noch in Resten erhalten, im Mesophytikum umfaßte sie Tausende von Arten. Innerhalb der fossilen Formen lassen sich Progressionen wie die Ausbildung der Eustele, der Blüten, des Perianths, der Zoogamie, die Tendenz zur Angiospermie und die Ausbildung des 2. Integuments aus einer Cupula-ähnlichen Achsenwucherung verfolgen.

Gliederung: 4 Klassen, davon 2 ausgestorben.

1. Klasse Lyginopteridatae (Pteridospermae), Samenfarne

Diese mannigfaltige Basisgruppe umfaßt noch farnähnliche Bäumchen ohne Blüten. Von ihnen sind wohl auch die Angiospermen abzuleiten. *Lyginopteris*

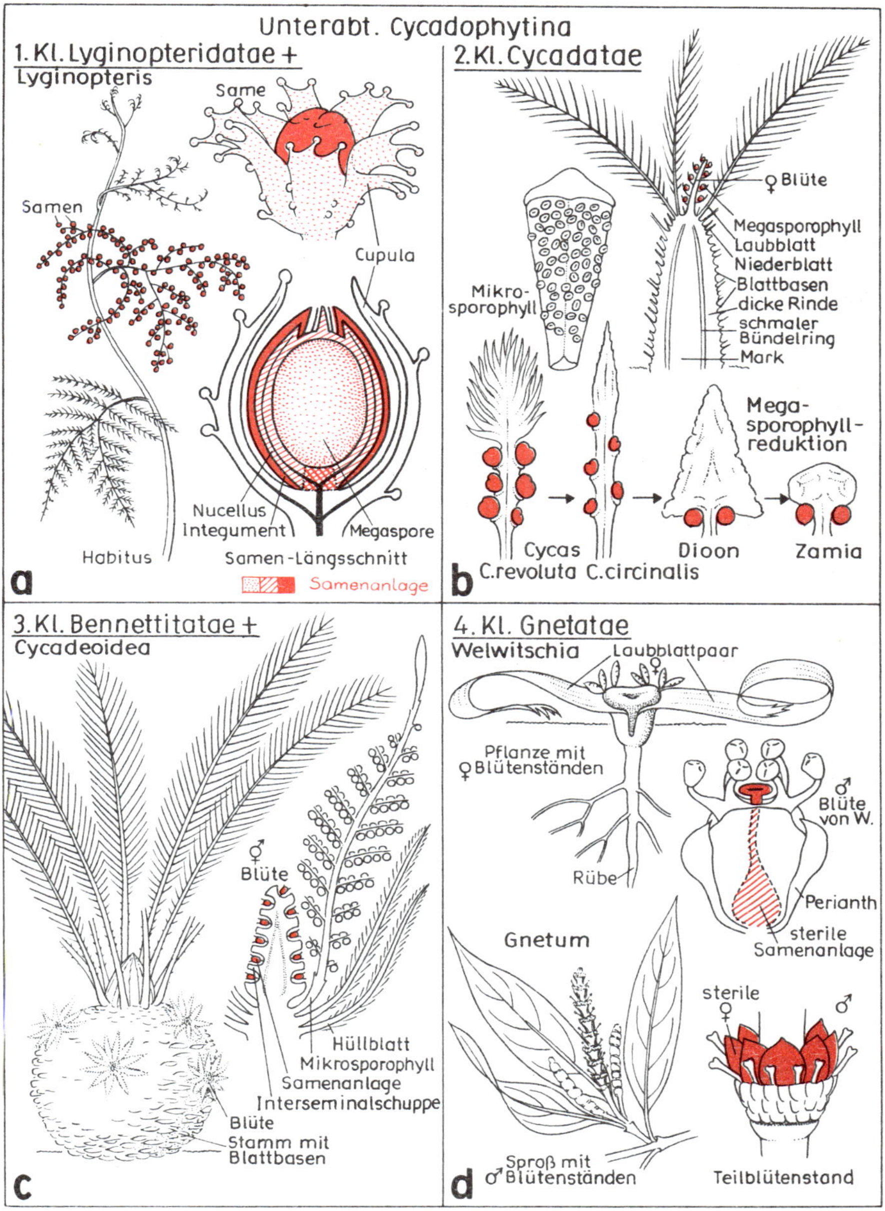
Unterabt. Cycadophytina
1. Kl. Lyginopteridatae +
Lyginopteris
Same
Samen
Cupula
Nucellus
Integument
Megaspore
Habitus
Samen-Längsschnitt
Samenanlage
a
2. Kl. Cycadatae
♀ Blüte
Megasporophyll
Laubblatt
Niederblatt
Blattbasen
dicke Rinde
schmaler Bündelring
Mark
Mikro-sporophyll
Mega-sporophyll-reduktion
Cycas
C.revoluta C.circinalis
Dioon
Zamia
b
3. Kl. Bennettitatae +
Cycadeoidea
⚥ Blüte
Hüllblatt
Mikrosporophyll
Samenanlage
Interseminalschuppe
Blüte
Stamm mit Blattbasen
c
4. Kl. Gnetatae
Welwitschia
Laubblattpaar
♀
Pflanze mit ♀ Blütenständen
Rübe
♂ Blüte von W.
Perianth
sterile Samenanlage
Gnetum
sterile ♀
♂
Sproß mit ♂ Blütenständen
Teilblütenstand
d

Abb. 6.28.

hoeninghausii (Abb. 6.28.a) hatte bereits eine Eustele und sekundäres Dickenwachstum. Die Samenanlagen saßen verstreut an großen Fieder-Raumblättern. Sie waren von einem inneren Integument und einer äußeren, drüsenbesetzten Cupula umgeben (Abb. 6.28.a). Aus dieser entwickelte sich bei abgeleiteten Formen das 2. Integument. Bei *Caytonia* wurden mehrere Samenanlagen von den Blattfiedern weitgehend eingerollt (Tendenz zur Angiospermie). Die

2. Klasse Cycadatae, Palmfarne 100 Arten

umfaßt die primitivsten jetzt noch lebenden Samenpflanzen. Sie ist seit dem Jura bekannt. Heute leben noch etwa 100 tropisch-subtropische, palmenähnliche, diözische Arten. Bei *Cycas* werden die weiblichen Sporophyllstände noch durchwachsen, die männlichen dagegen bilden schon echte Blüten mit zahlreichen, spiralig stehenden Mikrosporophyllen. Bei den 9 übrigen Gattungen ist auch das Wachstum der weiblichen Sporophyllstände begrenzt. Die Megasporophylle zeigen eine zunehmende Verkürzung und eine Reduktion der Samenanlagenzahl auf 2 (Abb. 6.28.b). Die 6 mm große Eizelle wird von ebenfalls sehr großen **Spermatozoiden** befruchtet. Erst einige Monate nach der Einsaugung des Pollens durch einen Bestäubungstropfen werden diese in der **Pollenkammer** frei. In Anpassung an Zoochorie wird wie bei *Ginkgo* der äußere Teil der Samenschale fleischig (Sarkotesta). Das stärkereiche Mark einiger Cycadeen liefert Sago. Die

3. Klasse Bennettitatae, Bennettiteen

ist (in über 1000 Arten!) nur aus dem Mesophytikum bekannt. Zum Teil waren ihre Arten Cycadeen-ähnlich (Abb. 6.28.c) und bildeten schon (käferbestäubte?) Zwitterblüten mit **Perianth.** Vielleicht als letzte Nachkommenschaft dieser Klasse ist die

4. Klasse Gnetatae, Chlamydospermen 80 Arten

anzusehen, die nur 3 isolierte, eigenartige rezente Gattungen (Abb. 6.28.d) umfaßt: den Rutenstrauch *Ephedra*, die südwestafrikanische Wüstenpflanze *Welwitschia* mit nur einem einzigen Paar streifennerviger Laubblätter und *Gnetum*, ein Tropengehölz mit netznervigen Blättern. Viele abgeleitete Merkmale, wie Tracheen und Holzfasern im Holz, Siebröhren und Geleitzellen im Phloem, dekussierte Beblätterung, ein Perianth, starke Reduktion der Gametophyten (und Blüten) sind offenbar unabhängig von den Angiospermen erworben worden.

3. Unterabteilung Angiospermophytina (Magnoliophytina, Angiospermae), Bedecktsamer 224000 Arten

Charakteristik: Samenpflanzen, deren **Fruchtblätter die Samenanlagen einschließen.** Blüten ursprünglich zwitterig, mit Perianth. Mikrosporen (Pollen) auf die von den Fruchtblättern gebildete **Narbe** übertragen. Reduktion des Gametophyten auf dreizelliges Mikroprothallium bzw. achtkerniges Megaprothallium. **Doppelte Befruchtung** (s. S. 254).

Vorkommen und Bedeutung: Mit etwa 224000 Arten in ca. 450 Familien und mit ihrer großen morphologischen Mannigfaltigkeit (vom 150 m hohen *Eucalyptus* bis zur 0,8 mm großen wurzellosen Wasserlinse) sind die Bedecktsamer heute so arten- und formenreich, daß die Zeit seit der Oberkreide als Angiospermenzeit **(Neophytikum)** bezeichnet wird (vgl. S. 167). Abgesehen von der Taiga werden die meisten Vegetationsformationen von Angiospermen beherrscht. Als phylogenetisch junge Gruppe sind sie heute noch in voller Entfaltung. Die Erklärung dieses Erfolgs liegt in der „Erfindung" der Bedecktsamigkeit und ihrer Verbindung mit einer hoch entwickelten Grundausstattung sowie in der raschen Koevolution mit der artenreichsten Tiergruppe, den Insekten. (85% der Insekten Mitteleuropas sind unmittelbar oder mittelbar an Angiospermen gebunden!)

Verwandtschaft und Abstammung: Über Entstehungszeit und Herkunft der Angiospermen ist viel spekuliert worden. In der **Unterkreide**zeit, aus der die ältesten sicheren Funde stammen, tritt gleich eine größere Zahl von Familien auf. Wahrscheinlich sind die Angiospermen aber nicht wesentlich früher entstanden. Die Tendenz zur Angiospermie trat bereits im Perm-Karbon mehrfach auf, allerdings ohne Narbenbildung (S. 244). Die Vorfahren der Angiospermen müssen im Bereich der Progymnospermen (S. 237) und *Lyginopteridatae* (S. 244f.) gesucht werden, fossile Bindeglieder sind unbekannt. Wegen der hohen Unwahrscheinlichkeit einer mehrfachen Evolution der doppelten Befruchtung sind die Angiospermen als sicher **monophyletisch** anzusehen.

Spekulationen über den Ort der Entstehung (Südostasien-Melanesien wegen der heutigen Häufung primitiver Sippenketten in diesem Raum, Takhtajan) dürften wegen der inzwischen erfolgten Erweiterung und Schrumpfung der Areale zu unsicher sein. Eher ist schon etwas über die **geographisch-klimatischen Bedingungen** der Entstehung und frühen Differenzierung zu sagen: Wechseltrockene Gebirgslandschaften der Subtropen mußten durch geographische Isolation die Entwicklung der Angiospermen mit ihren geschützten Samenanlagen fördern (Stebbins).

Vegetationsorgane: Die Gewebedifferenzierung ist besonders im Leitgewebesystem fortgeschritten. Im Gegensatz zu den meisten Nacktsamern treten hier im Xylem **Tracheen** und Tracheiden, im Phloem **Siebröhren mit Geleitzellen** auf (vgl. S. 88f.). Während fast alle Nacktsamer Gehölze sind, enthalten die Bedecktsamer **viele Kräuter**, darunter Therophyten, Epiphyten und Hydrophyten (auch submers an Meeresküsten, dort sonst nur Algen). Die Blätter sind **Megaphylle** und tragen oft **Stipeln.**

Fortpflanzungsorgane. Die Blüten (Abb. 6.29.a) sind ursprünglich zwittrig; dabei stehen auffälligerweise die Megasporophylle **(Fruchtblätter)** stets über den Mikrosporophyllen **(Staubblättern).** Die Blütenhülle, das **Perianth**, ist entweder in **Kelch** (Kalyx, aus Kelchblättern, Sepalen) und **Krone** (Corolla, aus Kronenblättern, Petalen) gegliedert, d. h. **heterochlamydeisch** (z. B. Rose), oder sie besteht aus ± einheitlichen Hüllblättern, den **Perigonblättern** (Tepalen), dann nennt man sie **homochlamydeisch** (z. B. Tulpe). Das Perianth kann auch durch Ausfall des Kelch- oder Kronblattkreises **sekundär monochlamydeisch** werden.

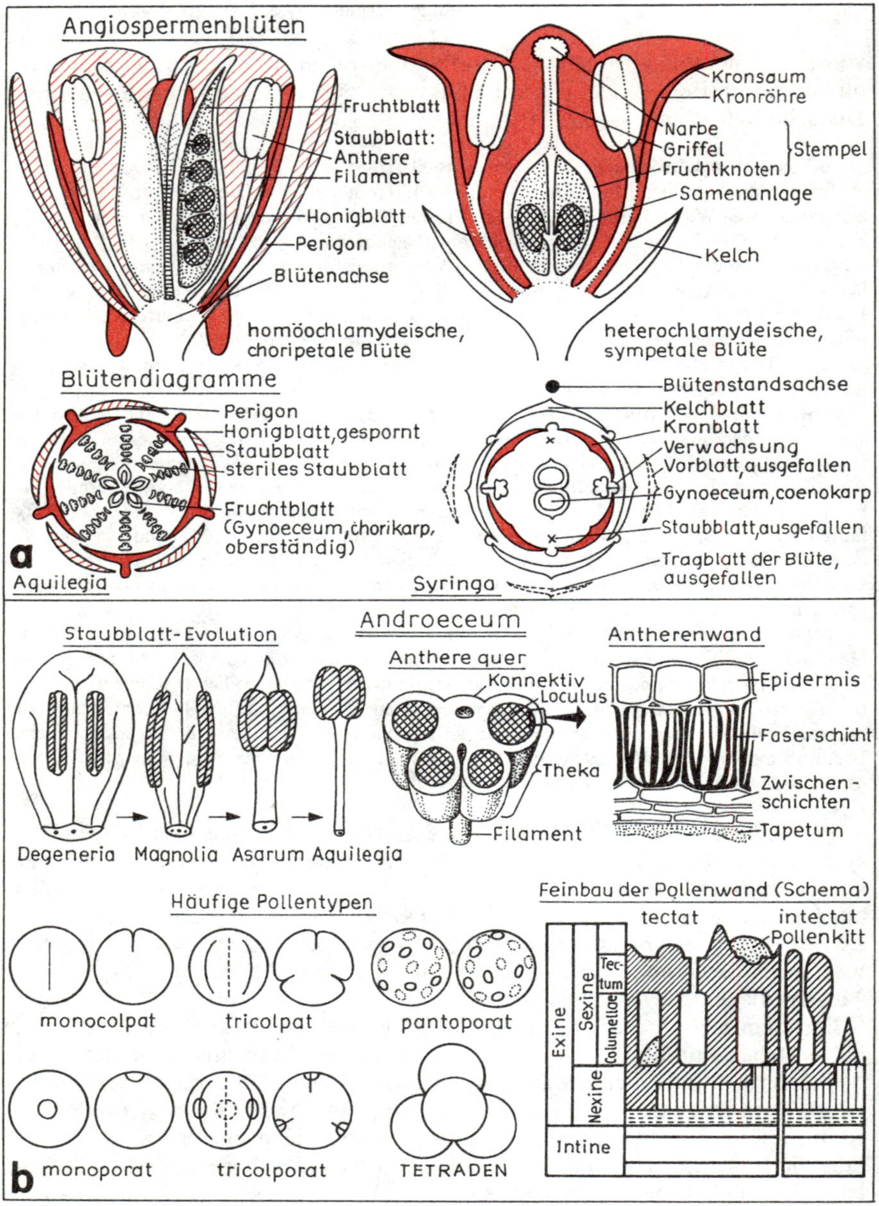
Angiospermenblüten
Fruchtblatt
Staubblatt:
Anthere
Filament
Honigblatt
Perigon
Blütenachse
homöochlamydeische,
choripetale Blüte
Kronsaum
Kronröhre
Narbe
Griffel
Fruchtknoten
Stempel
Samenanlage
Kelch
heterochlamydeische,
sympetale Blüte
Blütendiagramme
Perigon
Honigblatt, gespornt
Staubblatt
steriles Staubblatt
Fruchtblatt
(Gynoeceum, chorikarp,
oberständig)
a
Aquilegia
Blütenstandsachse
Kelchblatt
Kronblatt
Verwachsung
Vorblatt, ausgefallen
Gynoeceum, coenokarp
Staubblatt, ausgefallen
Tragblatt der Blüte,
ausgefallen
Syringa
Androeceum
Staubblatt-Evolution
Degeneria
Magnolia
Asarum
Aquilegia
Anthere quer
Konnektiv
Loculus
Theka
Filament
Antherenwand
Epidermis
Faserschicht
Zwischen-
schichten
Tapetum
Häufige Pollentypen
monocolpat
tricolpat
pantoporat
monoporat
tricolporat
TETRADEN
Feinbau der Pollenwand (Schema)
tectat
intectat
Pollenkitt
Exine
Sexine
Tectum
Columellae
Nexine
Intine
b

Abb. 6.29.

Durch Ausfall der Mikro- oder Megasporophylle wird aus der zwittrigen **(monoklinen)** eine eingeschlechtige **(dikline)** Blüte, wobei die männlichen, Staubblätter tragenden und die weiblichen, Fruchtblätter tragenden Blüten auf einer Pflanze **(monözisch)** oder auf verschiedene Individuen verteilt sind **(diözisch).**

Die Anordnung der Hüllblätter und Sporophylle in der Blüte war ursprünglich **spiralig** (azyklisch). In der Phylogenie treten dann zunächst **hemizyklische** Blüten auf, bei denen bereits bestimmte Bereiche, z. B. die Kronblätter, in Wirtel einrücken, und schließlich **holozyklische Blüten**, bei denen alle Hüllblätter und Sporophylle in Kreise einrücken. Dabei alternieren die Blätter aufeinanderfolgender Kreise **(Alternanzregel).** Nach der Zahl der Kreise unterscheidet man **tri-, tetra- und pentazyklische Blüten.** Die Zahl der Glieder in den Kreisen, die zugleich mit der Wirtelbildung fixiert wird, kann gleich (isomer) oder ungleich (anisomer) sein.

In Anpassung an die Tierbestäubung entwickelten sich aus **radiärsymmetrischen** Blüten oft **zygomorphe**, seltener auch disymmetrische oder asymmetrische Blüten (Abb. 6.33.d, 6.36.a).

Staubblätter und Pollen, Bestäubung. Die Zahl der Staubblätter ist ursprünglich groß und nicht festgelegt (z. B. *Magnolia*, Abb. 6.33.c). Sie wird nach dem Einrücken in Kreise auf wenige vermindert und kann schließlich auf 1 (viele Orchideen) oder 1/2 reduziert, andererseits auch wieder sekundär vermehrt werden; dabei ist zwischen der zum Zentrum der Blüte fortschreitenden zentripetalen und der zentrifugalen Aufgliederungsfolge (Abb. 6.35.d) zu unterscheiden. Sterile Staubblätter heißen Staminodien.

Das **Staubblatt** (Stamen) ist aus einem Stiel **(Filament)** und dem Staubbeutel **(Anthere)** aufgebaut. Letzterer ist längs in 2 **Theken** geteilt, die je 2 Pollensäcke **(Loculi)** enthalten und durch ein **Konnektiv** verbunden sind (Abb. 6.29.b). Die Theken entsprechen den Synangien, die Loculi den Mikrosporangien der Farne. Im Querschnitt (Abb. 6.29.b) zeigen sie einen eusporangiaten Bau (Wand mehrschichtig): Unter der Epidermis liegt die Faserschicht, das **Endothecium** (Kohäsions-Öffnungsmechanismus vgl. S. 435). Nach innen folgen darauf eine frühzeitig schwindende Zwischenschicht und das **Tapetum**, das als **Sekretionstapetum** oder als **Periplasmodialtapetum** die aus dem Archespor hervorgehenden **Pollenmutterzellen** und die aus diesen durch simultane (meiste Zweikeimblättler) oder sukzedane (meiste Einkeimblättler) Teilung gebildeten **Pollen** (Mikrosporen) ernährt.

Die **Wand des Pollens** besteht aus der von Cellulose und Pectin gebildeten zarten **Intine** und der aus **Sporopolleninen** (Polyterpenen?) aufgebauten **Exine.** Die Austrittsstellen für den Pollenschlauch **(Aperturen),** die Keimfalten **(Colpi)** oder die z. T. mit Deckel versehenen Keimporen, Oberflächenstrukturen wie Warzen, Stacheln und Leisten ermöglichen eine genaue Bestimmung der Pollen. Sie sind auch für die taxonomische Gliederung der Angiospermen wichtig (Abb. 6.29.b). Die Pollen-Exine ist so widerstandsfähig, daß sie in Sedimenten Jahrmillionen überdauern kann. Die **Pollenanalyse** ermöglicht daher die Rekonstruktion der Vegetations- und Florengeschichte.

Der Kern des Pollenkorns teilt sich schon in der Anthere in eine große **vegetative Zelle** (Pollenschlauchzelle) und die kleinere **generative Zelle**, die sich im Pollenschlauch oder schon früher noch einmal in **2 Spermazellen** teilt. Die Pollenkörner enthalten also zur Zeit der Bestäubung entweder 2 (binucleater Pollen) oder schon die endgültige Zahl von 3 Zellen (S. 253).

Die **Bestäubung**, d. h. die Übertragung der Mikrospore und des darin enthaltenen wenigzelligen Mikroprothalliums auf die Narbe (nicht mit der Befruchtung verwechseln, vgl. S. 254), erfolgt durch Tiere (**Zoogamie**, z. B. Lippenblütler), Wind (**Anemogamie**, z. B. Hasel), selten durch Wasser (**Hydrogamie**, z. B. Seegras).

Zoogamie ist bei den Angiospermen ursprünglich. Sie entwickelte sich von der Bestäubung durch die phylogenetisch alten Käfer, die im Überschuß produzierten Pollen fressen, über Nektarblumen, die vor allem durch Hymenopteren bestäubt werden, bis hin zu Fallen- und Täuschblumen (vgl. Abb. 6.39. und S. 285). Vogelblütigkeit ist oft an grellen Blütenfarben, Fledermausbestäubung an der Robustheit der Blüten zu erkennen.

Da Fremdbestäubung (**Allogamie**) durch Gen-Neukombination einen Selektions-Vorteil bedeutet, tritt Selbstbestäubung (**Autogamie**) nur ausnahmsweise auf. Dabei öffnen sich bisweilen die Blüten nicht (**Kleistogamie**, z. B. manche Veilchenblüten). Einrichtungen zur Sicherung der Fremdbestäubung sind Verschiedengriffeligkeit (**Heterostylie**, z. B. Primel, vgl. S. 273), räumliche Trennung von Narbe und Antheren (**Herkogamie**, z. B. *Iris*, vgl. S. 283), zeitliche Trennung der Reife der ♀ und ♂ Blütenorgane, also entweder frühere Reife der Antheren (Vormännigkeit = **Protandrie**, z. B. Korbblütler) oder frühere Narbenreife (**Protogynie**, z. B. Wegerich), vor allem aber Hemmung der Pollenkeimung und des Pollenschlauchwachstums (**Inkompatibilität**, S. 412) durch Selbststerilitätsgene.

Fruchtblätter, Samenanlage, Embryosack, Befruchtung: Die **Fruchtblätter (Karpelle**, Megasporophylle) der Angiospermen zeigen im Verlauf der Evolution (vgl. Abb. 6.30.a) eine zunehmende Differenzierung in **Fruchtknoten** (Ovar), **Griffel** (Stylus) und **Narbe** (Stigma), eine zunehmende **Verwachsung** untereinander, eine zunehmende **Umhüllung** durch die Blütenachse und Blütenblattbasen, schließlich eine zunehmende **Reduktion** der Zahl der Samenanlagen.

Ursprüngliche Formen der Fruchtblätter (z. B. *Degeneria*, Abb. 6.30.a, 1. Teilfigur) lassen noch die Herkunft aus einem peltaten Schlauchblatt (S. 127) deutlich erkennen; die Narbe ist nicht scharf abgegrenzt, sondern über einen großen Teil der Verwachsungsnaht des plikaten oberen Blattabschnittes ausgedehnt. Höher entwickelte Formen haben eine deutlich abgegrenzte Narbe, die durch eine papillöse Oberfläche und Sekretion besonders zur Aufnahme des Pollens geeignet ist. Zwischen diese und den Fruchtknoten ist oft noch ein steriler Fruchtblattabschnitt, der **Griffel**, eingeschoben.

Die Fruchtblätter, deren Gesamtheit als **Gynoeceum** bezeichnet wird, sind nur bei ursprünglichen Bedecktsamern noch frei (**chorikarpes** Gynoeceum, z. B. Akelei), meist verwachsen sie untereinander (**coenokarpes** Gynoeceum, Abb.

6.30.a). Entweder sind dann die Seitenflächen miteinander verbunden und bilden die Trennwände der Fächer des **synkarpen** Fruchtknotens (z. B. Tulpe), oder diese Trennwände weichen nach außen zurück, so daß nur noch die Fruchtblattränder verwachsen sind (**parakarpes** Gynoeceum, z. B. Veilchen). In anderen Fällen werden die trennenden Fächer aufgelöst, wobei die Fruchtblattränder bzw. die Querzonen der peltaten Fruchtblätter in der Mitte als zentrale **Plazenta** stehenbleiben (**lysikarpes** Gynoeceum, Abb. 6.30.a, z. B. Primel), und schließlich kann es durch Reduktion von Fruchtblättern zur scheinbaren Einblättrigkeit des Fruchtknotens kommen (**pseudomonomeres** Gynoeceum, z. B. Brennessel). Echt **monomer** nennt man dagegen ein einblättriges Gynoeceum, das durch Reduktion eines chorikarpen Gynoeceums entstanden ist (Leguminosen-Hülse).

Die Samenanlagen stehen meist am Rande des Fruchtblattes (**marginale Plazentation**; die seltene Flächenständigkeit oder **laminale Plazentation** wird als primitiv angesehen). Bei synkarpem Gynoeceum ist die Plazentation daher **zentralwinkelständig**, bei parakarpem wandständig **(parietal)**, bei lysikarpem **frei zentral** (Abb. 6.30.a).

Ursprünglich sitzen Perianth und Androeceum an der Blütenachse unterhalb des Fruchtknotens (Gynoeceum **oberständig**). Eine zusätzliche Umhüllung kann der Fruchtknoten durch eine becherförmige Blütenachse oder verwachsene Perianthblattbasen erhalten. Bleiben dabei Fruchtknotenwand und Blütenachse frei, so spricht man von einem **mittelständigen** Fruchtknoten; verwachsen sie fest miteinander, so ist der Fruchtknoten **unterständig** (Abb. 6.30.a).

Samenanlagen. In dem von den Fruchtblättern gebildeten Gehäuse sitzen die Samenanlagen auf einem Gewebewulst, der **Plazenta**, mit einem kleinen Stielchen **(Funiculus)** an. Sie bestehen aus einem festen Gewebekern, dem **Nucellus**, der von 1 oder 2 **Integumenten** umhüllt ist (Abb. 6.30.b, vgl. S. 241 und Tab. 6.6.). Diese sitzen am Grunde der Samenanlage, der **Chalaza**, an, und lassen am distalen Ende eine Öffnung, die **Mikropyle**, frei, durch die der Pollenschlauch eindringen kann. Vorkommen nur eines Integumentes (unitegemische Samenanlage) wird bei den Angiospermen ebenso wie das Eindringen des Pollenschlauches durch die Chalaza (Chalazogamie) als abgeleitet angesehen (Tab. 6.6.).

Die Wand des **Nucellus** ist wie die des Pollensacks ursprünglich mehrschichtig **(crassinucellate Samenanlage)** wie die Sporangienwand eusporangiater Pteridophyten; bei abgeleiteten Sippen kommen einschichtige Nucelli vor (**tenuinucellate Samenanlage**, Tab. 6.6.). Im distalen Teil des Nucellus werden aus einer einzigen **Embryosack-Mutterzelle** (Megasporenmutterzelle) unter Meiose 4 in einer Längsreihe angeordnete Tochterzellen gebildet, von denen 3 verkümmern (Abb. 6.30.b 2), während die vierte zur **Embryosackzelle** (Megaspore) wird. In dieser wird nun der stark reduzierte Gametophyt gebildet. Durch 3 Teilungen entstehen **8 Tochterkerne**, von denen je 3 an die Enden der länglichen Zelle wandern, während die beiden restlichen in der Mitte zum **diploiden sekundären Embryosackkern** verschmelzen. Die Kerne am distalen

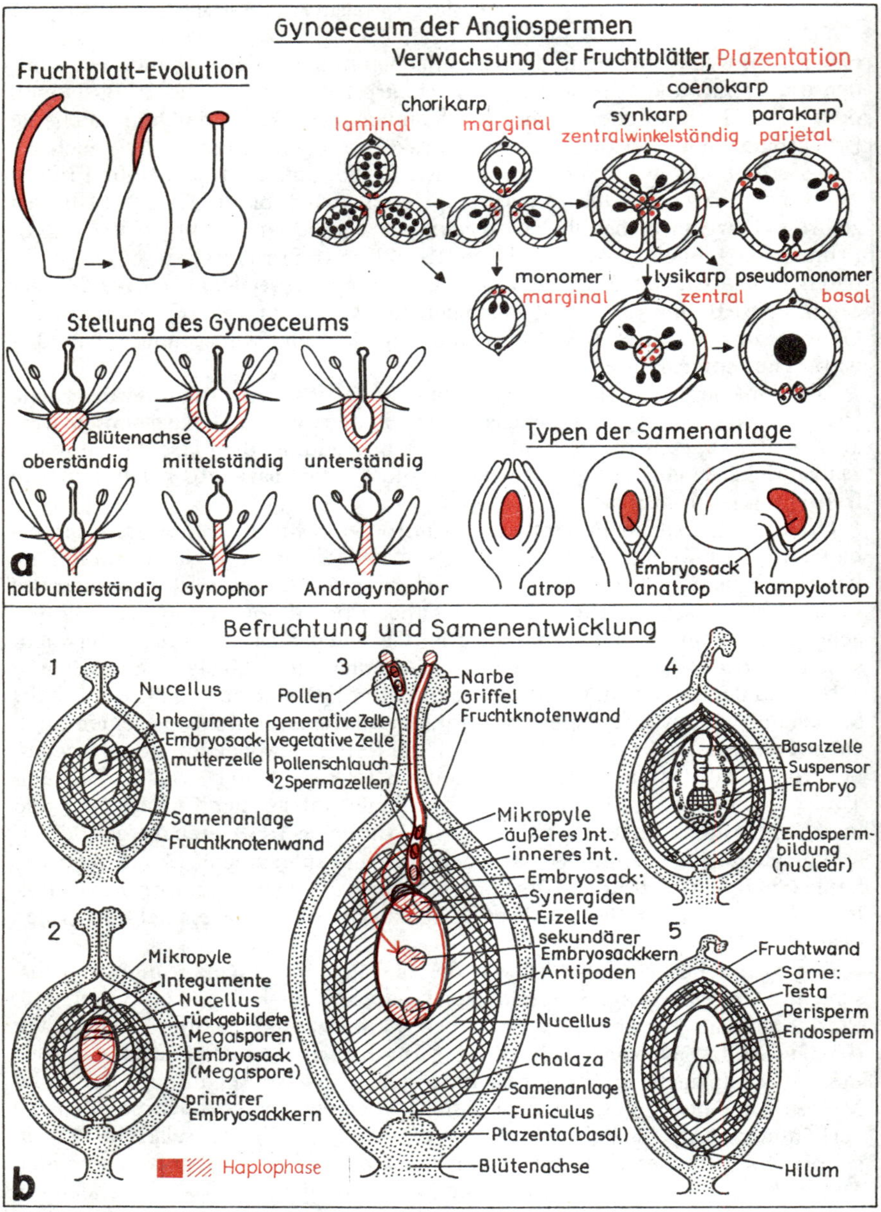

Gynoeceum der Angiospermen
Fruchtblatt-Evolution
Verwachsung der Fruchtblätter, Plazentation
chorikarp
coenokarp
laminal
marginal
synkarp
parakarp
zentralwinkelständig
parietal
monomer
marginal
lysikarp
zentral
pseudomonomer
basal
Stellung des Gynoeceums
Blütenachse
oberständig
mittelständig
unterständig
halbunterständig
Gynophor
Androgynophor
Typen der Samenanlage
Embryosack
atrop
anatrop
kampylotrop
a
Befruchtung und Samenentwicklung
1
Nucellus
Integumente
Embryosack-mutterzelle
Samenanlage
Fruchtknotenwand
2
Mikropyle
Integumente
Nucellus
rückgebildete Megasporen
Embryosack (Megaspore)
primärer Embryosackkern
3
Pollen
generative Zelle
vegetative Zelle
Pollenschlauch
2 Spermazellen
Narbe
Griffel
Fruchtknotenwand
Mikropyle
äußeres Int.
inneres Int.
Embryosack:
Synergiden
Eizelle
sekundärer Embryosackkern
Antipoden
Nucellus
Chalaza
Samenanlage
Funiculus
Plazenta (basal)
Blütenachse
4
Basalzelle
Suspensor
Embryo
Endosperm-bildung (nucleär)
5
Fruchtwand
Same:
Testa
Perisperm
Endosperm
Hilum
Haplophase
b

Abb. 6.30.

Tabelle 6.6. Verteilung embryologischer Merkmale im Angiospermen-System

Unterklasse	Integumente bitegmisch → unitegmisch	Nucellus crassinucellat → tenuinucellat	Pollen binucleat → trinucleat	Endospermbildung zellulär, nucleär, helobial
Dikotylen				
1. Magnoliidae	**bi** ((uni))*	**crass**	**binucleat**	zell + nucl
2. Hamamelididae	bi + uni	**crass**	**bi** ((tri))	**nucleär**
3. Rosidae	bi + uni	crass (ten)**	bi (tri)	*Saxifr.*: zell, sonst nucl
Aralianae	**unitegmisch**	**ten** ((crass))	**trinucleat**	**nucleär**
4. Dilleniidae	**bi** ((uni))	**crass** ((ten))	bi + tri	nucl (zell)
5. Caryophyllidae	**bitegmisch**	**crass**	**trinucleat**	**nucleär**
6. Asteridae	**unitegmisch**	**ten** ((crass))	**tri** ((bi))	**zell** (wenige Ausn.)
Monokotylen				
1. Alismatidae	**bitegmisch**	**crass**	**trinucleat**	**helobial**
2. Liliidae	**bi** ((uni))	crass + ten	bi + tri	**helobial**
3. Arecidae	**bitegmisch**	crass (ten)	bi (tri)	zell, nucl, helob

* doppelte Klammern: sehr selten
** einfache Klammern: selten

Ende werden zur **Eizelle** und den beiden **Synergiden**, am proximalen Ende entstehen die 3 **Antipoden** (Abb. 6.30.b 3). Von diesem Bau des Embryosacks gibt es viele Abweichungen, vor allem kann die Kernzahl auf 4 reduziert sein.

Die Zahl der Samenanlagen ist ursprünglich groß und unbestimmt, bei abgeleiteten Verwandtschaftskreisen wird oft nur eine Samenanlage im Fruchtknoten entwickelt (*Asteraceae*, *Poaceae*). Die Samenanlagen können aufrecht **(atrop)**, herabgebogen **(anatrop)** oder in sich gekrümmt **(kampylotrop)** sein (Abb. 6.30.a).

Befruchtung und Samenentwicklung. Bei der Befruchtung dringt der Pollenschlauch durch Narbe, Griffel, Mikropyle (bzw. Chalaza) und Nucellus in den Embryosack ein. Die Spermakerne werden in eine Synergide entleert, von dort dringt einer in die Eizelle ein und befruchtet diese, der andere verschmilzt mit dem sekundären Embryosackkern zu einem triploiden Kern **(doppelte Befruchtung!).** Aus der Zygote entwickelt sich ein einzellreihiger **Proembryo**, dessen Basis als **Suspensor** den aus der Spitze entwickelten eigentlichen Embryo ernährt und in das Nährgewebe drückt (Abb. 6.30.b 4).

Aus dem befruchteten sekundären Embryosackkern entsteht das **sekundäre Endosperm** entweder zunächst durch freie Kernteilung (nucleär) oder sogleich unter Zellwandbildung (zellulär) oder im basalen Teil zellulär, im apikalen nucleär (helobialer Typ). Über die Verteilung im System vgl. Tab. 6.6. Der Embryo kann das Endosperm bei seiner Entwicklung ganz aufbrauchen, wobei besonders die Kotyledonen die Speicherung übernehmen. Eine starke Entwicklung des Nährgewebes und ein wenig differenzierter Embryo werden als ursprünglich angesehen. Nährgewebe kann auch aus dem Nucellus entstehen (**Perisperm**, Abb. 6.30.b 5).

Aus den Integumenten entwickelt sich eine feste Samenschale, die **Testa**, bei ursprünglichen Sippen ist ihre äußere Schicht bisweilen fleischig (Sarkotesta). Am Samen ist die Ansatzstelle des Funiculus als Nabel **(Hilum)** noch zu erkennen.

Samen sind also aus Embryo, Samenschale und eventuell Nährgewebe gebildete, aus den Samenanlagen hervorgehende Verbreitungseinheiten im Zustand der Reife und Loslösung von der Mutterpflanze.

Frucht: Während der Ausbildung der Samen haben sich die Fruchtblätter, oft auch andere Blütenteile (Blütenachse bei Erdbeere und Apfel, Perianth bei Maulbeere, Blütenstiel bei Kaschu-Nuß), zur Frucht umgebildet. Die Frucht ist also die **Blüte im Zustand der Samenreife.** Die Fruchtwand, das **Perikarp**, besteht von außen nach innen aus **Exokarp, Mesokarp** und **Endokarp.** Alle drei können mehrschichtig sein.

Die in Abb. 6.31. wiedergegebene Gliederung der **Fruchttypen** berücksichtigt die Verwachsung der Fruchtblätter, die Ausbildung und Öffnungsweise des Perikarps und die Zahl der Samen.

1. Einzelfrüchte gehen aus coenokarpen oder einblättrigen Gynoeceen hervor. (Einblattfrüchte wie Balg, Hülse, manche Steinfrüchte und Beeren sind als Reduktionsformen von Sammelfrüchten zu verstehen.)

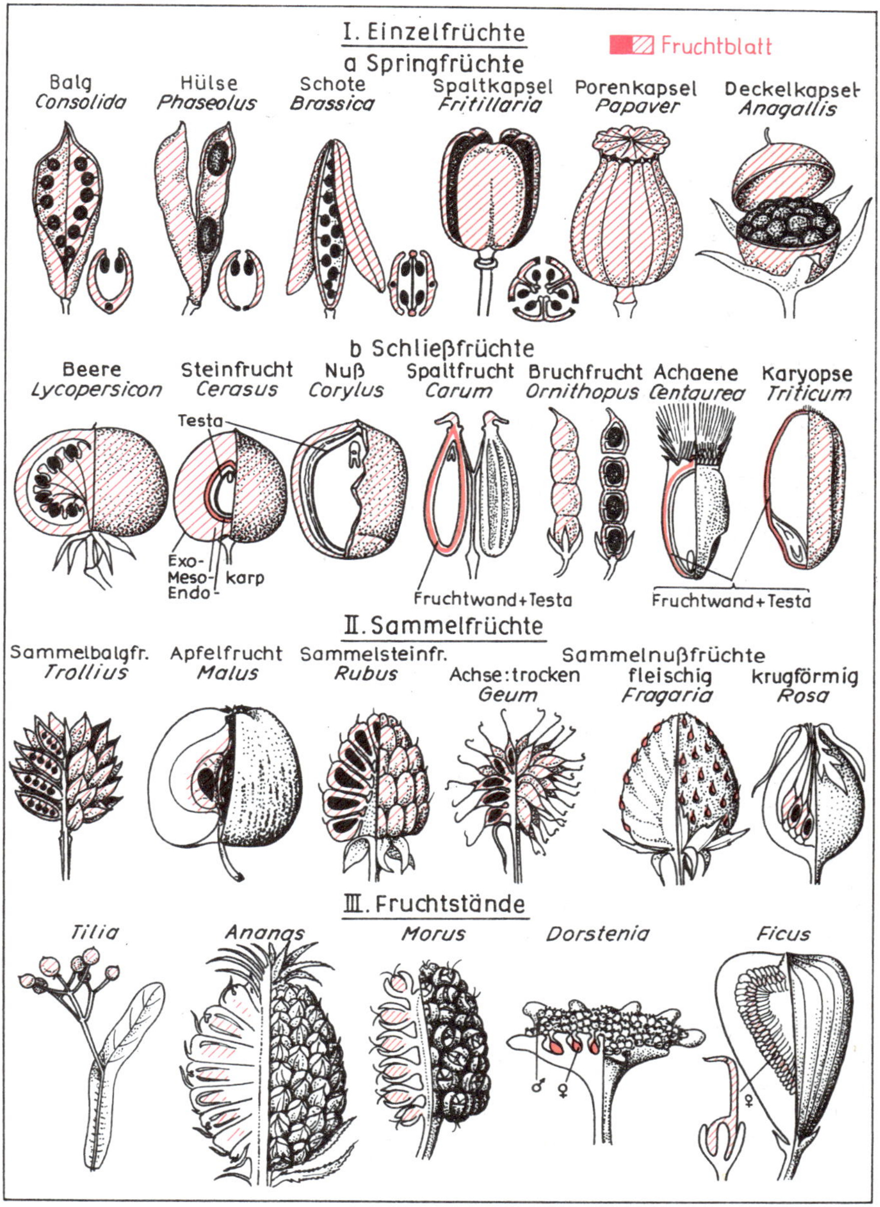
I. Einzelfrüchte
Fruchtblatt
a Springfrüchte
Balg
Consolida
Hülse
Phaseolus
Schote
Brassica
Spaltkapsel
Fritillaria
Porenkapsel
Papaver
Deckelkapsel
Anagallis
b Schließfrüchte
Beere
Lycopersicon
Steinfrucht
Cerasus
Nuß
Corylus
Spaltfrucht
Carum
Bruchfrucht
Ornithopus
Achaene
Centaurea
Karyopse
Triticum
Testa
Exo-
Meso-
Endo-
karp
Fruchtwand+Testa
Fruchtwand+Testa
II. Sammelfrüchte
Sammelbalgfr.
Trollius
Apfelfrucht
Malus
Sammelsteinfr.
Rubus
Sammelnußfrüchte
Achse: trocken
Geum
fleischig
Fragaria
krugförmig
Rosa
III. Fruchtstände
Tilia
Ananas
Morus
Dorstenia
Ficus
♂
♀
♀

Abb. 6.31.

1a. Springfrüchte geben bei der Reife durch Öffnen den Samen frei. Aus einem Karpell bestehen der sich nur an der Bauchnaht öffnende **Balg** und die auch an der Mittelrippe (Rückennaht) geöffnete **Hülse**, aus mehreren Karpellen die **Kapseln. Spaltkapseln** öffnen sich entweder durch Längsspalten entlang der Verwachsungsnähte der Karpelle (**septicide Kapseln**, als ursprünglich angesehen) oder entlang der Mittelrippe der Karpelle (**loculicide Kapseln**, Abb. 6.37.b). Auch die **Schote**, bei der sich 2 sterile Fruchtblätter von einem Rahmen (Replum) aus 2 fertilen Fruchtblättern ablösen (Abb. 6.31., 6.35.d), gehört zu den Spaltkapseln. Bei **Porenkapseln** werden die Samen durch Löcher entlassen, bei **Deckelkapseln** löst sich der obere Teil aller Fruchtblätter als Ganzes ab. Bei den

1b. Schließfrüchten bleibt der Samen bei der Verbreitung von der Fruchtwand eingeschlossen. Hierher gehören die **Beeren** mit häutigem Exokarp und saftigem Meso- und Endokarp, die **Steinfrüchte** mit sklerenchymatischem Endokarp und fleischigem Mesokarp und die **Nüsse** mit völlig sklerenchymatischem Perikarp, die **Bruchfrüchte**, bei denen Fruchtblatteile die einzelnen Samen umhüllen (Gliederhülsen der Seradella, Gliederschoten des Hederichs, Klausen der *Lamiaceae*, Abb. 6.36.c). Durch innige Verwachsung von Frucht- und Samenschale zeichnen sich die einsamigen, aus oberständigen Fruchtknoten hervorgehenden **Karyopsen** der Gräser (s. S. 255) und die aus unterständigen Fruchtknoten gebildeten, ebenfalls einsamigen **Achänen** der Korbblütler (Abb. 6.36.d, s. S. 255) aus.

2. Sammelfrüchte gehen aus chorikarpen Gynoeceen hervor. Sie können aus mehreren Bälgen, Steinfrüchten usw. bestehen. Von der Blütenachse umschlossen sind die Fruchtblätter der Apfelfrucht (Abb. 6.34.b, 6.31.). Als

3. Fruchtstände werden Verbreitungseinheiten bezeichnet, die durch Verwachsung der Früchte aus einem Blütenstand hervorgehen (Ananas, Maulbeere, Feige, Klette; Abb. 6.31.).

Beispiele für unterschiedliche wissenschaftliche und volkstümliche Bezeichnung: Die Erbse hat Hülsen (keine Schoten!). Die Erdbeere (Sammelnußfrucht mit fleischigem Blütenboden), die Himbeere und Brombeere (Sammelsteinfrüchte) und die Maulbeere (Fruchtstand, Blütenhülle fleischig) sind keine Beeren, dagegen tragen Kürbis und Gurke Beeren, Walnuß und Kokospalme Steinfrüchte (keine Nüsse!), Sonnenblumen-„Samen“ und Gras-„Samen“ sind in Wirklichkeit Früchte (Achänen bzw. Karyopsen).

Verbreitung der Früchte und Samen. Die Ausbildung der **Diasporen** (= Verbreitungseinheiten wie Samen und Früchte) ist weitgehend als Anpassung an die Art der Verbreitung zu verstehen. Tierverbreitung **(Zoochorie)** wird realisiert durch Anhaften von Diasporen (Epizoochorie, z. B. Klett- und Klebfrüchte), durch Gefressenwerden ganzer Diasporen und Transport im Tierkörper (Endozoochorie, z. B. Beeren) oder Gefressenwerden von Diasporen-Anhängseln wie den Elaiosomen (Ölkörpern, bei Ameisenverbreitung = Myrmekochorie, z. B. Veilchen und andere Waldbodenkräuter). Windverbreitung **(Anemochorie)** wird durch geflügelte Diasporen (z. B. geflügelte Spaltfrucht des

Ahorns), haarförmige Anhängsel (haarförmiger Pappus der *Asteraceae*, Abb. 6.36.d, Samenhaare der Baumwolle) oder staubfeine Samen (z. B. Orchideen) unterstützt. Weniger häufig ist Wasserverbreitung (**Hydrochorie**, z. B. schwimmfähige Früchte von Küstenpflanzen wie Kokospalme) und Selbstverbreitung (**Autochorie**, z. B. Springkraut, Spritzgurke, S. 437). Für die Ausfüllung des potentiellen Verbreitungsgebietes einer Sippe ist die Art der Verbreitung entscheidend. Die wirksamsten natürlichen Arten der Fernverbreitung sind **Ornithochorie** (Vogelverbreitung) und Anemochorie. Besonders aber durch den Menschen und seine Verkehrsmittel können große Entfernungen überbrückt und die Verbreitungsgebiete ausgedehnt werden.

Blütenformel und Blütendiagramm. In Blütenformeln und Blütendiagrammen lassen sich viele für die Bestimmung und die Verwandtschaftsforschung wichtige Blütenmerkmale kurz und vergleichbar darstellen. Die Blütenformeln geben Auskunft über die Symmetrie der Blüte, die Zahl und die Verwachsung der Blütenorgane und die Fruchtknotenstellung. Dabei bedeuten

⑥	schraubig
*	radiär
·|·	disymmetrisch
↓	zygomorph
P	Perigon
K	Kalyx, Kelch
C	Corolla, Krone
A	Androeceum
G	Gynoeceum (unterstrichen: oberständig, überstrichen: unterständig)
()	Verwachsung
∞	große, unbestimmte Zahl

Beispiel: *Campanula* (Glockenblume): * K5 C(5) A5 G($\overline{3}$) bedeutet: Die Glockenblume hat radiäre Blüten mit 5 freien Kelchblättern, 5 untereinander verwachsenen Kronblättern, 5 freien Staubblättern und einem unterständigen Fruchtknoten aus 3 miteinander verwachsenen Fruchtblättern.

Noch mehr Information enthält das Blütendiagramm, das als **empirisches Diagramm** die tatsächlich zu beobachtenden Organe auf einem Blütenknospen-Querschnitt schematisch wiedergibt, als **theoretisches Diagramm** außerdem die in der Phylogenie ausgefallenen Organe enthält. Als Beispiel vergleiche das theoretische und empirische Diagramm der *Poaceae* Abb. 6.38.b sowie Abb. 6.29.a.

Gliederung der Angiospermophytina: In der Übersicht über die beiden Klassen und 9 Unterklassen der Angiospermen werden jeweils zuerst alle Ordnungen erwähnt und die Zahlen der zugehörigen Familien und Arten angegeben, damit die Mannigfaltigkeit eingeschätzt werden kann. Behandelt wird aber nur eine Auswahl wichtiger Ordnungen und Familien, wobei besonders auf die größten Familien der zentraleuropäischen Flora und die zu ihrer Erkennung

Tabelle 6.7. Die 15 größten Samenpflanzen-Familien Zentraleuropas und der Philippinen und und ihr Anteil an der Gesamt-Artenzahl der Floren
(Berechnung nach den Floren von Rothmaler 1972 und Merrill 1923—1926)

Zentraleuropa (2719 Arten)			Philippinen (8120 Arten)		
Familie	Arten	%	Familie	Arten	%
1 Asteraceae	317	11,7	Orchidaceae	818	10,1
2 Poaceae	206	7,6	Rubiaceae	540	6,7
3 Rosaceae	154	5,7	Euphorbiaceae	384	4,7
4 Brassicaceae	150	5,5	Poaceae	253	3,1
5 Cyperaceae	145	5,3	Melastomataceae	231	2,8
6 Fabaceae	138	5,1	Fabaceae	231	2,8
7 Caryophyllaceae	118	4,3	Myrtaceae	211	2,6
8 Scrophulariaceae	98	3,6	Moraceae	189	2,3
9 Apiaceae	94	3,5	Urticaceae	175	2,2
10 Lamiaceae	87	3,2	Cyperaceae	168	2,1
11 Ranunculaceae	78	2,9	Annonaceae	149	1,8
12 Liliaceae	66	2,4	Myrsinaceae	145	1,8
13 Orchidaceae	56	2,1	Asteraceae	142	1,7
14 Chenopodiaceae	50	1,8	Meliaceae	140	1,7
15 Boraginaceae	43	1,6	Acanthaceae	132	1,6
15 größte Familien zusammen:		66,3			48,0

nötigen Merkmale sowie auf phylogenetische Zusammenhänge Wert gelegt wird. In den Tropenfloren dominieren zum großen Teil andere Familien! (Vgl. Tab. 6.7.).

1. Klasse Dicotyledoneae (Magnoliatae), Zweikeimblättler

6 Unterklassen (Abb. 6.32) mit 63 Ordnungen, 368 Familien und 171 000 Arten. **Merkmale** vgl. S. 280f. und Abb. 6.33.a.

Von den 6 Unterklassen bilden die **Magnoliidae** eine in vielen Merkmalen ursprüngliche Basisgruppe, an die auch die Monokotylen anzuschließen sind, die deshalb als zweite Klasse behandelt werden. An den „Mittelbau", die vielgestaltigen, meist freikronblättrigen **Dilleniidae** und **Rosidae**, schließen die eigentlichen Verwachsenkronblättrigen (Sympetalen), die **Asteridae**, wohl in mehreren Linien an. Selbständige, wohl an *Magnoliidae*-Vorläufer anzuschließende Spezialgruppen sind die anemogamen **Hamamelididae** und die an Trockenklimate angepaßten **Caryophyllidae**.

1. Unterklasse Magnoliidae (Polycarpicae)

Charakteristik: Die in Tab. 6.8. genannten ursprünglichen Blütenmerkmale, dazu ursprüngliche Merkmale

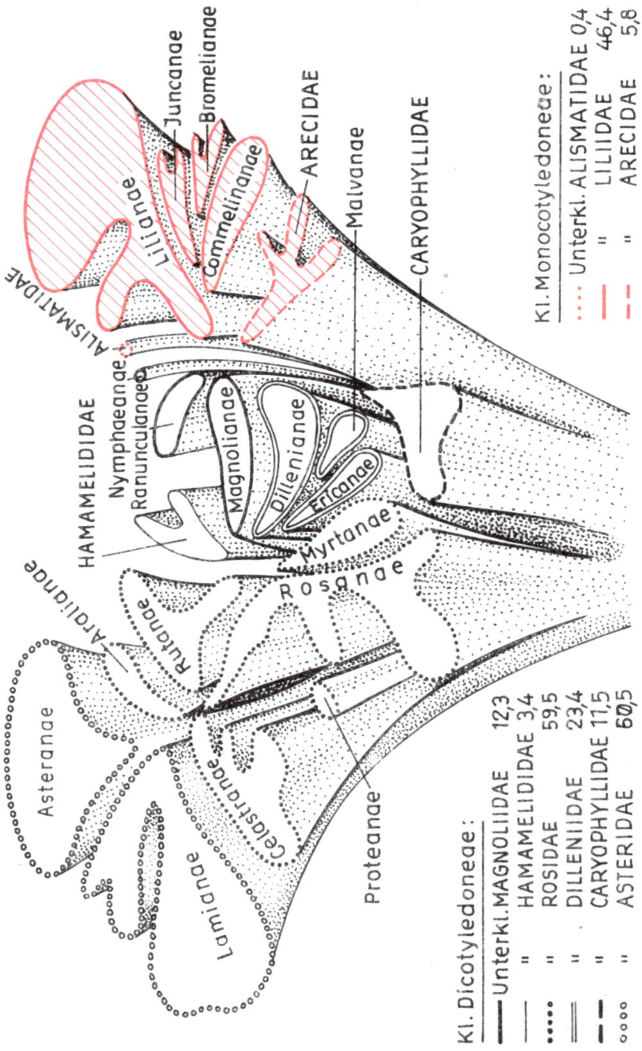
Juncanae
Bromelianae
ARECIDAE
Malvanae
CARYOPHYLLIDAE
Lilianae
Commelinanae
ALISMATIDAE
Nymphaeanae
Ranunculanae
HAMAMELIDIDAE
Magnolianae
Dillenianae
Ericanae
Myrtanae
Rosanae
Aralianae
Rutanae
Asteranae
Celastranae
Lamianae
Proteanae
Kl. Dicotyledoneae:
Unterkl. MAGNOLIIDAE 12,3
" HAMAMELIDIDAE 3,4
" ROSIDAE 59,5
" DILLENIIDAE 23,4
" CARYOPHYLLIDAE 11,5
" ASTERIDAE 60,5
Kl. Monocotyledoneae:
Unterkl. ALISMATIDAE 0,4
" LILIIDAE 46,4
" ARECIDAE 5,8

Abb. 6.32.

— des Leitgewebesystems (oft Fehlen von Tracheen, sonst Leitertracheen, bei *Austrobaileya* auch Fehlen der Geleitzellen im Phloem),
— der Stamina (Anthere nicht deutlich abgesetzt, Abb. 6.29.b, 6.33.c),
— der Fruchtblätter (vielsamig, primitive Narben, Abb. 6.30.a),
— der Samenanlagen (bitegmisch, crassinucellat) und
— der Pollen (binucleat, monocolpat, Abb. 6.29.b, 1 Apertur sonst nur bei Monokotylen)

begründen die Stellung der Unterklasse am Anfang der Angiospermen.

Aus diesen Merkmalen kann man eine hypothetische „Ur-Angiosperme" rekonstruieren, die vermutlich eine niedrige, saisongrüne Holzpflanze mit azyklischen, polymeren, zoogamen Zwitterblüten, einfachem Perigon, gestreckter Blütenachse und chorikarpem Gynoeceum war (Takhtajan, Stebbins).

Bei den rezenten Vertretern gibt es aber auch viele abgeleitete Merkmale. Diese sind heterobathmisch (vgl. S. 156) miteinander und mit Primitivmerkmalen kombiniert. Daraus resultiert eine große **Mannigfaltigkeit**, die für **Basisgruppen** allgemein charakteristisch ist. Für die Abgrenzung der Gruppe ist eher die Verwandtschaft zwischen den Einzelgliedern als eine Charakterisierung auf Grund durchgehender Merkmale zu verwenden. Solche Merkmale lassen sich auch unter den biochemischen nicht finden. Charakteristisch sind die sonst seltenen **Benzylisochinolin-Alkaloide** (Abb. 6.40 auf vord. Vorsatzblatt), dagegen fehlt z. B. unter den phenolischen Pflanzenstoffen die Ellagsäure; Gerbstoffe treten kaum auf.

Tabelle 6.8. Ursprüngliche Blütenmerkmale, Progressionsrichtungen und Beispiele mit abgeleiteten Merkmalen bei den Magnoliidae

Merkmal	ursprüngliche Merkmalsausprägung	Progressionsrichtung	Beispiel mit abgeleiteter Merkmalsausprägung
Blütenbau	azyklisch	Zyklisierung	*Aquilegia* alle Organe in Kreisen
Symmetrie	spiralig	Übergang zur Radiärsymmetrie und Zygomorphie	*Aconitum* zygomorph
Blütenachse	gestreckt	Stauchung und Einsenkung	*Nymphaea* Gynoeceum eingesenkt
Blütenhülle	Perigon	Differenzierung oder Reduktion	*Papaveraceae* heterochlamydeisch *Piper*, *Thalictrum* achlamydeisch
Androeceum	polyandrisch	Oligomerisation	*Fumariaceae* A2 + 2×2/2
Gynoeceum	chorikarp	Verwachsung	*Papaveraceae* coenokarp
Fruchtblätter	zahlreich	Reduktion	*Lauraceae* pseudomonomer

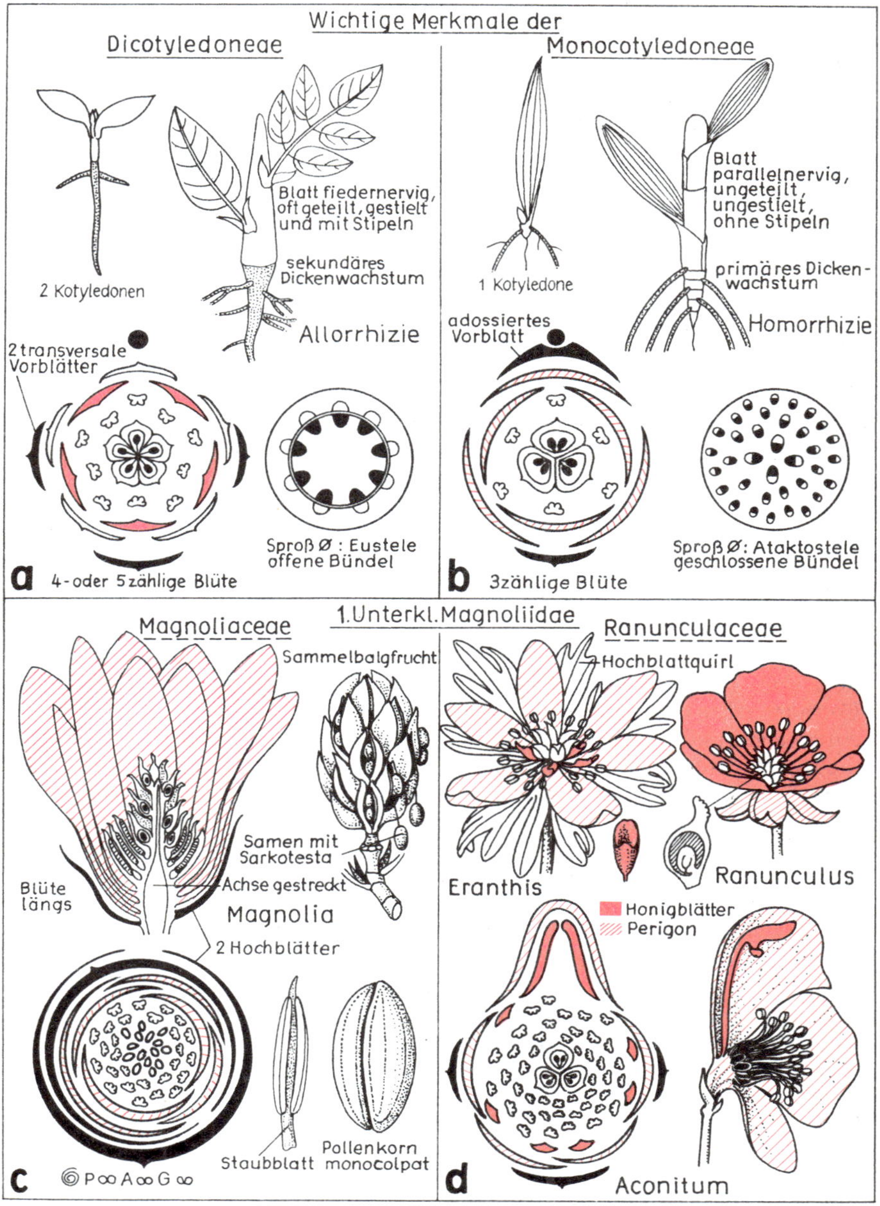

Wichtige Merkmale der
Dicotyledoneae
Monocotyledoneae
Blatt fiedernervig, oft geteilt, gestielt und mit Stipeln
sekundäres Dickenwachstum
2 Kotyledonen
Allorrhizie
Blatt parallelnervig, ungeteilt, ungestielt, ohne Stipeln
primäres Dickenwachstum
1 Kotyledone
Homorrhizie
2 transversale Vorblätter
adossiertes Vorblatt
Sproß Ø : Eustele offene Bündel
Sproß Ø: Ataktostele geschlossene Bündel
a
4- oder 5zählige Blüte
b
3zählige Blüte
1. Unterkl. Magnoliidae
Magnoliaceae
Ranunculaceae
Sammelbalgfrucht
Samen mit Sarkotesta
Achse gestreckt
Blüte längs
Magnolia
2 Hochblätter
Staubblatt
Pollenkorn monocolpat
c
P∞ A∞ G∞
Hochblattquirl
Eranthis
Ranunculus
Honigblätter
Perigon
d
Aconitum

Abb. 6.33.

Gliederung (Übersicht): *Magnoliales* 9 Familien/2710 Arten, *Laurales* 11/3015, *Piperales* 2/2000, (*Aristolochiales* 1/600)[1]), *Nymphaeales* 4/82, (*Nelumbonales* 1/2), (*Illiciales* 2/90), *Ranunculales* 9/3115, *Papaverales* 2/675.

Die **Magnoliales** und **Laurales** umfassen Holzpflanzen, die Sekretzellen mit ätherischen Ölen enthalten. Genutzt werden deswegen *Laurus* (Lorbeer), *Cinnamomum verum* (Zimt), *C. camphora* (Kampfer), *Myristica* (Muskat). Ein charakteristischer Vertreter ist die bei uns oft kultivierte *Magnolia* (Familie *Magnoliaceae*), ein Baum mit großen, ganzrandigen Blättern und großen, einzeln endständigen Blüten mit gestreckter Blütenachse (Abb. 6.33.c) und zapfenartigen Sammelbalgfrüchten. Ursprüngliche Merkmale haben auch die südhemisphärischen *Winteraceae* (primitive Staub- und Fruchtblätter, Tracheidenholz) und die *Degeneriaceae* (noch offene Fruchtblätter).

Abgeleiteter sind die *Annonaceae* mit 3zähligem Perigon (hierher tropische Fruchtbäume) und die *Lauraceae* (Lorbeergewächse) mit pseudomonomerem Gynoeceum (z. B. *Cinnamomum*, s. oben; *Laurus*, Lorbeer).

Die **Piperales** haben im Gegensatz zur vorigen Ordnung kolbenartige Blütenstände und enthalten auch Kräuter (z. B. *Piper nigrum* aus dem Malayischen Archipel, Gewürzpfeffer, mit reduziertem Perianth und perispermreichen Samen, Abb. 5.1.a).

Die etwas isolierten **Nymphaeales** weisen durch Anpassung an Sumpf- und Wasserstandorte Merkmale auf, die sie mit den Monokotylen verbinden (s. S. 279): krautigen Wuchs, Ataktostele (ungeordnete Verteilung der Bündel über den ganzen Sproßquerschnitt, Abb. 6.33.b), geschlossene Leitbündel, Form mancher Unterwasserblätter. Das Fehlen von Tracheen ist hier vielleicht ein sekundäres Merkmal. Bei *Nymphaea* (Seerose) bildet das Perigon den Kelch, die Krone wird aus umgebildeten Staubblättern gebildet, Übergänge zu funktionstüchtigen Stamina kommen vor. Die **laminale Plazentation** ist als ursprünglich, die Verbindung der eigentlich freien Fruchtblätter durch den Blütenboden (**Pseudocoenokarpie**, vgl. Apfelfrucht Abb. 6.31. und 6.34.b) als abgeleitet anzusehen. Zunehmende Anpassung ans Wasserleben zeigen *Cabomba* mit Unterwasserblättern und über Wasser entwickelten, dreizähligen Blüten (Monokotylen-Merkmal!) und schließlich das wurzellose, hydrogame *Ceratophyllum* (Hornblatt) mit einsamigen Nußfrüchten.

Die **Ranunculales** umfassen vorwiegend **Kräuter** mit oft **zusammengesetzten Blättern** und tricolpaten Pollenkörnern (Abb. 6.29.b), im ursprünglichen Blütenbau aber entsprechen sie den *Magnoliales*. Das trifft besonders für die *Ranunculaceae* (Hahnenfußgewächse, 1900) zu: Ursprüngliche Blüten sind hier spiralig oder radiär mit gestreckter Blütenachse (z. B. *Myosurus*), mit einfachem Perigon (z. B. *Caltha*), azyklisch oder spirozyklisch und polyandrisch; das

---

[1]) Damit die Mannigfaltigkeit eingeschätzt werden kann, werden alle Ordnungen (und Taxa höheren Ranges) in den Übersichten erwähnt, die eingeklammerten werden aber im Text nicht weiter behandelt.

chorikarpe Gynoeceum entwickelt sich zur Sammelbalgfrucht (Unterfamilie *Helleboroideae*) oder durch Reduktion der Samenzahl auf 1 zur Sammelnußfrucht (Unterfamilie *Ranunculoideae*, Abb. 6.33.d). Eine ursprüngliche Blüte hat z. B. *Anemone blanda*: ◎ P 12 – 18 A ∞ G $\underline{\infty}$. Wie bei den *Magnoliales* gibt es viele heterobathmisch kombinierte Progressionen: Zyklisierung (alle Blütenorgane in 5zähligen Kreisen bei *Aquilegia*, Akelei, Abb. 6.29.a), Oligomerisation (1 Karpell bei *Consolida* → Balg und bei *Actaea* → Beere), Verwachsung (Gynoeceum von *Nigella*), Reduktion (des Perianths bei anemogamen *Thalictrum*-Arten).

Die Blütenhülle ist ursprünglich ein einfaches, kronblattartig gefärbtes **Perigon** (z. B. *Anemone*). Zwischen dieses und das Androeceum sind manchmal von den Staubblättern abgeleitete **Honigblätter** eingeschoben, die bei *Eranthis* (Winterling, Abb. 6.33.d) napfförmig, bei *Aquilegia* (Abb. 6.29.a) gespornt sind. Als Weiterentwicklung ist die Umgestaltung dieser Nektarien zu Kronblättern anzusehen, wie sie bei *Ranunculus* (Abb. 6.33.d) und *Adonis* beobachtet werden. Das Perigon übernimmt nun die Rolle des Kelches, so daß ein **gegliedertes Perianth** entstanden ist. Die kelchartige Hülle unter dem Perigon des Leberblümchens *(Hepatica)* ist dagegen ein Hochblattquirl, der dem Blattquirl des Buschwindröschens oder des Winterlings (Abb. 6.33.d) entspricht.

Bedeutung: Wegen der auffälligen Blüten enthalten viele Ranunculaceen-Gattungen Zierpflanzen, wegen des Gehalts an Alkaloiden (z. B. *Aconitum*, Eisenhut, Abb. 6.33.d) oder Glykosiden (z. B. *Adonis*) Heilpflanzen; die meisten Gattungen sind giftig.

Die **Papaverales** sind im Gehalt an Isochinolinalkaloiden (z. B. im Opium), im krautigen Wuchs, den Fiederblättern und der primären Polyandrie den *Ranunculales* verwandt, haben aber bereits **zyklische** Blüten mit **zweigliedrigem** Kelch- und Kronblattkreis und ein **coenokarpes** Gynoeceum, das sich bei *Papaver* (z. B. *P. somniferum*, Schlafmohn: * K2 C2 + 2 A ∞ G($\underline{\infty}$)) zur Porenkapsel, bei *Corydalis*, Lerchensporn, zur Schote entwickelt. *Corydalis*, *Fumaria* und *Dicentra* mit zygomorphen bzw. disymmetrischen Blüten und mit einem Sporn an einem oder zwei der äußeren Blütenblätter werden als *Fumariaceae* von den Milchsaft führenden, radiärblütigen *Papaveraceae* abgetrennt.

2. Unterklasse Hamamelididae (Amentiferae), Kätzchenblütler

Charakteristik: Diese Unterklasse umfaßt die nußfrüchtigen **Kätzchenblütler** (amentum = Kätzchen) und damit die meisten wichtigen Laubbäume der nördlichen gemäßigten Breiten. Es sind **vorwiegend Holzpflanzen** mit zyklischen, oligomeren, **anemogamen**, oft diklinen Blüten, das Perianth ist ± reduziert, die Nußfrucht (selten Steinfrucht) entwickelt sich aus einem einsamigen, coenokarpen Gynoeceum. Benzylisochinolin-Alkaloide fehlen, **Gerbstoffe** (z. B. Gallo- und Ellagitannine, Abb. 6.40. auf vord. Vorsatzblatt) und **Triterpene** (z. B. das weiße Betulin in der Birkenrinde) sind sehr verbreitet.

Ableitung: Dieser früh abgetrennte Seitenzweig der Angiospermen (Fossilfunde schon aus der Unterkreide) hat die Anemogamie und die damit verbundene Getrenntgeschlechtigkeit wohl beim Vorrücken in kühle, insektenarme Gebiete erworben. Zwitterblüten und Reste der

Blütenhülle bei ursprünglichen *Hamamelididae* sichern die Ableitung von entomogamen Ausgangssippen, am wahrscheinlichsten von primitiven *Rosidae* (*Saxifragales* mit G(2)!) oder direkt von *Magnoliidae* (s. aber *Juglandales*!).

Gliederung (Übersicht): (*Trochodendrales* 2/2), *Hamamelidales* 8/156, *Fagales* 3/720, (*Casuarinales* 1/45), *Urticales* 5/2406, *Juglandales* 2/61, (*Myricales* 1/55).

Unter den **Hamamelidales** hat die strauchige Gattung *Hamamelis* (Zaubernuß, Heilpflanze) noch zwitterige Blüten mit doppeltem Perianth. Bei den **Fagales** ist das Perianth reduziert, oder es fehlt (Abb. 6.34.a). Die Ordnung umfaßt nur monözische Gehölze mit **unterständigem Gynoeceum.** Die kätzchenförmigen Infloreszenzen sind aus **dichasialen Teilblütenständen** aufgebaut (Abb. 6.34.a), nur selten (*Castanea* ♀, *Alnus*, *Betula* ♂) werden aber alle 3 Blüten des Dichasiums ausgebildet.

Innerhalb der bitegmischen *Fagaceae* (Buchengew.) hat die ursprüngliche Gattung *Castanea* (z. B. *C. sativa*, Eßkastanie, Südeuropa) noch Perianthreste und stark riechende, entomogame Infloreszenzen, die monözischen Blüten enthalten noch Reste des anderen Geschlechts. Die Blütenstandsachse bildet bei den *Fagaceae* eine Hülle **(Cupula)**, die bei *Quercus* (Eiche) als Eichelnäpfchen, bei *Fagus* (Buche) als Bucheckern-Hülle, bei *Castanea* als bestachelte Hülle erscheint. Die ♀ Blüten sind mit * P3+3 $G(\overline{3})$ noch ursprünglicher als die der unitegmischen *Betulaceae*: * P2+2 (oder 0) $G(\overline{2})$. Hier beteiligen sich das Deckblatt des Dichasiums und die Vorblätter an der Ausbildung von Fruchthüllen (bei *Corylus*, Haselnuß, und *Carpinus*, Hainbuche, aus 3 verwachsenen Vorblättern, Abb. 6.34.a) oder Kätzchenschuppen, auf denen bei *Betula* (Birke) und *Alnus* (Erle) die Flügelnüsse liegen. In Ostamerika, Ostasien und Europa besiedeln Buchen, Hainbuchen und Edelkastanien vorwiegend ozeanische, Eichen, Baumerlen und Haseln auch subozeanische Waldgebiete. Birken und Straucherlen drangen auch in kontinentale und subarktische Gebiete vor, dabei entstanden Arten mit immer niedrigerem Wuchs.

Die **Urticales** entwickeln sich parallel zu den *Fagales*. Ihr Gynoeceum ist ebenfalls zweiblättrig und einsamig, aber meist **oberständig**, ♀ Kätzchen fehlen.

Die baumförmigen *Ulmaceae* (*Ulmus* = Ulme) haben noch Zwitterblüten mit einfachem, unscheinbarem Perigon: * P(4—5) A4—5 $G(\underline{2})$, die aber schon anemogam sind. Die artenreichen *Moraceae* (1550 A., Holzpflanzen mit Milchsaft) sind bereits eingeschlechtig. Ihre Blütenstände zeigen eine charakteristische Progression (Abb. 6.31.): Kolben bei *Morus* (Fruchtstand = Maulbeere, s. S. 256; Blätter = Seidenraupenfutter) → abgeflachte Blütenstandsachsen bei *Dorstenia* → krugförmig eingesenkte Blütenstandsachsen bei *Ficus* (*F. carica*, Feige, *F. elastica*, Gummibaum). Kräuter mit eingeschlechtigen Blüten und ohne Milchsaft enthalten die *Cannabaceae* (*Humulus*, Hopfen, rechtswindende, diözische Auwaldpflanze; *Cannabis sativa*, Hanf, Faserpflanze, narkotisches Harz → Marihuana, Haschisch) und die *Urticaceae* (*Urtica*, Brennessel, vgl. Abb. 4.5.c).

Bei den **Juglandales** verwachsen mit den 3—5 Perigonblättern das Deckblatt und die Vorblätter der Blüten. Das gerbstoffreiche äußere Perikarp der Steinfrüchte wird bei *Juglans regia* (Walnuß) von einer Cupula gebildet. U. a. wegen

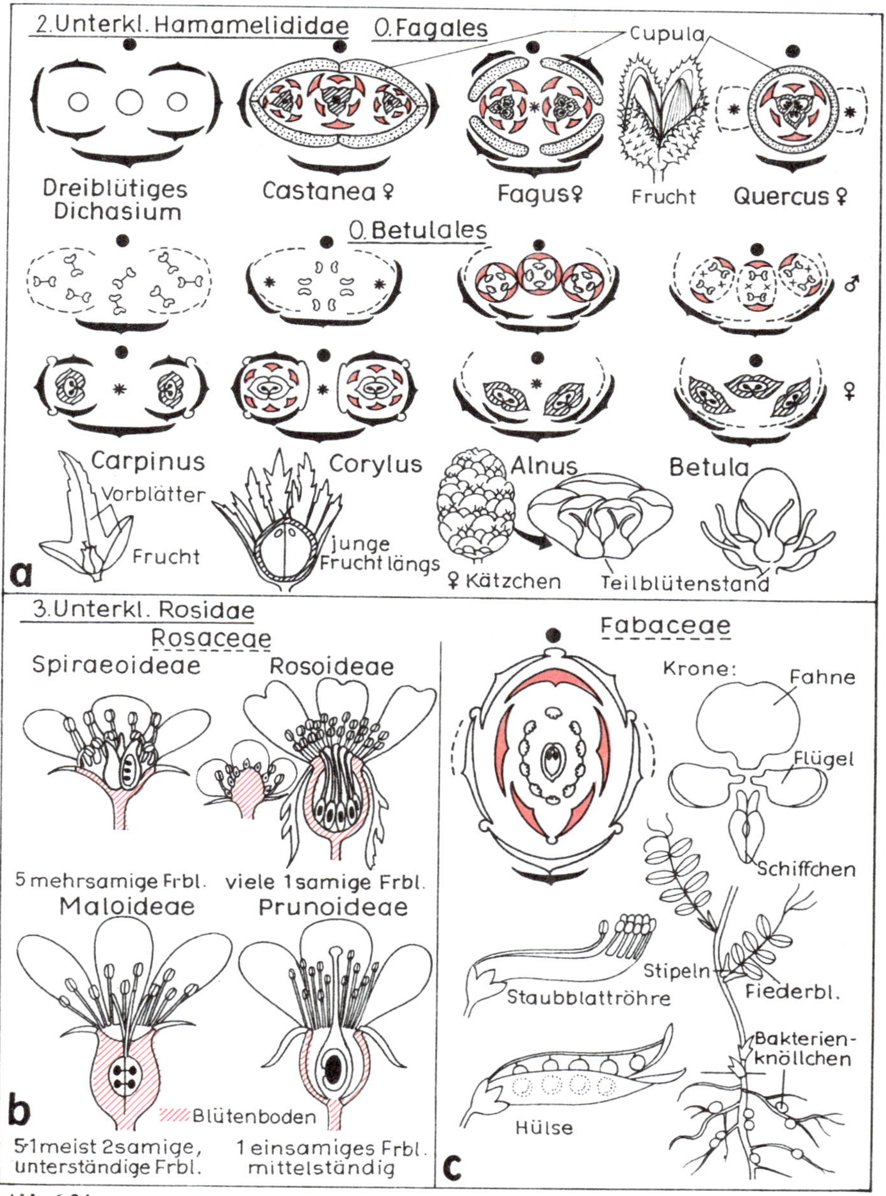
2. Unterkl. Hamamelididae
O. Fagales
Cupula
Dreiblütiges Dichasium
Castanea ♀
Fagus ♀
Frucht
Quercus ♀
O. Betulales
♂
♀
Carpinus
Vorblätter
Frucht
Corylus
junge Frucht längs
Alnus
♀ Kätzchen
Teilblütenstand
Betula
a
3. Unterkl. Rosidae
Rosaceae
Spiraeoideae
Rosoideae
5 mehrsamige Frbl.
viele 1 samige Frbl.
Maloideae
Prunoideae
Blütenboden
5-1 meist 2 samige, unterständige Frbl.
1 einsamiges Frbl. mittelständig
b
Fabaceae
Krone:
Fahne
Flügel
Schiffchen
Stipeln
Fiederbl.
Staubblattröhre
Bakterien-knöllchen
Hülse
c

Abb. 6.34.

der Fiederblätter wird die Ordnung z. T. in die Nähe der *Rutanae* (S. 268) gestellt, die *Urticales* auch in die Nähe der *Malvales* (S. 272).

Der **„Mittelbau" der Dikotylen** mit vorwiegend **choripetalen, zyklischen, entomogamen Blüten** ist wegen seiner Formenfülle am schwersten zu überblicken und zu gliedern. Auf dem Merkmal der zentrifugalen oder zentripetalen Anlagefolge der Stamina (Abb. 6.35.c) bei sekundär polyandrischen Androeceen (die aber nur bei einigen Gruppen auftreten!) beruht die Untergliederung in die Unterklassen *Rosidae* (zentripetal) und *Dilleniidae* (zentrifugal), die noch viel diskutiert wird (Abb. 6.32.). Bei beiden Unterklassen treten — wie bei den *Hamamelididae* — Ellagsäure und andere Derivate des Shikimisäureweges auf (Abb. 6.40. auf vord. Vorsatzblatt, s. S. 375).

3. Unterklasse Rosidae

Charakteristik: Diese Unterklasse ist gekennzeichnet durch **freikronblättrige, zyklische Blüten, zentripetale** Anlagefolge der Stamina bei sekundärer Polyandrie, **zentralwinkelständige Plazentation**, Tendenz zur **Diskusbildung**, zur Verbreiterung und **Einsenkung der Blütenachse** und zur **Reduktion der Samenanlagenzahl.**

Gliederung (Übersicht, vgl. Abb. 6.32.):

1. Überordnung Rosanae (oft **chorikarp**, vielsamig und sekundär polyandrisch): *Saxifragales* 31/3300, (*Sarraceniales* 3/190), (*Podostemales* 1/130), *Rosales* 3/3020, *Fabales* 3/13200.

(**2. Überordnung Proteanae**, Perigon einfach, Gynoeceum monomer; *Proteales* 1/1050, südhemisphärische Gehölze.)

3. Überordnung Myrtanae (Blätter ungeteilt, Blüten radiär, oft **vierzählig**, mit becherförmiger Achse, Hypanthium; Gynoeceum **coenokarp, vielsamig, unterständig**): *Myrtales* 13/9140, (*Haloragales* 3/163), (*Elaeagnales* 1/65).

4. Überordnung Rutanae (Blätter oft **gefiedert**, Blüten fünfzählig, heterochlamydeisch, meist zygomorph und mit **Diskus**, Androeceum zweikreisig, Gynoeceum **oberständig**, meist synkarp, **wenigsamig**): *Rutales* 7/4310, (*Sapindales* 9/2140, mit Ahorn und Roßkastanie), *Geraniales* 19/3850, (*Polygalales* 5/1085).

5. Überordnung Aralianae (Blüten heterochlamydeisch, mit **Diskus**, meist 1 Staubblattkreis, Gynoeceum **unterständig, wenigsamig**, Blütenstand: Dolde): *Araliales* (incl. *Cornales*) 14/3850.

6. Überordnung Celastranae (Blätter ungeteilt, Blüten heterochlamydeisch oder Krone reduziert, meist nur noch **1 Staubblattkreis**, Gynoeceum oligomer, **ober- bis mittelständig, wenigsamig**): (*Celastrales* 10/1750, z. B. Pfaffenhütchen), *Rhamnales* 3/1670, *Euphorbiales* 8/7750, *Santalales* 12/2010, (*Rafflesiales* 2/73), *Balanophorales* 2/100, (*Thymelaeales* 1/650).

1. Überordnung Rosanae (Merkmale s. oben)

Die **Ordnung Saxifragales** ist noch durch ursprüngliche Merkmale gekennzeichnet: ein z. T. noch chorikarpes, oberständiges Gynoeceum, endospermhaltige Samen und oft baum- oder strauchförmigen Wuchs. Solche ursprünglichen Sippen sind z. B. *Philadelphus* (Falscher Jasmin) und *Hydrangea* (Hortensie; *Hydrangeaceae*). Unterständige Fruchtknoten dagegen haben bereits die ebenfalls holzigen *Grossulariaceae* (z. B. Johannisbeere, *Ribes rubrum*; Stachelbeere, *R. uva-crispa*). Die *Crassulaceae* (Dickblattgewächse) sind zwar bereits krautig, haben aber noch ein chorikarpes, oberständiges Gynoeceum (z. B. *Sedum*, Fetthenne). Am meisten abgeleitet sind schließlich die krautigen *Saxifragaceae* (z. B. *Saxifraga*, Steinbrech) mit coenokarpem, halbunterständigem zweiblättrigem Gynoeceum, die auch am weitesten in kalte Gebiete vordringen.

Die **Ordnung Rosales** hat bereits endospermlose Samen, aber noch radiäre Blüten. Die *Rosaceae* (Rosengewächse, 3100) sind an den oft sekundär polyandrischen radiärsymmetrischen Blüten (meist $* K5\ C5\ A\infty\ \overline{G\infty \rightarrow 5 \rightarrow 1}$) mit chorikarpem oder einblättrigem Gynoeceum und an den meist geteilten, stipelntragenden Blättern zu erkennen. Die Familie wird auf Grund der fortschreitenden Reduktion der Fruchtblatt- und Samenanlagenzahl in 4 Unterfamilien gegliedert (Abb. 6.34.b): *1. Spiraeoideae*: Gynoeceum mittelständig, vielsamige Balg- oder Sammelbalgfrüchte, z. B. *Spiraea*; *2. Rosoideae*: Gynoeceum ober- → unterständig, Sammelfrüchte aus einsamigen Schließfrüchten, z. B. Erdbeere (*Fragaria*, vgl. Abb. 6.31.), Himbeere, Brombeere (*Rubus*, vgl. Abb. 6.31.), Rose (*Rosa*, Blütenachse krugförmig eingesenkt, Kelchblätter ◎ von unten nach oben zunehmend einfacher, Abb. 6.34.b); *3. Maloidea*: Gynoeceum unterständig, durch die Blütenachse verbunden (scheincoenokarp), Apfelfrucht (vgl. S. 256) bei *Pyrus* (Birne), *Malus* (Apfel), *Cydonia* (Quitte) und *Sorbus aucuparia* (Eberesche); *4. Prunoideae*: Gynoeceum mittelständig, Einblatt- Steinfrüchte (Abb. 6.31.), zunehmende Infloreszenz-Reduktion von der langen Traube bei *Padus* (Traubenkirsche) über kurze Trauben bei *Cerasus mahaleb* (Weichsel) und 1—5blütige Infloreszenzen bei *C. avium* (Süßkirsche) bis zu Einzelblüten bei *Persica* (Pfirsich), *Armeniaca* (Aprikose), *Amygdalus* (Mandel) und *Prunus* (Pflaume). Schwärme schwer unterscheidbarer Arten entstanden durch Apomixis (vgl. S. 150) bei *Rubus*, *Rosa* und *Alchemilla* (Frauenmantel). Cyanogene Verbindungen (z. B. Amygdalin in bitteren Mandeln) sind bei allen Unterfamilien mit Ausnahme der *Rosoideae* verbreitet.

Die **Ordnung Fabales** hat durchweg nur einblättrige Früchte, die sich zu der charakteristischen **Hülsenfrucht** (S. 256) entwickeln. Die meist gefiederten Blätter tragen auch hier **Stipeln.** Die Blüten der tropischen *Mimosaceae* (2000, z. B. *Acacia* und *Mimosa*) sind noch radiär, oft vierzählig und sekundär polyandrisch, die der *Fabaceae* (Schmetterlingsblütler, 9000) stark **zygomorph**: $\downarrow K(5)\ C5\ A(10)\ G\underline{1}$. Die Kelchblätter verwachsen meist untereinander, von den Petalen sind die beiden unteren teilweise verbunden (= **Schiffchen**, die seitlichen heißen **Flügel**, das obere **Fahne**, Abb. 6.34.c), von den Staubblättern verwachsen 9 oder alle 10 miteinander. Der Pollen wird oft vom Griffel beim Auffliegen eines Insektes aus der Staubbeutelröhre herausgedrückt. Ursprüngliche Blätter sind unpaarig gefiedert *(Robinia)*, abgeleitete gefingert (*Trifolium*, Klee), paarig gefiedert (mit Wickelranke z. B. bei *Vicia*, Wicke) oder ungeteilt (z. B. *Genista*, Ginster). Durch die Möglichkeit der Luftstickstoff-Bindung mit Hilfe symbiontischer **Knöllchenbakterien** in Wurzelknöllchen (Abb. 6.34.c, vgl. S. 365) sind die *Fabaceae* auch auf N-armen Böden wichtige **Eiweißlieferanten**: Futterpflanzen wie Klee *(Trifolium)*, Luzerne *(Medicago)*, Lupine

(Lupinus), Gemüse wie Erbse *(Pisum)*, Linse *(Lens)* und Bohne *(Phaseolus)* gehören hierher. Sojabohne *(Glycine max)* und Erdnuß *(Arachis hypogaea*, Hülsen unterirdisch reifend) sind die wichtigsten krautigen **Ölpflanzen** der Erde.

(**2. Überordnung Proteanae**, s. S. 266)

3. Überordnung Myrtanae (Merkmale s. S. 266)

Die **Myrtales** stimmen mit den *Rosales* in den **radiären**, oft sekundär **polyandrischen** Blüten und im **unterständigen** Fruchtknoten überein; häufig ist oberhalb des Fruchtknotens noch ein Achsenbecher **(Hypanthium)** ausgebildet. Mit den *Mimosaceae* teilen sie häufige **Tetramerie** und das Auftreten von **Pinselblumen**, in denen die gefärbten Filamente Schaufunktion übernehmen. Das Gynoeceum ist aber **coenokarp**, und die Blätter sind ungeteilt. Zu den *Myrtaceae* (3000, Gehölze) gehören wegen der schizo-lysigenen Sekretbehälter Heil- und Gewürzpflanzen: *Eucalyptus* mit 700 australischen Arten; *Syzygium aromaticum*, Gewürznelkenbaum, Heimat: Molukken.

4. Überordnung Rutanae (Merkmale s. S. 266)

Die **Rutales**, die ebenfalls **lysigene Sekretbehälter** aufweisen (z. B. Apfelsinenschale), sind mit ihren meist **radiären Blüten** und den **oberständigen**, vereinzelt noch chorikarpen Gynoeceen ein urtümlicher Zweig der *Rosidae*. Zu den meist tropischen *Rutaceae* (1600) gehören die in zahlreichen Kulturformen kultivierten, ursprünglich südostasiatischen *Citrus*-Arten, deren Fruchtfleisch von saftigen Fruchtwand-Emergenzen gebildet wird. Der bei uns heimische Diptam (*Dictamnus*) vereint abgeleitete Merkmale (staudigen Wuchs, zygomorphe Blüte) mit ursprünglichen (Chorikarpie). Zu den harzführenden *Anacardiaceae* gehören Pistazie (*Pistacia*), Mango (*Mangifera*) und Kaschu-Nuß (*Anacardium occidentale*).

Unter den **Geraniales**, meist Kräutern mit fingernervigen oder fingerförmig geteilten Blättern ohne Exkretbehälter und mit * (→ ↓) K5 C5 A5 + 5 G(5̲) Blüten ohne Diskus, ist der Sauerklee (*Oxalis*) mit freien Griffeln und mit mehrsamigen Kapseln ursprünglich, der Storchschnabel (*Geranium*) mit verwachsenen Griffeln und einsamigen Fruchtblättern stärker abgeleitet. Auch hier kommt es (z. B. bei *Pelargonium*, Zierpflanze aus Südafrika) vereinzelt zur Zygomorphie der Blüten.

Die **5. Überordnung Aralianae** (vgl. S. 266) mit ihrem **unterständigen Gynoeceum** aus 5 → 2 einsamigen Fruchtblättern ist stark abgeleitet und zeigt am ehesten Beziehungen zu primitiven holzigen *Saxifragales* und *Rutales* (Abb. 6.32). Den tropischen Holzpflanzen der *Araliaceae* (700, bei uns nur *Hedera*, Efeu) stehen hier die krautigen, extratropischen *Apiaceae* (*Umbelliferae*, Doldenblütler, 3000) gegenüber. Die Zugehörigkeit zu dieser Familie ist anhand folgender Merkmale leicht festzustellen:

- Stengel hohl, in Knoten und Internodien gegliedert,
- Blätter meist gefiedert, wechselständig, mit Scheide,
- Geruch nach etherischen Ölen (Terpen- und Phenylpropankörper in schizogenen Exkretgängen),
- Blüten * K5 (reduz.) C5 A5 G(2̄) mit Diskus (Griffelpolster),
- Blütenstand Doppeldolde (Abb. 6.35.a, vgl. S. 109),
- Frucht Spaltfrucht mit 2 einsamigen Teilfrüchten, deren Fruchtwand mit der Testa verwächst, Samen endospermreich (Abb. 6.35.a).

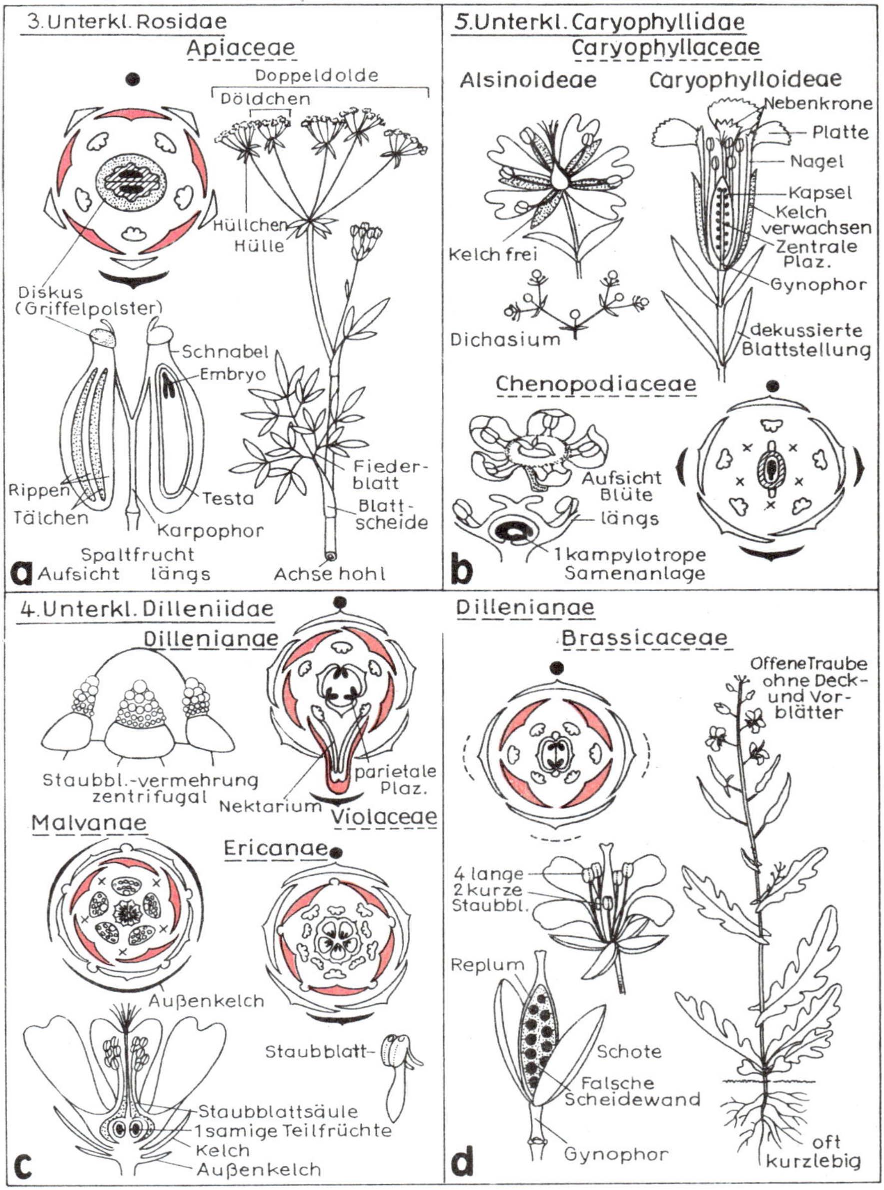

3. Unterkl. Rosidae
Apiaceae
Doppeldolde
Döldchen
Hüllchen
Hülle
Diskus
(Griffelpolster)
Schnabel
Embryo
Rippen
Tälchen
Testa
Karpophor
Fieder-
blatt
Blatt-
scheide
Spaltfrucht
a
Aufsicht
längs
Achse hohl
5. Unterkl. Caryophyllidae
Caryophyllaceae
Alsinoideae
Caryophylloideae
Nebenkrone
Platte
Nagel
Kapsel
Kelch
verwachsen
Zentrale
Plaz.
Gynophor
Kelch frei
Dichasium
dekussierte
Blattstellung
Chenopodiaceae
Aufsicht
Blüte
längs
1 kampylotrope
Samenanlage
b
4. Unterkl. Dilleniidae
Dillenianae
Staubbl.-vermehrung
zentrifugal
Nektarium
parietale
Plaz.
Violaceae
Malvanae
Ericanae
Außenkelch
Staubblatt-
Staubblattsäule
1 samige Teilfrüchte
Kelch
Außenkelch
c
Dillenianae
Brassicaceae
Offene Traube
ohne Deck-
und Vor-
blätter
4 lange
2 kurze
Staubbl.
Replum
Schote
Falsche
Scheidewand
Gynophor
oft
kurzlebig
d

Abb. 6.35.

Die Teilfrüchte zeigen im Querschnittsbild 5 Hauptrippen und (dazwischen) 6 Ölstriemen, ihr Bau und ihre Gestalt sind für die Gliederung der großen Familie und für die Bestimmung wichtig. Speicherknollen bzw. -rüben haben die Gemüsepflanzen Sellerie *(Apium)* und Möhre *(Daucus)*. Wegen der etherischen Öle werden viele Apiaceen als Heil- und Gewürzpflanzen genutzt: Petersilie *(Petroselinum)*, Dill *(Anethum)*, Fenchel *(Foeniculum)*, Kümmel *(Carum)*.

6. Überordnung Celastranae (Merkmale s. S. 266)

Diese Gruppe steht ebenfalls holzigen *Saxifragales* nahe. Ihre Umgrenzung ist problematisch: *Euphorbiales* eventuell näher zu *Malvanae* (S. 272), *Balanophorales, Rafflesiales, Thymelaeales* isoliert.

Bei den holzigen **Rhamnales** ist einer der beiden Staubblattkreise reduziert **(Haplostemonie)**, nur der epipetale Kreis ist erhalten. Bei den *Rhamnaceae* entwickelt sich das mittelständige Gynoeceum der vierzähligen (*Rhamnus*, Kreuzdorn) oder fünfzähligen (*Frangula*, Faulbaum) Blüten zu einer Steinfrucht. Beim Weinstock, *Vitis vinifera*, einer ursprünglich südost-mitteleuropäischen Auwaldliane mit Sproßranken, werden die 5 an der Spitze verwachsenen Petalen beim Aufblühen als Ganzes abgeworfen.

Bei den **Euphorbiales**, die wegen des dreifächerigen Gynoeceums mit einem Samen in jedem Fach auch *Tricoccae* genannt werden, fallen die Kronblätter meist ganz aus. Das gilt innerhalb der mannigfaltigen, vorwiegend tropischen Familie der *Euphorbiaceae* (7500) für das anemogame, diözische Bingelkraut *(Mercurialis)* mit dreiblättrigem Kelch. Bei *Euphorbia* (Wolfsmilch) schließlich sind die Blüten extrem reduziert. Viele nur aus einem Stamen bestehende ♂ Blüten und eine nur aus dem dreiblättrigen Gynoeceum bestehende ♀ Blüte sind zu einem von Hochblättern mit Nektarien umgebenen Blütenstand **(Cyathium)** zusammengefaßt. Hier ist offenbar durch Rückkehr von der Anemogamie zur Entomogamie eine funktionelle Einheit entstanden, die einer kleinen Zwitterblüte ähnelt.

Sukkulente *Euphorbia*-Arten übernehmen in den Trockengebieten der Alten Welt die ökologische Rolle der neuweltlichen Kakteen. Außer durch giftigen Milchsaft sind sie oft durch Stipulardornen geschützt. Genutzt wird der Milchsaft von *Hevea brasiliensis* zur Parakautschuk-Gewinnung.

Die **Santalales, Rafflesiales** und **Balanophorales** sind ebenfalls monochlamydeisch. In Anpassung an Parasitismus sind sie zunehmend umgebildet: Von den *Santalales* wurzelt das Vermeinkraut (*Thesium*) noch in der Erde, entzieht aber mit Haustorien den Wirten Wasser und Nährsalze, die Mistel (*Viscum*) wächst als Hemiparasit in Baumkronen und zapft das Xylem des Wirts mit den umgebildeten Wurzeln an. *Balanophora* schließlich ist ein fleischiger, chlorophylloser Holoparasit auf Wurzeln tropischer Bäume.

4. Unterklasse Dilleniidae

Charakteristik: Als Parallelgruppe zu den *Rosidae* entsprechen die *Dilleniidae* diesen im Blütenbau. Bei sekundärer Staubblattvermehrung ist die Anlagefolge aber **zentrifugal** (Abb. 6.35.c, vgl. S. 266). Progressionstendenzen sind im Gynoeceum Chorikarpie → Synkarpie → **Parakarpie** (Unterständigkeit ist selten), im Androeceum sekundäre Vermehrung, aber auch Reduktion eines Staubblattkreises, in der Blütenhülle Verwachsung der Petalen, so daß hier neben choripetalen auch schon **sympetale** Ordnungen vorkommen.

Gliederung (Übersicht):

1. Überordnung Dillenianae (chorikarp → synkarp → parakarp; vielsamig): *Dilleniales* 3/440, *Theales* 20/2900, *Violales* 8/2400, *Passiflorales* 5/800, *Cucurbitales* 1/850, (*Begoniales* 2/820), *Capparales* 10/4000, *Tamaricales* 3/160, *Salicales* 1/350.

2. Überordnung Malvanae (synkarp, wenigsamig): *Malvales* 9/3530.

3. Überordnung Ericanae (meist sympetale, aber im Gegensatz zu den *Asteridae* diplostemone (d. h. 2 Staubblattkreise besitzende), radiäre Zwitterblüten, Gynoeceum oberständig, 4—5blättrig): *Ericales* 9/3340, (*Diapensiales* 1/20), (*Ebenales* 5/1900), *Primulales* 3/1910.

Die **1. Überordnung Dillenianae** läßt sich an die *Magnolianae* anschließen über die **Dilleniales**, z. B. die *Paeoniaceae* (Pfingstrosengewächse, 33) mit ihren chorikarpen Gynoeceen und spirozyklischen Blüten. Die Hochblätter von *Paeonia* gehen gleitend in die Kelchblätter, diese in die 5—8 Kronblätter über. Durch Aufgliederung der 5 spiralig stehenden primären Staubblätter kann das Androeceum aus über 200 Staubblättern bestehen. Nach dem Aufspringen der Sammelbalgfrüchte übernimmt wie bei *Magnolia* die gefärbte, fleischige Samenschale (Sarkotesta) die Anlockungsfunktion.

Von den *Theaceae* (600) wird bei uns die Kamelie *(Camellia japonica)* als Zimmerpflanze kultiviert, auch hier geht die schraubig gestellte Blütenhülle gleitend in die Hochblätter über. Zur gleichen Gattung gehört der ursprünglich chinesische Teestrauch *(Camellia sinensis)*. Das Gynoeceum ist bei den *Theaceae* bereits synkarp, die Plazentation zentralwinkelständig. Bei den verwandten *Hypericaceae* (Hartheugewächse, 1000) ist der Fruchtknoten nur noch unvollständig gefächert. Das daraus entwickelte **parakarpe Gynoeceum** (Abb. 6.35.c) hat der

Ordnung Parietales *(= Violales)* den Namen gegeben. Eine zentrale Stellung nehmen hier die tropischen *Flacourtiaceae* (1300) ein, Holzpflanzen mit z. T. noch schraubigem Perianth und radiären Blüten. Hier schließen nicht nur die zygomorphblütigen *Violaceae* (Veilchengewächse, 850, z. T. noch holzige Lianen, Abb. 6.35.c), sondern über die *Tamaricaeae* (Tamariskengewächse, $*$ K5 C5 A5+0 G(3), 100 Arten, **Ordnung Tamaricales**) auch die *Salicaceae* (Weidengewächse, 350, **Ordnung Salicales**) an, in deren zweiblättrigen Fruchtknoten die schopfig behaarten Samen ebenfalls parietal stehen. Die entomogamen, diözischen Blüten der Weide *(Salix)* sind in traubigen Kätzchen angeordnet. Bei den ebenfalls kätzchenblütigen, anemogamen Pappeln *(Populus)* ist noch ein becherförmiger Perianthrest zu beobachten, selten auch noch Zwitterblüten. Zu den sympetalen **Cucurbitales** (nur *Cucurbitaceae*, Kürbisgewächse, 850), die Sproßranken-Kletterer mit eingeschlechtigen Blüten und riesigen Früchten („Panzerbeeren“ mit parietaler Plazentation: Kürbis, *Cucurbita*; Gurke, *Cucumis*; Melone, *Citrullus*) enthalten, vermitteln die ebenfalls rankenkletternden *Passifloraceae* (Passionsblumengewächse, 600, **Ordnung Passiflorales**), bei denen z. T. auch schon verwachsene Kronröhren auftreten.

Parietale Plazentation und Diskusbildungen verbinden mit den *Flacourtiaceae* auch die **Capparales.** Biochemisch sind sie durch **Senfölglykoside** ausgezeichnet, die bei Verletzung durch das Enzym Myrosin gespalten werden und den senf- oder kohlartigen Geschmack der Kapern und Kreuzblütler verursachen. Während die *Capparaceae* (Kapernstrauchgewächse, 800) noch Holzpflanzen sind und oft zahlreiche Staubgefäße besitzen, haben die

Brassicaceae (Kreuzblütler, Cruciferen, 3000) nur 2+4 Staubgefäße und sind meist Kräuter. Diese wichtigste Familie der *Dilleniidae* ist nach ihren **tetrameren Blüten** benannt: * K4 C4 A2+4 G($\underline{4}$) (oder G($\underline{2}$)?), die für die ganze Familie ebenso charakteristisch sind wie die **traubigen Blütenstände mit deckblattlosen Einzelblüten** und die **Schotenfrucht**, eine Kapsel aus 4 parakarpen Fruchtblättern. Die beiden fertilen Fruchtblätter bilden einen stehenbleibenden Rahmen (Replum), von dem sich die beiden sterilen ablösen. Durch eine falsche Scheidewand wird die Schote zweifächerig (Abb. 6.35.d). Nach diesem Merkmalskomplex und dem Kohlgeschmack, der schon an den meist herzförmigen Keimblättern spürbar ist, sind die Vertreter dieser Familie leicht zu erkennen.

Bei Reduktion der Samenzahl können aus den Schoten einsamige Nüsse werden, beim Hederich und anderen Arten sind die Schoten zwischen den Samen eingeschnürt und zerfallen als Bruchfrüchte in einsamige Teile, ohne sich zu öffnen. Wirtschaftlich wichtig sind als Öl-, Futter-, Gewürz- und Gemüsepflanzen der an Kulturvarietäten reiche Kohl (*Brassica oleracea*), der Raps (*B. napus* ssp. *napus*) und die zur selben Art gehörende Kohlrübe (*B. napus* ssp. *rapifera*), der Senf (*Sinapis alba*), Rettich und Radieschen (*Raphanus sativus*). Zierpflanzen sind Goldlack (*Cheiranthus cheiri*), Blaukissen (*Aubrietia*) und Levkoje (*Matthiola*).

Die **2. Überordnung Malvanae** mit der einzigen **Ordnung Malvales** ist außer dem meist **synkarpen, wenigsamigen** Gynoeceum durch **Schleimzellen**, gedrehte Knospenlage der Petalen und zentrifugale Vermehrung des allein vorhandenen inneren Staubblattkreises ausgezeichnet. Während bei den vorwiegend holzigen *Tiliaceae* (Lindengewächse, 400) die Staubblätter noch frei sind (reizbar bei *Sparmannia*, Zimmerlinde), sind ihre Filamente bei den mehr krautigen *Malvaceae* (Abb. 6.35.c) zu einer Säule verwachsen (1500, z. B. *Malva*, Malve; *Gossypium*, Baumwolle mit Kapseln, darin ölreiche Samen mit 6 cm langen Testa-Haaren. Verwandt sind die tropischen *Sterculiaceae* (1000) mit dem Kakaobaum *(Theobroma)* aus dem nördlichen Südamerika und der Kolanuß *(Cola)* aus Afrika.

Die **3. Überordnung Ericanae**, die als **verwachsenkronblättrige** Sippe von den *Asteridae*, den „eigentlichen Sympetalen", durch das Vorhandensein von 2 Staubblattkreisen (bzw. den Ausfall des äußeren Kreises) abweichen, stehen den *Dilleniales* nahe, andererseits bestehen in den Inhaltsstoffen (Polyphenole, Gerbstoffe mit Gallus- und Ellagsäure, Leucanthocyan als Gerbstoffvorstufe, Iridoide) Beziehungen zwischen *Araliales* (S. 268) und *Ericales*, letztere werden daher neuerdings oft zu den *Rosidae* gestellt.

Die **Ericales**, z. T. noch freikronblättrige Zwergsträucher, seltener auch Bäume, werden wegen der mit Hörnchen versehenen Staubbeutel (Abb. 6.35.c) auch „*Bicornes*“ genannt. Mykotrophe Rohhumusbesiedler kühlfeuchter Klimate sind die *Ericaceae* (Heidekrautgewächse, 2500) mit den großen Gattungen *Rhododendron* (600, dazu auch die Zimmer-Azaleen) und *Vaccinium* (400, Heidel-, Preißel-, Trunkel-, Moosbeere) und dem Heidekraut *(Calluna vulgaris)*.

Im Gynoeceum der **Primulales** wird an den Karpellbasen nach Schwund der Septen eine **Zentralplazenta** gebildet. Hier geht die Entwicklung — ähnlich wie bei den *Araliales* und *Saxifragales* — von tropischen Gehölzen (*Myrsinaceae*, 1000) bei den *Primulaceae* (800) bis zu annuellen Unkräutern (*Anagallis*, Gauchheil) und bis zu Kräutern der Hochgebirge und Arktis (*Primula*, Primel; Sicherung der Fremdbestäubung durch **Heterostylie**: Der Pollen kurzgriffeliger Pflanzen mit hoch in der Kronröhre inserierten Stamina wird auf langgriffelige Pflanzen mit tiefsitzenden Stamina übertragen und umgekehrt.).

5. Unterklasse Caryophyllidae

Charakteristik: Diese kleinste, früh von den *Magnoliidae* isolierte Unterklasse zeigt viele Anpassungen an **trockene**, offene Mineralboden-Standorte: ungeteilte, z. T. reduzierte Blätter, Sukkulenz, **Salztoleranz.** In den radiären, tri- bis pentameren, meist zyklischen Blüten mit einfachem oder doppeltem Perianth ist die Tendenz chorikarpes → synkarpes → **lysikarpes** Gynoeceum mit **Zentralplazenta** besonders charakteristisch. Die Samen haben meist ein Nährgewebe und einen gekrümmten Embryo. Bei sekundärer Vermehrung des Androeceums *(Cactaceae)* ist die Anlagefolge zentrifugal, meist ist die Staubblattzahl aber reduziert. Die Pollenkörner sind zur Zeit der Bestäubung dreikernig (trinucleat). Viele Familien enthalten Saponine und statt der Anthocyane die N-haltigen **Betalaine** (rotviolette Betacyane und gelbe Betaxanthine, Abb. 6.40. auf Vorsatzblatt). Diese sehr charakteristischen biochemischen Merkmale sind allerdings nicht durchgehend, die *Caryophyllaceae*, *Polygonaceae* und *Plumbaginaceae* haben keine Betacyane, Saponine sind bei den beiden letzteren selten.

Gliederung (Übersicht): *Caryophyllales* 17/9950, *Polygonales* 1/800, *Plumbaginales* 1/775.

Die **Caryophyllales** haben vereinzelt noch chorikarpe Gynoeceen (*Phytolacca*, Kermesbeere) und oft zahlreiche Samenanlagen mit Perisperm. Die *Caryophyllaceae* (Nelkengewächse, 2000) sind zu erkennen an ihren dekussierten, oft schmalen Blättern, den dichasialen Blütenständen (Cymoide und Thyrsen, Abb. 5.29.) und den Kapselfrüchten mit zentraler Plazentation. Von der Grundformel der Blüte * K5 C5 A5 + 5 G$\underline{(5)}$ gibt es Abweichungen durch Reduktion der Krone (z. B. *Scleranthus*, Knäuel) und der Fruchtblattzahl (zwei bei *Dianthus*, Nelke, und *Saponaria*, Seifenkraut). Die Familie wird in 3 Unterfamilien gegliedert (Abb. 6.35.b), die sich außer durch folgende Merkmale auch biochemisch unterscheiden:

Alsinoideae	*Silenoideae*	*Paronychioideae*
K5	K(5)	K5
Stipeln fehlen	Stipeln fehlen	Stipeln vorhanden

Die meist halophilen, anemogamen *Chenopodiaceae* (Gänsefußgewächse, 1400) haben nur noch ein einfaches oder ganz reduziertes Perianth und nur einen epipetalen Staubblattkreis, das 2(—3)blättrige Gynoeceum entwickelt sich zu einer einsamigen Nußfrucht. Der Weiße Gänsefuß [*Chenopodium album*, * P5 A5 G(2)], das oft als „Melde" bezeichnete häufigste Unkraut der Rüben- und Kartoffeläcker, hat zwittrige, die Melde *(Atriplex)* eingeschlechtige Blüten. Eine sproßsukkulente, halophile Annuelle ist der Queller *(Salicornia)*. Aus der mediterranen *Beta vulgaris* (Abb. 6.35.b) wurden Runkelrübe, Rote Rübe, Zuckerrübe und Mangold gezüchtet (anomales Dickenwachstum s. S. 134).

Die *Cactaceae*, die fast ganz auf Amerika beschränkt sind, zeigen eine zunehmende Reduktion der bei *Peireskia* noch vorhandenen Blätter zu Blattdornen und Blattdornbüscheln (Areolen) und zunehmende Sproßsukkulenz bis hin zur Kugelform. Perigon und Androeceum sind polymer, ebenso das unterständige Gynoeceum, das zu einer Beere wird.

Die **Polygonales** (nur *Polygonaceae*, Knöterichgewächse, 800) sind anemogam, ihre Blüten daher meist unscheinbar. Der Fruchtknoten ist einfächerig, einsamig, die atrope Samenanlage entwickelt viel Endosperm (genutzt bei *Fagopyrum*, Buchweizen). Die Stipeln verwachsen zu einer häutigen Tüte (**Ochrea**, z. B. an der Basis der Blätter von *Rheum*, Rhabarber). — Mit den xero-halophytischen **Plumbaginales** (z. B. *Armeria*, Grasnelke) enthalten die *Caryophyllidae* schließlich auch sympetale Sippen. — Die beiden letztgenannten Ordnungen werden jetzt oft zu den *Rosidae* gestellt.

6. Unterklasse Asteridae

Charakteristik: Diese am stärksten abgeleitete, zweitgrößte Unterklasse der Dikotylen ist gekennzeichnet durch

- **sympetale**, radiäre oder oft zygomorphe Blüten mit nur **einem episepalen Staubblattkreis** (A5 → A2), der fast stets mit der Krone verwächst,
- meist zweikarpelliges, syn- oder parakarpes Gynoeceum mit Tendenz zur Unterständigkeit,
- tenuinucellate, unitegmische Samenanlagen,
- Tendenz zur Pseudanthienbildung,
- weitgehendes Fehlen von Gerbstoffen.

Verwandtschaft: Die *Asteridae* sind zwar innerhalb der Dikotylen ein gut abgegrenzter Verwandtschaftskreis. Die beiden Überordnungen sind aber aus *Rosidae*-Vorfahren wohl getrennt entstanden, denn die *Lamianae* zeigen im Vorkommen iridoidartiger Verbindungen engere Beziehungen zu den *Saxi-*

fragales-Celastrales (Abb. 6.40. auf vorderem Vorsatzblatt), die *Asteranae* im Vorkommen von Polyinen (Polyacetylenen) Übereinstimmung mit den *Araliales*.

Gliederung (Übersicht):

1. Überordnung Lamianae: *Gentianales* 13/12120, *Dipsacales* 4/870, *Oleales* 1/600, *Polemoniales* 8/4520, *Scrophulariales* 17/11700, *Lamiales* 3/6125.
2. Überordnung Asteranae: *Campanulales* 7/2490, (*Calycerales* 1/40), *Asterales* 1/22000.

Merkmale der beiden Überordnungen:

	Lamianae	*Asteranae*
Pseudanthien	selten	vorherrschend
Antheren	untereinander frei	postgenital verbunden
Gynoeceum	meist oberständig	unterständig
Milchsaftröhren	selten	häufig
Iridoide	verbreitet	fehlend (Abb. 6.40. auf Vorsatz)
Inulin	fraglich	verbreitet
Polyine	fehlend	häufig (*Asteraceae*)

1. Überordnung Lamianae

Die drei ersten Ordnungen enthalten vorwiegend Holzpflanzen mit radiären Blüten, die übrigen meist Kräuter mit zygomorphen Blüten.

Die **Gentianales** haben ganzrandige, dekussierte Blätter, häufig bikollaterale Bündel und Indol-Alkaloide (z. B. Strychnin in der Brechnuß, *Strychnos nux-vomica*). Die Blüte: $*$ K (4 oder 5) [C (4 oder 5) A4 oder 5] $G(\underline{2})$ oder $G(\overline{2})$ zeigt als Besonderheit gedrehte Knospenlage der Petalen. — Die krautigen *Gentianaceae* (1000, z. B. *Gentiana*, Enzian) enthalten Bitterstoffe. — Die *Apocynaceae* (Hundsgiftgewächse, 2000, z. B. *Vinca*, Immergrün; *Nerium*, Oleander) und die *Asclepiadaceae* (Seidenpflanzengewächse, 2000, z. B. *Vincetoxicum*, Schwalbenwurz; *Dischidia* mit humussammelnden Urnenblättern) sind meist giftige Tropengehölze mit Milchröhren. Durch Förderung der unverwachsenen Zone des Gynoeceums entstehen sekundär fast chorikarpe Doppelbalgfrüchte. Die *Asclepiadaceae* haben besonders spezialisierte Klemmfallenblüten: Antheren und Narbe verwachsen zum „Gynostegium". Der Narbenkopf bildet Klemmkörper, die von den Bestäuberinsekten mit dem zu Pollinien verklebten Pollen herausgezogen werden. Aus Staubblattanhängseln entsteht eine nektarführende Nebenkrone. Bei den *Apocynaceae* gibt es diese Anpassungen noch nicht.

Die *Rubiaceae* (Rötegewächse, 6500) sind ebenfalls vorwiegend tropische Gehölze, dekussiert beblättert und reich an Indol-Alkaloiden. Das Gynoeceum der meist trichterförmigen Blüten ist aber unterständig. Es entwickelt sich bei ursprünglicheren Sippen (Unterfamilie *Cinchonoideae*, z. B. *Cinchona*, Chinarindenbaum, Indolalkaloid Chinin) zu einer vielsamigen Kapsel, bei abgeleiteten (Unterfamilie *Rubioideae*) zu zweisamigen Steinfrüchten (z. B. *Coffea*, Kaffee, mit dem alkaloidähnlichen Purinderivat Coffein) oder zu einer Spaltfrucht (z. B. bei *Galium*, Labkraut). *Galium* hat scheinwirtelige Blätter, die durch Verwachsung der Stipeln mit dem dekussierten Blattpaar und Aufteilung des so gebildeten Primordialringes entstehen, z. B. *G. odoratum*, Waldmeister. Die epiphytische *Myrmecodia* bildet von Ameisen bewohnte Sproßknollen mit Wurzeldornen.

Die **Dipsacales** mit ebenfalls dekussierten, aber oft geteilten Blättern enthalten mit den *Caprifoliaceae* (Heckenkirschengewächse, 450, z. B. *Sambucus*, Holunder) und den *Valerianaceae* (Baldriangewächse, 360) bereits Gruppen mit schwach zygomorphen Blüten und Gynoeceum-Reduktion bis zur Einsamigkeit. Wie bei den *Rubiaceae* ist das Gynoeceum unterständig, was bei den *Lamianae* eine Ausnahme ist.

Die **Oleales** (nur *Oleaceae*, Ölbaumgewächse, 600) vermitteln zwischen *Gentianales*, *Scrophulariales* und *Celastranae*; mit den letzteren verbindet z. B. der holzige Wuchs, die Tetramerie und die Staubblattreduktion: ∗ K(4) [C(4) A2] G(2), mit den ersteren die Dekussation und das zweiblättrige, oberständige Gynoeceum. Aus dem Fleisch der Steinfrüchte von *Olea* wird das Olivenöl gewonnen, der kapselfrüchtige Flieder (*Syringa*) ist als Zierstrauch, die sekundär zur Anemogamie übergegangene und dadurch apetale und fast diözische Esche (*Fraxinus excelsior*, mit Flügelnuß) als Nutzholz bekannt.

Die **Polemoniales** sind bereits vorwiegend Kräuter, sie haben aber noch radiäre Blüten. Die Petalen der *Convolvulaceae* (Windengewächse, 1500) sind in der Knospenlage wie die der *Gentianales* gedreht. Die Früchte sind viersamige Kapseln. Wie bei den *Solanaceae* treten bikollaterale Bündel und Tropanalkaloide auf. Die parasitischen, fast chlorophyllfreien *Cuscutaceae* (Teufelszwirngewächse) schließen an die *Convolvulaceae* an. Die rauhblättrigen *Boraginaceae* (Boretschgewächse, 2000) haben wie die *Lamiaceae* (s. unten) 4 einsamige Klausenfrüchte und doppelwickelige Infloreszenzen, aber wechselständige Blätter. Oft ist die Kronröhre am Ende zu „Schlundschuppen" eingestülpt. *Myosotis* (Vergißmeinnicht) und *Heliotropium* werden als Zierpflanzen, *Borago* (Borretsch) als Gewürz- und Bienenfutterpflanze angebaut.

Die ebenfalls überwiegend krautigen **Scrophulariales** haben noch mehrsamige Kapselfrüchte oder Beeren, aber meist schon **zygomorphe** Blüten. Die *Solanaceae* (Nachtschattengewächse, 2300) zeigen die Zygomorphie fast nur in der schrägen Stellung der 2 Fruchtblätter (Abb. 6.36.b), die zu Kapseln (z. B. *Nicotiana*, Tabak; *Datura*, Stechapfel; *Petunia*) oder Beeren (*Solanum tuberosum*, Kartoffel; *Lycopersicon*, Tomate; *Atropa*, Tollkirsche; *Capsicum*, Paprika) mit dicken Plazenten werden. Bikollaterale Bündel und Tropan-Alkaloide (s. S. 378) kennzeichnen die *Solanaceae* als natürliche Einheit. Während ihre Blüten noch 5 Stamina besitzen: ↙ K (5) [C(5) A5] G(2), ist bei den

Scrophulariaceae (Braunwurzgewächse, 3100) eine Tendenz zur **Staubblattreduktion** und zu stärkerer Zygomorphie zu beobachten (Abb. 6.36.a). Allerdings ist die Folge der abgebildeten Sippen nicht als phylogenetische Reihe zu verstehen. Wie bei den *Lamiaceae* sind die Blüten oft zweilippig (z. B. *Antirrhinum*, Löwenmaul), auch dekussierte Blattstellung und vierkantige Stengel kommen vor (z. B. *Scrophularia*, Braunwurz), aber im Gegensatz zu den Lippen-

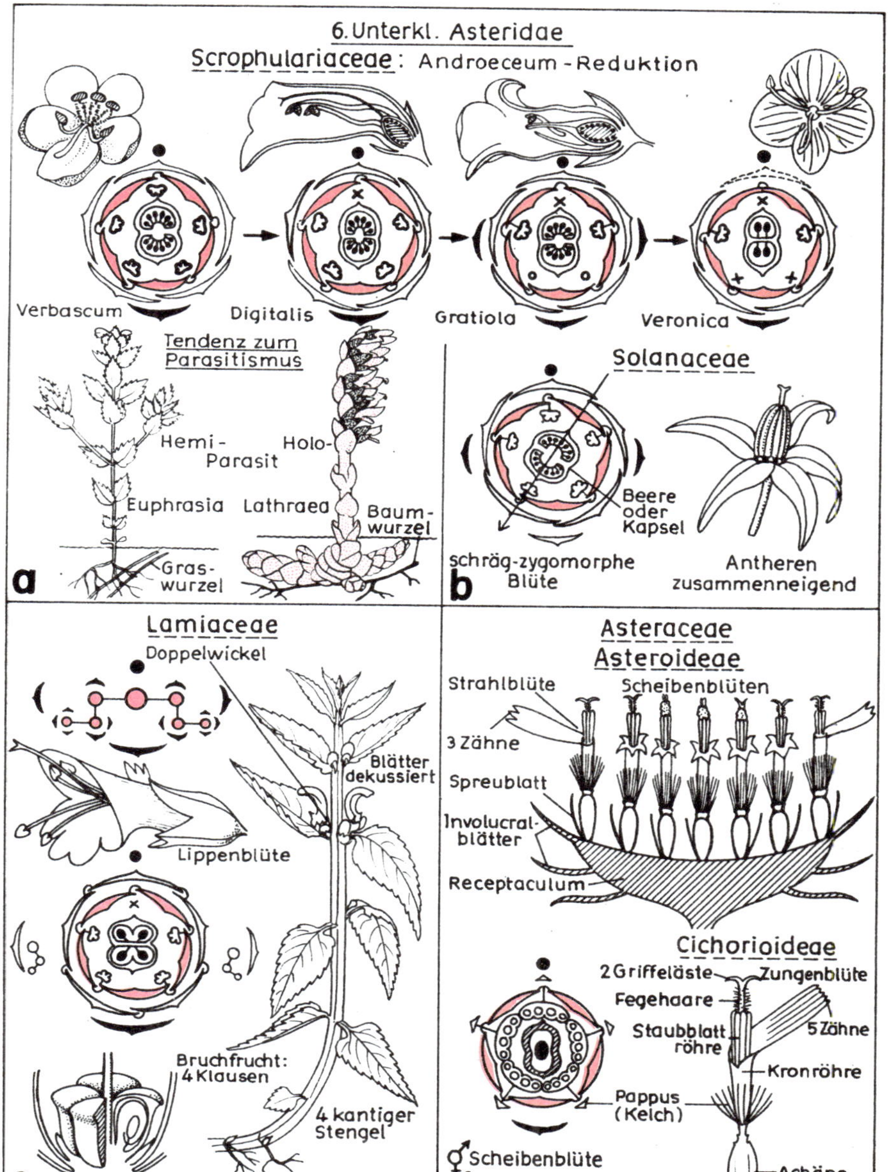
6. Unterkl. Asteridae
Scrophulariaceae: Androeceum-Reduktion
Verbascum
Digitalis
Gratiola
Veronica
Tendenz zum Parasitismus
Hemi-Parasit
Holo-
Euphrasia
Lathraea
Baum-wurzel
Gras-wurzel
a
Solanaceae
Beere oder Kapsel
schräg-zygomorphe Blüte
Antheren zusammenneigend
b
Lamiaceae
Doppelwickel
Blätter dekussiert
Lippenblüte
Bruchfrucht: 4 Klausen
4 kantiger Stengel
c
Asteraceae
Asteroideae
Strahlblüte
Scheibenblüten
3 Zähne
Spreublatt
Involucral-blätter
Receptaculum
Cichorioideae
2 Griffeläste
Zungenblüte
Fegehaare
Staubblatt röhre
5 Zähne
Kronröhre
Pappus (Kelch)
Scheibenblüte
Achäne
d

Abb. 6.36.

blütlern haben die Braunwurzgewächse fast immer mehrsamige Kapselfrüchte. Gegenüber den verwandten *Solanaceae* ist die Familie durch kollaterale Bündel und mediane Fruchtblätter ausgezeichnet. Bei *Veronica* (Ehrenpreis) ist nicht nur die Staubblattzahl reduziert (Abb. 6.36.b), sondern auch einer der 5 Kelchzipfel; die Krone ist durch Verschmelzung der oberen Kronblätter vierteilig. Wegen herzwirksamer Cardenolide wird *Digitalis* (Fingerhut) genutzt. An die parasitische Tribus *Rhinantheae* mit den hemiparasitischen Wiesenpflanzen *Rhinanthus* (Klappertopf, Schwarzfärbung beim Trocknen durch iridoide Verbindungen) und *Euphrasia* (Augentrost, Abb. 6.36.a) sowie dem fast chlorophyllfreien Baumwurzel-Vollparasiten *Lathraea* (Schuppenwurz, Abb. 6.36.a) sind die holoparasitischen *Orobanchaceae* (Sommerwurzgewächse, 150) anzuschließen.

Die **Lamiales** sind bei uns vor allem durch die große Familie *Lamiaceae* (Lippenblütler, 3500) vertreten. Diese sind leicht an folgenden Merkmalen zu erkennen:

- dekussierte Blätter an vierkantigen Sproßachsen,
- in Doppelwickeln stehende, zygomorphe „Lippenblüten", in denen die zwei oberen Petalen zur Oberlippe, die 3 unteren zur Unterlippe verwachsen: ↓ K(5) [C(5) A4] G($\underline{2}$), Abb. 6.36.c,
- einsamige Klausenfrüchte, die sich durch falsche Scheidewände aus dem zweiblättrigen, oberständigen Gynoeceum entwickeln. (Darin sind Mikropyle und Radicula im Gegensatz zu den *Boraginaceae*-Klausen nach unten gerichtet.)

Charakteristische Drüsen (Abb. 4.5.c) mit etherischen Ölen, besonders Mono- und Sesquiterpenen, bedingen den aromatischen Geruch und die Verwendung von *Majorana* (Majoran), *Satureja* (Bohnenkraut), *Rosmarinus* (Rosmarin), *Thymus* (Thymian), *Salvia* (Salbei, nur 2 Stamina mit je 1 Theke, Hebelmechanismus bei Bestäubung) und *Mentha* (Minze) als Heil- und Küchenkräuter.

2. Überordnung Asteranae (Merkmale s. S. 275)

Campanulales. Bei den *Campanulaceae* (Glockenblumengewächse, 1000) wird aus dem 3- oder 5blättrigen, synkarpen Gynoeceum eine vielsamige Kapsel. Die Samen sind noch endospermreich, die Antheren bleiben meist noch frei. Die Infloreszenzen zeigen eine Progression von geschlossenen Thyrsen (*Campanula*, Glockenblume) über offene Ähren und Kolben (*Phyteuma*, Teufelskralle) zu Köpfchen mit einem Hüllkelch aus sterilen Brakteen (Pseudanthienbildung, z. B. *Jasione*, Sandknöpfchen).

Asterales. Bei den *Asteraceae* (*Compositae*, Korbblütler, 22000) entspricht der typische, von einer offenen Ähre abzuleitende Blütenstand **(Köpfchen)** funktionell und im Aussehen einer Einzelblüte: Der Hüllkelch **(Involucrum)** umgibt zahlreiche Einzelblüten, die besonders bei ursprünglichen Gattungen auf dem verbreiterten Blütenstandsboden **(Receptaculum)** noch in der Achsel von Tragblättern (**Spreublättern**, Abb. 6.36.d, z. B. *Helianthus*, Sonnenrose, Ölpflanze) stehen. Die Einzelblüten haben einen zweiblättrigen, unterständigen, zu einsamigen, endospermlosen **Achänen** werdenden Fruchtknoten mit zweiteiliger Narbe und einem außen mit Fegehaaren besetzten Griffel, einen in Haare (**Pappus**, Flugorgan), Schuppen oder Borsten aufgelösten oder ganz reduzierten Kelch (Abb. 6.36.d). Die Stamina sitzen mit freien Filamenten an der im Grundbauplan 5zipfeligen, glockigen Kronröhre (Abb. 6.36.d). Die 5 Antheren sind postgenital untereinander zu einer Röhre verbunden, der Pollen wird von den Griffelhaaren ausgefegt.

Die Krone ist bei den beiden Unterfamilien, den weitgehend milchsaftfreien, schizogene Öl- und Harzgänge besitzenden *Asteroideae* und den Milchsaft führenden *Cichorioideae* verschieden ausgebildet. Bei den *Asteroideae* gibt es radiäre Scheibenblüten, bei vielen Gattungen außerdem zweilippige Zungen- oder Strahlblüten, bei denen 3 Zipfel die Unterlippe bzw. den Strahl, 2 die meist ganz reduzierte Oberlippe bilden. Die Strahlblüten haben dann 3 Zähne. Sie sind oft abweichend gefärbt (weiß bei *Bellis*, Gänseblümchen). Bei manchen Arten werden ♂ und ♀ Köpfchen gebildet (*Xanthium*, Spitzklette); *Antennaria dioica* (Katzenpfötchen) ist sogar zweihäusig. Heilpflanzen sind *Chamomilla* (Kamille), *Tussilago* (Huflattich) und *Artemisia* (Beifuß, anemogam!). Sehr viele Gattungen enthalten Zierpflanzen, z. B. *Cosmea*, *Tagetes*, *Aster*, *Callistephus* (die annuelle Gartenaster), *Chrysanthemum*, *Gerbera* und *Dahlia*.

Die Unterfamilie *Cichorioideae* hat im Gegensatz zu den *Asteroideae* stets Zwitterblüten, deren lange Zunge 5 Zähne trägt, weil alle 5 Kronzipfel an ihrer Bildung beteiligt sind. Der Milchsaft wird bei *Taraxacum bicorne* (Löwenzahn-Art) zu Kautschuk verarbeitet. Als Gemüse werden *Scorzonera hispanica* (Schwarzwurzel) und *Lactuca sativa* (Salat) genutzt. 800 Sammelarten mit zahlreichen apomiktischen „Kleinarten" umfaßt *Hieracium* (Habichtskraut).

2. Klasse Monocotyledoneae (Liliatae), Einkeimblätter 53 000 Arten

Charakteristik: Die Klasse unterscheidet sich von Dikotyl(edon)en durch einen ganzen Komplex von Merkmalen (Abb. 6.33.a, b), die z. T., wie die Lebensdauer der Hauptwurzel und das sekundäre Dickenwachstum, eng miteinander verknüpft sind. Es gibt aber überall Ausnahmen und kein einziges Merkmal, das allein zur klaren Trennung der Klassen ausreichen würde (Tab. 6.9.). Besonders die *Nymphaeales* mit Homorrhizie, Ataktostele, polyarchen Wurzel-Leitbündeln, unpaarigem Vorblatt, teilweise trimeren Blüten und Pollen mit distaler Apertur nehmen eine Zwischenstellung ein, sie werden aber wegen des dikotylen Embryos zu den Zweikeimblättlern gestellt. Wenn bei *Paris* (Einbeere) vierzählige Blüten, bei *Ranunculus ficaria* (Scharbockskraut) monokotyle Embryonen auftreten, so reicht das für die Zuordnung nicht aus, sondern die **Gesamtheit der Merkmale** ist entscheidend.

Tabelle 6.9. Merkmale der Dicotyledoneae und Monocotyledoneae

Merkmal	Typische Merkmalsausbildung bei Dikotylen	Typische Merkmalsausbildung bei Monokotylen	Ausnahmen (Merkmale der anderen Klasse) Dikotylen	Ausnahmen (Merkmale der anderen Klasse) Monokotylen
a) Blätter				
Keimblätter	2, lateral	1, pseudoterminal, oft haustorial	*Ficaria*, *Corydalis*, *Pinguicula* 1, *Degeneria* 3	*Dioscorea* 1+1 rudim., *Agapanthus (Lil.)* 2
Blattnervatur	fiederig	parallel	*Bupleurum*, *Plantago*, *Armeria*	*Smilax*, *Dioscorea*, *Araceae*
Nervenenden	± offen	± geschlossen (verbunden)		
Blattspuren	1—3	viele	*Plantago*, *Apiaceae* z. T.	
Stipeln	oft vorhanden	fehlen	oft fehlend, z. B. *Brassicaceae*	
Blattstiel	oft vorhanden	fehlt, breite Basis oder Scheide	sitzende Blätter, z. B. *Caryophyllaceae* z. T.	*Araceae*, *Arecaceae*, *Smilax*
Blattspreite	oft gezähnt u. zusammengesetzt	ganzrandig, keine echte Fiederung	oft ungeteilte Blätter	*Araceae*, *Arecaceae* Scheinfiederung
Vorblätter	2, transversal	1, adossiert	*Ranunculus*, *Aristolochiac.*, *Annonaceae*, *Nymphaeaceae*	*Hydrocharis*, *Najas*, *Dioscorea*

b) Sproßachse				
Beiknospen	serial (S. 106)	kollateral	*Stylidium (Campanulales)*	*Dioscorea*
Fascikuläres Kambium	vorhanden (Bündel offen)	fehlt (B. geschlossen)	*Ranunculus* z. T., *Nymphaea*	*Dioscorea*, *Dracaena*
sekundäres Dickenwachstum	vorhanden	fehlt	Sumpf- u. Wasserpflanzen wie *Nymphaea*	baumförmige *Liliaceae*, anomal
Stele	Eustele (S. 229)	Ataktostele (Leitbündel über Sproßquerschnitt verteilt)	*Podophyllum*, *Nymphaea*, *Piperaceae*, *Ranunculus* z. T.	*Dioscorea*
Phloemparenchym	vorhanden	fehlt	*Ranunculaceae*, *Aristolochiaceae*	
c) Wurzeln				
Bewurzelung	allorrhiz (S. 134f.)	homorrhiz	*Nymphaeaceae*, *Ranunculac.* u. *Asteraceae* z. T.	baumförmige *Liliaceae*
Wurzel-Leitbündel	oligarch	polyarch	*Nymphaea*	*Liliaceae* z. T.
Dermatogen	innerste Lage der Kalyptra	äußerste Lage des Veget.-Punktes	*Nymphaea*	
d) Blüten	tetramer oder pentamer	trimer	*Aristolochiac.*, *Cabomba*, *Rheum*	*Paris*, *Potamogeton*
Pollenmutterzellen-Teilung	± simultan	± sukzedan	viele Ausnahmen	
Endospermbildung	nucleär oder zellulär, selten helobial	helobial oder nucleär, selten zellulär	viele Ausnahmen	
Pollen	zonocolpat	anacolpat, anaporat	*Nymphaeaceae*, *Magnoliaceae*	

Stellung: Während die Monokotylen früher wegen ihrer einfacheren Organisation vor die Dikotylen gestellt wurden, betrachtet man sie heute allgemein als sekundär vereinfacht und von gefäßlosen, krautigen dikotylen Vorfahren abgeleitet. Ursache des krautigen Wuchses und der Vereinfachung des vegetativen Bereiches ist nach Takhtajan eine mit dem Übergang zur **Geophilie** und zum **Wasserleben** verbundene Infantilisierung oder **Neotenie** (vorzeitiger Abschluß der Ontogenese): Die Blätter entsprechen unvollkommen entwickelten Dikotylenblättern, die Kambiumtätigkeit ist herabgesetzt. Die Einkeimblättrigkeit ist wohl durch zunehmende Anisokotylie entstanden. Die Monokotylen werden meistens als monophyletisch angesehen, sie haben sich aber schon zeitig (erste Funde: Unterkreide) in getrennte Linien aufgegliedert (3 Unterklassen, Abb. 6.32.).

1. Unterklasse Alismatidae

Charakteristik: Diese kleinste Angiospermen-Unterklasse verbindet über die *Nymphaeales* die Dikotylen und Monokotylen. Sie umfaßt ausschließlich krautige Sumpf- und Wasserpflanzen, darunter auch die einzigen marinen Samenpflanzen. Die *Alismatidae* haben zahlreiche ursprüngliche Merkmale: Tracheen gibt es z. T. nur in Wurzeln oder in sehr primitiver Form, das Gynoeceum ist **chorikarp**, die **Samenanlagen sind crassinucellat und bitegmisch** und stehen laminal bis submarginal (vgl. *Nymphaeaceae*!), die Blüten sind **radiär.**

Stärker abgeleitete Merkmale, wie die offenbar sekundäre Vermehrung der beiden ursprünglich 3zähligen Staubblattkreise oder die Reduktion des Androeceums, die endospermlosen Samen, Anpassungen an Anemogamie (z. B. diözische Blüten) oder Hydrogamie, die zunehmende Reduktion der Samenanlagen-Zahl auf 1, die Dreizelligkeit des Pollens und die bei den *Hydrocharitaceae* vorkommende Epigynie zeigen, daß sich die *Alismatidae* von der Stammgruppe der Monokotylen doch schon weit entfernt haben (Abb. 6.32).

Gliederung: *Alismatales* 3/80, *Hydrocharitales* 1/100, *Najadales* 10/225.

Unter den **Alismatales** ist *Butomus umbellatus* (Schwanenblume, Fam. *Butomaceae*) wegen ihrer Sammelbalgfrüchte ursprünglich, allerdings ist das Gynoeceum bereits oligomer: $* \mathrm{K}3\ \mathrm{C}3\ \mathrm{A}6+3\ \mathrm{G}\ \underline{3+3}$, polymer ist es dagegen noch bei *Alisma* (Froschlöffel, Abb. 6.37.a) und bei *Sagittaria* (Pfeilkraut, monözisch, Abb. 6.37.a, beide *Alismataceae* mit wenig- bis einsamigen Fruchtblättern). Die einzige Familie der **Hydrocharitales**, die *Hydrocharitaceae*, hat eingeschlechtige Blüten. Einhäusig ist *Hydrocharis* (Froschbiß, Schwimmblattpflanze), zweihäusig *Elodea* (Wasserpest). Das chorikarpe, aber durch den Achsenbecher verbundene Gynoeceum erinnert an das der *Nymphaeaceae*.

Bei den meisten **Najadales** ist das Perianth reduziert in Anpassung an Anemogamie (z. B. *Potamogeton*, Laichkraut, Blüten tetramer, Perianth oft als Staubblattanhängsel gedeutet, Abb. 6.37.a) oder an Hydrogamie (z. B. *Zostera*, Seegras, marin, nur noch 1 Stamen, 1 Karpell; *Najas*, Nixkraut, mit eingeschlechtigen Blüten und nur noch 1 Karpell, Pollen fadenförmig; *Zannichellia*, Teichfaden, ♂ Blüte: 1 Stamen, ♀ Blüte: 2—4 Karpelle, Abb. 6.37.a).

2. Unterklasse Liliidae

Charakteristik: Monokotylen mit (meist penta-)zyklischen Blüten und coenokarpem Gynoeceum, ohne auffällige Hochblattbildung im Blütenstand. Die sehr mannigfaltige Gruppe entwickelte z. T. extreme Anpassungen an Zoogamie (*Lilianae*, *Bromelianae*, oft Septalnektarien) oder an Anemogamie (*Juncanae*, *Commelinanae*, keine Septalnektarien).

Gliederung (Übersicht):
1. Überordnung Lilianae: (*Triuridales* 1/80), *Liliales* 22/8575, *Orchidales* 1/20000,
2. Überordnung Bromelianae: *Bromeliales* 1/1700, *Zingiberales* 8/1550,
3. Überordnung Juncanae: *Juncales* 2/300, *Cyperales* 1/3700, (*Typhales* 2/35),
4. Überordnung Commelinanae: *Commelinales* 4/855, (*Eriocaulales* 1/1200), (*Restionales* 4/445), *Poales* 1/8000.

Die **1. Überordnung Lilianae** umfaßt meist mehrjährige Kräuter (sekundär Holzpflanzen mit anomalem Dickenwachstum) mit radiären (*Liliales*) bis zygomorphen (*Orchidales*) Zwitterblüten, korollinischem Perigon und stärkefreiem oder fehlendem Endosperm. Progressionen betreffen z. B. den Blütenstand (Reduktion offener Trauben bis zur Einblütigkeit), die Früchte (septicide → loculicide Kapseln → Beeren) und die Überdauerungsorgane (Rhizom → Knolle → Zwiebel, Abb. 6.37.b).

Die Aufgliederung der **Liliales**, der ursprünglichsten, wahrscheinlich über die *Dioscoreaceae* direkt an Vorläufer der *Magnoliidae* anzuschließenden Ordnung, wird gegenwärtig neu bearbeitet. Ursprünglich und durch viele Dikotylen-Merkmale ausgezeichnet (Blattform, Nervatur, Stele, vgl. Tab. 6.9.) sind die *Dioscoreaceae* (z. B. *Dioscorea batatas*, Yamswurzel mit eßbaren Wurzelknollen).

Die große Familie der *Liliaceae* [Liliengewächse, 3700, $* P3 + 3 A3 + 3 G(\underline{3})$] wird heute z. T. schon auf die kapselfrüchtige, zwiebelbildende Verwandtschaft von *Lilium* (Lilie, Schuppenzwiebel), *Tulipa* (Tulpe, Schalenzwiebel) und *Gagea* (Goldstern) beschränkt, während die übrigen Gattungen, z. B. die beerenfrüchtigen Rhizompflanzen *Asparagus* (Spargel), *Convallaria* (Maiglöckchen) und *Paris* (Einbeere) oder das durch Lauchöle ausgezeichnete kapselfrüchtige *Allium* (Lauch) als eigene Familien sogar in eine besondere Ordnung *Asparagales* gestellt werden. Dazu gehören auch die *Amaryllidaceae*, in deren epigynen Blüten das Perigon oft eine Nebenkrone bildet (z. B. *Narcissus*). — Die Verwachsung des Perigons selbst ist in diesem Verwandtschaftskreis nicht von hohem systematischem Wert: Nahe verwandte Gattungen wie *Scilla* (Blaustern) und *Muscari* (Traubenhyazinthe) verhalten sich darin verschieden.

Die *Iridaceae* (Schwertliliengewächse) sind durch Ausfall des inneren Staubblattkreises und ebenfalls epigyne, aber z. T. schwach zygomorphe Blüten (*Gladiolus*) noch stärker abgeleitet. Die Blüte von *Iris* ist herkogam: 3 kronblattartig verbreiterte Griffeläste legen sich über die 3 Staubgefäße, so daß die Antheren mit den Narben nicht in Berührung kommen können.

Extreme **Zygomorphie** entwickelten die ungeheuer artenreichen **Orchidales** (nur *Orchidaceae*, 20000). Die Kleinheit der anemochoren Samen, die den

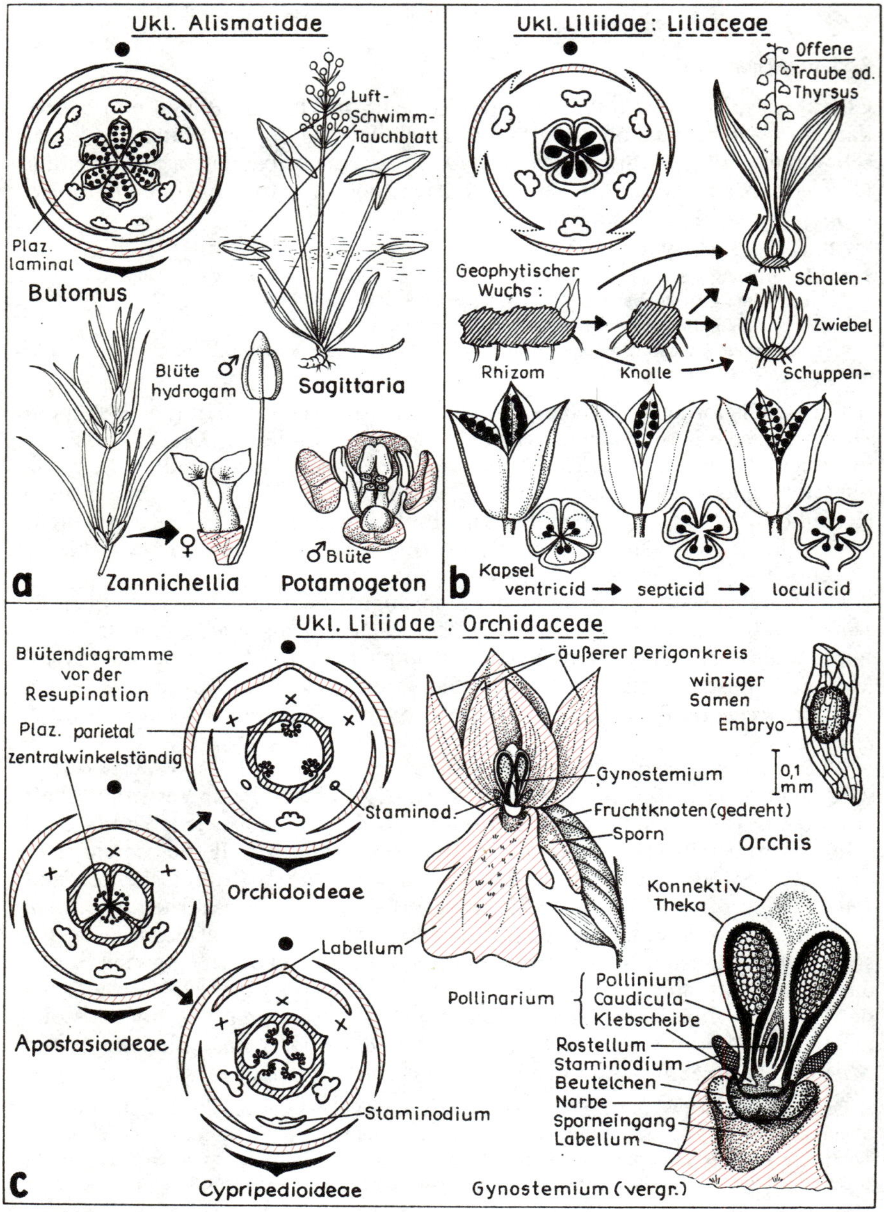
Ukl. Alismatidae
Plaz. laminal
Butomus
Luft-
Schwimm-
Tauchblatt
Sagittaria
Blüte hydrogam ♂
♀
Zannichellia
♂ Blüte
Potamogeton
a
Ukl. Liliidae : Liliaceae
Offene Traube od. Thyrsus
Geophytischer Wuchs :
Rhizom
Knolle
Schalen-
Zwiebel
Schuppen-
Kapsel
ventricid → septicid → loculicid
b
Ukl. Liliidae : Orchidaceae
Blütendiagramme vor der Resupination
Plaz. parietal
zentralwinkelständig
Staminod.
Orchidoideae
Apostasioideae
Labellum
Staminodium
Cypripedioideae
äußerer Perigonkreis
Gynostemium
Fruchtknoten (gedreht)
Sporn
winziger Samen
Embryo
0,1 mm
Orchis
Konnektiv
Theka
Pollinarium
Pollinium
Caudicula
Klebscheibe
Rostellum
Staminodium
Beutelchen
Narbe
Sporneingang
Labellum
Gynostemium (vergr.)
c

Abb. 6.37.

Orchideen auch den Namen „*Microspermae*" eingetragen hat (0,005 mg), ist hier wie bei den *Ericales* mit **Mykorrhiza** gekoppelt (bei den *Orchidaceae* endotrophe M.). Das **Perigon** ist meist auffällig gestaltet. Das mediane Blatt seines inneren Kreises, das **Labellum** (Lippe), dient als Landeplatz für die Insekten. Bei höher spezialisierten Gattungen ist es teilweise als Kesselfalle (z. B. *Cypripedium*, Frauenschuh) oder als Weibchen-Atrappe ausgebildet, die die männlichen Bestäuberinsekten zu Begattungs-Versuchen veranlaßt (Abb. 6.37.c). Das Labellum gelangt bei der Unterfamilie *Cypripedioideae* und ursprünglichen Vertretern der Unterfamilie *Orchidoideae* (z. B. *Neottia*, Vogelnestwurz, fast chlorophyllfrei) durch Überkippen der Blüte, bei den abgeleiteteren Gruppen durch Drehung des unterständigen Fruchtknotens um 180° **(Resupination)** nach unten.

Von den Staubblättern werden nur die 3 dem Deckblatt zugewandten entwickelt, davon sind bei den *Cypripedioideae* nur die beiden lateralen, bei der größten Unterfamilie, den *Orchidoideae*, nur das mediane fertil. Dieses verwächst mit dem Griffel zu einem **Gynostemium.** Die Pollenkörner sind bei den *Cypripedioideae* zu Tetraden, bei den *Orchidoideae* aber in einem Pollensack alle zu einem **Pollinium** vereinigt. Mit dem als **„Rostellum"** ausgebildeten medianen Narbenlappen, der Klebmasse und Stielchen liefert, verwächst das Pollinium zum **Pollinarium** (Abb. 6.37.c). Dieses wird mit dem Klebkörper vom Bestäuberinsekt herausgezogen und so exakt auf die Narbe einer anderen Blüte plaziert, daß sich die Orchideen ein Pollen:Samenanlagen-Verhältnis von 1:1 leisten können. Bei *Catasetum* wird sogar das Pollinarium zielgerichtet auf das Insekt abgeschossen.

Die Mehrzahl der Orchideen sind tropische **Epiphyten** mit Velamen-Luftwurzeln (S. 144) und wasserspeichernden Einrichtungen (Blattknollen, Rhizome → Sproßknollen), im gemäßigten Europa wachsen nur Erdorchideen. — Aus den beerenartigen Kapseln der mittelamerikanischen *Vanilla planifolia* wird Vanillin gewonnen.

Die **2. Überordnung Bromelianae**, die sich durch in Kelch und Krone gegliedertes Perianth und stärkereiches Endosperm von den *Lilianae* unterscheidet, enthält 2 wichtige tropische Nutzpflanzen: innerhalb der radiärblütigen, meist epiphytischen, tropisch-amerikanischen **Bromeliales** *Ananas comosus* (Ananas, Fruchtstand Abb. 6.31.) und innerhalb der zygomorphblütigen **Zingiberales** *Musa* (Banane, Riesenstaude mit Scheinstamm aus Blattscheiden; Kulturbanane parthenokarp, Blütenstand mit kollateralen Beiknospen). Bei den *Zingiberales* werden die Staubblätter z. T. korollinisch, bei *Canna* (Blumenrohr) bleibt nur noch ein halbes Staubblatt fertil.

Die **3. Überordnung Juncanae** hat radiäre, anemogame Blüten mit unscheinbarem oder reduziertem Perigon und stärkehaltiges Endosperm. Von den *Liliales* vermitteln die **Juncales** (z. B. *Juncus*, Binse) mit ihren mehrsamigen Kapselfrüchten zu den einsamigen **Cyperales** (nur *Cyperaceae*, Riedgrasgewächse, 3700). Aus stark reduzierten Blütenständen mit einer zentralen weiblichen und peripheren männlichen Blüten *(Scirpodendron)* sind hier in der Phylogenie durch Ausfall der Tragblätter zwitterige Scheinblüten (Synanthien) mit in Haare aufgelöstem „Perianth" geworden (z. B. *Scirpus*, Simse, Abb.

6.38.a; *Eriophorum*, Wollgras, hier sind diese Haare der auffällige Teil der als „Wollgrasblüte" bekannten Fruchtstände). Andererseits entwickelten sich aus den beidgeschlechtigen Teilblütenständen von *Elyna* (Abb. 6.38.a) die getrenntgeschlechtigen *Carex*-Blüten. Diese sind auf 3 Staubblätter bzw. auf einen 2—3blättrigen, vom schlauchförmigen Deckblatt **(Utriculus)** umhüllten Fruchtknoten reduziert. Selten findet sich noch ein Achsenrest (Rhachilla, Abb. 6.38.a).

Carex (Segge), eine der artenreichsten Gattungen Mitteleuropas, ist besonders für Moore und nasse Wiesen charakteristisch. Die meisten Arten sind monözisch mit apikalen männlichen und basalen weiblichen Ährchen (Abb. 6.38.a). Die dreizeilige Blattstellung, das Fehlen der Knoten, der Blattgelenke (bogiger, nicht knickiger Übergang Blattscheide-Spreite) und des typischen freien Blatthäutchens ermöglichen die Unterscheidung der Sauergräser von den echten Gräsern auch im vegetativen Zustand.

Die **4. Überordnung Commelinanae** hat wie die *Juncanae* Samen mit stärkereichem Endosperm. Der Embryo liegt dem Endosperm seitlich an (Abb. 5.3.c). Die Stengel sind knotig und meist hohl, die Blätter in Spreite und Scheide gegliedert. Nur 2 ursprüngliche Ordnungen, darunter die kapselfrüchtigen **Commelinales** mit der oft kultivierten *Tradescantia*, sind noch entomogam. Völlig anemogam dagegen sind die

Poales (nur *Poaceae*, = *Gramineae*, Süßgräser, 8000). Im vegetativen Zustand sind sie von den Riedgräsern und Binsen an der **zweizeiligen Blattstellung**, dem hohlen, **knotigen Stengel**, dem **Blattgelenk** (Erweiterung der Scheide am Übergang zur Blattspreite) und dem an dieser Stelle ansitzenden **freien Blatthäutchen (Ligula)** zu unterscheiden (Abb. 6.38.b). Die Blüten sind zu offenen ährigen Teilblütenständen, den **Ährchen**, zusammengefaßt, die von meist 2 **Hüllspelzen** (diese ohne Achselsprosse) umgeben werden. Darüber stehen die **Deckspelzen**, die in ihren Achseln die Blüten tragen. Jede Blüte besteht aus der zweinervigen **Vorspelze**, den meist 2 Schwellkörpern (**Lodiculae**, öffnen die Blüte bei der Anthese), einem Kreis von 3 Staubblättern und dem oberständigen, pseudomonomeren (2 Narben!) Gynoeceum.

Innerhalb der Blüte wurde die Vorspelze als Rest des äußeren, die Lodiculae als Rest des inneren Perigonkreises gedeutet (Abb. 6.38.b). Bei anderen Deutungen wird die Vorspelze als Vorblatt, die Lodiculae als einziger Perigonrest angesehen oder die Blüte als ursprünglich achlamydeisch bezeichnet. In manchen Fällen sind noch 3 Lodiculae und auch noch 2 vollständige Staubblattkreise erhalten (z. B. *Bambusa*, Bambus, Baumgras der Tropengebirge und feuchter Subtropen).

Das Gynoeceum entwickelt sich zur **Karyopse**, einer einsamigen, nußähnlichen Frucht, deren Fruchtwand eng mit der Samenwand verwächst (Abb. 6.31. u. 5.3.). Die Kotyledone ist zu einem schildförmigen Saugorgan, dem **Scutellum**, umgebildet. Das darauffolgende erste scheidenförmige Blatt, die **Koleoptile**, wird auch als Keimblattscheide, die von einer sproßbürtigen Wurzel durchbrochene Keimwurzel **(Koleorrhiza)** auch als Sonderbildung gedeutet (s. S. 103).

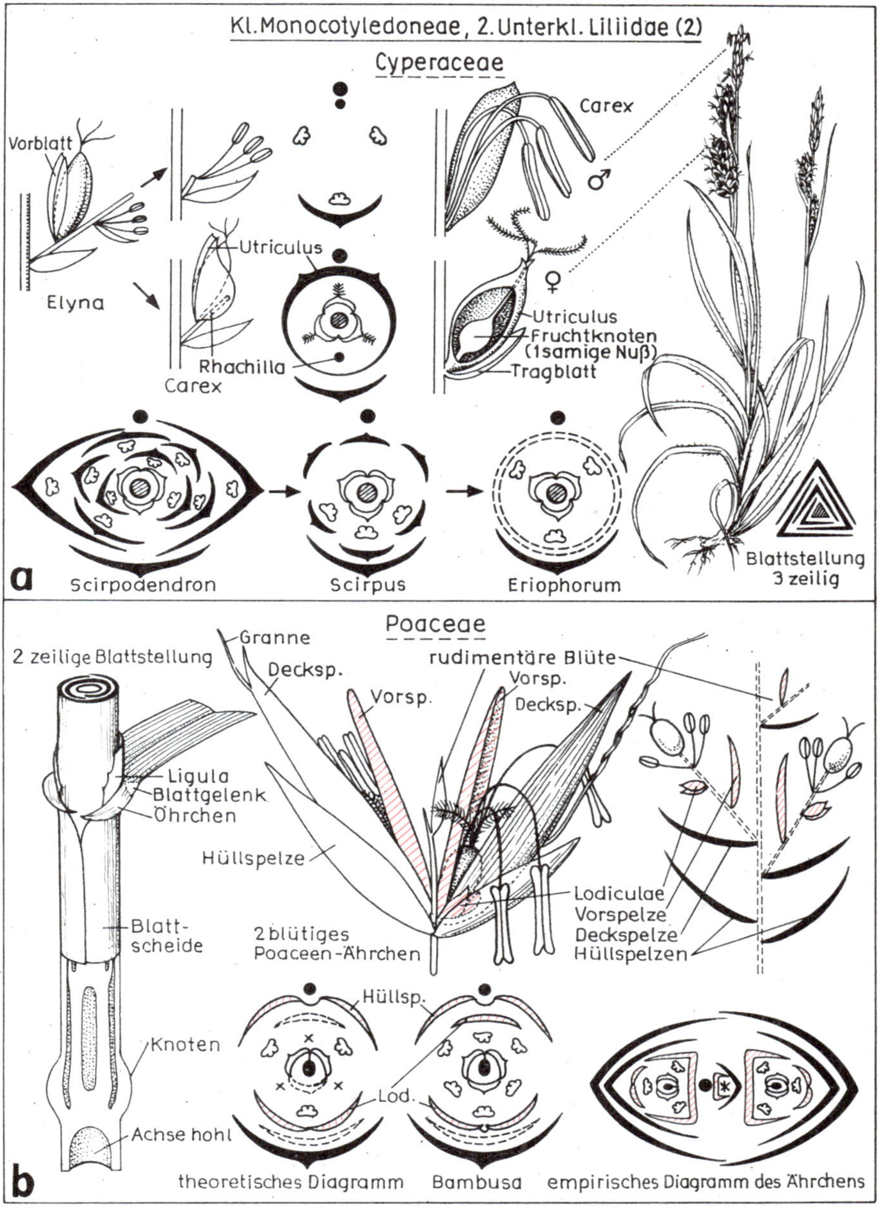
Kl. Monocotyledoneae, 2. Unterkl. Liliidae (2)
Cyperaceae
Vorblatt
Elyna
Utriculus
Rhachilla
Carex
Carex
♂
♀
Utriculus
Fruchtknoten
(1samige Nuß)
Tragblatt
Scirpodendron
Scirpus
Eriophorum
Blattstellung
3 zeilig
a
Poaceae
2 zeilige Blattstellung
Granne
Decksp.
Vorsp.
rudimentäre Blüte
Vorsp.
Decksp.
Ligula
Blattgelenk
Öhrchen
Hüllspelze
Blatt-
scheide
2 blütiges
Poaceen-Ährchen
Lodiculae
Vorspelze
Deckspelze
Hüllspelzen
Hüllsp.
Knoten
Lod.
Achse hohl
b
theoretisches Diagramm
Bambusa
empirisches Diagramm des Ährchens

Abb. 6.38.

Wegen der stärkereichen Früchte werden als Getreide seit Jahrtausenden genutzt *Secale* (Roggen), *Triticum* (Weizen), *Hordeum* (Gerste), *Avena* (Hafer), *Zea* (Mais), *Panicum* (Hirse) und *Oryza* (Reis). In Steppen, Savannen und den anthropogenen Wiesen sind die Gräser — z. T. als wichtige Futterpflanzen — oft formationsbestimmend. Die Gliederung der großen Familie erfolgt nach der Blütenzahl der Ährchen, nach dem Bau der Früchte und nach der Blattanatomie. Der holzige Wuchs der im Blütenbau ursprünglichen *Bambusoideae* ist als abgeleitet anzusehen. Im gemäßigten Europa dominieren die Arten der *Festucoideae* (z. B. *Poa*, Rispengras; *Festuca*, Schwingel; *Bromus*, Trespe), in den Tropen die *Panicoideae* (meist zweiblütige Ährchen) und die *Andropogonoideae* (Ährchen in Paaren, z. B. *Saccharum officinarum*, Zuckerrohr; *Zea mays*, nur in Kultur bekannt).

3. Unterklasse Arecidae

Charakteristik: Die relativ artenarme, schon in der Kreidezeit abgetrennte und in isolierte Linien aufgegliederte Unterklasse wird vor allem durch die **kolbenartigen**, von einem auffälligen Hochblatt (**Spatha**, Abb. 6.39.) umgebenen **Blütenstände** charakterisiert. Die Blüten sind oft vereinfacht, im Zusammenhang mit Anemogamie **oft eingeschlechtig**, die meist coenokarpen und wenigsamigen Gynoeceen entwickeln sich zu **Schließfrüchten.**

Gliederung: *Arecales* 1/2930, (*Cyclanthales* 1/180), *Arales* 2/1825, (*Pandanales* 1/880).

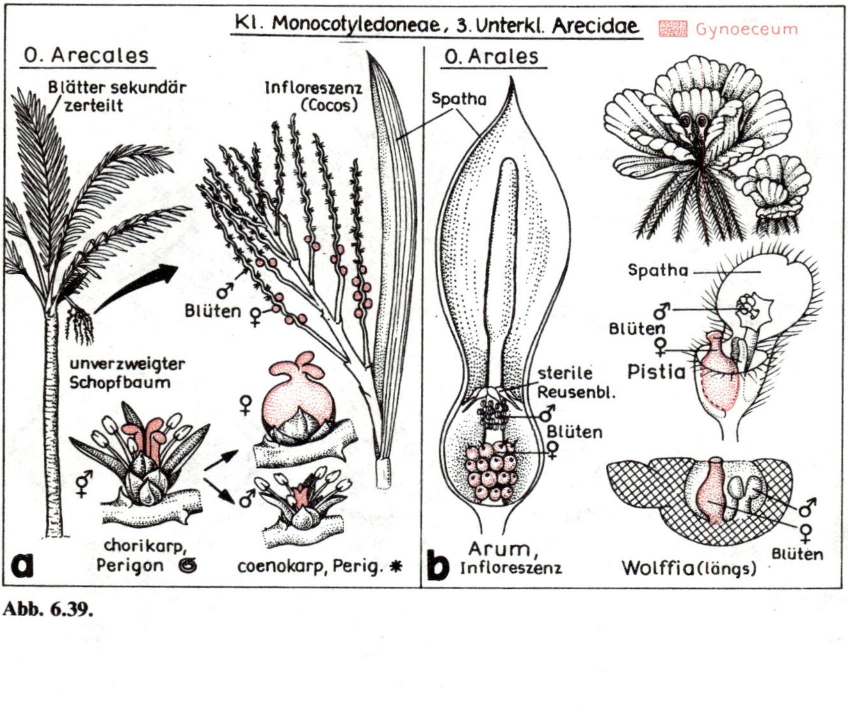

Abb. 6.39.

Die tropisch-subtropischen **Arecales** (nur *Arecaceae*, Palmen, 2930), sind **sekundär zu Holzpflanzen** geworden, und zwar zu Schopfbäumen mit unverzweigten Stämmen ohne sekundäres Dickenwachstum. Die stets **ungeteilt angelegte Blattspreite** wird erst später an den Faltkanten zerteilt. Die entomo- → anemogamen Blüten stehen in stark verzweigten Blütenständen (Abb. 6.39.a) und sind z. B. bei *Phoenix dactylifera* (Dattelpalme, vgl. Abb. 5.4.) zweihäusig verteilt. In dem dreiblättrigen, z. T. noch chorikarpen Gynoeceum entwickelt sich oft nur 1 Fruchtblatt weiter, stets wird pro Karpell höchstens ein Samen mit stärkefreiem Endosperm gebildet. Die dreikarpellige Steinfrucht von *Cocos* (vgl. S. 103, Abb. 5.4.a, b) enthält überhaupt nur einen Samen.

Innerhalb der krautigen **Arales** (Aronstabartige), deren Kolben bereits unverzweigt (Abb. 6.39.b) und deren Samen stärkereich ist, geht eine Reduktionsreihe von Stauden oder Kletterpflanzen wie *Monstera* (Blattlöcher entstehen durch Absterben von Spreitenteilen!) über Wasserpflanzen mit wenigblütigem Blütenstand (*Pistia* mit schwimmenden Blattrosetten) zu den *Lemnaceae* (Wasserlinsen), deren Blütenstand nur noch eine ♀ Blüte und 1—2 aus je einem Staubblatt aufgebaute ♂ Blüten enthält (Abb. 6.39.b). *Wolffia* (Wurzellose Wasserlinse, unter 1 mm, kleinste Blütenpflanze) zeigt eindrucksvoll, daß phylogenetischer Fortschritt sich auch in Reduktion ausdrücken kann.

Quellenangaben zu den Abbildungen in Kapitel 6 (Systematik und Evolution)

Soweit nicht anders angegeben, wurden die Abbildungen vom Autor (Jäger) entworfen; auch die nach den folgenden Quellen gezeichneten Teilfiguren wurden zumeist stark verändert, oft auch durch Original-Zeichnungen ergänzt. Für die Entwürfe zu den Abb. 15, 16, 22 und 24—28 danken wir Frl. G. Mörchen.

1 b—d Ehrendorfer; 2 Zimmermann; 3 Kreisel; 4 a Schlegel, c Braune et al., Schlegel, Kolkwitz; 5 a Stanier et Cohen-Bazire, b Schwabe, Glaessner, c Schlegel, Braune et al.; 6 Czihak et al.; 7 a Fott, Esser, b, c Braune et al., Esser, Hoek; 8 a Hoek, b Oltmanns, Pringsheim, c Hoek, d Esser; Weberling et Schwantes; 9 a Sachs, Strasburger, b Palla, Schenk, c Casper, Hoek; 10 a Klebs, Pascher, Gemeinhardt, Hoek, b Fott, Schiller, c Oltmanns, Pascher, d Braune et al.; 11 a Hoek, b Weberling et Schwantes, Thuret; 12 a Postels et Ruprecht, Hooker, Schenck, Hoek, Schreiber, b Hoek, Thuret; 13 Hoek, Schiller; 14a Nägeli, Falkenberg, Schenck, b Swale et Belcher; 15 b Klebs, c Millardet, Arens; 16 a Nowakowsky, Kusano, b Sorokin, Kniep, c Keene, d Guillermond, Juel; 17 a Schlegel, b Esser, Kreisel, c Kreisel; 18 a Braune et al., b Follmann, c Mägdefrau; 19 a De Bary, b Blumer, c Weberling et Schwantes, d Gäumann; 20a Schlegel, b Braune et al.; 21a Fischer, Kreisel, b Corner, c Poelt et al., Lange, Gramberg; 22 a Braune et al.; b Sachs, c Braune et al.; 23 a, b Kidston et Lang, c Zimmermann; 24 a Schenck, Fukarek, b Bruchmann, c Mägdefrau, Scott; 25 a Schenck, Strasburger, b Fukarek, c Zimmermann, Seward, Gothan, Luerssen, Harder, Braune et al.; 26 a Schimper et Arnold, c Kny, Weberling et Schwantes; 27 a Florin, Strasburger, Ehrendorfer, c Coulter et Chamberlain, Firbas; 28 a Oliver et Scott, b Firbas, Karsten, c Mägdefrau, Wieland, d Eichler, Church, Karsten et Liebisch; 29 b Teppner; 31 Weberling et Schwantes; 32 Dahlgren; 33 c Firbas, Englers Syllabus, d Warming; 34 a Eichler; 35 b Baillon, c Baillon, Merxmüller; 36 a,b Weberling et Schwantes, Baillon; 37 a Dahlgren, Englers Syllabus; 38 a Clarke, b Schuster; 39 b Englers Syllabus; 40 Dahlgren.

Tabelle 6.10. Übersicht über das System

Reich	Unter-reich		Abteilung	Klasse	Unter-klasse	Wichtige Ordnungen (ergänze z.T. -ales!)
Prokaryota			Bacteria	Bacteriophyceae (Bakterien)		Pseudomonadales, Eubacteriales, Chlamydobacteri., Actinomycet., Myxobacteri., Spirochaet., Rickettsi.
			Cyanobacteria	Cyanophyceae (Blaualgen)		Chroococcales, Oscillatoriales (u.a.)
Eukaryota-Fungi			Myxomycota	Myxomycetes (Echte Schleimpilze)		(7 Ordnungen)
				Acrasiomycetes (Zellige Schleimp.)		Acrasiales
				Plasmodiophorom. (Parasitische Schl.)		Plasmodiophorales
			Oomycota	* Labyrinthulomycetes		(1 Ordnung)
				* Hyphochytromycetes		(1 Ordnung)
				Oomycetes (Algenpilze)		Saprolegniales, Peronosporales (u.a.)
			Eumycota	Chytridiomycetes (Flagellatenpilze)		Chytridiales, Myxochytridiales, Blastocladiales, Monoblepharidales
				Zygomycetes (Jochpilze)		Mucorales, Entomophthorales, Endogonales (u.a.)
				Endomycetes (Sproßpilze)		Saccharomycetales, Taphrinales (u.a.)
				Ascomycetes (Schlauchpilze)	Archaeasco-mycetidae	Lecanorales (LICH!) Verrucariales (LICH!) (u.a.)
					Euasco-mycetidae	Gymnascales, Eurotiales, Erysiphales, Hypocreales, Pezizales, Helotiales (u.a.)
					Loculoasco-mycetidae	Dothideales (u.a.)
					Deutero-mycetidae	Formenordnungen der Fungi imperfecti, "Moliniales" (u.a.)

Eukaryota-Fungi				Basidiomycetes (Ständerpilze)	Hemibasidio-mycetidae	Ustilaginales, Uredinales (u.a.)
					Hymeno-mycetidae	Tremell., Russul., Agaric. (LICH!),** Polypor., Pori. (LICH!), Cantharell. (LICH!) (u.a.)
					Gastero-mycetidae	Sclerodermat., Lycoperd., Geastrales, Nidulariales, Phallales (u.a.)
Eukaryota-Plantae		Rote Algen	Rhodophyta	Rhodophyceae (Rotalgen)	Bangiophycidae Florideophycidae	Porphyridiales, Bangiales Ceramiales, Nemaliales, Gigartin. (u.a.)
		Braune Algen	Cryptophyta	Cryptophyceae (Schlundgeißler)		Cryptomonadales
			Dinophyta	Dinophyceae (Panzergeißler)		Peridiniales (u.a.)
			*Eustigmatophyta			
			Chromophyta	Chrysophyceae (Goldalgen)		Chrysomonadales, Silicoflagellales (u.a.)
				Haptophyceae (Kalkalgen)		Coccolithophorales (u.a.)
				Xanthophyceae (Gelbgrünalgen)		Heterotrichales, Botrydiales, Vaucheriales (u.a.)
				*Chloromonadoph.		(1 Ordnung)
				Bacillariophyceae (Kieselalgen)		Centrales, Pennales
				Phaeophyceae (Braunalgen)	(Isogeneratae) (Heterogener.) (Cyclosporeae)	Ectocarpales, Dictyotales (u.a.) Laminariales (u.a.) Fucales

* Diese Taxa werden im Text nicht näher behandelt.
** LICH! : Gruppen mit lichenisierten Pilzen (Flechten)

Reich	Unter-reich		Abteilung	Klasse	Unter-klasse	Wichtige Ordnungen (ergänze z.T. -ales!)
Eukaryota - Plantae	Chlorobionta	Grüne Algen	Euglenophyta	Euglenophyceae (Augentierchen)		Euglenales
			Chlorophyta	Chlorophyceae (Grünalgen)		Volvoc., Chlorococc., Ulotrich., Cladophor., Chaetophor., Bryopsid., Oedogoniales
				*Prasinophyceae		
				Conjugatophyceae (Jochalgen)		Zygnemales, Desmidiales (u.a.)
				Charophyceae (Armleuchteralgen)		Charales
		Archegoniatae	Bryophyta	Anthocerotopsida (Hornmoose)		Anthocerotales
				Hepaticopsida (Lebermoose)		Metzgeriales, Jungermanniales Marchantiales (u.a.)
				Bryopsida (Laubmoose)	Sphagnidae Andreaeidae Bryidae	Sphagnales Andreaeales Dicranales, Pottiales, Bryales, Hypnobryales, Polytrichales (u.a.)
			Pteridophyta	Psilophytatae (Nacktfarne)		Psilophytales, Psilotales
				Lycopodiatae (Bärlappe)		Drepanophyc., Protolepidodendr., Lepidodendr., Isoet., Lycopodi., Selaginellales
				Equisetatae (Schachtelhalme)		Hyeniales, Sphenophyllales, Calamitales, Equisetales
				Filicatae (Farne)	Protopteridiidae Archaeopterididae Ophioglossidae Marattiidae Osmundidae Polypodiidae Marsileidae Salviniidae	(je 1 Ordnung)

Eukaryota - Plantae	Chlorobionta	Tracheophyta	Spermatophyta	Coniferophytina	Ginkgoatae (Ginkgobäume)		Ginkgoales
					Pinatae (Nadelhölzer)	Cordaitidae	Cordaitales
						Pinidae	Voltziales, Pinales
						Taxidae	Taxales
				Cycadophytina	Lyginopteridatae (Samenfarne)		(3 Ordnungen)
					Cycadatae (Palmfarne)		(2 Ordnungen)
					Bennettitatae (Bennettiteen)		(2 Ordnungen)
					Gnetatae (Chlamydospermen)		Gnetales, Ephedrales, Welwitschiales
				Angiospermophytina	Dicotyledoneae (Zweikeimblättler)	Magnoliidae	Magnol., Laur., Piper., Nymphae., Ranuncul., Papaverales (u.a.)
						Hamamelididae	Hamamelid., Fag., Urtic., Jugland. (u.a.)
						Rosidae	Saxifrag., Ros., Fab., Myrt., Rut., Gerani., Arali., Rhamn., Euphorbi., Santal., Balanophor. (u.a.)
						Dilleniidae	Dilleni., Theales, Parietales, Tamaric., Salicales, Cucurbit., Passiflor., Cappar., Malvales, Ericales, Primulales (u.a.)
						Caryophyllidae	Caryophyll., Polygon., Plumbaginales
						Asteridae	Gentian., Dipsac., Ole., Polemon., Scrophulari., Lami., Campanul., Aster.
					Monocotyledoneae (Einkeimblättler)	Alismatidae	Alismat., Hydrocharit., Najad.
						Liliidae	Lili., Orchid., Bromeli., Zingiber., Junc., Cyper., Commelin., Poales (u.a.)
						Arecidae	Arecales, Arales (u.a.)

7. Stoffwechselphysiologie

7.1. Bioenergetische Grundlagen des Stoffwechsels

7.1.1. Die Hauptsätze der Thermodynamik und die Lehre von den Gleichgewichten

Alle Lebensprozesse sind untrennbar mit **Energieumwandlungen** verbunden. Die Gesetzmäßigkeiten der Energieumwandlungen in physikalischen und chemischen Systemen[1]) werden von der **Thermodynamik** quantitativ beschrieben. Ihre Gesetze sind für die idealisierten Bedingungen **reversibler Reaktionen** in **abgeschlossenen Systemen** entwickelt worden. Organismen dagegen sind **offene Systeme**, die in einem Austausch von Energie und Materie mit ihrer Umgebung stehen und sich **nicht** im **thermodynamischen Gleichgewicht** befinden. Komplexe lebendige Systeme lassen sich daher besser auf der Basis der modernen und noch in der Entwicklung befindlichen **Thermodynamik irreversibler** Prozesse beschreiben. Ihre Teilreaktionen gehorchen aber, isoliert betrachtet, den Gesetzmäßigkeiten der klassischen Thermodynamik, deren wesentlichste Aussagen im **ersten** und **zweiten Hauptsatz** formuliert sind.

Der erste Hauptsatz besagt, daß die Gesamtenergie eines Systems und seiner Umgebung konstant ist, d. h., daß Energie nicht verschwinden kann und die Gesamtenergie des Universums konstant bleibt (Satz von der Erhaltung der Energie).

Jedes System besitzt eine bestimmte **innere Energie** U. Wird die innere Energie eines Systems durch Zufuhr von Wärme und Arbeit verändert, setzt sich die Änderung der inneren Energie quantitativ zusammen aus der **Arbeitsleistung** A und dem **Wärmeaustausch** Q:

$$\Delta U = \Delta Q + \Delta A$$

Unter Arbeit versteht man bei dieser Betrachtung jede Form von Energie außer Wärme. Man nennt sie daher auch **„freie Energie“** F.

ΔF entspricht dem maximalen Betrag an Arbeit, den man aus dem System herausholen kann, wenn sich die Gesamtenergie U um den Betrag ΔU ändert:

$$\Delta U = \Delta Q + \Delta F$$

Der **zweite Hauptsatz** besagt: Die Entropie eines abgeschlossenen Systems kann nur zunehmen, niemals abnehmen. Somit nimmt auch

---

[1]) Unter System versteht man ganz allgemein den Ausschnitt aus dem Universum, den man gerade betrachten will. Die Grenze zwischen System und Umgebung wird für jedes Problem willkürlich festgelegt.

die Entropie des Universums zu. **Entropie** ist ein Maß für die Unordnung eines Systems und damit auch für die Wahrscheinlichkeit von Zuständen des Systems. Ungeordnete Materie- und Energiezustände sind stets viel wahrscheinlicher als geordnete. Alle abgeschlossenen Systeme streben stets dem Zustand der größten Wahrscheinlichkeit, d. h. der größten Unordnung, zu.

So wird der Tatsache Rechnung getragen, daß **spontan ablaufende Prozesse eine Richtung haben**, die aus dem 1. Hauptsatz allein nicht ableitbar ist. Alle Systeme versuchen, einen **Gleichgewichtszustand** zu erreichen, in dem alle meßbaren Zustandsgrößen (Temperatur, Druck, usw.) im ganzen System einheitlich sind. Haben sie diesen Gleichgewichtszustand erreicht, können sie spontan nicht mehr in den Ausgangszustand des **Ungleichgewichtes** zurückkehren. Wärme geht nur von einem wärmeren in einen kälteren Körper über, nicht umgekehrt. Der Gesamtbetrag an innerer Energie hat sich nach Erreichen des Gleichgewichtszustandes nicht verändert. Das Streben des Systems zum Gleichgewicht vermindert aber die freie Energie F und erhöht die Entropie S. Dieser Prozeß kommt einer **Entwertung der Energie** gleich, denn Energie, die sich in einem System gleichmäßig verteilt hat, kann keine Arbeit mehr leisten und ist daher als „entwertete" Energie anzusehen. Im Gleichgewicht erreicht die Zustandsgröße Entropie ihr Maximum. Wegen dieser beschränkten Umwandelbarkeit von Energie in Arbeit laufen alle Prozesse, an denen Energieumwandlungen beteiligt sind, spontan nur in einer Richtung ab.

Eine gebräuchliche Formulierung für den 2. Hauptsatz ist:

$$\Delta U = \Delta F + T\,\Delta S;$$
$$\Delta F = \Delta U - T\,\Delta S$$

d. h. jede Änderung der inneren Energie U besteht aus zwei Komponenten, einem arbeitsfähigem Teil ΔF (Änderung der freien Energie) und der Änderung der Entropie als nicht zur Arbeit fähigem Teil ($\Delta S \cdot T$; T = absolute Temperatur).

Die Entropie wird in Entropieeinheiten gemessen ($J \cdot {}^\circ K^{-1} \cdot Mol^{-1}$). Die zusammengesetzte Größe $T\,\Delta S$ hat die Dimension einer Energie. ΔU ist definiert für **isotherme** Systeme **konstanten Volumens.** Für biologische Prozesse ist charakteristisch, daß sie bei konstantem Druck **(isobar),** aber **variablen** Volumen ablaufen. In der Bilanz erscheint unter diesen Bedingungen eine **Volumenarbeit** ($p \cdot \Delta V$), die dem System für andere Zwecke nicht zur Verfügung steht. Um dieser Tatsache Rechnung zu tragen, hat man zur Charakterisierung der inneren Energie eine neue Größe, die **Enthalpie** H eingeführt, in die die Volumenarbeit einbezogen ist:

$$\Delta H = \Delta U + p \cdot \Delta V$$

ΔH ist die **Reaktionsenthalpie** und charakterisiert unter isobaren und isothermen Verhältnissen den Energieumsatz einer Reaktion („Wärmetönung").

Der arbeitsfähige Anteil der Enthalpie heißt **freie Enthalpie** und wird mit dem Symbol G abgekürzt. Es gilt:

$\Delta G = \Delta F + p \cdot \Delta V$ und
$\Delta G = \Delta H - T\,\Delta S$

Die Differenz an freier Enthalpie ist derjenige Teil der Reaktionsenthalpie, der maximal in Arbeit umgesetzt werden kann.

Unter freier Enthalpie versteht man also nutzbare Energie, während der Ausdruck $T\Delta S$ „entwertete", weil nicht zur Arbeitsleistung befähigte Energie bedeutet. Die freie Enthalpie ist die wichtigste Zustandsgröße zur energetischen Charakterisierung biochemischer Reaktionsabläufe. ΔG gibt die **Triebkraft** einer Reaktion an und ist damit das Kriterium ihrer Spontaneität.

Exergone Reaktionen sind dadurch gekennzeichnet, daß die freie Enthalpie sich im System verringert (negatives ΔG, $\Delta G < 0$). Sie laufen spontan ab. Reaktionen, bei denen die freie Enthalpie im System zunimmt (positives ΔG, $\Delta G > 0$), sind **endergon**. Sie können nur ablaufen, wenn dem System freie Enthalpie zugeführt wird.

In der Literatur wird häufig nicht korrekt zwischen den Zustandsgrößen Energie und Enthalpie bzw. freier Energie und freier Enthalpie unterschieden.

Die Tatsache, daß in jedem Organismus ein hoher Ordnungszustand herrscht, der beim Wachstum unter Entropieabnahme vermehrt wird, steht nicht mit dem 2. Hauptsatz in Widerspruch. Wie bereits erwähnt, ist der Organismus kein abgeschlossenes, sondern ein offenes System. Die Abnahme der Entropie im Organismus ist verbunden mit einer stärkeren Entropiezunahme in der Umgebung.

Anders ausgedrückt: Lebewesen bauen höhere Ordnungszustände auf, indem sie die Unordnung in ihrer Umwelt vermehren.

Durch den Stoff- und Energieaustausch der Organismen mit ihrer Umgebung wird fortlaufend freie Enthalpie in Entropie umgewandelt, d. h., Energie wird entwertet. Durch die ständige Zufuhr von freier Enthalpie in Form von Nährstoffen wird in lebendigen Systemen beständig ein **Ungleichgewicht** aufgebaut und unter gleichzeitiger Arbeitsleistung (Synthesen, Wachstum) aufrechterhalten. Erst bei Unterbrechung der Enthalpiezufuhr stellt sich unabwendbar das thermodynamische Gleichgewicht mit maximaler Entropie ein. Dies ist der Zustand größter Wahrscheinlichkeit und größter Unordnung.

Jede Reaktion steuert auf einen Gleichgewichtszustand zu, in dem sich keine chemische Änderung mehr beobachten läßt.

Für die Reaktion

$$A + B \rightleftharpoons C + D$$

ist die **Gleichgewichtskonstante**

$$K = \frac{[C] \cdot [D]}{[A] \cdot [B]}$$

Zwischen der Änderung der freien Enthalpie einer Reaktion und der Gleichgewichtskonstante ergibt sich folgende Beziehung:

$$\Delta G_0 = -RT \cdot \ln K$$

ΔG_0 ist die Differenz an freier Enthalpie unter Standardbedingungen, d. h. die Reaktionspartner liegen in Konzentrationen von 1 Mol/l vor, Temperatur = 25 °C, Druck = 1 atm.

$\Delta G_0'$ ist die Differenz an freier Enthalpie unter Standardbedingungen, aber beim physiologischen pH-Wert von 7.

Demgegenüber ist ΔG die Differenz an freier Enthalpie zwischen zwei Zuständen allgemein.

Geht man nicht vom Standardzustand aus, der in der Zelle nicht vorliegt, sondern von beliebigen Konzentrationen der Reaktionspartner, gilt:

$$\Delta G = \Delta G_0 + R \cdot T \cdot \ln \frac{[C] \cdot [D]}{[A] \cdot [B]}$$

Durch die Abhängigkeit von den jeweiligen Konzentrationen der Reaktionspartner kann ΔG größer, kleiner oder genauso groß sein wie ΔG_0. Nicht ΔG_0, sondern ΔG ist daher die für das zelluläre Geschehen wichtige Zustandsgröße, die über die Richtung einer Reaktion entscheidet. Die Kenntnis der aktuellen Konzentrationen im jeweiligen Kompartiment ist deshalb für die Beurteilung der Energetik in vivo von ausschlaggebender Bedeutung, in der Praxis aber schwer zu erhalten.

7.1.2. Energetische Kopplung und energiereiche Phosphatbindung

Endergone Reaktionen im Stoffwechsel sind nur möglich durch Kopplung mit exergonen Prozessen. Die freie Enthalpie des Gesamtprozesses setzt sich additiv zusammen aus der freien Enthalpie der Teilrekationen:

Entscheidend ist, daß der Gesamtvorgang mit einer Abnahme der freien Enthalpie verläuft.

Energetische Kopplungen werden meist durch Umsetzungen **energiereicher Phosphatbindungen**, insbesondere des **ATP**, realisiert. Im ATP-Molekül sind zwei Phosphatgruppen anhydridartig gebunden. Diese Bindungen sind „energiereich", d. h. sie haben ein hohes **Gruppenübertragungspotential.** Das besondere dieser Bindung, die man durch das Symbol ~P hervorhebt, liegt darin, daß sie bei ihrer Spaltung (Hydrolyse oder Übertragung der Phosphatgruppe auf einen Acceptor) einen hohen Betrag an freier Enthalpie liefert, der zur Abdeckung des Energiebedarfs endergoner Reaktionen eingesetzt werden kann: ATP ist der universelle Überträger chemischer Energie zwischen energiebereitstellenden und energieverbrauchenden Reaktionen (**„Energiewährung"** der Zelle). Man benutzt sogar die Zahl der entstehenden ATP-Moleküle als Maß für den Nutzwert exergonischer biochemischer Prozesse.

Die freie Enthalpie der Hydrolyse jeder der beiden energiereichen Phosphatbindungen im ATP beträgt etwa —30 kJ/Mol bei pH 7

$$ATP + H_2O \rightarrow ADP + Phosphat; \Delta G_0' = -30{,}6\ kJ/Mol = -7{,}3\ kcal/Mol$$

Dieser Wert gilt für Standardbedingungen und ist daher nur eine Rechengröße. Im konkreten Fall hängt er von den jeweiligen Bedingungen ab (Konzentrationsverhältnisse von ATP, ADP, Phosphat, pH-Wert, Mg-Komplex) und soll bis zu —50 kJ/Mol erreichen können (Tab. 7.1.).

Die Rückbildung des ATP aus ADP und Phosphat („Aufladung des Energieakkumulators") kann durch Übertragung einer Phosphatgruppe aus einer Verbindung erfolgen, deren Hydrolyse einen mindestens gleichen Betrag an freier Enthalpie liefert (z. B. Phosphoenolpyruvat und 2,3-Diphosphoglycerat, die beide Zwischenverbindungen des Kohlenhydratabbaus sind).

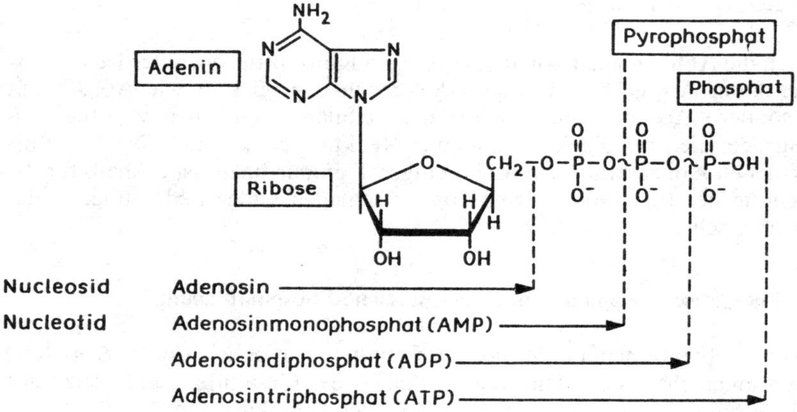

Abb. 7.1.

Tabelle 7.1. Freie Enthalpie der Hydrolyse von Phosphatverbindungen unter Standardbedingungen bei pH 7 ($\Delta G_0'$)

Verbindung	kJ/Mol	kcal/Mol
Phosphoenolpyruvat	—62,0	—14,8
Carbamylphosphat	—51,5	—12,3
1,3-Diphosphoglycerat	—49,4	—11,8
Acetylphosphat	—42,3	—10,1
ATP (zu ADP)	—30,6	— 7,3
Glucose-1-phosphat	—20,9	— 5,0
Glucose-6-phosphat	—13,8	— 3,3

Quantitativ bedeutsamer ist die Kopplung mit **Elektronentransportprozessen** in den **Mitochondrien** und **Chloroplasten.**

7.1.3. Redoxreaktionen und Elektronentransportketten

Elektronentransportketten spielen bei den wichtigsten energiebereitstellenden Reaktionen der Zellen, der **Photosynthese** und der **Atmung**, eine entscheidende Rolle. Es handelt sich dabei um Serien von gekoppelten **Redoxreaktionen**, die an spezielle Membransysteme gebunden sind.

Bei einer Redoxreaktion handelt es sich um einen Elektronenübergang von einem **Donator** auf einen **Acceptor.** Der Donator wird oxidiert, der Acceptor reduziert

$$D + A \rightarrow D^+ + A^-$$

D/D^+ und A/A^- sind **Redoxsysteme.**

Der Elektronentransport ist gerichtet und erfolgt spontan von Redoxsystemen mit hohem **„Elektronendruck"** zu solchen mit geringem „Elektronendruck" (aber hoher **Elektronenaffinität**). Zwischen Elektronendonator und Acceptor besteht somit ein **Energiegefälle**, ein **Potential**, dessen Stärke durch das Verhältnis von Elektronendruck und Elektronenaffinität der Partner bestimmt wird. Das quantitative Maß für den Elektronendruck oder **Elektronensog** ist das **Redoxpotential.** Bezugssystem ist die „Standard-Wasserstoffelektrode" bei pH 0

$$H_2 \rightleftharpoons 2\,H^+ + 2e^-$$

deren Potential definitionsgemäß zum Nullpunkt der **Redoxskala** erklärt wurde ($E_0 = 0$).

Tabelle 7.2. Standard-Redoxpotentiale (E_0') einiger wichtiger biologischer Redoxsysteme. n = Anzahl der übertragenen Elektronen

Redoxsystem	E_0' in mV	n
Ferredoxin (red)/Ferredoxin (ox)	−430	1
$H_2/2\,H^+$	−420	2
$NAD(P)H_2/NAD(P)$	−320	2
Dihydroplastochinon/Plastochinon	±0	2
Succinat/Fumarat	+30	2
Ubichinon (red)/Ubichinon (ox)	+100	2
Cyt. f (red)/Cyt. f (ox)	+370	1
Plastocyanin (red)/Plastocyanin (ox)	+380	1
Cyt a_3 (red)/Cyt a_3 (ox)	+80	1
$H_2O/{}^1/_2\,O_2$	+815	2

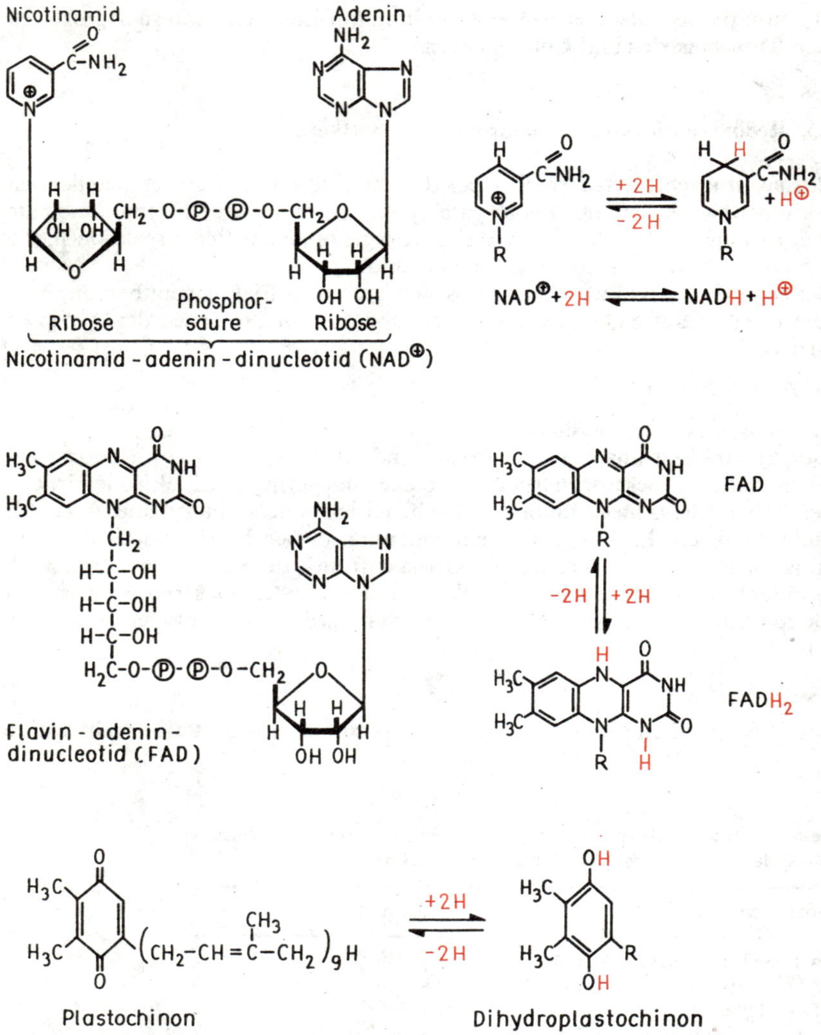

Abb. 7.2. n Wasserstoff-Überträger in oxidierter und (rot) reduzierter Form.

In der Biologie rechnet man mit den auf pH 7 und Standardbedingungen (1 Atm., 25 °C, Konzentr. der Reaktionspartner 1 M) bezogenen Normalpotentialen E'_0. Tabelle 7.2. zeigt die **Normalpotentiale** von biologisch wichtigen Redoxsystemen. Vielfach werden Elektronen gemeinsam mit Protonen übertragen. Man spricht dann von **aktivem Wasserstoff** ($e^- + H^+ = [H]$) und Wasserstoffübertragungen. Unter dem Begriff **Reduktionsäquivalente** versteht man sowohl Elektronen wie aktiven Wasserstoff.

Die zellulären Redoxsysteme überstreichen einen Bereich von etwa 1400 mV auf der Redoxskala und reichen vom angeregten P 700 vgl. S. 231 (E'_0 = —600 mV) bis zum System $H_2O/{}^1/_2\,O_2$ (+815 mV).

Grundsätzlich kann ein negativeres Redoxsystem ein positiveres reduzieren. (Negatives Redoxpotential: Elektronendruck, arbeitsfähige, energiereiche Elektronen; positives Redoxpotential: Elektronensog). Der Elektronenübergang ist ein exergoner Prozeß, und der Energiegewinn $-\Delta G'_0$ ist um so größer, je größer der Unterschied $\Delta E'_0$ zwischen den beiden Redoxsystemen ist

$$\Delta G'_0 = -n \cdot F \cdot \Delta E'_0$$

(n = Anzahl der übertragenen Elektronen, F = Faradaykonstante = 96500 Coulomb).

Einer Potentialdifferenz von 1 Volt entspricht eine Differenz in der freien Enthalpie von $\Delta G'_0$ = 96,5 kJ.

Als **Transportmoleküle** für **Reduktionsäquivalente** dienen vor allem die **Pyridinnucleotide** $NADH_2/NAD$ **(Nicotin-adenin-dinucleotid)** und $NADPH_2/NADP$ **(Nicotinadenin-dinucleotid-phosphat).** Von großer Bedeutung sind ebenfalls **Flavine, Chinone, Cytochrome** und einige **Nicht-Haem-Fe-Proteine** (Abb. 7.2.).

7.2. Biologische Katalyse, Enzymwirkung

Die Thermodynamik beschreibt die Gleichgewichtslage einer Reaktion und macht Aussagen darüber, ob die Reaktion **energetisch möglich** ist, nicht aber über die **Geschwindigkeit**, mit der sich das Gleichgewicht einstellt. Die meisten biologisch wichtigen Moleküle sind unter physiologischen Bedingungen extrem reaktionsträge **(metastabil).** Um sie zur Reaktion zu bringen, ist die Zufuhr eines bestimmten Mindestbetrages an Energie, die **Aktivierungsenthalpie**, erforderlich.

Der Zellstoffwechsel bedient sich der **Enzymkatalyse**, um die Barriere der Aktivierungsenergie gezielt zu überwinden. **Enzyme** sind biologische Katalysatoren, die die Aktivierungsenthalpie herabsetzen und dadurch die Reaktionsgeschwindigkeit beschleunigen (Tab. 7.3.). Fast alle biochemischen Reaktionen laufen im physiologischen Temperaturbereich nur unter dem Einfluß von Enzymen mit meßbarer Geschwindigkeit ab. ΔG und die Lage des Gleichgewichtes werden durch das Enzym **nicht** verändert. Jede enzymatisch katalysierte Reaktion läuft so lange ab, bis der Gleichgewichtszustand erreicht ist.

Enzyme sind außerordentlich effektive Katalysatoren. Unter optimalen Bedingungen können sie die Reaktionsgeschwindigkeit um den Faktor 10^7 und mehr erhöhen. Sie sind dadurch den technischen und anorganischen Katalysatoren überlegen, vor allem aber auch durch ihre **Spezifität.**

Tabelle 7.3. Der Einfluß von Katalysatoren auf die Aktivierungsenthalpie der Zersetzung von Wasserstoffperoxid:
$2\,H_2O_2 \rightarrow 2\,H_2O + O_2$

	Aktivierungsenthalpie in kJ/Mol H_2O_2
ohne Katalysator	75
mit Platin	49
mit Katalase	23

Während viele Enzyme nur aus Protein bestehen, brauchen andere zur Wirkung noch zusätzliche **Cofaktoren.** Es kann sich dabei um Metallionen handeln oder um organische Moleküle, die, wenn sie fest an das Protein gebunden sind, als **prosthetische Gruppe**, wenn sie aber leicht abdissoziieren, als **Coenzym** bezeichnet werden. **Coenzym** + **Apoenzym** (Proteinteil) = **Holoenzym.**

Viele heterotrophe Organismen können die Coenzyme nicht selbst synthetisieren und müssen sie als **Vitamine** mit der Nahrung aufnehmen. Die Natur der Coenzyme ist häufig entscheidend für den Typ der katalysierten Reaktion **(Wirkungsspezifität)** [Pyridin- und Flavinnucleotide: H-Übertragung; Pyridoxalphosphat (Vit. B_6): Transaminierung; Thiaminpyrophosphat (Vit. B_1): Decarboxylierungen; Biotin: Carboxylierungen].

Beim Ablauf der Enzymreaktionen bildet sich intermediär ein **Enzymsubstratkomplex**, aus dem die eigentliche Umsetzung zum **Produkt** erfolgt:

$$E + S \underset{k_{-1}}{\overset{k_{+1}}{\rightleftharpoons}} ES \xrightarrow{k_{+2}} E + P$$

Die Bildung des Enzymsubstratkomplexes ist in der Regel reversibel, die Dissoziation dieses Komplexes in freies Enzym und Produkt ist irreversibel und stellt den **geschwindigkeitsbestimmenden** Schritt für die Gesamtreaktion dar ($k_{+2} > k_{+1}$).

Die Umsetzung erfolgt im **katalytischen Zentrum** des Enzyms. Das Substrat muß zum katalytischen Zentrum passen „wie der Schlüssel zum Schloß". Darauf beruht die **Substratspezifität.**

Zwischen der Substratkonzentration S und der Reaktionsgeschwindigkeit v läßt sich eine Beziehung herstellen, die in einer **hyperbolischen Sättigungskurve** zum Ausdruck kommt und durch die **Michaelis-Menten-Gleichung** beschrieben wird:

$$v = \frac{V_{max} \cdot [S]}{K_m + [S]}$$

V_{max} ist die **maximale Reaktionsgeschwindigkeit**, die bei vollständiger Sättigung des Enzyms mit Substrat erreicht wird. K_m nennt man **Michaelis-Konstante.** Sie ist definiert als diejenige Substratkonzentration (Mol/l), bei der die Hälfte der Maximalgeschwindigkeit erreicht ist. Sie ist eine wichtige Kenngröße für die Affinität des Enzyms zum Substrat. Sie ist unabhängig von der Konzentration des Enzyms, kann aber durch **Effektoren (Aktivatoren, Inhibitoren)** beeinflußt werden. Je kleiner der K_m-Wert, desto größer ist die Affinität des Enzyms zum Substrat.

Zur Bestimmung des K_m-Wertes wird meist die doppelt reziproke Darstellung nach Lineweaver und Burk benutzt. Dazu wird die Michaelis-Menten-Gleichung umgeformt in:

$$\frac{1}{v} = \frac{1}{v_{max}} + \frac{K_m}{V_{max}} + \frac{1}{[S]}.$$

Die graphische Auftragung $\frac{1}{v}$ gegen $\frac{1}{[S]}$ ergibt eine Gerade. Aus ihren Schnittpunkten mit Ordinate und Abszisse sind die charakteristischen Konstanten K_m und V_{max} abzulesen.

Der Michaelis-Menten-Formalismus läßt sich auch auf viele komplexe physiologische Vorgänge anwenden (z. B. Aufnahme- und Transportprozesse), die einer hyperbolischen Sättigungskurve folgen. Dabei ergibt sich ein **„apparenter K_m-Wert"**, der die kinetischen Eigenschaften des Gesamtprozesses reflektiert.

Enzymaktivitäten können durch Inhibitoren beeinflußt werden. **Kompetitive** (konkurrierende) **Hemmung** liegt vor, wenn der Hemmstoff auf Grund seiner **strukturellen Ähnlichkeit** mit dem Substrat um das **aktive Zentrum** des Enzyms **konkurriert.** Durch einen Überschuß an Substrat wird die Hemmung überwunden. Bei der kompetitiven Hemmung ist V_{max} nicht beeinflußt, K_m dagegen ist erhöht (Abb. 7.3.). Ein bekanntes Beispiel ist die Hemmung der Succinat-Dehydrogenase durch Malonat.

Succinat	Malonat
COOH	COOH
|	|
CH_2	CH_2
|	|
CH_2	COOH
|	
COOH	

Succinat Malonat

Bei der **nicht-kompetitiven** Hemmung ist V_{max} erniedrigt, K_m bleibt aber unverändert.

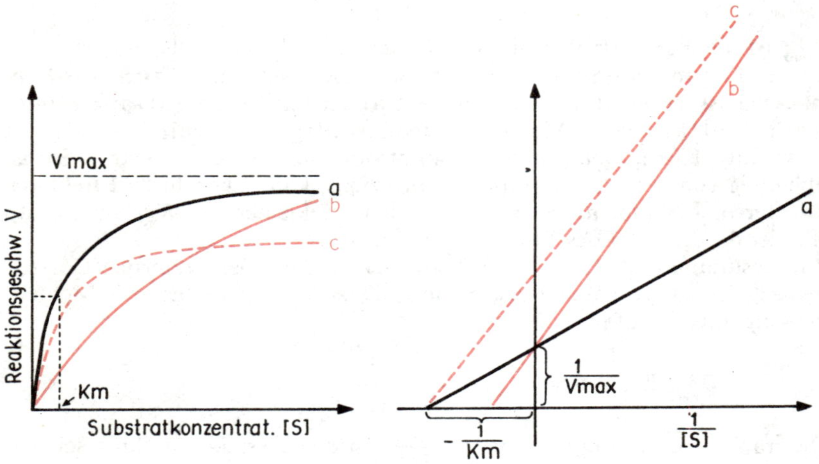

Abb. 7.3. Abhängigkeit der Reaktionsgeschwindigkeit einer Enzymreaktion von der Substratkonzentration. a ohne Hemmstoff, **b** in Gegenwart eines kompetitiven, **c** in Gegenwart eines nicht-kompetitiven Hemmstoffs. Links in direkter Auftragung, rechts in der Auftragung nach Lineweaver und Burk.

7.2.1. Allosterische Enzyme

Wichtige Stoffwechselreaktionen werden häufig durch Enzyme katalysiert, die keine **hyperbolische**, sondern eine **sigmoide** Substratsättigungscharakteristik aufweisen. Der Kurvenverlauf der Substratsättigung kann durch niedermolekulare **Effektoren** (meist wichtige Metabolite), die keine sterische Ähnlichkeit mit dem Substrat haben, **allosterisch** beeinflußt werden. Die Aktivität von Enzymen dieses Typs kann reversibel verändert werden, indem positive **(Aktivatoren)** oder negative **(Inhibitoren)** Effektoren die Affinität zum Substrat drastisch erhöhen oder erniedrigen. Durch Bindung der Effektoren am regulatorischen Zentrum **(allosterisches Zentrum)** des Enzyms wird eine Konformationsänderung des Proteins induziert, die zu veränderter Bindungsfähigkeit des Substrates an das katalytische Zentrum führt. Allosterische Enzyme spielen eine entscheidende Rolle bei der **Regulation** des Stoffwechsels.

7.3. Ernährungstypen

7.3.1. Klassifizierung

Zur Kennzeichnung der Ernährungstypen werden die Organismen nach der Herkunft des **Kohlenstoffs**, nach der **Energiequelle** und dem **H-Donator** klassifiziert.

Die allgemein gebräuchliche Kennzeichnung der typischen Lebensweise von Pflanzen und Tieren als **autotroph** und **heterotroph** bezieht sich nur auf die Herkunft des Zellkohlenstoffs. Autotrophe Organismen können ihre Kohlenstoffverbindungen aus anorganischem CO_2 aufbauen, heterotrophe Organismen sind auf die Nutzung organischer C-Verbindungen angewiesen.

Organismen, die als Energiequelle zum Wachstum **Licht** verwenden können, werden als **phototroph** bezeichnet. Im Gegensatz dazu gewinnen **chemotrophe** Organismen ihre Energie aus **Oxidationsreaktionen.** Werden die Reduktionsäquivalente anorganische Verbindungen entnommen (H_2O, H_2, H_2S, NH_3, Fe^{2+}), so wird das durch die Bezeichnung **lithotroph** zum Ausdruck gebracht. Werden organische Verbindungen als H-Donatoren benutzt, sind die Organismen **organotroph.** Die grünen Pflanzen, Cyanophyceen und schwefelhaltige Photosynthesebakterien sind demnach **photolithotroph**, nitrifizierende Bakterien (vgl. 7.6.11.) **chemolithotroph**, Tiere und die meisten Mikroorganismen **chemoorganotroph.** Schwefelfreie Photosynthesebakterien sind **photoorganotroph**, sie nutzen im Licht organische Verbindungen als H-Donatoren.

7.4. Assimilatorischer und dissimilatorischer Stoffwechsel

Der Gesamtstoffwechsel eines Organismus muß als Einheit von aufbauenden **(assimilatorischen** oder **anabolen)** und abbauenden **(dissimilatorischen, katabolen)** Bereichen angesehen werden. In Abhängigkeit von den äußeren Bedingungen, vom Gewebetyp und dem Entwicklungszustand der Pflanzen können die katabolen (Mobilisierung von Reservestoffen in Speicherorganen) oder anabolen Reaktionen (wachsende Pflanzen, reifende Samen) überwiegen. Der Bereich des **Intermediärstoffwechsels** oder **Amphibolismus** schließlich ist Sammelbecken und Ausgangspunkt für Produkte der abbauenden und Substrate der aufbauenden Stoffwechselwege.

7.5. Dissimilatorische Prozesse

7.5.1. Die Phasen des Abbaus von Reservestoffen

Beim Abbau der wichtigsten Nahrungs- und Speicherstoffe (Kohlenhydrate, Fette und Proteine) und der Gewinnung der in ihnen festgelegten chemischen Energie lassen sich drei Phasen erkennen (Abb. 7.4.).

1. In der ersten Phase werden die Makromoleküle in ihre Bausteine zerlegt. Proteine werden zu Aminosäuren hydrolysiert, Fette zu Glycerin und Fettsäuren, Kohlenhydrate zu Monosacchariden. In dieser Phase wird keine verwertbare Energie freigesetzt.
2. In der zweiten Phase wird die Vielzahl von Monomeren unter nur geringer Energiefreisetzung in Acetateinheiten und in die zwei Ketosäuren Oxalacetat und α-Ketoglutarat zerlegt.
3. Die dritte Phase besteht aus dem **Citrat-Cyclus** und der **Atmungskette.** Sie ist die **gemeinsame Endstufe** der Oxidation aller Nahrungsstoffe und liefert den Hauptanteil an ATP-Energie aerober Zellen.

Diese Abbauwege sind prinzipiell in allen Zellen gleich. Sie stellen ein überzeugendes Beispiel dar für das Prinzip der **„Einheit der Biochemie“**, nach dem

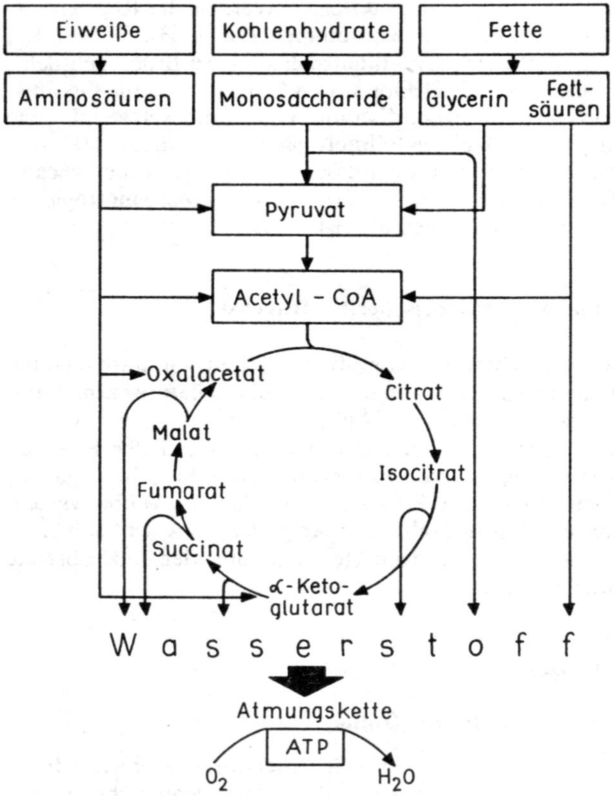

Abb. 7.4. Die Phasen des Abbaus der wichtigsten Reservestoffe.

die essentiellen Stoffwechselmechanismen in allen Organismen gleich verlaufen.

7.5.2. Der Abbau der Glucose

7.5.2.1. Die Glykolyse

Neben der Verwertung endogener Reserven (vgl. 7.5.3.) können die meisten Organismen auch Glucose von außen in die Zellen transportieren und abbauen.

Unabhängig von ihrer Herkunft — exogen oder endogen — ist die **Glykolyse** der dominierende Abbauweg für Glucose. Die Glykolyse läuft im Cytoplasma der Zelle ab und führt zu Pyruvat. In aeroben Zellen schließt sich die Zellatmung an:

$$\text{Glucose} \xrightarrow{\text{Glykolyse}} \text{Pyruvat} \begin{cases} \nearrow \text{Gärungsprodukte (anaerob)} \\ \searrow CO_2 + H_2O \quad \text{(aerob)} \end{cases}$$

Das Pyruvat wird in den Mitochondrien der Zelle vollständig zu CO_2 und H_2O oxidiert. Der Glykolyseweg ist in diesem Falle nur als **Vorbereitungsphase** für die oxidativen Prozesse in den Mitochondrien anzusehen.

Unter **anaeroben** Bedingungen kann Pyruvat im Zuge verschiedener Gärungsformen zu **Gärungsprodukten** umgewandelt werden **(Alkohol, Milchsäure, Propionsäure, Buttersäure).**

In der Abb. 7.5. ist die komplette Reaktionsfolge der Glykolyse dargestellt. Insgesamt werden 2 ATP verbraucht und 4 ATP produziert. In der Bilanz werden pro Mol Glucose demnach 2 Mol ATP gewonnen und 2 Mol NAD zu $NADH_2$ reduziert:

$$\text{Glucose} + 2\,\text{ADP} + 2\,\text{Pi} + 2\,\text{NAD} \rightarrow 2\,\text{Pyruvat} + 2\,\text{ATP} + 2\,\text{NADH}_2$$

(Pi = H_3PO_4, anorg. P.)

7.5.2.2. Der Citrat-Cyclus

Unter **aeroben** Bedingungen wird das Produkt des glykolytischen Abbaus, Pyruvat, **vollständig oxidiert** und die Energie für die Zelle nutzbar gemacht. Bei allen eukaryotischen Organismen läuft dieser Prozeß in den Mitochondrien ab. Man kann ihn in drei Stufen unterteilen.

1. Bildung von Acetyl-CoA
2. Citrat-Cyclus (Tricarbonsäure-Cyclus)
3. respiratorischer Elektronentransport (Atmungskette)

In der ersten Stufe wird Pyruvat oxidativ zu Acetyl-CoA decarboxyliert:

$$\text{Pyruvat} + \text{NAD} + \text{CoA} \rightarrow \text{Acetyl-CoA} + \text{NADH}_2 + CO_2$$

Durch Bindung an die reaktionsfähige SH-Gruppe des **Coenzyms A** (CoA, A steht für Acylierung) werden Carbonsäurereste (Acylreste) in besonderer Weise aktiviert und erhalten ein hohes Gruppenübertragungspotential. **Acetyl-CoA** ist aktivierte Essigsäure.

In der zweiten Stufe tritt Acetyl-CoA in den **Citrat-Cyclus** ein, indem es in der Eröffnungsreaktion mit dem Acceptor Oxalacetat zu Citrat kondensiert. Im

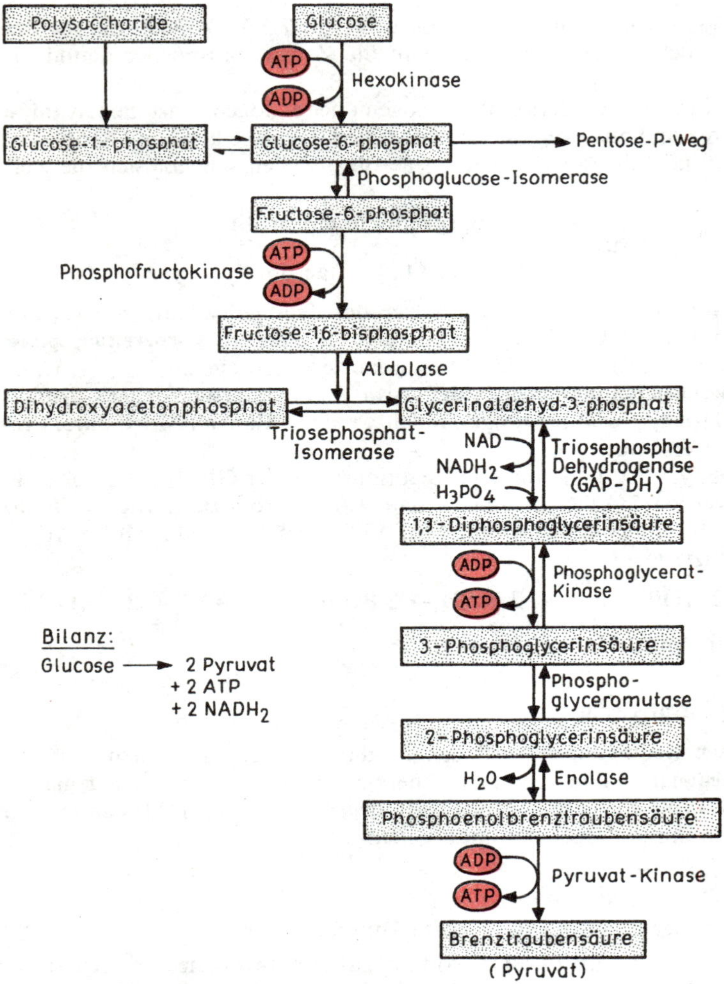

Abb. 7.5. Der glykolytische Abbau der Glucose zu Pyruvat.

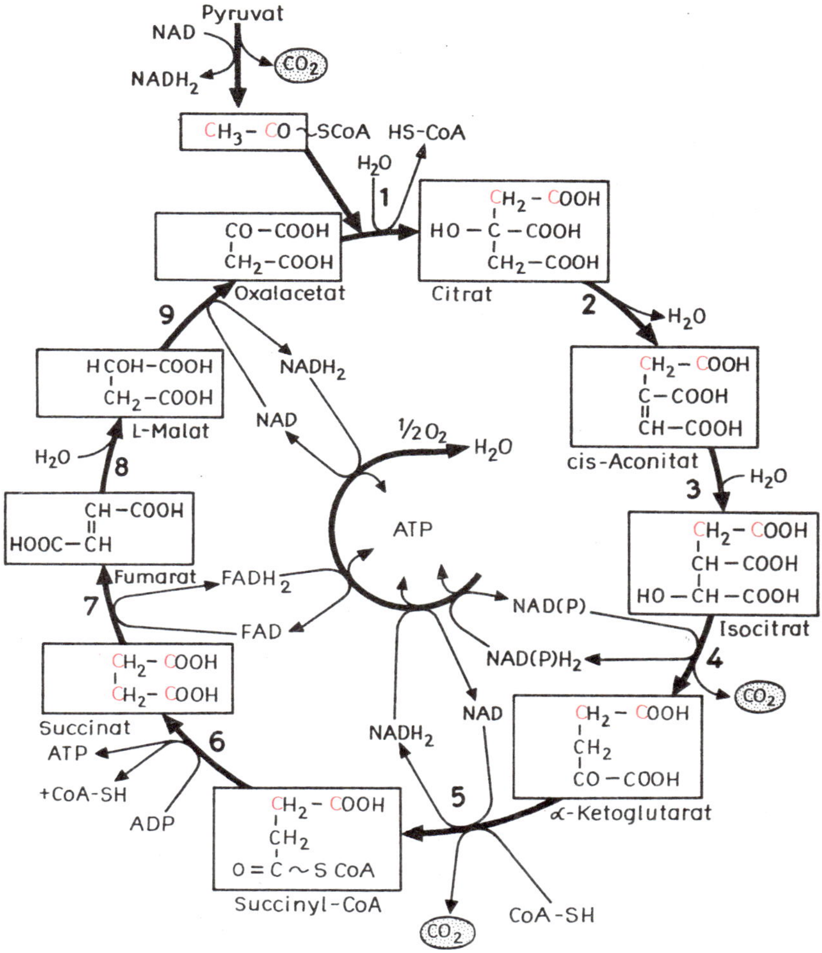

Abb. 7.6. Der Citrat-Cyclus. Die aus dem Acetat stammenden C-Atome sind auf ihrem Weg bis zur ersten symmetrischen Verbindung, dem Succinat, rot markiert. Beteiligte Enzyme: 1 Citrat-Synthase, 2 und 3 Aconitase, 4 Isocitrat-Dehydrogenase, 5 α-Ketoglutarat-Dehydrogenase, 6 Succinat-Thiokinase, 7 Succinat-Dehydrogenase, 8 Fumarase, 9 Malat-Dehydrogenase.

Citrat-Cyclus wird das Acetat über eine Reihe von Reaktionen schrittweise vollständig abgebaut. Die C-Atome werden durch Decarboxylierungsschritte als CO_2 entfernt, und der Wasserstoff wird auf NAD und FAD übertragen. Außerdem wird eine energiereiche Phosphatbindung in Form des ATP (bei Säugern GTP) geschaffen. Zum Abschluß wird der Acceptor Oxalacetat regeneriert (Abb. 7.6.).

In der Bilanz führt der Acetatabbau über den Citrat-Cyclus zu 2 CO_2, einer energiereichen Phosphatbindung und 8 Reduktionsäquivalenten. Davon stehen 6 auf der Stufe der Pyridinnucleotide und 2 auf der Stufe der Flavine. Sie werden in das ATP-erzeugende System der Atmungskette eingeschleust.

7.5.2.3. Die Atmungskette

Während die meisten Enzyme des Citrat-Cyclus in der **Mitochondrienmatrix** vorliegen, ist die **Atmungskette** an das **innere Membransystem** dieser Organellen gebunden. Die aus der oxidativen Decarboxylierung des Pyruvats und aus den Umsetzungen im Cyclus als $NADH_2$ und $FADH_2$ anfallenden **Reduktionsäquivalente** werden über eine **Kaskade von Redoxenzymen** geleitet und schließlich auf O_2 übertragen, wobei H_2O gebildet wird (Abb. 7.7.). Die wichtigsten Elemente der respiratorischen Elektronentransportkette sind **Flavine, Chinon** (Ubichinon) sowie verschiedene **Cytochrome.** Das sind Haem-Proteine, deren zentrales Fe-Atom zwischen dem zweiwertigen (Fe^{2+}, reduziert) und dreiwertigen (Fe^{3+}, oxidiert) Zustand pendelt. Neuerdings sind in Mitochondrien Eisen-Schwefel-Proteine entdeckt worden, deren Einordnung aber noch unklar ist. Die Reaktion mit dem Sauerstoff wird durch den Komplex der **Cytochromoxidase** (Cyt. a—a_3) vermittelt, der neben Fe auch noch Cu enthält. Die

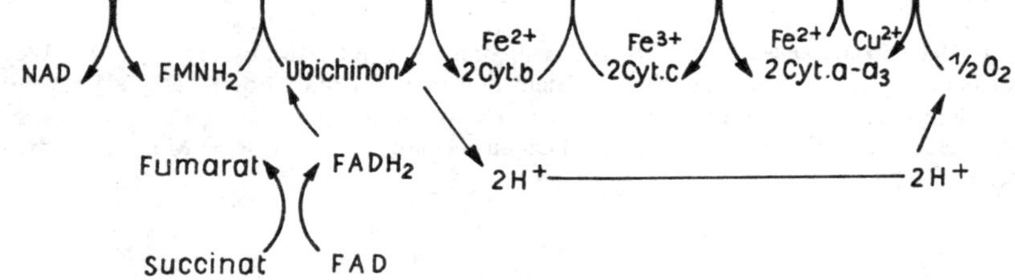

Abb. 7.7. Die Atmungskette und die Angriffsorte wichtiger Hemmstoffe.

Atmungskette ist der gemeinsame Weg, über den im Endeffekt alle Elektronen, die aus den verschiedensten Nährstoffen der Zelle entstammen, auf Sauerstoff übertragen werden.

Beim Übergang von zwei Reduktionsäquivalenten von $NADH_2$ ($E_0' = -0{,}32$ Volt) auf Sauerstoff ($E_0' = +0{,}82$ Volt) wird eine Potentialdifferenz

$$NADH_2 + {}^1/_2\, O_2 \rightarrow NAD + H_2O$$

$\Delta E_0' = 1{,}14$ Volt überwunden, die einer Energie von

$$\Delta G_0' = -\, nF \cdot \Delta E_0' = -220{,}2 \text{ kJ/Mol}$$

entspricht.

Diese Gesamtenergie wird in der Kaskade der Atmungskette **dosiert** freigesetzt. Drei ihrer Schritte sind ausreichend exergon, um die Energie für eine energiereiche Phosphatbildung im ATP zu liefern.

Die vollständige Atmungskette enthält maximal 3 Phosphorylierungsstellen: P/O-Quotient = 3. Die von $FADH_2$ in die Atmungskette gegebenen Elektronen sind energetisch weniger wertvoll und geben nur eine Ausbeute von 2 ATP: P/O-Quotient = 2.

Die Cytochromoxidase wird sehr wirksam durch Cyanid gehemmt. Im Gegensatz zu den meisten Tieren und Bakterien gibt es jedoch in pflanzlichen Mitochondrien einen Nebenweg des Elektronentransportes, der gegenüber HCN unempfindlich ist und demnach nicht über die Cytochromoxidase verläuft. Die biochemischen Details, die metabolische Funktion und die Kapazität dieses Weges sind noch weitgehend ungeklärt. Im Kolben vieler Araceen dient er der Wärmeproduktion.

7.5.2.4. Gärungen

Der Durchsatz durch die Glykolyse kann nur dann kontinuierlich erfolgen, wenn das gebildete $NADH_2$ ständig wieder zu NAD zurückgebildet wird. Unter aeroben Bedingungen geschieht das in den Mitochondrien in der Atmungskette. Unter anaeroben Bedingungen können die bei der Glykolyse gebildeten 2 $NADH_2$ nicht in der Atmungskette umgesetzt werden. Bei den echten Gärungen wird der Wasserstoff auf organische H-Acceptoren übertragen, die dadurch reduziert und als Gärungsprodukte häufig in großen Mengen ausgeschieden werden. Gärungen sind unvollständige Abbauvorgänge unter Ausschluß von Sauerstoff. Sie sind energetisch wesentlich weniger effektiv als die Atmung, da der größte Teil der Energie noch in den Gärungsprodukten enthalten ist.

Insbesondere Mikroorganismen sind zu einer Vielzahl spezieller Gärungen befähigt. Die bekannteste Gärung ist die **alkoholische Gärung**, zu der es auch in pflanzlichen Geweben unter anaeroben Bedingungen kommt. Pyruvat wird zu Acetaldehyd decarboxyliert und dieses dann mit Hilfe des bei der Dehydrierung des Glycerinaldehyd-3-phosphates (3-PGA) gebildeten $NADH_2$ zu Ethanol reduziert:

Pyruvat → $CH_3CHO + CO_2$
$CH_3CHO + NADH_2 \rightarrow C_2H_5OH + NAD$

Die Gesamtbilanz der alkoholischen Gärung lautet:

Glucose + 2 ADP + 2 Pi → 2 Ethanol + 2 CO_2 + 2 ATP

Von den $\Delta G_0' = -234$ kJ der Reaktion

Glucose → 2 Ethanol + 2 CO_2

werden aber nur $2 \times 30{,}5 = 61$ kJ in ATP umgesetzt, das sind etwa 26%.

7.5.2.5. Energetische Bilanz des Glucoseabbaus

In der Gesamtheit von Glykolyse, Citrat-Cyclus und Atmungskette

$$C_6H_{12}O_6 + 6\,O_2 + 6\,H_2O \rightarrow 6\,CO_2 + 12\,H_2O;\ \Delta G_0' = -2877\ \text{kJ/Mol}$$

werden pro Mol Glucose 36 ATP gebildet (Tab. 7.4.), das sind 1100 kJ an arbeitsfähiger Energie. Daraus ergibt sich ein energetischer Wirkungsgrad von etwa 38%.

Sehr aufschlußreich ist ein Vergleich der energetischen Bilanz atmender und gärender Zellen. Atmende Zellen gewinnen aus 1 Mol Glucose 36 ATP,

Tabelle 7.4. ATP-Ausbeute in den einzelnen Etappen des Glucoseabbaus

A. Glykolysebereich:		
3-PGA → 1,3-DiPGS:	2 $NADH_2$	= 4 ATP[1])
1,3-DiPGS → 3-PGS:		2 ATP
B. Bildung von Acetyl-CoA:		
Pyruvat → Acetyl-CoA:	2 $NADH_2$	= 6 ATP
C. Citrat-Cyclus:		
Isocitrat → α-Ketoglutarat:	2 $NADH_2$	= 6 ATP
α-Ketoglutarat → Succinyl-CoA:	2 $NADH_2$	= 6 ATP
Succinyl-CoA → Succinat:		2 ATP
Succinat → Fumarat:	2 $FADH_2$	= 4 ATP
Malat → Oxalacetat:	2 $NADH_2$	= 6 ATP
Summe		36 ATP

[1]) Die Reduktionsäquivalente des im Cytoplasma durch Glykolyse gebildeten $NADH_2$ können nicht direkt in die Mitochondrien transportiert werden. Die Zelle bedient sich dazu eines Transportmechanismus, der ATP verbraucht. Die ATP-Ausbeute des glykolytischen $NADH_2$ ist daher geringer.

gärende dagegen nur 2. Infolgedessen muß ein gärender Organismus zum gleichen Energiegewinn etwa 20 mal mehr Glucose abbauen.

7.5.2.6. Oxidativer Pentosephosphat-Cyclus

Neben dem glykolytischen Abbau der Glucose gibt es noch den sog. **oxidativen Pentosephosphat-Cyclus** des Glucoseabbaus. Er geht ähnlich wie die Glykolyse vom Glucose-6-phosphat aus und hat viele Reaktionen gemeinsam mit dem **reduktiven Pentosephosphat-Cyclus (Calvin-Cyclus)** der Photosynthese. Die Bedeutung dieses Weges liegt hauptsächlich in der Bereitstellung von wichtigen Ausgangssubstanzen für Synthesen (Abb. 7.8.).

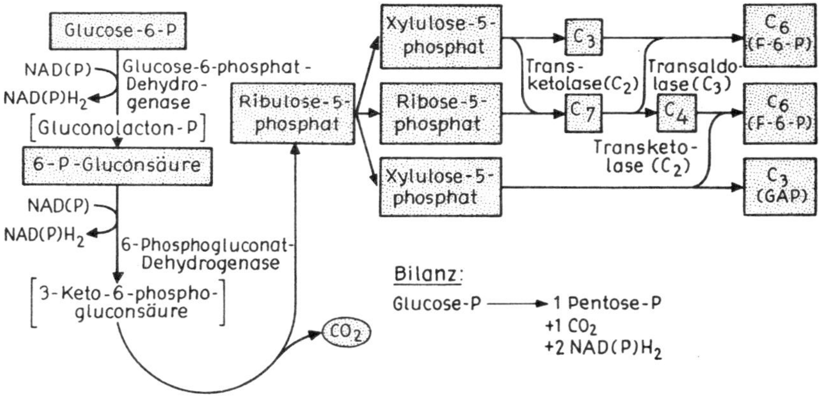

Abb. 7.8. Der oxidative Pentosephosphat-Cyclus. — Nach Schlegel.

7.5.2.7. Anaplerotische Sequenzen

Der Citrat-Cyclus ist der zentrale Abbauweg des aeroben Stoffwechsels, in den letztlich die C-Skelette der Speicherstoffe einmünden. Er steht aber nicht nur im Dienste der terminalen Oxidation, sondern er liefert gleichzeitig Ausgangsstoffe für Synthesen, z. B. Oxalacetat, α-Ketoglutarat, Succinat. Um den dadurch verursachten Abfluß von Intermediären des Citrat-Cyclus auszugleichen, existieren Auffüllungsreaktionen, sog. **anaplerotische Sequenzen**, die insbesondere die Funktion haben, Oxalacetat als Acceptor des Acetyl-CoA nachzubilden.

Beim Abbau von Kohlenhydraten oder komplexen organischen C-Quellen wird der Citrat-Cyclus in der Hauptsache durch **Carboxylierungsreaktionen** aufgefüllt, die von PEP-Carboxylase oder Pyruvat-Carboxylase katalysiert werden:

$$PEP + CO_2 + H_2O \rightarrow Oxalacetat + Pi$$
$$Pyruvat + CO_2 + ATP \rightarrow Oxalacetat + ADP + Pi$$

Pyruvat-Carboxylase kommt bei höheren Pflanzen nicht vor.

Beim Wachstum von Mikroorganismen auf Acetat als einziger C-Quelle oder bei der Mobilisierung von Speicherstoffen, die über Acetat abgebaut werden, z. B. Fett, wird die amphibole Funktion des Citrat-Cyclus durch den **Glyoxylat-Cyclus** ermöglicht (Abb. 7.9.). In der Bilanz werden zwei Mole Acetat zu Succinat umgewandelt.

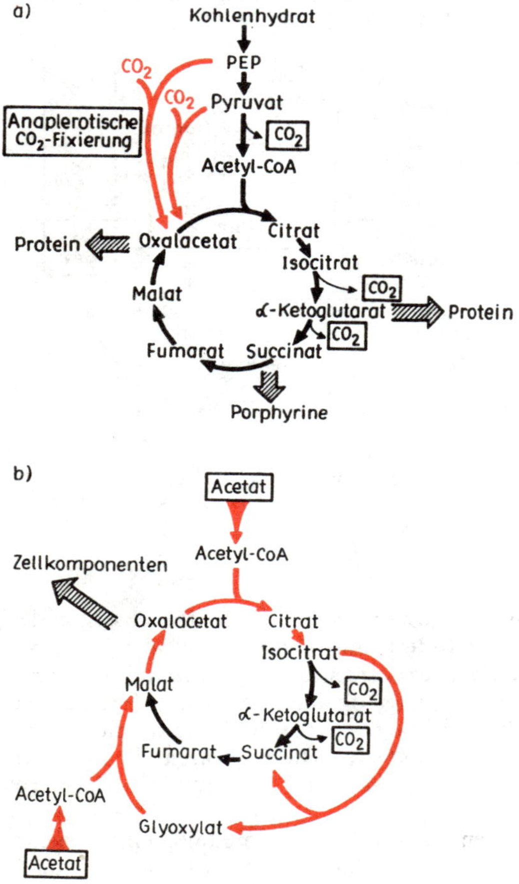

Abb. 7.9. Anaplerotische Sequenzen. a anaplerotische CO_2-Fixierungen, **b** Glyoxylat-Cyclus. Die Abbaureaktionen sind schwarz, die anaplerotischen Schritte rot dargestellt. PEP = Phosphoenolpyruvat.

7.5.2.8. Gluconeogenese

Die Neubildung von Kohlenhydraten aus Aminosäuren, Fetten und organischen Säuren ist für bestimmte pflanzliche Entwicklungszustände von erheblicher physiologischer Bedeutung, z. B. bei der **Keimung.** Fast immer nimmt dieser **Gluconeogenese** genannte Prozeß seinen Ausgang im Citrat-Cyclus, was erneut dessen amphibolische Natur kennzeichnet. Der erste Schritt verläuft unter ATP-Verbrauch und besteht in einer phosphorylierenden Decarboxylierung des Oxalacetats zu Phosphoenolpyruvat. Er wird durch ein für die Gluconeogenese spezifisches Enzym, die PEP-Carboxykinase, katalysiert:

Oxalacetat + ATP → PEP + ADP + CO_2

Die weiteren Schritte bestehen im Prinzip in einer Umkehr der Glykolyse (Abb. 7.10.). Lediglich die Bildung von Fructose-1,6-bisphosphat (FbP) aus F-6-P und ATP ist nicht reversibel. Stattdessen wird das Phosphat aus dem FbP durch eine spezielle Phosphatase, die FbPase, abgespalten. Diese Reaktion ist stark exergon (ΔG_0 = —17 kJ). Sie bestimmt dadurch den irreversiblen Charakter der Gesamtsequenz.

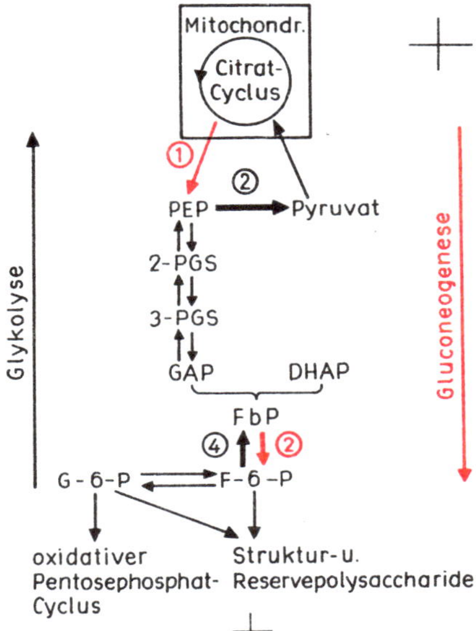

Abb. 7.10. Auf- und Abbau von Kohlenhydraten. Enzyme der Gluconeogenese (rot): 1 Phosphoenolpyruvat-Carboxykinase, 2 Fructosebisphosphat-Phosphatase. Enzyme der Glykolyse (schwarz): 3 Pyruvat-Kinase, 4 Phosphofructokinase.

7.5.2.9. Der Atmungsgaswechsel

Mit dem Begriff **Atmung** wird allgemein der mit den dissimilatorischen Vorgängen verbundene aerobe Gaswechsel bezeichnet. Er hat zwei Komponenten, die **Aufnahme von Sauerstoff** und die **Abgabe von Kohlendioxid.** Eine wichtige physiologische Kenngröße der Atmung ist der **Respiratorische Quotient** *RQ*. Man versteht darunter das Verhältnis von CO_2-Entwicklung zu O_2-Aufnahme.

$$RQ = \frac{CO_2}{O_2}$$

Die Bestimmung des *RQ* erlaubt Rückschlüsse auf die Natur der Atmungssubstrate und auf die relative Intensität dissimilatorischer Teilbereiche.

Bei vollständiger Oxidation von Kohlenhydraten ist der $RQ = 1$

$$C_6H_{12}O_6 + 6\,CO_2 \rightarrow 6\,CO_2 + 6\,H_2O$$

$$RQ = \frac{6\,CO_2}{6\,O_2} = 1$$

Bei stärker reduzierten Verbindungen (Fette) ist der *RQ* kleiner als 1, bei stärker oxidierten Verbindungen (org. Säuren) größer als 1.

Für die Oxidation der extrem oxidierten Oxalsäure ergibt sich:

$$C_2H_2O_4 + {}^1/_2\,O_2 \rightarrow 2\,CO_2 + H_2O$$

$$RQ = \frac{2\,CO_2}{0{,}5\,O_2} = 4$$

Liegt nur eine **partielle Dissimilation** von Substanzen vor (Glucose), d. h. findet **neben** der Atmung noch **Gärung** mit CO_2-Entwicklung statt (z. B. bei Hefen oder in bestimmten pflanzlichen Geweben, die nicht maximal mit Sauerstoff versorgt werden), erhöht sich der *RQ*. Es ist auch zu berücksichtigen, daß die zur CO_2-Freisetzung führenden Decarboxylierungen und die unter O_2-Verbrauch verlaufenden Oxidationen (Elektronentransport, Oxidasen) räumlich und zeitlich getrennt sind. Konstante stöchiometrische Verhältnisse sind aus diesem Grunde nicht immer zu erwarten.

Die Atmung von Pflanzen hängt von einer Vielzahl äußerer und innerer Faktoren ab. Das Ausmaß des Atmungsgaswechsels ist daher sehr variabel

Tabelle 7.5. Atmungsintensität verschiedener Objekte, bezogen auf ihr Trockengewicht

Objekt	mg CO_2/g Tr.Gew./h
Pisum sativum, trockener Same	$2{,}3 \cdot 10^{-4}$
Solanum tuberosum, Knollen	2
Spinacia oleracea, Blatt	10
Lilienpollen	50
Saccharomyces cerevisiae	100—200
Arum maculatum, Kolben	400—800
Azotobacter	4000

(Tab. 7.5.). Die Pflanzen können die Atmungsintensität den jeweiligen energetischen Bedürfnissen der Zellen und Gewebe anpassen und können die energetischen Bedürfnisse auch (vorübergehend) durch **partielle dissimilatorische Prozesse** abdecken (Gärung, Glykolyse). Hohe Atmungsintensitäten treten bei rasch wachsenden Geweben und Kulturen aerober Mikroorganismen auf sowie als **Streßreaktion** nach **Verwundung, Frostschädigung, Infektion** usw. In ruhenden Samen läuft dagegen nur eine minimale Atmung ab, die sich bei der Keimung und bei der Entwicklung des Keimlings (intensive Synthesen, starker Bedarf an Energie) um mehrere Größenordnungen erhöht. Viele Früchte, z. B. Äpfel, zeigen einige Zeit nach der Ernte ein sog. **Klimakterium**, das sich durch eine Verdopplung oder Verdreifachung der Atmungsintensität ankündigt und das mit einer Reihe biochemischer Veränderungen im Fruchtfleisch verbunden ist. Der Ablauf dieser Vorgänge wird in starken Maße durch Hormone (Ethylen) kontrolliert (s. S. 408).

7.5.2.10. Oxidationsprozesse ohne Energiegewinnung

Zusätzlich zu den Mitochondrien und ihrer Ausstattung mit Enzymen des Citrat-Cyclus und den Komponenten der Atmungskette mit Cytochrom-Oxidase als O_2-aktivierendem Enzym verfügt die Pflanze noch über andere Mechanismen der Oxidation bestimmter Substanzen. Für diese Mechanismen ist charakteristisch, **daß sie nicht mit der Gewinnung nutzbarer Energie (ATP) verbunden sind.** Bei den beteiligten Enzymen handelt es sich um **Kupfer-** oder **Flavoproteine**, die zum Teil in den Cytosomen lokalisiert sind. Sie vermitteln die **direkte** Übertragung des Wasserstoffs bzw. der Elektronen von den Substraten auf Sauerstoff **(Oxidasen)** oder die **Einführung von Sauerstoff** in organische Moleküle **(Oxygenasen).** Reaktionen dieser Art sind von großer Bedeutung im **Sekundärstoffwechsel.**

Wenn 2 Wasserstoffe oder Elektronen übertragen werden, haben die beteiligten Oxidasen fast ausnahmslos **Flavin** als prosthetische Gruppe, und es entsteht H_2O_2.

Allgemein:

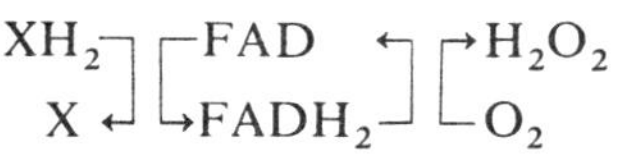

Beispiele:

Glucose-Oxidase
Glucose + O_2 + H_2O → Gluconat + H_2O_2

Aminosäure-Oxidase
Aminosäure + O_2 + H_2O → Ketosäure + H_2O_2

Glykolsäure-Oxidase

Glykolsäure + O_2 → Glyoxylsäure + H_2O_2

Glykolsäure-Oxidase ist ein Schlüsselenzym der **Photorespiration** (7.6.7.2.).

Wenn 4 Wasserstoffe oder Elektronen auf Sauerstoff übertragen werden, entsteht nicht H_2O_2 sondern H_2O als ein Reaktionsprodukt. Zu den Enzymen dieses Typs gehören die **Phenoloxidasen.** Es sind Cu-haltige Enzyme, die die Oxidation einer Vielzahl von **Phenolen** zu den entsprechenden **Chinonen** katalysieren. Z. B.

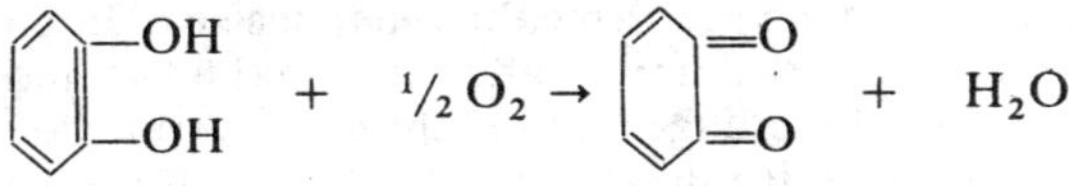

Brenzkatechin o-Benzochinon

Die Chinone können in einer Reihe von Folgereaktionen, die z. T. ohne Enzymkatalyse verlaufen, zu hochmolekularen, meist braun bis schwarz gefärbten Melaninen kondensieren. Darauf beruht die Verfärbung der Wundflächen bei beschädigten Kartoffeln, Pilzen, Äpfeln, Bananen usw.

Das bei den durch Flavinenzyme katalysierten Oxidationen entstandene H_2O_2 wird durch Katalase oder durch Peroxidase gespalten:

$$H_2O_2 \xrightarrow{\text{Katalase}} H_2O + {}^1/_2\,O_2$$

$$H_2O_2 + XH_2 \xrightarrow{\text{Peroxidase}} X + 2\,H_2O$$

Oxygenasen: Sauerstoff reagiert mit dem Substrat und wird in das Molekül des Produktes eingebaut. Im Falle der **Dioxygenasen** werden beide Sauerstoffatome des O_2 auf das Substrat übertragen:

$$X + O_2 \rightarrow XO_2$$

Monooxygenasen katalysieren Reaktionen des Typs:

$$X + O_2 + NADPH_2 \rightarrow XO + H_2O + NADP\,,$$

wobei nur ein Sauerstoffatom von O_2 in das Substrat eingebaut, das zweite Sauerstoffatom aber zu Wasser reduziert wird.

7.5.2.11. Oxidationen mit anorganischen H-Acceptoren (anaerobe Atmung)

Der **normale H-Acceptor** des oxidativen Elektronentransportes ist O_2. Einige Bakterien sind in der Lage, unter **anaeroben** Bedingungen eine Art von **Ersatzatmung** durchzuführen, indem sie den aus den Substraten abgespaltenen Wasserstoff über cytochromhaltige Elektronentransportketten auf **Nitrat** oder **Sulfat** übertragen, die den Sauerstoff in seiner Funktion ersetzen und die dabei zu molekularem Stickstoff bzw. zu H_2S reduziert werden. Dadurch vermögen diese

Organismen mehr Energie zu gewinnen, als durch Gärung möglich wäre. Man bezeichnet diese Vorgänge als **Nitrat-Atmung** oder **dissimilatorische Nitratreduktion** und als **Sulfat-Atmung** oder **dissimilatorische Sulfatreduktion.**

Aerobe Atmung:

H-Donator → ┌ O_2
└→ H_2O

Nitrat-Atmung (Denitrifikation):

H-Donator → ┌ NO_3^-
└→ N_2

Sulfat-Atmung:

H-Donator → ┌ SO_4^{--}
└→ H_2S

7.5.3. Die Mobilisierung polymerer Kohlenhydrate

Der Abbau polymerer Kohlenhydrate erfolgt entweder **hydrolytisch** oder **phosphorolytisch.** Die Enzymausstattung der Zellen muß den Verzweigungen angepaßt sein, die sowohl im **Amylopectin** wie im **Glykogen** vorkommen (vgl. 2.7.2.).

Am hydrolytischen Stärkeabbau sind **α- und β-Amylase** sowie ein sog. **R-Enzym** beteiligt. α-Amylase spaltet als Endoamylase simultan viele 1,4-Bindungen im Innern des Moleküls. Spaltprodukte sind Maltose und als Dextrine bezeichnete Bruchstücke aus 3—7 Glucoseresten. β-Amylase spaltet nur von den freien, nichtreduzierenden Enden her Maltoseeinheiten ab.

Das R-Enzym löst die 1,6-Verzweigungen.

Bei gleichzeitiger Gegenwart von Maltase ist Glucose das Endprodukt des hydrolytischen Stärkeabbaus.

Die **phosphorolytische** Spaltung von Stärke und Glykogen führt nicht zu freier Glucose, sondern zu Glucose-1-phosphat.

$$(\text{Glucose})_n + H_3PO_4 \rightleftharpoons (\text{Glucose})_{n-1} + \text{Gluc-1-P}$$

Im Gegensatz zur hydrolytischen Stärkespaltung ist diese Reaktion **reversibel.**

Auf den enzymatischen Abbau anderer Speicher- oder Strukturpolysaccharide kann hier nicht eingegangen werden. In vielen Fällen erfolgt er nur mikrobiell (z. B. Cellulose).

7.5.4. Proteinabbau

Der pflanzliche Proteinabbau kann unter drei Aspekten betrachtet werden

1. Die meisten Proteine der Zelle, insbesondere die Enzyme, werden laufend ab- und wieder aufgebaut, sie unterliegen einem sog. **„turnover“.** Die **biologische Halbwertszeit** der einzelnen Proteine kann sehr verschieden sein. Die jeweilige Konzentration in der Zelle ist das Resultat des Verhältnisses von **Synthese** und **Abbau.**
2. Viele Enzymproteine werden zunächst als inaktive **Proenzyme**, gewissermaßen als Rohmaterial, synthetisiert und im Zuge sekundärer Veränderungen durch **partielle** und **kontrollierte Proteolyse** in das aktive Enzym umgewandelt.
3. Viele Samen speichern Proteine als **Reservesubstanz** (z. B. in den **Aleuronkörnern).** Dadurch ist der Embryo in den ersten Phasen der Entwicklung unabhängig von exogener N-Zufuhr. Bei der Keimung werden diese Reserveproteine mobilisiert. Die freiwerdenden Aminosäuren werden entweder unmittelbar als Bausteine zur Neusynthese von Enzymen benutzt, oder sie werden nach Entfernung der NH_2-Gruppe über den amphibolen Weg des Citrat-Cyclus abgebaut (Abb. 7.11.).

Die Spaltung der Proteine erfolgt **hydrolytisch** durch **Proteasen.** Die **Exopeptidasen** lösen Aminosäuren von den Enden der Peptidkette her ab. Man unterscheidet zwischen **Carboxypeptidasen**, die vom **Carboxylende** her wirken,

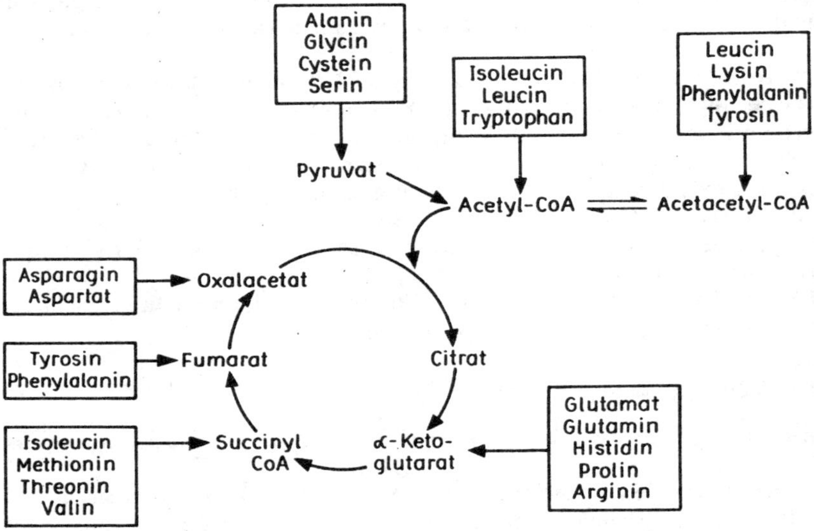

Abb. 7.11. Eintrittsstellen des C-Skeletts der Aminosäuren in den Citrat-Cyclus.

und **Aminopeptidasen**, die am Aminoende angreifen. Die **Endopeptidasen** hydrolysieren Peptidbindungen im Innern des Moleküls.

Häufig sind Proteasen in den **Lysosomen** der Zelle konzentriert.

7.5.5. Abbau der Aminosäuren

Beim Abbau der nicht zur Neusynthese von Proteinen benötigten Aminosäuren spielt die **Glutaminsäure** — wie beim Aufbau — eine entscheidende Vermittlerrolle. Glutaminsäure = Drehscheibe des N-Stoffwechsels. In den meisten Fällen wird der Abbau der Aminosäuren durch eine **Transaminierung** (vgl. S. 368) eingeleitet, wobei die NH_2-Gruppe auf α-Ketoglutarat unter Bildung von Glutaminsäure übertragen wird. Die Glutaminsäure kann durch Glutaminsäure-Dehydrogenase oxidativ desaminiert werden, wobei NH_3 entsteht:

Glutamat + NAD → α-Ketoglutarat + NH_3 + $NADH_2$

Im Gegensatz zum Tier spielt die Umformung des NH_3 in N-haltige **Exkretionsprodukte** (Harnstoff oder Harnsäure) bei der grünen Pflanze keine Rolle. Das beim Abbau anfallende Ammoniak wird vielmehr in verschiedene organische Verbindungen eingebaut, die ihrer Funktion nach **Stickstoff-Transport- und -Speicherformen** sind, mit deren Bildung die Pflanze gleichzeitig die **Ammoniakentgiftung** vollzieht. Die gebildeten Substanzen sind für einzelne systematische Pflanzengruppen z. T. spezifisch **(Glutamin, Asparagin, Citrullin, Cannavanin, Arginin).**

Das weitere Schicksal des C-Skelettes ist bei verschiedenen Aminosäuren unterschiedlich. In einigen Fällen ist das Desaminierungsprodukt direkt Durchgangsstufe der zentralen Abbauwege (Pyruvat, α-Ketoglutarat, Oxalacetat). Andere C-Skelette finden über spezielle Abbauwege Anschluß an den Citrat-Cyclus.

7.5.6. Die Mobilisierung von Fetten

Fette sind verbreitete Reservestoffe im Endosperm und in den Kotyledonen pflanzlicher Samen. Von allen Speicherstoffen haben sie den größten Energiegehalt (37 kJ/g; Kohlenhydrate: 16,7 kJ/g). Sie ermöglichen den Samen ein **Maximum an Energiereserven bei einem Minimum an Gewicht.**

Bei der Keimung werden die Fettreserven mobilisiert, z. T. zur Energiegewinnung oxidiert und z. T. in Kohlenhydrate umgewandelt. Durch **Lipasen** werden die Fette hydrolytisch in **Glycerin** und **Fettsäuren** zerlegt. Glycerin findet nach Phosphorylierung Anschluß an den glykolytischen Abbau.

Die Fettsäuren werden durch einen als **β-Oxidation** bezeichneten Prozeß von den Carboxylenden her sukzessiv zu **C_2-Einheiten, Acetyl-CoA**, abgebaut, das über den Citrat-Cyclus oxidiert werden kann. Für Zwecke der Energiegewinnung erfolgen β-Oxidationen und Endoxidation des Acetyl-CoA in den Mitochondrien. 1 Mol **Palmitinsäure** liefert 129 ATP = 3942 kJ. Die freie Enthalpie der Oxidation von Palmitinsäure beträgt —9797 kJ/Mol. Der **energetische Wirkungsgrad** des Fettsäureabbaus ist vergleichbar mit dem Wirkungsgrad des Glucoseabbaus und beträgt etwa 40%.

Die für die Entwicklung des jungen Keimlings wichtige **Umwandlung von Fett in Kohlenhydrate** erfolgt in einer Kooperation von **Glyoxysomen** mit **Mitochondrien** über den Glyoxylat-Cyclus und die Prozesse der **Gluconeogenese** (vgl. 7.5.2.7. und 7.5.2.8.).

β-Oxidation und Glyoxylat-Cyclus laufen in den Glyoxysomen ab. Succinat verläßt als Produkt des Glyoxylat-Cyclus das Glyoxysom und wird in den Mitochondrien zu Vorläufern der Gluconeogenese umgewandelt, die wiederum im Cytoplasma abläuft (Abb. 7.12.).

Als Bilanz der Fettmobilisierung ergibt sich, daß etwa 1/4 der C-Atome der Fettsäure veratmet werden, 3/4 werden in Kohlenhydrate umgewandelt.

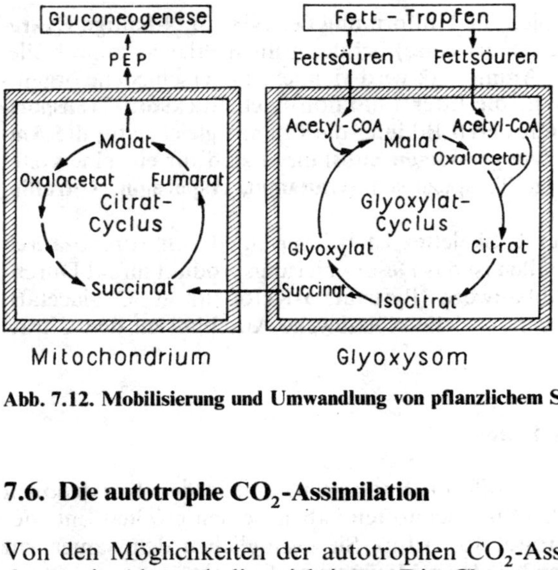

Abb. 7.12. Mobilisierung und Umwandlung von pflanzlichem Speicherfett in Kohlenhydrate.

7.6. Die autotrophe CO_2-Assimilation

Von den Möglichkeiten der autotrophen CO_2-Assimilation ist die **Photosynthese** mit Abstand die wichtigste. Die **Chemoautotrophie** ist demgegenüber quantitativ weniger bedeutsam. Die Photosynthese ist die Umwandlung der Lichtenergie in biologisch nutzbare chemische Energie. In der Bilanz ist die Photosynthese der grünen Pflanzen die Umkehr der Atmung.

Atmung:

$$C_6H_{12}O_6 + 6\,H_2O + 6\,O_2 \rightarrow 6\,CO_2 + 12\,H_2O$$
$$(CH_2O) + H_2O + O_2 \rightarrow CO_2 + 2\,H_2O$$

Photosynthese:

$$6CO_2 + 12H_2O \xrightarrow{\text{Licht}} C_6H_{12}O_6 + 6H_2O + 6O_2$$

$$CO_2 + 2H_2O \xrightarrow{\text{Licht}} (CH_2O) + H_2O + O_2$$

Bei diesem Prozeß wird das Kohlendioxid auf die Stufe des Kohlenhydrates reduziert. Neben Energie sind dazu Reduktionsäquivalente erforderlich. Im Falle der Photosynthese der eukaryotischen Pflanzen und der Cyanophyceen werden diese Reduktionsäquivalente dem Wasser entnommen, dessen Sauerstoff dabei frei wird.

Die Photosynthese der Bakterien unterscheidet sich von diesem Typ der Photosynthese dadurch, daß sie als Donator für die Reduktionsäquivalente nicht Wasser, sondern z. B. reduzierte Schwefelverbindungen oder organische Substanzen benutzt:

$$2H_2S + CO_2 \xrightarrow{\text{Licht}} (CH_2O) + H_2O + 2S$$

In diesem Falle führt die Photosynthese nicht zur Entwicklung von Sauerstoff, sondern zur Abscheidung von Schwefel oder von dehydrierten organischen Verbindungen.

Man kann die Vorgänge bei der Photosynthese in zwei Abschnitte gliedern. Der erste Abschnitt ist ein durch die **Lichtenergie getriebener Elektronentransport**, der in den Thylakoiden der Chloroplasten abläuft und zur Bildung von reduzierten Pyridinnucleotiden und ATP führt. Der zweite Abschnitt umfaßt die Reaktionen der CO_2-Assimilation, die im Stroma stattfinden. Sie sind als **„Dunkelreaktionen"** selber nicht direkt vom Licht abhängig, sondern nur auf die Produkte des Elektronentransportes, ATP und reduzierte Pyridinnucleotide, angewiesen.

7.6.1. Die photosynthetisch aktiven Pigmente

7.6.1.1. Chlorophylle

Die **Chlorophylle** sind die wichtigsten Photosynthesepigmente. Als Porphyrinverbindungen bilden sie ein in charakteristischer Weise substituiertes Ringsystem, in dem vier Pyrrolringe durch Methin-Brücken (—CH =) miteinander verknüpft sind. Zentral ist ein Mg-Atom gebunden. Sie unterscheiden sich im Substitutionsmuster der Pyrrolringe und in der Art ihrer alkoholischen Isoprenseitenkette. Typisch für die höheren Pflanzen sind das Chlorophyll a und das Chlorophyll b. Das gewöhnliche Mengenverhältnis von a:b ist etwa 3:1, nicht selten kommen aber auch beträchtliche Abweichungen von diesem Wert vor. In bezug auf das Trockengewicht haben Blätter zwischen 0,2 und 0,8% Chlorophyll a.

Von den photosynthetisch tätigen Bakterien abgesehen, ist das Chlorophyll a im Pflanzenreich universell verbreitet. Das Chlorophyll b fehlt dagegen außer in den Bakterien auch noch in den Cyanophyceen sowie in einigen Algengruppen (vgl. S. 177).

Strukturell unterscheidet sich das Chlorophyll b vom Chlorophyll a nur durch den Besitz einer Formylgruppe an Stelle der Methylgruppe am Pyrrolring B (Abb. 7.13.). Diese Unterschiede führen zu Verschiebungen der Lage der Absorptionsmaxima (Abb. 7.14.). Chlorophyll a und b sind mit **Phytol** verestert, einem Alkohol mit 20 C-Atomen, der aus 4 Isoprenresten linear aufgebaut, aber weitgehend hydriert ist und nur noch eine Doppelbindung in Nachbarschaft zur primären Alkoholgruppe besitzt (Formel in Abb. 7.13.). Diese Phytylseitenkette bedingt die Lipidlöslichkeit der Chlorophylle und ist auch sehr wesentlich verantwortlich für die Verankerung dieser Farbstoffe in den lipidreichen Membranen der Chloroplasten.

Aus den verschiedenen Gruppen der **Photosynthesebakterien** sind die **Bacteriochlorophylle a, b, c** und **d** bekannt geworden, wobei nur das B-Chl. a mit Phytol, die anderen mit **Farnesol**, einem C_{15}-Alkohol, verestert sind. Durch die Lage der Absorptionsmaxima der Bacteriochlorophylle sind die Photosynthesebakterien befähigt, sehr langwelliges Rot zu absorbieren und photosynthetisch zu nutzen (bei Formen mit B-Chl. b bis über 1000 nm).

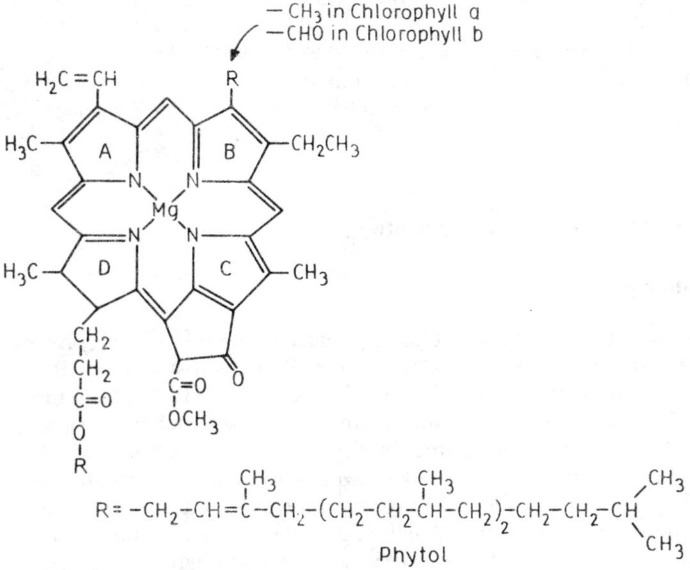

Abb. 7.13. Chlorophyll a und b.

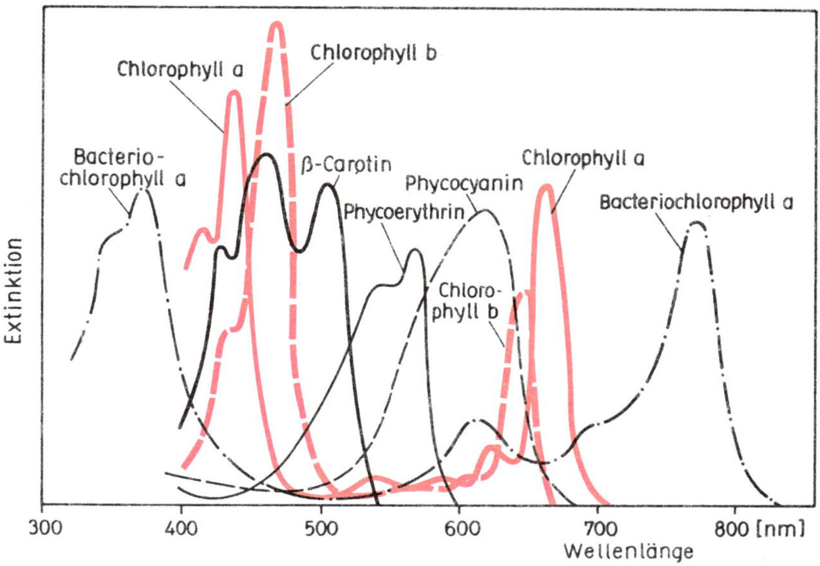

Abb. 7.14. Absorptionsspektren von Photosynthesepigmenten. — Nach Libbert.

7.6.1.2. Die Begleitfarbstoffe der Chlorophylle

Außer den Chlorophyllen befinden sich im photosynthetischen Apparat der höheren Pflanzen, Algen und Mikroorganismen immer Begleitfarbstoffe. Sie gehören zu den Stoffgruppen der **Carotinoide** und **Phycobiline.**

7.6.1.2.1. Die Carotinoide. In allen photosynthetischen Organellen sind **Carotinoide** regelmäßige Begleiter der Chlorophylle. Aber auch unabhängig vom photosynthetischen Apparat sind sie im Pflanzen- und Tierreich weit verbreitet. Zu einer kompletten Neusynthese sind allerdings nur die Pflanzen befähigt, alle natürlich vorkommenden Carotinoide sind daher letztlich pflanzlichen Ursprungs. Das Tier ist nur zu geringen Variationen des von der Pflanze bereits vorgebildeten molekularen Aufbaus befähigt.

Die Carotinoide gehören zu den **Tetraterpenen** und sind stark ungesättigte **Isoprenabkömmlinge** mit 40 C-Atomen, das entspricht 8 Isopreneinheiten. Ihr Molekül ist häufig symmetrisch aus 2 C_{20}-Einheiten aufgebaut. Die Biosynthese der Carotinoide leitet sich aus dem allgemeinen Biosyntheseweg isoprenoider Verbindungen ab (vgl. S. 373).

Bei den Carotinoiden unterscheiden wir die **Carotine** im engeren Sinne, die nur aus C- und H-Atomen bestehen, und die **Xantophylle**, deren Molekül außerdem Sauerstoff enthält.

Der Sauerstoff kann in Form von Hydroxyl-, Keto-, Epoxy-, Carboxyl- oder Methoxylgruppen vorliegen. Hydroxyxanthophylle sind am häufigsten. Wichtige Carotinoide des Photosyntheseapparates sind in der Abb. 7.15. dargestellt.

Das gehäufte Vorkommen bestimmter Xantophylle ist für einige systematische Gruppen der Niederen Pflanzen typisch. Sie sind dort häufig in so hoher Konzentration vorhanden, daß sie die Farbe des Chlorophylls überdecken und die Gesamtfärbung der Organismen bestimmen. So zeichnen sich z. B. die

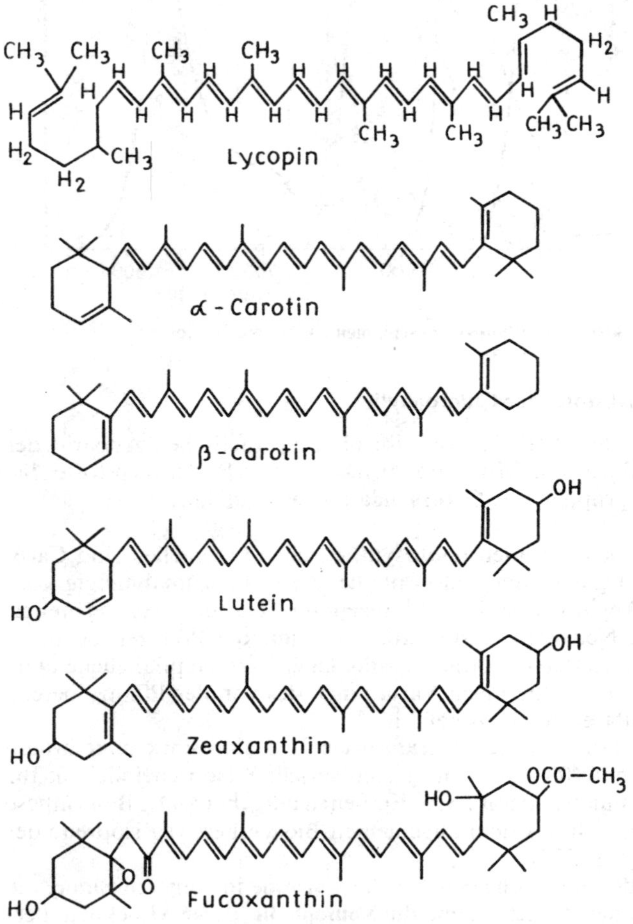

Abb. 7.15. Carotinoide.

Diatomeen und *Phaeophyceae* (Braunalgen) durch ihren besonders hohen Gehalt an **Fucoxanthin** aus (genannt nach der Braunalgengattung *Fucus*). Stellvertretend für eine breite Skala der Xanthophylle in den Purpurbakterien (vgl. S. 346) sei das **Spirilloxanthin**, ein methoxyliertes Carotinoid genannt.

7.6.1.2.2. Die Phycobiline. Im Gegensatz zu Chlorophyllen und Carotinoiden sind die **Phycobiline** wasserlöslich, jedoch unlöslich in Lipiden. Es sind Eiweißverbindungen, deren chromophore Gruppe chemisch dadurch gekennzeichnet ist, daß sie ein metallfreies, lineares Tetrapyrrolsystem bildet. Die Phycobiline werden auch als **Tetrapyrrolproteine** oder als **Biliproteine** bezeichnet.

Die Bindung der farbgebenden Komponente an das Protein ist außerordentlich fest und übertrifft bei weitem die lockere Assoziation der Chlorophylle mit Proteinen in den Chlorophyll-Protein-Komplexen.

Die Phycobiline sind die charakteristischen Begleitfarbstoffe der Rotalgen *(Rhodophyta)* und der Blaualgen *(Cyanophyceae)*. Wir unterscheiden die **Phycoerythrine**, die **Phycocyanine** und das **Allophycocyanin.** Die chromophore Komponente der Phycoerythrine ist das **Phycoerythrobilin**, die der Phycocyanine das **Phycocyanobilin** (Abb. 7.16.). Phycocyanine sind blau und fluoreszieren rötlich, die Phycoerythrine sind rot und fluoreszieren orange. Wir wissen heute, daß Blau- und Rotalgen beide Farbstofftypen enthalten, ebenso wie das erst später entdeckte, quantitativ aber unbedeutende Allophycocyanin. Ihr gegenseitiges Mengenverhältnis ist aber außerordentlich verschieden, und unabhängig von der systematischen Zugehörigkeit der Pflanze kann der eine oder der andere Typ gelegentlich nahezu ausschließlich vertreten sein. In Kombination mit den vorliegenden Chlorophyllen und Carotinoiden bedingt das bei Rot- und Blaualgen eine außerordentliche Variabilität in der Farbe. Die Bezeichnung Blaualgen für *Cyanophyceae* ist also in diesem Sinne nur für die „typischen" Vertreter dieser Gruppen anwendbar.

Die relative Mengenzusammensetzung ist außerdem abhängig von den Lichtverhältnissen des Standortes. Rotes Licht fördert die Bildung der Phycocyanine, grünes die der Phycoerythrine (komplementäre chromatische Adaptation).

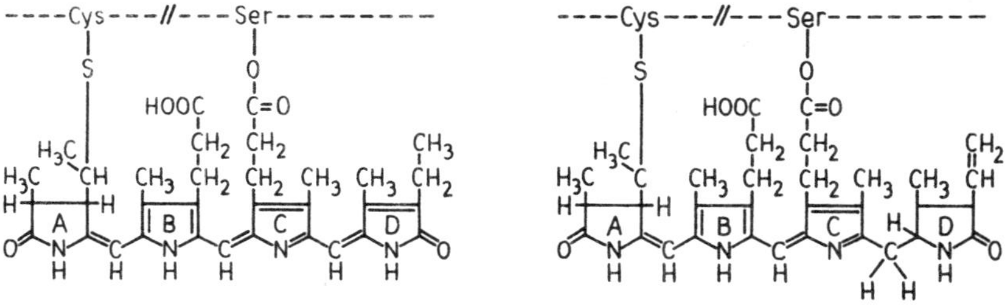

Phycocyanobilin Phycoerythrobilin

Abb. 7.16.

Die Phycobiline sind in besonderen Strukturen, den **Phycobilisomen**, konzentriert, die den Thylakoidmembranen unmittelbar aufsitzen.

7.6.2. Der molekulare Aufbau photosynthetisch aktiver Membranen

Die **Thylakoidmembran** ist etwa 7 nm dick und besteht zu 50% aus Proteinen und zu 50% aus Lipiden. Die Lipidfraktion ihrerseits besteht zu 40% aus Galactolipiden, 20% Chlorophyll, 10% Phospholipiden. Der Rest verteilt sich auf Sulfolipide, Carotinoide, Chinone und Steroide. Die elektronenmikroskopischen Bilder lassen erkennen, daß die äußere, dem Stroma zugewandte, und die innere Membranhälfte verschieden aufgebaut sind. Die funktionellen Komponenten der **Pigmentkomplexe**, des **Elektronentransportes** und der **Phosphorylierung** tauchen unterschiedlich tief in die Membran ein bzw. sind asymmetrisch in ihr verteilt. Die Pigmente kommen in der Membran nicht frei, sondern an Protein gebunden vor. Das gilt vor allem für die Chlorophyllmoleküle. Durch die (nicht kovalente) Bindung an Proteine wird das Absorptionsmaximum in Abhängigkeit von den an der Bindung beteiligten Proteinen gegenüber einer Lösung in organischen Lösungsmitteln (Ether, Aceton) in unterschiedlichem Maße verschoben. Nach der Lage des Maximums kann man verschiedene Chlorophyll-a-Formen (660, 670, 677, 680 und 700) und zwei Chlorophyll-b-Formen (640, 650) unterscheiden. Die verschiedenen spektralen Chlorophyll-Protein-Komplexe sind in dichter Packung zusammen mit den Carotinoiden zu zwei unterschiedlichen funktionellen Kollektiven von hohem strukturellem Ordnungsgrad, den **Photosystemen I** und **II (PS I** und **PS II)**, vereinigt.

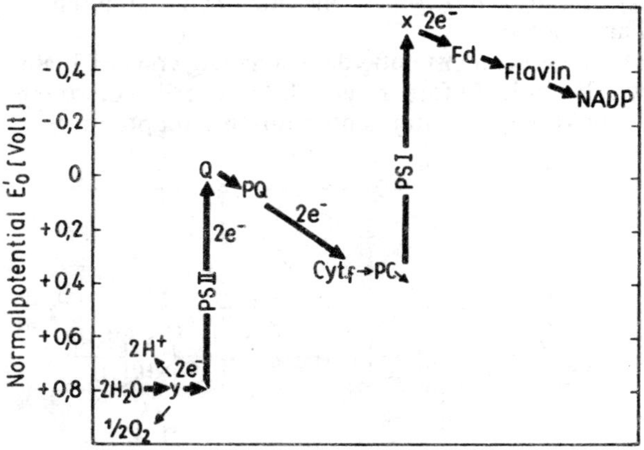

Abb. 7.17. Schema des photosynthetischen Elektronentransportes in den Chloroplasten höherer Pflanzen und Algen (Erklärung S. 332).

Die genauen Lagebeziehungen der strukturellen und funktionellen Membrankomponenten sind keineswegs widerspruchsfrei geklärt. Immerhin erlauben viele Ergebnisse der Ultrastrukturforschung, die durch physikalische, chemische und physiologische Daten gestützt werden, die Entwicklung einer Modellvorstellung (Abb. 7.17. u. 7.20.).

7.6.3. Lichtabsorption und Energieleitung

Die Photosynthesefarbstoffe absorbieren das Licht im Bereich der **photosynthetisch aktiven Strahlung** von 400—700 nm in unterschiedlichem Maße (Abb. 7.14.). Bei Photosynthesebakterien erstreckt sich der Bereich der photosynthetisch aktiven Strahlung noch wesentlich weiter ins langwellige Rot. Die Chlorophylle haben ein Absorptionsmaximum im roten und im blauen Bereich; im grünen Bereich absorbieren sie dagegen kaum. Dieses „Absorptionsloch" der Chlorophylle wird aber durch ihre Begleitpigmente, die Carotinoide und Phycobiline, weitgehend ausgefüllt. Die Aufnahme von **Wirkungsspektren**, d. h. die Messung der photosynthetischen Wirksamkeit von Licht verschiedener Wellenlänge, hat überzeugend gezeigt, daß für die Photosynthese der verschiedenen Organismengruppen nicht nur das vom Chlorophyll absorbierte Licht wirksam ist, sondern daß an der Lichtausnutzung auch die jeweiligen Begleitfarbstoffe der Chlorophylle, die Carotinoide und die Phycobiline, erheblichen Anteil haben. Sie können diese Funktion allerdings nur in Verbindung mit dem stets erforderlichem Chlorophyll a erfüllen, dem sie die absorbierte Lichtenergie zuleiten.

Licht wird in Form diskontinuierlicher Energiepakete, der **Quanten** oder **Photonen**, ausgestrahlt und absorbiert. Der Energiegehalt der Quanten wird nach der Beziehung

$$E = h \cdot \nu = h \cdot \frac{c}{\lambda}$$

Tabelle 7.6. Beziehung zwischen Wellenlänge und Energiegehalt des Lichtes

Wellenlänge	Farbe	Energie pro Einstein (Mol Quanten)	
nm		kJ	kcal
400	Violett	299,31	71,5
500	Blau	239,45	57,2
600	Gelb	199,54	47,6
700	Tiefrot	171,03	40,8
800	Infrarot	149,65	35,7

von der Frequenz, bzw. der Wellenlänge λ bestimmt, wobei c die Lichtgeschwindigkeit (3×10^{10} cm/s) und h das Plancksche Wirkungsquantum ($6{,}626 \times 10^{-34}$ J · s) bedeuten. Der Energiegehalt von 1 Mol ($6{,}023 \times 10^{23}$) Photonen = 1 Einstein läßt sich danach für beliebige Wellenlängen berechnen (Tab. 7.6.).

Wird von einer Pigmentlösung Licht absorbiert, ändert sich die Energie der Pigmentmoleküle in charakteristischer Weise. Ein Molekül, das ein Photon absorbiert hat, geht in einen **angeregten Zustand** über, der um den Energiegehalt des absorbierten Lichtquants über dem Energieniveau des Grundzustands liegt (Abb. 7.18.).

Für die Lichtabsorption des Chlorophylls sind vorwiegend die π-Elektronen der konjugierten Doppelbindungen verantwortlich. Die Aktivierung der π-Elektronen wird als $\pi \rightarrow \pi^*$ Übergang bezeichnet. Es gibt verschiedene Anregungszustände des Chlorophylls, die einer Anhebung von π-Elektronen auf ein jeweils höheres Orbital entsprechen. Die Anregung durch blaues Licht führt innerhalb von 10^{-15} s zum **2. Singulettzustand** mit einem Energiegehalt von etwa 272 kJ (= 65 kcal) über dem Grundzustand. Der 2. Singulettzustand ist sehr instabil und geht innerhalb von 10^{-12} s in den **1. Singulettzustand** über, dem ein Energiegehalt von 171 kJ (41 kcal) zukommt. Die Energiedifferenz geht als Wärme verloren. Der 1. Singulettzustand ist der wichtigste angeregte Zustand. Er kann auch erreicht werden, wenn das Molekül im Grundzustand im roten Spektralbereich absorbiert. Seine Lebenszeit beträgt etwa 10^{-9} bis

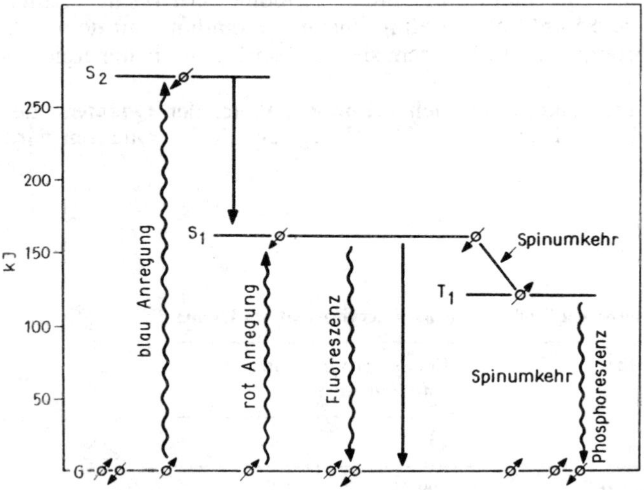

Abb. 7.18. Anregungszustände des Chlorophylls. *G* Grundzustand, S_2 2. angeregter Singulettzustand, S_1 1. angeregter Singulettzustand, T_1 angeregter Triplettzustand. Pfeile mit gewelltem Schaft bezeichnen Energieübergänge unter Aufnahme oder Abgabe von Strahlung. Pfeile mit geradem Schaft bezeichnen strahlungslose Übergänge. Kurze Pfeile zeigen die Richtung des Elektronenspins an.

10^{-8} s. Innerhalb dieses Zeitraums kann die Energie des angeregten Chlorophylls auf ein benachbartes Chlorophyllmolekül übertragen oder durch **Fluoreszenz** wieder abgestrahlt werden. Die Fluoreszens des Chlorophylls erfolgt immer aus dem 1. Singulettzustand, das Fluoreszenzlicht ist daher immer rot.

In vivo wird nur eine geringe Fluoreszenz beobachtet. Fluoreszenz ist für die Photosynthese vergeudete Energie. In den Thylakoiden liegen die Pigmente dichter gepackt und in einem wesentlich höheren Ordnungszustand vor als in einer Lösung. Sie bilden die erwähnten funktionellen Kollektive der Photosysteme. Jedes Photosystem ist durch ein **Reaktionszentrum** und durch **Sammelpigmente** ausgezeichnet. Das Reaktionszentrum der Photosysteme besteht immer aus Chlorophyll-a-Molekülen mit der jeweils langwelligsten Absorptionsbande. Im Reaktionszentrum des PS I wurde Chl a 700 **(P 700)** identifiziert, im Reaktionszentrum des PS II Chl a 680 **(P 680).** Nur das Pigment des Reaktionszentrums ist photochemisch aktiv. Die Masse der übrigen Chlorophyllmoleküle sowie die Carotinoide und die Phycobiline haben nur eine **Antennen-**, d. h. **lichtsammelnde Funktion**: sie leiten die Anregungsenergie dem jeweiligen Reaktionszentrum zu. Auf ein aktives Molekül P 700 bzw. P 680 im Reaktionszentrum kommen etwa 300—400 andere Chlorophyllmoleküle mit Antennenfunktion.

Die große Masse des Chlorophylls a sowie die Carotinoide sind Antennenpigmente des PS I, während die vom Chlorophyll b, von den Xanthophyllen und den Phycobilinen absorbierte Lichtenergie dem PS II zufließt. Die Übertragung der primären Anregungsenergie auf ein benachbartes Molekül im Photosystem erfolgt nach dem Mechanismus der **induzierten Resonanz (Resonanztransfer).** Hierbei induziert ein angeregtes Molekül im π-Elektronensystem des benachbarten Empfängermoleküls Schwingungen, die dieses in den 1. Singulettzustand versetzen. Voraussetzung ist eine dichte molekulare Packung und eine energetische Überlappung ihrer Anregungszustände. Diese Art der Energieübertragung erfolgt in vielen Fällen nahezu verlustfrei und ist mit ca. 10^{-12} s wesentlich schneller als die Fluoreszenz. Dem energetischen Gefälle entsprechend erfolgt die Energieleitung kaskadenartig zu demjenigen Chlorophyll mit dem langwelligsten Absorptionsmaximum im Kollektiv, d. h. von den Antennenpigmenten zum Reaktionszentrum. Innerhalb von 10^{-10} s sind 90% der Energie bereits im Reaktionszentrum, das wie eine **„Energiefalle"** wirkt.

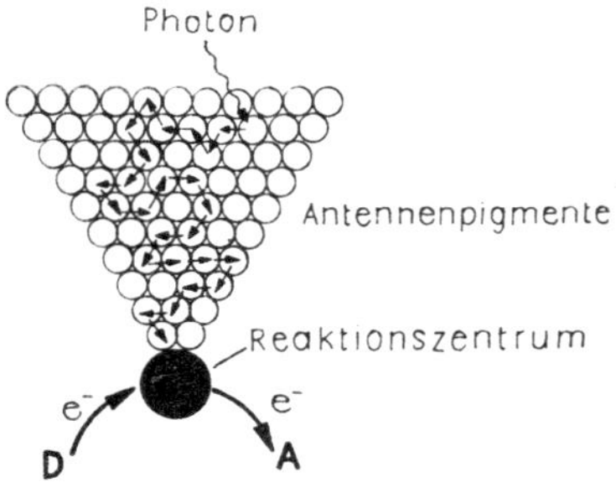

Abb. 7.19. Vereinfachtes Modell eines Photosystems. *D* Donor, *A* Acceptor.

Das angeregte und damit energetisch aufgeladene Pigment des Reaktionszentrums erhält so ein stark negatives Redoxpotential und gibt Elektronen an einen **Acceptor** ab, der dadurch reduziert wird. Im Reaktionszentrum bleibt dabei kurzzeitig eine Elektronenvakanz in Form des oxidierten P 700^+ bzw. P 680^+ zurück, die über einen **Donor** wieder ergänzt wird (Abb. 7.19.).

$RZ^* + A \rightarrow RZ^{\oplus} + A^{\ominus}$ (10^{-10} s)
$RZ^{\oplus} + D \rightarrow RZ + D^{\oplus}$

Die Reduktion eines Acceptors und die Oxidation eines Donors durch das Reaktionszentrum sind die photochemischen Leistungen der Photosysteme.

7.6.4. Der photosynthetische Elektronentransport

Die beiden Lichtreaktionen in den Photosystemen treiben einen **kontinuierlichen Elektronentransport** an, in den sie wie zwei hintereinandergeschaltete Pumpsysteme **(lichtgetriebene Elektronenpumpen)** Elektronen vom Wasser zum **terminalen Acceptor NADP** transportieren. Dazu muß eine Potentialdifferenz von insgesamt etwa 1,2 Volt überwunden werden. Dieser photosynthetische Elektronentransport läuft über eine Reihe von Überträgern, zu denen Plastochinon, Flavine (Ferredoxin-NADP-Reductase), Cytochrome, das Cu-Protein Plastocyanin und das Eisen-Schwefel-Protein Ferredoxin gehören. Einige der Komponenten des Elektronentransportes, deren Existenz aus dem Funktionsablauf hervorgeht, sind chemisch noch nicht identifiziert. Das betrifft zum großen Teil auch die Donoren und Acceptoren der Photosysteme selbst (Y, Q und X). Der Elektronendonor für das PS I ist vermutlich Plastocyanin, in einigen Fällen Cyt.f. Wenn die Komponenten des Elektronentransportes und die Photosysteme nach ihrem Normalpotential angeordnet werden, ergibt sich ein „Zickzack"-Schema (Abb. 7.17.).

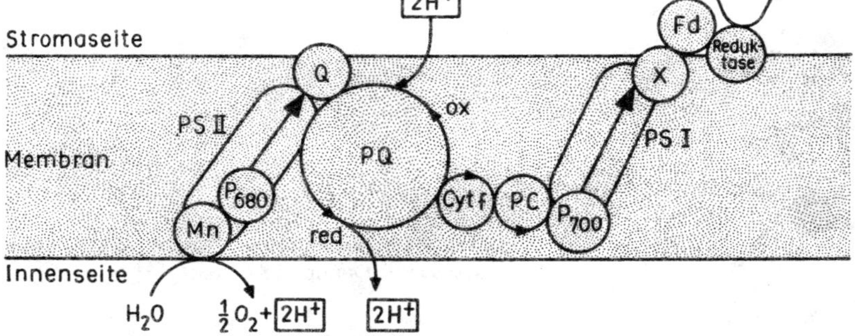

Abb. 7.20. Funktionelles Modell des asymmetrisch in der Thylakoidmembran ablaufenden Elektronentransportes. PQ Plastochinon, PC Plastocyanin, Fd Ferredoxin. — Nach Trebst und Hauska.

Die Komponenten des Elektronentransportes sind asymmetrisch in der Membran angeordnet, er verläuft daher gerichtet **(vektoriell)** und führt in der Bilanz für zwei auf NADP übertragene Elektronen zu einem entgegengesetzt gerichteten Transport von **4 Protonen** quer durch die Membran in den Thylakoidbinnenraum (Abb. 7.20.).

Der Elektronentransport wird unter Beteiligung von Mn durch die H_2O-Spaltung auf der Innenseite der Membran eingeleitet, wobei O_2 entwickelt und 2 Protonen freigesetzt werden. Die beiden Elektronen reduzieren auf der Außenseite Plastochinon zu Dihydroplastochinon, wozu zusätzlich 2 Protonen erforderlich sind, die aus dem Stroma aufgenommen werden. Bei der Weitergabe der Elektronen von Dihydroplastochinon an Cytochrom werden diese Protonen wieder frei und in das Innere abgegeben. Zur Reduktion des NADP schließlich werden nochmals 2 Protonen aus dem Stroma verbraucht.

7.6.5. Der Mechanismus biologischer Phosphorylierungen

Man nimmt an, daß die elementaren Vorgänge der ATP-Bildung beim photosynthetischen und respiratorischen Elektronentransport die gleichen sind: In beiden Fällen wird durch die asymmetrische Anordnung der Elektronentransportkette und den dadurch bedingten vektoriellen Elektronentransport ein **Protonengradient** und damit ein elektrochemisches Potential zwischen Außen- und Innenseite der Membran aufgebaut (Abb. 7.21.). Im Falle der Chloroplasten führt der lichtgetriebene Elektronentransport zu einer **Protonenakkumulation** und damit zu einer Ansäuerung im Thylakoidbinnenraum. Durch die respiratorische Elektronentransportkette in den Mirochondrien wird ein umgekehrter Gradient aufgebaut. Protonen werden von innen nach außen

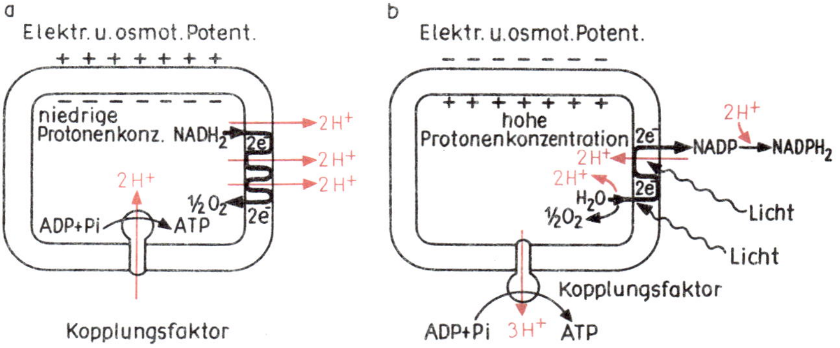

Abb. 7.21. Schema der Atmungskettenphosphorylierung in den Mitochondrien (a) und der photosynthetischen Phosphorylierung in den Chloroplasten (b).

durch die Membran transportiert. Der Ausgleich dieser Protonengradienten erfolgt über asymmetrisch in der Membran angeordnete und gerichtet arbeitende **Kopplungsfaktoren** (ATPase), wobei ATP gebildet wird. Wenn bei Thylakoiden ein künstlicher Gradient angelegt wird, erfolgt unabhängig vom Licht ebenfalls eine ATP-Bildung. Die ATP-Bildung unterbleibt, wenn die Membran durch **„Entkoppler"**, z. B. durch 2,4-Dinitrophenol oder Gramicidin, für Protonen permeabel gemacht wird.

Beim Transport von 2 Elektronen über die respiratorische Elektronentransportkette werden 6 Protonen durch die Membran transportiert. Der Kopplungsfaktor der Mitochondrien benötigt den Durchgang von 2 Protonen für die Synthese von 1 ATP. Insgesamt können demnach 3 ATP pro 2 transportierte Elektronen gebildet werden. Beim photosynthetischen Elektronentransport werden 4 Protonen pro 2 übertragene Elektronen durch die Membran transportiert. Der Kopplungsfaktor der Chloroplasten benötigt 3 Protonen zur Synthese von 1 ATP.

Als Ergänzung zu diesem linearen Elektronentransport vom Wasser zum NADP gibt es noch einen cyclischen, der nur vom Photosystem I angetrieben wird. Über Ferredoxin und vermutlich Cyt.b_6 werden die Elektronen zum P 700 zurückgeleitet. Er steht im Dienst der zusätzlichen ATP-Bildung (cyclische Photophosphorylierung).

7.6.6. Der Einfluß von Herbiziden auf den photosynthetischen Elektronentransport

Die moderne Land- und Forstwirtschaft kann auf die chemische Unkrautbekämpfung durch Herbizide nicht verzichten. Etwa die Hälfte der kommerziell produzierten Herbizide wirkt auf die Photosynthese, wobei interessanterweise nicht die CO_2-Assimilation im Stroma, sondern der Elektronentransport in den Thylakoiden betroffen wird. Die Herbizide blockieren spezifisch den Elektronentransport an verschiedenen Stellen oder leiten die Elektronen ab, so daß kein Pyridinnucleotid mehr reduziert werden kann. Dadurch kommt es zu gravierenden Störungen des pflanzlichen Energiestoffwechsels, und die behandelten Pflanzen sterben ab.

Wichtige Photosynthese-Herbizide gehören zu den chemischen Gruppen der Harnstoffe, Triazine, Triazinone, Anilide und Dipyridylium-Verbindungen (Abb. 7.22.).

7.6.7. Die Assimilation des CO_2

Die energiereichen Produkte des photosynthetischen Elektronentransportes werden an der Stromaseite der Thylakoidmembranen gebildet. Sie stehen prinzipiell für alle endergonen Reaktionen zur Verfügung, zu denen der Chloroplast durch seine Ausstattung mit Enzymen und Substraten befähigt ist. Die Syn-

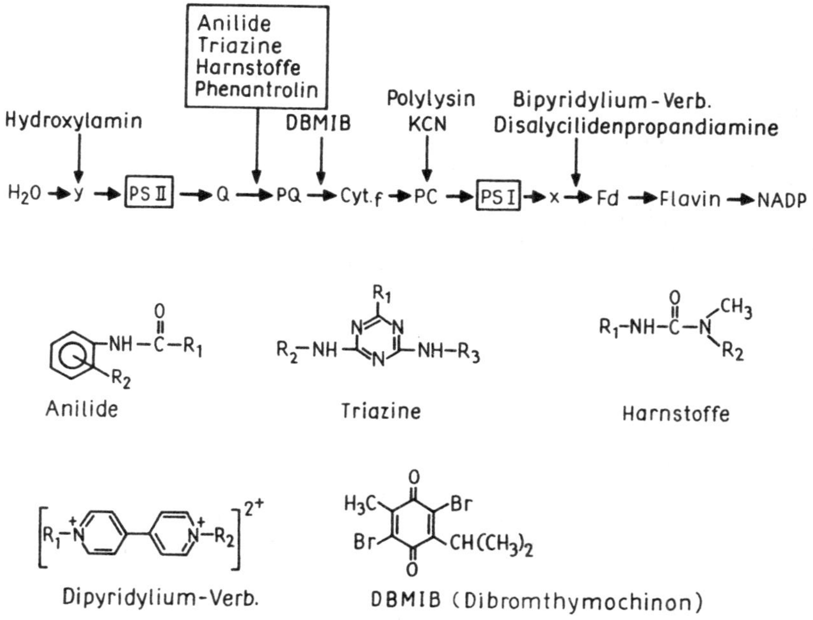

Abb. 7.22. Wichtige Photosynthese-Herbizide und ihre Wirkorte.

thesekapazität der Chloroplasten ist außerordentlich vielseitig. Sie umfaßt praktisch alle Bereiche des Grundstoffwechsels. Die Assimilation des CO_2 zu Kohlenhydraten ist aber die bei weitem wichtigste Syntheseleistung des Chloroplasten.

Die CO_2-Fixierung ist eingebettet in einen verzweigten cyclischen Prozeß, an dem mindestens 15 verschiedene Reaktionen beteiligt sind und der aus drei Abschnitten besteht (Abb. 7.23.):

1. der Carboxylierungsphase,
2. der reduktiven Phase und
3. der Regenerationsphase für den Acceptor des CO_2.

In seinen schrittweisen enzymatischen Umwandlungen hat es vieles gemein mit bekannten dissimilatorischen Vorgängen aus dem Bereich der Glykolyse und aus dem Pentosephosphat-Weg des oxidativen Glykoseabbaus, die hier in umgekehrter Richtung durchlaufen werden.

Er wird **reduktiver Pentosephosphat-Cyclus** oder **Calvin-Cyclus** (nach seinem Entdecker) genannt.

Von allen Reaktionen sind nur zwei spezifisch für photosynthetische und andere autotrophe Organismen (diese fixieren CO_2 auf dem gleichen Weg, nur die Energie entstammt nicht einer Lichtreaktion, sondern wird durch Oxidation anorganischer Verbindungen bereitgestellt). Es sind dieses die Carboxylierung des Ribulose-1,5-bisphosphates als Reaktion der Carboxylierungsphase und die Phosphorylierung des Ribulose-5-phosphates durch ATP als letzte Reaktion der Regenerationsphase.

Die Carboxylierung. Die Carboxylierung des Ribulose-1,5-bisphosphates zu 2 Molekülen 3-Phosphoglycerinsäure unter Beteiligung der Ribulosebisphosphat-Carboxylase ist die wichtigste Reaktion der autotrophen CO_2-Assimilation. In der **reduktiven Phase** wird die Carboxylgruppe der 3-Phosphoglycerinsäure zur Aldehydgruppe reduziert. Für diese Reduktion ist die vorherige Phosphorylierung mit ATP zu 1,3-Diphosphoglycerinsäure Voraussetzung. Die Reduktion zum Phosphoglycerinaldehyd wird in den Chloroplasten durch $NADPH_2$ vorgenommen, in den Photosynthesebakterien durch $NADH_2$.

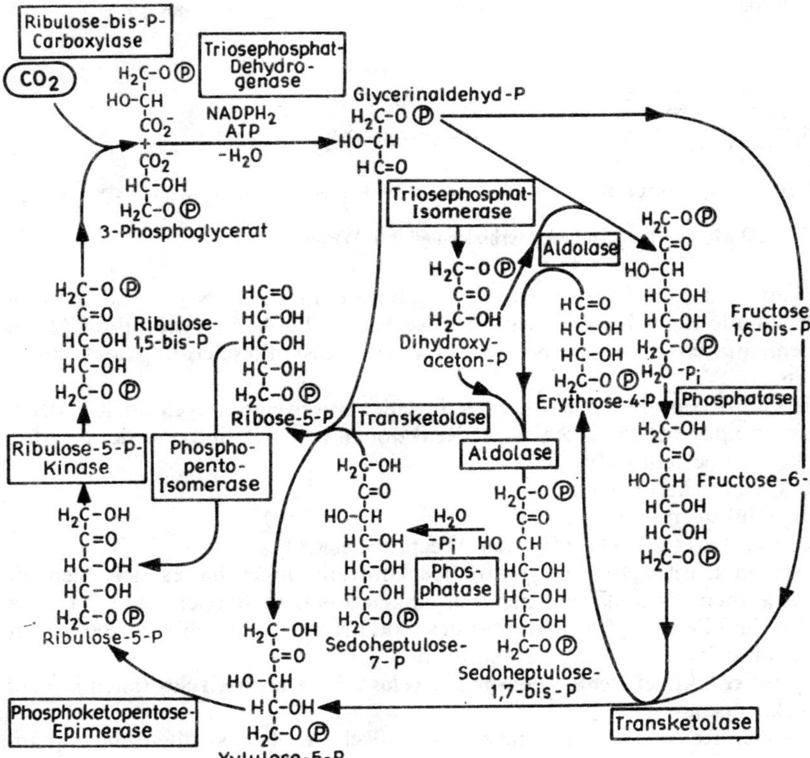

Abb. 7.23. Calvin-Cyclus.

Phase der Regeneration des CO_2-Acceptors und Nettosynthese von Kohlenhydraten. An den Reduktionsprozeß schließt sich eine komplizierte Reaktionsfolge an, wobei der in der Eröffnungsreaktion verbrauchte CO_2-Acceptor Ribulosebisphosphat regeneriert und somit der Cyclus geschlossen wird. Hierbei handelt es sich fast ausnahmslos um Reaktionen und Enzyme, die auch in anderen Bereichen des Kohlenhydratstoffwechsels vorkommen. Für den Calvin-Cyclus spezifisch ist nur der letzte Schritt dieser Phase, die Phosphorylierung des Ribulose-5-phosphates zu Ribulosebisphosphat mit Hilfe von ATP.

Ein Teil der Zwischenprodukte der Regenerationsphase verläßt den Cyclus als Ausgangsmaterial für die Synthese von monomeren und polymeren Kohlenhydraten. Sechsmal muß der Cyclus durchlaufen werden, bevor ein Molekül Hexosephosphat als Nettogewinn aus dem Prozeß ausscheren kann:

$$6\,CO_2 + 18\,ATP + 12\,NADPH_2 \rightarrow F\text{-}6\text{-}P + 18\,ADP + 12\,NADP + 17\,Pi$$

Weitere Reaktionsschritte führen vom Fructose-6-phosphat sowohl zur Saccharose wie zur Stärke, die im Licht als Assimilationsstärke im Stroma des Chloroplasten zeitweilig gespeichert wird.

Zur Synthese von Saccharose, Cellulose und Stärke muß Glucose durch Bindung an Nucleosiddiphosphat in besonderer Weise aktiviert werden. Zur Bildung von Saccharose und Cellulose ist UDP-Glucose (Uridindiphosphat-Glucose) erforderlich, zur Synthese der Stärke ADP-Glucose (Abb. 7.24.).

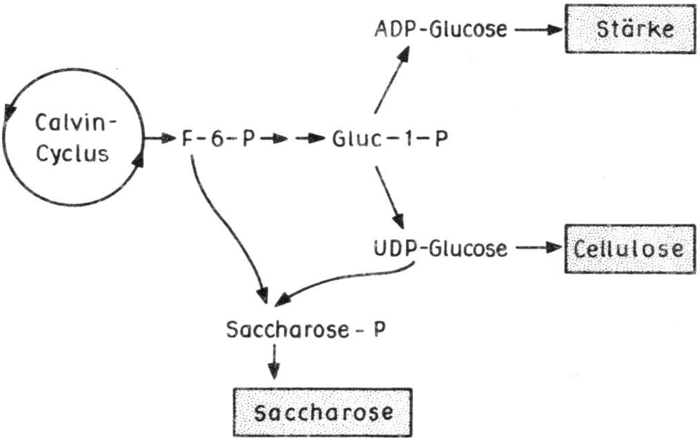

Abb. 7.24. Vereinfachtes Schema der Biosynthese von Stärke, Cellulose und Saccharose.

In der Dunkelheit wird die primäre Assimilationsstärke zu Saccharose ab- und umgebaut und auf diese Weise transportfähig gemacht. Saccharose ist der wichtigste Transportzucker zur Versorgung der nichtgrünen Teile der Pflanze.

7.6.7.1. Die Photorespiration

Bei den meisten autotrophen Pflanzen (bei den C_3-Pflanzen) ist der respiratorische Gaswechsel, d. h. Sauerstoffaufnahme und CO_2-Abgabe, im Licht um ein Mehrfaches höher als im Dunkeln. Dieser im Licht erhöhte Gasaustausch wird **Photorespiration** oder **Lichtatmung** genannt. Die Ähnlichkeit mit dem an Mitochondrien gebundenen normalen Atmungsgaswechsel ist nur formal. Im Mechanismus und hinsichtlich der an ihr beteiligten Zellstrukturen unterscheiden sich Atmung und Photorespiration grundsätzlich. Die Photorespiration ist eng mit dem **Glykolsäurestoffwechsel** in der Pflanze verbunden. Ausgangspunkt ist die **Doppelfunktion** der Ribulosebisphosphat-Carboxylase. Dieses Enzym verfügt neben der carboxylierenden Eigenschaft auch noch über die einer **Oxygenase.** Die relativen Konzentrationen von CO_2 und O_2 in den Chloroplasten entscheiden über den vorherrschenden Reaktionstyp. Bei hoher Sauerstoffkonzentration und geringem CO_2-Angebot überwiegt die Oxygenasereaktion, bei der Phosphoglykolsäure entsteht. Am weiteren Ablauf sind **Peroxisomen** und **Mitochondrien** beteiligt. Nach Abspaltung des Phosphates tritt die Glykolsäure in die Peroxisomen über und wird dort mit Hilfe der **Glykolsäure-Oxidase** unter Sauerstoffaufnahme zu Glyoxylsäure oxidiert. Aus den weiteren Umsetzungsprodukten der Glyoxylsäure wird in den Mitochondrien schließlich das Photorespirations-CO_2 freigesetzt.

Wenn die Sauerstoffkonzentration in der Atmosphäre stark erniedrigt oder das CO_2-Angebot erhöht wird, überwiegt die Carboxylierungsreaktion, und die Photorespiration wird unterbunden. Im Gegensatz zur „echten" Atmung ist die Photorespiration nicht mit einer ATP-Bildung verbunden. Es wird angenommen, daß unter normalen atmosphärischen Bedingungen (20 % O_2, 0,03 % CO_2) bis zu 50 % des assimilierten Kohlenstoffs durch den Prozeß der Photorespiration **energetisch nutzlos** verbrannt werden. Die physiologische

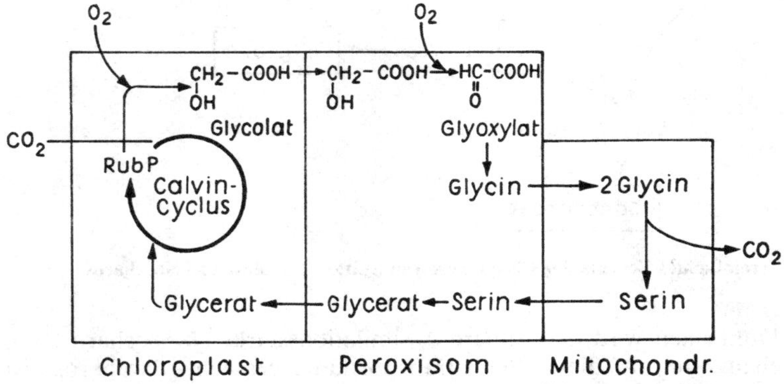

Abb. 7.25. Stark vereinfachtes Schema der Photorespiration und ihrer Kompartmentierung.

Bedeutung dieses mit so erheblichem Substanzverlust verbundenen Vorgangs ist unklar. Vielleicht ist die Oxygenasefunktion eine unvermeidbare Nebenfunktion des Ribulosebisphosphat-Carboxylase-Moleküls. C_4-Pflanzen haben keine meßbare Photorespiration.

7.6.7.2. Biochemische Besonderheiten der C_4-Pflanzen

Pflanzen, die ihre photosynthetische CO_2-Assimilation ausschließlich über den Calvin-Cyclus mit der 3-Kohlenstoffverbindung Phosphoglycerinsäure als primärem Fixierungsprodukt betreiben, werden **C_3-Pflanzen** genannt.

Bei einer Reihe von Pflanzen unterschiedlicher systematischer Zugehörigkeit tritt eine Variante der CO_2-Assimilation auf, die sich durch eine Reihe von Besonderheiten auszeichnet. Die wichtigste ist, daß als primäre Fixierungsprodukte Säuren mit 4 C-Atomen (Oxalacetat, Malat, Aspartat) auftreten. Danach spricht man von **C_4-Pflanzen**, bzw. vom **C_4-Typ der Photosynthese.** Über den C_4-Typ der Photosynthese verfügen insbesondere Pflanzen aus Verbreitungsgebieten mit hohen Lichtintensitäten (Tropen, Subtropen). Zu ihnen gehören Kulturgräser mit außergewöhnlich hoher Stoffproduktion wie Mais und Zuckerrohr. Der Blattquerschnitt der typischen C_4-Pflanzen zeigt einen andersartigen Aufbau des Assimilationsgewebes als bei den C_3-Pflanzen. Anstelle des Palisaden- und Schwammparenchyms findet man bei den C_4-Pflanzen um die Leitbündel eine konzentrische Anordnung von zwei Zellagen, einer inneren

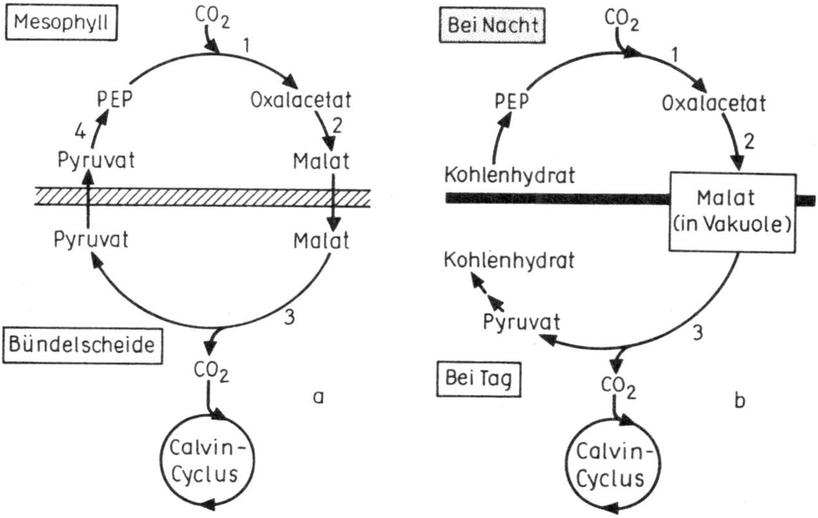

Abb. 7.26. CO_2-Assimilation bei C_4-Pflanzen und CAM-Pflanzen.
1 PEP-Carboxylase, 2 Malat-Dehydrogenase, 3 Malat-Enzym, 4 Pyruvat-Phosphat-Dikinase.

Leitbündelscheide und einem äußeren Kranz locker stehender **Mesophyllzellen.** Charakteristisch ist ferner ein **Chloroplastendimorphismus** beider Zelltypen, der verbunden ist mit unterschiedlichen biochemischen Potenzen. Die Chloroplasten der Mesophyllzellen besitzen Grana, die der Bündelscheiden sind granafrei und verfügen über eine geringe Aktivität des Photosystems II. Der C_4-Typ der Photosynthese zeichnet sich durch Zusatzeinrichtungen zum Calvin-Cyclus aus. Bei der CO_2-Assimilation dieser Pflanzen arbeiten die Chloroplasten des Mesophylls und die der Bündelscheide eng zusammen. In den Mesophyllzellen erfolgt die primäre Fixierung des CO_2 durch Carboxylierung des Phosphoenolpyruvats zu Oxalacetat. Die Reaktion wird katalysiert von PEP-Carboxylase, die eine große Affinität zum CO_2 hat (niedrige Michaelis-Konstante). Oxalacetat wird danach in Malat (bei einigen Pflanzen in Aspartat) umgewandelt. Dieses wird daraufhin in die Zellen der Bündelscheide transportiert, wo es zu Pyruvat decarboxyliert wird:

$$\text{Malat} + \text{NADP} \rightarrow \text{Pyruvat} + \text{NADPH}_2 + \text{CO}_2 \quad \text{(Malat-Enzym)}$$

Das in dieser Reaktion gebildete CO_2 wird nunmehr in den Calvin-Cyclus eingeschleust und „normal" zu Kohlenhydraten weiterverarbeitet. Der wichtige Reduktionsschritt liegt damit auch in den Bündelscheidenchloroplasten. Mit dem Transport von Pyruvat in die Mesophyllchloroplasten und der folgenden Umwandlung zu PEP durch das Enzym Pyruvat-Phosphat-Dikinase ist der primäre C_4-Carboxylierungscyclus geschlossen (Abb. 7.26.).

$$\text{Pyruvat} + \text{ATP} + \text{Pi} \rightarrow \text{PEP} + \text{AMP} + \text{PP} \quad \text{(Pyruvat-Phosphat-Dikinase)}$$

Die Bildung von PEP aus Pyruvat ist sehr energiebedürftig und verbraucht zwei energiereiche Phosphatbindungen.

Der C_4-Carboxylierungscyclus ist damit kein Mechanismus zur Nettofixierung von Kohlenstoff, sondern eine **Hilfseinrichtung zur Unterstützung des Calvin-Cyclus** (Photosynthese mit „Hilfsmotor"). Im Bereich der Mesophyllzellen erfüllt er eine Sammelfunktion für CO_2, das in gebundener Form zu den Chloroplasten der Bündelscheide in den Einzugsbereich des Calvin-Cyclus transportiert und dort konzentriert wird. Da die Ribulosebisphosphat-Carboxylase bei der CO_2-Konzentration des luftgesättigten Wassers nicht annähernd mit CO_2 gesättigt ist (ungünstige Michaelis-Konstante), erhöht dieser Konzentrierungseffekt **(„CO_2-Pumpe")** sehr wesentlich die Intensität des Calvin-Cyclus.

Der C_4-Carboxylierungscyclus erfordert zwei energiereiche Phosphatbindungen pro Umlauf, die in Form von 2 Mol ATP aus den Lichtreaktionen zusätzlich zur Verfügung gestellt werden müssen.

Die Gesamtbilanz für die Synthese eines Hexosemoleküls aus CO_2 ist demnach bei C_4-Pflanzen:

$$6\,\text{CO}_2 + 30\,\text{ATP} + 12\,\text{NADPH}_2 \rightarrow \text{F-6-P} + 30\,\text{ADP} + 12\,\text{NADP} + 29\,\text{Pi}$$

Für die Ertragsphysiologie und für die Ökologie der C_4-Pflanzen sind diese biochemischen Besonderheiten von großer Wichtigkeit.

7.6.8. Die Energetik der Photosynthese

Zur Synthese eines Mols Glucose sind 2877 kJ (684 kcal) erforderlich:

$$6\,CO_2 + 12\,H_2O \rightarrow \text{Glucose} + 6\,H_2O + 6\,O_2;\ \Delta G_0' = +2877\ \text{kJ}$$

Pro Mol CO_2 ergibt das einen Bedarf von 479,5 kJ, wofür theoretisch 3 Mol Quanten Rotlicht ($\lambda = 700$ nm) mit einem Energiegehalt von 171 kJ/Einstein ausreichen würden.

Aus der Kenntnis des Calvin-Cyclus geht hervor, daß für die Assimilation von 1 Mol CO_2

3 Mol ATP = 91,5 kJ
2 Mol $NADPH_2$ = 440,4 kJ ,

insgesamt also 532 kJ erforderlich sind.

Die Reduktion von 2 Mol NADP zu $NADPH_2$ und die Synthese von 3 Mol ATP setzen voraus, daß 4 Elektronen die Elektronentransportkette passieren, wobei durch die zwei Lichtreaktionen die Absorption von 2 Quanten pro Elektron nötig ist. Daraus ergibt sich ein Gesamtquantenbedarf von 8 mit einem Energiegehalt von zusammen

$$8 \times 171 = 1368\ \text{kJ}.$$

Bezogen auf den theoretischen Energiebedarf von 479,5 kJ errechnet sich eine Energieausbeute von etwa 35%. Experimentelle Messungen unter optimalen Bedingungen ergaben wiederholt einen Quantenbedarf von 8—10.

Unter realen Bedingungen arbeitet die Photosynthese aber nur mit einem Wirkungsgrad von 1—2%, was zu einem gewissen Teil auch auf den durch die Photorespiration bedingten Substanzverlust zurückzuführen ist.

7.6.9. Ökologie der Photosynthese

Die Photosynthese ist von einer Vielzahl von Faktoren abhängig, die nur in seltenen Fällen im Optimum vorhanden sind; sie begrenzen daher die Leistungsfähigkeit der Photosynthese und sind damit für die pflanzliche Produktivität entscheidend.

Da mit Ausnahme einiger Spezialisten mit heterotropher Ernährung die pflanzliche Existenz unmittelbar von der photosynthetischen Leistungsfähigkeit abhängt, ist es verständlich, daß es zu den mannigfaltigsten morphologischen und physiologischen Anpassungen des Photosyntheseapparates an die jeweiligen Umweltbedingungen der Pflanze gekommen ist. Aus dem komplizierten

Bereich der Ökologie der Photosynthese können hier nur wenige Beispiele herausgegriffen werden.

Bestimmend für die Intensität der Photosynthese sind in erster Linie das Licht, die CO_2- und O_2-Konzentration der Atmosphäre, die Temperatur und die Wasserversorgung der Pflanzen.

Unter **Photosyntheseintensität** versteht man die photosynthetische Stoffproduktion pro Zeiteinheit. Meßgrößen sind O_2-Abgabe, CO_2-Aufnahme oder die Produktion organischen Materials. Da in der Pflanze gleichzeitig dissimlatorische Prozesse ablaufen einschließlich der Photorespiration, muß man unterscheiden zwischen **reeller** oder **Bruttophotosynthese** und **Nettophotosynthese**, auch **apparente** Photosynthese genannt:

Nettophotosynthese = Bruttophotosynthese minus Dissimilation.

7.6.9.1. Licht

Werden Pflanzen zunehmender Beleuchtungsstärke ausgesetzt, folgt die O_2-Entwicklung als Maß der Photosynthese einer Sättigungskurve, die zunächst proportional der Lichtintensität, später langsamer bis zum Sättigungswert ansteigt (Abb. 7.27.). Die Lichtsättigungskurve beginnt im Schwachlicht mit O_2-Aufnahme, weil der O_2-Verbrauch durch die Atmung zunächst größer ist als die Photosynthese. Bei einer bestimmten Intensität wird dann der **Lichtkompensationspunkt** durchschritten. Die Lichtintensität, bei der die Photosynthese die Atmung gerade ausgleicht, bezeichnet man als Lichtkompensationspunkt. Die apparente Photosynthese ist bei dieser Lichtintensität gleich Null. Oberhalb des Lichtkompensationspunktes beginnt der Bereich der positiven Stoffbilanz.

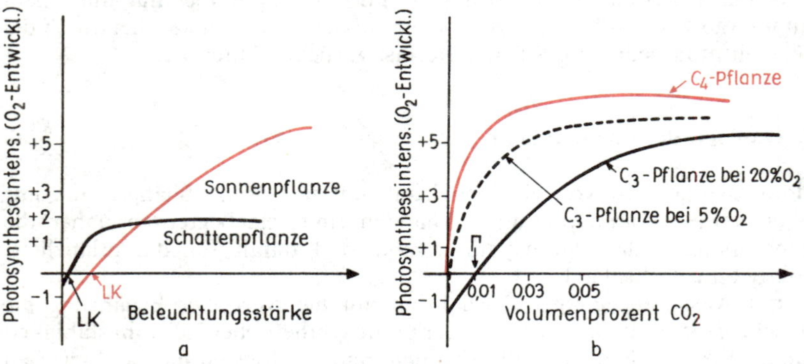

Abb. 7.27. Abhängigkeit der Photosyntheseintensität von der Beleuchtungsstärke (a) und der CO_2-Konzentration (b). *LK* Lichtkompensationspunkt, Γ CO_2-Kompensationspunkt.

Je nach Anpassung an die Lichtintensität des Standortes unterscheiden sich die Lichtsättigungskurven verschiedener Pflanzen erheblich. Bei den C_4-Pflanzen ist selbst in vollem Sonnenlicht die Lichtsättigung noch nicht erreicht. Ihr Lichtkompensationspunkt liegt relativ hoch. Unter den C_3-Pflanzen gibt es **Schatten-** oder **Schwachlichttypen** und **Sonnen-** oder **Starklichttypen.** Die Schattenpflanzen haben einen sehr niedrigen Lichtkompensationspunkt (0,5 bis 1% des Tageslichtes) und erreichen das Maximum ihrer Photosynthese ebenfalls schon bei niedrigen Lichtintensitäten. Sie sind an Schwachlichtbedingungen angepaßt und unter diesen Bedingungen den C_4-Pflanzen und den Starklicht-C_3-Pflanzen überlegen. Die potentiell höhere photosynthetische Leistungsfähigkeit dieser Pflanzen kommt nur bei hohen Beleuchtungsstärken zur Geltung. Eine typische Schattenpflanze ist *Oxalis acetosella*. Unsere Getreidearten sind Sonnenpflanzen. Selbst die einzelnen Blätter einer Pflanze, z. B. Buche, können je nach ihrer Position an der Pflanze funktionell und auch anatomisch als **Sonnen-** oder **Schattenblätter** ausgebildet sein.

7.6.9.2. CO_2 und Sauerstoff

Die Abhängigkeit der Photosynthese vom CO_2-Gehalt der Atmosphäre läßt drastische Unterschiede zwischen C_3- und C_4-Pflanzen erkennen. Bei geringen CO_2-Konzentrationen ist im Falle der C_3-Pflanzen die durch Atmungsprozesse bedingte CO_2-Abgabe größer als die reelle Photosynthese, die Stoffbilanz ist negativ. Diejenige CO_2-Konzentration, bei der die reelle Photosynthese gleich der Atmung, d. h. die apparente Photosynthese gleich Null ist, wird als **CO_2-Kompensationspunkt** bezeichnet. Bei den C_3-Pflanzen liegt er zwischen 0,005 und 0,01 Volumenprozent CO_2 in der Atmosphäre.

Der Sättigungsbereich wird erst bei relativ hohen Konzentrationen erreicht. Verantwortlich dafür ist in erster Linie die geringe Affinität der Ribulosebisphosphat-Carboxylase für CO_2. Unter normalen atmosphärischen Bedingungen ist das CO_2-Angebot der begrenzende Faktor der Photosynthese. Ihre Intensität kann durch Anreicherung der Atmosphäre mit CO_2 (**„CO_2-Düngung“** in Gewächshäusern) erheblich gesteigert werden. Bei den C_4-Pflanzen wird die maximale Photosyntheseintensität schon bei geringeren CO_2-Konzentrationen erreicht. Ihr CO_2-Kompensationspunkt liegt unter 0,001 Vol% CO_2. Sie haben daher schon bei geringstem CO_2-Angebot eine apparente Photosynthese und eine positive Stoffbilanz (Abb. 7.27.). Das ist in der Hauptsache zurückzuführen auf die hohe Affinität der PEP-Carboxylase als primäres CO_2-Fixierungsenzym.

In einer Atmosphäre mit verringertem Sauerstoffgehalt ist die apparente Photosynthese der C_3-Pflanzen erhöht und der CO_2-Kompensationspunkt erniedrigt, da unter diesen Bedingungen die Photorespiration zurückgedrängt wird (S. 338).

Die C_4-Pflanzen haben dagegen auch beim normalen Sauerstoffgehalt der Atmosphäre (20%) keine meßbare Photorespiration, da durch den chemischen

Mechanismus des Assimilationsablaufes in den Bündelscheidenchloroplasten die CO_2-Konzentration so erhöht wird, daß die Oxygenasereaktion und damit die Bildung von Glykolsäure als Substrat der Photorespiration verhindert wird.

Die C_4-Pflanzen sind im Prinzip besonders gut geeignet, unter hohen Lichtintensitäten die niedrige CO_2-Konzentration der Luft zu einer hohen photosynthetischen Stoffproduktion zu nutzen. Dies läßt sich in der Tat durch einen Vergleich der Produktionsleistung von C_4- und C_3-Pflanzen belegen (Tab. 7.7.). Allerdings müssen die Vorteile des C_4-Typs der CO_2-Assimilation durch einen vermehrten Einsatz von ATP aus den Lichtreaktionen erkauft werden (S. 340). Sie kommen daher nur bei ausreichendem Lichtangebot zur Geltung. Der C_4-Typ der Photosynthese ist außerdem in **ariden Biotopen** überlegen, weil er starke

Tabelle 7.7. Vergleich der apparenten Photosynthese (Netto-Produktion) von C_4- und C_5-Pflanzen unter Feldbedingungen

Pflanze	$\frac{mg\ CO_2}{dm^2 \times h}$
Mais (C_4)	47
Sojabohne (C_3)	18

Tabelle 7.8. Physiologische und strukturelle Unterschiede zwischen C_3-Pflanzen und C_4-Pflanzen

Merkmal	C_3-Pflanzen	C_4-Pflanzen
1. Erste Photosyntheseprodukte	Phosphoglycerinsäure (C_3)	C_4-Säuren
2. Blattanatomie	Palisadenschicht und Schwammparenchym	Bündelscheide von Mesophyllzellen umgeben
3. Apparente Photosynthese $mgCO_2/dm^2$ Blattfläche/h	15—40	60—100
4. CO_2-Kompensationspunkt	0,005—0,01 % CO_2	0—0,001 % CO_2
5. Lichtsättigung der Photosynthese	etwa bei $^1/_2$ bis $^1/_3$ des vollen Sonnenlichtes	bei vollem Sonnenlicht kaum erreicht
6. Photorespiration	bis 50 % der Brutto-Photosynthese	nicht nachweisbar
7. Temperatur-Optimum	10—25 °C	30—45 °C
8. Transpirationskoeffizient (g H_2O/g Trockengewicht)	450—950	250—350
9. Carboxylierungsenzyme	RubisP-Carboxylase	1. PEP-Carboxylase 2. RubisP-Carboxylase
10. Theoretische molekulare Stöchiometrie CO_2:ATP:$NADPH_2$	1:3:2	1:5:2

Transpirationsverluste weitgehend vermeidet. Durch die hohe Affinität seines Photosynthesemechanismus zum CO_2 dringt auch durch Stomata, die zur Einschränkung der Transpiration nahezu geschlossen sind, noch genügend CO_2 für eine intensive Photosynthese. So transpiriert die C_3-Pflanze Luzerne etwa 800 g Wasser, um 1 g Trockenmasse zu bilden, die C_4-Pflanze Mais aber nur 370 g.

Allgemein liegt auch das Temperaturoptimum der C_4-Photosynthese höher als das des C_3-Typs. In Tab. 7.8. sind die wesentlichen Merkmale der C_3- und C_4-Pflanzen gegenübergestellt.

Arten mit C_4-Typ der Photosynthese gibt es in verschiedenen systematischen Gruppen des Pflanzenreiches, sie treten aber in einigen Verwandtschaftskreisen gehäuft auf, z. B. bei den *Poaceae* mit Mais und Zuckerrohr als wirtschaftlich sehr bedeutsamen Kulturpflanzen. Es gibt aber auch Gattungen, in denen C_3- und C_4-Pflanzen nebeneinander vorkommen (z. B. *Atriplex*).

7.6.9.3. Diurnaler Säurerhythmus (CAM)

Einen besonderen Typ der ökologischen Anpassung an wasserarme Standorte besitzen die sog. **CAM-Pflanzen**, zu denen viele Sukkulenten gehören. CAM ist die Abkürzung für Crassulacean Acid Metabolism (Säurestoffwechsel der Crassulaceen).

In der Nacht speichern diese Pflanzen in ihren großen Vakuolen erhebliche Mengen an Säuren, vor allem Äpfelsäure, was mit einem starken Abfall des pH-Wertes verbunden ist. Am Tag verschwindet die Säure wieder aus den Vakuolen, und damit verbunden steigt der pH-Wert an. Diesem **„diurnalen Rhythmus“** liegt ein zellphysiologischer und biochemischer Mechanismus zugrunde, der viele Ähnlichkeiten mit der C_4-Photosynthese hat.

In der Nacht, wenn die Gefahr des Wasserverlustes durch Transpiration gering ist, haben die Pflanzen ihre Stomata geöffnet. Unter diesen Bedingungen kann atmosphärisches CO_2 aufgenommen werden, das durch PEP-Carboxylase fixiert und dann in Form von Äpfelsäure in der Vakuole gespeichert wird. Bei Tag schließen sich die Stomata und bewahren dadurch die Pflanze vor Wasserverlust. Das in Form des Malats gespeicherte CO_2 wird freigesetzt und dem Calvin-Cyclus zur photosynthetischen Assimilation zugeführt (Abb. 7.26.).

Während die C_4-Pflanzen die primäre Fixierung des CO_2 zu Malat und die eigentlich reduktive Assimilation im Calvin-Cyclus **gleichzeitig, aber räumlich getrennt** in verschiedenen Geweben ablaufen lassen, führen die CAM-Pflanzen diese beiden Teilprozesse in der **gleichen Zelle zeitlich getrennt** hintereinander durch. Sie erreichen dadurch eine außerordentliche Ökonomie des Wasserhaushaltes und sind so an trockenen Standorten anderen Pflanzen gegenüber im Vorteil. Pro Gramm gebildete Trockenmasse verliert eine CAM-Pflanze nur 60 bis 100 g Wasser, das ist ein Zehntel dessen, was eine C_3-Pflanze transpiriert. Die Zuwachsleistungen der CAM-Pflanzen sind allerdings vergleichsweise gering.

7.6.10. Die Bakterienphotosynthese

Die Photosynthesebakterien bilden drei physiologisch-ökologische Gruppen:

1. schwefelfreie Purpurbakterien oder *Rhodospirillaceae (Athiorhodaceae)*
2. schwefelhaltige Purpurbakterien oder *Chromatiaceae (Thiorhodaceae)*
3. grüne Schwefelbakterien oder *Chlorobiaceae*

Neben der gemeinsamen Befähigung zur Photosynthese sind sie morphologisch, physiologisch und biochemisch sehr verschieden. Die meisten sind bewegliche Anaerobier, die in den anaeroben Zonen von Tümpeln und seichten Meeresbuchten häufig zur Massenentwicklung kommen. Die Pupurbakterien überziehen oft als lachsfarbene oder weinrote Schwärme den Schlammhorizont und in Zersetzung befindliches Pflanzenmaterial. Ihre Photosynthese verläuft **ohne Sauerstoffentwicklung**, da sie nicht über das Photosystem II verfügen und deshalb zur Wasserspaltung unfähig sind. Sie sind vielmehr auf stärker reduzierte H-Donatoren angewiesen. Die *Rhodospirillaceae* entnehmen die Reduktionsäquivalente organischen Verbindungen, die *Chromatiaceae* und *Chlorobiaceae* nutzen H_2S und andere reduzierte S-Verbindungen. Viele Photosynthesebakterien können molekularen Wasserstoff verwerten. Die Photosynthesepigmente sind an vesikuläre oder flächige Membranstrukturen gebunden, die aus Einstülpungen der Cytoplasmamembran entstehen. Sie bilden dort ein Photosystem mit einem bei 890 nm absorbierenden **Bacteriochlorophyll** im Reaktionszentrum und etwa 50 weiteren Bacteriochlorophyllmolekülen sowie Carotinoiden als **Lichtsammler.** Für die Energieübertragung auf das Reaktionszentrum gelten ähnliche Gesetzmäßigkeiten wie bei den höheren Pflanzen.

Terminaler Acceptor des durch Licht getriebenen Elektronentransportes ist bei den Photosynthesebakterien nicht NADP, sondern NAD, das zu $NADH_2$ reduziert wird. Als Redoxüberträger sind Schwefel-Eisen-Proteine, Cytochrome und Chinone bekannt geworden. Wie bei den höheren Pflanzen ist der Elektronentransport mit einer Phosphorylierung verbunden. Auch ein cyclischer Elektronentransport existiert.
Durch das Absorptionsverhalten der Bacteriochlorophylle bedingt, können Photosynthesebakterien langwelligeres Licht ausnutzen als die grünen Pflanzen. Die Photosynthesebakterien assimilieren CO_2 über den Calvin-Cyclus. Unter bestimmten Bedingungen benutzen Photosynthesebakterien das durch photosynthetische Phosphorylierung gebildete ATP nicht zur Assimilation von CO_2, sondern zur Aufnahme und Umwandlung organischer Verbindungen: **Photoassimilation organischer Substrate.**

Die Bakterienphotosynthese muß als eine an die O_2-freie, reduzierende Ur-Biosphäre angepaßte ursprüngliche Form der Photosynthese angesehen werden, die sich in den ökologischen Nischen anaerober Standorte erhalten hat.

Neuerdings ist in salzliebenden Bakterien *(Halobacterium halobium)* eine noch einfachere Form der Photosynthese entdeckt worden. Diese Organismen bilden mit Hilfe ihres Farbstoffes **Bacteriorhodopsin**, das dem Sehpigment unserer Augen sehr ähnlich ist, im Licht einen Protonengradienten, der zur ATP-Bildung genutzt werden kann.

7.6.11. Der chemoautotrophe Stoffwechsel

Zu den **Chemoautotrophen** gehören ausschließlich prokaryotische Organismen. Sie unterscheiden sich von photoautotrophen Organismen dadurch, daß sie die Energie zur CO_2-Assimilation nicht dem Licht, sondern der **Oxidation anorganischer Substanzen** entnehmen. Sie sind mithin **chemolithotroph** und betreiben **„Chemosynthese“.** Die CO_2-Assimilation selbst verläuft dagegen wie bei den Pflanzen über den Calvin-Cyclus. Zur Reduktion des CO_2 benutzen sie allerdings — wie die Photosynthesebakterien — nicht $NADPH_2$, sondern $NADH_2$.

Knallgasbakterien, z. B. *Hydrogenomonas*-Arten, nutzen die Energie der Oxidation des molekularen Wasserstoffs, die durch das Enzym Hydrogenase katalysiert wird:

$$H_2 + {}^1/_2\,O_2 \rightarrow H_2O; \qquad \Delta G_0' = -\,240\ \text{kJ}$$

Nitrifizierende Bakterien oxidieren NH_3 über Nitrit zu Nitrat. Dabei arbeiten die **Nitritbakterien** *(Nitrosomonas)* und die **Nitratbakterien** *(Nitrobacter)* eng zusammen.

Nitrosomonas:

$$2\,NH_3 + 3\,O_2 \rightarrow 2\,NHO_2 + 2\,H_2O; \qquad \Delta G_0' = -\,272\ \text{kJ}$$

Nitrobacter:

$$2\,HNO_2 + O_2 \rightarrow 2\,NHO_3; \qquad \Delta G_0' = -\,75\ \text{kJ}$$

Im Verlauf der Nitrifikation wird das aus dem Abbau N-haltiger organischer Verbindungen freigesetzte NH_3 zu Nitrat umgewandelt. Die nitrifizierenden Bakterien erfüllen daher eine bedeutsame Funktion im Kreislauf des Stickstoffs (7.11.4.).

Schwefeloxidation. Arten der Gattung *Thiobacillus* z. B. oxidieren die verschiedensten Schwefelverbindungen bis zur Stufe des Sulfats (H_2S, Sulfide, Schwefel, Thiosulfat):

$$2\,H_2S + O_2 \rightarrow 2\,S + H_2O; \qquad \Delta G_0' = -\,209\ \text{kJ}$$

$$2\,S + 3\,O_2 + 2\,H_2O \rightarrow 2\,H_2SO_4; \qquad \Delta G_0' = -\,498\ \text{kJ}$$

Eisenbakterien *(Ferrobacillus)* oxidieren zweiwertiges Eisen zu dreiwertigem:

$$4\,Fe^{2+} + 4\,H^+ + O_2 \rightarrow 4\,Fe^{3+} + 2\,H_2O; \qquad \Delta G_0' = -\,67\ \text{kJ}$$

Die jeweiligen anorganischen Substrate liefern auch die Elektronen für die Reduktion des zur CO_2-Assimilation benötigten Pyridinnucleotids. Wegen der im Verhältnis zu $NADH_2$ ($E_0' = -0,32$ V) ungünstigen Lage des Redoxpotentials der Donatoren (z. B. Eisen $E_0' = +0,77$ V) muß ein Teil der Oxidationsenergie (in Form von ATP) dafür verwendet werden, die Elektronen **rückläufig** (bergauf) **über die Atmungskette** auf das Niveau des NAD zu heben und dieses zu reduzieren.

Die Chemoautotrophie muß als **abgeleitete** Form der Autotrophie angesehen werden. Wegen ihrer Abhängigkeit vom Sauerstoff kann sich Chemoautotrophie erst nach dem Auftreten O_2-produzierender photoautotropher Organismen entwickelt haben.

7.7. Membrantransport

Voraussetzung für die Lebensfunktion von Zellen und Geweben ist ein ständiger **Stoffaustausch** mit der Umgebung. Auch innerhalb der Zellen stehen die membranumschlossenen Kompartimente in ständiger Wechselwirkung. Bezeichnend für lebende Organismen ist, daß die Vorgänge der **Stoffaufnahme** und des **Stofftransportes** weitgehend spezifisch kontrolliert und gerichtet verlaufen können. Die Biomembranen haben daher nicht nur eine **abgrenzende** Funktion, sondern sind gleichermaßen von Bedeutung bei der **Regulierung von Transportprozessen** (S. 61 f.).

Für den Stofftransport durch Membranen existieren verschiedene Mechanismen.

A. Passive Mechanismen
  1. **Passive Permeation (freie Diffusion)**
  2. **Katalysierte Permeation (passiver Trägertransport, beschleunigte Diffusion)**

B. Aktive Mechanismen
  1. **Aktiver Transport (aktiver Trägertransport)**
  2. **Endocytose und Exocytose**

7.7.1. Passive Transportmechanismen

7.7.1.1. Diffusion und freier Diffusionsraum

Grundlage passiver Transportmechanismen durch Membranen ist die Diffusion.

Entsteht in einem Raum, der von einem Gas oder einer Lösung erfüllt ist, ein Konzentrationsgefälle, kommt es durch den Vorgang der Diffusion zu einem

Ausgleich des Konzentrationsunterschiedes. Die treibende Kraft der Diffusion ist die **Wärmebewegung** der Moleküle. Sie erfolgt für jedes Einzelteilchen ungerichtet, für Teilchenkollektive jedoch ergibt sich daraus eine Bewegung **entlang dem Konzentrationsgefälle.** Für Gase und Lösungen bestehen die gleichen Gesetzmäßigkeiten. Gelöste Teilchen stoßen aber nicht nur untereinander, sondern auch mit den Molekülen des Lösungsmittels zusammen, die **mittlere freie Weglänge** der Teilchen und damit auch die Geschwindigkeit ihrer Ausbreitung ist daher in Lösungen wesentlich geringer als in Gasen. Es wird häufig übersehen, daß es in Lösungen mit einem Konzentrationsgradienten der gelösten Substanz auch einen Gradienten für das **Lösungsmittel**, z. B. Wasser, gibt, der dem der gelösten Substanz entgegengerichtet ist. Die Wassermoleküle diffundieren demnach in entgegengesetzte Richtung wie die gelösten Stoffe bis zum völligen Konzentrationsausgleich. Die Diffusion ist ein Prozeß, der unter **Entropiezunahme** zum Zustand größerer Wahrscheinlichkeit führt.

Die **Diffusionsrate** $\frac{dm}{dt}$, d. h. die in der Zeiteinheit t diffundierte Substanzmenge m, ist proportional dem Konzentrationsgradienten $\frac{dc}{dx}$, dem Querschnitt des Diffusionsfeldes q und dem **Diffusionskoeffizienten** D:

$$\frac{dm}{dt} = -D \cdot q \cdot \frac{dc}{dx} \qquad \text{(1. Ficksches Diffusionsgesetz)}$$

(c = Konzentration)
(x = Wegstrecke)

Der Diffusionskoeffizient ist eine spezifische Stoffkonstante und hängt bei isothermen und isobaren Verhältnissen von der Größe der diffundierenden Moleküle und vom Diffusionsmedium ab. Er ist etwa umgekehrt proportional der Wurzel aus dem Molekulargewicht und in Gasen um den Faktor 10^4 größer als in Wasser, d. h. O_2 und CO_2 können in Luft etwa 10000mal so schnell diffundieren wie in Wasser.

Die durch Diffusion zurückgelegte **Wegstrecke** ist proportional der Wurzel der Zeit (2. Ficksches Diffusionsgesetz).

Aus diesen Gesetzmäßigkeiten lassen sich für den pflanzlichen Stoffwechsel folgende Schlußfolgerungen ziehen:

1. Die Diffusion von Substanzen in Lösung ist für den Stofftransport in zellulären Dimensionen von entscheidender Bedeutung. Entfernungen von der Dicke einer Membran werden schon in weniger als 10^{-4} s, vom Durchmesser mittlerer Zellen in etwa 1 s überbrückt. Für den Stofftransport über größere Entfernungen kommt die Diffusion nicht in Betracht.
2. In der Gasphase ist die Diffusion auch über längere Strecken leistungsfähig.

Für die Aufnahme von **gelösten Stoffen** in die Pflanze, insbesondere für die Aufnahme von Ionen durch die Wurzel, stellen die Membranen des Plasmas die entscheidende Barriere dar. Denjenigen Teil des Gewebevolumens, der außerhalb der Plasmamembranen seiner Zellen liegt, bezeichnet man als freien Diffusionsraum (freien Raum, free space).

In ihm können sich die gelösten Substanzen in freier Diffusion bewegen. Zum freien Raum gehören die Zellwände und der Interzellularraum. Sein Volumen kann bis zu 25% des gesamten Gewebevolumens betragen. Bei Ionen ist die Beweglichkeit im freien Diffusionsraum durch **Adsorptionskräfte**, die von der geladenen Membran ausgehen, eingeschränkt. Für Ionen ergibt sich ein **apparenter freier Diffusionsraum** (scheinbar freier Raum, apparent free space), der sich aus dem freien Diffusionsraum und dem Bereich der Membranadsorptionskräfte zusammensetzt. Die Aufnahme in den apparenten freien Diffusionsraum ist unspezifisch, reversibel und **nicht abhängig von der Energiebereitstellung.**

7.7.1.2. Passive Permeation

Passive Permeation ist ein unspezifischer Mechanismus des Membrantransportes, der auf den Gesetzen der Diffusion beruht. Die Membran wirkt dabei für verschiedene Stoffe in unterschiedlichem Maße als Diffusionsbarriere. Die **Permeabilität** der Membran, d. h. ihre Durchlässigkeit, hängt von der **Teilchengröße** und von der **Lipidlöslichkeit** der Substanzen ab. Moleküle permeieren um so besser, je lipophiler und je kleiner sie sind. Nach der **Lipidfiltertheorie** diffundieren lipidlösliche Stoffe durch die Lipidareale der Membranen und die übrigen Moleküle entsprechend ihrer Größe durch hydrophile „Poren" im Bereich der Proteinkomponenten.

7.7.1.3. Katalysierte Permeation

Um die beobachtete hohe **Selektivität** des Membrantransportes von Molekülen und Ionen zu erklären, reichen die Möglichkeiten der Lipidfiltertheorie nicht aus. Man muß vielmehr annehmen, daß in der Membran für bestimmte Substanzen oder Substanzgruppen **Träger (Carrier)** oder **Translokatoren** existieren, über die sich der Stoffaustausch vollzieht. Damit liegt eine Transportkatalyse vor, die **katalysierte Permeation** oder **beschleunigte Diffusion** genannt wird und **ohne Aufwendung von Energie** verläuft. Sie bewirkt eine Erhöhung der passiven Permeabilität für bestimmte Teilchen, wodurch die Einstellung des Konzentrationsgleichgewichtes gegenüber der freien Diffusion erheblich beschleunigt wird. Ein Transport gegen das Konzentrationsgefälle ist auf dem Wege über die katalysierte Permeation nicht möglich. Da die Transportstellen (Carrier, Translokatoren) in den Membranen nur in begrenzter Zahl vorliegen, ist die Transportgeschwindigkeit daher nicht wie bei der Permeation durch freie Diffusion proportional der Stoffkonzentration, sondern erreicht einen Sättigungswert. Sie folgt einer **hyperbolischen** Kinetik, auf die der Michaelis-Menten-Formalismus der Enzymwirkung (S. 303) anwendbar ist. Eine weitere Analogie zu den Enzymen besteht darin, daß die katalysierte Permeation durch strukturanaloge Verbindungen **kompetitiv** gehemmt werden kann.

7.7.2. Aktive Transportmechanismen

7.7.2.1. Aktiver Transport

Wenn die transportierten Moleküle ständig aus dem Diffusionsgefälle entfernt werden, z. B. durch chemische Komplexbildung oder adsorptive Bindung in der Vakuole, kann es auch durch die genannten passiven Mechanismen der Permeation zu Anreicherungen kommen. In der Mehrzahl der Fälle sind für Anreicherungen von Molekülen oder Ionen in den Zellen oder in Zellkompartimenten aber **aktive Mechanismen** verantwortlich, die unter Verbrauch von Stoffwechselenergie als **molekulare Pumpen** Substanzen **gegen einen Konzentrationsgradienten** („bergauf") durch eine Membran transportieren. Weiterhin charakteristisch für aktiven Transport ist, daß er **gerichtet** abläuft (vektorielle Transportkatalyse), an **Träger (Carrier)** gebunden ist, im allgemeinen **spezifisch** (auch stereospezifisch) verläuft und von der Zelle in starkem Maße **reguliert** werden kann. Die Energie, welche die vermutlich aus Proteinen bestehenden Carrier (Permeasen) zu ihrer Funktion benötigen, entstammt energiereichen Phosphatverbindungen, in der Regel dem ATP (in speziellen Fällen wird PEP benutzt).

7.7.2.2. Endo- und Exocytose

Sonderformen des aktiven, also energiebedingten Transportes sind **Endo-** und Exocytose. Sie beruhen auf dem dynamischen Verhalten biologischer Membranen. Bei der Endocytose werden Partikel **(Phagocytose)** oder Flüssigkeitströpfchen **(Pinocytose)**, die von außen an die Membran gelangen, von dieser umschlossen und so als besonderes Vakuolenbläschen in das Zellplasma geschleust (Abb. 3.10.). Für niedere Organismen wie Amöben oder Plasmodien von Schleimpilzen ist die Endocytose als Form der Nahrungsaufnahme von besonderer Bedeutung.

Durch **Exocytose** (auch Extrusion genannt) werden Sekrete, die in speziellen Kompartimenten gebildet werden, aus der Zelle ausgeschieden. Die sekreterfüllten Vesikel (Golgi-Vesikel) verschmelzen mit der äußeren Plasmamembran und entleeren dabei ihren Inhalt nach außen (Abb. 3.10.). In der Regel handelt es sich bei den durch Endo- und Exocytose transportierten Stoffen um hochmolekulare Substanzen.

Im Zusammenhang mit dem Transport verschiedener Metabolite durch die Abgrenzungen der zellulären Kompartimente gibt es zur Zeit noch viele ungelöste Fragen, insbesondere beim Transport spezieller hochmolekularer Verbindungen wie Proteine und Nucleinsäuren. So ist es z. B. ein offenes Problem, auf welche Weise diejenigen Chloroplasten- und Mitochondrien-Proteine, die im Cytoplasma synthetisiert werden, in das Innere dieser Kompartimente gelangen.

7.8. Der Wasserhaushalt der Pflanzen

7.8.1. Das Wasserpotential

Die verschiedenen Erscheinungsformen des pflanzlichen Wasserhaushaltes lassen sich als Folge von Unterschieden im **Wasserpotential** ψ erklären und quantitativ bestimmen. Es ist eine thermodynamische Kenngröße mit der Dimension eines Drucks, die in bar gemessen wird (1 bar = 0,787 at = 10^{-5} Pascal). Im Wasserpotential werden Konzentrations-, Druck- und Gravitationspotential zusammengefaßt und auf Standardbedingungen bezogen. Definitionsgemäß wird das Potential des Wassers im Standardzustand, d. h. reines Wasser bei Normaldruck, -niveau und -temperatur, gleich 0 gesetzt.

- Wird reines Wasser durch Zugabe anderer Teilchen verdünnt, so sinkt sein Wasserpotential (ψ wird negativ). Je konzentrierter eine wäßrige Lösung an gelöster Substanz ist, um so negativer = niedriger ist ihr Wasserpotential.
- Wird der Druck, unter dem die Lösung steht, erhöht, steigt ihr Wasserpotential.
- Wasser strömt spontan nur entlang eines abfallenden ψ-Gradienten, d. h. von Orten mit höherem (positiverem) zu Orten mit niedrigerem (negativerem) ψ.

Das Sproßsystem der Landpflanzen ragt in den Luftraum, an den es durch Verdunstung ständig Wasser verliert, das aus dem Boden nachgeschafft werden muß. **Transpiration, Wasserleitung** und **Wasseraufnahme** sind untrennbar miteinander gekoppelte **Grundvorgänge des Wasserhaushaltes.** Triebkraft dieses Wassertransportes durch die Pflanze vom Boden bis zur Atmosphäre ist die **Wasserpotentialdifferenz** zwischen Atmosphäre und Boden, anders ausgedrückt das **Wasserdampfdefizit** der Luft.

7.8.2. Das osmotische System der Zelle

Im Rahmen der Stoffaufnahme durch pflanzliche Zellen nimmt Wasser eine Sonderstellung ein. Es gibt in der Pflanze **keine aktiven Mechanismen** des Wassertransportes durch Membranen. Wasser wird in die Zellen durch **Osmose** aufgenommen. Darunter versteht man in der Pflanzenphysiologie die Diffusion des Wassers durch eine **semipermeable Membran**, die für das Lösungsmittel Wasser gut, für die darin gelösten Substanzen aber nicht oder nur schwer durchlässig ist.

Die Gesetzmäßigkeiten der Osmose sind an der **Pfefferschen Zelle** entwickelt worden, die als physikalisches Analogiemodell der Pflanzenzelle angesehen werden kann (Abb. 7.28.). In der porösen Wandung einer Tonzelle wird eine semipermeable anorganische Niederschlagsmembran erzeugt. Der verschlossene, mit einer Rohrzuckerlösung gefüllte und mit einem Steigrohr versehene Tonzylinder ist außen allseitig von Wasser umgeben. Die semipermeable Membran besteht in der Pflanzenzelle aus dem wandständigen Protoplasmaschlauch mit Plasmalemma und Tonoplast. Die Cellulosewand der Pflanzenzelle entspricht dem Tonzylinder der Pfefferschen Zelle, die Vakuole mit den darin gelösten Inhaltsstoffen der Rohrzuckerlösung.

Auf Grund der Semipermeabilität der Membran können die gelösten Substanzen das Innere des Tonzylinders bzw. der Vakuole nicht verlassen. Wasser aber strömt dem **Gefälle seines Potentials** ($\Delta\psi$) entsprechend in das Innere und erzeugt einen **osmotischen Druck** π, der sich durch ein Steigen des Wassers im Steigrohr äußert. Der Wassereinstrom geht so lange weiter, bis der **hydrostatische Gegendruck** der Wassersäule den osmotischen Druck π kompensiert. Unter diesen Bedingungen ist die Wasserpotentialdifferenz zwischen innen und außen ausgeglichen ($\Delta\psi = 0$); es herrscht thermodynamisches Gleichgewicht.

Man kann jeder Lösung einen **potentiellen osmotischen Druck** π^* (auch **osmotischer Wert** oder **osmotisches Potential** genannt) zuordnen. Er ist ein Ausdruck für den maximalen Druck, den eine Lösung in einer idealen osmotischen Zelle entwickelt und der als **aktueller** osmotischer Druck π gemessen werden kann.

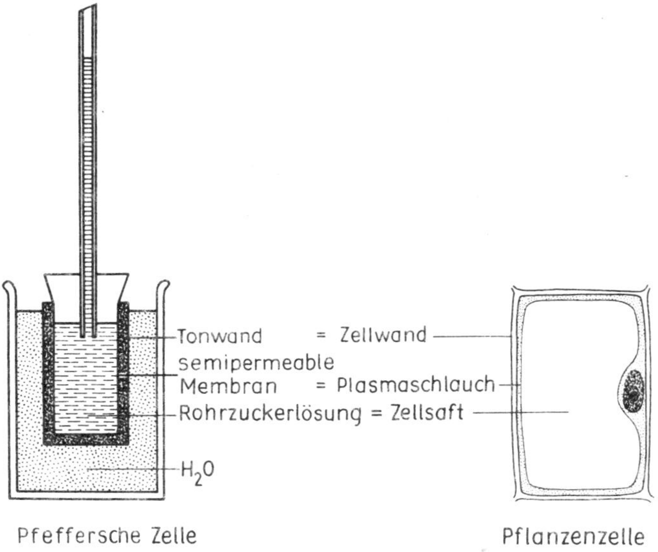

Abb. 7.28. Osmotische Systeme. Links Pffefersche Zelle, rechts Pflanzenzelle.

π^* ist eine Funktion der Konzentration c der gelösten Teilchen. Für nicht dissoziierende Stoffe gilt:

$$\pi^* = c \cdot R \cdot T = c \cdot 22{,}4 \quad (\text{bei } 0\ °\text{C})$$

wobei π^* in bar und die Konzentration c in mol/l angegeben werden. Lösungen gleicher molarer Konzentration verschiedener nichtdissoziierender Stoffe haben gleiche π^*-Werte; sie sind **isosmotisch** oder **isotonisch.**

Bei Elektrolyten ist in Lösung durch Dissoziation die Anzahl gelöster Teilchen größer, und damit ist π^* höher als bei einer gleichmolaren Lösung von Anelektrolyten.

7.8.2.1. Osmotische Zustandsgleichung der Pflanzenzelle

Ähnlich den Verhältnissen in der Pfefferschen Zelle kommt es bei der Pflanzenzelle durch osmotischen Wassereinstrom in die Vakuole zu einem (hydrostatischen) Druck, der als **Turgor** (P) bezeichnet wird und der gegen den Protoplasten und die Zellwand gerichtet ist. Letztere wird dadurch elastisch gespannt und übt einen gleichgroßen Gegendruck, den **Wanddruck**, aus. $P = W$. Der Turgordruck verleiht den pflanzlichen Geweben Festigkeit und ist von Bedeutung bei den Turgor- und Explosionsbewegungen (9.1.3. und 9.1.4.). Als **aktuelle Saugkraft** der Zelle steht nur der Teil des potentiellen osmotischen

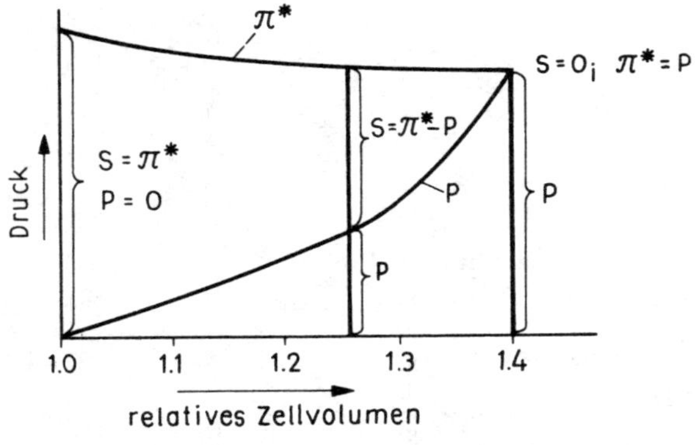

Abb. 7.29. Osmotisches Zustandsdiagramm einer Pflanzenzelle. π^* potentieller osmot. Druck des Zellsaftes, P Turgordruck, S Saugspannung. Ist die Zelle voll turgeszent, so liegt der Sättigungszustand vor, $P = \pi^*$ und S wird gleich Null. Die Zelle kann osmotisch kein Wasser aufnehmen, der Turgor ist maximal. Umgekehrt steht bei völliger Entspannung der Zelle im Zustand $P = 0$ der gesamte potentielle osmotische Druck als Saugspannung zur Verfügung ($S = \pi^*$). Das ist der Zustand der Grenzplasmolyse, d. h. der gerade beginnenden Plasmolyse.

Drucks des Vakuoleninhalts zur Verfügung, der nicht durch den Turgordruck kompensiert wird

$S = \pi^* - P$

Saugspannung = pot. osmot. Druck — Turgor (Abb. 7.29.). Das Wasserpotential ψ der Zelle ist der negative Wert der Saugspannung:

$-\psi = S;\qquad$ daher $\psi = P - \pi^*$

Bringt man lebende pflanzliche Zellen in **hypertonische** Lösung, deren pot. osmot. Druck größer ist als derjenige der Vakuole, so strömt Wasser aus der Vakuole nach außen, wobei sich der Plasmaschlauch von der Zellwand löst und der schrumpfenden Vakuole folgt. Diese Erscheinung nennt man **Plasmolyse.**

7.8.3. Die Wasserabgabe

Die Pflanze gibt das Wasser durch **Transpiration** als Wasserdampf oder durch **Guttation** in flüssiger Form nach außen ab. Der weitaus bedeutendere Vorgang ist die Transpiration.

7.8.3.1. Die Transpiration

Wasser verdunstet von den äußeren und inneren Oberflächen der Pflanze, die mit Luft in Berührung kommen. Bei Thallophyten sind es die Außenflächen des Vegetationskörpers, bei den höheren Pflanzen die Epidermisaußenwände und die innere Auskleidung des Interzellularsystems.

Die Transpiration hat eine physikalische Komponente, die **Evaporation.** Das ist die Wasserverdunstung von feuchten Oberflächen. Eine freie Wasserfläche gibt in der Zeiteinheit pro Flächeneinheit um so mehr Wasserdampf ab, je größer das **Dampfdruckdefizit** der umgebenden Atmosphäre ist, je steiler der **Dampfdruckgradient** ist, mit anderen Worten, je größer die Differenz der Wasserpotentiale ist.

Es gelten die allgemeinen Gesetze der Diffusion, und es ist klar, daß alle Außenfaktoren, die die relative Luftfeuchtigkeit verändern (Erwärmung der Luft bei Sonneneinstrahlung, Einstrom trockener Luftmassen usw.), auch die Intensität der Transpiration beeinflussen müssen.

Der Unterschied zur Evaporation besteht darin, daß die Pflanzen die Wasserdampfabgabe durch **Diffusionswiderstände** herabsetzen und innerhalb bestimmter Grenzen **regulieren** können. Eine Herabsetzung der Wasserdampfabgabe erfolgt durch unterschiedlich starke Cutinisierung der Oberflächen, insbesondere der Epidermis. Im allgemeinen ist die Wasserdampfabgabe durch die Cuticula, die **cuticuläre Transpiration**, nur gering. Für den Wasserhaushalt der Pflanze entscheidend ist die Transpiration durch die **Stomata**, die **stomatäre Transpiration.** Nur sie kann von der Pflanze über die veränderbare Öffnungsweite der Stomata aktiv reguliert werden (9.2.3.2.). Bei voll geöffneten Stomata kann die Transpiration eines Blattes 50—70% der Verdunstung einer gleichgroßen Wasserfläche erreichen, obwohl das gesamte Porenareal der Stomata nur etwa 1—2% der Blattoberfläche erreicht. Das wird verständlich durch das Auftreten des sog. **Randeffektes.** Kleine Poren haben eine relativ viel stärkere Verdunstung als große, da die in den Randzonen austretenden Wasserdampfmoleküle auch nach den Seiten freies Diffusionsfeld haben, während die aus der Mitte diffundierenden sich gegenseitig behindern.

Die transpirierten Wassermengen sind außerordentlich hoch. Eine mittlere Birke kann bis zu 400 l pro Tag transpirieren, ein Buchenwald gibt etwa 60% der auf ihn fallenden Niederschlagsmenge durch Transpiration als Wasserdampf an die Atmosphäre zurück. Letzten Endes leitet sich aus diesen Leistungen die klimatische Bedeutung großer Waldbestände ab.

Als Anpassung an Sonderstandorte verfügen viele Pflanzen noch über besondere Zusatzeinrichtungen zur Herabsetzung der Transpiration. Sie stehen meist im Zusammenhang mit dem **xeromorphen** Habitus dieser Pflanzen. Dazu gehören ein **Deckmantel toter Haare** oder die **Versenkung** der Spaltöffnungen in windgeschützte Vertiefungen.

7.8.3.2. Die Regulation der Transpiration

Die Intensität der Transpiration ist abhängig vom **Wasserdampfpotentialgefälle** zwischen Pflanze und umgebender Atmosphäre und dem Öffnungszustand der Stomata. Alle Faktoren, die dieses Gefälle vergrößern, steigern die Transpiration: hoher Wassergehalt der Pflanze, Temperaturerhöhung, Wind. Die physiologische Steuerung der Transpiration erfolgt über den Öffnungszustand der Stomata und wird durch die **nastischen Bewegungen** der Schließzellen bewirkt (9.2.3.2.). Die wichtigsten Faktoren, die eine Öffnungsbewegung der Spaltöffnungen auslösen und dadurch die Transpiration steigern, sind: **Licht, hohes Wasserpotential** und **niedrige CO_2-Konzentration** im Blatt. Charakteristisch für die meisten Cormophyten ist ein bestimmter Tagesgang der Transpiration. Morgens erfolgt ein **photoaktives** Öffnen der Stomata und bei geöffneten Spalten dann eine weitere Verstärkung der Transpiration durch zunehmende Erwärmung. Bei Einbruch der Dämmerung werden die Stomata wieder geschlossen. Bei starker Beanspruchung des Wasserhaushaltes kann es auch mittags vorübergehend zum Spaltenschluß kommen **(Mittagsdepression).**

Durch die mit der Wasserdampfabgabe verbundene **Verdunstungskälte** schützt sich die Pflanze gegen Überhitzung bei starker Sonneneinstrahlung. Die größte Bedeutung hat die Transpiration jedoch als Triebkraft für den Wassertransport **(Transpirationsstrom)** in der Pflanze, der die Versorgung der oberirdischen Pflanzenteile mit Nährstoffen aus dem Boden ermöglicht.

7.8.3.3. Die Leitung des Wassers (Transpirationsstrom)

Der **Ferntransport** des Wassers von der Wurzel zu den transpirierenden Orten der Wasserabgabe erfolgt ausschließlich in den speziell für diese Aufgabe eingerichteten Elementen des **Xylems** (S. 88). Wesentlich für die Funktionsfähigkeit der Leitungsbahnen ist, daß sie tot und damit frei von Plasma sind. Mit dem Wasserstrom passiv mitgeführt werden darin gelöste Mineralien und in geringer Konzentration auch organische Verbindungen, insbesondere im Frühjahr, wenn in der Wurzel von Bäumen Speicherstoffe mobilisiert werden. Abhängig von den jeweiligen besonderen anatomischen Verhältnissen des Wasserleitungssystems bewegt sich der Wasserstrom mit einer Geschwindigkeit von 1 bis 150 m in der Stunde.

Die treibende Kraft dieses Wasserstromes ist der **Transpirationssog** in den Blättern, weshalb man die Wasserbewegung im Holz meist als **Transpirationsstrom** bezeichnet. Die Pflanze ist in den Wasserpotentialgradienten zwischen Boden und Atmosphäre eingespannt und benutzt dieses Gefälle, um **ohne eigenen Energieaufwand** das Wasser durch ihren Körper vom Boden bis in die Atmosphäre zu transportieren (Abb. 7.30.). Direkt treibende Kraft ist folglich die Sonnenenergie. Durch die Transpiration entsteht in den Zellen des Blattgewebes ein **Wasserdefizit**, d. h. ein **niedriges Wasserpotential** ψ, das über die Leitbündelendigungen ausgeglichen wird. Dieser Transpirationssog reicht über die Enden der Leitungsbahnen bis in den Apoplasten der Wurzel und vermutlich bis zur Wurzeloberfläche, die mit dem Bodenwasser Kontakt hat. Durch den Transpirationssog entstehen in den Leitungsbahnen starke Spannungen **(Unterdruck)**, die z. B. während Zeiten sehr starker Transpiration bei

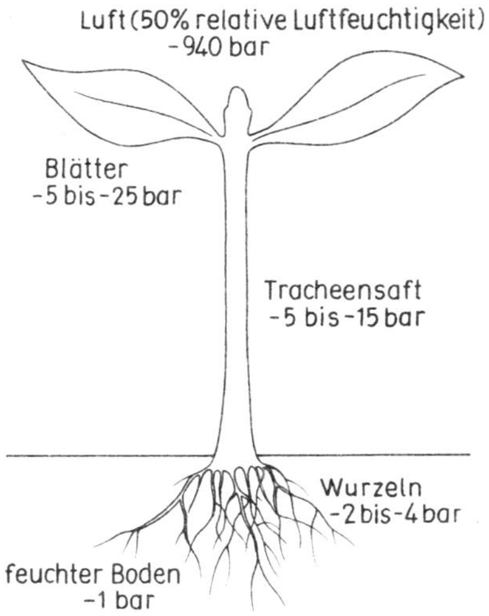

Abb. 7.30. Repräsentative Werte des Wasserpotentials im System Boden-Pflanze-Atmosphäre. — Nach Mohr und Schopfer.

Bäumen zu meßbaren reversiblen Verringerungen des Stammdurchmessers führen.

Die höchsten Bäume können eine Höhe von etwa 120 m erreichen. Um diesen Höhenunterschied beim Wassertransport zu überwinden, sind beachtliche Kräfte erforderlich. Die Gesamtspannung, unter der das Wasser in den Leitungsbahnen steht, setzt sich aus zwei Komponenten zusammen:

1. der **statischen**, die durch die Höhe der Wassersäule gegeben ist, und
2. der **dynamischen**, die der Kraft entspricht, die aufzuwenden ist, um den Wasserfaden in den kapillaren Leitungsbahnen gegen die Reibungswiderstände strömen zu lassen.

Insgesamt reicht eine **Zerreißfestigkeit** von etwa 25 bar aus, um mit Hilfe des Transpirationssoges Wasser von den Wurzeln bis in den Wipfel eines 120 m hohen Baumes zu befördern.

7.8.3.4. Guttation und Wurzeldruck

Zur ständigen Versorgung ihrer oberirdischen Teile mit Nährstoffen aus dem Boden muß die Pflanze ständig einen Wasserstrom aufrechterhalten. Wenn die Transpiration als Folge der Wasserdampfsättigung der Atmosphäre zum Erliegen kommt, tritt die **Guttation** an deren Stelle. Guttation ist die Abscheidung von flüssigem Wasser in Tropfenform. Sie erfolgt durch **Hydathoden**, deren Bau sehr unterschiedlich sein kann. Die Menge des abgeschiedenen Wassers kann beachtlich sein. Die im tropischen Regenwald heimische Aracee *Colocasia nymphaeifolia* guttiert pro Nacht von einem Blatt bis zu 100 ml.

Die Guttation beruht auf einem positiven Druck in den Gefäßsystemen, der von der Wurzel entwickelt wird. Dieser **Wurzeldruck** erreicht allerdings nur geringe Werte (ca. 1 bar). Er kann besonders im Frühjahr bei manchen Pflanzen leicht nachgewiesen werden, wenn diese oberhalb des Wurzelansatzes abgeschnitten werden. Aus dem Stumpf tritt unter Druck Gefäßwasser aus. Der Wurzeldruck kommt vermutlich dadurch zustande, daß von den lebenden Zellen des Zentralzylinders aktiv Ionen in die Gefäße transportiert werden, die das Wasserpotential so stark erniedrigen, daß Wasser nachgesogen wird.

7.8.4. Die Wasseraufnahme

Obwohl Pflanzen Wasser über ihre Oberfläche aufnehmen können, erfolgt die Wasserversorgung der höheren Landpflanzen in bevorzugtem Maße durch die Wurzel aus dem Boden.

Nicht das gesamte Wasser des Bodens ist frei beweglich und verfügbar. Neben freiem Wasser gibt es **gebundenes Wasser (Haftwasser)**, das kapillar durch die Bodenstruktur festgehalten wird oder durch Bodenkolloide und Ionen als **Hydratationswasser** gebunden ist. Der Boden besitzt eine vom Gesamtwassergehalt abhängige Saugkraft, die durch sein Wasserpotential (ψ-Boden) ausgedrückt werden kann. Die Wurzel kann durch ihr negatives Wasserpotential und das dadurch existierende Wasserpotentialgefälle $\Delta\psi$ das Wasser dem Boden entnehmen. Die Wasser- und Nährstoffaufnahme ist um so ergiebiger, je größer die absorbierende Oberfläche des Wurzelsystems ist. Das Ausmaß des Wurzelsystems wird häufig unterschätzt. Bei einer 4 Monate alten Roggenpflanze z. B. erreicht es einschließlich der Wurzelhaare eine Gesamtlänge von 10000 km und eine Oberfläche von 1000 m^2!

Apoplastisch durch **Dochtwirkung** im freien Diffusionsraum (S. 350) der Zellwände und gleichzeitig auch **symplastisch** auf osmotischem Wege gelangt das Wasser dem Gradienten des Wasserpotentials folgend in der Wurzelrinde bis zur **Endodermis.** Durch die Imprägnierung der Endodermiszellwände mit wachsartigen Substanzen **(Casparyscher Streifen)** (Abb. 5.20.) kann das Wasser durch diese Zellschicht nur über den **Symplasten** in die Leistungsbahnen des Zentralzylinders gesogen werden. Die wirksame Kraft ist der Transpirationssog in den Gefäßen.

7.8.5. Wasseraufnahme durch Quellung

Bei den Niederen Pflanzen, die kein Wurzelsystem haben, aber auch bei Samen, spielt die **Quellung** für die Wasseraufnahme eine wichtige Rolle. Unter Quellung versteht man die Flüssigkeits- oder Dampfaufnahme eines hochmolekularen Quellkörpers unter Volumenvergrößerung. Sie geht sowohl auf die Wasseranlagerung an hydrophile Gruppen der Moleküle des Quellkörpers als auch auf **Kapillareffekte** wie Wassereinlagerung in die **Interfibrillär-** und **Intermicellarräume** der Zellwand zurück. Aus diesem Grunde ist die Quellung in starkem Maße abhängig von allen Faktoren, die den **Ladungszustand** des Quellkörpers und damit den Hydratationssog seiner hydrophilen Gruppen beeinflussen. Einen besonders wichtigen Einfluß auf den Quellungszustand des Plasmas haben **Ionen.** Sie können durch ihre eigene Hydratationsfähigkeit nicht nur selbst Wasser an sich binden und dieses so dem Quellkörper entziehen, sondern ihn auch durch partielle Neutralisation der geladenen Gruppen in seiner Wasserbindungsfähigkeit schwächen. Der Hydratationsmantel der Ionen hängt von der **Anzahl der Ladungen** und vom **Ionenradius** ab. Sehr klar kommt dies bei den einwertigen Alkaliionen zum Ausdruck, bei denen die Ladung gleich ist. In der Reihenfolge Li^+, Na^+, K^+, Rb^+, Cs^+ nimmt ihr Ionenradius zu. Damit werden die Ladungsdichte an ihrer Oberfläche und ihre Hydrathülle kleiner. Die Kationen wirken um so mehr entquellend, je kleiner ihre Hydrathülle ist, je stärker sie sich also den Proteinen nähern und diese entladen können. Bei den Alkaliionen nimmt daher die entquellende Wirkung in der Reihe vom Li^+ zum Cs^+ zu. Für den pflanzlichen Organismus ist insbesondere die Wirkung von K^+ und Ca^{2+} wichtig. Ca^{2+} entlädt infolge seiner zweifachen Ladung die Plasmaproteine stärker als K^+ und wirkt damit auch stärker entquellend. Da der Funktionszustand der Enzyme und Membranproteine stark durch ihre Hydrathülle bestimmt wird, ist der Quellungszustand von wesentlicher Bedeutung für den Zellstoffwechsel.

Bei **begrenzt** quellbaren Körpern, z. B. bei Cellulose und Stärke, bleiben trotz der Wassereinlagerung die Makromoleküle miteinander verbunden. Bei **unbegrenzt** quellbaren Körpern wie den Plasmaproteinen kommt es bei genügender Wasserzuführung zu einer vollständigen Lösung der Makromoleküle. In einem solchen System liegt das Wasser als Hydratationswasser zum Teil in gebundener Form vor, ein anderer Teil ist frei und dient als Lösungsmittel.

7.8.6. Wasserbilanz und Grundtypen des Wasserhaushalts

Als **Wasserbilanz** einer Pflanze bezeichnet man die Differenz zwischen Wasseraufnahme und Wasserabgabe. Bei ausgeglichener Bilanz müßten beide Größen gleich sein. Dieser Zustand ist jedoch relativ selten realisiert. Meist ist sie unter natürlichen Bedingungen bei Tag negativ, da die Wassernachschaffung den durch den Tagesverlauf der Transpiration bedingten Bedarf nicht mehr deckt, wodurch es zu **Welkungserscheinungen** kommen kann. Bei nachlassender Transpiration in der Nacht überwiegt dagegen die Wasseraufnahme und führt zu einem Ausgleich des Defizits. Durch den Substanzzuwachs übersteigt auch bei wachsenden Pflanzen die Wasseraufnahme die -abgabe. Bei Wassermangel (in Dürrezeiten) ist die Erholung nicht mehr vollständig, so daß die Bilanz immer negativer wird.

Die **poikilohydren** oder **wechselfeuchten** Pflanzen gleichen sich weitgehend dem Feuchtigkeitszustand der Umgebung an und können schadlos austrocknen. Diesen Typ findet man vorzugsweise bei niederen Organismen (Bakterien, Pilze, Blaualgen, Algen, Flechten, verschiedene Moose). Nur bei sehr wenigen Angiospermen sind die vegetativen Organe austrocknungsfähig. Die Cormophyten verfügen jedoch in der Regel über austrocknungsfähige Samen und Pollen.

Das Wasserpotential der **homoiohydren** oder eigenfeuchten Pflanzen befindet sich nicht im Gleichgewicht mit der Umgebung. Sie können eine Austrocknung nicht ertragen und müssen ihre Wasserbilanz durch aktive Regulationsleistungen stabilisieren. Diese Stabilisierung der **Wasserbilanz** wird durch viele morphologische Eigentümlichkeiten unterstützt. **Xerophyten** passen sich den Besonderheiten der Wasserversorgung an trockenen Standorten durch folgende Maßnahmen an:

- Reduktion der transpirierenden Oberfläche, Verringerung der Transpiration durch Verdickung der Epidermisaußenwände, Ausbildung verkorkter Abschlußgewebe (4.3.), derbe Cuticula, Versenkung der Spaltöffnungen in die Oberfläche, Besatz mit toten Haaren (windstille Zonen)

- Verstärkte Wasseraufnahme aus dem Boden durch Entwicklung eines tiefreichenden Wurzelsystems
- Anlage von Wasserspeichern (Sukkulenz)

Hydrophyten hingegen sind Wasserpflanzen, bei denen Wasserleitungseinrichtungen und Wassertransport sehr reduziert sind. Sie nehmen das Wasser durch die sehr dünnen Epidermisaußenwände ihrer untergetauchten Organe auf.

Hygrophyten sind Landpflanzen, die an feuchten Standorten leben und Baueigentümlichkeiten haben, welche die Transpiration fördern: große Oberfläche, dünne Außenwände, Besatz mit lebenden Haaren, emporgehobene Stomata.

7.9. Aufnahme und Transport von Mineralstoffen

Das Wurzelareal der höheren Pflanze dient nicht nur der Aufnahme von Wasser, sondern auch der Aufnahme von Mineralstoffen aus dem Boden. Die Aufnahme erfolgt als **Ionen** in wäßriger Lösung. An den meisten Standorten liegen die Ionen in der Bodenlösung in sehr verdünnter Form vor, und das Verhältnis der einzelnen Ionen zueinander ist nicht so ausbalanciert, wie es die Pflanze braucht. Die Pflanze verfügt in den Wurzeln über **aktive Transportmechanismen**, welche die Ionen unter Energieverbrauch selektiv gegen ein Konzentrationsgefälle transportieren.

Bis zur **Endodermis** können sich die Ionen im **apparenten freien Diffusionsraum** der Wurzelrinde bewegen. Die schon erwähnte Sperre des apoplastischen Weges durch den **Casparyschen Streifen** (7.8.4.) zwingt die Ionen spätestens an der Endodermis zum Eintritt in den Symplasten (Cytoplasma), in den sie aktiv aufgenommen werden. Auf diese Weise besitzt die Pflanze die Möglichkeit, die Ionenaufnahme zu kontrollieren. Jenseits der Endodermis werden die Ionen erneut und eventuell wieder aktiv in den apoplastischen Raum des Xylems abgegeben, wo sie mit dem Transpirationsstrom in der Pflanze verteilt werden.

7.10. Ferntransport organischer Moleküle

Der Ferntransport organischer Moleküle in der Pflanze erfolgt durch den bevorzugt abwärts gerichteten **Assimilatstrom.** Mit seiner Hilfe werden die in den Blättern als hauptsächlichsten Produktionsstätten der Pflanze synthetisierten organischen Moleküle in der Pflanze verteilt. Der Assimilatstrom ist das Gegenstück zum **Transpirationsstrom.** Beide Transportströme vollziehen sich in verschiedenen Bahnen und bewegen sich in der Regel in entgegengesetzter Richtung. Die Bahnen des Transpirationsstromes sind die **apoplastischen** Elemente des **Xylems**; der Assimilatstrom fließt im **Symplasten** und benutzt das **Phloem.**

Die Siebröhren des Phloems (4.5.) bilden ein Transportsystem, das die ganze Pflanze durchzieht. Für ihre Funktion ist wesentlich, daß ihre Elemente im Unterschied zu denen des Xylems auch im funktionsfähigen Zustand **lebende** Zellen sind.

In der Regel bestehen mehr als 90% der Trockensubstanz des Siebröhrensaftes aus Kohlenhydraten. Am häufigsten ist Saccharose, daneben kommen aber auch Oligosaccharide vor. Mono- und Polysaccharide spielen als Transportsubstanzen keine Rolle. Die wichtigsten N-haltigen Moleküle des Siebröhrensaftes sind Aminosäuren und Amide, aber auch Nucleotide kommen vor. Richtung und Geschwindigkeit des Phloemtransportes werden durch die jeweilige Bedarfssituation festgelegt. Allgemein erfolgt zumindest der Transport der Kohlenhydrate aus den assimilierenden Blättern als den **„Orten der Produktion"** abwärts zu den **„Orten des Verbrauchs"**, von **„source"** zu **„sink".** Das gilt auch für die Versorgung von Vegetationspunkten, Samen, Früchten oder vegetativen Vermehrungseinrichtungen mit der Einschränkung, daß die Bewegungsrichtung dabei nicht immer abwärts gerichtet sein muß.

Mit 50—100 cm pro Stunde ist die **Transportgeschwindigkeit** des Phloemsaftes so groß, daß die Diffusion als Antriebskraft nicht in Erwägung gezogen werden kann. Im Unterschied zum Ferntransport des Wassers muß die Energie für den Transport organischer Moleküle in den Elementen des Phloems von der Pflanze selbst aufgebracht werden. Der Mechanismus des Transportes ist immer noch umstritten. Eine geläufige Vorstellung geht davon aus, daß in den Siebröhren eine **Lösungsströmung** erfolgt, die von einer osmotischen Potentialdifferenz zwischen **„source"** und **„sink"** angetrieben wird. Die verschiedenen wanderungsfähigen Stoffe bewegen sich dabei **gemeinsam und zusammen mit dem Lösungsmittel** im Lumen der Siebröhren. Eine einheitliche Auffassung herrscht darüber, daß der Eintritt organischer Moleküle in die Siebröhren und ihr Austritt (?) aus ihnen **(Be- und Entladungsreaktionen)** selektiv durch aktive Transport(Pump)mechanismen erfolgt. In dieser Form erfordert das Konzept der Lösungsströmung eine ausreichende **Passierbarkeit** der Siebporen. Es ist denkbar, daß die Überwindung der Siebplatten zusätzliche aktive Pumparbeit erfordert.

7.11. Stickstoffhaushalt der Pflanzen

Im Unterschied zum Tier ist die Pflanze (von abgeleiteten Ausnahmen abgesehen) **N-autotroph**, d. h. sie vermag alle organischen Stickstoffverbindungen aus anorganischen N-Quellen selber zu synthetisieren. Die wichtigsten N-Quellen sind die **Nitrate** des Bodens und der **molekulare** Stickstoff der Luft. Das Stickstoffatom existiert in den einzelnen biologisch wichtigen Verbindungen oder Gruppierungen in einer ungewöhnlich großen Valenzspanne, die durch die Oxidationszahlen +5 bis −3 gekennzeichnet sind:

+5	NO_3^-	Nitrat
+3	NO_2^-	Nitrit
0	N_2	molekul. Stickstoff
−1	NH_2OH	Hydroxylamin
−3	NH_4^-, $-NH_2$	Ammonium, Aminogruppe

Die Hauptmenge der N-Atome der in den Organismen vorkommenden Stickstoffverbindungen liegt in der höchsten Reduktionsstufe (Oxidationszahl −3) vor. Die von Nitraten oder von molekularem Stickstoff ausgehende N-Assimilation ist immer **reduktiv.** Der N-Quelle entsprechend sind **Nitratreduktion** und die **biologische Stickstoffbindung** die wichtigsten Prozesse der N-Assimilation. An ihrem Ende steht jeweils Ammoniak.

7.11.1. Nitratreduktion

Vorrangig genutzte Stickstoffquelle für die Pflanzenernährung ist das Nitrat. Der Übergang vom Nitrat-N mit der Oxidationszahl + 5 zu Ammonium-N mit der Oxidationszahl −3 wird als **Nitratreduktion** bezeichnet. Sie erfordert 8 Reduktionsäquivalente und verläuft in zwei Stufen.

In der ersten Stufe wird Nitrat zu **Nitrit** reduziert, was zwei Elektronen erfordert und durch die **Nitratreduktase** katalysiert wird. Nitratreduktase ist ein Flavinenzym mit FAD als prosthetischer Gruppe, das außerdem noch Eisen (vermutlich in Form eines Cytochroms) und Molybdän enthält. Die erforderlichen Elektronen werden dem NADH, in Ausnahmen auch dem NADPH entnommen. Flavin, Fe und Mo sind obligat in den Prozeß der Elektronenübertragung auf das Nitrat eingeschaltet.

$$\text{NADH} \xrightarrow{e^-} \text{FAD} \xrightarrow{e^-} \text{Fe} \xrightarrow{e^-} \text{Mo} \xrightarrow{e^-} \text{Nitrat}.$$

In der zweiten Stufe wird der N des Nitrits bis auf die Stufe des NH_3 reduziert. Der Prozeß wird durch **Nitritreduktase** (Fe-haltig) katalysiert, braucht 6 e^- und verläuft vermutlich in einer Serie von hintereinandergeschalteten Elektronenübergängen, ohne daß Zwischenprodukte nachweisbar sind.

Die Elektronen werden in photosynthetisch tätigen Zellen durch red. Ferredoxin, in anderen Geweben vermutlich durch NADPH, zur Verfügung gestellt (Abb. 7.31.).

Von dieser **assimilatorischen Nitratreduktion** muß man die **dissimilatorische (Nitratatmung)** unterscheiden, die einige Bakterien unter anaeroben Bedingungen betreiben. Sie kommt in der Pflanze nicht vor.

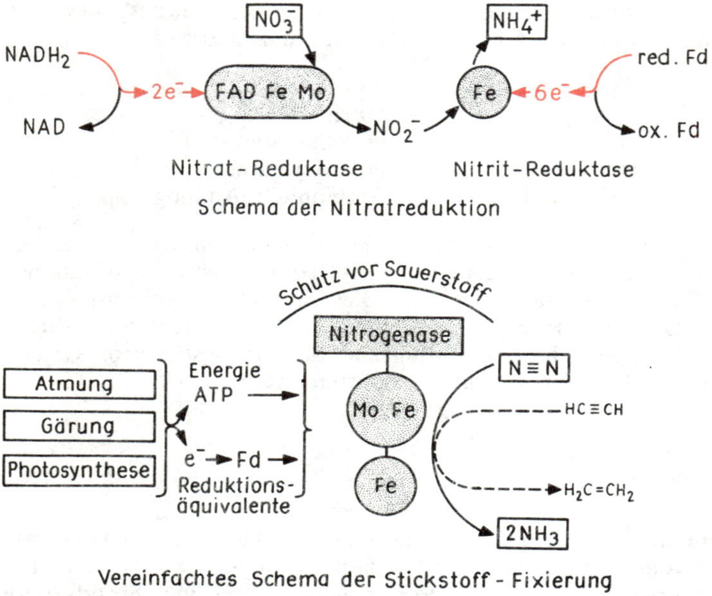

Abb. 7.31. Schema der Nitratreduktion (oben) und der Stickstoff-Fixierung (unten). *Fd* Ferredoxin.

7.11.2. Bindung von molekularem Stickstoff

Der Stickstoff der Biosphäre durchläuft einen Kreislauf, in dessen Mittelpunkt Ammoniak steht. In diesem Kreislauf ist für das ökologische Gleichgewicht im Gesamthaushalt der N-Verbindungen die Reduktion von molekularem Stickstoff zu Ammoniak von Bedeutung. Schätzungsweise werden durch biologische N_2-Fixierung pro Jahr 10^{11} kg Stickstoff gebunden. Dazu sind nur Mikroorganismen in der Lage.

Wir kennen **zwei Systeme** der biologischen N_2-Bindung.

Das **erste System** ist die N_2-Fixierung durch **frei** im Wasser oder im Boden lebende **Mikroorganismen** wie *Azotobacter*, *Clostridium*, verschiedene phototrophe Bakterien und Cyanophyceen. Man schätzt, daß durch frei lebende N_2-bindende Mikroorganismen dem Boden jährlich im Durchschnitt etwa 5 kg N/ha zugeführt werden. Besonders hoch ist auch die N_2-Fixierung durch Blaualgen in Reisfeldern (bis 50 kg N/ha/Jahr). Blaualgen sind die autotrophen Organismen par excellence. Sie fixieren N_2 und betreiben Photosynthese mit H_2O als Elektronendonator. Die Photosynthese stellt auch die Energie und Reduktionskraft zur N_2-Fixierung zur Verfügung. Blaualgen — einzeln lebend oder im Symbioseverband mit Pilzen (Flechten) — sind als **Pionierpflanzen** mit ihren geringen Ernährungsansprüchen und ihrer großen Temperaturtoleranz besonders geeignet zur Kolonisierung extremer Standorte.

Das **zweite System** der biologischen Stickstoffbindung ist die N_2-Fixierung durch **symbiontische Bakterien.**

Von den symbiontisch lebenden N_2-Bindern kommt den **Wurzelknöllchenbakterien** der Leguminosen, die zur Gattung *Rhizobium* zusammengefaßt werden, die größte Bedeutung zu. Das System Leguminose-*Rhizobium* ist in der Lage, pro ha und Jahr 200 kg N_2 aus der Luft zu binden. Nach der Infektion durch die Rhizobien wird die Wurzel in einer Art von Abwehrreaktion zur Ausbildung von Knöllchen angeregt. Die Rhizobien ihrerseits unterliegen morphologischen und metabolischen Veränderungen und werden zu **Bacterioiden.** Nur in dieser Zustandsform fixieren sie Stickstoff. Frei lebende Rhizobien sind dazu genausowenig in der Lage wie die uninfizierte Wirtspflanze allein. Die N_2-bindenden Bacterioiden versorgen die Wirtspflanze mit gebundenem Stickstoff, sie dagegen liefert Nährstoffe und schafft dem Endosybionten ein bestimmtes Milieu.

Andere wichtige N_2-fixierende Symbiosen finden wir bei der Erle, dem Sanddorn und der Ölweide. In diesen Fällen sind die Mikrosymbionten Actinomyceten, die in speziellen Ausbildungen des Wurzelgewebes zu finden sind. Auch gewisse Cyanophyceen (Nostoc) leben gelegentlich symbiontisch.

Zwischen symbiontischer N_2-Fixierung und N_2-Bindung freilebender Mikroorganismen stehen sog. Semisymbiosen (Assoziationen) von höheren Pflanzen und in deren Wurzelbereich lebenden Mikroorganismen.

7.11.2.1. Biochemie der Stickstoffbindung

Das Produkt der N_2-Fixierung ist Ammoniak. Die Reaktion wird durch das Enzym **Nitrogenase** katalysiert, ist sehr energieaufwendig und erfordert etwa 15 ATP sowie 6 Elektronen. Man nimmt an, daß sich der ganze Reduktionsprozeß am selben Enzymkomplex abspielt, ohne daß Zwischenprodukte auftreten. Das Enzym besteht aus zwei Untereinheiten und enthält Fe, Mo und SH-Gruppen. Die Reduktionsäquivalente werden über reduziertes Ferredoxin entweder aus der **Photosynthese** oder bei den Anaerobiern (Clostridien) aus dem sog. **phosphoroklastischen Abbau des Pyruvates** zur Verfügung gestellt. Die Nitrogenase ist sehr sauerstoffempfindlich. Aerobe Stickstoffbinder verfügen daher über morphologische und biochemische Einrichtungen, um den Zutritt des Sauerstoffs zum zellulären Mikromilieu der Nitrogenase zu unterbinden. Bei den Cyanophyceen ist sie in der Regel an bestimmte spezialisierte Zellen, die **Heterocysten**, gebunden, in denen keine photosynthetische O_2-Entwicklung vorkommt. Bei der symbiontischen N_2-Fixierung der Leguminosen hat der in den Knöllchen vorkommende, mit Hämoglobin verwandte Farbstoff **Legoglobin** eine O_2-abschirmende Hilfsfunktion. Die aeroben Azobacter-Arten schließlich haben eine extrem hohe Atmungsaktivität, so daß sie dadurch den Sauerstoffpartikeldruck in der Umgebung der Nitrogenase sehr niedrig halten. Außer N_2 werden von der Nitrogenase auch noch andere Verbindungen wie Acetylen, Azid, Nitrile und Cyanid reduziert.

Alle Systeme der biologischen Stickstoffbindungen unterliegen einer Regulation, deren wichtigstes Merkmal darin besteht, daß es durch Zugabe von Ammonium zu einer **Repression** der Nitrogenasebildung kommt.

Hohe Erträge unserer Kulturpflanzen haben eine intensive und kostenaufwendige Stickstoffdüngung zur Voraussetzung. Sie könnte umgangen werden, wenn es gelänge, die wichtigsten Kulturpflanzen mit der autonomen Fähigkeit zur Stickstoffbindung auszustatten.

Immerhin ist eine gezielte Übertragung des für die N_2-Fixierung verantwortlichen Gensatzes von *Klebsiella* in *Escherichia coli* in letzter Zeit gelungen. Diese Gene wurden in der Empfängerzelle nicht nur repliziert, sondern auch funktionell aktiv, d. h. die Zellen des Bakteriums *Escherichia coli* waren in die Lage versetzt worden, Stickstoff aus der Luft zu fixieren.

Es muß allerdings als sehr fraglich angesehen werden, ob eine ähnliche Manipulation bei der völlig andersartigen cytologischen und genetischen Struktur eukaryotischer Zellen erfolgversprechend ist.

7.11.3. Die primäre Assimilation des Ammoniaks und die Synthese der Aminosäuren

7.11.3.1. Primäre Aminierungen

Ammoniak ist Ausgangspunkt und Endpunkt des allgemeinen Stickstoffumsatzes. Zur Synthese organischer N-Verbindungen gibt es eine Reihe von

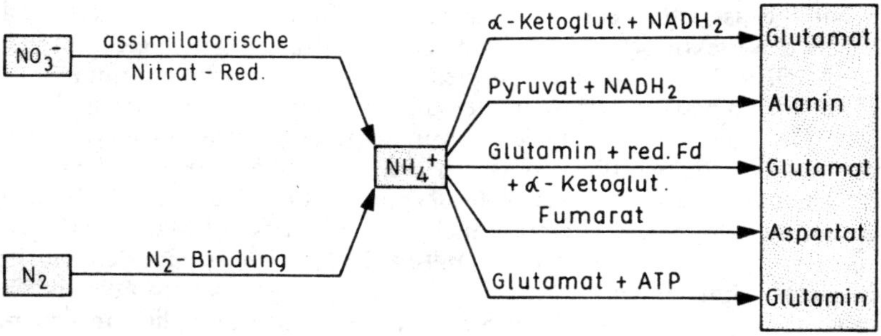

Abb. 7.32. Wege der Überführung von N_2 in organische Bindung. — Nach Schlegel.

primären Assimilationsreaktionen des Ammoniaks. Die wichtigsten sind aus der Abb. 7.32. zu ersehen.

In quantitativer Hinsicht sind für die Pflanze am bedeutsamsten:

1. Die reduktive Aminierung von α-Ketoglutarat zu Glutamat durch Glutamat-Dehydrogenase:

   NH_4^- + α-Ketoglutarat + NAD(P)H_2 → Glutamat + NAD(P)

2. Die Amidierung von Glutamat zu Glutamin durch Glutamin-Synthetase:

   Glutamat + ATP + NH_4^- → Glutamin + ADP + Pi

3. Die Übertragung der Amidgruppe des Glutamins auf α-Ketoglutarat unter Bildung von zwei Molekülen Glutamat:

   Glutamin + α-Ketoglutarat + red. Fd. → 2 Glutamat + ox. Fd.

Die Ammoniakassimilation erfolgt dabei durch das Zusammenwirken der Enzyme Glutamin-Synthetase und Glutamat-Synthetase:

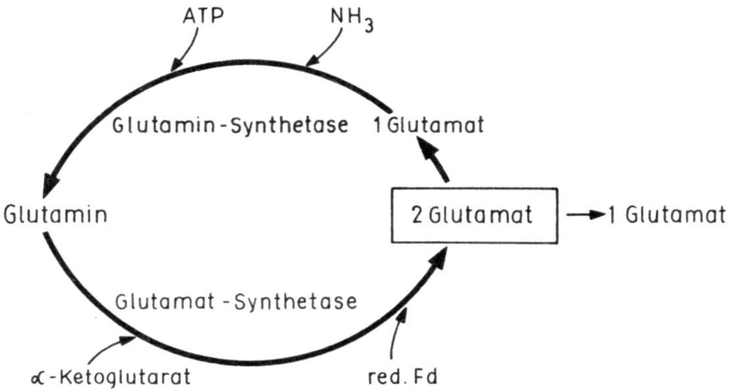

Abb. 7.33. Das Zusammenwirken der Glutamin-Synthetase und der Glutamat-Synthetase bei der Biosynthese des Glutamats.

Vermutlich wird die Hauptmenge des Stickstoffs in der Pflanze auf diese Weise in organische Bindung überführt. Die Reduktionsäquivalente werden durch reduziertes Ferredoxin zur Verfügung gestellt, das durch den photosynthetischen Elektronentransport entsteht. Zwischen der Photosynthese und der N-Assimilation der Pflanze besteht somit eine enge Beziehung. Bei anderen Objekten (z. B. Bakterien, Hefen) werden die Reduktionsäquivalente für die Glutamat-Synthetase durch $NADPH_2$ zur Verfügung gestellt.

In speziellen Fällen sind auch noch die reduktive Aminierung des Pyruvates zu Alanin durch Alanin-Dehydrogenase und die Aminierung des Fumarats zu

Aspartat durch Aspartase von Bedeutung. Daneben gibt es noch Aminierungsreaktionen mit Ammoniak im Purin- und Pyrimidinstoffwechsel:

— Carbamylphosphat-Synthetase:

$CO_2 + NH_3 + 2\,ATP \rightarrow$ Carbamyl-P $+ 2\,ADP$

— NAD-Synthetase:

Desamino-NAD $+ ATP + NH_3 \rightarrow NAD + AMP + PP$

— CTP-Synthetase:

$UTP + NH_3 + ATP \rightarrow CTP + ADP + Pi$

— Xanthosin-5-phosphat-Aminase:

$XMP + NH_3 + ATP \rightarrow GMP + AMP + PP$

7.11.3.2. Biosynthese der Aminosäuren

Die grünen Pflanzen und die meisten Mikroorganismen sind in der Lage, die zur Proteinbiosynthese nötigen 20 Aminosäuren selber zu synthetisieren. Das Tier und der Mensch vermögen das nicht. Sie sind in ihrer Ernährung auf die Zufuhr einiger Aminosäuren, die als **essentielle Aminosäuren** bezeichnet werden, angewiesen. Andere können sie selbst synthetisieren.

Abgesehen von den erwähnten primären Aminierungen ist der wichtigste Vorgang für die Bildung von Aminosäuren die **Transaminierung.** Bei diesem Prozeß wird die NH_2-Gruppe einer Aminosäure auf eine α-Ketosäure übertragen. Die ursprüngliche Aminosäure wird dadurch zur entsprechenden Ketosäure, die ursprüngliche Ketosäure zur neuen Aminosäure. **Aminogruppendonator** ist in erster Linie die **Glutaminsäure.** Die Übertragung der NH_2-Gruppe erfolgt durch die **Transaminasen**, die als prosthetische Gruppe Pyridoxalphosphat (Vit. B_6) enthalten.

Beispiele für wichtige Transaminierungen:

1. Glutamat-Oxalacetat-Transaminase

   Glutamat + Oxalacetat $\rightleftharpoons$ Aspartat + α-Ketoglutarat

2. Glutamat-Pyruvat-Transaminase

   Glutamat + Pyruvat $\rightleftharpoons$ Alanin + α-Ketoglutarat

Sowohl bei den Vorgängen der primären Aminierung wie bei denen der nachfolgenden Transaminierung spielt die Glutaminsäure die entscheidende Rolle.

7.11.3.5. Die Herkunft des C-Skelettes der Aminosäuren

Aus der Abb. 7.34. ist zu sehen, daß das C-Skelett der Aminosäuren aus dem Kohlenhydratstoffwechsel und dem Citrat-Cyclus stammt. Dabei lassen sich ganze Aminosäurenfamilien auf jeweils ein Intermediärprodukt zurückführen.

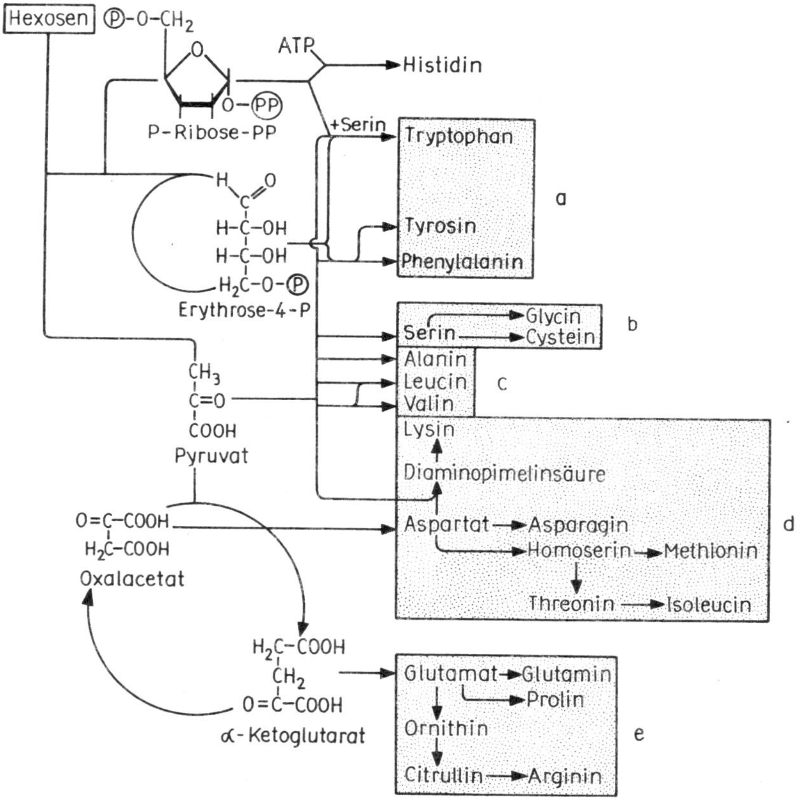

Abb. 7.34. Biosynthetische Ableitung der wichtigsten Aminosäuren aus dem Intermediärstoffwechsel. **a** Shikimisäurefamilie, **b** Serinfamilie, **c** Pyruvatfamilie, **d** Aspartatfamilie, **e** Glutamatfamilie. — Verändert nach Schlegel.

7.11.4. Der Kreislauf des Stickstoffs in der Natur

Die Reaktionen des Stickstoffs in der Biosphäre schließen sich in einem Kreislauf, an dem Pflanzen und verschiedene Bakterien beteiligt sind und in den durch verschiedene Synthese- und Abbaureaktionen organischer N-Verbindungen auch die Tiere eingreifen (Abb. 7.35.). Die Vorgänge der Denitrifikation sind im Kap. 7.5.2.11., die der Nitrifikation in Kap. 7.6.11. beschrieben.

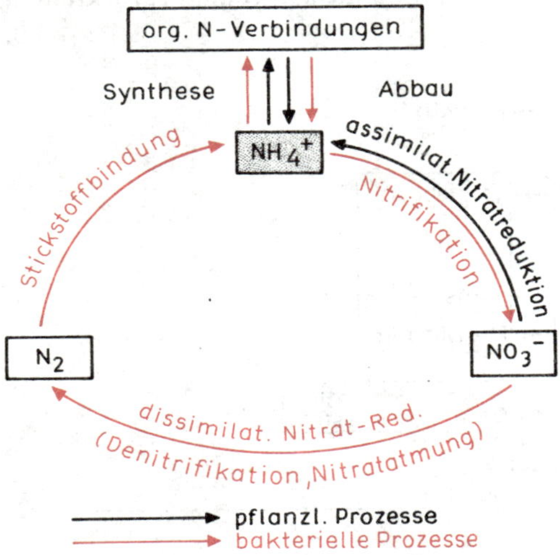

Abb. 7.35. Kreislauf des Stickstoffs in der Natur.

7.12. Schwefelstoffwechsel und Schwefelkreislauf

Die meisten Pflanzen und Mikroorganismen nehmen den Schwefel als Sulfat auf. In der lebenden Zelle liegt er aber fast ausnahmslos in reduzierter Form als SH-Gruppe vor, z. B. in den S-haltigen Aminosäuren. Das aufgenommene Sulfat muß daher **reduziert** werden. Dies geschieht im Prozeß der **assimilatorischen Sulfatreduktion.** In grünen Pflanzen wird der überwiegende Anteil an reduziertem Schwefel in den Blättern unter Verwendung von Energie und Reduktionsäquivalenten, die aus dem photosynthetischen Elektronentransport stammen, gewonnen. In chloroplastenfreien Organen (Wurzeln) ist die Sulfatreduktion von Reduktionsäquivalenten aus dissimilatorischen Prozessen abhängig. Tiere können Schwefel nicht reduzieren und sind auf die Aufnahme von reduzierten Schwefelverbindungen mit der Nahrung angewiesen.

In der Natur macht der Schwefel Umsetzungen durch, die sich zu einem **Kreislauf** schließen (Abb. 7.36.). Bei der Fäulnis kommt es zur Freisetzung von H_2S aus den SH-Gruppen **(Desulfuration).** Durch **Sulfat-Atmung** (7.5.2.11.) entsteht ebenfalls H_2S. Unter aeroben Bedingungen wird H_2S entweder nichtbiologisch oder durch schwefeloxidierende Bakterien zu Sulfat oxidiert.

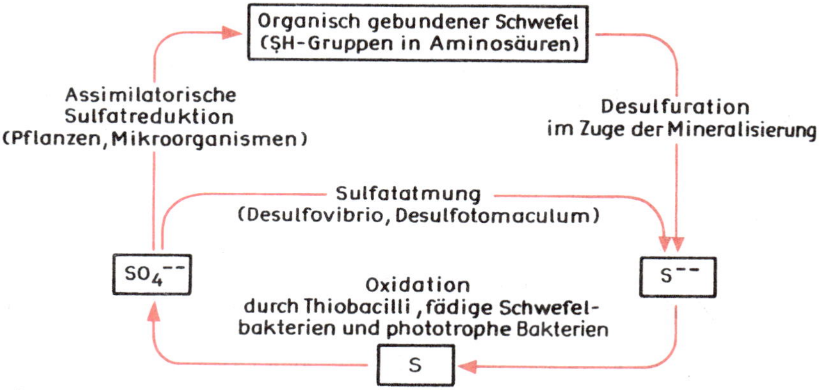

Abb. 7.36. Kreislauf des Schwefels in der Natur. — Nach Schlegel.

7.13. Sekundärstoffe und Sekundärstoffwechsel

Nucleinsäuren, Proteine, Kohlenhydrate und Lipide gehören zur unerläßlichen molekularen Grundausstattung aller Zellen, und ihre Umsetzungen im **Primär-** oder **Grundstoffwechsel** sind untrennbar mit der aktiven Lebenstätigkeit aller Organismen verbunden.

Daneben gibt es die **Sekundärstoffe.** Ihr Stoffwechsel wird **Sekundärstoffwechsel** genannt und dem Grundstoffwechsel gegenübergestellt. Diese Einteilung ist mehr pragmatischer als prinzipieller Natur, denn in vielen Fällen ist die Grenze zwischen Primär- und Sekundärstoffwechsel nicht eindeutig zu ziehen. Obwohl es Sekundärstoffe vereinzelt auch bei Tieren gibt, sind die Pflanzen und Mikroorganismen in ganz besonderem Maße zu ihrer Bildung befähigt. Hierin äußert sich die gegenüber dem Tier unvergleichlich höhere metabolische Leistungsfähigkeit des pflanzlichen Stoffwechsels. Der Sekundärstoffwechsel leitet sich aus dem Grundstoffwechsel ab. Im Gegensatz zur Bildung von Metaboliten des Grundstoffwechsels werden Sekundärstoffe in der Regel nur in bestimmten Organen und in Abhängigkeit von einem bestimmten Entwicklungszustand der Pflanze gebildet. Synthese und Akkumulation von sekundären Pflanzenstoffen sind daher auch Aspekte der Zellspezialisierung und unterliegen häufig der Kontrolle durch Umweltfaktoren. Außerdem ist das Vorkommen bestimmter Sekundärstoffe oft an spezielle Gruppen des Pflanzenreiches gebunden und kann als taxonomisches Merkmal verwendet werden **(Chemotaxonomie).**

Es gibt tausende von Sekundärstoffen, die sich allerdings auf Modifizierung einer erheblich geringeren Zahl von chemischen Grundbausteinen zurückführen lassen.

Auch wenn der Besitz von Sekundärstoffen nicht zu den allgemeinen Voraussetzungen des Lebens gehört, haben viele von ihnen durchaus eine Funktion. Ihre physiologische Bedeutung tritt allerdings selten für die Zelle, in der sie produziert werden, hervor, sondern wird meist erst auf der Ebene des Organismus oder der Population wirksam. Bekannt ist die stabilisierende Funktion des **Liginins** in verholzten Zellwänden. Von **ökologischer Bedeutung** sind **Blütenfarbstoffe** und **Duftstoffe** (Bestäubungsbiologie). **Bitterstoffe, Gerbstoffe** und **Giftstoffe** können den Pflanzen einen Schutz gegen Tierfraß geben und verschaffen ihnen dadurch unter bestimmten Bedingungen einen **Selektionsvorteil.** Für die meisten Sekundärstoffe kann allerdings bisher noch keine „sinnvolle" biologische Funktion für die sie produzierende Pflanze erkannt werden. Häufig sind sie wohl nur **„Nebenprodukte"** des Stoffwechsels, die offenbar aber auch keinen Nachteil für die Pflanze mit sich bringen und daher toleriert werden, obwohl es sich häufig um starke **Plasmagifte** handelt **(Alkaloide).** Sie können allerdings ihre Giftigkeit nicht entfalten, da sie außerhalb des Cytoplasmas, z. B. in der Vakuole oder in der Zellwand, „abgeladen" werden.

Viele Sekundärstoffe haben große praktische Bedeutung für den Menschen. Als **Arzneimittel** werden neben **Alkaloiden** insbesondere die von vielen Pilzen und Bakterien produzierten **Antibiotika** genutzt. Mehrere Alkaloide sind bekannt wegen ihrer **halluzinogenen** Wirkung. **Etherische Öle** und **Kautschuk** sind wichtige Rohstoffe für die chemische Industrie.

Aus der Fülle der Sekundärstoffe können hier nur wenige Beispiele aus einigen chemischen Verwandtschaftsgruppen genannt werden.

7.13.1. Polyacetate

Biosynthetisch leiten sie sich von Acetateinheiten ab. Grundprinzip der Biosynthese sind **Kopf-Schwanz-Kondensationen**, d. h. Reaktionen der Carboxylgruppe des einen mit der Methylgruppe des nächsten Acetatmoleküls. Zu dieser Gruppe gehören wichtige Antibiotika wie **Tetracyclin, Griseofulvin** und **Erythromycin.**

7.13.2. Isoprenoide (Terpenoide)

Die **Isoprenoide** lassen sich in ihrer Biosynthese auf den Zusammenbau aus **Isopreneinheiten** zurückführen. Biochemisch „aktives Isopren" ist das **Isopentenylpyrophosphat**, das aus der **Mevalonsäure** entsteht, die ihrerseits aus Acetyl-CoA gebildet wird. Die Kondensation von Isopentenylpyrophosphat mit seinem Isomerisierungsprodukt **Dimethylallylpyrophosphat** zu Geranylpyrophosphat ist der eigentliche Ausgangspunkt der Terpenoidbiosynthese (Abb. 7.37.) Durch schrittweise Anlagerung von Isopentenylpyrophosphat und weitere Folgereaktionen der jeweiligen Kondensationsprodukte entsteht die Vielzahl natürlicher Terpenoide. Die meisten Mono-, Di-, Sesqui- und Polyterpene sind das Ergebnis einer **„Kopf-Schwanz-Kondensation“** von C_5-Einheiten, während Tri- und Tetraterpene durch **„Schwanz-Schwanz-Dimerisation“** von C_{15}- bzw. C_{20}-Einheiten gebildet werden.

Etherische Öle setzen sich in erster Linie aus Monoterpenen, Sesquiterpenen und Diterpenen zusammen. **Harze** sind Gemische aus flüchtigen und nichtflüchtigen Terpenoiden. Die flüchtige Fraktion besteht aus Monoterpenen, Sesquiterpenen und Diterpenen. Die nichtflüchtige Fraktion enthält weitgehend ungesättigte Di- und Triterpensäuren.

Monoterpene;	Syntheseprinzip: 2×5 C $= 10$ C
Sesquiterpene;	Syntheseprinzip: 3×5 C $= 15$ C
	Beispiele: **Farnesol, Abscisinsäure** (S. 397)
Diterpene;	Syntheseprinzip: 4×5 C $= 20$ C
	Beispiele: **Phytol** (S. 324), **Gibberelline** (S. 397)
Triterpene;	Syntheseprinzip: 6×5 C $= 3 \times 15$ C $= 30$ C
	Beispiele: **Steroide, Herzglykoside**
Tetrapene;	Syntheseprinzip: 8×5 C $= 2 \times 20$ C $= 40$ C
	Beispiele: **Carotinoide** (S. 326)
Polyterpene;	Syntheseprinzip: n $\times 5$ C
	Beispiele: **Kautschuk, Guttapercha**

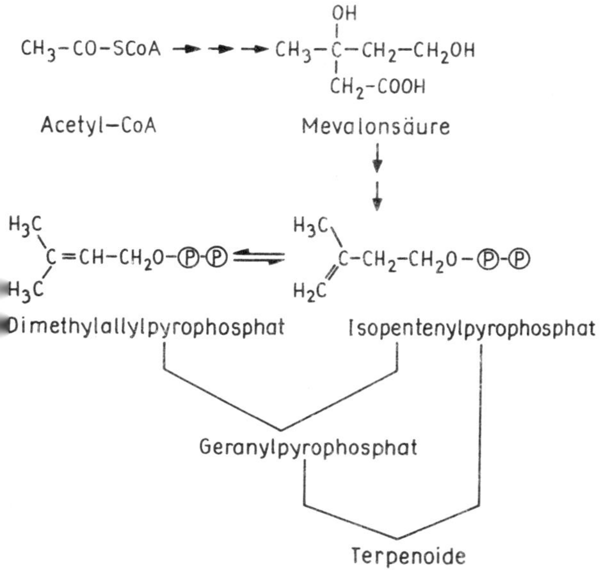

Abb. 7.37. Vereinfachtes Schema der Isoprenoidbiosynthese.

7.13.3. Phenole und Phenolderivate

Sehr viele Sekundärstoffe sind **Phenole** oder leiten sich von phenolischen Verbindungen ab. Phenole sind Substanzen, die an einem aromatischen Ringsystem mindestens eine Hydroxylgruppe oder deren funktionelle Derivate tragen. Eine Übersicht über die wichtigsten Gruppen der Phenole bietet die Abb. 7.38. Ihre Biosynthese verläuft in den ersten Phasen über den sog. **Shikimisäure**-Weg. Diese Reaktionssequenz ist der wichtigste Mechanismus der Biosynthese **aromatischer Verbindungen.** Sie ist in der Abb. 7.39. verkürzt dargestellt. Seinen Ausgang nimmt dieser Bildungsweg von zwei Metaboliten des Kohlenhydratstoffwechsels, PEP und Erythrose-4-phosphat. Die primären Produkte der Aromatenbiosynthese **Tyrosin, Phenylalanin** und **Tryptophan** werden weiteren Veränderungen unterworfen, einschließlich der Reduktion der Seitenketten, deren Ergebnis eine große Mannigfaltigkeit phenolischer Verbindungen ist. Ein außerordentlich wichtiger Schritt ist die Desaminierung des Phenylalanins zu **Zimtsäure**, die von der **Phenylalanin-Ammonium-Lyase (PAL)** katalysiert wird (Abb. 7.41.). PAL ist ein **Schlüsselenzym** des Aromatenstoffwechsels. **Phenolcarbonsäuren** und **einfache Phenole** kommen frei oder als **Glykoside** in z. T. erheblichen Mengen in den Pflanzen vor.

Hydrochinon und **Arbutin** sind in den Blättern von Rosaceen und Ericaceen enthalten. Die dunkle herbstliche Verfärbung der Birnenblätter beruht auf einer Oxidation des Hydrochinons zum Chinon. Auch andere Verfärbungen von Pflanzen und Pflanzenprodukten gehen vielfach auf Oxidation phenolischer Inhaltsstoffe zurück. Sie treten häufig erst nach Zerstörung der intakten Zellstruktur in Erscheinung, wenn die in den Vakuolen abgeschirmten Inhaltsstoffe mit den **Phenoloxidasen** des Plasmas in Berührung kommen (S. 318).

C-Grundgerüst	Gruppe	Beispiele
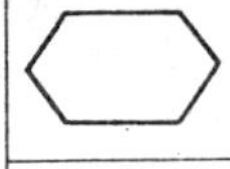	einfache Phenole	Hydrochinon Arbutin
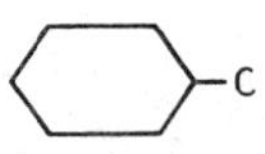	Phenolcarbonsäuren	Benzoesäure Gallussäure Vanillinsäure
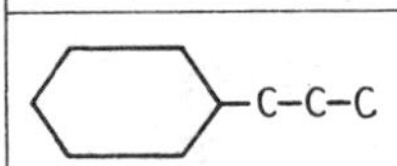	Phenylpropane	Coniferylalkohol Zimtsäure Lignin Cumarin
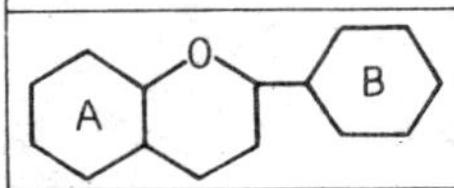	Flavanderivate	Flavone Flavonole Catechine Anthocyanidine

Abb. 7.38. Wichtige Gruppen phenolischer Verbindungen in Pflanzen.

Durch Polymerisationen der **Gallussäure** entstehen die **Gallotannine**, die neben den Catechinen die Hauptgruppe der pflanzlichen **Gerbstoffe** darstellen. Gerbstoffe sind weder chemisch noch biologisch eine einheitliche Gruppe. Ihr gemeinsames Merkmal ist die gerbende, d. h. proteindenaturierende Wirkung. Die Konzentration der Gerbstoffe in der Pflanze kann sehr hoch sein. So

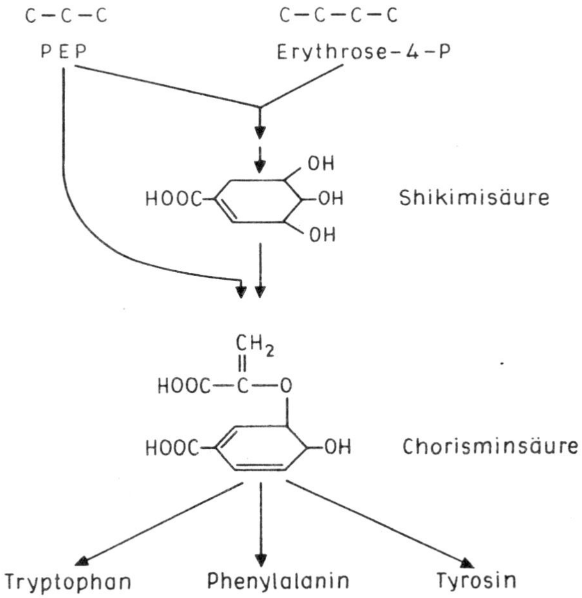

Abb. 7.39. Vereinfachtes Schema der Aromatenbiosynthese.

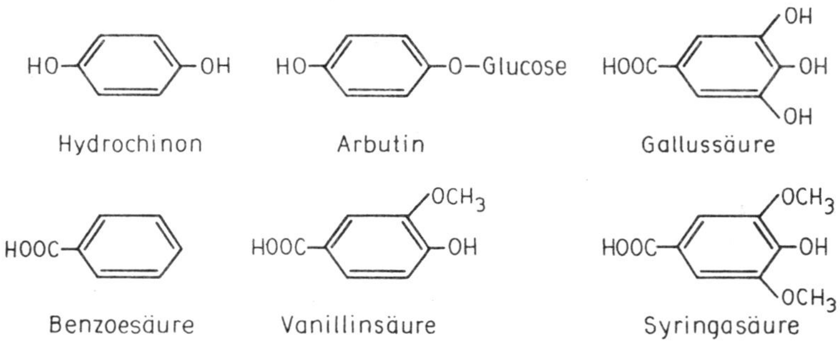

Abb. 7.40. Beispiele phenolischer Pflanzenstoffe.

können Sumachblätter mehr als 40% ihres Trockengewichtes an Gerbstoffen führen.

Phenylpropane sind aromatische Substanzen mit einer Seitenkette aus 3 C-Atomen (C_6- + C_3-Körper). Das wichtigste Folgeprodukt dieser Gruppe ist

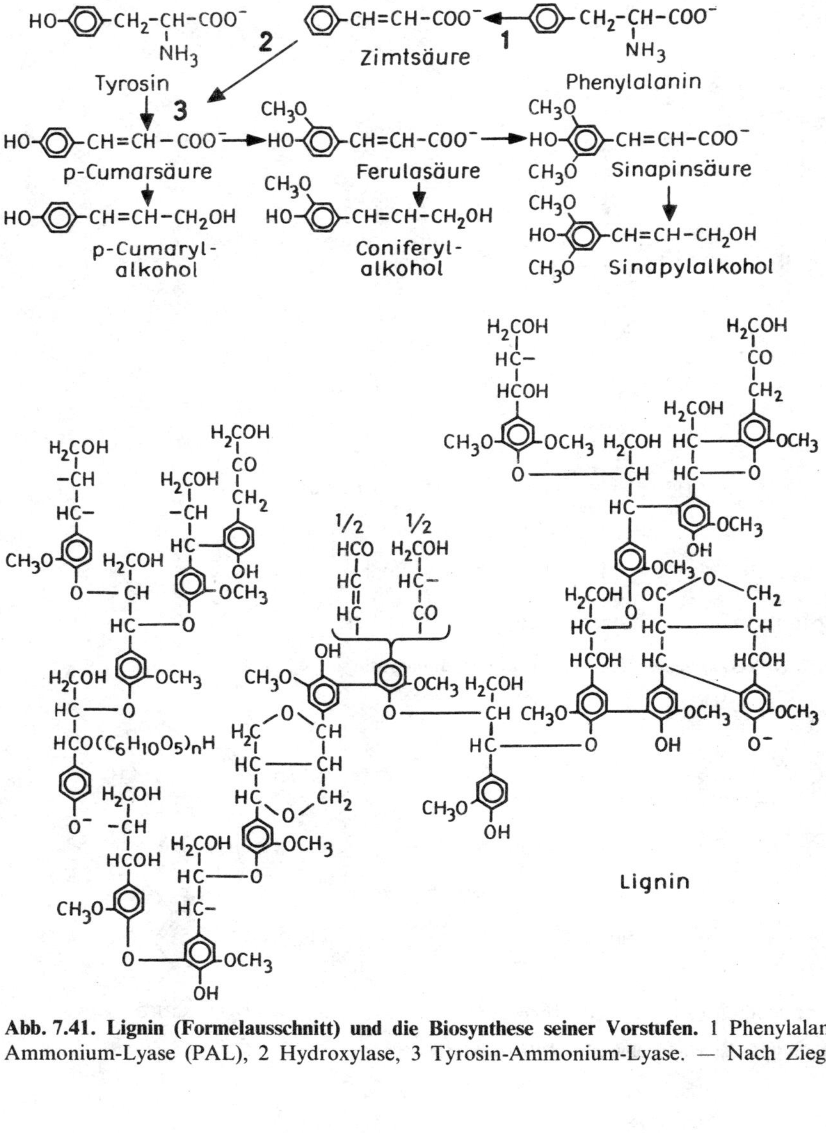

Abb. 7.41. Lignin (Formelausschnitt) und die Biosynthese seiner Vorstufen. 1 Phenylalanin-Ammonium-Lyase (PAL), 2 Hydroxylase, 3 Tyrosin-Ammonium-Lyase. — Nach Ziegler.

das hochpolymere **Lignin.** In der Abb. 7.41. ist ein Ausschnitt aus seiner Struktur und die Zurückführung der Biosynthese auf die primären Produkte der Aromatenbiosynthese dargestellt. Lignin ist ein **Dehydrierungspolymerisat** aus **p-Cumarylalkohol, Coniferylalkohol** und **Sinapylalkohol**, die in Form ihrer Glucoside zu den Orten der Ligninbildung in die Zellwände transportiert werden. Dort erfolgen die Glucosidspaltung, die durch Peroxidasen bewirkte Dehydrierung der Alkohole zu Radikalen und deren Polymerisation zum Endprodukt.

Zu den Phenylpropanen zählen auch die **Cumarine**, die meist in Form ihrer Glykoside als **gebundene Cumarine** vorkommen. Bekannte Cumarinpflanzen sind der Waldmeister *(Galium odoratum)* und das Ruchgras *(Anthoxanthum)*. Erst bei Verletzung oder beim Trocknen werden die Cumaringlykoside durch Glykosidasen zum freien Cumarin hydrolysiert (aromatischer Geruch).

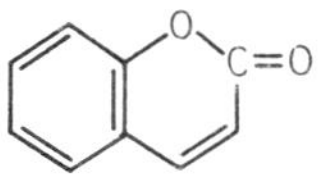

Cumarin

Abb. 7.42.

Flavanderivate (Flavonoide). Das Flavangrundgerüst besteht aus den beiden aromatischen Ringen A und B und einem mittleren sauerstoffhaltigen heterocyclischen Ring. Je nach dem Oxidationszustand dieses heterocyclischen Ringes unterscheidet man mehrere Gruppen von Flavanderivaten, z. B. **Flavone, Flavonole, Catechine** und **Anthocyanidine** (Abb. 7.43.). In diesen einzelnen Gruppen ist durch ein unterschiedliches Substitutionsmuster der Ringe A und B die Möglichkeit zu einer außerordentlichen Mannigfaltigkeit gegeben. Die meisten Flavanderivate kommen überdies als Glykoside vor.

Zu den **Flavonen** gehören die meisten wasserlöslichen gelben Blüten- und Fruchtfarbstoffe, während die blauen, roten und violetten Farbstoffe auf Substitutionsvariationen der **Anthocyanidine** zurückzuführen sind. Letztere kommen in der Pflanze jedoch nicht frei, sondern in Form ihrer Glykoside als **Anthocyane** vor.

Die wichtigsten Anthocyanidine sind: das lachsfarbene **Pelargonidin** *(Pelargonium, Dahlia)*, das rote **Cyanidin** (Rotkohl, *Rosa*, *Centaurea*) und **Paeonidin**

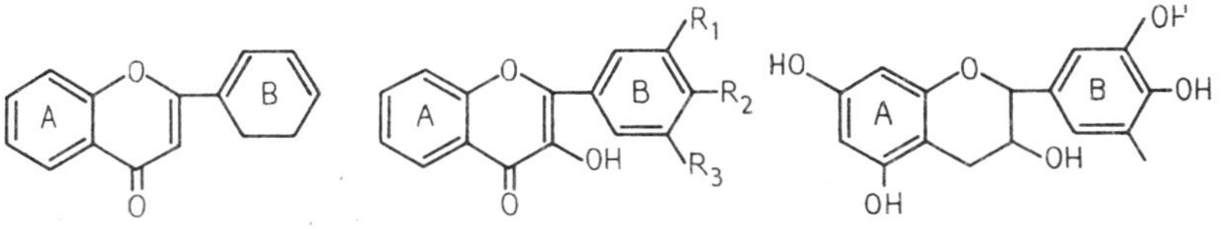

Flavon Flavonol Catechin

Abb. 7.43.

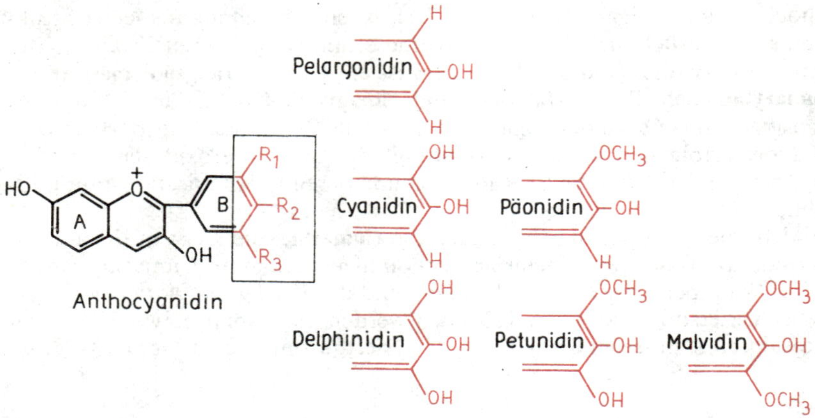

Abb. 7.44.

Gruppe	Grundstruktur	Vorstufe
Chinolizidin-Alk.	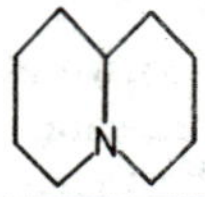	Lysin
Nicotiana-Alk.	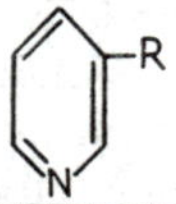	Nicotinsäure
Tropan-Alk.	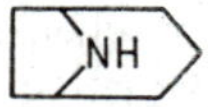	Ornithin
Isochinolin-Alk.	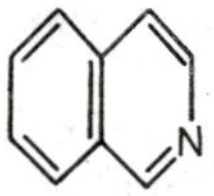	Tyrosin
Chinolin-Alk.		Tryptophan
Indol-Alk.	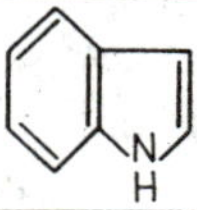	Tryptophan

Abb. 7.45. Grundgerüst einiger Alkaloide.

(Paeonia), das blaue **Delphinidin** *(Delphinium, Malva)* und **Petunidin** *(Petunia)* sowie das pupurrote **Malvidin** *(Malva)* (Abb. 7.44.).

Viele Anthocyanidine sind rot gefärbt im sauren und blau im basischen Bereich. Unter zellulären Bedingungen ist die resultierende Farbe vermutlich in erster Linie das Ergebnis einer Komplexbildung mit Metallionen wie Fe^{3+} und Al^{3+}.

7.13.4. Alkaloide

Alkaloide sind stickstoffhaltige, basisch reagierende Stoffe, bei denen der Stickstoff in der Regel heterocyclisch eingebaut ist. Biosynthetisch lassen sie sich fast ausschließlich auf die Aminosäuren Ornithin, Lysin, Phenylalanin und Tryptophan zurückführen.

Viele Alkaloide zeichnen sich durch charakteristische pharmakologische Wirkungen aus. Das hat früh zu ihrer Entdeckung und zu ihrem Gebrauch als Rausch- und Genußmittel sowie zu ihrer therapeutischen Nutzung geführt. Es sind mehrere tausend Alkaloide bekannt. Sie sind in allen Klassen des Pflanzenreiches anzutreffen. Oft sind ganze Verwandtschaftskreise, z. B. die Solanaceen, durch ihren Gehalt an nahe miteinander verwandten Alkaloiden ausgezeichnet.

Aus der Abb. 7.45. gehen die Grundstruktur wichtiger Alkaloidgruppen und ihre biosynthetische Ausgangsstufe hervor.

7.14. Besonderheiten der heterotrophen Ernährungsweise

Nach den heutigen Vorstellungen war die heterotrophe Ernährungsweise im Verlaufe der Evolution die ursprüngliche, während autotrophe Organismen später entstanden. Neben großen Gruppen, die die Stufe der Autotrophie nicht erreichten, stehen solche, die sie im Zuge spezieller Anpassungen wieder verloren haben. Ihre Heterotrophie ist kein ursprüngliches, sondern ein abgeleitetes Merkmal.

Obligat heterotrophe Organismen sind auf die ständige Zuführung organischer Substrate angewiesen, z. B. Pilze und die meisten Bakterien. Demgegenüber liegt **fakultative Heterotrophie** vor, wenn Organismen zwar zur Autotrophie befähigt sind, sich in geeigneter Umgebung aber ausschließlich oder zusätzlich von organischen Substraten ernähren. Das ist z. B. bei vielen einzelligen Algen der Fall, die zum Wachstum eine Reihe unterschiedlicher C-Quellen nutzen können. Zwischen strikter Autotrophie einerseits und strikter Heterotrophie andererseits gibt es aber zahlreiche Übergänge. Im Grunde genommen ist auch die höhere grüne Pflanze nur als Ganzes autotroph, nicht aber in allen ihren Organen und Geweben. Sehr viele ihrer Zellen sind für sich genommen heterotroph, weil sie ständig auf die Versorgung mit organischem Material aus den photosynthetisch aktiven Blättern angewiesen sind. Ähnliches gilt für Keimlinge, die sich zunächst auf Kosten der mitgebrachten Speicherstoffe entwickeln.

Im Gegensatz zur autotrophen C-Assimilation ist die Dissimilation nicht auf bestimmte Gewebe der Pflanze beschränkt, sondern eine Grundeigenschaft aller ihrer Zellen. Innerhalb der Heterotrophen unterscheidet man **Saprophyten**, die ihre organische Nahrung toten Substraten entnehmen, von **Parasiten** und **Symbionten**, die auf lebende Organismen als Wirte oder Partner angewiesen sind.

7.14.1. Saprophyten

Die meisten Bakterien und Pilze sind Saprophyten. Im Stoffkreislauf der Natur haben sie eine überragende Bedeutung. Sie bauen durch ihre Tätigkeit (Fäulnis) die organischen Substanzen abgestorbener Tiere und Pflanzen sowie auch industrielle organische Syntheseprodukte ab. In vielen Fällen führt dieser Abbau bis zur vollständigen Mineralisierung. Saprophytische Höhere Pflanzen gibt es nicht.

7.14.2. Parasiten

Parasiten sind im typischen Fall völlig auf den Stoffwechsel eines lebenden Wirtes angewiesen. Diesen **obligaten Parasiten** stellt man die **fakultativen** gegenüber, die sich auch saprophytisch, d. h. von toter organischer Substanz, ernähren können. Die Abgrenzung zwischen beiden Kategorien ist nicht immer scharf zu ziehen. Zu den Erregern wichtiger Krankheiten von Tieren und Pflanzen gehören sowohl obligate wie fakultative Parasiten.

Parasitische Pflanzen können ihren Wirt nicht nur durch **Nahrungsentzug** schädigen, sondern häufig und in noch stärkerem Maße auch durch Ausscheidung giftiger **Stoffwechselprodukte.** Ein Beispiel sind die **Welketoxine**, die von parasitischen Pilzen ausgeschieden werden und die die Wirtspflanzen zum Welken bringen (Welkekrankheit der Tomate, hervorgerufen durch *Fusarium*-Arten).

Die parasitischen Bakterien dringen ganz in die Wirtspflanze ein, die Pilze entweder ganz oder nur mit Teilen ihres Mycels. Sie leben dort entweder in Zellen der Wirtspflanze **(intrazellulär)** oder im Interzellularsystem **(interzellulär).** Im zuletzt genannten Fall treibt der Parasit spezielle **Saughyphen** in die Zellen des Wirtsgewebes (Rostpilze). Parasitierende Angiospermen sind stets obligate Parasiten. Sie können **Halbparasiten** sein, wie die Mistel, *Melampyrum* oder *Euphrasia*, die Photosynthese betreiben und kohlenstoffautotroph sind. Aus dem Xylem des Wirts beziehen sie über **Haustorien** Wasser und anorganische, in einzelnen Fällen auch einige organische Nährstoffe (Wirtsspezifität).

Voll- oder **Holoparasiten** wie *Cuscuta* (Abb. 5.27.c, d) und *Orobanche* zapfen die Siebröhren ihrer Wirte an, denen sie die Assimilate entnehmen.

7.14.3. Symbiose

Als Symbiose bezeichnet man ein Zusammenleben artverschiedener Organismen in engem räumlichem Kontakt, bei dem beide Partner davon zumindest zeitweise einen Nutzen ziehen. Dieses Verhältnis des gegenseitigen Nutzens beruht auf einem eingespielten Gleichgewicht beider Partner. Es kommt aber vor, daß in dieser Wechselbeziehung einer der Partner das Übergewicht gewinnt. Der Nutzen ist dann ungleich verteilt. In vielen Fällen läßt sich die Grenze zwischen Parasitismus und Symbiose nicht scharf ziehen.

Bekannte Beispiele sind die **Flechten** (S. 211 ff.). Bei ihnen leben Grün- oder Blaualgen mit Pilzen in symbiontischer Beziehung. Bemerkenswert sind auch Symbiosen zwischen einzelligen Grün- und Blaualgen und Invertebraten. *Paramaecium bursaria* kann bis zu 1000 *Chlorella*-Zellen intrazellulär enthalten. Insbesondere bei derartigen **Endosymbiosen** mit Grün- und Blaualgen kommt es zu starken morphologischen und physiologischen Reduktionen, die dazu führen, daß der Phykosymbiont für sich allein nicht mehr lebensfähig ist. Die biochemischen Grundlagen derartig enger symbiontischer Beziehungen sind noch weitgehend ungeklärt. Sicher ist, daß die jeweiligen Partner Nutzen aus der photosynthetischen Aktivität der Algen ziehen.

7.14.4. Mykorrhiza

Unter Mykorrhiza versteht man das symbiontische Zusammenleben der Wurzeln sehr vieler Landpflanzen mit Pilzen. Bei unseren meisten Waldbäumen umspinnt das Pilzmycel die Seitenwurzeln mit einem Geflecht. Die Pilze dringen in die Wurzelrinde ein, indem sie interzellulär als **ektotrophe Mykorrhiza** zwischen den Rindenzellen wachsen oder sich als dichtes Hyphenknäuel in das Zellinnere vorschieben **(endotrophe Mykorrhiza).** Das Pilzgeflecht ersetzt funktionell die dann meist fehlenden Wurzelhaare.

Ektotrophe Mykorrhiza finden wir u. a. bei Fichte, Kiefer, Lärche, Eiche. Manche Pilze haben spezifische Wirte, z. B. der Birkenpilz.

Endotrophe Mykorrhiza findet sich bei den Orchideen und bei vielen Waldkräutern. Sie ist für die Keimung der kleinen und nährstoffarmen Samen und für die Entwicklung der Keimlinge unerläßlich. Im Falle einiger Orchideen, die auch im ausgewachsenen Zustand kaum zur Photosynthese befähigt sind, z. B. der **Nestwurz** *(Neottia nidus-avis)* und der **Korallenwurz** *(Corallorrhiza)*, hat sich die eindeutige Situation des Parasitismus der höheren Pflanze gegenüber dem Pilz herausgebildet, dem die saprophytisch erworbenen Nährstoffe entzogen werden.

7.14.5. Carnivoren (Tierfangende Pflanzen)

Carnivoren sind Pflanzen, die sich auf Standorten mit unzureichendem Nährstoffangebot, z. B. auf Hochmooren, durch die Möglichkeit des Tierfangs einen Vorteil verschaffen. Das betrifft besonders die Versorgung mit **Stickstoff** und **Phosphor.** Die Tiere, meist Insekten, werden mit Hilfe besonderer anatomischer Einrichtungen erbeutet (vgl. S. 93) und von **Exoenzymen**, die durch spezialisierte Drüsen abgesondert werden, verdaut. Beispiele: Sonnentau *(Drosera)*, *Dionaea*, *Nepenthes* (vgl. Abb. 5.28.).

7.15. Die Realisierung der genetischen Information

Die Prozesse der Realisierung der genetischen Information sollen in dieser Darstellung nur in einem solchen Umfang abgehandelt werden, wie es zum Verständnis pflanzlicher Differenzierungs- und Entwicklungsvorgänge erforderlich ist. Für detaillierte Informationen muß auf Lehrbücher der Genetik und Biochemie verwiesen werden.

Die Realisierung der genetischen Information ist die Umwandlung der in den Genen, d. h. linearen Funktionsabschnitten der DNA, enthaltenen Information in die Primärstruktur der Proteine. Neben Abschnitten, welche die Information für Struktur- und Enzymproteine enthalten (Strukturgene), enthält die DNA Gene für tRNA, rRNA sowie Abschnitte mit regulatorischer Funktion, die für die Spezifität und die Intensität der Informationsrealisierung bedeutsam sind.

Die Umsetzung der genetischen Information erfolgt in allen Fällen prinzipiell in den Etappen der **Transkription** und der **Translation**, die in groben

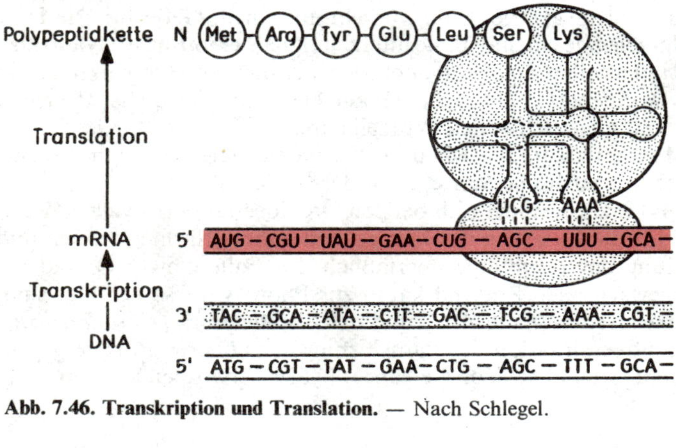

Abb. 7.46. Transkription und Translation. — Nach Schlegel.

Zügen unter Vernachlässigung vieler Einzelheiten in der Abb. 7.46. dargestellt werden.

7.15.1. Transkription

In der Transkription besorgt die **RNA-Polymerase** nach dem Prinzip der komplementären Basenpaarung die **Umkopierung der Information** des einen DNA-Stranges, des codogenen Stranges, in einsträngige prä-mRNA. Dieser Prozeß ist richtungsspezifisch und beginnt am 5'-OH-Ende. Prä-mRNA wandert wie ein Bote vom DNA-Genom des Zellkerns durch die Kernporen in das Cytoplasma der Zelle, wo an den Ribosomen die **Translation** abläuft. Unmittelbar nach ihrer Synthese enthält prä-mRNA z. T. noch lange Sequenzen, die nicht Aminosäuren codieren und vor der Proteinsynthese am Ribosom als Folge von Reifungsprozessen eliminiert werden.

Die Hauptmenge an DNA pflanzlicher Zellen befindet sich in den Chromosomen des Zellkerns. Daneben verfügen aber sowohl Mitochondrien wie Chloroplasten über eigene DNA und über Mechanismen der Realisierung der in dieser organellenspezifischen DNA codierten Information.

Die mRNA enthält die Anweisung, Aminosäuren bei der Proteinsynthese am Ribosom in einer bestimmten Sequenz hintereinander anzuordnen. Der dabei wirksame Übersetzungsschlüssel ist der **genetische Code.** Die Position jeder Aminosäure wird durch die Aufeinanderfolge von drei Nucleotiden, **Triplett** oder **Codon** genannt, exakt determiniert. Durch die Kombination von drei Nucleotiden bei einem Reservoir von insgesamt vier verschiedenen Nucleotiden ergeben sich 64 verschiedene Kombinationsmöglichkeiten. Viele Aminosäuren werden durch mehrere verschiedene Tripletts codiert. Einige Tripletts enthalten Signale für den **Start** der Polypeptidsynthese, bzw. für den **Kettenabbruch.**

7.15.2. Translation

Zur Ausbildung der Polypeptidbindung und zur „Erkennung" ihrer spezifischen Codons müssen die Aminosäuren **aktiviert** werden, d. h. mit ihrer „richtigen" tRNA verbunden werden. Dieser Vorgang wird durch die Aminosäure-aktivierenden Enzyme, die Aminoacyl-tRNA-Synthetasen, katalysiert:

Aminosäure + ATP + tRNA → Aminoacyl-tRNA + AMP + PP

Mit ihrem **Anticodon**, das dem Triplett der mRNA komplementär ist, erkennt die aktivierte Aminosäure ihr spezifisches Codon auf der mRNA. Am 5'-OH-Ende der mRNA beginnend, erfolgt die Verknüpfung der Aminosäuren an den Ribosomen. Ribosom und mRNA bewegen sich dabei relativ zueinander, und die einzelnen Codons werden nacheinander „abgelesen". In der Regel können mehrere (bis zu 35) Ribosomen gleichzeitig an einem mRNA-Strang den Translationsprozeß ausführen und mehrere gleiche Proteinmoleküle synthetisieren. Diesen Komplex von mehreren Ribosomen mit mRNA nennt man **Polysom.** Polysomen können an das endoplasmatische Reticulum gebunden sein oder frei im Cytoplasma vorkommen. Der hier in großen Umrissen geschilderte Gang der Realisierung der genetischen Information ist in Wirklichkeit erheblich komplizierter und bedarf der Mitwirkung mehrerer zusätzlicher Proteine (Faktoren).

7.16. Prinzipien der Stoffwechselregulation

Die Regulation des Stoffwechsels erfolgt auf zwei Ebenen:
1. durch Veränderung der Enzymmenge in der Zelle **(Synthese- und Abbauregulation)**
2. durch Veränderung des Aktivitätszustandes der Enzyme **(Aktivitätsregulation)**

Durch Mechanismen der Regulation der Enzymmenge wird dafür gesorgt, daß nicht alle in der DNA der Zellen enthaltene genetische Information gleichzeitig realisiert wird, sondern in der Regel nur der Teil, der von den betreffenden Zellen auf Grund ihres Entwicklungszustandes und ihrer Umweltbedingungen gebraucht wird. Regulationen der Enzymmenge können als **strategische** Mittel der **langfristigen** Anpassung von Zellen und Organismen an bestimmte Erfordernisse des Stoffwechsels angesehen werden. Die einzelnen Proteine sind in der Regel nicht stabil, sondern befinden sich in einem **turnover** genannten ständigen Auf- und Abbau. Die jeweilige Konzentration eines bestimmten Enzyms ist daher stets das Resultat der relativen Intensitäten von Synthese und Abbau. Es ist in vielen Fällen erwiesen, daß die einzelnen Enzyme in der Zelle sehr unterschiedliche Synthese- und Abbauintensitäten zeigen können. Regulationen, die sich über unterschiedliche Konzentrationen von Enzymen in der Zelle auswirken, sind in ihrer Wirksamkeit immer an die Geschwindigkeit von Proteinsynthese und -abbau gebunden und gehören damit zu den relativ langsamen zellulären Kontrollmechanismen. Die Regulation der Enzymaktivität ist dagegen ein wesentlich schneller verlaufender Vorgang. Sie kann im Falle der **allosterischen Modulation** nahezu verzögerungsfrei erfolgen und ist als **taktisches** Hilfsmittel der Zelle in besonderem Maße zur Bewältigung sich schnell ändernder stoffwechselphysiologischer Situationen geeignet.

Im Zusammenwirken beider Prinzipien
- erhält die Pflanze die Harmonie ihres Stoffwechsels aufrecht,
- vermag auf Änderungen der Umwelt angemessen zu reagieren,
- vermeidet Überproduktionen von Enzymen und Metaboliten und
- realisiert den in ihrem Genbestand codierten spezifischen Entwicklungsgang.

7.16.1. Regulation der Enzymsynthese

Im Gegensatz zu den **konstitutiven** Enzymen wird die Bildung der **induzierbaren** und **reprimierbaren** Enzyme in der Zelle reguliert. Wenn es unter dem Einfluß bestimmter Metabolite oder Hormone zur Bildung spezifischer Enzyme kommt, sprechen wir allgemein von einer **Enzyminduktion.** Im umgekehrten Fall liegt eine **Repression** vor, wenn in Gegenwart bestimmter Substanzen die Synthese von Enzymen verhindert wird. Über den mechanischen Ablauf dieser Vorgänge ist damit noch keine Aussage gemacht.

Der Gesamtvorgang der Realisierung der genetischen Information — d. h. die Bildung spezifischer Proteine — kann in verschiedenen Abschnitten regulatorisch beeinflußt werden.

1. Regulation der Transkription
2. Regulation der Translation
3. Veränderungen der Proteine nach der Translation

Untersuchungen der Enzymbildung in den vermutlich einfacheren Systemen prokaryotischer Zellen haben zu präzisen und gut begründeten Vorstellungen über den Mechanismus der Regulation der Transkription geführt, die als **Jacob-Monod-Modell** bekannt geworden sind. An ihm orientiert sich vielfach auch die Hypothesenbildung zur Regulation eukaryotischer Systeme. Man weiß allerdings heute, daß das Jacob-Monod-Modell in seiner einfachen Form die Verhältnisse bei Eukaryoten nicht befriedigend erklären kann.

Das Jacob-Monod-Modell geht davon aus, daß die intrazelluläre Konzentration bestimmter Metabolite im Zusammenwirken mit regulatorischen Proteinen die Bildung spezifischer mRNA entweder hervorruft (induziert) oder verhindert (reprimiert). Dem Mechanismus nach kann die Kontrolle der Transkription **negativ** oder **positiv** sein. Im negativen Kontrollsystem lagert sich ein **Repressorprotein** an bestimmte Stellen der DNA an und verhindert dadurch die Synthese spezifischer mRNA (die Transkription eines **Strukturgens).** Die Wirkung induzierender Metabolite beruht auf ihrer Bindung an den Repressor, der als Folge einer **allosterischen Konformationsänderung** (vgl. 7.2.1.) daraufhin den Bereich des Strukturgens zur Transkription freigibt. Im positiven Kontrollsystem wird mRNA nur synthetisiert, wenn ein **Aktivatorprotein** an bestimmte Bereiche der DNA gebunden wird und diese dadurch aktiviert.

Auch bei eukaryotischen Zellen lassen sich Phänomene finden, die äußerlich den bei Bakterien beobachteten Tatbeständen ähnlich sind. So können z. B. in Hefezellen und in einzelligen Grünalgen durch Acetat die Enzyme des Glyoxylat-Cyclus induziert werden. Nitrat induziert die Bildung der Nitratreduktase und Ammonium reprimiert sie. Auch aktive Aufnahmesysteme für Zucker (Permeasen) sind induzierbar. Würden sich diese Tatsachen in formaler Analogie noch auf der Basis des Jacob-Monod-Modells deuten lassen, so reicht dieses Modell aber nicht aus, um die vielfältigen, komplizierten **Entwicklungs-** und **Differenzierungsabläufe** mit den ihnen zugrunde liegenden **zeitlich gestaffelten Genaktivitäten** zu erklären. Vermutlich ist die Regulation der Proteinsynthese in Eukaryoten ein Mehrstufenprozeß und erfolgt nicht wie beim Jacob-Monod-Modell ausschließlich auf der Ebene der Transkription. Man nimmt an, daß das in den Zellkernen gebildete ursprüngliche Transkript einen **mehrstufigen Reifungsprozeß** durchläuft, bei dem durch Eliminierung informationsloser Abschnitte aus einer prä-mRNA die mRNA wird **(mRNA-processing).** Diese mRNA kann, durch Proteine stabilisiert, offenbar z. T. längere Zeit (bei *Acetabularia* mindestens 3—4 Wochen, vgl. S. 394f.) gespeichert werden, ehe sie in den Translationsmechanismus einmündet **(Translationskontrolle).**

Schließlich kann auch die Proteinkette selbst einem Reifungsprozeß unterworfen werden **(Protein-processing)**, in dessen Folge sie auf die richtige Länge zum funktionstüchtigen Enzym verkürzt wird.

Das Vorhandensein mehrerer unterschiedlicher genetischer Zentren (Kern, Plastiden, Mitochondrien) macht deutlich, daß der intrazelluläre Regulationsmechanismus der Proteinsynthese in der eukaryotischen Pflanzenzelle weitaus komplizierteren Aufgaben angepaßt sein muß als bei Prokaryoten, da er die Koordinierung dieser unterschiedlichen Systeme mit einbeziehen muß. Ein instruktives Beispiel ist die **Ribulosebisphosphat-Carboxylase.** Dieses Enzym besteht aus 8 großen und 8 kleinen Untereinheiten. Die großen Untereinheiten werden durch die DNA der Chloroplasten codiert, und ihre Synthese findet im Chloroplasten an den 70-S-Typ-Ribosomen des Stromas statt. Die genetische Information der kleinen Untereinheiten hingegen liegt in den Chromosomen des Zellkerns. Die Polypeptidketten der kleinen Untereinheiten werden an den 80-S-Typ-Ribosomen des Cytoplasmas synthetisiert. Sie wandern dann in den Chloroplasten, wobei sie sekundären Veränderungen (Verkürzung) unterliegen, um sich mit den großen Untereinheiten zum aktiven Gesamtenzym zu vereinigen.

7.16.2. Regulation der Enzymaktivität

Die maximale Leistungsfähigkeit der Enzyme wird in der Zelle nur selten voll ausgeschöpft. Ihre Aktivität wird vielmehr in den meisten Fällen so reguliert, daß sie den jeweils vorliegenden physiologischen Notwendigkeiten angepaßt ist. Die Geschwindigkeit enzymatischer Reaktionen kann durch verschiedene Mechanismen erhöht oder erniedrigt werden. Im Prinzip können alle Änderungen des lokalen zellulären Milieus regulatorisch bedeutsam werden: Substrat- und Coenzymkonzentration, pH-Wert, Ionenkonzentration, Assoziation mit anderen Proteinen oder reversible Bindung an Membranen, Konkurrenz mehrerer Enzyme um gemeinsame Metabolite. Die genannten Möglichkeiten zeichnen sich jedoch in der Regel nicht durch einen sehr hohen Grad an Spezifität aus. Spezifischer können **kompetitive Inhibitoren** (vgl. 7.2.) wirken, die das Substrat vom aktiven Zentrum des Enzyms verdrängen und dadurch zu einer Erhöhung des K_m-Wertes führen.

Für die Regulation der Enzymaktivität am wichtigsten sind

1. **allosterische Modulationen,**
2. **reversible chemische Veränderungen des Enzymproteins.**

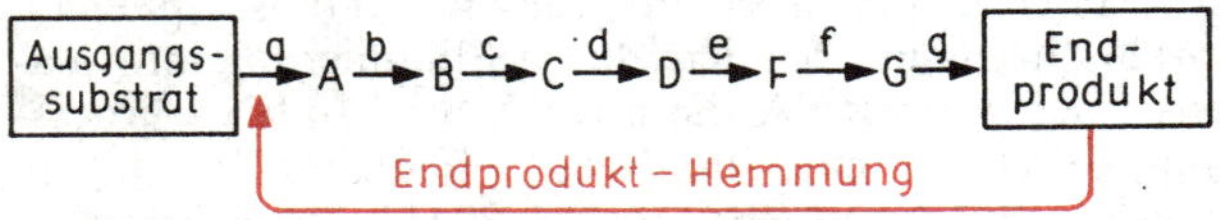

Abb. 7.47. Schematische Darstellung einer Endprodukt-Hemmung.

Allosterische Modulationen der Enzymaktivität werden durch reversible Bindungen von niedermolekularen **Effektoren** bewirkt. Diese Effektoren sind Signale, die das Enzym erreichen und zu drastischen konzentrationsabhängigen Aktivitätsänderungen veranlassen. Positive Effektoren bewirken eine Aktivierung, negative Effektoren eine Hemmung der Enzymaktivität. Die Aktivitätsänderungen kommen dadurch zustande, daß die Effektoren spezifisch am sog. **regulatorischen Zentrum** des Enzyms gebunden werden und dadurch eine Konformationsänderung des Enzymproteins herbeiführen, die von entscheidendem Einfluß auf die Bindung und Umsetzung des Substrates im **katalytischen Zentrum** ist. Das besondere kinetische Verhalten allosterischer Enzyme (vgl. 7.2.1.) bringt es mit sich, daß schon kleine Konzentrationsänderungen der Effektoren zu starken Änderungen der Enzymaktivität führen.

Allosterische Mechanismen sind entscheidend an der Regulation des Grund- und Sekundärstoffwechsels beteiligt. Für Biosyntheseketten sehr typisch ist die **Endprodukt-Hemmung.**

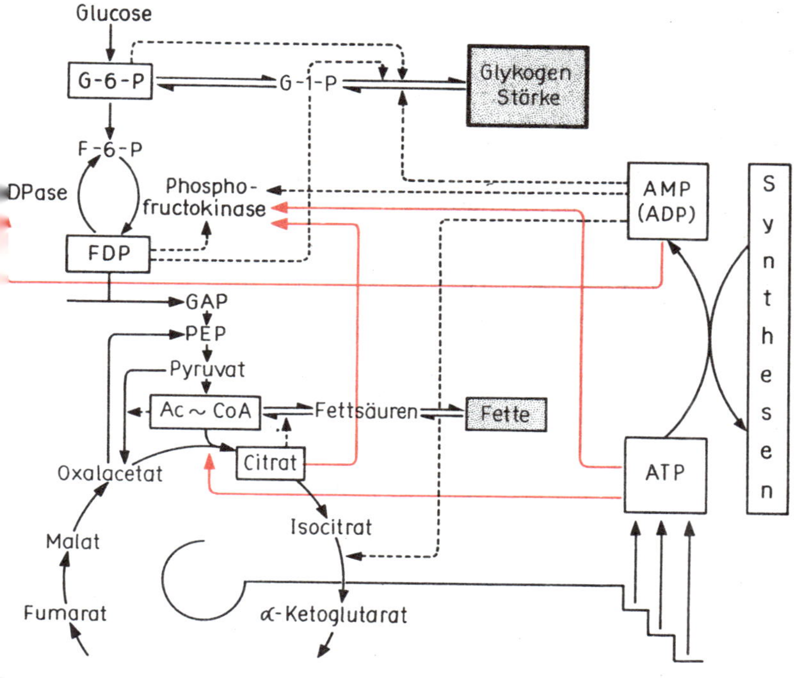

Abb. 7.48. Schematische Darstellung möglicher Regulationen der Aktivität von Enzymen zentraler ab- und aufbauender Reaktionen. Rote Pfeile stellen positive Effektorwirkungen (Aktivierungen) dar, unterbrochene schwarze Pfeile negative (Hemmungen). — Nach Schlegel.

Dabei wirkt das Endprodukt hemmend auf das erste Enzym einer Reaktionsfolge. Die Regulation ist für den Organismus sinnvoll, da sie die Überproduktion des Endproduktes verhindert (Abb. 7.47.).

Der Intermediärstoffwechsel ist einem Netz allosterischer Kontrollmechanismen unterworfen, wobei die Glieder des **Adenylatsystems** (ATP, ADP, AMP) und die **Pyridinnucleotide** eine dominierende Rolle spielen. Sie bilden ein Signalsystem, das sowohl auf anabole wie katabole Reaktionsfolgen wirkt und dadurch die Energiegewinnung und wichtige Biosynthesewege aufeinander abstimmt. Wichtig scheint dabei das relative Verhältnis der Glieder des Adenylatsystems zueinander zu sein, für das der Begriff **Energieladungszustand** (energy charge) eingeführt wurde. Vereinbarungsgemäß gilt:

$$\mathrm{EL} = \frac{\mathrm{ATP} + 0{,}5\ \mathrm{ADP}}{\mathrm{ATP} + \mathrm{ADP} + \mathrm{AMP}}$$

Der EL ist 1, wenn das gesamte Adenylat als ATP vorliegt, er ist 0, wenn nur AMP vorliegt. Der numerische Wert der Energieladung ist ein Indikator für den Sättigungsgrad einer Zelle mit energiereichen Verbindungen. In wachsenden Zellen liegt die Energieladung meist im Bereich von 0,7 bis 0,9. Wichtige Regulationsstellen im Kohlenhydratstoffwechsel zeigt die Abb. 7.48.

Manche Enzyme werden auf enzymatischem Wege **chemisch modifiziert.** Diese Veränderung kann zu einer Steigerung oder zu einer Verminderung der enzymatischen Aktivität der betreffenden Enzyme führen. Die Modifizierungen können durch kovalente Bindung von niedermolekularen Substanzen oder durch Reduktion von Disulfidbrücken zu Sulfhydrylgruppen erreicht werden.

Bekannt geworden sind Adenylierungen, Acetylierungen, Phosphorylierungen oder die Anheftung von ADP-Ribose. In der Regel sind diese Veränderungen reversibel, wobei die Rückverwandlung in den Ausgangszustand ebenfalls enzymatisch katalysiert wird.

8. Entwicklungsphysiologie

Die Entwicklung einer Pflanze ist der Prozeß ihrer Veränderung von der Entstehung der Keimzelle bis zu ihrem Tod. Die Physiologie der Entwicklung ermittelt auf der Grundlage von Morphologie, Genetik und Stoffwechselphysiologie die Gesetzmäßigkeiten dieser Veränderungen und ihre steuernden Mechanismen. Als **Wachstum** wird die bei der Entwicklung erfolgende Zunahme von Zellzahl und Zellgröße bezeichnet, die Ausbildung qualitativer Unterschiede zwischen den Zellen als **Differenzierung.** So ist **Entwicklung = Wachstum + Differenzierung.** Beide Aspekte sind in der Regel eng verbunden und führen zur Bildung von Geweben und Organen. Die Zell-, Gewebs- und Organentwicklung erfolgt stets in den Grenzen der in dem Genom der betreffenden Pflanzen vorhandenen Möglichkeiten, im Rahmen der **genetischen Potenz.** Realisiert wird die Entwicklung im Zusammenwirken von genetischen Faktoren mit den Einflüssen der Umwelt. Der Anteil der einen oder anderen Komponente kann bei den einzelnen Entwicklungsschritten unterschiedlich sein, immer sind sie aber beide beteiligt.

8.1. Wachstum

8.1.1. Die unterschiedlichen Wachstumsprozesse

Pflanzliches Wachstum ist die irreversible Volumenzunahme von Zellen, deren Teilung bei Vielzellern sowie die damit bewirkte Vergrößerung der Organe. Grundlage dafür sind die Neubildung lebender organischer Substanz und die Wasseraufnahme. So können als Wachstum unterschieden werden:

- Vergrößerung der Zellzahl durch Teilung, die **Zellvermehrung**
- Vermehrung der lebenden Substanz, das **Plasmawachstum**
- Vergrößerung der Wand und Bildung von Zellsaftvakuolen (= Vakuolisierung), das **Streckungswachstum.**

Die zur Kern- und Zellteilung (s. 3.2.) führenden Regulationsprozesse sind noch wenig bekannt, fördernde und hemmende Einflüsse von Phytohormonen wurden nachgewiesen. Da sich der Zellkern bei embryonalen Zellen nur in einem bestimmten Mengenverhältnis mit Cytoplasma umgibt **(Kern-Plasma-**

Relation), kann bei einkernigen Zellen in der Zunahme des Cytoplasmas eine Ursache für die Zellteilung vermutet werden. Im Mittelpunkt des Plasmawachstums steht die Proteinsynthese (s. 7.14.), das Zellvolumen wächst dabei nur gering. Erst das **Streckungswachstum** — meist mit Zelldifferenzierung verbunden — führt zur entscheidenden Volumenzunahme der Zelle, bei Höheren Pflanzen in der Regel um das 30- bis 50fache. Es ist durch die Bildung von Zellsaftvakuolen gekennzeichnet. Die Zelle nimmt entsprechend ihrer osmotischen Saugspannung Wasser auf, wobei durch die vorwiegend plastische Dehnbarkeit der Wand — sie ist später nur elastisch dehnbar — dieser Aufnahme kein hoher Wanddruck entgegensteht. Der potentielle osmotische Wert des Zellsaftes (s. 3.6.1.) wird während der Wasseraufnahme durch Osmoregulation etwa konstant gehalten. Das erfolgt durch Aufnahme gelöster Substanzen oder deren Bildung, z. B. Hydrolyse von Oligo- und Polysacchariden zu Monosacchariden. Eine Zellstreckung kann nur bei Hypertonie (= höherem osmotischem Wert) des Zellsaftes gegenüber der Außenlösung erfolgen. Wegen des gleichzeitigen Plasmawachstums sowie der energieabhängigen Prozesse der Osmoregulation und des Wandwachstums bedarf auch das Streckungswachstum der Energiezufuhr, was sich in einer gesteigerten Atmung wachsender Organe zu erkennen gibt. Für den Vorgang der Zellstreckung besitzen **Auxine** (1.8.3.1.), insbesondere die natürlich vorkommende β-Indolylessigsäure (IES), eine besondere Bedeutung. Sie bewirkt eine Erhöhung der Plastizität der Zellwand. Bei *Avena*-Koleoptilen nimmt diese Plastizität mit zunehmender Auxinkonzentration in gleicher Weise zu wie das Streckungswachstum selbst. Auxin fördert aber auch das Wandwachstum. Der Mechanismus dieser Wirkung wird in Aktivierungsprozessen bzw. Neusynthese von Enzymen vermutet, die sowohl bei der Hydrolyse als auch der Synthese von Pectinen und Hemicellulosen beteiligt sind (Pectinmethylesterase, α-1,3-Gluconase).

8.1.2. Verlauf und Messung des Wachstums

Wachstum ist an der Zunahme der Zellzahl, des Frisch- oder Trockengewichtes, von Länge, Fläche oder Volumen der Zellen und Organe, aber auch durch den steigenden Gehalt an Proteinen und Nucleinsäuren meßbar. Da der Wassergehalt der Zellen und Gewebe auch wachstumsunabhängige Veränderungen aufweisen kann, ist z. B. die Trockengewichts- oder Proteinzunahme ein verläßlicheres Maß als die Zunahme des Frischgewichtes. Organe können **apikal** (Sproßachsen und Wurzeln), **basal** (Grasblätter) oder **interkalar** (Internodien) wachsen. Das Wachstum kann begrenzt sein wie bei Blatt oder Frucht oder ist unbegrenzt (zumindest potentiell) wie bei Pilzhyphen oder Wurzeln. Trägt man bei begrenztem Wachstum (das auch die Zellen unbegrenzt wachsender Organe zeigen) die Wachstumsgeschwindigkeit gegen die Zeit auf (Abb. 8.1.a), so ergibt sich eine glockenförmige Optimumkurve, die **„große Periode des Wachstums“.** Trägt man die zunehmende Gesamtgröße des Organs gegen die Zeit auf, so ergibt sich eine sigmoide Kurve **(„sigmoider Wachstumsverlauf")**. Unbegrenzt wachsende Organe zeigen hier eine lineare Beziehung zwischen Größenzunahme und Zeit. Die Wachstumsgeschwindigkeit beträgt bei Sprossen und Wurzeln etwa 1—2 cm/d, bei Haferkoleoptilen wurden 3,7 cm/d gemessen, und von Bambussprossen sind Geschwindigkeiten bis etwa 50 cm/d bekannt geworden.

Der Verlauf des Wachstums von Einzeller-Kulturen (z. B. Bakterien, Hefen, Algen) kann mit gewissen Einschränkungen als Modell auch für das Wachstum eines vielzelligen Organes dienen (Abb. 8.1.b). Nach einer **Anlaufphase (lag-Phase)** ohne nennenswerte Zellvermehrung — diese Phase tritt auf, wenn eine „Gewöhnung" (z. B. Enzymbildung, osmotische Adaptation u. a.) an das Medium erfolgen muß — folgt eine meist kurze **Beschleunigungsphase.** Sie geht in die **Hauptwachstumsphase (exponentielle Phase)** über, bei der eine geometrische Zunahme erfolgt, d. h. die Zahl der Zellen nimmt proportional zu der ständig wachsenden Menge und nicht linear mit der Zeit zu. In der **Verzögerungsphase** verringert sich das Wachstum, z. B. durch die abnehmende Verfügbarkeit von Sauerstoff bei höherer Zelldichte, wegen Erschöpfung des Nährsubstrates oder auch durch Bildung hemmender Stoffwechselprodukte. So wird schließlich die **stationäre Phase** erreicht, bei der die Zellen zwar weiterleben können, sich aber nicht mehr teilen. In der **Absterbephase** tritt der Zelltod ein.

Der aufwärtsgekrümmte Kurvenast der Hauptwachstumsphase läßt sich zumindest in guter Annäherung durch eine Exponentialfunktion beschreiben. Dabei ist die Menge an lebendem Material zu einem beliebigen Zeitpunkt $t(G_t)$ proportional dem Produkt aus der Menge lebender Substanz bei Versuchsbeginn (G_0) und der Potenz $k \cdot t$ des natürlichen Logarithmus e:

$$G_t = G_0 \cdot e^{k \cdot t}$$
(k = Wachstumskonstante)

Durch Logarithmieren erhält man:

$\ln G_t = G_0 + k \cdot t$, eine Funktion, die bei der Kurvendarstellung mit logarithmischer Ordinatenteilung aus dem ansteigenden Kurvenast eine Gerade

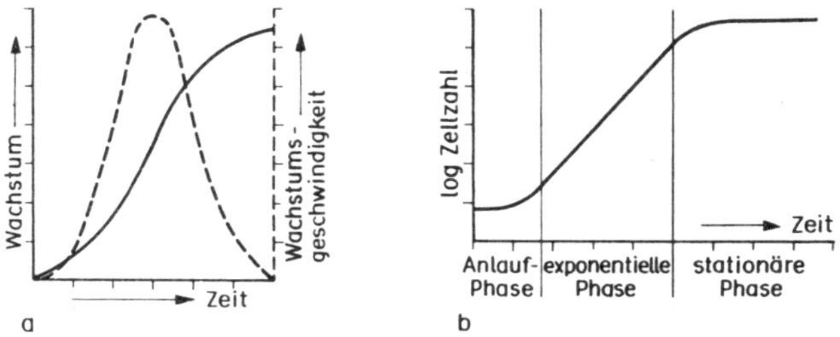

Abb. 8.1. Wachstumskurven. Erklärung im Text.

entstehen läßt. Diese Tatsache führte zur Bezeichnung „logarithmische Wachstumsphase“ (log-Phase).

Die **absolute Wachstumsrate** zur Zeit t ist $\mathrm{d}G_t/\mathrm{d}t$. Bei exponentiellem Wachstum ist sie dem Produkt aus der Gesamtmenge lebender Substanz bei Versuchsbeginn und dem Wachstumsfaktor k proportional:

$$\mathrm{d}G_t/\mathrm{d}t = G_0 \cdot k$$

Daraus folgt, daß die **Wachstumskonstante** k dem Quotienten aus der absoluten Wachstumsrate und der zur gleichen Zeit vorhandenen Menge lebender Substanz entspricht:

$$\frac{\mathrm{d}G_t/\mathrm{d}t}{G_t} = k$$

Dieser Wert wird auch als **relative Wachstumsrate** bezeichnet. Ihr Ausmaß ist abhängig von Organismus, Temperatur, Nährstoffversorgung u. a. m.

8.2. Differenzierung

Die nach mitotischer Kernteilung entstandenen Zellen sind artgleich, mit wenigen Ausnahmen besitzen alle Zellen des vegetativen Pflanzenkörpers die gleiche genetische Potenz. Soweit sie nicht in einem **embryonalen Differenzierungszustand** verbleiben, erfahren sie — beginnend etwa gleichzeitig mit dem Streckungswachstum — eine Differenzierung, die zu den verschiedenartigen Zellen und Geweben führt. Aus jeder Pflanzenzelle — im Gegensatz zu den Zellen höherer Tiere — kann potentiell der gesamte vielzellige Organismus entstehen. Diese **Totipotenz** zeigt sich z. B. bei *Begonia*-Blättern in der Fähigkeit, durch Regeneration eine neue Pflanze entstehen zu lassen, deren Ur-

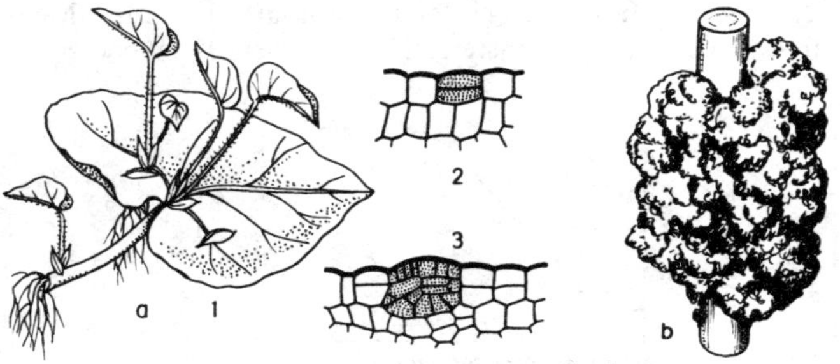

Abb. 8.2. Regeneration und Tumorbildung. a (1) Regeneration neuer Pflanzen an Schnittstellen des *Begonia*-Blattes, (2) und (3) erste Zellteilungen dazu. **b** Infektionstumor durch *Agrobacterium tumefaciens* an Sproßachse. — a nach Stoppel, Hansen, b nach Sinnott.

sprung eine einzige Epidermiszelle sein kann (Abb. 8.2.a). Auch in Gewebekulturen von Möhre, Tabak u. a. vermögen einzelne Zellen neue vollständige Pflanzen zu regenerieren (s. 8.4.4.). Dabei müssen aber ausdifferenzierte Zellen erneut teilungsfähig werden, d. h. einen Prozeß der Rückdifferenzierung durchlaufen. Durch eine derartige **Remeristematisierung** oder **Embryonalisierung** von ausgewachsenen Zellen wird die Bildung sekundärer Meristeme (s. 4.1.) ermöglicht und mit deren Hilfe der Ersatz bzw. die Ergänzung verletzter Organe durch **Restitution** bzw. **Regeneration.** Der Austrieb ruhender Knospen, z. B. nach einem Kahlfraß durch Raupen, beruht demgegenüber auf einer Aktivierung von vorhandenen, aber inaktiven Meristemen.

8.2.1. Differentielle Genexpression

Die Unterschiedlichkeit in der Differenzierung von Zellen einer Pflanze gründet sich auf die Realisierung nur eines Teils der im Genom gespeicherten Informationen, die Mehrzahl der ererbten Anlagen kann sich nicht entfalten und bleibt verborgen. Die Ausbildung eines bestimmten, im genetischen Material verankerten Merkmals im Verlauf der Entwicklung bezeichnet man als **differentielle Genexpression**, sie ist u. a. Folge einer **differentiellen Genaktivierung.** Dabei wird die gespeicherte genetische Information nur von einem sehr begrenzten Abschnitt der chromosomalen DNA in Form von mRNA (Transkription, Einzelheiten s. 7.15.) abgegeben. An Riesenchromosomen tierischer Herkunft (aus Speicheldrüsen von Dipteren), später auch an pflanzlichen Objekten *(Phaseolus vulgaris)*, konnten lokale Auflockerungen der chromosomalen DNA, die **Puffs** (engl. puffing = Aufblähen), als Orte der Transkription wahrscheinlich gemacht werden. Das jeweilige Muster der differentiellen Genexpression ist je nach Pflanzenart, Gewebetyp und Entwicklungsstadium verschieden; es läßt sich nach der Transkription auch in dem spezifischen Muster der vorhandenen Enzyme erkennen. Zur Regulation der Genexpression bei eukaryotischen Pflanzen dürften weniger Prozesse der Induktion und Repression entsprechend dem an Bakterien entwickelten Modell von Jacob und Monod ablaufen, als vielmehr ein Processing (S. 385) von mRNA und Proteinen. Daneben ist eine Beteiligung von Histonen und anderen Faktoren der chromosomalen Organisation sehr wahrscheinlich.

8.2.2. Regulation von Differenzierungsprozessen

Für die Regulation der Differenzierung ist die **differentielle Genaktivierung** nur zu einem Teil verantwortlich, sie schafft im wesentlichen die Voraussetzung, damit **Einflüsse von Nachbarzellen, Hormone** als Botenstoffe oder **Umweltfaktoren** induzierend und regulierend eingreifen können. Wir kennen sehr viele solcher Wirkungen, die ihnen zugrundeliegenden Prozesse sind aber weitgehend unbekannt. Aus der Tatsache, daß es bei der Spezialisierung der verschiedenen Zelltypen nur wenige Übergangsformen gibt, läßt sich aber folgern, daß der Differenzierungsprozeß relativ früh einsetzt und damit auch die Entscheidung für eine der nur in begrenzter Zahl gegebenen Alternativen der Zellentwicklung erfolgt. Eine solche Festlegung wird **Determination** genannt, der Prozeß der Entwicklungsauslösung **Induktion.**

Über den Einfluß von Hormonen und einigen Umweltfaktoren soll später berichtet werden, hier seien einige Einflüsse von Nachbarzellen genannt. So erfolgt die Bildung neuer Siebröhren wie auch Tracheen und Tracheiden im wachsenden Sproß in der Regel im Anschluß an die vorhandenen Leitelemente, welche die in der Leitrichtung benachbarten jungen Zellen determinieren. Es ist eine **homogenetische Induktion**, wie sie auch in dem Kallus zwischen Unterlage und Reis bei einer Pfropfung (Abb. 8.10.) erfolgt, da gleichartige Zellen induziert werden. Bei einer **heterogenetischen Induktion** regen Zellen eines Typs die Differenzierung von Zellen eines anderen Typs an. Zum Beispiel beeinflussen entstehende Spaltöffnungen die unter ihnen sich differenzierenden Mesophyllzellen derart, daß Atemhöhlen entstehen. Die Verteilung der Spaltöffnungen erfolgt dadurch, daß die Spaltöffnungsmutterzellen auf die sie umgebenden Epidermiszellen einen Sperreffekt gegenüber einer gleichartigen Zelldifferenzierung ausüben (**„Sperreffektmuster“).** Ein ähnlicher Mechanismus ist z. B. bei der Anlegung sekundärer Markstrahlen im Holz zu erkennen. Als **„Muster“** werden Anordnungen von Zellen oder Organen bezeichnet, die nicht zufällig sind, sondern auf Grund korrelativer Einflüsse eine Regelmäßigkeit erkennen lassen.

8.2.3. Acetabularia-Versuche

Bei der einzellig siphonalen Grünalge *Acetabularia* (Abb. 6.8.c) wurde erstmals eine durch Gene des Kerns gesteuerte, artspezifische Differenzierung der Gestalt festgestellt. Die Alge besteht im vegetativen Zustand aus einem Stiel, der mit einigen Rhizoiden an der Unterlage befestigt ist, mit nur einem Kern in einem der Rhizoide. Die generative Phase wird durch die Bildung eines Hutes am apikalen Ende des Stieles eingeleitet. Erst später teilt sich der Kern vielfach, und die Tochterkerne wandern in die radial angeordneten Cystenbehälter des Hutes ein, um nach erneuter Teilung dort zu vielen in Cysten deponiert zu werden. Entfernt man den Kern an jungen Pflanzen, so vermögen diese dennoch den Hut zu bilden und einige Zeit weiterzuleben, soweit eine ausreichende Belichtung erfolgt. Diese Hutbildung unterbleibt aber ebenso wie die Regeneration eines abgeschnittenen Hutes, wenn zuvor durch den Transkriptionshemmer Actinomycin D die Bildung von mRNA unterdrückt wurde. Pfropft man auf ein kernhaltiges Rhizoid einer Pflanze von *A. mediterranea* das Stielende von *A. wettsteinii* auf, so bildet sich ein Hut mit den Merkmalen der kernhaltigen Unterlage (Abb. 8.3.). Bei Propfung größerer Spitzenstücke kann der sich bildende Hut vorübergehend auch Merkmale der gepfropften Art ausbilden. Intermediäre Hutformen entstehen bei der Regeneration aus Verbindungen von zwei verschiedenartigen *Acetabularia*-Pflanzen.

Es ist anzunehmen, daß die vom Kern gebildete **„morphogenetische Substanz“**

mit einer langlebigen mRNA identisch ist. Ein Einfluß des Cytoplasmas auf den Kern wird erkennbar, wenn dessen Teilung durch ein wiederholtes Abschneiden des sich bildenden Hutes verhindert wird. Andererseits setzt aber sofort die Kernteilung ein, wenn auf dem Stumpf eines jungen Stieles ein voll ausgebildeter Hut gepfropft wird. Die Art dieser Einflußnahme auf den Kern ist unbekannt.

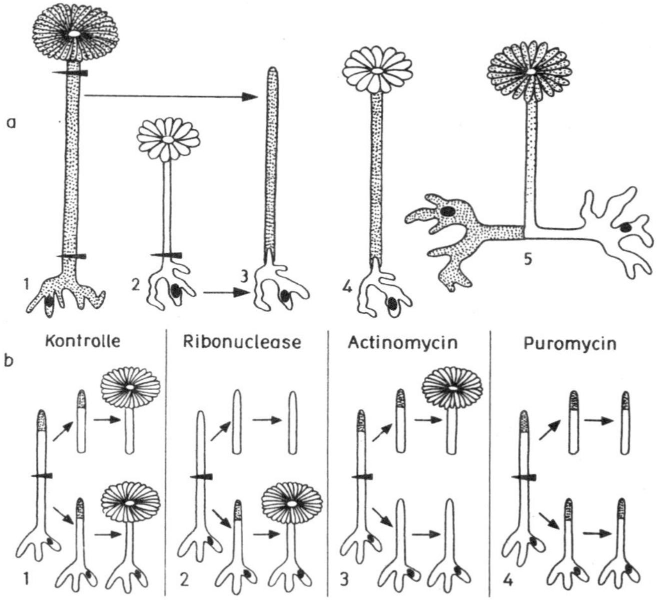

Abb. 8.3. Morphogenese von *Acetabularia.* **a** (1) *Acetabularia mediterranea*, (2) *A. wettsteinii*, (3) Stielstück von *A. medit.* auf Rhizoid von *A. wettst.* gepfropft, (4) Regeneration eines „Hutes" entsprechend der Art des kernhaltigen Rhizoids, (5) Regenerat aus Pfropfung verschiedenartiger Rhizoide ergibt intermediäre Hutform. **b** Hinweise auf die RNA-Natur der vom Kern gebildeten morphogenetischen Substanz (deren Anhäufung in Stielenden punktiert): (1) Apikalenden eines zerteilten Stieles bilden beide Hut (Kontrolle), (2) kurzzeitige Behandlung mit Ribonuclease zerstört RNA der Spitze, Basis erhält durch Kern neue RNA und bildet Hut, (3) Actinomycin hemmt Neubildung von RNA, Hut wird nur am Spitzenteil gebildet, (4) Puromycin hemmt Proteinsynthese und verhindert Hutbildung trotz RNA-Gegenwart. — Nach Libbert.

8.2.4. Tumoren

In einem Zustand geringer Differenzierung und ungeordneter Polarität (s. 8.4.1. verbleiben die Zellen bei Tumoren, den krebsartigen Zellwucherungen bei Pflanzen. Wir unterscheiden **genetische Tumoren**, welche als Folge einer geringen Verträglichkeit von Partnern bei deren Hybriden auftreten können, von **Infektionstumoren**, wie sie *Agrobacterium tumefaciens* auslöst (Abb. 8.2.b). Der Name **„Wurzelhalsgalle"** (= crown gall) weist auf deren häufiges Auftreten am Wurzel-Sproß-Übergang hin, wo es leicht zur Verwundung der Pflanze und zur Bildung von Wundkallus-Zellen kommt. Gleichzeitig dringt das Bakterium interzellulär ein. Erst die Aufnahme bestimmter von den Bakterien abgegebener Plasmide [bisher als **„Tumor-induzierendes Prinzip"** (TIP) bezeichnet] in die Kalluszellen führt zur Bildung von Tumoren. Dessen Zellen behalten und vermehren diese Plasmide auch dann, wenn die Bakterien durch Erhitzen der Pflanze auf ca. 46 °C abgetötet wurden. Von bakterienfreien Tumoren kann „Gewebe" durch Pfropfung übertragen oder steril auf Nährboden kultiviert werden (s. 8.4.4.).

8.3. Phytohormone

Sie dienen der Regulation von Wachstum und Entwicklung in der Pflanze und sind in sehr geringen Konzentrationen wirksam. Als Botenstoffe können sie wie tierische Hormone ihre Wirkung weitab vom Entstehungsort im Organismus entfalten. Pflanzliche Hormone unterscheiden sich von tierischen aber durch eine geringere Wirkungsspezifität. Jedes Phytohormon ist an verschiedenen Regulationsprozessen beteiligt, besitzt eine **multiple Wirkung.** Von den 5 bisher näher bekannten Hormongruppen der höheren Pflanzen (Abb. 8.4.) sind **Auxine, Gibberelline** und **Cytokinine** vorwiegend an Wachstum, Aufbau, Fortpflanzung beteiligt, **Abscisinsäure** und **Ethylen** vorwiegend an Reifung, Abbau, Alterung. Neben den Phytohormonen können auch dem pflanzlichen Stoffwechsel fremde, xenobiotische Stoffe als Wachstumsregulatoren Einfluß auf die Pflanze ausüben. Da sie in ihrer Wirkung und oft auch in ihrer chemischen Konstitution Ähnlichkeiten mit den Phytohormonen besitzen, sollen sie in Zusammenhang mit diesen vorgestellt werden.

Eines der wesentlichen Ergebnisse von etwa 50 Jahren pflanzlicher Hormonforschung ist die Erkenntnis, daß die Wirkung jedes einzelnen Hormons die Gegenwart anderer Hormone voraussetzt. Wenn die Hormongruppen dennoch getrennt vorgestellt werden, so aus didaktischen Gründen und weil ein tieferes Verständnis der gemeinsamen Wirkungen wie Wechselwirkungen noch aussteht.

8.3.1. Auxine

Entdeckung: Nachdem Charles und Francis Darwin (1880) gefunden hatten, daß nur die oberste Spitze von Gramineen-Koleoptilen phototropisch reizbar ist, konnte Boysen-Jensen

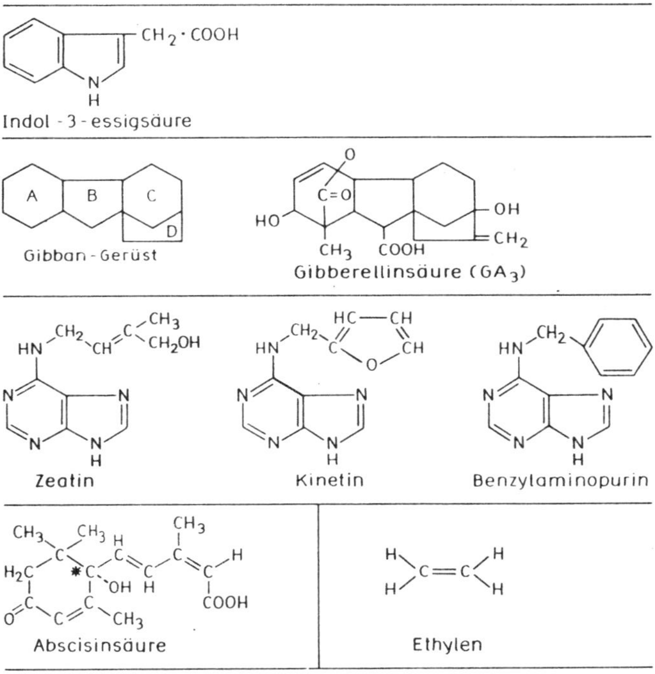

Abb. 8.4. Phytohormone.

(1910/13) den Hinweis auf ein von der Spitze abwärtswanderndes Streckungshormon bringen. Er schob ein Glimmerblättchen in einen Einschnitt auf der lichtabgewandten Koleoptilseite und blockierte dadurch die Krümmung (Abb. 8.5.a). Paal (1919) bestärkte diese Vorstellung, als er eine Koleoptilkrümmung durch seitliches Aufsetzen einer abgeschnittenen Spitze auf den Koleoptilstumpf auslöste. In gleicher Art wird eine Krümmung nach F. Went (1928) durch seitlich aufgesetzte, auxinhaltige Agarblöcke hervorgerufen (Abb. 8.6.a). Auxin war demnach isolierbar und konnte, da sich der Koleoptilkrümmungswinkel als abhängig von der im Agarwürfel gebotenen Hormonmenge erwies, quantitativ bestimmt werden (10° Krümmung = 1 Avena-Einheit). Kögl und Kostermanns (1934) gelang die Identifizierung dieser Substanz als Indol-3-essigsäure (IES), die von Salkowski (1885) erstmals beschrieben wurde.

Vorkommen und Wirkung: Die **Indol-3-essigsäure (= β-Indolyl-essigsäure)** kommt als natürliches Auxin in allen Höheren Pflanzen vor und wird auch von vielen Niederen Pflanzen gebildet. Bildungsorte sind wachsende Sproßspitzen, Blattorgane, Koleoptilspitzen und entstehende Samen. Die Leitung des Auxins findet vorwiegend in den Leitbündeln statt, und zwar stärker im Leitbündelparenchym als in Siebröhren und Gefäßen. Die Geschwindigkeit des basipetalen Transportes im Gewebe beträgt 3—16 mm/h. In der Wurzel

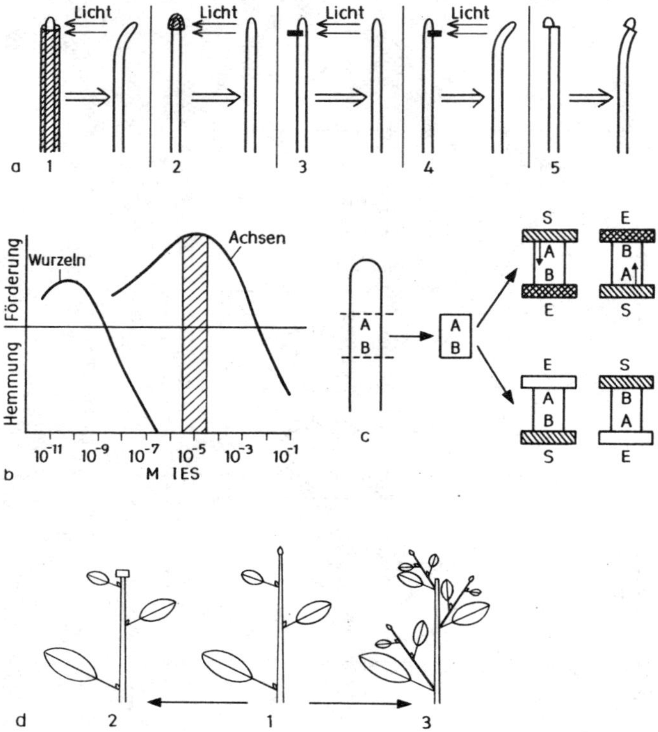

Abb. 8.5. Auxine I. a Grundversuche der Entdeckungsgeschichte: (1, 2) Koleoptilspitze als Ort phototroper Reizung, die Krümmung setzt unterhalb der Spitze ein, (3, 4) keine phototrope Krümmung, wenn Auxin-Abwärtsstrom auf lichtabgewandter Koleoptilseite unterbunden wird, (5) seitlich verschobenes Aufsetzen abgeschnittener Koleoptilspitze führt zur Koleoptilkrümmung. **b** Fördernde und hemmende Konzentrationsbereiche von IES auf das Streckungswachstum von Wurzeln und Sproßachsen (für letztere ist optimaler Bereich schraffiert). **c** Polarer Auxintransport in Koleoptilsegmenten: aus Spender-Agarblock (S) wird Auxin durch Koleoptilsegment zum Empfänger-Agarblock (E) geleitet, wenn S der physiologischen Oberseite A anliegt, unabhängig davon, ob A physikalisch oben oder unten liegt, ein Transport von B zu A erfolgt nicht oder nur wenig. **d** Apikaldominanz als Auxinwirkung: (1) Hemmung des Austriebes von Seitenknospen durch Auxinstrom von der Endknospe, (2) von einem IES-haltigen Agarwürfel, (3) Austreiben der Seitenknospen nach Aufheben der Apikaldominanz. — b nach Wareing und Phillips, c nach Galston, d nach Butterfass.

bewegt sich ein geringer Auxinstrom auf die Spitze zu (akropetal). Die Auxinwanderung in Koleoptilen wird in ihrer Richtung durch äußere Reize (S. 449f.) beeinflußt und ist durch Sauerstoffmangel und Atmungsgifte weitgehend hemmbar.

Die Rolle von IES als Wachstumshormon („Wuchsstoff") beruht auf der Förderung des **Streckungswachstums der Zellen.** In Erbsen-Epikotylen zeigte sich in den einzelnen Abschnitten eine Korrelation zwischen der Geschwindigkeit der Streckung und dem Gehalt an Abfangauxin (s. Testung). Die Untersuchung der Streckung von Achsenabschnitten in Auxinlösungen verschiedener Konzentration ließ ebenfalls eine deutliche Konzentrationsabhängigkeit der Streckung erkennen, mit einer Wachstumshemmung bei stark überoptimalen Konzentrationen. Daß die optimale Konzentration in der intakten Pflanze nicht immer erreicht wird, zeigen Organe, bei denen durch Applikation von Auxin eine Wachstumsförderung oder bei einseitiger Gabe eine Krümmung hervorgerufen werden kann. Die für die Wurzelstreckung optimalen Auxinkonzentrationen liegen 4 bis 5 Zehnerpotenzen unter den für die Achsenstreckung notwendigen (Abb. 8.5.b). — Die **Zellteilung** und die **Kallusbildung** an Wundflächen werden durch IES angeregt, bei Kambien kann deren Wirksamkeit durch gemeinsame Applikation mit Gibberellinsäure verstärkt werden. Entsprechend dem jahreszeitlichen Wechsel der Kambiumaktivität wechselt auch der natürliche Gehalt an IES. In den Zweigen der Laubgehölze beginnt die Kambiumaktivität im Frühjahr jeweils unterhalb der austreibenden, als Auxinquelle dienenden Knospen und setzt sich entsprechend dem polaren Abwärtsstrom des Auxins nach unten fort. — In isolierten Blättern und Achsen führt der polare Abwärtsstrom von Auxin zu dessen Anhäufung am unteren Ende (Abb. 8.9.a). In Zellen des Organinneren, bevorzugt im Perizykel, bewirkt die erhöhte Auxinkonzentration Zellteilungen, und es bilden sich Wurzelanlagen. Zu ihrem Wachstum benötigt die entstehende Adventivwurzel eine geringere Auxinkonzentration als zu ihrer Induktion. Die Rolle von Auxin bei der zur Wurzelbildung erforderlichen differentiellen Genaktivierung ist noch ungeklärt. In der Praxis dienen künstliche Auxine wie **Indolbuttersäure** und **Naphthylessigsäure** (Abb. 8.6.) zur Förderung der Stecklingsbewurzelung. Die Wurzelregeneration konnte in Gewebekulturen als vom Auxin/Cytokinin-Verhältnis abhängig erkannt werden (Abb. 8.13.).

Apikaldominanz. Die hemmende Wirkung, welche die Gipfelknospe eines Zweiges auf das Austreiben der darunterliegenden Seitenknospen ausübt, ist der Ausdruck einer Apikaldominanz und Folge eines von der Gipfelknospe basal wandernden IES-Stromes (Abb. 8.5.d). Nach Abschneiden der Endknospe treiben die Seitenknospen aus, was jedoch nicht erfolgt, wenn auf die Schnittfläche IES appliziert wird. Eine Hemmung der Knospen durch überoptimale IES-Konzentration konnte ausgeschlossen werden. Es wird vermutet, daß IES mit einem anderen Wirkstoff einen Hemmstoffkomplex bildet („Korrelationshemmstoff") oder daß durch den IES-Gradienten die zum Austreiben erforderliche Nährstoffversorgung der Seitenknospen behindert wird. Direkt an Seitenknospen appliziertes Kinetin (s. 8.3.3.) vermochte bei einigen Pflanzen die korrelative Hemmung aufzuheben und die Knospen zum Austreiben anzuregen.

An **Fruchtbildungsprozessen**, einschließlich der Parthenokarpie (Fruchtbildung ohne Samenentwicklung), ist IES entscheidend beteiligt. Bereits Fitting (1909) stellte fest, daß ein Anschwellen des Fruchtknotens bei Orchideen durch Auftragen eines (IES-haltigen!) Pollenextraktes auf die Narbe erfolgt. Bei Paprika, Gurke, Erdbeere, Feige u. a. gelang es, durch IES-Applikation parthenokarpe Früchte zu erzeugen. In bestäubten Blüten übernimmt der sich bildende Embryo die für die Fruchtbildung notwendige IES-Synthese, und das im Blütenstiel polar abwärts strömende Auxin verhindert dessen Abscission (S. 407).

Bei parthenokarpen *Citrus*-Varietäten wurde eine stärkere IES-Bildung im Perikarp gefunden als bei samenhaltigen Formen. Auch die samenlosen Früchte der Kulturbanane besitzen IES-bildende Gewebe. Außer Auxin sind an der Fruchtbildung Gibberelline und Cytokinine beteiligt.

Testung: Die Gewinnung von Auxin aus einem Pflanzengewebe erfolgt entweder durch Auffangen des aus einer Schnittfläche herausdiffundierenden Hormons in einem Agarblock (**„Abfang-Auxin“**, s. Abb. 8.5.c) oder durch Extraktion von Auxin mit Ethylether oder anderen organischen Lösungsmitteln (**„Extraktions-Auxin“**). Es ist strittig, welche der Methoden den Gehalt an natürlichem Auxin am besten erkennen läßt. Zur biologischen Bestimmung werden **Krümmungs- und Zuwachstests** verwendet. Bei dem *Avena*-Krümmungstest wird auf die dekapitierte Koleoptile ein auxinhaltiger Agarblock seitlich aufgesetzt (Abb. 8.6.a). Nach $1^1/_2$ Stunden ist der Krümmungswinkel zu messen. Als höher empfindlich erwies sich ein Krümmungstest mit etiolierten Keimlingen der Kornrade *(Agrostemma githago)*. Zuwachstests sind in der Durchführung einfacher und besser reproduzierbar. Sie beruhen auf der Streckung von Organabschnitten, welche auf einer auxinhaltigen Lösung schwimmen. Die Versuchsdauer beträgt hier etwa 12 bis 24 Stunden. Als sehr geeignet haben sich Hypokotylabschnitte von *Agrostemma* und Koleoptilabschnitte von *Triticum* erwiesen. Neben Biotests gibt es chemische Bestimmungsmethoden (Salkowski-Reagens, Ehrlichsches Reagens). Die Gaschromatographie ermöglicht noch die Bestimmung von 0,2 µg IES.

Chemie, Synthese und Abbau: Tryptophan ist vermutlich die generelle Ausgangssubstanz zur Synthese von IES in der Pflanze (Abb. 8.6.b) über die Schritte der oxidativen Desaminierung (zu Indolbrenztraubensäure), einer Decarboxylierung (zu Indolacetaldehyd) und anschließender Oxidation (zu IES). Außer Tryptophan werden auch Tryptamin und Indolacetonitril als mögliche Vorstufe der IES diskutiert. Konjugate von IES mit Zuckern, Aminosäuren oder Proteinen können als inaktive und oft immobile Substanzen in bestimmten Geweben gespeichert werden. Hierzu gehört auch das **Glucobrassicin**, ein Thioglucosid des Indolacetonitrils, das u. a. in Brassicaceen auftritt. Dieses

Senfölglucosid kann in der Pflanze durch Myrosinase gespalten und das entstehende Indolacetonitril durch Nitrilase zu IES hydrolysiert werden.

Zur Regulation des Auxinspiegels in der Pflanze ist außer der Synthese und der reversiblen Konjugatbildung ein enzymatischer Abbau durch die **IES-Oxidase** von großer Bedeutung. Eine von der Sproßspitze zur Basis, d. h. vom jüngeren zum älteren Gewebe zunehmende Aktivität dieses Enzyms bewirkt einen in Richtung des polaren Transportes abnehmenden Gehalt an Auxin im Sproß. Die IES-Oxidase gehört zu den Peroxidasen und benötigt Mangan-

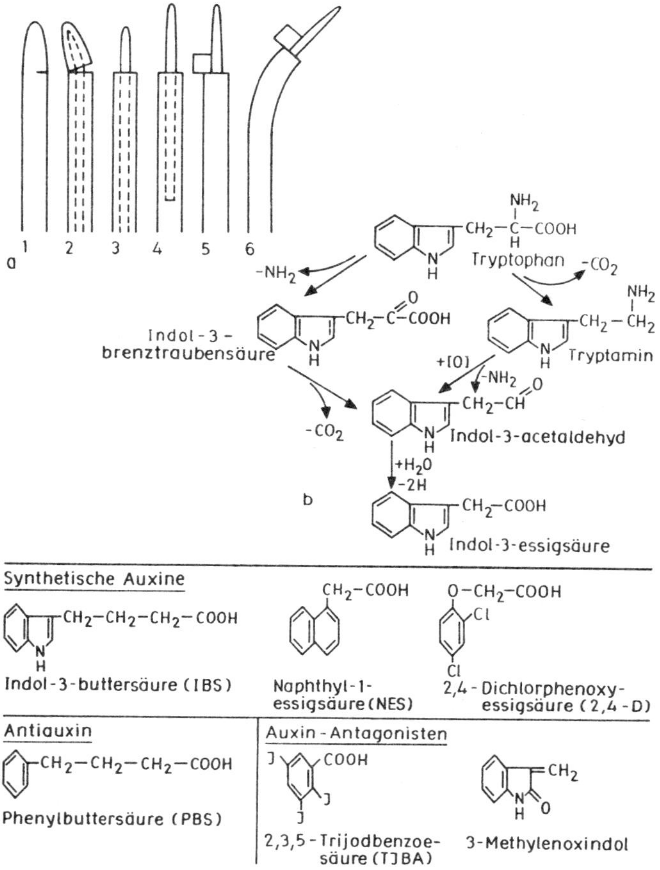

Abb. 8.6. Auxine II. a Krümmungstest mit *Avena*-Koleoptile: (1—3) Dekapitation, (4) Abreißen des Primärblattes von der Basis, (5) einseitiges Aufsetzen des auxinhaltigen Agarblockes, (6) Krümmungsergebnis. **b** Synthese der IES aus Tryptophan. — a nach Went.

Ionen. Monophenole fördern ihre Aktivität (= Antagonisten der IES), Diphenole hemmen sie (= Synergisten der IES), woraus ein mittelbarer Einfluß von Phenolverbindungen und ihrem Abbau auf das Wachstum resultiert. Zu den Abbauprodukten der IES gehört das **Methylenoxindol** (Abb. 8.6.), ein Hemmstoff des Wachstums.

Zu den **synthetischen Auxinen** zählen die **Indol-3-buttersäure (IBS),** die **α-Naphthyl-1-essigsäure (NES)** und die **2,4-Dichlorphenoxyessigsäure (2,4 D)** (Abb. 8.6.). Letztere wirkt nur bei Monokotyledonen zellstreckend. Ihre besondere Eignung für landwirtschaftlich-gärtnerische Anwendung (Herbizide, Auxin für Gewebekultur) beruht u. a. auf einem geringen Abbau in der Pflanze. Als **Antiauxine** wurden Verbindungen wie die **2,3-Phenylbuttersäure (PBS)** bekannt, welche auf Grund ihrer Strukturähnlichkeit mit IES auf deren Wirkungen eine kompetitive Hemmung ausüben können. Phenylbuttersäure ist selbst ein schwaches Auxin und vermag in geeigneter Konzentration IES vermutlich vom Wirkort zu verdrängen.

Wirkungsmechanismus: Als gemeinsames, für die Wirkung wichtiges Strukturmerkmal der Auxine ergab sich das Vorkommen einer Carboxylgruppe an der Seitenkette eines ungesättigten Ringsystems. Außer der damit verbundenen Ladungsverteilung im Molekül ist dessen spezifische räumliche Struktur entscheidend, da durch sie die Bindung an einen entsprechenden stereospezifischen Rezeptor der Zelle ermöglicht wird. Rezeptoren mit unterschiedlicher Bindungskinetik waren an Membranen sowie Proteinen des Cytoplasma nachweisbar. Bei der zellstreckenden Wirkung von IES wurde wiederholt ein gleichzeitiger Influx von Kalium- und ein Efflux von Wasserstoffionen beobachtet und mit dem Wirkungsmechanismus in Verbindung gebracht. Die kurze Latenzzeit von wenigen Minuten zwischen der IES-Applikation und der Feststellung einer Zellstruktur lassen eine durch IES ausgelöste differentielle Genaktivierung (S. 393) nicht erwarten. Die antagonistische Wirkung der **Triiodbenzoesäure** auf Auxin ist in einer Hemmung des Auxintransportes begründet.

8.3.2. Gibberelline

Entdeckung: Die Bakanae-Krankheit des Reises, verursacht durch den Pilz *Fusarium moniliforme* (= *Gibberella fujikuroi*), führt zur abnormen Streckung der befallenen, wenigblütigen Halme. Kurosawa konnte 1926 durch Applikation des keimfreien Kulturfiltrates dieses Pilzes an Reispflanzen eine gleichartige Streckung erreichen. Der vom Pilz gebildete Wirkstoff wurde 1938 von Yabuta und Sumiki kristallin gewonnen und Gibberellin genannt. Die chemische Struktur der Hauptkomponente des als Gemisch verwandter Substanzen erkannten Wirkstoffes konnte 1954 aufgeklärt werden. Erst in der Folge entdeckte man, daß in Struktur und Wirkung sehr ähnliche Verbindungen in allen untersuchten höheren Pflanzen als Phytohormone auftreten. Die bisher über 50 bekannten Gibberelline, als GA 1, GA 2, GA 3 usw. bezeichnet, besitzen alle das Gibban-Skelett und eine Carboxylgruppe, es sind Gibberellinsäuren (Abb. 8.4.).

Vorkommen und Wirkung: Bildungsorte der Gibberelline in höheren Pflanzen sind wachsende Sproß- und Wurzelspitzen, Samen und Blätter. Gibberellin wird durch nichtpolaren Gewebstransport und im Leitgewebe verlagert. Gibberellinglucoside sind inaktiv, sie treten gespeichert in Samen auf und kommen als Transportform im Xylem-Blutungssaft vor. Jede Pflanze enthält mehrere Gibberelline, die sich in Art und Stärke der Wirkungen unterscheiden. Besonders häufig wird die **Achsenstreckung** gefördert („Schossen"). Dieser Vorgang kann aber z. B. bei Stücken etiolierter Erbsenachsen sowohl von Gibberellinen als von Auxinen hervorgerufen werden. Eine additive Wirkung beider Hormone ist hier möglich. Gibberelline beschleunigen die Zellstreckung von Koleoptilen nicht oder nur wenig. Ähnlich den Auxinen können Gibberelline auch die Zellteilung im Kambium fördern oder durch Applikation an Blüten (z. B. bei *Prunus*-Arten) Parthenokarpie erzeugen. — Bei intakten Pflanzen läßt eine ausreichende Versorgung mit endogenen Gibberellinen eine äußere Gabe oft unwirksam sein. Zwergmutanten mit stark gestauchten Achsen können aber durch Gibberellingabe ihre Internodien bis zum Normalwuchs strecken. — Gibberelline vermögen weiterhin die Samenruhe von Lichtkeimern in Dunkelheit (z. B. Salat) sowie von kältebedürftigen Samen in Wärme (z. B. Eiche) aufzuheben. Bei vielen Langtagpflanzen konnte durch Gibberellinbehandlung auch im Kurztag Blühen ausgelöst werden (s. 8.4.6.).

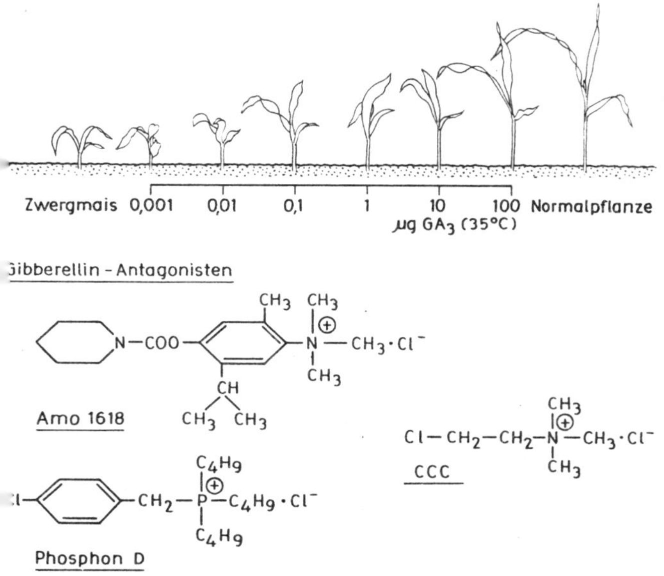

Abb. 8.7. Gibberellin. Einfluß von GA_3 auf Wachstum von Zwergmais (nach Phinney und West), Gibberellinantagonisten.

Als **Antagonisten** der Gibberellin-Biosynthese haben sich die Wachstumsverzögerer (Retardantien) **Amo-1618** (2-Isopropyl-4-(trimethylammoniumchlorid-) 5-methyl-phenyl-piperidin-1-carboxylat), „CCC" ((2-Chlorethyl)-Trimethylammoniumchlorid oder **„Chorcholinchlorid")** und **Phosphon D** herausgestellt (Abb. 8.7.). Sie können bei Getreiden die Internodienstreckung verringern und die betreffenden Pflanzen standfester machen (z. B. Weizen trotz hoher N-Gaben: „Halmstabilisator"). — Ein vermindertes Längenwachstum der Sprosse, neben anderen Veränderungen von Wachstum und Entwicklung, bewirken die **Morphaktine**, Abkömmlinge der 9-Hydroxyfluorenol-9-carbonsäure.

Testung: Als empfindlich gegenüber sehr vielen Gibberellinen erwiesen sich die **Achsenstreckung junger Zwergmais-Mutanten** (Abb. 8.7.) und die **Achsenstrekkung von Zwergerbsen-Varietäten.** In einem weiteren Test wird **die Streckung junger Salat-Hypokotyle** als Folge einer Gibberellinbehandlung der Keimpflanzen gemessen. Die von Gibberellin ausgelöste **Synthese von α-Amylase** in der Aleuron-Schicht von Getreidekaryopsen, bzw. die dadurch bedingte Abnahme des Stärkegehaltes, wird ebenfalls zur Testung genutzt. Schließlich gibt es chemische und physikalische Methoden der Gibberellin-Bestimmung (Gaschromatographie, Massenspektrometrie).

Chemie, Synthese und Abbau: Gibberelline sind cyclische Isoprenoide, die aus dem Diterpen Geranylgeranylpyrophosphat entstehen.

Acetyl-CoA (2 C)

↓

Mevalonsäure (6 C)

↓

Isopentenylpyrophosphat (5 C)

↓

↓ → → → → → → → → → → Abscisinsäure (Sesquiterpen, 15 C)

↓

↓

Geranylgeranylpyrophosphat (20 C)

↓

Gibberelline (Diterpene, 19 und 20 C)

Neben Cyclisierungsschritten führen der Ausschluß eines C-Atoms am Ring B und Oxidation zu dem Gibban-Skelett (Abb. 8.4.). Einzelne Formen der Gibberelline sind in der Pflanze offenbar ineinander umwandelbar **(Interkonversion).** Der Gibberellin-Abbau in der Zelle ist nicht näher bekannt.

Wirkungsmechanismus: Bisherige Vorstellungen gründen sich meist auf Aktivierung oder Neusynthese hydrolytischer Enzyme durch Gibberelline oder auf einen durch sie gesteigerten Auxingehalt.

8.3.3. Cytokinine

Entdeckung: Ausgangspunkt war die Suche nach einem Zellteilungsfaktor, der bei Kalluskulturen mit der Zugabe natürlicher Wirkstoffkomplexe, wie Malz, Hefehydrolysat oder insbesondere Kokosmilch, wirksam wird und in diesen enthalten sein mußte. Skoog und Mitarbeiter fanden 1954 das **Kinetin** (6-Furfurylaminopurin), ein Hydrolyseprodukt autoklavierten Heringsspermas, als sehr wirksam. Der Name der Verbindung ist von ihrer Wirkung auf die Zellteilung (= Cytokinese) abgeleitet, daneben wurden noch wesentliche andere Wirkungen bekannt. Nach vielen Nachweisen einer Cytokininwirksamkeit auch von Pflanzenmaterial konnte 1964 aus unreifen Maiskörnern das **Zeatin** als erstes natürlich vorkommendes Cytokinin gefunden werden (Abb. 8.4.).

Vorkommen und Wirkung: Bevorzugter Syntheseort von Cytokininen sind Wurzelspitzen, von denen aus die anderen Organe auf dem Xylemweg erreicht werden. Ihre Beweglichkeit nach Aufnahme in lebende Zellen ist offenbar gering. Ein bleibend hoher Gehalt an Cytokininen war im Endosperm verschiedener Pflanzenarten festzustellen, vermutlich als Folge eigener Synthese.

Cytokinine üben wichtige regulatorische Wirkungen auf die **Nucleinsäure- und Eiweißsynthese** aus und sind damit für das Teilungs- und Streckungswachstum von Zellen wie auch für verschiedene Organbildungs- und Entwicklungsprozesse von großer Bedeutung. Sie vermögen außer der Synthese von Enzymen auch deren Aktivität zu beeinflussen. Vermutlich auf Grund eines aktivierten Stoffwechsels können mit Cytokininen versorgte Gewebe oder Organe zu Attraktionszentren für die im Symplasten transportierten Substanzen werden (Abb. 8.17.b). Ein Fehlen dieser Hormone führt zu verringerter Retention (Stoffzurückhaltung) und fördert damit das Altern (Seneszenz, s. 8.4.7.). Cytokinine vermögen die Sproßregeneration in Gewebekulturen anzuregen, aber auch das Austreiben ruhender Knospen an intakten Pflanzen. Weitere fördernde Einflüsse auf die Samenkeimung sowie die Blüten- und Fruchtbildung sind bekannt geworden. Bei allen Wirkungen ist aber die Gegenwart anderer Phytohormone, insbesondere von Auxin, eine notwendige Voraussetzung.

Testung: Der **Tabakmark-Kallustest** beruht auf dem Zuwachs einer Gewebekultur von cytokininbedürftigem Markgewebe (s. a. Abb. 8.13.). Bei dem **Chlorophyllerhaltungs-Test** wird der Gehalt des durch Cytokinine vor einem schnellen Abbau bewahrten Chlorophylls in isolierten Blattstücken (z. B. der Gerste) im Vergleich zu dem in unbehandelten Blattstücken bestimmt. Der **Amaranthus-Test** gründet sich auf die Ermittlung des Gehaltes an dem Farbstoff Amaranthin, dessen Bildung in Keimlingen von *Amaranthus caudatus* in Abhängigkeit von und proportional zu der applizierten Cytokininmenge erfolgt.

Chemie, Synthese und Abbau: Die bisher in ihrer Struktur aufgeklärten Cytokinine sind Abkömmlinge des Purins Adenin. Die natürlichen Cytokinine treten als Nucleoside (mit Ribose) und als Nucleotide (mit Ribose und Phosphat) auf. Das Isopentenyl-Adenosin ist Bestandteil der tRNA und könnte durch deren Abbau freigesetzt werden. Die Synthese der Cytokinine gründet sich auf die Purinsynthese. Beim Abbau wurde eine Xanthin-Oxidase als wirksam gefunden. Cytokininartige Wirkungen werden auch von Stoffen anderer Verbindungsklassen hervorgerufen, so etwa von Diphenylharnstoffderivaten.

Wirkungsmechanismus: Die Art der Einflüsse von Cytokininen auf den Nucleinsäure- und Eiweißstoffwechsel ist noch nicht bekannt.

8.3.4. Abscisinsäure

Entdeckung: Als das den Knospenaustrieb hemmende Prinzip wurde der Wirkstoff 1963 in der Arbeitsgruppe von Wareing (England) aus Ahornblättern isoliert („Dormin"), als blattfallförderndes Prinzip unabhängig davon im gleichen Jahr von Eddicott und Mitarb. (USA) aus jungen Baumwollfrüchten („Abscisin"). Die Aufdeckung gleicher Strukturformeln für die Substanzen führte zum jetzt gebräuchlichen Namen Abscisinsäuren, abgekürzt ABA (Abb. 8.4.).

Vorkommen und Wirkung: Außer in Blättern und Früchten, den Hauptbildungsorten, findet sich Abscisinsäure auch in anderen Teilen der höheren Pflanzen. Sie wird im Phloem und Xylem sowie durch Gewebstransport verlagert. Abscisinsäure führt **Ruhe- und Alterszustände** herbei und wirkt vielfach antagonistisch zu den bisher behandelten Phytohormonen. In Abhängigkeit von der Konzentration vermag ABA die auxininduzierte Streckung von Koleoptilen zu hemmen, das Abtrennen von Blättern, Blüten und Früchten (Abscission) zu fördern und ist offenbar maßgebend am Eintritt in die **Knospen- und Samenruhe (Dormancy**, s. 8.4.3.) beteiligt. In der letztgenannten Wirkung verhält sich Abscisinsäure antagonistisch zu Gibberellinen, wie auch bei der Unterdrückung der gibberellinabhängigen α-Amylasebildung in Karyopsen. Die

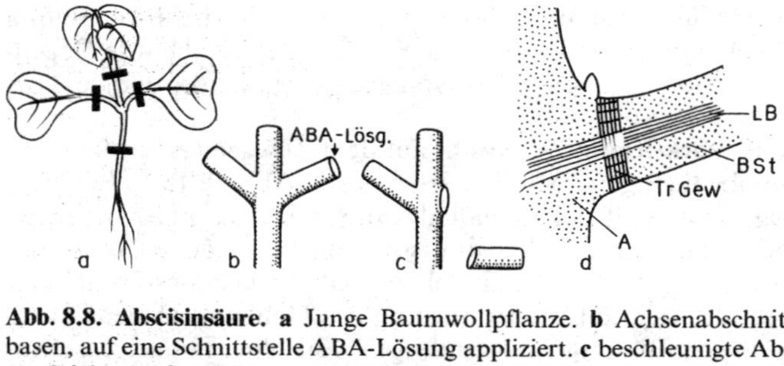

Abb. 8.8. Abscisinsäure. a Junge Baumwollpflanze. **b** Achsenabschnitt mit zwei Blattstielbasen, auf eine Schnittstelle ABA-Lösung appliziert. **c** beschleunigte Abscission des behandelten Stielstumpfes. **d** Trennungszone eines Blattstieles, schematisch. *A* Achse, *BSt* Blattstiel, *LB* Leitbündel, *TrGew* Trennungsgewebe. — Nach Torrey, verändert.

Abscission erfolgt durch Anlegung eines Trennungsgewebes in der Stielbasis und ist ein spezieller Entwicklungsschritt (Abb. 8.8.d). Die Konzentration von Abscisinsäure oder auch Ethylen steigt in den betreffenden Geweben. Demgegenüber sinkt der Gehalt an IES, deren polarer Abwärtsstrom durch die Stiele die Abscission hemmt. Der Abwurf von Blüten, die nicht bestäubt wurden, ist eine Folge des Ausbleibens eines vom wachsenden Embryo stammenden Auxinstromes (s. 8.4.2.). — Der ABA-Gehalt steigt in Blättern auch bei Wassermangel und führt durch Hemmung des K^+-Transportes in die Schließzellen zum **Schließen der Spaltöffnungen.** Diesem Prozeß können Toxine phytopathogener Pilze, z. B. das Fusicoccin, entgegenwirken. Sie fördern die K^+-Aufnahme, und infolge der geöffneten Spalten kommt es zum Welken der Pflanze („Welketoxine").

Durch ABA-Zugabe in geringen Konzentrationen (etwa 1—100 µg/l) war in einer Reihe von Fällen auch eine Förderung des Streckungswachstums (z. B. Spitzensegmente von etiolierten Haferkoleoptilen), der RNA-Synthese und der Aktivität verschiedener Enzyme festzustellen.

Testung: Die Wirkung von Abscisinsäure kann als Hemmung des durch Auxin geförderten Wachstums von *Avena*-Koleoptilen bestimmt werden. ABS hemmt auch das gibberellinabhängige Wachstum von Maisblattabschnitten. Häufig wird die Abscission von Blattstielen nach Abscisinbehandlung, z. B. bei Baumwollpflanzen, als Test benutzt (Abb. 8.8.). Als physikalische Bestimmungsmethode empfiehlt sich die Messung der optischen Rotationsdispersion dieser optisch aktiven Substanz.

Chemie, Synthese und Abbau: Als Sesquiterpenoid ist Abscisinsäure mit den Gibberellinen chemisch verwandt (S. 404) und entsteht wie andere Isoprenoide aus Mevalonsäure. Von den zwei optischen Isomeren kommt nur die (+) Form natürlich vor. Die aus *Phaseolus*-Samen isolierte **Phaseolsäure** besitzt eine sehr ähnliche Struktur, aber eine schwächere Wirkung.

Wirkungsmechanismus: Bei der Abscission von Baumwollblättern konnte eine mit der Wirkstoffmenge proportional ansteigende Konzentration an gebildetem Ethylen gefunden werden. Da dieses Gas in gleicher Weise Abscission verursacht, wird die Wirkung der Abscisinsäure in einer Förderung der pflanzlichen Ethylenbildung vermutet.

8.3.5. Ethylen

Entdeckung: Daß dieses Gas als **„Reifehormon"** den Prozeß der Fruchtreifung beschleunigt, wurde in den zwanziger Jahren erkannt, wesentlich früher schon die Reifeförderung bei *Citrus*-Früchten durch Abgasspuren von Ölheizöfen in Kalifornien. Die 30er Jahre brachten dann die Entdeckung der Ethylenbildung in Pflanzen, wozu Molischs Versuche über das „Apfelgas" beitrugen. Erst die hohe Empfindlichkeit gaschromatographischer Ethylenbestimmung brachte aber entscheidende Fortschritte.

Vorkommen und Wirkung: Ethylen ist in allen Pflanzengeweben nachweisbar, in Früchten mit einer Minimalkonzentration von etwa 0,1 bis 1 ppm der enthaltenen Luft. In ihr kommt es bei Reifung zu einem Anstieg der Ethylenkonzentration um das 10- bis 1000fache. Das Maximum wird kurz vor dem sogenannten „Klimakterium" erreicht, einem vorübergehenden starken Atmungsanstieg reifender Früchte, der mit einer Steigerung vieler Stoffwechselprozesse (u. a. Chlorophyll- und Säureabbau, Bildung von Aromastoffen) verbunden ist. Das Klimakterium tritt bei unserem Kernobst, bei der Tomate u. a. deutlich in Erscheinung, es fehlt z. B. bei *Citrus*-Früchten.

Zu den Wirkungen des Ethylens gehört die Hemmung des Streckungswachstums von Achsen und Wurzeln (wie durch Abscisinsäure), es vermag epinastische Krümmungen von Blattstielen auszulösen (S. 454), und bei etiolierten Erbsenhypokotylen geht durch Ethylen die geotropische Reaktionsfähigkeit verloren. Blühen und Fruchten wird bei Ananaspflanzen induziert, die Wurzel- und Wurzelhaarbildung bei verschiedenen Pflanzen gefördert, und an den Vorgängen der Abscission und Seneszenz ist Ethylen maßgeblich beteiligt. Sehr viele dieser Prozesse sind auch mit höherer IES-Konzentration auslösbar. Es konnte ein direkter Zusammenhang zwischen hoher IES-Konzentration und Ethylensynthese nachgewiesen werden sowie eine Hemmung der IES-Synthese durch Ethylen. Als eine künstliche Ausgangssubstanz für die Bildung von Ethylen in der Pflanze ist **Chlorethylphosphonsäure** (Ethrel, Ethephon) bekannt geworden, ein agrochemischer Wirkstoff, welcher bei entsprechend geeigneten Pflanzen Verzweigungen, Fruchtreife, Halmverkürzung und Abscission induzieren kann.

Testung: Für den Nachweis von Ethylen können die Erscheinung der Achsenschwellung, die Wachstumsverringerung und das ageotrope Verhalten etiolierter Erbsenpflanzen herangezogen werden. Qualitative Nachweise sind durch epinastische Blattbewegungen z. B. bei Tomaten- und Sonnenblumenpflanzen zu erhalten. Bei quantitativen Wirkungsuntersuchungen wird man kaum ohne gaschromatographische Bestimmung auskommen.

Chemie, Synthese und Abbau: Fütterungen mit radioaktiven Substanzen ließen bisher nur Methionin als Vorstufe des Ethylens in Pflanzen erkennen (und zwar aus den C-Atomen 3 und 4 der Verbindung). Diese Aminosäure wird als natürliche Ausgangssubstanz angenommen, für den Bildungsprozeß sind Flavinmononucleotid (FMN) und Belichtung förderlich. Gehemmt wird der Prozeß durch geringe Sauerstoffspannung, durch Atmungsinhibitoren und einen hohen CO_2-Gehalt. In Obst-Lagerhäusern macht man davon Gebrauch, indem z. B. die Reifung durch CO_2-Begasung verzögert wird. Eine dem Ethylen ähnliche Wirkung ist auch mit anderen ungesättigten Kohlenwasserstoffen möglich, doch waren die Grenzkonzentrationen zur Erzielung einer Epinastie an Tomatenkeimlingen bei Acetylen über 1000fach und bei Propylen etwa 5000fach höher als beim Ethylen.

Wirkungsmechanismus: Über den Mechanismus der Ethylenwirkung, die in vielem der Wirkung von Abscisinsäure (Kap. 8.3.4.) gleicht, ist nichts Näheres bekannt. Die Lipophilie des Ethylen läßt Reaktionen mit den Lipiden der Membran vermuten.

Tabelle 8.1. Beteiligung von Hormonen an physiologischen Prozessen
(Generalisierende Zusammenstellung z. T. nach Hess sowie Hahn und Günther)

Prozeß	**Auxin**	**Gibberellinsäure**	**Cytokinin**	**Abscisinsäure**	**Ethylen**
Zellteilung	+	+	++	—	
Zellstreckung	++	+	(+)	—	(—)
Internodienstreckung	+	++	○	—	(∓)
Wurzelwachstum	+	(+)	○	—	(—)
Wurzelbildung	++	—	+		+
Kambiumaktivität	+	+			
Knospenaustrieb	—	(+)	+	—	(∓)
Blühen bei LT-Pflanzen	(+)	++	○	—	(+)
Blühen bei KT-Pflanzen	—	(±)	(+)	(+)	○
Fruchtwachstum	+	+	+	—	
Parthenokarpie	(+)	(+)			(+)
Fruchtreifung			—		++
Blattabscission, Initialphase	—	—	—	+	○
Blattabscission, Sekundärphase	+	—	—	++	+
Seneszenz	—	—	—	++	+
Samenkeimung	○	+	+	—	(+)

++ starke Förderung
\+ Förderung
— Hemmung
± fördernde und hemmende Wirkungen bekannt
○ ohne Wirkung
() Wirkung nicht bei allen geprüften Pflanzen

8.4. Organbildung

Eine höhere Komplexität als bei der Regulation der Zelldifferenzierung (s. 8.2.) zeigt sich bei der Organbildung, da über das arbeitsteilige Zusammenwirken von Zellen und Geweben hinaus die Gemeinsamkeit der Leistungen von Organen zu sichern ist. Die in Struktur und Funktion begründete Einheit wird als **Organisation** der Pflanze bezeichnet. Sie verfügt — im Gegensatz zu der der Tiere — auch bei den höchstentwickelten Pflanzenformen nicht über ein zentrales Steuerungssystem, sondern beruht ausschließlich auf **Korrelation**, d. h. auf wechselseitigen Einflüssen der Zellen, Gewebe und Organe. Nach diesem Prinzip wird die Bildung der Organe gesteuert, aber auch deren Funktion sowie Ruhe- und Aktivitätszustände. Phytohormone sowie die Assimilate spielen dabei eine wichtige Rolle. Es sei auf die Apikaldominanz (S. 399) hingewiesen, bei der das Austreiben von Seitenknospen an der Achse durch einen von der Gipfelknospe zur Basis gerichteten Auxinstrom korrelativ unterdrückt wird. Die Richtung des Auxintransportes wird maßgebend von der Polarität dieser Organe bestimmt.

8.4.1. Polarität

Ein Ausdruck polaren Verhaltens ist die bei abgetrennten Weidenzweigen stets am physiologischen Unterende auftretende Wurzelbildung und der Austrieb

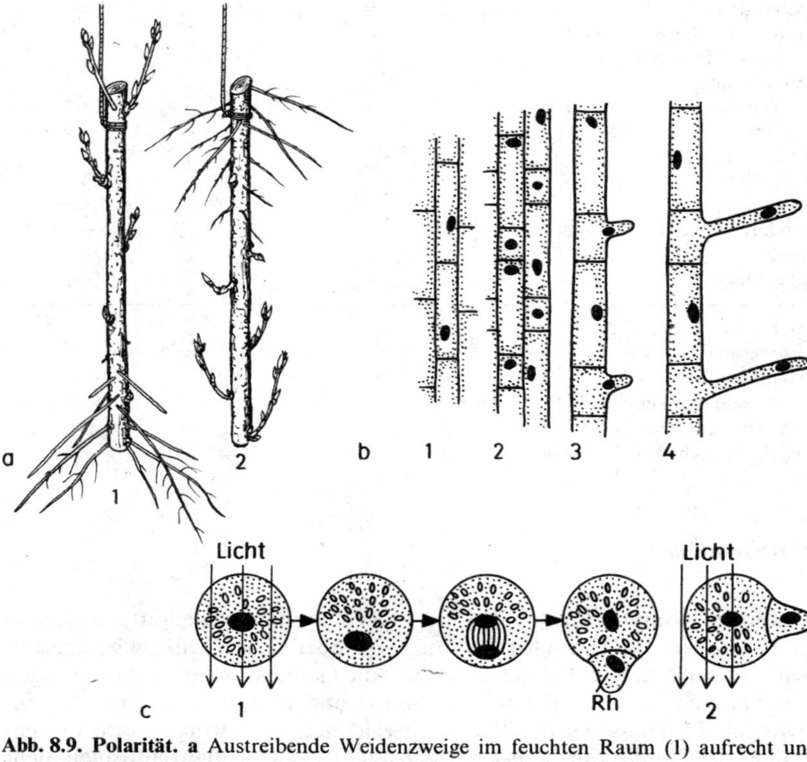

Abb. 8.9. Polarität. a Austreibende Weidenzweige im feuchten Raum (1) aufrecht und (2) invers aufgehängt. **b** Polare Bildung von Trichoblasten in der Rhizodermis von Monokotyledonen: (1) Aufsicht auf junge Rhizodermiszellen, (2) Zellteilung führte zu Trichoblasten an den unteren Zellenden, (3) und (4) Wurzelhaarbildung. **c** Induktion der Polarität bei *Equisetum*-Sporen durch Licht: (1) einseitige Belichtung läßt Rhizoidzelle (*Rh*) auf der lichtabgewandten Seite entstehen. (2) Richtung der induzierten Polarität als Folge eines Helligkeitsgradienten, nicht der Lichtrichtung. — a nach Pfeffer.

von Knospen am physiologischen Oberende (Abb. 8.9.a). Eine umgekehrte Aufhängung des Zweiges ändert daran nichts, die Wurzeln entstehen dann an dem (physikalisch) oben befindlichen (physiologisch) unteren Ende. So wie ein zerbrochener Stabmagnet in jedem seiner Teile einen Plus- und Minuspol besitzt, weist auch jeder Teil einer zerschnittenen Achse ein physiologisches Ober- und Unterende auf. Die **Zweipoligkeit der Organe** (Basis-Spitze) ist ein Ausdruck polarer Eigenschaften der Zellen, die diese als Tochterzellen meist von den polaren Mutterzellen erhalten. Die Richtung entspricht in der Regel der Längsachse der Kernteilungsspindel, d. h. der Richtung der stärkeren Zellstreckung. Grundlage der Polarität sind noch unerkannte Struktureigenschaften des Protoplasten. Diese ändern sich graduell von einem Pol der Zelle zum anderen und führen zu einem polaren Stofftransport und zur Bildung von Konzentrationsgradienten. Meist ist die den Zellen eigene Polarität äußerlich nicht erkennbar und nur an spezifischen Leistungen festzustellen. Bei der Grünalge *Cladophora* bilden sich in den Zellen von Fäden festsitzender Formen nach Plasmolyse jeweils nur an den basalen Enden der Zellen Rhizoide aus. Fädige Conjugaten sind in der Lage, an dem einen wie anderen Ende der Zellen (oder beiden) Rhizoide zu bilden und werden als **äquipolar** bezeichnet. Junge Rhizodermiszellen von Monokotylen sind in Reihen parallel zur Wurzelachse angeordnet und zeigen durch größeren Plasmareichtum des unteren, apikalen Endes bereits polare Eigenschaften an (Abb. 8.9.b). Eine Teilung dieser Zellen führt zu den plasmareichen Trichoblasten, aus denen Wurzelhaare entstehen, und den sich lang streckenden epidermalen Zellen. Die Zellpolarität ist hier an der Musterbildung von Wurzelhaaren maßgebend beteiligt.

Besonderes Interesse haben einige nach ihrer Entstehung zunächst unpolare Sporen, Eizellen und Zygoten gefunden, bei denen die **Polarität induzierbar** ist. Das kann durch Licht, Schwerkraft, elektrische Felder, Hormongradienten u. a. erfolgen. Bei den Zygoten der Braunalgengattung *Fucus* und den Sporen von *Equisetum* wird durch einseitige Belichtung die Bildung des Rhizoids auf der lichtabgewandten Seite induziert (Abb. 8.9.c). Mit der ersten zwischen Licht- und Schattenflanke gebildeten Zellwand ist die Polarität aller später entstehenden Körperzellen festgelegt. Geeignete Versuche erwiesen, daß bei der Induktion nicht die Lichtrichtung entscheidend ist, sondern der Helligkeitsabfall in den Zellen. Bei *Fucus* (Abb. 6.12.b) beginnt die lichtsensible Phase einige Stunden nach der Befruchtung und dauert ca. 12 Stunden. Beim Ausbleiben polarisierender Außenreize erfolgt die erste Zellteilung und damit Polarisierung in zufälliger Richtung. Die Aufhebung und Umkehr einer induzierten Polarität durch entgegengesetzte Reizung ist nur kurz nach der Induktion möglich. Bei einigen Algen wurde auch eine Umkehr manifester Polarität festgestellt, was aber niemals bei Zellen höherer Pflanzen möglich war. Störungen im polaren Verhalten konnten durch Substanzen wie Colchicin, Chloralhydrat u. a. ausgelöst werden, ein Hinweis auf die eventuell mögliche Beteiligung von Mikrotubuli an der polaren Zellstruktur. Eine wichtige Rolle spielt die Polarität bei der in der gärtnerischen und züchterischen Praxis häufig angewandten Methode der **Pfropfung** (Abb. 8.10.), welche in der Regel **heteropolar** erfolgt, d. h. Unter- auf Oberende. Die Zellen der Wundflächen bilden nach Remeristematisierung Kalluszellen (Wundkallus), deren Differenzierung durch die benachbarten Dauerzellen bestimmt wird (homogenetische Induktion, S. 394). So determiniert das Leitgewebe des Pfropfreises mit Hilfe eines abwärts gerichteten Hormonstromes die Entwicklung von Kalluszellen zu neuen Leitgewebszellen. Es kommt zu einer Verwachsung und funktionellen Einheit von Reis und Unterlage. Die Pfropfung eines invers-polaren Reises **(homopolare Pfropfung)** gelang auch, häufig aber mit einer gestörten Verwachsung im Verlauf von Leitgeweben und Holzfasern.

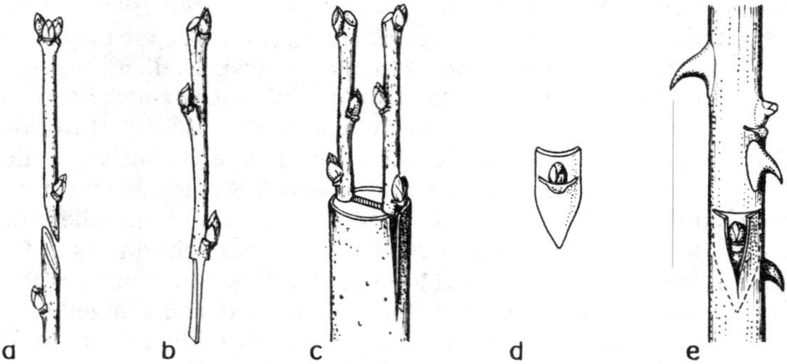

Abb. 8.10. Pfropfungen. a Kopulieren bei gleicher Stärke von Reis und Unterlage. **b** und **c** Pfropfen eines zugeschnittenen Reises auf eine stärkere Unterlage. **d** und **e** Okulieren eines schildförmigen Rindenausschnittes mit „Auge" (= Knospe) durch Einschieben in T-Schnitt an der Unterlage. — Nach Paladin.

8.4.2. Regulationen bei der Fortpflanzung von Samenpflanzen

Die Übertragung reifer Pollenkörner auf die Narbe leitet bei Angiospermen die Fortpflanzungsprozesse ein (s. 5.6.). Für einen Befruchtungserfolg ist die **Verträglichkeit** oder **Kompatibilität** zwischen weiblichen Blütenorganen und Pollen eine Voraussetzung, d. h. die ungehemmte Keimung des Pollen, das Eindringen des Pollenschlauches in das Narben- und Griffelgewebe und die doppelte Befruchtung im Embryosack. Besonderes Interesse verdienen aber die zahlreichen Fälle von **Inkompatibilität** (Unverträglichkeit), weil sie Rückschlüsse auf die Voraussetzungen für eine erfolgreiche Bestäubung zulassen. Neben der **Kreuzungsinkompatibilität**, bei der Pollen und Narbe verschiedenen Pflanzentaxa angehören und auch die Verschiedenartigkeit der Genome eine Kernverschmelzung ausschließen können, gibt es viele Fälle von **Selbstinkompatibilität**, d. h. die Bestäubung der Narben mit arteigenem Pollen führt nicht zur Befruchtung. Die erblich fixierten Mechanismen, die einer Unverträglichkeit zugrunde liegen, können sehr verschieden sein. So kann eine Keimungshemmung des Pollens auf der Narbe vorliegen, der Pollenschlauch kann auch unfähig sein, die Cuticula der Narbe zu durchdringen, oder er kann in seinem Wachstum im Gewebe des Griffels gestört sein. Zur Keimung von Pollen auf einem Agar-Nährboden muß dieser Zucker und bei Angiospermen auch das Element Bor enthalten. Über die Steuerung des wachsenden Pollenschlauches zum Embryosack hin wissen wir noch wenig, bei *Oenothera* und einigen anderen Gattungen wurde die Beteiligung chemotroper Reaktionen festgestellt (s. 9.2.2.3.).

Nach der doppelten Befruchtung (S. 254) beginnt zunächst der triploide Endospermkern mit Kernteilungen und Zellbildung, später folgt die Zygote, wobei deren erste Teilung — durch die Lage im Embryosack determiniert — die Richtung der Polaritätsachse der neuen Pflanze festlegt.

Auf die Bedeutung der im Samen und in der Frucht gebildeten Hormone für deren Entwicklung wurde bereits im Kapitel Phytohormone hingewiesen. In der unbestäubten Blüte sind häufig die Antheren die wichtigsten Auxinbildner. Durch den Pollen auf der Narbe und das Pollenschlauchwachstum im Griffel wird der Auxingehalt der Blüte bereits erhöht, die weitere Auxinversorgung nach dem Abwelken der Antheren als Folge der Befruchtung übernehmen das sich bildende Endosperm und der wachsende Embryo. Der basal zur Mutterpflanze gerichtete Auxinstrom führt zum Welken der Blütenblätter und verhindert die Abtrennung der Blüte. Später beteiligt sich auch die Frucht an der IES-Bildung. Bei der Apfelfrucht ist das etwa von der halben Endgröße an der Fall. Außer Auxin sind wohl auch Gibberelline an der Fruchtbildung beteiligt, da parthenokarpe Früchte z. B. bei Kernobst nicht durch Auxine, sondern durch Gibberelline erzeugt werden. Für die Speicherprozesse in Frucht und Samen dürften Cytokinine von besonderer Bedeutung sein, für die Fruchtreifung sind es Ethylen und Abscisinsäure.

Die Ansprüche wachsender Embryonen in bezug auf Wirk- und Nährstoffe sind bekannt, seitdem es gelang, isolierte **Embryonen** in geeigneten Medien mit Zusatz von Kokosmilch **in Kultur** zu nehmen. Mit dieser Methode konnten auch solche Embryonen zu Pflanzen aufgezogen werden, die als Arthybriden wegen Unverträglichkeit mit dem umgebenden Gewebe in ihren eigenen Samen nicht zur Keimung und Entwicklung gelangen konnten. Aufschlüsse über die Regulation ihrer Entwicklung gaben auch solche Embryonen, die sich nicht aus einer Zygote, sondern aus Gewebszellen oder in Zellkulturen entwickelten. So können sich bei *Citrus*-Varietäten aus Zellen des Nucellus Embryonen bilden, die zu dem aus der Zygote entstandenen Embryo in den Embryosack hineinwachsen **(Polyembryonie).** Die Embryobildung ist folglich nicht als eine spezifische, auf Zygoten beschränkte Leistung anzusehen. Bei **Parthenogenese** (z. B. bei *Taraxacum* und *Hieracium*) bildet eine unbefruchtete Eizelle einen Embryo. Auf die Bildung von Embryonen in Kallus- und Zellkulturen wird in Kap. 8.4.4. eingegangen.

8.4.3. Ruhe und Aktivität bei Samen und Knospen

Die pflanzlichen Entwicklungsprozesse weisen einen Wechsel von Ruhe und Aktivität auf und entsprechen damit in der Regel dem Wechsel klimatischer Bedingungen, insbesondere der Temperatur und der Feuchtigkeit. Der Ruhezustand **(Dormancy)** kann durch Außenfaktoren aufgezwungen, **aitionom**, sein oder **autonom**, d. h. durch pflanzeneigene Ursachen gesteuert (s. Rhythmik, Kap. 8.5.). Stets kennzeichnen ihn ein verminderter Stoffwechsel und eine erhöhte Widerstandsfähigkeit gegenüber ungünstigen Umweltbedingungen. Die Mechanismen zur Regulation oder Kontrolle des Aktivitätswechsels besitzen demnach einen positiven Selektionswert.

Samenkeimung. Samen gelangen mit dem Reifungsprozeß in einen wasserarmen Zustand, der die Keimung verhindert (als Ausnahme besitzt z. B. die Mangrovepflanze *Rhizophora* keine Samenruhe). Tritt bei sonst günstigen Voraussetzungen nach Wasserzugabe die Keimung ein (z. B. *Lepidium sativum*), so lag eine erzwungene, aitionome Samenruhe vor; ist das nicht der Fall, so ist die Ruhe autonom. Als Ursachen kommen dafür in Frage:

- Die **Undurchlässigkeit von Samenschale oder Frucht** hindert den Eintritt von Wasser bzw. von Sauerstoff (z. B. bei Leguminosen, *Xanthium* u. a.).
  Aufhebung der Hemmung: Natürliche Korrosion durch klimatische und mikrobielle Faktoren; experimentell durch Anritzen oder H_2SO_4-Behandlung.
- **Keimungshemmstoffe des Samens oder der Fruchtwand** sind wirksam, darunter Zimtsäurederivate und andere Aromate sowie Abscisinsäure.
  Aufhebung der Hemmung: Beschleunigter chemischer oder enzymatischer Abbau durch Stratifikation (s. unten), Auswaschung, Entfernen von Samen-Hüllschichten, Keimung auf hemmstoffadsorbierender Unterlage.
- **Unreife von Samen oder Embryo** hindert Keimung. So ist bei der Esche *(Fraxinus excelsior)* der Embryo erst im folgenden Frühjahr vollständig entwickelt.
  Aufhebung der Hemmung: Nicht möglich.
- **Embryoruhe** morphologisch kompletter Samen tritt **ohne bestimmbare Gründe** auf (eventuell Genrepression oder Ausdruck innerer Rhythmik).
  Aufhebung der Hemmung: Stratifikation.

Bei allen voll entwickelten Samen wird der autonome Ruhezustand, an dessen Kontrolle mehrere Hemmechanismen beteiligt sein können, schließlich überwunden. Seine Dauer kann auch von der Witterung während der Samenentwicklung abhängig sein. Einjährige Kulturpflanzen werden seit der Frühzeit menschlicher Pflanzenkultur auf gute Keimbarkeit hin selektiert, bei Wildpflanzen (z. B. Unkräuter) können sich Ruhezustände von Samen über viele Jahre ausdehnen. Die **Lebensdauer** der Samen kann wenige Wochen währen, wie bei dem Kautschukbaum *Hevea brasiliensis*, einige Jahre, wie bei Getreidearten, oder bis über 100 Jahre, wie bei einigen Leguminosen. In Seeablagerungen Ostasiens gefundene Samen der Lotosblume *(Nelumbo nucifera)* sollen bei der Keimung mehrere 100 Jahre alt gewesen sein.

Stratifikation. Niedrige Temperaturen zwischen 0° und 10 °C können bei feucht gelagertem Saatgut die Nachreife beschleunigen. Diese Behandlung wird häufig bei Gehölzsamen, wie z. B. Apfel und anderen Rosaceen, angewandt und Stratifikation (stratum = Lager, facere = bereiten) genannt. Sie erfordert einige Tage bis mehrere Wochen und soll sowohl die Durchlässigkeit der Samenschale als auch den Abbau von Hemmstoffen fördern. Es gibt Befunde, nach denen die Stratifikation mit einer Erniedrigung des Abscisinsäure- und einer Erhöhung des Gibberellinspiegels verbunden ist. Anstelle von tieferen Temperaturen konnte auch ein Einquellen in Gibberellin-Lösung die Samenruhe bei verschiedenen Pflanzenarten verkürzen.

Phytochrom. Während trockene Samen lichtunempfindlich sind, kann die Keimung gequollener Samen verschiedener Pflanzenarten durch Licht gefördert oder auch gehemmt werden. So unterscheiden sich **Lichtkeimer** (z. B. *Nicotiana tabacum*, *Epilobium hirsutum*, *Lactuca sativa*-Sorten) von **Dunkelkeimern** (z. B. *Cucurbita pepo*, *Phacelia tanacetifolia*, *Nigella sativa*). Die Untersuchung der zur Keimungsförderung benötigten Lichtqualität bei Salatfrüchten führten Borthwick und Hendricks zur Entdeckung des **Phytochroms**, eines für die pflanzliche Morphogenese wichtigen Lichtreaktionssystems. Die untersuchten Salatachänen keimten nur, wenn sie — im Dunkeln angezogen — während einer Minute oder länger mit hellrotem Licht (HR) bestrahlt wurden, dessen Wirkungsmaximum bei einer Wellenlänge von 660 nm lag. Erfolgte kurz darauf eine erneute Belichtung, jedoch mit dunkelrotem Licht (DR) von Wellenlängen um 730 nm, wurde der Induktionseffekt ausgelöscht.

Tabelle 8.2. Photoreversible Förderung und Hemmung der Keimung von Salatachänen der Sorte „Grand Rapids" (Borthwick et al. 1952)

Bestrahlung	prozentuale Keimung
HR	70
HR–DR	6
HR–DR–HR	74
HR–DR–HR–DR	6
HR–DR–HR–DR–HR	76
HR–DR–HR–DR–HR–DR	7
HR–DR–HR–DR–HR–DR–HR	81
HR–DR–HR–DR–HR–DR–HR–DR	7

HR = Hellrot
DR = Dunkelrot

Bei wiederholtem HR–DR-Wechsel entschied immer die Art des zuletzt eingestrahlten Lichtes über Keimung oder Nichtkeimung (Tab. 8.2.).

Eine Wirksamkeit des gleichen Lichtreaktionssystems war auch bei der Blühinduktion (s. 8.4.6.) und darüber hinaus bei vielen Entwicklungs- und Stoffwechsel- sowie auch Bewegungsprozessen festzustellen. Als Erklärung

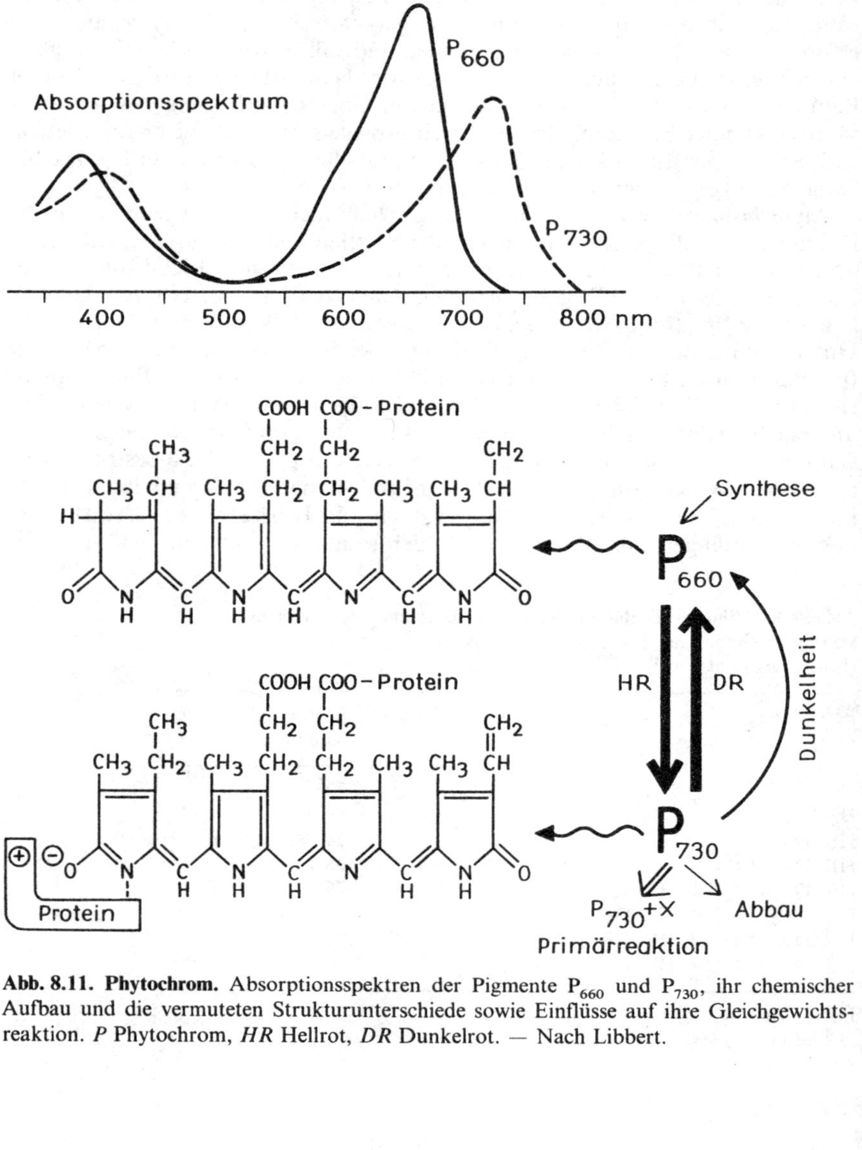

Abb. 8.11. Phytochrom. Absorptionsspektren der Pigmente P_{660} und P_{730}, ihr chemischer Aufbau und die vermuteten Strukturunterschiede sowie Einflüsse auf ihre Gleichgewichtsreaktion. *P* Phytochrom, *HR* Hellrot, *DR* Dunkelrot. — Nach Libbert.

für die Lichteffekte bot sich die heute gesicherte Vorstellung an, daß ein Pigmentsystem aus zwei verschiedenen, ineinander umwandelbaren Pigmenten vorliegt. Das Phytochrom 660 (P_{660} oder P_r von engl. red = rot) absorbiert hellrotes Licht und geht dadurch in das Phytochrom 730 (P_{730} oder P_{fr} von engl. far red = dunkelrot) über. Dieses vermag dunkelrotes Licht zu absorbieren und wandelt sich dabei in P_{660} zurück (Abb. 8.11). Die physiologisch wirksame Komponente ist das P_{730}, das P_{660} ist inaktiv. Das Verhältnis der beiden Komponenten wird durch Belichtung auch mit weißem Tageslicht (mit etwa gleichem Anteil HR und DR) gegenüber dem Zustand in Dunkelheit zugunsten des P_{730} verändert (bis zu 50% liegt dann als P_{730} vor) und dieses löst — bei gegebener Kompetenz der Zelle — die verschiedenartigen Reaktionen aus. Zu den Wirkungen des Phytochroms gehört auch die Aktivierung oder Reprimierung von Genen. Die lichtinduzierte Bildung der Phenylalanin-Ammonium-Lyase (PAL), einem Enzym, das über die Zimtsäurebildung u. a. auch zur Anthocyansynthese beiträgt, wurde als erste derartige Induktion entdeckt. Inzwischen erwiesen sich viele Enzyme in ihrer Bildung als phytochromabhängig. Der Phytochromeinfluß auf das genetische Material wird zumeist als indirekte Wirkung, d. h. durch die Mithilfe unbekannter, durch das Lichtreaktionssystem gebildeter Effektoren angenommen. Phytochrom ist in allen autotrophen Pflanzen vorhanden, wenn auch in sehr geringer Menge. Die Isolierung und die Aufklärung seiner Struktur als Chromoproteid mit einem Phycobilin als chromophorer Gruppe (Abb. 8.11.) ist gelungen. Auch nach der Isolierung des Pigments, in vitro, zeigt dieses die reversible Umwandlung von P_{660} und P_{730}. Dieser Prozeß besteht aus mehreren Schritten. Der ständigen Neusynthese des Phytochroms in der Zelle steht ein Verlust durch oxidativen Abbau gegenüber.

Knospenruhe. Sie kann durch **Einfluß äußerer Faktoren** wie Kälte und Trockenheit (aitionom), **korrelativ durch einen Auxinstrom** (autonom, z. B. Apikaldominanz) oder **durch innnere Ursachen** in der Knospe selbst (autonom) erfolgen. Im Gegensatz zur Samenruhe ist Knospenruhe nicht mit einem wasserarmen Zustand verbunden, die Atmung bleibt relativ hoch, und eine

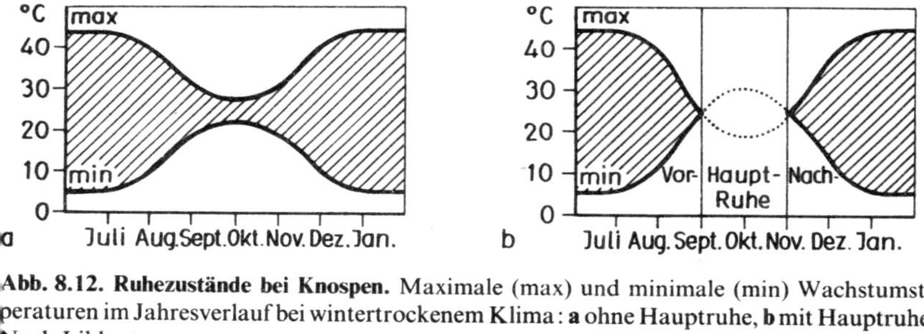

Abb. 8.12. Ruhezustände bei Knospen. Maximale (max) und minimale (min) Wachstumstemperaturen im Jahresverlauf bei wintertrockenem Klima: **a** ohne Hauptruhe, **b** mit Hauptruhe. — Nach Libbert.

Neubildung von Blattprimordien am Vegetationskegel ist offenbar auch während der Ruhe möglich. Häufig bestehen die mit der Klimaperiodik synchronisierten Ruheperioden bei Knospen aus **aitonomen Abschnitten (Vor- und Nachruhe)** und einem **autonomen Abschnitt (Hauptruhe)** (Abb. 8.12.). Während der Vor- und Nachruhe lassen sich Knospen durch Wärme, insbesondere Warmbad, durch Gibberellin oder Kinetin meist leicht zum Treiben bringen, während der Hauptruhe nicht oder nur sehr schwer. Für die Zeitpunkte von Beginn und Ende einer Ruheperiode können sowohl endogen-rhythmische als auch äußere Faktoren verantwortlich sein (oft wohl beide), als äußere häufig photoperiodische Einflüsse (s. 8.4.6.) und Kälteperioden.

Bei **Gehölzen** in Mitteleuropa entstehen die Knospen für das folgende Jahr meist in der ersten Hälfte des Vorjahres, und sie treten schon ab Juli bis September in eine autonome Ruhe ein. Diese wird im Zeitraum von November bis Januar beendet, und es setzt eine oft temperaturbedingte Nachruhe ein. Der Knospenaustrieb erfolgt dann nach dem Auftreten der für jede Pflanzenart spezifischen, geeigneten Temperatur.

8.4.4. Organ-, Gewebe- und Zellkulturen

Wesentliche Aufschlüsse über die Bedingungen für Wachstum und Entwicklung verdanken wir der Methode der sterilen Kultur von Pflanzen und Pflanzenteilen. Die Ansprüche an das Kulturmedium sind bei Organkulturen wesentlich geringer als bei Zell- und Gewebekulturen, ein Hinweis auf die mit wachsender Komplexität höhere Autonomie. Bei photoautotrophen **Organen** wie Blättern genügen meist Mineralstoffe, bei Blattprimordien und Vegetationspunkten ist aber auch Zucker als Kohlenstoffquelle notwendig. Wurzelkulturen benötigen darüberhinaus auch Vitamine wie Thiamin und Nicotinsäure, Monokotyledonen-Wurzeln in der Regel auch Auxin. Die Nähr- und Wirkstoffabhängigkeit der Wurzel vom Sproß wird hieran erkennbar. Als Organe ohne begrenztes Wachstum lassen sich Wurzeln durch Übertragung der Spitze auf jeweils neues Medium beliebig lange weiterkultivieren. Für eine optimale Kultur ist aber nicht nur die Art der Zusätze, sondern auch deren quantitatives Verhältnis von großer Bedeutung. Isolierte Embryonen zeigen in jungen Stadien sehr hohe Ansprüche, die durch Zugabe komplexer Wirk- und Nährstoffquellen, z. B. Kokosmilch, erfüllt werden können. Mit dem Größerwerden der embryonalen Pflanze gehen diese Ansprüche zurück, der Heterotrophiegrad nimmt ab.

Bei der **Gewebekultur** werden kleine Gewebestücke von Meristemen oder Parenchymen steril entnommen und auf geeigneten Nährboden übertragen. Durch mitotische Teilung der Zellen, bei Parenchymen nach Remeristematisierung, bildet sich eine als **Kallus** bezeichnete Anhäufung nicht ausdifferenzierter Zellen („Kallusgewebe"), in denen keine oder nur geringe korrelative Einflüsse des Ursprungsgewebes wirksam werden. Dennoch stellen Kallusgewebe entsprechend der Herkunft recht unterschiedliche Ansprüche an den Nährboden. Zu den wichtigsten Bestandteilen gehören außer Mineralstoffen und Saccharose: L-Glutamin zur Versorgung mit reduziertem Stickstoff, die Vitamine Thiamin, Nicotinsäure, Pyridoxal und der Zuckeralkohol Myoinositol sowie als Phytohormone Auxin (z. B. 2,4-D) und Cytokinin. Bei der Subkultur des gewonnenen Kallus durch Überimpfen auf frischen Nährboden kann dieser, wie z. B. bei Kalli aus Möhrenwurzel und aus Tabakmark, spontan die Fähigkeit zur Auxinsynthese erlangen. Solche Kalli werden als **habituierte Gewebe** bezeichnet. Von vornherein ohne Hormonzugabe zu dem Kulturmedium wachsen pflanzliche Tumorzellen (S. 395f.).

Unter bestimmten Bedingungen können Zellen der Kalluskulturen zur weiteren Differenzierung gelangen. So kann im Kallus von Tabakmarkgewebe bei einem bestimmten Verhältnis der Konzentration von IES und Kinetin eine **Regeneration von Organen** erfolgen. Ein hoher IES-Anteil führt zur Wurzelbildung, ein hoher Kinetin-Anteil zur Sproßentwicklung (Abb. 8.13.). Die **Vermehrung durch Meristemkultur** ist in der Praxis üblich geworden, z. B. bei Orchideen, wegen der bei Samenvermehrung gegebenen Gefahr genetischer Aufspaltung interessanter Hybriden und bei Nelken wegen der Virusfreiheit der durch geeignete Meristeme gewonnenen Jungpflanzen. Sowohl Zellen in Kalluskulturen wie auch vereinzelte Zellen sind unter geeigneten Bedingungen in der Lage, **Embryonen** zu bilden. Dieser Vorgang erfordert komplexe Nährmedien. Seit ersten Erfolgen von Reinert an Möhrenkallus sind Embryonen auch von Sonnenblume, Tabak, Rose, Reis und anderen Arten erzielt worden. Es war auf diese Weise möglich, haploide Pflanzen zu gewinnen.

Unter **Zellkulturen** verstehen wir die in einer Nährlösung suspendierten, durch Schütteln mehr oder weniger vereinzelten Zellen **(Suspensionskultur).** Als Ausgang wird dazu häufig ein Kallus benutzt. Vereinzelte Zellen zeigen meist

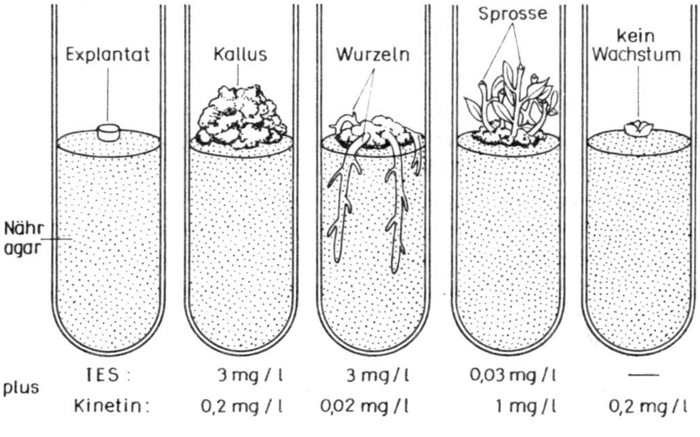

Abb. 8.13. Hormonabhängige Organdifferenzierung in Kalluskulturen vom Tabakmark. — Nach Ray aus Mohr und Sitte.

eine geringere Neigung zur Zellteilung als diejenigen in Zellkomplexen. Ein Grund dafür wird in dem bei freier Zelloberfläche stärkeren Stoffaustritt aus der Zelle gesehen, und in Übereinstimmung damit sind die Ansprüche an die Nährstoffkonzentration bei Zellkulturen höher als bei Kalluskulturen. Der Einsatz von Zellkulturen bei der Lösung theoretischer wie praktischer Fragen erfolgt mit der Erwartung, die Zellen zu spezifischen Syntheseleistungen und zu langzeitig exponentiellem Teilungswachstum zu befähigen sowie mikrobielle Technologien zur Zellvermehrung anwenden zu können.

Besonderes Interesse haben die in den letzten Jahren sehr erfolgreichen Versuche zur **Isolierung von Protoplasten** aus Einzelzellen gewonnen. Dazu wird von Zellen aus einer Suspensionskultur durch enzymatischen oder mechanischen Eingriff die Zellwand entfernt. So können die „nackten" Protoplasten (vgl. S. 63) somatischer Zellen auch bei weit entfernt verwandten Pflanzen (z. B. Mais und Sojabohne) zur Verschmelzung gebracht werden, was auf sexuellem Wege nur schwer oder (wie im Beispiel) überhaupt nicht möglich ist. Über eine Kalluskultur aus der Fusionszelle und durch Regenerationsprozesse gelang es in einigen Fällen, **somatische Hybridpflanzen** heranzuziehen. Dieser im Prinzip geklärte Weg birgt in jedem Einzelfall noch zahlreiche Schwierigkeiten. Für den Kontakt von Zellen oder Protoplasten sind kohlenhydratbindende Proteine der Zellwand oder der Membran, die sogenannten **Lectine**, als wichtige Voraussetzung erkannt worden.

8.4.5. Blütenbildung

Die der Fortpflanzung dienende generative Phase der Entwicklung wird bei den Samen- und einigen Farnpflanzen durch die Blütenbildung eingeleitet. Als ihr erster sichtbarer Ausdruck werden am Vegetationspunkt wesentlich mehr Blattanlagen angelegt als zuvor, und zwar für Sporophylle (Staub- und Fruchtblätter) und Trophophylle (Laub- bzw. Blütenblätter). Der Abschluß der **Jugendphase (= juvenile Phase)** und der Eintritt in die **Reifephase (= adulte Phase)**, d. h. die Erlangung der **Blühreife**, werden zwar artspezifisch durch genetische Faktoren bestimmt, die Zeitpunkte sind aber von Umweltbedingungen abhängig und experimentell beeinflußbar. So dauert die juvenile Phase bei der Birke *(Betula pubescens)* 5—10 Jahre, bei der Rotbuche *(Fagus sylvatica)* 30—40 Jahre. Treten mit der Blühreife Laubblätter veränderter Größe und Gestalt auf, so liegt eine **heteroblastische Entwicklung** vor.

Als eines der markantesten Beispiele zeigen blühende Efeusprosse ovale Blätter in spiraliger Anordnung an aufrechten Trieben, demgegenüber juvenile Sprosse gelappte Blätter an plagiotrop wachsenden Achsen (Abb. 8.14.). Auf eine hormonelle Regulation dieser Veränderung weist die Tatsache hin, daß abgetrennte adulte Efeuzweige durch die Gegenwart juveniler Zweige in einem gemeinsamen Wassergefäß wieder als juvenile Sprosse weiterwachsen können. Dieser Vorgang ist auch durch Gibberelline induzierbar.

Nach der Blühfähigkeit unterscheiden wir **pollakanthe, ausdauernde Pflanzen** (griech. pollakis = häufig, anthos = Blüte) wie Stauden und Gehölze, die jährlich erneut zum Blühen kommen, von **hapaxanthen Pflanzen** (griech. hapax = einmal), die nach einmaliger Blüten- und Fruchtbildung absterben. **Einjährige (annuelle Pflanzen)** blühen bereits im ersten Jahr (z. B. Vogelmiere), **Zweijährige** erst im zweiten Jahr (z. B. *Beta*-Rüben) und **Mehrjährige** oft erst nach vielen Jahren (z. B. Agave, einige Palmen).

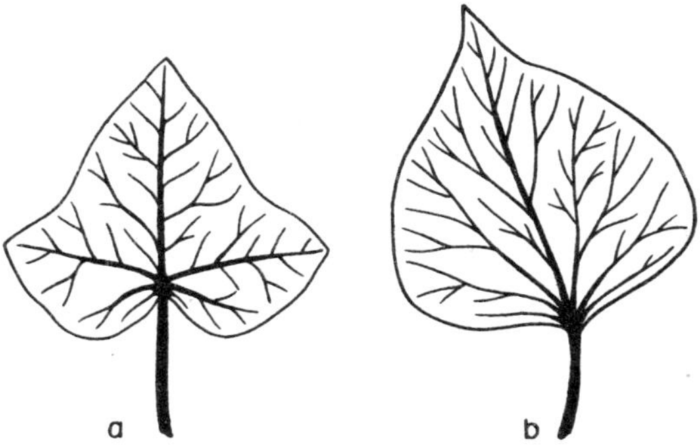

Abb. 8.14. Heteroblastischer Formwechsel des Efeublattes. **a** juveniles, **b** adultes Blatt. — Nach Butterfaß.

Für viele Pflanzen genügt der Zustand der Blühreife, um zum Blühen zu kommen (z. B. *Bellis perennis*), bei anderen führt erst der Eintritt steuernder Umweltfaktoren, insbesondere Licht und Temperatur, zum Blühen. Die hierbei erforderlichen Bedingungen sind nicht mit den optimalen Wachstumsbedingungen identisch. Wie bei den Hemmechanismen der Samenkeimung können auch in diesem Verhalten vorteilhafte Anpassungen an die Klimaperiodik erkannt werden.

Vernalisation (= Jarovisation). Die Einwirkung von Kälte ist bei vielen Pflanzen eine Voraussetzung zum Eintritt in die Blühphase. So benötigt der Winterrogen (im Gegensatz zum Sommerroggen) eine Periode tiefer Temperatur, um im folgenden Sommer zu blühen und zu fruchten. Im späten Frühjahr gesät, kommt Winterroggen sehr spät oder gar nicht zur Blüte. Dieses Verhalten zeigen nicht nur Winterannuelle, sondern auch zweijährige Pflanzen wie Möhren, Sellerie, Kohl und Bilsenkraut. Die hier meist mehrere Wochen erforderliche Kältebehandlung wird Vernalisation (lat. ver = Frühling) genannt. Sie ist bei Getreidekaryopsen bereits wirksam, wenn diese nur die Hälfte der zum Keimen benötigten Wassermenge aufgenommen haben, so daß vernalisiertes Saatgut ungekeimt gedrillt werden kann. Bei isolierten Embryonen aus Karyopsen konnte ein Vernalisationseffekt bereits im wenigzelligen Zustand erreicht werden. Nicht alle kältebedürftigen Pflanzen lassen sich aber als Samen vernalisieren (z. B. nicht der Sellerie).

Über die bei der Vernalisation ablaufenden Prozesse wissen wir noch wenig, eine ungestörte Atmung ist notwendige Voraussetzung. Kurze Zeit nach der

Kältebehandlung kann durch eine Wärmebehandlung (bis zu 40 °C) der Blühförderungseffekt wieder aufgehoben werden (**„Devernalisation“**), späterhin ist das nicht mehr möglich.

Manche der Pflanzen, deren Blütensproßbildung durch Kälte gefördert wird, zeigen gleichzeitig eine Abhängigkeit des Blühens von photoperiodischen Einflüssen.

8.4.6. Photoperiodismus

Unter Photoperiodismus wird der Einfluß wechselnder Licht- und Dunkelperioden auf die Entwicklung von Pflanzen (und Tieren) verstanden. Im Vordergrund steht dabei der Blühprozeß, wenn auch viele andere Vorgänge, wie z. B. Knollenbildung bei Arten der Wildkartoffel (im Kurztag) und die Bildung von Erdbeer-Ausläufern (im Langtag), photoperiodisch gesteuert werden. Photoperiodisch nicht beeinflußbare Pflanzen bezeichnet man als **tagneutral.** Die Entdeckung des Photoperiodismus durch Garner und Allert (1920) knüpfte sich an die Feststellung, daß eine neue Tabakvarietät, *Nicotiana tabacum* var. Maryland Mammoth, sehr spät in der Vegetationsperiode Blüten ansetzte und erst während des Winters im Gewächshaus Samen trug. Die Pflanze benötigte zur Blühinduktion die kurze Lichtdauer der Herbsttage bzw. — wie wir heute wissen — die lange Dunkelheit der Herbstnächte. Dennoch nennen wir auch heute eine Pflanze mit diesem Verhalten **Kurztagpflanze (KTP)** und stellen sie der **Langtagpflanze (LTP)** gegenüber, bei der erst von einer bestimmten Tageslänge an (entscheidend ist wieder die Dauer der Nacht) Blütenbildung einsetzt (Abb. 8.15.). Es darf bei einer KTP die Dauer einer **„kritischen Dunkelperiode“** nicht unterschritten, bei der LTP nicht überschritten werden, um das Blühen auszulösen. Die erforderliche absolute Dauer der Tages- bzw. Nachtlängen kann unterschiedlich sein. So beträgt die **„kritische Tageslänge“** z. B. bei der KT-Pflanze *Xanthium pennsylvanicum* (Spitzklette) $15^1/_2$ Stunden, bei der LT-Pflanze *Hyoscyamus* (Bilsenkraut) ca. 12 Stunden. Verschieden ist auch die zur Induktion benötigte Anzahl von Tagen. Während *Xanthium* und *Pharbitis nil* nur e i n e n Kurztag und *Lolium temulentum* e i n e n Langtag brauchen, benötigen andere KT- und LT-Pflanzen mehrere Tage oder auch Wochen. Anstelle vieler Kurz- oder Langtage kann bei einigen KT-Pflanzen auch e i n e längere Dunkelperiode, bei LT-Pflanzen aber generell auch Dauerlicht zum Erfolg führen. Außer KTP und LTP gibt es auch Pflanzen, wie z. B. *Phaseolus polystachyus*, bei der die tägliche Lichtdauer zur Blühinduktion einen Grenzwert von $13^1/_2$ Stunden nicht unterschreiten und von $14^1/_2$ Stunden nicht überschreiten darf. Von *Bryophyllum crenatum* ist bekannt, daß es zum Blühen erst LT, dann aber KT braucht, es gehört zu den **„Langkurztagpflanzen“**, hingegen ist *Trifolium repens* eine **„Kurzlangtagpflanze“.** — Ist für Pflanzen der photoperiodische Einfluß der einzige Weg, um zur Blüte zu kommen, so gehören sie zu den **obligaten (= qualitativen)** KTP bzw. LTP, bei **fakultativen**

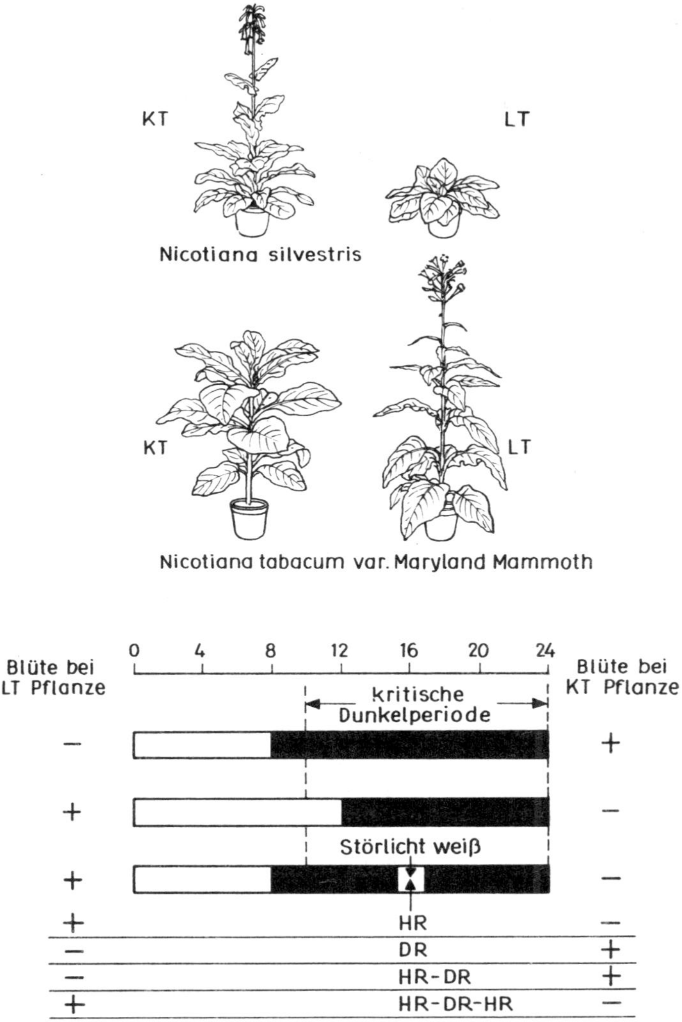

Abb. 8.15. Blühinduktion bei Kurz- und Langtagpflanzen. *KT* Kurztag, *LT* Langtag, *HR* Hellrot, *DR* Dunkelrot. – Nach Melchers und Lang, Diagramm nach Hess, verändert.

(= quantitativen) KTP bzw. LTP ist ein Blühen auch unter anderen Bedingungen möglich, z. B. durch Kälteeinfluß oder bei höherem Alter der Pflanze ohne induktive Einflüsse (Tab. 8.3.).

Bei der weiteren Aufklärung des Photoperiodismus waren **Störlichtversuche** sehr bedeutungsvoll, d. h. der Einfluß einer kurzen Lichtphase (oft reichten wenige Minuten aus) als Unterbrechung der Dunkelphase. Kurze Dunkelphasen während der Belichtungszeit zeigten keinen Einfluß. Es ergab sich:

- Störlicht, etwa in der Mitte der Dunkelphase eines Kurztagzyklus geboten, verhindert das Blühen von KT-Pflanzen, während LT-Pflanzen bei diesem Lichtprogramm zum Blühen kommen (Abb. 8.15.).
- Die Wirksamkeit des Störlichtes ist im Verlaufe der Dunkelphase eines Kurztages unterschiedlich, erreicht etwa in der Mitte ihr Maximum und fällt dem Anfang und Ende zu ab. Dieses Verhalten läßt auf eine rhythmisch wechselnde Reaktionsbereitschaft der Pflanzen gegenüber Licht schließen,

Tabelle 8.3. Beispiele für photoperiodische Blühregulation

KT-Pflanzen	LT-Pflanzen
a) qualitativ	a) qualitativ
Amaranthus caudatus	*Alopecurus pratensis*
Chenopodium album	*Anagallis arvensis*
Euphorbia pulcherrima	*Avena sativa*
Kalanchoe blossfeldiana	*Beta vulgaris*
Lemna perpusilla	*Hyoscyamus niger*
Nicotiana tabacum	*Lactuca sativa* (Sorten)
var. Maryland Mammoth	*Lolium temulentum*
Pharbitis nil	*Nicotiana sylvestris*
Xanthium pennsylvanicum	*Spinacia oleracea*
	Triticum aestivum
b) quantitativ	b) quantitativ
Cannabis sativa	*Antirrhinum majus*
Dahlia pinnata	*Brassica rapa*
Gossypium hirsutum	*Hordeum vulgare*
Saccharum officinarum	*Petunia hybrida*
Salvia splendens	*Pisum sativum*
Tagneutrale Pflanzen	
Bellis perennis	*Lathyrus odoratus*
Cucumis sativus	*Lycopersicum esculentum*
Fagopyrum esculentum	*Poa annua*
Helianthus tuberosus	*Senecio vulgaris*
Impatiens balsamina	*Taraxacum officinale*

auf einen Wechsel **photophiler** (durch Licht förderbarer) und **skotophiler** (durch Dunkelheit förderbarer) Phasen (Abb. 8.16.a).

- Als wirksame Lichtqualität für das Störlicht stellte sich das von Phytochrom$_{660}$ absorbierte hellrote Licht heraus, welches zur Bildung des aktiven P_{730} führt (S. 415f.). Unmittelbar nach dem hellroten Störlicht (Maximum bei 660 nm) gebotenes dunkelrotes Licht (Maximum bei 730 nm) hebt den Effekt des Hellrot auf, die Pflanzen verhalten sich so, als ob kein Störlicht geboten wurde (Abb. 8.15.).

Der Unterschied zwischen KT- und LT-Pflanzen ist eventuell in dem sich rhythmisch verschiedenartig verändernden Gehalt an P_{730}, wahrscheinlicher aber in einer sich rhythmisch

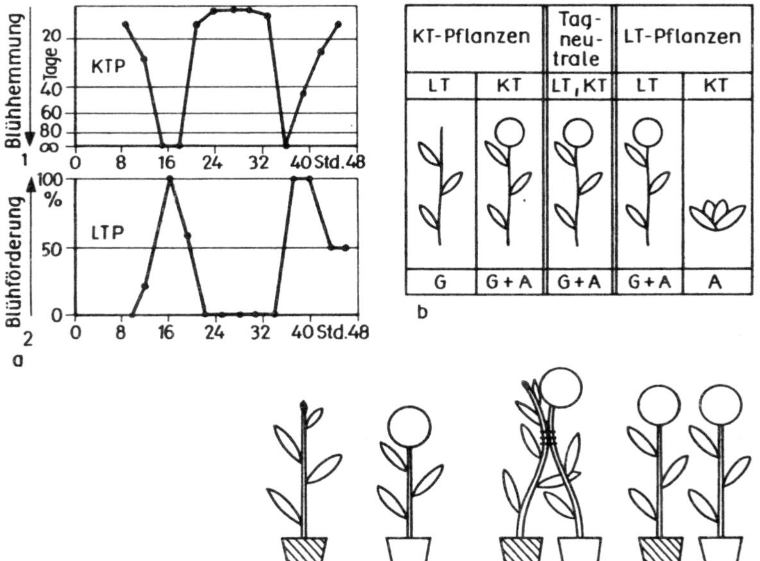

Abb. 8.16. Photoperiodische Blühinduktion. a Nachweis endogen-rhythmisch wechselnder Blühbereitschaft: nach 9 Stunden Licht wurde den Pflanzen in Dauerdunkelheit zu unterschiedlichen Zeiten ein 2stündiges Störlicht geboten. Dessen Einfluß wechselte rhythmisch und war bei (1) KT-Pflanze und (2) LT-Pflanze entgegengesetzt. **b** Hypothese von Chailachjan über das Zusammenwirken von Gibberellin (*G*) und Anthesin (*A*) bei der Blühinduktion, s. Text. **c** Übertragung des Blühstimulus durch Pfropfung: (1) nichtblühendes und (2) blühendes Exemplar der KT-Pflanze *Xanthium* wurden (3) an Wundflächen einige Tage in Kontakt gebracht (gepfropft), (4) als Folge kommt das nichtblühende Exemplar im LT zum Blühen. — a (1) nach Bünsow, a (2) nach Clas und Lang, beide aus Libbert, b nach Chailachjan, verändert.

unterschiedlich verändernden Empfindlichkeit gegenüber „aktivem" Phytochrom zu vermuten. Bei der KT-Pflanze *Xanthium* fördert das während der Belichtung gebildete P_{730} in den ersten 4 Stunden der Dunkelphase das Blühen, hemmt diesen Prozeß aber in der zweiten Hälfte der Nacht. Gleichzeitig findet in Dunkelheit die Umwandlung des P_{730} in P_{660} statt, so daß nach genügender Länge der Nacht blühhemmendes P_{730} nicht mehr vorliegt. Bei LT-Pflanzen könnte der blühfördernde Effekt des P_{730} mit dessen Abbau in einer zu langen Nacht verlorengehen.

Aufnahmeorgane für die photoperiodische Induktion sind die Blätter, in denen gleichzeitig die Bildung der auch für den Blühprozeß erforderlichen Assimilate durch die Photosynthese erfolgt. Daher benötigt jede Pflanze zumindest während eines Teils der Lichtphase eine dafür ausreichende Beleuchtungsstärke. Das darüberhinaus zur photoperiodischen Induktion erforderliche Licht kann von wesentlich geringerer Stärke sein. Bei der KT-Pflanze *Cuscuta reflexa* war ein Dunkeleffekt erst bei Beleuchtungsstärken unter 0,1 Lux festzustellen.

Die Blühreaktion an den Sproßspitzen nach photoperiodischer Induktion der Blätter läßt die Bildung und den Transport eines stofflichen Blühstimulus erwarten. Dieser Stimulus wird **„Florigen"** genannt, die Natur dieses hypothetischen Blühhormons ist unbekannt. Bei *Xanthium* hat dieses Hormon das induzierte Blatt nach etwa 2 bis 4 Stunden verlassen, und nach 1 bis 2 Tagen ist der Vegetationskegel durch Genaktivierung für die Blütenbildung determiniert. Über die Geschwindigkeit des Hormontransportes gibt es unterschiedliche Angaben, so daß sowohl ein Phloem- wie auch Gewebstransport möglich erscheint. Für die Existenz eines solchen Hormons sprechen aber insbesondere die erfolgreichen **Übertragungen des Blühimpulses durch Pfropfung** von blühinduzierten Sproßteilen auf nichtinduzierte Pflanzen (Abb. 8.16.c), wenn eine solche Übertragung auch nicht bei allen bisher untersuchten Partnern möglich war. Sie gelangen aber auch zwischen Pflanzen verschiedener Familien, schließlich auch zwischen KT- und LT-Pflanzen. Das Blühhormon ist vermutlich wenig spezifisch. In der Regel — so auch bei *Xanthium* — werden die durch Pfropfung zum Blühen veranlaßten Pflanzen fähig, den Blühimpuls durch Pfropfung weiterzugeben. Das Blühhormon löst seine eigene Synthese aus.

Viele Bemühungen galten der Isolierung des vermuteten Blühhormons, doch waren auch Teilerfolge nicht immer reproduzierbar. Versuche, durch Phytohormone Blühinduktion auszulösen, führten kaum zu verallgemeinerungsfähigen Aussagen. Eindeutig wird Blühen durch Ethylen bei Bromeliaceen ausgelöst sowie durch Gibberellinsäure bei vielen LT-Pflanzen im Kurztag. — Auf die letzteren Befunde gründet sich die **Hypothese von Chailachjan**, wonach das Florigen aus Gibberellin und dem hypothetischen **Anthesin** besteht (Abb. 8.16.b). Die LT-Pflanzen können das ihnen fehlende Gibberellin im Langtag bilden, die KT-Pflanzen im Kurztag das fehlende Anthesin. Auch Cytokinine und Abscisinsäure wirken bei einigen Pflanzen blühfördernd, den positiven hormonellen Einflüssen stehen aber auch Fälle von Blühhemmung gegenüber. — Der Transport des Blühhormons aus den induzierten Blättern zur Sproßspitze kann durch dazwischenliegende, nicht induzierte Blätter unterbunden werden. So kommt die KT-Pflanze *Kalanchoe blossfeldiana* nicht zum Blühen, wenn zwischen den im Kurztag induzierten Blättern an ihrer Sproßachse und den Knospen des Sproßgipfels nur ein Blatt im Langtag gehalten wird. Es wird angenommen, daß der Blühstimulus gemeinsam mit Nährstoffen in dieses obere LT-Blatt einwandert und dort festgehalten wird. Es gibt aber auch Hinweise auf die Bildung von transportablen **Blühhemmstoffen**, die unter nichtinduktiven Bedingungen entstehen. Die LT-Pflanze Spinat blüht nicht, wenn alle oberen Blätter im Langtag, die unteren aber im Kurztag gehalten werden. Es ist wahrscheinlich, daß an der Regulation von Blühprozessen nicht nur fördernde, sondern auch hemmende Hormonwirkungen beteiligt sind.

Die photoperiodische Blühinduktion führt dazu, daß die in höheren Breiten beheimateten LT-Pflanzen bei zunehmender Tageslänge saisongerecht zum Blühen kommen. In mittlerer geographischer Breite, wo KT- und LT-Pflanzen vorkommen, stammen die KT-Pflanzen meist aus Gebieten mit Wintertrockenheit, LT-Pflanzen aus Gebieten mit Sommertrockenheit. Jeder der beiden Typen wird so befähigt, seine Samenbildung vor der Vegetationsruhe abzuschließen. Pflanzen niederer Breiten, des Tropengürtels, können nur als KT-Pflanzen oder als Tagneutrale zum Blühen gelangen.

8.4.7. Seneszenz

Im Lebenszyklus einer höheren Pflanze folgt nach embryonaler, juveniler und adulter Phase die **Altersphase oder Seneszenz** (lat. senex = Greis), welche mit dem Tod endet. Es ist jedoch möglich, durch wiederholte vegetative Vermehrung und Organkultur Pflanzenteile mit einem Bildungsgewebe unbegrenzt weiterwachsen zu lassen. Im normalen Lebenslauf ist die Seneszenz pflanzlicher Organe nicht dauerhaft zu verhindern. Das höchste bei einer lebenden Landpflanze — ein Exemplar der Kiefernart *Pinus aristata* — nachgewiesene Alter beträgt etwa 4600 Jahre. Auch solche **ausdauernden** Pflanzen sterben schließlich ab, eventuell weil sie unfähig sind, die jungen Triebe ausreichend zu versorgen oder die erforderlichen korrelativen Einflüsse auszuüben. Das von den Pflanzen erreichbare Alter ist von genetischen Faktoren abhängig und in ihrer unterschiedlichen Organisation begründet. Bei den **hapaxanthen** Pflanzen entscheidet der Vorgang der Fruktifikation über den Eintritt in die Seneszenz. Wird bei zweijährigen Pflanzen durch fehlenden Kälteeinfluß (s. 8.4.5.) oder durch wiederholtes Entfernen der Blüten bzw. jungen Früchte die Fruktifikation verhindert, so können diese im vegetativen Zustand eventuell viele Jahre alt werden. Gegen die naheliegende Annahme, daß ein hoher Nährstoffentzug zugunsten der sich bildenden Samen und Früchte die Seneszenz der Pflanzen bedingt, spricht, daß z. B. die männlichen Pflanzen des zweihäusigen Hanf *(Cannabis sativa)* trotz geringen Nährstoffverbrauchs durch die Fruktifikationsorgane nach der Entlassung des Pollens altern und absterben. — In den sich bildenden Fortpflanzungsorganen besitzt die hapaxanthe Pflanze das in diesem Stadium wichtigste Zentrum der Hormonaktivität und des Wachstums. Mit dem begrenzten Wachstum der Blütenorgane erlischt das Wachstum dieser Pflanze überhaupt, d. h. es werden alle vorhandenen Bildungsgewebe in Knospen und Wurzelspitzen der Seneszenz unterworfen. Diese ist genetisch determiniert und wird von korrelativ wirkenden **Seneszenzfaktoren** gesteuert, zu denen vermutlich die Abscisinsäure und das Ethylen gehören.

Nicht immer betrifft die Seneszenz aber die ganze Pflanze (Abb. 8.17.a). Bei ausdauernden Zwiebel-, Knollen und Rhizompflanzen stirbt der oberirdische Sproß nach Blühen und Samenbildung jährlich ab. Das kann die Folge einer endogenen Entwicklungsrhythmik (s. 8.5.) oder der Einwirkung von Außenfaktoren wie Kälte, Trockenheit u. a. sein. Den überdauernden Organen werden die durch Abbau mobilisierten organischen Substanzen der alternden Organe — insbesondere N- und P-Verbindungen — zu einem großen Teil zugeleitet.

Die **Seneszenz von Blättern** wurde eingehend untersucht. Sie kann entweder simultan, d. h. an der ganzen Pflanze gleichzeitig, oder sukzedan, d. h. nach-

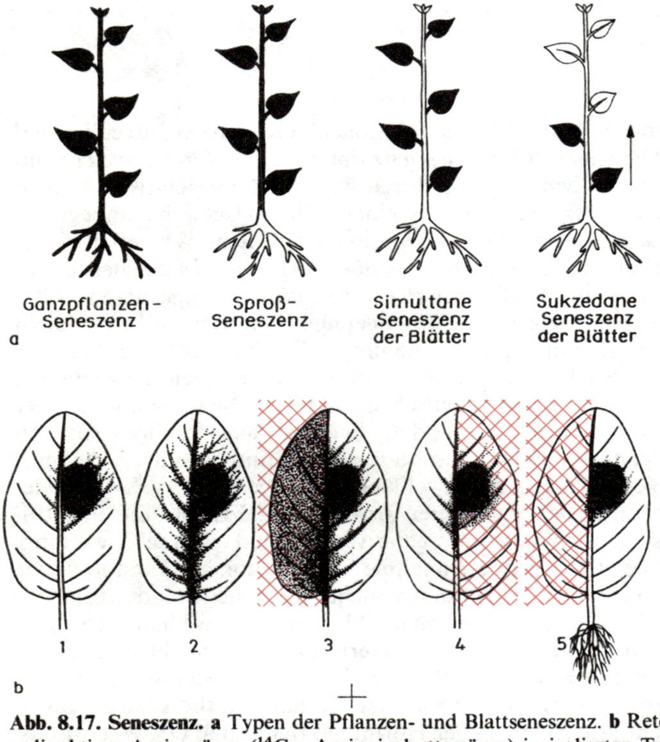

Abb. 8.17. Seneszenz. a Typen der Pflanzen- und Blattseneszenz. **b** Retention und Verteilung radioaktiver Aminosäure (^{14}C-α-Aminoisobuttersäure) in isolierten Tabakblättern: (1) Verteilungsmuster im jungen Blatt, (2) im älteren Blatt, (3) nach Besprühen der linken, (4) der rechten Blatthälfte mit Kinetin-Lösung, (5) bewurzeltes Blatt mit Kinetin-Lösung auf der linken Blatthälfte (Schwärzung zeigt die Anwesenheit der Aminosäure an, die rote Markierung die mit Kinetin besprühten Blatteile). Weitere Erklärung im Text. — Nach Mothes und Engelbrecht.

einander, in der Reihenfolge der Blattentstehung, erfolgen. **Simultanes Altern der Blätter**, wie es die Laubbäume im Herbst zeigen, wird häufig durch äußere Faktoren wie Kurztag oder Kälte induziert. Auf Grund eines veränderten Hormonhaushaltes (Abnahme extrahierbarer Gibberelline, Zunahme von Abscisinsäure) sinkt in alternden Blättern die Fähigkeit, Metabolite des Stoffwechsels wie z. B. Aminosäuren zurückzuhalten, das **Retentionsvermögen** wird geringer. So kommt es zu einem verstärkten Austransport organischer Substanzen aus den Blättern und einer verringerten Neusynthese insbesondere von Eiweißstoffen und Nucleinsäuren. Gleichzeitig erfolgt aber auch eine Zunahme der Ribonuclease-Aktivität, d. h. ein gesteigerter Nucleinsäure-Abbau. Die Chloroplasten degenerieren, indem sie Thylakoide zu gelbgefärbten Plastoglobuli einschmelzen, und mit dem Verlust von Chlorophyll verlieren sie die Fähigkeit zur Photosynthese. Besonders gut sind diese Verhältnisse bei der **sukzedan erfolgenden Seneszenz von Blättern** zu studieren, z. B. bei dem Vergilben der unteren Blätter an der Tabakpflanze oder den nach 4 bis 6 Jahren Lebensdauer abfallenden Nadeln der Fichte. Hierbei spielt die hormonell gesteuerte Konkurrenz zwischen alten und jungen Blättern um die Nährstoffe eine maßgebende Rolle. Als Beweis dafür sei erwähnt, daß die unteren, bereits gelben Tabakblätter zum Wiederergrünen gebracht werden können, wenn der darüber befindliche Sproß mit den jungen Blättern entfernt und damit der Nährstoffentzug aus den alternden Blättern unterbunden wird.

Über die Art des hormonellen Nährstoffentzuges gibt es Hinweise durch **Versuche an isolierten Blättern**, bei denen sehr bald Seneszenzmerkmale wie verstärkter RNA- und Proteinabbau feststellbar sind. Wird eine Hälfte einer solchen Blattfläche mit einer Kinetinlösung besprüht, auf der gegenüberliegenden Blatthälfte aber die Lösung von radioaktiv markierter Aminosäure appliziert, so wandert diese in den mit Kinetin besprühten Blatteil ein (Abb. 8.17.b). Dort wird durch das Kinetin die Protein- und RNA-Synthese aktiviert und der Chlorophyllabbau verzögert, was an dem Grünbleiben dieser Blatthälfte erkennbar wird. Kinetin vermag danach die hormonelle Konstitution der Seneszenz aufzuheben. Isolierte Blätter bleiben aber auch grün als Folge einer Blattbewurzelung, im Gegensatz zu unbewurzelten (Abb. 8.17.b 5). Hier übernehmen die jungen Wurzeln die endogene Cytokinin-Versorgung. Außer durch Cytokinine kann die Seneszenz bei einigen Pflanzen auch durch Gibberelline (z. B. *Taraxacum vulgare*) und durch Auxine (einige Gehölzpflanzen) aufgehalten werden. Als Seneszenz fördernd wurden Abscisinsäure und Ethylen erkannt.

Der Vorgang der Seneszenz besitzt einen positiven Selektionswert, da die Nährstoffe alternder Organe vor dem Absterben den Fortpflanzungs- oder Überdauerungsorganen bzw. jungen, leistungsfähigen Pflanzenteilen zugute kommen. Die Notwendigkeit des Absterbens muß aber nicht altersbedingt sein, sondern kann z. B. bei Blättern auch durch Wassermangel ausgelöst werden. An der Steuerung dieses Vorganges, der zu einer notwendigen Transpirationseinschränkung führt, ist die stark vermehrte Bildung von Abscisinsäure in den Blättern beteiligt.

8.5. Rhythmik bei Pflanzen

Die pflanzlichen Stoffwechsel-, Entwicklungs- und Bewegungsprozesse verlaufen in der Regel nicht gleichförmig, sondern zeigen rhythmische Veränderungen, die oft mit der Periodizität natürlicher Umweltfaktoren synchron laufen. So stehen die Tagesrhythmen in engem Zusammenhang mit dem täglichen Licht-, Dunkel-, Temperatur- oder Feuchtigkeitswechsel. Jahresrhythmen zeigen ein Angepaßtsein an die jahreszeitlich veränderten Tageslängen, Temperaturen und Niederschlagsmengen (Kap. 8.4.3. und 8.4.4.). Bei kurzzeitigen Rhythmen, wie z. B. der elliptisch kreisenden Bewegung der zwei Fiederblättchen von *Desmodium gyrans* (Fabaceae) — die Periodendauer liegt im Minutenbereich —, ist kein Bezug zur Umweltperiodik erkennbar (Abb. 8.18.a). Hier müssen innere Faktoren die Rhythmik steuern.

Oft lassen sich bei gegebener **Synchronität von biologischer Rhythmik und periodischem Außenreiz** zwei Typen rhythmischer Steuerung unterscheiden: die **exogene** und die endogene **Rhythmik.** Exogen, d. h. nur durch den periodischen Wechsel äußerer Faktoren gesteuert, erfolgt das Öffnen und Schließen vieler Blüten, z. B. bei Krokus und Tulpe, als Folge des Tag-Nacht-Temperaturwechsels. Unter konstanten äußeren Bedingungen unterbleibt diese rhythmische Bewegung. Eine **endogene Rhythmik** ist an dem rhythmischen Heben und Senken der Blätter bei der Bohne („Schlafbewegung") beteiligt, wie sie im Tag-Nacht-Wechsel erfolgt. Hier läuft die rhythmische Bewegung auch unter konstanten Außenbedingungen noch längere Zeit fort. Daß es sich hierbei nicht nur um ein Ausklingen einer exogenen, induzierten Bewegung handelt, wird an verschiedenen Befunden erkennbar. So weicht die **Dauer der Schwingungsperiode** unter konstanten Bedingungen **in artspezifischer Weise** von der 24-Stunden-Periodik des Tages ab, oft um mehrere Stunden. Der Name **„circadiane Rhythmik"** (lat. circa = ungefähr, dies = Tag) für endogene Tagesrhythmik nimmt darauf Bezug. Pflanzen mit endogener circadianer Rhythmik ordnen sich dem synchronisierenden Einfluß des täglichen Licht-Dunkel-Wechsels unter und vermögen auch einer künstlich veränderten Dauer der Licht- und Dunkelphasen in artunterschiedlicher Weise zu folgen. So kann die Feuerbohne *(Phaseolus coccineus)* in ihrer Blattbewegung auch noch einem 9:9 Stunden Licht-Dunkel-Wechsel (LDW) folgen. Im Dauerlicht fällt sie in ihre circadiane Periodenlänge von 28 Stunden zurück (Abb. 8.18.b, c). Das erfolgt auch im 8:8 Stunden-LDW, dem sie sich nicht mehr anzupassen vermag. Stellt eine Bohnenpflanze unter konstanten Bedingungen nach mehreren Tagen die Blattbewegung ein, so genügt jetzt ein Wechsel von Dauerlicht zu Dauerdunkelheit oder umgekehrt, um die Rhythmik wieder auszulösen (Abb. 8.18.d). Das ist ein weiterer Hinweis auf deren endogene Natur. Der Lichtimpuls als Zeitgeber der rhythmischen Blattbewegungen wird über das Phytochromsystem aufgenommen (S. 415f.).

Circadiane Rhythmen wurden außer bei Laubblatt-, Blütenblatt- und Spaltöffnungsbewegungen auch bei der Phototaxis von *Euglena gracilis*, der Fruktifikation verschiedener Pilze und Algen, dem Wachstum von *Avena*-Koleoptilen, bei der Photosyntheseaktivität und der CO_2-Fixierung, der Häufigkeit von mitotischen Kernteilungen (mit einem nächtlichen Maximum), der Biolumineszenz des Flagellaten *Gonyaulax polyedra* (ein Erreger von Meeresleuchten) und vielen anderen Erscheinungen festgestellt.

Für das circadiane System in Pflanzen wie Tieren wird eine **„physiologische Uhr“** verantwortlich gemacht, welche als noch unbekannter **Oscillator** in einer

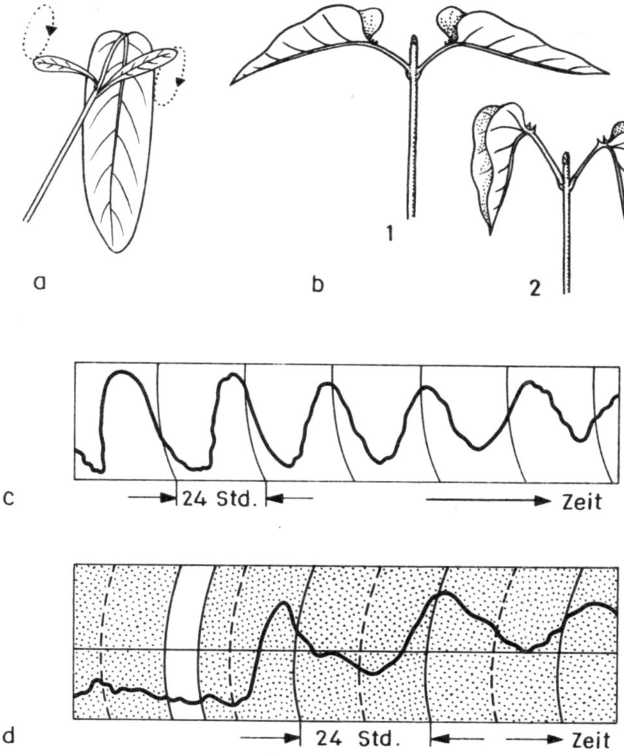

Abb. 8.18. Rhythmische Blattbewegung. a *Desmodium gyrans*, rhythmisches Senken (schnell) und Heben (langsam) der zwei seitlichen Fiederblättchen mit Periodenlänge von wenigen Minuten, die Blattspitzen bewegen sich dabei auf elliptischen Bahnen. **b** Blätter von *Phaseolus coccineus* in (1) Tagstellung und (2) Nachtstellung. **c** Kurvenverlauf der Blattbewegung von *Phaseolus coccineus* nach Licht-Dunkel-Wechsel in konstantem schwachem Licht, endogene Periodenlänge etwa 28 Stunden. **d** In Dauerdunkel abgeklungene Blattbewegung bei *Phaseolus coccineus* wird durch einmalige kurze Lichtphase angestoßen und schwingt in endogener Periodenlänge weiter. — a nach Schumacher, b nach Libbert, c nach Bünning und Tazawa, d nach Lörcher.

genetisch bedingten Spontanfrequenz schwingt und Zeitabläufe zu messen vermag. Periodisch wechselnde **Umweltbedingungen** können **als äußere Zeitgeber** die endogene Periodenlänge täglich auf die Tageslänge korrigieren. Bei experimentell veränderter Phasenlage periodischer Außenbedingungen vermag sich die circadiane Rhythmik im Verlauf von mehreren Tagen durch **Übergangszyklen** dieser neuen Situation anzupassen, und zwar erfolgt das um so langsamer, je stärker der Einfluß der endogen rhythmischen Komponente ist. Durch Hemmstoffe des Stoffwechsels kann die Amplitude, d. h. die Stärke der rhythmischen Schwingungen, stark herabgesetzt werden, durch Hemmung der Transkription (z. B. durch Actinomycin) kommt die Rhythmik sogar zum Stillstand, dennoch war eine Veränderung der Periodenlänge dadurch nicht möglich. Eine hohe Konstanz der endogenen rhythmischen Phasenlage zeigten auch die dem Photoperiodismus (S. 422) zugrundeliegenden periodischen Änderungen im Verhalten gegenüber Licht. Da sich das Schwingen des vermuteten Oscillators mit einem **Q_{10}-Wert*) von 0,9—1,3** als weitgehend unabhängig von der Temperatur erwies, wird das Wesen der physiologischen Uhr nicht in einer biochemischen Reaktion vermutet, sondern eher in physikochemischen Zustandsänderungen eventuell nach der Art von Kippschwingungen. Als Sitz des circadianen Steuerungssystems ist nach Versuchen über die Photosyntheserhythmik der Alge *Acetabularia* (S. 394) sowohl das Cytoplasma als auch der Kern anzusehen. Kernlose Pflanzen zeigen in gleicher Weise eine Rhythmik wie kernhaltige, ein durch Pfropfung zugeführter Kern bestimmt aber durch seine Phasenlage die Rhythmik der ganzen Pflanze.

*) Der Temperaturquotient Q_{10} kennzeichnet die Änderung der Reaktionsintensität bei einer Temperaturerhöhung um 10 °C. Chemische Reaktionen haben einen Q_{10} von etwa 2—4. Der Temperaturbereich muß die entsprechenden Reaktionen zulassen, er muß bei biologischen Objekten „physiologisch“ sein.

9. Bewegungsphysiologie

9.1. Bewegungsmechanismen

Das Bewegungsvermögen der Pflanzen zeichnet sich durch die Mannigfaltigkeit der mechanischen Mittel aus, darunter die im Tierreich vorherrschende Kontraktilität von Proteinen. So treten Krümmungsbewegungen im Zusammenhang mit Wachstum, Turgorveränderungen, Kohäsionszug und Quellungsunterschieden auf. Im folgenden soll zunächst auf die verschiedenen Bewegungsmechanismen, dann auf die Steuerung von Bewegungsabläufen durch Umweltreize („Reizbewegungen") eingegangen werden.

9.1.1. Quellungs- und Entquellungsbewegungen

Zellwände sind durch den Gehalt an Pectin und Cellulose quellungsfähig, Inkrusten der Wand wie Lignin und Cutin schränken diese Fähigkeit ein. Die Anordnung von Cellulosefibrillen in Paralleltextur (Kap. 3.7.3.) führt zur **anisotropen Quellung**, d. h. einer in Faserlängsrichtung geringeren Ausdehnung als quer dazu. Zu Krümmungsbewegungen kommt es, wenn fest verbundene Schichten eine unterschiedliche Quellung bzw. Entquellung aufweisen. Die Zell- oder Wandschicht mit der geringeren Ausdehnung wird als **Widerstandsschicht** bezeichnet, entscheidend für die Krümmung ist aber die starke Längenänderung der **Bewegungsschicht** bzw. des **Bewegungsgewebes.** Schräg zueinander verlaufende Texturen führen bei Quellungsänderung zu schraubiger Krümmung oder **Torsion.** Quellungbewegungen dienen häufig der Samen- und Sporenverbreitung. Es sind reversible Prozesse, zumeist in Wänden toter Zellen. Eine Quellungsbewegung als Folge veränderter Luftfeuchtigkeit wird auch **hygroskopische Bewegung** genannt.

Beispiele:
Beugungsmechanismen. Die Öffnung der Sporenkapseln von Laubmoosen wird von zwei als inneres und äußeres **Peristom** bezeichneten Zahnkränzen umgeben, von denen der äußere die Kapsel öffnet und schließt (Abb. 9.1.a, b). Meist besteht jeder der 16 Zähne aus zwei fest verbundenen, verdickten Tangential-Wandschichten. Ist die außen liegende Wandschicht quer strukturiert, die innere längs, so führt Trockenheit zum Auswärtskrümmen der Zähne, zum Öffnen der Kapsel (**Xerochasie**, z. B. bei *Funaria*, Abb. 9.1.b.). Besitzt die äußere Schicht Längsstruktur und die innere Querstruktur, dann erfolgt Kapselöffnung bei Feuchtigkeit (**Hygrochasie**, z. B. bei *Tortula*). — Quellungsmechanismen ähnlicher Art richten bei Trocken-

heit die **Flughaare** verschiedener Samen und Früchte auf (z. B. *Clematis*, *Salix*), strecken die **Hüllblätter der Wetterdistel** *(Carlina)* auswärts und spreizen die **Zapfenschuppen von** ***Pinus*** bei Trockenheit vom Zapfen ab (Xerochasie). Beim Leinkraut *(Linaria vulgaris)* reißen die **Samenkapsel** bei Trockenheit am Scheitel auf, und es bilden sich zurückgekrümmte Zähne. — Die **Frucht des Storchschnabels** *(Geranium)* besteht aus 5 Teilfrüchten, in deren langen Grannen die Spannung zwischen innerem Widerlager und äußerem Bewegungsgewebe solange aufgehalten wird, bis sich diese Grannen von der Mittelsäule trennen. Bei ihrem schnellen Einrollen werden die Samen weggeschleudert (Abb. 9.1.c).

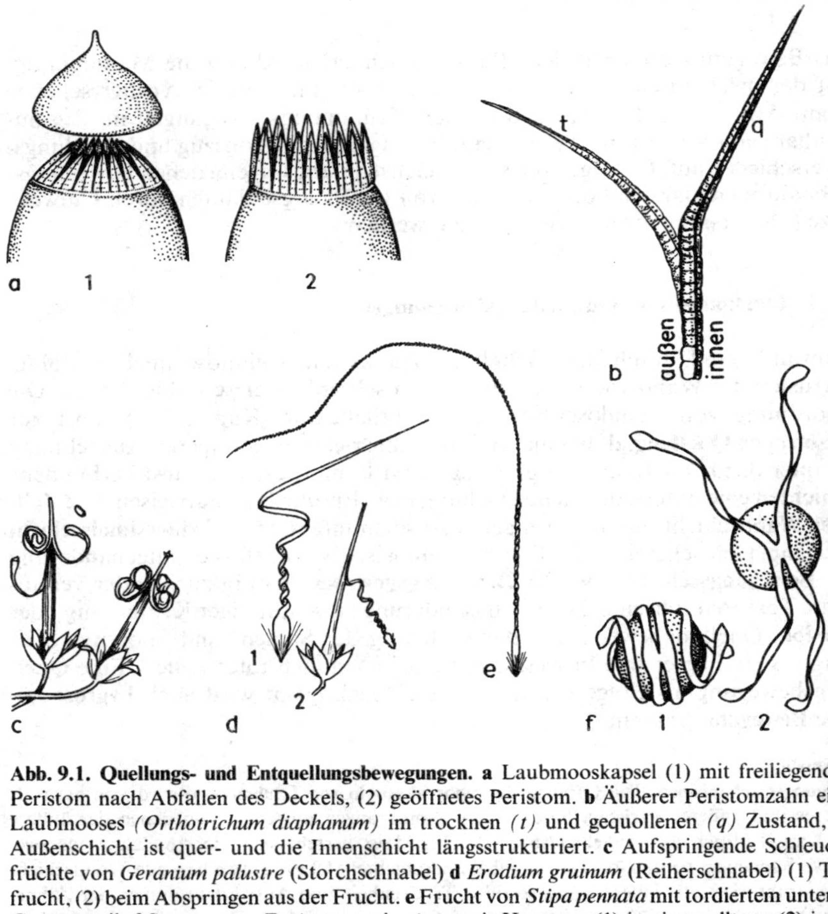

Abb. 9.1. Quellungs- und Entquellungsbewegungen. a Laubmooskapsel (1) mit freiliegendem Peristom nach Abfallen des Deckels, (2) geöffnetes Peristom. **b** Äußerer Peristomzahn eines Laubmooses *(Orthotrichum diaphanum)* im trocknen *(t)* und gequollenen *(q)* Zustand, die Außenschicht ist quer- und die Innenschicht längsstrukturiert. **c** Aufspringende Schleuderfrüchte von *Geranium palustre* (Storchschnabel) **d** *Erodium gruinum* (Reiherschnabel) (1) Teilfrucht, (2) beim Abspringen aus der Frucht. **e** Frucht von *Stipa pennata* mit tordiertem unterem Grannenteil. **f** Sporen von *Equisetum sylvaticum* mit Hapteren (1) in eingerolltem, (2) in gestrecktem Zustand. — a nach Gilg-Schürhof, b nach Steinbrinck, c nach Kerner, d nach Noll, e nach Molinier und Müller, f nach Ingold.

Torsionsmechanismen. Bei dem **Reiherschnabel** *(Erodium)* führt Trockenheit nach der Lösung der Fruchtschnäbel von der Mittelachse zu deren schraubiger Einrollung, einer Torsion, und damit zum Abspringen der Teilfrüchte (Abb. 9.1.d). Diese Torsion hat, wie auch bei den **Grannen des Federgrases** *(Stipa)* und anderen Grannen, in schräg zueinander verlaufenden Wandtexturen von inneren und äußeren Zellschichten ihre Grundlage. — Die **Hülsen** vieler Fabaceen springen bei Reife auf und schleudern durch schnelles schraubiges Einrollen der Klappen die Samen fort. — Hygroskopisch bewegen sich die **Capillitium-Fasern** zwischen den Sporenmassen im Myxomyceten-Fruchtkörper. Jede Faser besitzt 3 bis 4 schraubenförmige Verdickungsleisten. Die Torsionsbewegung unterstützt den Sporenaustritt. — *Equisetum*-Sporen besitzen vier bandförmige **Hapteren** (Abb. 9.1.f). Deren hygroskopische Bewegungen (bei Trockenheit ausgebreitet, bei Feuchtigkeit um die Spore gerollt) dienen der Lockerung und Verbreitung der Sporen. Eine Verhakung der Sporen untereinander begünstigt bei der Eingeschlechtigkeit der entstehenden Prothallien die geschlechtliche Fortpflanzung.

9.1.2. Kohäsionsbewegungen

Sie werden durch Zellschrumpfung infolge der Verdunstung von Innenwasser verursacht, wobei Außenluft nicht in das Zellinnere eindringen kann. So entsteht ein Unterdruck, der unverdickte Wände in das Zellinnere zieht. Verdickte Wände setzen diesem Vorgang einen wachsenden Widerstand entgegen. Es kann zum Zerreißen der wäßrigen Lösung in der Zelle kommen, wobei ein mit Wasserdampf oder auch Außenluft gefüllter Raum entsteht und die Zellen sich schlagartig entspannen können. Erfolgt dieses **„Springen“** im Experiment auch durch Wasserentzug in Glycerin, so enthält die Gasblase Wasserdampf und kann mit Wasser wieder aufgefüllt werden. Der Kohäsionsmechanismus ist dann zu neuer Funktion bereit. Die auftretenden Zugspannungen überwinden aber nicht die Kohäsion reinen Wassers (über 1000 bar), sondern die Zerreißfestigkeit der Zellösung (etwa 300 bar).

Beispiele:

Farn-Anulus. Das Sporangium von Polypodiaceen umgibt ein medianer Ring, der Anulus, der zu etwa Zweidrittel aus Zellen mit verdickten Innen- und Radialwänden, aber unverdickten Außenwänden besteht (Abb. 9.2.). Bei Verlust von Zellwasser entsteht im Anulus ein tangentialer Zug, der das Sporangium an den unverdickten **Stomiumzellen** aufreißt. Dem stetigen Zurückkrümmen folgt das plötzliche, durch „Springen“ verursachte Vorschnellen. Ein großer Teil der Sporen wird dabei fortgeschleudert. — **Antherenöffnung** wird durch die subepidermale Faserschicht, das **Endothecium** (S. 249), bewirkt. Membranleisten erhöhen in diesen Zellen die Festigkeit der Innen- und Radialwände, die Außenwände sind unverdickt. Wasserverlust läßt die Antheren durch den tangentialen Zug des Endotheciums aufreißen. Zum „Springen“ kommt es in der Faserschicht nicht. — **Elateren** tragen in Lebermoos-Kapseln zum Ausstoß und zur Lockerung der Sporen bei (wie Capillitium-Fasern, aber nicht mit einem Quellungsmechanismus, s. oben). Es sind einzellige Schläuche mit zwei spiraligen Wandverdickungen. Ihre Wasserfüllung ermöglicht eine Kohäsions-Schrumpfung bei Wasserverlust, wobei sich die Verdickungsleisten wie Spiralfedern zusammendrücken. Es kommt auch zum „Springen“. — *Utricularia*-**Fangblasen.** Der Wasserschlauch *(Utricularia)* besitzt als untergetaucht lebende, karnivore Pflanze an seinen Blattzipfeln Blasen von 1—5 mm

Durchmesser, mit Wänden aus zwei Zellschichten und einer Öffnungsklappe (Abb. 5.28.e, f). In den Blasen herrscht ein Unterdruck durch Wasseraustritt als Folge eines aktiven Ionen-Austransportes (s. 7.2.1.). Berührt ein Kleinkrebs die Borstenhaare der Klappe, so öffnet sich diese schlagartig nach innen, und mit dem Wasser wird das Beutetier mit eingeschluckt. Die Klappe schließt sich wieder, und die Blase wird durch Wasserentzug erneut fangbereit.

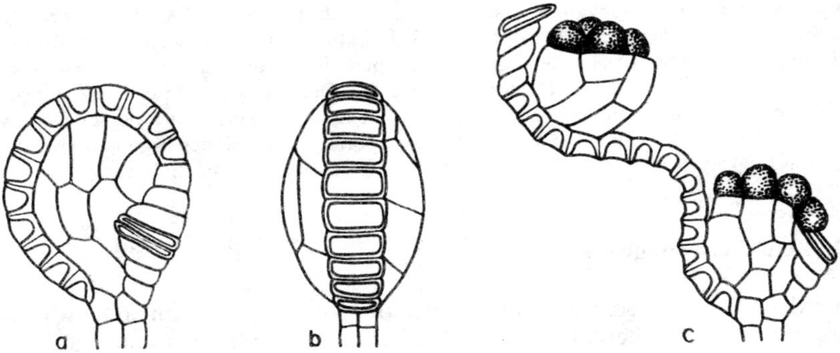

Abb. 9.2. Öffnungsmechanismus eines Sporangiums von *Polypodium* spec. **a** Sporangium geschlossen in Flächenansicht, **b** in Rückenansicht und **c** geöffnet. — Nach Guttenberg.

9.1.3. Explosionsbewegungen

Ihnen liegt die **Turgeszenz** von Zellen oder **Gewebespannung** zugrunde. Von den reversiblen „Turgorbewegungen" (S. 438) unterscheiden sich die Explosionsbewegungen durch ihre Irreversibilität. Einmalig erfolgen aber auch die nicht explosionsartigen **„Entfaltungsbewegungen"** bei Blüten z. B. von Caryophyllaceen und Gramineen. Dabei drücken Schwellgewebe von turgeszent werdenden Zellen an den Blattbasen die Blütenblätter auseinander. Explosionsbewegungen sind die Folge der plötzlichen Beseitigung einer Hemmung, welche den Ausgleich von Gewebespannung oder der Ausdehnung von Zellen im Wege stand. Die Bewegungen führen häufig zu einer Gewebs- oder Zellzerstörung und stehen im Dienste der Sporen-, Pollen- und Samenverbreitung. Sie werden durch Turgoranstieg, Reifeprozesse oder mechanischen Anstoß ausgelöst.

Beispiele:

Sporen- und Sporocystenabschuß. Die meisten Ascomyceten entlassen ihre **Ascosporen** durch einen Spritzmechanismus (Abb. 9.3.a). Dabei öffnen sich die durch Turgoranstieg elastisch gedehnten Asci an präformierter Stelle der Spitze, und mit dem Zellinhalt werden die 8 Ascosporen herausgeschossen. Die Abschußweite beträgt je nach Art etwa 0,3 mm bis 60 cm. Bei Basidiomyceten kann an der Ansatzstelle der **Basidiosporen**, am Sterigma, durch den Turgor der Basidie ein kleiner Zellsafttropfen herausgepreßt und mit der anhaftenden Spore abgeschleudert werden. Komplizierter ist der Sporocysten-Abschußmechanismus bei *Pilobolus*

(Abb. 9.3.b). Dieser Zygomycet bildet den Oberteil des einzelligen Sporocystenstieles zu einer elastisch gespannten, „subsporangialen Blase“ aus, welche bei Reife unterhalb der Sporocyste ringförmig aufreißt. Die Sporocyste wird mit dem Zellsaft der Blase, der als Tropfen an ihr hängt, bis zu 2 m weit abgeschossen. — **Spritzgurke** *(Ecballium elaterium)*. Die Früchte des mediterranen Kürbisgewächses besitzen ein äußeres elastisches Gewebe als Widerstands-

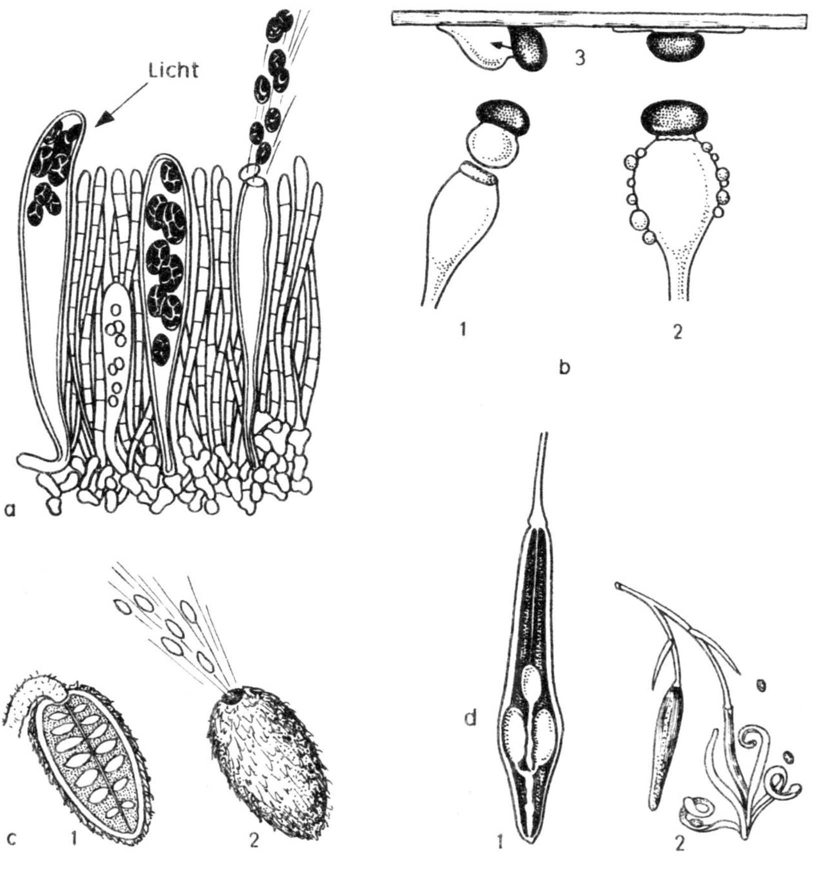

Abb. 9.3. Explosionsmechanismen. a Längsschnitt durch Apothecium von *Ascobolus stercorarius* mit Asci unterschiedlichen Reifegrades. **b** Abschußmechanismus von *Pilobolus* spec.: (1) Abschuß der Sporocyste, (2) reifer Sporocystenträger mit „subsporangialer Blase“ (besetzt mit Guttationstropfen), (3) Auftreffen und Anheftung der Sporocyste an Unterlage. **c** Frucht der Spritzgurke *(Ecballium)*: (1) in reifem Zustand (Längsschnitt), (2) nach Trennung vom Fruchtstiel. **d** Früchte von *Impatiens noli-tangere*: (1) Frucht im Längsschnitt, (2) eine Frucht im Moment des Aufspringens. — a nach Ingold, c nach Overbeck, d nach Kerner.

schicht und im Inneren ein dünnwandiges Schwellgewebe mit einem Gewebsdruck bis zu 15 bar, in das die Samen eingebettet sind (Abb. 9.3.c). Bei Reife löst sich die abwärts gekrümmte Frucht vom Stiel, so daß ihr Inhalt, das zerreißende Schwellgewebe mit Samen, durch die entstehende Öffnung oft meterweit hinausschießt. — **Hebelschleuder von** *Impatiens*-**Früchten.** Bei den spindelförmigen Kapselfrüchten des Springkrautes sind 5 Fruchtblätter miteinander verwachsen. Deren äußere Schichten sind als Schwellgewebe bestrebt, sich in Längsrichtung auszudehnen, was die kollenchymatische Widerstandsschicht der Innenseiten aber verhindert. Bei Reife trennen sich die Fruchtblätter, jedes rollt mit größter Kraft nach innen und schlägt dabei die an der zentralen Säule (Placenta) sitzenden Samen ab (Abb. 9.3.d). Diese werden ungerichtet verstreut.

9.1.4. Turgorbewegungen

Die Turgeszenz der Zellen führt nicht nur zu den einmalig verlaufenden Explosions- und Öffnungsbewegungen (s. 9.1.3.), sondern ist das mechanische Mittel für die reversiblen und regelbaren Turgorbewegungen **(= Variationsbewegungen).** In der Saugkraftgleichung (= osmotische Zustandsgleichung) der Zelle ($S = \pi^* - P$) ist P der nach außen wirkende Turgordruck, dem der Wanddruck entgegenwirkt. Beide Werte sind numerisch gleich („$P = W$“) (S. 354f.). Die häufig schnellen Turgorbewegungen sind die Folge eines durch Wasserabgabe sinkenden Turgors im Bewegungsgewebe bzw. der damit verbundenen Abnahme des Zellvolumens. Ursache dafür ist die schnell erhöhte Permeabilität des Plasmalemmas, wobei auch gelöste Stoffe in den umgebenden freien Raum austreten. Nach Wiederherstellung der Ausgangspermeabilität wird die ursprüngliche Turgeszenz durch osmotische Wasseraufnahme in Verbindung mit aktiven Ionenaufnahmeprozessen wieder erreicht. Auch eine Turgorerhöhung durch Bildung osmotisch wirksamer Substanzen, z. B. Zucker aus Stärke, kann Bewegungsanlaß sein. Bei Turgorbewegungen vielzelliger Organe spielt die Gewebespannung der benachbarten Gewebe eine Rolle, indem deren Ausdehnung maßgebend zu dem schnellen Bewegungsverlauf beitragen kann *(Dionaea, Mimosa)*.

Beispiele:

Blatt-Turgorbewegungen erfolgen an **Gelenken**, in denen die Leitbündel zu einem biegsamen, zentralen Strang vereinigt sind. Dieser dient als Widerstandsgewebe, an dessen Ober- und/oder Unterseite sich Bewegungsgewebe befinden. *Mimosa pudica* senkt bei Reizung (S. 456) oder auch autonom am Abend (s. 8.5.) die Blattstiele (primäre Gelenke) und die Blattfiedern (sekundäre Gelenke), während die Fiederblättchen (tertiäre G.) paarweise nach oben zusammenklappen (Abb. 9.4.). Am Primärgelenk erhöht sich in den Zellen der Unterhälfte die Permeabilität, das Gewebe der Gelenkoberfläche dehnt sich aus und drückt den Blattstiel nach unten. — Bei der **Venusfliegenfalle** *(Dionaea muscipula)* besitzt das Blattspreiten-Gelenk der nach oben schlagenden Klappfalle (Abb. 5.28.c) einen ähnlichen Mechanismus (thigmonastische Reaktion, s. 9.2.3.). Auf die schnelle Turgorreaktion folgt nach Fang eines Beutetieres eine auf Wachstum beruhende Verengungsbewegung der beiden Blattspreitenabschnitte. — **Bohnenblätter** *(Phaseolus vulgaris)* zeigen langsam verlaufende, tagesperiodische Blattbewegungen (Abb. 8.18.b). Bei dem Spreitengelenk sind Ober- und Unterhälfte in etwa gleichem Umfang am Bewegungsverlauf beteiligt, auch nach Entfernen einer der Hälften erfolgen Blattbewegungen. Es ließ sich ein periodischer Wechsel der Permeabilität bzw. der Saugkraft- und Turgoränderung zwischen Ober- und Unterhälfte nachweisen.

Filament- und Narbenbewegung. Asteraceen-Staubblätter sind mit ihren Antheren zu einer Röhre verwachsen, in der sich das Griffelende befindet. Die freien Filamente verkürzen sich bei Reizung durch einen schnellen Turgorverlust und ziehen die Antheren-Röhren nach unten. Dabei wird Pollen aus dem Röhrenende ausgestoßen. — Ein Turgormechanismus bewegt die Staubblätter der Berberitze *(Berberis vulgaris)* bei Reizung nach innen, die der Zimmerlinde *(Sparmannia africana)* nach außen. Das Bewegungsgewebe befindet sich im ersten Fall an der Innenseite, im zweiten an der Außenseite der Filamentbasis. Ähnlich werden die auseinanderklaffenden Narbenlappen bei den Scrophulariaceen *Mimulus* und *Torenia* nach Reizung zum Zusammenklappen veranlaßt (s. 9.2.3.1.). Die Bewegungen stehen im Dienste der Pollenübertragung durch Insekten.

Spaltöffnungsbewegungen werden bei der Anatomie der Epidermis (s. 4.3., Abb. 4.3.) und unter „Nastien" (S. 458) erläutert.

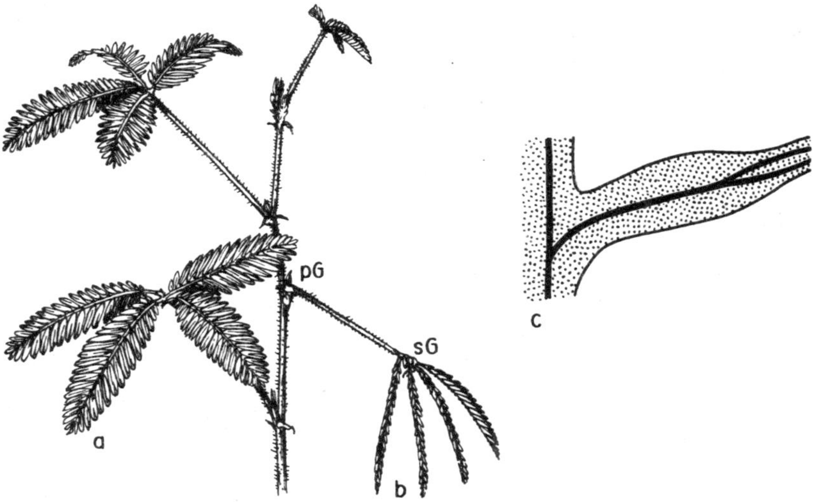

Abb. 9.4. Blattbewegung bei *Mimosa pudica.* **a** in ungereizter (= Tag-) Stellung, **b** in gereizter (= Nacht)Stellung. **c** Leitbündelverlauf im primären Blattgelenk, schematisch. *pG* primäres Gelenk, *sG* sekundäres Gelenk. — a, b nach Pfeffer.

9.1.5. Wachstumsbewegungen

Durch unterschiedlich starkes Streckungswachstum gegenüberliegender Flanken von Einzelzellen oder Organe kommt es zu einer **Wachstums- oder Nutationsbewegung** (lat. nutare = nicken). Eine **Circumnutation** ist die Folge eines umlaufend an den Zell- oder Organflanken erfolgenden, einseitig geförderten Wachstums, wie es bei Ranken (s. 9.2.3.1.) und Keimpflanzen auftritt. Wachstum wird folglich nur bei Richtungsänderung als Bewegung gekennzeichnet, nicht bei geradeaus gerichtetem Vordringen. Wachstumsbewegungen können autonom sein oder durch äußere Reize ausgelöst werden.

Beispiele:

Krümmung von Koleoptilen und Achsenorganen. Eine ungleiche Verteilung des basipetal strömenden Auxins auf den streckungsfähigen Abschnitten der Organflanken ist wesentliche Voraussetzung für eine Organkrümmung. Bei Koleoptilen befindet sich die Hauptstreckungszone einige Millimeter unterhalb der Spitze, wo auch die Krümmung beginnt, bei Achsen von Monokotyledonen im basalen Teil jedes Internodiums, bei Dikotyledonen stärker im apikalen. Die verringerte Streckung einer Organflanke und damit die Organkrümmung kann auch durch die Wirkung von Hemmstoffen veranlaßt oder unterstützt werden (s. auch 9.2.2. und 9.2.3.).

Wachstumsbewegungen einzelliger Organe. Pilzhyphen und junge Sporocystenträger, z. B. von *Phycomyces*, wie auch Moosprotonemen und Zellfäden vieler Algen besitzen ein **Spitzenwachstum.** Die Krümmung erfolgt durch ein seitlich verlagertes Wandwachstum der Zellspitze. Sporocystenträger strecken sich nach Ausbildung einer Sporocyste unterhalb von dieser, also interkalar. Während ihres Wachstums drehen sich die Sporocystenträger um ihre Längsachse (Torsion). Diese autonome Bewegung ist Ausdruck eines schräg zur Organlängsachse erfolgenden Einbaues neuer Wandsubstanz.

9.1.6. Bewegungen durch Proteinkontraktion

Die Bewegungsmechanik folgt dem Prinzip der Muskelarbeit durch tierische Zellen, bei denen sich ein Komplex der Proteine Actin und Myosin (Actomyosin) mit Hilfe der Energie aus ATP zu verkürzen vermag. Bereits bei der Vorstellung der Geißel (S. 66) wurde auf die Anwendung dieses Prinzips der **Kontraktilität** von Protein — hier ein Komplex von **Tubulin** und **Dynein** — für Bewegungsvorgänge in Pflanzen hingewiesen. Bei aktiven Ortsveränderungen wird auch die nicht durch Außenreize kontrollierte Lageveränderung im Raum (im Gegensatz zum Wachstum) als Bewegung gekennzeichnet. Das Bewegungsvermögen ist meist autonom, Außenfaktoren können aber die Geschwindigkeit modifizieren. Licht führt bei photoautotrophen, freibeweglichen Organismen wie Purpurbakterien und Cyanophyceen zu beschleunigter Bewegung. Für diese als positive **Photokinesis** bezeichnete Wirkung ist Licht der vom Chlorophyll absorbierten Spektralbereiche verantwortlich, Hemmstoffversuche ließen sie als Folge photosynthetischer ATP-Bildung erkennen. Bei der **Aerokinesis**, die auch nicht-photoautotrophe Bakterien zeigen, regt der Sauerstoffgehalt im Medium die Bewegung an.

Beispiele:

Plasmabewegung. Cytoplasma strömt in den Zellen unterschiedlich (Abb. 9.5.a). Die Bewegung ist bei einigen Zellen autonom (z. B. Wurzelhaarzellen von *Hydromystria*, Abb.

9.5.a.4), bei anderen induzierbar (z. B. Mesophyllzellen von *Vallisneria*, Abb. 9.5.a.3). Sie geht offenbar von actomyosinähnlichen Fibrillen an der Grenze zwischen ruhendem Ecto- und strömendem Endoplasma aus. Dafür spricht die Hemmbarkeit der Strömung durch Cytochalasin B, einen Inhibitor der Funktion kontraktiler Fibrillen, ferner die Tatsache, daß auf dem Profil der Geschwindigkeitsverteilung im Querschnitt von experimentell mit Plasma voll-

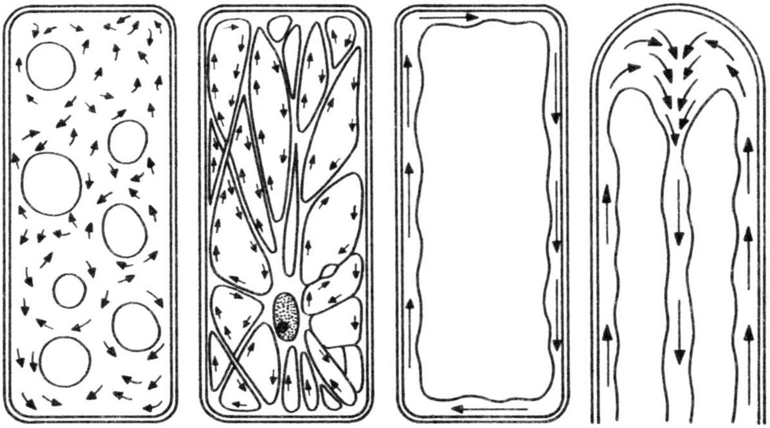

a 1 2 3 4

b

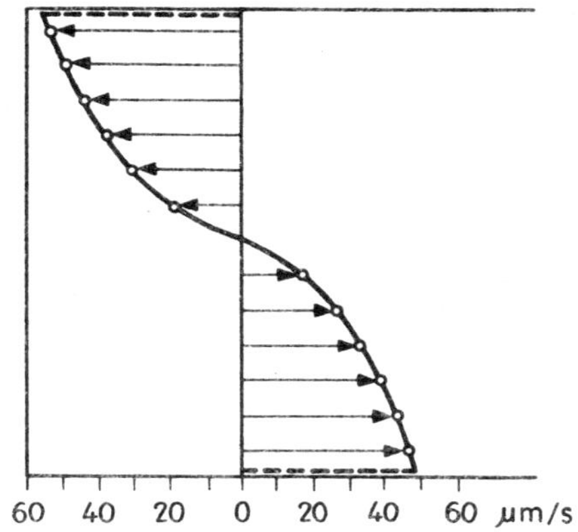

Abb. 9.5. Plasmaströmung. a Häufige Formen der Plasmaströmung: 1 Turbulenzströmung, 2 Zirkulationsströmung, 3 Rotationsströmung, 4 Springbrunnenströmung. **b** Geschwindigkeitsverteilung der Plasmaströmung in einem mit Plasma erfüllten Zellbereich von *Nitella* (s. Text). — a nach Kamiya, b nach Kamiya und Kuroda.

ständig erfüllten *Nitella*-Zellabschnitten die höchste Geschwindigkeit in diesem Grenzbereich zu finden war (Abb. 9.5.b).

Im **Plasmodium von Myxomyceten** strömt das Plasma in Strängen, wobei das Innenplasma mit geringerer Viskosität in einem Mantel aus Ectoplasma von hoher Viskosität fließt. Die Richtung des Plasmastromes wechselt hier („Weberschiffchenströmung"), dieser bewegt sich aber bevorzugt auf die Vorderfront des wandernden Plasmodiums zu. Die bewegenden Kräfte der **Myxomyosin-Fibrillen** (dem „Aktomyosin" der Plasmodien) wirken hier aber nicht an der Grenze von Ecto- und Endoplasma, sondern sie führen durch Kontraktion von vernetzten Myofilamenten in einzelnen Teilen des Plasmodiums zu Druckdifferenzen, welche Anlaß zur passiven Strömung sind. Die Umwandlung von Ecto- in Endoplasma am hinteren Ende des Plasmodiums und der umgekehrte Vorgang am Vorderende sind wichtige Elemente des Bewegungsmechanismus.

Bewegung von Kompartimenten. Der Zellkern kann seine Gestalt stark verändern und auch gerichtet wandern (z. B. im Paarkernmycel von Basidiomyceten, in *Acetabularia* u. a.). Hier wie bei der Bewegung von Chloroplasten werden actomyosinartige Proteine als Umwandler von chemischer in mechanische Energie vermutet. Bei Chloroplasten spricht das Auftreten gemeinsam bewegter Gruppen gegen ein individuelles Bewegungssystem. Licht ist der wichtigste Faktor zur Steuerung der Bewegung (S. 463).

Geißelbewegungen (vgl. 3.5.7.). Die Mannigfaltigkeit der durch Geißeln hervorgerufenen Typen der Lokomotion wird durch das Auftreten von 2, 4 oder vielen Geißeln (z. B. Farn-Spermatozoide) noch wesentlich erhöht. Außer der Erzeugung eines Vortriebes fällt den Geißeln auch die Aufgabe der Stabilisierung der Bewegungslage des Flagellaten zu. Durch äußere Reize gesteuerte Geißelbewegungen sind Taxien (s. 9.2.4.).

Gleitbewegungen. Hier werden die in ihrer Mechanik sehr unterschiedlichen Bewegungsvorgänge bei pennaten Diatomeen, bei den Oscillatoriales unter den Cyanophyceen und bei den Desmidiaceen zusammengefaßt. Vermutlich erfolgen nur die ersten zwei Typen mit Beteiligung kontraktiler Proteine. Bewegliche **Diatomeen** besitzen auf der oberen und unteren Schale einen als Raphe bezeichneten Längsspalt mit zwei Endknoten (Abb. 6.10.d). Auf einer freien Spur ausgeschiedenen Schleims vermögen sie sich — eventuell durch strömendes Plasma in der Raphe — gleitend nach vorn wie nach hinten zu bewegen. — Die Bewegung von **Cyanophyceen**-Fäden ist bei Oscillatoriaceen mit der Ausscheidung einer Schleimhülle und der gleichzeitigen Drehung um die Fadenlängsachse verbunden (kontraktile Proteine?). Die Bewegung kann vor- und rückwärts verlaufen. Bei Nostocaceen bewegen sich die Fäden nicht in der Fadenlängsrichtung, sondern U-förmig gekrümmt, mit dem gekrümmten Ende voran. — Die **Desmidiaceen** sondern aus einer Anzahl feiner Poren an einem Zellende Schleim aus, der an der Unterlage haftend durch Verquellen die Zelle vorwärts schiebt. Einige Arten wie *Closterium* können das nicht sezernierende Ende aufrichten, überschlagen lassen und dann von diesem Ende aus durch Schleimabsonderungen die Bewegung fortsetzen. Durch Reize gesteuerte Gleitbewegungen sind **Taxien** (s. 9.2.4.). Bei allen Gleitbewegungen sind Grundprobleme noch ungelöst.

9.2. Durch Außenfaktoren induzierte und gesteuerte Bewegungen

Alle im Unterkapitel 9.1. vorgestellten Mechanismen führen insofern zu **aktiven Bewegungen**, als der Bewegungsvorgang durch die Pflanze hervorgerufen wird. Bei **passiven Bewegungen**, wie z. B. der Windverbreitung von

Pollen oder Früchten, ist das nicht der Fall. Die Quellungs-, Kohäsions- und Explosionsbewegungen unterscheiden sich von den anderen aktiven Bewegungen aber dadurch, daß sie entwicklungsbedingt zwangsläufig auftreten und Außenfaktoren nur den Zeitpunkt und den Ablauf modifizieren können. Man faßt sie als **„mechanische Bewegungen“** zusammen. Demgegenüber können Turgor-, Wachstums- und Proteinkontraktions-Bewegungen durch äußere Reize (9.2.1.) ausgelöst, oft auch verändert und gesteuert werden. Es wurde bereits erwähnt, daß viele der Krümmungs- und Torsionsbewegungen auch autonom, d. h. ohne die spezifische Wirkung eines Außenfaktors, ablaufen können, was bei den Ortsbewegungen z. B. von Flagellaten die Regel ist. Häufig sind innere und äußere Faktoren am Bewegungsgeschehen beteiligt, wie z. B. bei den tagesperiodischen Blattbewegungen (s. 9.1.4.). — In den folgenden Abschnitten soll die spezifische Wirkung von Außenfaktoren bei Auslösung und Steuerung von Bewegungen vorgestellt werden. Als Einteilungsprinzip dient dabei die Art der Bewegungsreaktion auf Umweltreize:

— **Tropismen** sind Krümmungsbewegungen, bei denen der Reiz die Bewegungsrichtung bestimmt. Außer Bewegungen auf die Reizquelle zu **(positiver Tropismus)** und von ihm weg **(negativer Tr.)** kann auch eine Einstellung schräg zur Reizrichtung **(Plagiotropismus)** oder senkrecht dazu **(Dia- oder Transversaltropismus)** erfolgen.
— **Nastien** sind Krümmungsbewegungen, bei denen nicht die auslösenden Reize, sondern die anatomischen Voraussetzungen die Bewegungsrichtung bestimmen. Der Reiz übt keinen orientierenden Einfluß aus.
— **Taxien** sind durch Reize beeinflußte freie Ortsbewegungen, bei denen entweder ein Reiz die Bewegungsrichtung steuert **(= Topotaxis)** oder nur eine Veränderung der Reizstärke als Signal erkannt wird, was zu einer Änderung in Richtung und Ablauf der Bewegung — ohne Bezug zur Reizrichtung — führt **(= Phobotaxis, phobische Reaktion).** Beide Verhaltensweisen führen zu Ansammlungen, die topische durch gleichsinnige Bewegungsrichtung, die phobische durch gleichartige Schreck- und Umkehrbewegungen bei erhöhter oder erniedrigter Reizstärke.
— **Dinesen** sind Plasmaströmungsbewegungen, die durch äußere Reize ausgelöst oder in ihrer Geschwindigkeit verändert werden.

9.2.1. Reizvorgänge

Einflüsse der Umwelt werden als Reize bezeichnet, wenn sie in lebenden Zellen oder Organismen Veränderungen des Wachstums, der Entwicklung, des Stoffwechsels oder der Bewegung auslösen, ohne die dazu erforderliche Energie zuzuführen. Soweit bei Reizung Energie zugeführt wird — auch Entzug von Energiezufuhr wie z. B. Verdunklung stellt einen Reiz dar —, dient diese nur der Reizaufnahme, nicht der Reaktion. Eine **Reizbarkeit** von Zellen kann für physikalische Einflüsse wie Licht, Temperatur, Schwerkraft, Erschütterung,

Berührung oder für chemische Einflüsse wie organische Nährstoffe, Hormone, Salzionen, Sauerstoff und flüchtige organische Stoffe bestehen. Jede **Reizaufnahme** oder **Perzeption** setzt das Vorhandensein eines geeigneten **Perzeptionssystems** in der Zelle voraus, so z. B. für Lichtreize einen geeigneten Photorezeptor und, in unmittelbarer Nachbarschaft, die zur Fortführung des Reizprozesses geeigneten plasmatischen Strukturen. Die bei Reizaufnahme und unmittelbar danach ablaufenden Prozesse sind bei Pflanzen noch wenig bekannt. Bei verschiedenen Reizbewegungen ist ein **Erregungsprozeß** ähnlich dem tierischer Nervenzellen die Grundlage der Reizbarkeit.

Erregung. Das Studium der Erregungsvorgänge erfolgte bevorzugt an den großen Internodialzellen von *Nitella* und *Chara*, welche keine Bewegungsreaktionen ausführen. Die ungereizte Zelle besitzt durch die aktive Ionenaufnahme von Cl^-- und K^+-Ionen trotz ständigem Efflux einen Überschuß an Cl^--Ionen und dadurch ein negatives elektrisches **Ruhepotential** von —50 bis —200 mV gegenüber der Außenlösung. Die der Reizung folgende Erregung ist durch ein **Aktionspotential** gekennzeichnet (Abb. 9.6.a). Eine schnelle Permeationserhöhung des Plasmalemmas führt bei gleichzeitigem Aussetzen der Ionenpumpen zum schnellen Abbau des Ruhepotentials durch Austritt „überschüssiger" Cl^--Ionen bei gleichzeitigem Eintritt insbesondere von Ca^{2+}-Ionen. Die Positivierung im Zellinnern kann über den Neutralpunkt hinaus bis zu einem schwach positiven Biopotential führen, das aber durch nachfolgenden Ausstrom von K^+-Ionen innerhalb von 10 bis 20 s wieder negativ wird. Das Wiedereinsetzen der Ionenpumpen führt zum bevorzugten Cl^--Influx bei gleichzeitigem Ca^{2+}-Efflux und stellt unter Energieverbrauch das ursprüngliche Ionenverhältnis des Ruhepotentials wieder her.

Derartige Erregungsprozesse sind **Alles-oder Nichts-Reaktionen.** Der Reiz muß einen bestimmten **Schwellenwert** überschreiten, die Größe des auftretenden Aktionspotentials ist dann weitgehend unabhängig von der Reizstärke. Die Zeit von Erregungsbeginn bis zur Wiederherstellung der vollen Erregbarkeit wird **Refraktärstadium** genannt (Abb. 9.6.). In seinem ersten Teil, dem **absoluten R.**, erfolgt auf einen zweiten Reiz hin keine neue Erregung (bzw. erneute Bewegung). Im anschließenden **relativen R.** führt eine erneute Reizung gleicher Stärke im Zeitverlauf zunehmend wieder zur vollen Reaktion.

Nicht bei allen an Pflanzen induzierten Reizbewegungen war es bisher möglich, Erregungsvorgänge nachzuweisen, doch läßt das Auftreten eines Refraktärstadiums bei Lichtreaktionen von Rhodospirillen derartige Prozesse auch bei Bakterien vermuten. Ist die Reaktionsstärke von der Reizstärke abhängig, so kann das bei vielzelligen Organen die Beteiligung unterschiedlich vieler Zellen als Ursache haben. Eine **Reizleitung** in Form von Erregungsleitung, d. h. der fortlaufenden Auslösung von Aktionspotentialen bei den Nachbarzellen, findet z. B. in den Bewegungsgeweben der Mimose statt, aber auch in Parenchymzellen des Leitgewebes von Blattstielen und Achsen. In Mimosen kann die Reizleitung weiterhin durch **Erregungssubstanzen** erfolgen, die andere Blattgelenke erreichen und zur Reaktion veranlassen. Außer Aminosäuren hat sich ein Glykosid der

Gentisinsäure als ein wahrscheinlich natürlicher „Bewegungsstoff" herausgestellt. — Bei Wachstumsbewegungen erfolgt eine Reizleitung in Form eines polaren Auxintransportes; an der Bewegungssteuerung sind vermutlich auch Hemmstoffe des Auxin-Längs- und Quertransportes beteiligt.

Die Zeit vom Reizbeginn bis zum Beginn der Reaktion wird als **Reaktionszeit** bezeichnet, die vom Reizende bis Reaktionsbeginn als **Latenzzeit** und die Mindestdauer einer zur Reaktion führenden Reizung als **Präsentationszeit.** Diese Mindestdauer ist natürlich von der Stärke des Reizes abhängig, und oft ist zur Charakterisierung eines Reizvorganges das Produkt aus Reizstärke (i) und Zeitdauer (t), die **Reizmenge**, geeigneter. Gleiche Reizmengen erzeugen innerhalb bestimmter Grenzen gleiche Wirkungen, unabhängig von dem Verhältnis von Intensität und Zeit ($i \cdot t = k$, **Reizmengengesetz** oder **Produktregel**). Die minimale Reizmenge ist die **Reizschwelle (= Schwellenwert)**, darunter liegende Werte sind **unterschwellig.** Auch sie können z. B. bei Lichtreizung als schnell aufeinanderfolgende, **intermittierende Reize** durch Summation zur Reaktion führen **(Talbotsche Regel).** Bei Dauereinwirkung kommt es nur auf die Reizstärke an, deren minimale zur Reaktion führende Größe dann als **Absolutschwelle** bezeichnet wird. Die **Unterschiedsschwelle** ist die geringste Differenz in der Stärke zweier gleichartiger Reize, durch welche eine Reaktion ausgelöst wird. Bei allen Bestimmungen solcher Grenzwerte ist aber zu beachten, daß die Reizempfindlichkeit der Zellen und Organe, der **Tonus**, durch äußere, sogenannte tonische Einflüsse veränderbar ist, auch durch länger andauernde Reize selbst. Die Einstellung des Tonus auf einen als Reiz wirkenden Außenfaktor wird **Adaptation** genannt.

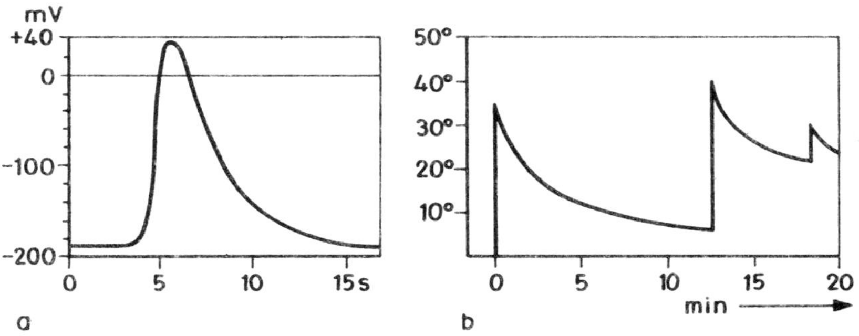

Abb. 9.6. Aktionspotential und Refraktärstadium. a Aktionspotential einer gereizten Internodialzelle von *Chara*, ausgehend vom Ruhepotential —190 mV. Das Aktionspotential beträgt 228 mV, das Refraktärstadium dauert etwa 15 s. **b** Refraktärstadium bei der Rückkrümmung eines mechanisch gereizten Staubfadens von *Berberis*. Während der zweite Reiz nach $12^1/_2$ min (nach Ablauf des absoluten Refraktärstadiums) zu etwa voller Krümmungsstärke führt, verursacht der dritte Reiz innerhalb des relativen Refraktärstadiums nur eine schwache Reaktion. — a nach Nultsch, b nach Bünning.

9.2.2. Tropismen

9.2.2.1. Phototropismus

Vorkommen: Phototrope, d. h. auf die Lichtrichtung bezogene Krümmungen sind in der Regel Wachstumsbewegungen. **Positiv phototrop** reagieren Keimlingsachsen, Koleoptilen, Protonemata von Farnen, junge Fruchtkörper von einigen Basidiomyceten (z. B. *Coprinus*), Sporocystenträger von *Phycomyces* und anderen Mucoraceen. **Negativ phototrop** krümmen sich z. B. Wurzeln von *Sinapis alba* (Erdwurzeln sind meist nicht phototrop) und die Haftwurzeln des Efeus, Rhizoide von Lebermoosen und Keimhyphen verschiedener Rostpilze. **Transversal phototrop** sind Laubblätter sowie Thalli von Lebermoosen. Die Blätter vieler Pflanzenarten können einer partiellen Beschattung durch die **Schattenfluchtreaktion** ausweichen.

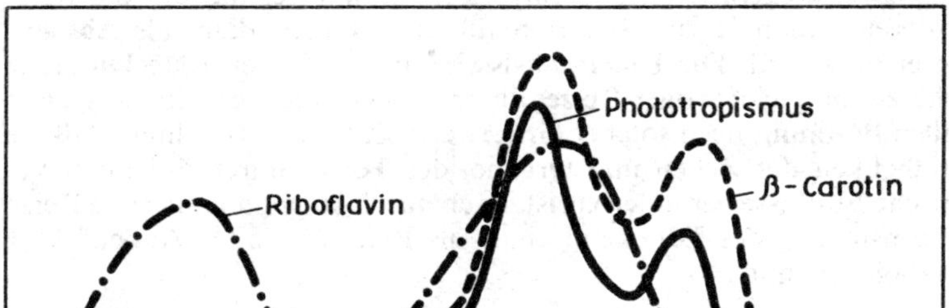

Abb. 9.7. Wirkungsspektrum des Phototropismus, Absorptionsspektren von β-Karotin und Riboflavin. Das Wirkungsspektrum bezieht sich auf die erste positive Krümmung von *Avena*-Koleoptilen. — Nach Libbert.

Perzeption: Rückschlüsse auf die Natur des Photorezeptors lassen sich aus der Übereinstimmung zwischen dem **Wirkungsspektrum** einer phototropen Reaktion und dem **Absorptionsspektrum** isolierter Pigmente ziehen. Ein Wirkungsspektrum gründet sich auf die Ermittlung von spektralen **Dosis-Wirkungskurven**, d. h. die Abhängigkeit der Wirkung des Lichtes einzelner Wellen-

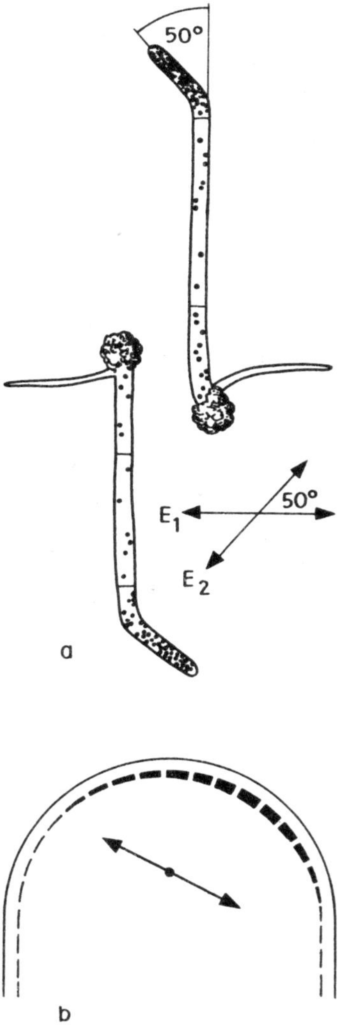

Abb. 9.8. Polarotropismus des Protonemas von *Dryopteris.* **a** Vorkeim wird senkrecht zur Papierebene mit polarisiertem Licht bestrahlt, der elektrische Vektor ist zunächst nach E_1, dann um 50° verändert nach E_2 orientiert. **b** Schema der Protonemaspitze mit oberflächenparallelen, dichroitischen Photorezeptor-Molekülen. Die Strichdicke weist die Stärke der Absorption des nach dem Pfeil orientierten, polarisierten Lichtes aus. — Nach Haupt.

längenbereiche von der Anzahl der Lichtquanten (genauer von der Quantenstromdichte, der Anzahl der Quanten pro Fläche- und Zeiteinheit). Erschwerend für die Feststellung des Rezeptorpigments können sich inaktive, als Filter wirkende Pigmente und ein vom Lösungszustand verändertes Absorptionsverhalten der Rezeptoren auswirken. Die weitaus meisten phototropen Reaktionen zeigen in den Wirkungsspektren Ähnlichkeit sowohl mit der Absorptionskurve von Flavinen als auch Carotinen (Abb. 9.7.). Für den Phototropismus der im Dunkeln oder in Rotlicht fadenförmig wachsenden Vorkeime (Protonemen) des Farnes *Dryopteris* konnte das Phytochrom (S. 415f.) als Photorezeptor nachgewiesen werden. Hellrotes Licht ist maximal wirksam; wird dieses jedoch als polarisiertes Licht geboten, so entscheidet die Richtung, unter der die Schwingungsebene den Vorkeim trifft, darüber, ob eine Krümmung eintritt oder nicht. Bei diesem **Polarotropismus** wachsen die Protonemen stets senkrecht zur Schwingungsebene des eingestrahlten, polarisierten Lichtes (Abb. 9.8.). Das läßt darauf schließen, daß die Rezeptorenmoleküle, in diesem Falle des Phytochroms P_{660}, eine feste Anordnung parallel zur Zelloberfläche besitzen. Dadurch entsteht ein **Wirkungsdichroismus**, d. h. ein maximaler Effekt bei einer bestimmten Richtung der Schwingungsebene wechselt mit einem minimalen Effekt bei einer um 90° davon abweichenden Richtung. Auch bei anderen phototropischen Lichtreaktionen von Einzelzellen ist auf Grund eines Wirkungsdichroismus auf eine feste Orientierung der Rezeptormoleküle, vermutlich in der Nähe des Plasmalemmas, zu schließen.

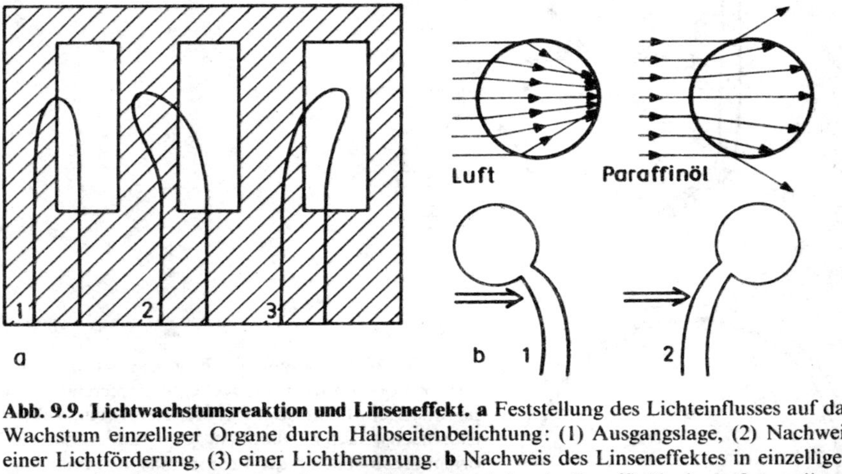

Abb. 9.9. Lichtwachstumsreaktion und Linseneffekt. a Feststellung des Lichteinflusses auf das Wachstum einzelliger Organe durch Halbseitenbelichtung: (1) Ausgangslage, (2) Nachweis einer Lichtförderung, (3) einer Lichthemmung. **b** Nachweis des Linseneffektes in einzelligen Organen durch Inversion der phototropischen Reaktion in Paraffinöl als Außenmedium: (1) positiver Phototropismus eines *Phycomyces*-Sporocystenträgers in Luft (wirksamere Belichtung der Hinterflanke), (2) negativer Phototropismus dieses Trägers in Paraffinöl (wirksamere Belichtung der Vorderflanke). — b nach Haupt.

Reaktion: Die einzelligen, transparenten **Sporocystenträger von** *Phycomyces* reagieren positiv phototrop. Bei Halbseitenbelichtung (Projektion eines Lichtfeldes auf eine Träger-Längshälfte, Abb. 9.9.a) zeigt die belichtete Hälfte eine Wachstumsförderung, der Träger krümmt sich aus dem Lichtfeld heraus. Die positiv phototrope Krümmung ist demnach die Folge einer wirksameren Belichtung der lichtabgewandten Flanke gegenüber der Vorderflanke des Trägers, der als Zylinderlinse wirkt und das einfallende Licht in einem Brennstreifen auf der Hinterflanke sammelt (Abb. 9.9.b). Einen eindeutigen Beweis für diesen **Linseneffekt** erbrachte der Inversionsversuch: Sporangienträger, die in Paraffinöl eingetaucht normal weiter wachsen, krümmen sich bei seitlicher Belichtung negativ phototropisch, weil das Licht in dem Träger nun nicht gesammelt, sondern gestreut wird und die Vorderflanke eine wirksamere Bestrahlung erhält.

Bei der *Avena*-**Koleoptile** ist die positiv phototrope Reaktion nicht das Ergebnis sich krümmender Zellen, sondern unterschiedlich starker Zellstrekkung der Licht- und Schattenflanke. Trotz anatomisch dorsiventralem Bau — der ovale Querschnitt läßt zwei Leitbündel erkennen — verhält sie sich physiologisch etwa radiär. Die Hauptstreckungs- und damit Krümmungszone befindet sich einige Millimeter unterhalb der Spitze, die Zone der höchsten Lichtempfindlichkeit oberhalb davon in etwa 0,3 mm Abstand von der Spitze. Die Lichtdurchlässigkeit der Koleoptile ist gering, die Stärke der Reaktion hängt mit von der Steilheit des Lichtabfalles im Organ ab. Die phototrope Reaktion wächst zunächst mit der Stärke des Lichtreizes, ausgedrückt als Lichtmenge = Lichtintensität × Belichtungszeit (Abb. 9.10.c). Nach Erreichen eines Maximums (1. positive Krümmung) tritt mit wachsender Lichtmenge eine schwächere Reaktion und sogar eine negative Krümmung auf. Mit weiterem Anstieg der Reizstärke kommt es wieder zu zunehmend positiver phototroper Krümmung (2. positive Kr.) und nachfolgend zu erneutem Rückgang. Bei sehr starkem Lichtreiz ist auch ein drittes Maximum erkennbar (3. positive Kr.). Die Ursache dieses Verhaltens liegt in der nicht aufgeklärten Komplexität des Bewegungsgeschehens. Unter Tageslichtbedingungen tritt die 2. positive Krümmung auf. Nur im Bereich der 1. positiven Krümmung — sie beginnt nach einer Reaktionszeit von etwa 30 min — gilt die Regel, daß die Reizmenge als Produkt von Intensität × Zeit unabhängig davon wirksam ist, ob ein starker Reiz kurze Zeit einwirkt oder ein schwacher Reiz entsprechend länger (Reizmengesetzt). — Die phototrope Krümmung vielzelliger Sproßorgane ist Folge einer durch Helligkeitsunterschiede im Organ verursachten Ungleichverteilung des polar abwärts transportierten Auxins. Dieses wird vorrangig in der Spitze durch Quertransport auf die Schattenseite gelenkt (Abb. 9.10.a), wobei Auxin-Auffangexperimente erwiesen, daß die Gesamtmenge an Auxin in Licht- und Schattenflanke gegenüber Dunkelkontrollen nicht wesentlich verändert wird. Als Ursache für den Quertransport wird eine lichtbedingte Querpolarisierung sowie das Gefälle zwischen dem auf der Lichtseite gehemmten Auxin-Abwärtsstrom und dem gleichzeitig erhöhten Auxintransport auf der

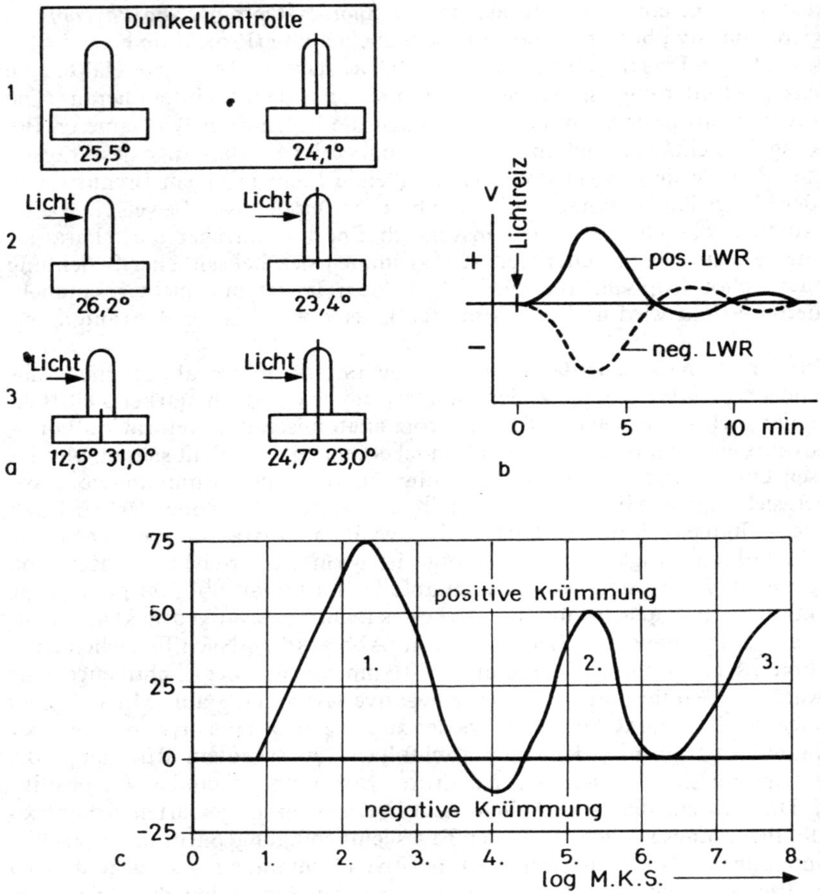

Abb. 9.10. Phototropismus von *Avena*-Koleoptilen. a Nachweis eines Auxinquertransportes in der Koleoptilspitze bei seitlicher Belichtung: (1) in Dunkelkontrolle werden aus längsgeteilter wie ungeteilter Koleoptilspitze gleiche Auxinmengen (ausgedrückt in Grad der Krümmung im Koleoptil-Krümmungstest) in Agarblöcken aufgefangen. (2) Belichtung ändert an der Gesamtmenge des Auxins in beiden Fällen nichts. (3) Durch zwei getrennte Agar-Auffangblöcke wird die Zunahme des Auxin-Abwärtsstromes auf der Schattenflanke, etwa in der Größe der Abnahme auf der Vorderflanke, erkennbar. Wird ein Quertransport durch vollständige Längsspaltung der Koleoptile verhindert, so unterbleibt die Ungleichverteilung in den Agarblöcken. **b** Wachstumsverlauf bei positiver und negativer Lichtwachstumsreaktion, *v* Wachstumsgeschwindigkeit. **c** Phototrope Krümmung der *Avena*-Koleoptile in Abhängigkeit von der Stärke des Lichtreizes (Lichtmenge: Meterkerzensekunden (*MKS*)), Erläuterung im Text. — a nach Briggs und Mitarb., c nach Du Buy und Nuernbergk.

Schattenflanke angenommen. Ein entsprechend veränderter polarer Auxintransport liegt auch anderen tropistischen Krümmungen zugrunde.

Eine mehrseitig symmetrische Lichtreizung führt bei *Phycomyces*-Sporocystenträgern nicht zur Krümmung, sondern zu einer vorübergehenden Wachstumsförderung, einer positiven **Lichtwachstumsreaktion** (LWR, Abb. 9.10.b). Bei *Avena*-Koleoptilen erfolgt ein vorübergehend verringertes Wachstum, eine negative LWR. Es zeigen sich enge Beziehungen zwischen LWR und dem Phototropismus dieser Organe, indem eine positive LWR bei *Phycomyces* mit der geförderten Streckung der stärker belichteten Trägerflanke in Übereinstimmung steht, umgekehrt die negative LWR der Koleoptile mit verringertem Wachstum der Lichtflanke. Ferner gleichen sich die Wirkungsspektren bei den genannten und anderen Beispielen von LWR und Phototropismus, was auf gleiche Rezeptoren schließen läßt. Die LWR führt aber auch bei Dauerlicht nur zu einer vorübergehenden Änderung des Wachstums, d. h. nicht zu einem nennenswerten Vorsprung einer Seite, wie er zur Krümmung erforderlich ist. So ist ein kausaler Zusammenhang zwischen LWR und Phototropismus bisher nicht erkennbar.

9.2.2.2. Geotropismus

Vorkommen: Positiv geotrop, d. h. in Richtung der Schwerkraft, wachsen Keim- und Hauptwurzeln sowie viele der Rhizoide an Moosen und Farnprothallien, **negativ geotrop** die aufrechten Sprosse, Pilzfruchtkörper und Sporocystenträger. Beide Reaktionsweisen erfolgen parallel zur Schwerkraftrichtung, sie werden als **Orthogeotropismus** (= Orthotropismus) zusammengefaßt und der Einstellung schräg zur Schwerkraftrichtung, dem **Plagiogeotropismus** — z. B. bei Seitenwurzeln erster Ordnung —, gegenübergestellt. Ein **Dia- oder Transversalgeotropismus** zeigt sich beim Wachstum vieler Rhizome und Ausläufer. **Geotrope Umstimmungen** während der Entwicklung treten z. B. bei *Lilium martagon* auf, bei der die Blütenknospen schräg aufwärts gerichtet sind, die Blüten sich positiv geotrop nach unten und die Früchte dann negativ geotrop nach oben wenden.

Perzeption: Für die Orientierung durch den Schwerereiz wird zumeist die Verlagerung von Zellinhaltspartikeln des Cytoplasmas, der **Statolithen**, auf die physikalische Unterseite der Zelle verantwortlich gemacht. Haberlandt und Nemec, die Begründer dieser Theorie, wiesen diese Rolle den großen Amyloplasten **(„Statolithenstärke")** in Wurzelhauben und Stärkescheiden von Achsen und Koleoptilen zu. Diese Stärkekörner sind in den Zellen leicht zu verlagern (Abb. 9.11.a, b). Bei Wurzeln perzipiert nur die äußerste Spitze den Schwerereiz (Abb. 9.11.d). Entfernt man die Wurzelhaube, so erfolgt trotz Wachstum solange keine Reaktion, bis sich neue Amyloplasten gebildet haben. Außer Stärke werden aber auch andere feste Zellinhaltspartikel wie Plastiden oder Dictyosomen als Statolithen in Betracht gezogen. Die Sporocystenträger von *Phycomyces* reagieren geotropisch, ohne nachweisbare Statolithen zu besitzen.

Bei **Koleoptilen und Achsen** wird durch Querlage der Auxin-Längstransport an der physikalischen Oberseite verringert, an der Unterseite aber erhöht. Gleichzeitig findet ein Quertransport von der Oberseite zur Unterseite statt

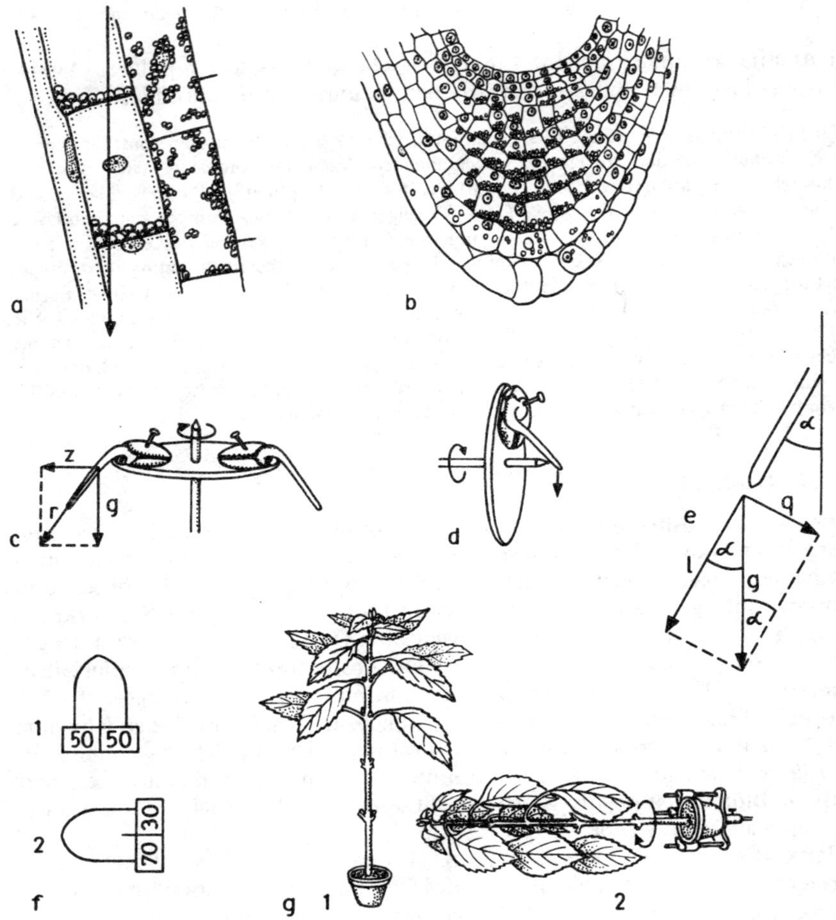

Abb. 9.11. Geotropismus. a Verlagerung der Statolithenstärke in Zellen eines schräggestellten Stengelknotens von *Tradescantia*. **b** Statolithenstärke in den Zellen der Wurzelhaube von *Rorippa*. **c** Wurzelwachstum auf rotierender Kreisscheibe zeigt Gültigkeit des Resultantengesetzes (*z* Zentrifugalbeschleunigung, *g* Erdbeschleunigung, *r* Resultante). **d** Nachweis der Wurzelspitze als Perzeptionsort des Fliehkraft-Reizes. Die Rotationsachse der Kreisscheibe teilt die Wurzel in zwei Bereiche entgegengesetzter Zentrifugalbeschleunigung, die Wurzelkrümmung erfolgt entsprechend der Reizung der Spitzenzone. **e** Zerlegung der Erdbeschleunigung *g* in die wirksame Querkraft *q* und die tonische Längskraft *l* am Beispiel einer Wurzel, α Ablenkungswinkel ($q = g \cdot \sin \alpha$). **f** Auxinverteilung in Koleoptilspitze (1) in Normallage, (2) bei geoinduzierter Asymmetrie (Agarblock-Abfangmethode, Zahlen: relativer Auxingehalt). **g** *Coleus*-Pflanze (1) in Normallage, (2) horizontal, langsam an Klinostaten rotierend: keine geotrope Aufrichtung der Achse, Blätter epinastisch gekrümmt. — a nach Haberlandt, b nach Nemec, c, e u. f nach Libbert, d nach Guttenberg, g nach Pfeffer.

(Abb. 9.11.f). Wie bei der phototropen Reizung bleibt die Gesamtmenge an Auxin in Ober- und Unterflanke gleich. Die Vorstellung von einem erhöhten Auxintransport durch Membranen, auf welche die Statolithen einen Druck ausüben, gehört zu den bevorzugten Hypothesen. Für die Perzeption des Schwerkraftreizes kommt (generell?) ein Polster von endoplasmatischem Reticulum als **Geosensor** in Frage. Zu den weiteren Schritten gehört vermutlich eine Aktivierung von Permeasen des Auxintransportes. — Die **geotrope Reaktion von Wurzeln** kann mit einem veränderten Auxintransport nicht befriedigend erklärt werden. Ein Quertransport läuft offenbar nur in der Wurzelhaube ab, wo die Perzeption erfolgt. Ein bei waagerecht gelegten Wurzeln unterseits verringertes Wachstum gegenüber der Oberseite wird aber nicht durch eine überoptimale und deshalb hemmende Auxinmenge verursacht. Offenbar bewirkt das ein Hemmstoff, der von der Wurzelhaube kommend an der Wurzelunterseite basipetal („wurzelaufwärts") wandert. — Bestimmte **Rhizoide von Characeen** besitzen als Statolithen in ihren wachsenden Spitzen körnige Einschlüsse (Ba-Sulfat?), die sogenannten **Glanzkörper.** Werden sie durch Fliehkräfte aus der Spitze zurückverlagert, so verliert das waagerecht wachsende Rhizoid seine geotrope Reaktionsfähigkeit solange, bis sich wieder Glanzkörper an der Spitze befinden. Es besteht die Annahme, daß sie den für das Wandwachstum erforderlichen Golgivesikeln den Weg zur Spitzenunterseite versperren („Positionseffekt"). Das weitere Wachstum der Spitzenoberseite führt zur Krümmung des Rhizoids. Auch der Druck der Glanzkörper auf ihre Unterlage spielt bei dem Reizvorgang aber eine Rolle.

Reaktion: Die Richtung von Keimlingswurzeln, die aus Samen auf einer rotierenden Kreisscheibe wachsen, entspricht der Resultante aus den beiden Vektoren der Erdbeschleunigung und der Zentrifugalbeschleunigung **(Resultantengesetz)** (Abb. 9.11.c). Mit diesem Befund wurde ein Beweis für die Schwerkraft als Ursache geotroper Reaktionen erbracht und die Möglichkeit eröffnet, größere Kräfte als die Erdbeschleunigung anzuwenden. Das Reizmengengesetz (S. 445) konnte im Bereich der Reizschwelle für Schwerkraft-Reize als gültig erkannt werden. Eine senkrecht nach unten wachsende Wurzel befindet sich in stabiler reizfreier Lage, senkrecht nach oben gerichtet (invers) in labiler reizfreier Lage. Maximale Reizung ist bei waagerechter Lage zu erwarten, wo der als **Querkraft** bezeichnete Vektor (senkrecht zur Organlängsachse) die Größe der Erdbeschleunigung erreicht. Hier wie in allen Schräglagen entspricht die Stärke der Reizung dem Sinus des Ablenkungswinkels aus der Lotrechten, eine Beziehung, die als **Sinusgesetz** bekannt wurde (Abb. 9.11.e). Abweichungen stellten sich bei Versuchen längerer Dauer ein, da die in Organrichtung wirkende **Längskraft** die Empfindlichkeit des Organs, ihren Tonus, verändert. So erfolgt die stärkste Reizung nicht bei 90° Abweichung von der Lotrechten, sondern bei einem Winkel bis zu 130°. Für die Untersuchung einseitiger Schwerkraftreizung begrenzter Dauer hat sich der **Klinostat** bewährt. Durch waagerechtes, langsames Drehen um ihre Achse (etwa so schnell wie ein Sekundenzeiger) werden orthotrope Organe einer einseitigen Reizung entzogen. Die

Blätter einer Sproßachse krümmen sich dabei zur Basis der Pflanze, sie zeigen **Epinastie** als eine Form autonomer Bewegungen (Abb. 9.11.g). Der Plagiogeotropismus von Blättern setzt sich danach aus einer epinastischen und einer negativ geotropen Reaktion der Blattstiele zusammen. Am Klinostat wird nur die erste Komponente wirksam.

9.2.2.3. Chemotropismus und andere Tropismen

Vorkommen: Chemotrope Wachstumskrümmungen werden in ihrer Richtung durch den Gradienten eines Konzentrationsgefälles gesteuert und treten z. B. bei Pilzhyphen, Pollenschläuchen, Wurzeln und *Cuscuta*-Sprossen auf. Zu der Vielzahl als wirksam erkannter organischer und anorganischer Substanzen gehören auch solche Stoffe, welche Zellen verschiedenen Geschlechtes zur Kopulation aufeinander zuwachsen lassen (z. B. bei *Mucor*) oder welche Parasiten das Auffinden von Wirtspflanzen ermöglichen. Positiv chemotrop wirken die betreffenden Stoffe stets nur in einem bestimmten Konzentrationsbereich, zu hohe Konzentrationen führen zu negativem Chemotropismus.

Perzeption: Der Vorgang der Aufnahme chemischer Reize ist noch unbekannt. Die Spezifität der Rezeptoren ist unterschiedlich, häufig mit einem erkennbaren ökologischen Bezug. So reagieren Hyphen des Tiere besiedelnden Wasserpilzes *Saprolegnia* gegenüber Aminosäuren wesentlich empfindlicher positiv chemotrop als gegenüber Zuckern, noch spezifischer bewirken Pilz-Gamone (z. B. bei *Achlya*) gegenüber nichtlebensnotwendigen Blei- oder Kupferionen positive Reaktion. Zur Chemoperzeption sei auch auf den Abschnitt Chemotaxis hingewiesen. Ungeklärt ist, wie bei chemotropen Reaktionen z. B. von Pilzhyphen gegenüber Zucker das förderliche Agens die stärker gereizte Flanke im Wachstum hemmt bzw. die abseitige fördert. — Von chemotropen Reizbewegungen sind Erscheinungen der **Anisotrophie** (trophe = Ernährung) zu unterscheiden, bei der es durch bevorzugte Anlegung von Seitenwurzeln oder Seitenhyphen im Bereich günstiger Ernährungsbedingungen lokal zu vermehrter Organbildung kommt.

Reaktion: Die Bedeutung chemotroper Reaktionen für die Ernährung C-heterotropher Pilze kommt z. B. bei *Mucor* in dem niedrigen Schwellenwert für Glucose von 0,01 Prozent zum Ausdruck. Für das Wachstum von Pollenschläuchen im Gewebe des Griffels und Nucellus haben chemotrope Steuermechanismen offenbar nur im Bereich des Embryosackes eine generelle Bedeutung (S. 413). Die beteiligten Substanzen sind noch unbekannt. Chemotrope Krümmungen von Wurzeln erfolgen zu Orten guter Nährstoffversorgung. Dabei kann die Perzeption auch außerhalb des Krümmungsbereiches stattfinden. *Cuscuta*-Keimsprosse können sich durch ein Konzentrationsgefälle gasförmiger Stoffe, z. B. etherischer Öle, orientieren und noch aus 10 cm Entfernung auf Wirtspflanzen zuwachsen, die solche Stoffe ausscheiden. — Beim **Hydrotropismus** übt ein Gradient im Feuchtigkeitsgehalt der Luft die richtende Wirkung aus, wie an Hyphen, Sporocystenträgern, Pollenschläuchen, Lebermoosthalli,

Wurzeln (Abb. 9.12.) und *Cuscuta*-Sprossen festgestellt wurde. Die unbekannten Rezeptoren zeigen im Gegensatz zum Chemotropismus keine chemische Spezifität. Während Wurzeln und Pilzhyphen positiv hydrotrop reagieren und manche pilzlichen Parasiten auf diesem Wege den Eingang in das Blatt durch die Spaltöffnungen finden, krümmen sich *Phycomyces*-Sporocystenträger negativ hydrotrop. Transversal hydrotrop, aber auch geotrop legen sich Lebermoosthalli der feuchten Unterlage an. — Ein **Thermotropismus** konnte bei *Avena*-Koleoptilen als Krümmung auf eine Wärmequelle zu (positiver Th.) und bei *Phycomyces*-Sporocystenträgern von dieser weg (negativer Th.) festgestellt werden. Mit dem Temperaturgefälle ist aber in der Regel ein Feuchtigkeitsgefälle verbunden, so daß thermotrope Reaktionen von hydrotropen, bei höheren Temperaturen auch von traumatotropen Reizen, nicht immer klar trennbar sind. — Als **Traumatotropismus** wird eine durch Verwundung oder andere schädigende Reize verursachte Krümmung verstanden. — Der **Thigmotropismus** ist eine gerichtete Krümmungsbewegung auf Grund von Berührungsreizen, wie sie bei Ranken, Koleoptilen, Keimlingsachsen, Wurzeln und *Phycomyces*-Sporocystenträgern zu finden ist. Wegen ihrer engen Beziehung zur Thigmonastie wird dort auf sie eingegangen.

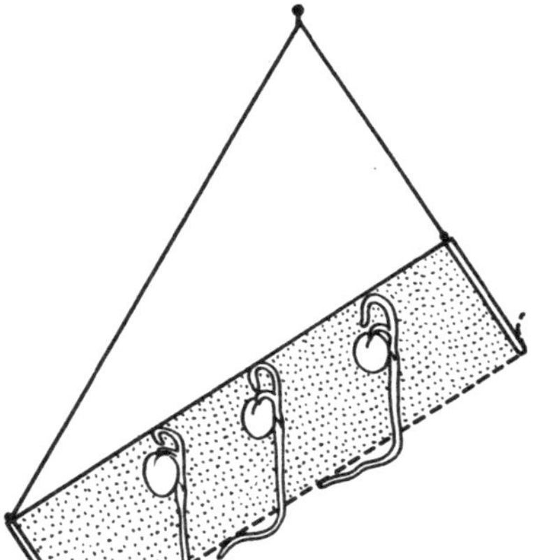

Abb. 9.12. Nachweis hydrotroper Wurzelkrümmungen. Die zunächst positiv geotrop wachsenden Wurzeln krümmen sich nach Verlassen des Substrates zur feuchten Substratoberfläche. — Nach Sachs.

9.2.3. Nastien

9.2.3.1. Seismonastie und Thigmonastie

Vorkommen: Seismonastisch (griech. seismós = Erschütterung) und thigmonastisch (griech. thigma = Berührung) reagieren z. B. die Blattgelenke bei

Mimosa, die Klappfalle von *Dionaea* sowie Staubblätter und Narben verschiedener Pflanzen (s. 9.1.4.). Es sind in der Regel schnelle Turgorbewegungen. — Thigmonastisch ist meist die Reaktion von Ranken, an deren Bewegung sowohl Turgorveränderungen als auch Wachstumsreaktionen beteiligt sind. Während seismonastische Bewegungen auch durch Berührungsreize auslösbar sind, sind thigmonastische durch Erschütterung meist nicht zu induzieren.

Perzeption: Beide Nastien erfolgen nach mechanischer Reizung des Protoplasten, wobei uns tiefere Einblicke fehlen. Die Berührungsreizung kann bei der Mimose an den Zellen der Blattgelenkunterseite selbst oder an den dort ausgebildeten Borstenhaaren erfolgen (Abb. 9.13.). Diese Haare drücken bei Verbiegung auf ein Gelenkpolster mit empfindlichen Sinneszellen. Die Venusfliegenfalle *(Dionaea muscipula)* besitzt auf jedem der beiden zur Klappfalle gewordenen Spreitenabschnitte drei solcher Fühlborsten (Abb. 5.28.c), die den mechanischen Reiz aufnehmen und zum Spreitengelenk der Falle leiten. — Bei der thigmonastischen Reizung von **Ranken** kommt es auf Druckunterschiede in dicht benachbarten Rezeptorzellen an. Eine thigmonastische Reizung durch einen Wasserstrahl erfolgt erst dann, wenn in dem Wasser feste Partikel suspendiert sind, die bei ihrem Auftreffen auf die Epidermis Druckunterschiede schaffen. Die Reizaufnahme kann bei solchen Zellen durch unverdickte Stellen der Außenwand, die **Fühltüpfel**, oder aufgelagerte dünnwandige Zellen, die **Fühlpapillen**, vermutlich erleichtert werden. Bei den sehr empfindlichen Ranken des Kürbisgewächses *Sicyos angulatus* löst ein über dem Rankenende hängender, durch Luft bewegter Faden von 0,25 µg bereits eine Krümmung aus.

Reaktion: Auf den Mechanismus der **Blattbewegung von** *Mimosa* wurde bereits eingegangen (s. 9.1.4.). Die Bewegung setzt bei hohem Tonus in Sekundenbruchteilen ein und ist in wenigen Sekunden innerhalb des Blattes abge-

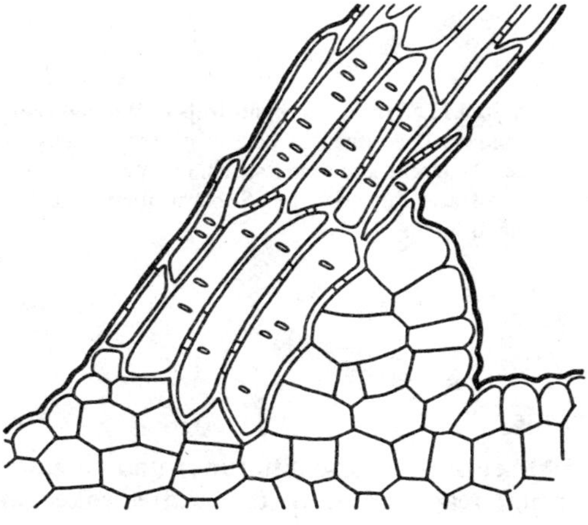

Abb. 9.13. Fühlborste von *Mimosa pudica*, unterer Teil. — Nach Haberlandt.

schlossen. Auch chemische und elektrische Reize, Hitze, Druck oder Verwundung können bei *Mimosa* Blattbewegungen auslösen. An dieser Pflanze konnten Erregungs- und Reizleitungsprozesse festgestellt werden. Weitere Beispiele seismonastischer Bewegungen wurden im Kapitel Turgorbewegungen erwähnt. — **Ranken** können physiologisch dorsiventral oder radiär sein. So ergeben sich verschiedene Reaktionstypen (Abb. 9.14.). (a) Eine Reizung von Ventral- oder Dorsalseite führt stets zur ventralen Einkrümmung; z. B. bei Kürbisranken *(Cucurbita pepo)*. (b) Nach Reizung der Ventralseite, nicht der Dorsalseite, kommt es zur ventralen Einkrümmung, bei gleichzeitiger Reizung beider Seiten erfolgt aber keine Krümmung; z. B. bei den Blattranken der Erbse *(Pisum sativum)*. (c) Jede Seite ist reizbar und vermag mit Einkrümmung zu reagieren (Thigmotropismus); z. B. bei *Cissus*-Arten. Die Wachstumszone der Ranken befindet sich nicht in den berührungsempfindlichen Enden, sondern an der Basis. Sie vollbringt durch **Circumnutation** (S. 439f.) die kreisende Bewegung der freien Enden. Es kommt zur Berührung einer festen Stütze, zu einem durch die Reizung erfolgenden Turgorverlust der Zellen auf der berührten Ventralseite und zum schnellen Einkrümmen der Ranke. Gleichzeitig nimmt der Turgor der Zellen auf der Dorsalseite zu, und es beginnt dort ein Wachstum, das auch auf die Ventralseite übergreift. Das Umschlingen der Stütze führt zu immer erneuten Reizungs- und Einkrümmungsprozessen. Bei nur vorübergehender Reizung streckt sich die Ranke wieder („Autotropismus"). Nach Umwinden einer Stütze erfährt der freie Mittelteil der Ranke eine schraubige Einrollung, in deren Verlauf Umkehrpunkte gegenläufig schraubige Abschnitte trennen, ein Schutz vor Verdrehung bei hohen Zugkräften. Durch Verholzen wird die federnde Befestigung der Ranken weiter stabilisiert. — Positiver Thigmotropismus tritt bei *Phycomyces*-Sporocystenträgern und Keimsprossen auf.

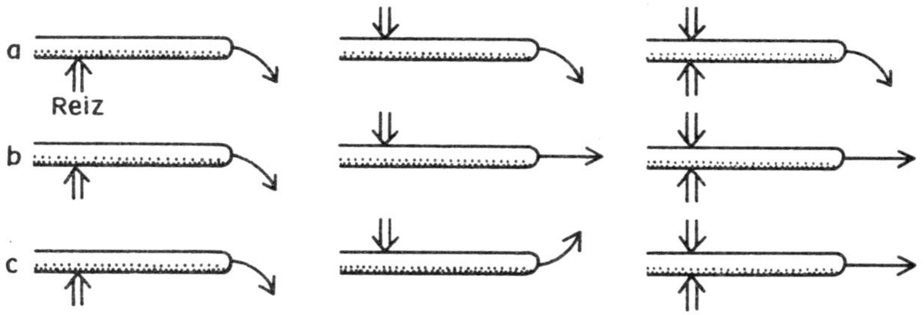

Abb. 9.14. Reaktionsverhalten verschiedener Rankentypen, Erläuterung im Text. — Nach Haupt.

9.2.3.2. Weitere Nastien

Als **Chemonastie** erweisen sich Bewegungsreaktionen einiger zoophager Pflanzen. So reagieren die Tentakel von *Drosera*-Blättern (Sonnentau) auf chemische

Reize, und zwar die Randtentakel mit Einwärtskrümmung zur Blattmitte (Chemonastie), die Flächententakel mit Krümmung zur Reizquelle hin (Chemotropismus). Perzeptionsorte sind die Köpfchen der Tentakel, Reaktionsorte die Basen der Tentakelstiele, wobei die Reizung eines Köpfchens mehrere Tentakel reagieren läßt. Unter den als wirksam erkannten Substanzen waren viele N-Verbindungen, aber auch Na-Salze und Phosphate. *Drosera*-Tentakel reagieren auch auf Berührungsreize. Bei *Pinguicula*-Arten (Fettkraut) kommt es nach dem Tierfang auf der klebenden Blattfläche zu chemonastischen Einrollungsbewegungen des Blattrandes. — Eine **Photonastie** zeigt sich bei den lichtabhängigen Öffnungs- und Schließbewegungen von Blüten, so bei *Gentiana*, *Nymphaea*, dem Blütenstand von *Taraxacum* u. a. Photonastisch sind auch die tagesperiodischen Laubblattbewegungen (S. 430, 439). — Die **Thermonastie** wird durch Temperaturwechsel verursacht. Blüten von *Crocus*, *Tulipa* und *Portulaca* öffnen sich bei Temperaturanstieg, der bei *Crocus* nur 0,2 °C zu betragen braucht. Diese Bewegung beruht auf verstärktem Wachstum der Innenseite der Blütenblattbasis, bei Temperaturabfall wächst die Außenseite stärker. Thermonastische Turgorbewegungen treten bei den Blättern des Sauerklees *(Oxalis acetosella)* und der Mimose auf. — **Spaltöffnungsbewegungen** sind nastische Turgorbewegungen mit sehr komplexer Steuerung. Vor allem sind daran Licht, das Wasserpotential der Epidermis und der CO_2-Gehalt im Blattinneren beteiligt. Einfluß hat auch eine circadiane Bewegungsrhythmik (s. 8.5.). Turgoranstieg führt zur Spaltenöffnung (Abb. 4.3.). Er ist hier eine Folge aktiver K^+-Ionenaufnahme in die Schließzellen mit nachfolgendem osmotischem Wassereinstrom. Mit dem Kationenzustrom steigt auch das Potential an Anionen, vermutlich durch Cl^--Aufnahme und Bildung organischer Anionen (Malationen), doch ist auch ein Austausch von Protonen gegen K^+-Ionen mit den Nachbarzellen denkbar. Der CO_2-Gehalt stellt die wichtigste Regelgröße dar, sein Absinken im Blatt führt zum Öffnen der Spalten. Es sind aber bisher weder CO_2-Sensoren noch die Art der Einflußnahme des CO_2 auf das Bewegungsgeschehen bekannt. Belichtung vermag durch photosynthetische CO_2-Bindung die Öffnungsbewegung auszulösen, das Wirkungsspektrum entspricht etwa dem der Photosynthese. Versuche mit dem Hemmstoff DCMU ergaben, daß dabei durch Phosphorylierung gebildetes ATP nicht erforderlich ist. Die für den Ionentransport notwendige Energie entstammt dem Abbau von Reservestoffen, eventuell auch der in den Schließzellen gebildeten Stärke. Hydronastisch schließen sich die Spaltöffnungen bei geringem Wasserpotential des Blattes als Folge sinkenden Turgors. Dieser Regelung ist die Einflußnahme durch Belichtung und geringe CO_2-Spannung untergeordnet. Da Wassermangel in der Pflanze zur Abscisinsäure-Bildung führt (s. 8.3.4.) und dieses Hormon vermutlich durch Hemmung des K^+-Transportes Spaltenschluß bewirkt, ist hierin ein zweiter, indirekter Regelmechanismus durch den Wasserhaushalt erkennbar.

9.2.4. Taxien

9.2.4.1. Phototaxis

Vorkommen: Bei der **Phototopotaxis** wird die Bewegungsrichtung durch die Lichtrichtung gesteuert, so bei *Euglena*, *Chlamydomonas* und anderen Flagellaten, bei den Oscillatoriaceen unter den Blaualgen, verschiedenen pennaten Diatomeen und Myxomyceten-Plasmodien. Als **photophobische Reaktion (= Photophobotaxis)** wird ein Wechsel der Bewegungsrichtung („Schreckreaktion") als Folge einer Veränderung der Beleuchtungsstärke bezeichnet. Die betreffenden Organismen können in Abhängigkeit von Entwicklungs- und Umweltbedingungen entweder auf eine erhöhte oder eine erniedrigte Beleuchtungsstärke ihrer Umgebung reagieren, stets kommt es zur Ansammlung im zusagenden Lichtmilieu. Die Lichtrichtung dient nicht zur Orientierung. Beispiele sind die auch phototopotaktisch reagierenden *Euglena*- (Abb. 6.9.c) und *Chlamydomonas*-Zellen (Abb. 6.7.a), Oscillatorien (Abb. 6.5.c) und Diatomeen (Abb. 6.10.d); nur photophobisch reagieren Rhodobakterien wie *Rhodospirillum*, *Thiospirillum* und *Chromatium*.

Perzeption: Die Bewegungssteuerung erfolgt bei *Euglena*, die sich rotierend mit einer Zuggeißel bewegt, und den anderen Flagellaten in dem **Basalkörper** der Geißel (Abb. 3.12.). Seitlich davon befindet sich der carotinreiche Augenfleck, das **Stigma.** Durch dieses wird bei seitlichem Lichteinfall mit der Drehung ein Photorezeptor in unmittelbarer Nähe des Basalkörpers rhythmisch beschattet. Diese Impulse verändern den Geißelschlag und führen die Bewegungsrichtung schließlich parallel zur Lichtrichtung, wo keine Beschattung mehr auftritt. Auch bei den zur phobischen Lichtreaktion befähigten begeißelten Eukaryoten-Zellen befindet sich in der Nähe des Basalkörpers der Photorezeptor, dessen Wirkungsspektrum ebenso wie bei der Phototopotaxis im Bereich unterhalb von 550 nm liegt, ähnlich dem vieler phototropischer Reaktionen. — Für die photophobischen Reaktionen von Rhodobakterien ist die Geißelbasis ebenfalls der Perzeptionsort, bei *Thiospirillum* nur an dem einen begeißelten Zellpol, bei *Rhodospirillum* an den Geißeln beider Pole (Abb. 6.4.). Das Wirkungsspektrum entspricht hier etwa dem der Photosynthese dieser Bakterien, mit weit in den roten Spektralbereich reichender Lichtwirksamkeit. — Die fädige Blaualge *Phormidium* reagiert auf Licht sowohl phobisch als auch topisch, der Perzeptionsort liegt wahrscheinlich im Bereich der äußeren Zellmembran. Während das Wirkungsspektrum der photophobischen Reaktion dem der Photosynthese weitgehend gleicht — der Reiz wird in einer verringerten Elektronenzuführung zur Lichtreaktion I der Photosynthese vermutet —, weist die topotaktische Wirksamkeit des Lichtes im Blaubereich auf Flavine oder Carotinoide als Rezeptoren hin, evtl. unter Beteiligung von Phycobilinen.

Reaktion: Die Unterscheidung von topischer und phobischer Lichtreaktion ist erst durch Analyse des individuellen Bewegungsverhaltens möglich. Im ersten Falle führt eine gesteuerte Bewegung auf die Lichtquelle zu (positive

Phototopotaxis) oder von ihr weg (negative Phototopotaxis, z. B. bei sehr hohen Beleuchtungsstärken). Den Nachweis einer photophobischen Reaktion ermöglicht ein mikroskopisches Präparat, in das ein Lichtfeld höherer Helligkeit hineinprojiziert wird. Die Grenze von Dunkel zu Hell wird bei positiv photophobischem Verhalten ohne Reaktion durchschwommen (Abb. 9.15.a), beim Eintritt in das Feld geringerer Helligkeit erfolgt die Umkehr (z. B. *Thiospiril-*

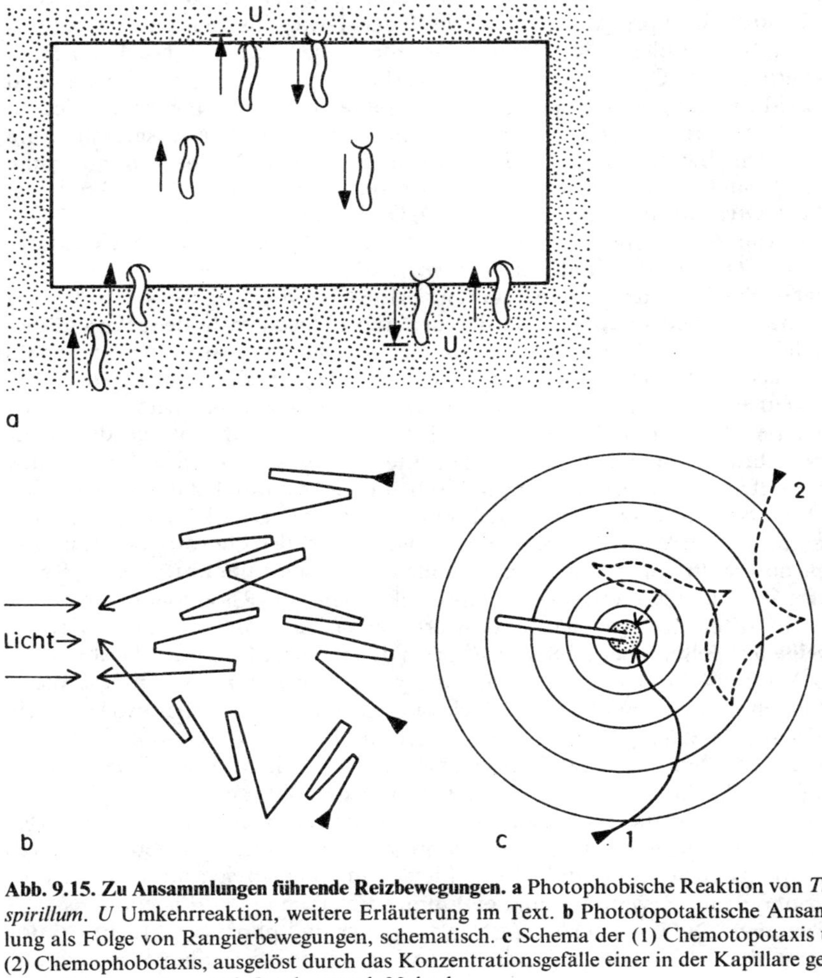

Abb. 9.15. Zu Ansammlungen führende Reizbewegungen. a Photophobische Reaktion von *Thiospirillum. U* Umkehrreaktion, weitere Erläuterung im Text. **b** Phototopotaktische Ansammlung als Folge von Rangierbewegungen, schematisch. **c** Schema der (1) Chemotopotaxis und (2) Chemophobotaxis, ausgelöst durch das Konzentrationsgefälle einer in der Kapillare gebotenen Substanz. — a nach Jacob, c nach Nultsch.

lum) oder eine ungerichtete „Schreckbewegung", die beide zum Verbleib im Lichtfeld (**„Lichtfalle"**) führen. Bei photophobischen Reaktionen wird der zeitliche Wechsel der Beleuchtungsstärke meist durch Ortswechsel hervorgerufen. — Positiv phototaktisch reagierende Cyanophyceen und Diatomeen vermögen sich an Orten zusagender Helligkeit durch **Rangierbewegungen** anzusammeln (Abb. 9.15.b). Sie gleiten ohne Steuerungsprozesse vor und zurück, wobei die zum zusagenden Lichtmilieu hinführende Bewegung aber länger andauert. Zufällige Richtungsänderungen lassen auch die zunächst quer zur Lichtrichtung orientierten Individuen Orte optimaler Helligkeit erreichen.

9.2.4.2. Chemotaxis

Vorkommen: Durch chemische Reize werden Änderungen in Ablauf oder Richtung der freien Ortsbewegungen veranlaßt, so bei Bakterien, Myxomyceten, den beweglichen Formen und Stadien von Algen und Pilzen sowie den Spermatozoiden von Moosen, Farnen und Blütenpflanzen. Diese Reizbewegungen ermöglichen es den Organismen, optimale Ernährungs- oder Lebensbedingungen aufzusuchen, sowie Myxamöben zu Plasmodien oder Gameten zu Zygoten zusammenzuführen. Durch negativ chemotaktische Reaktionen weichen die Organismen unverträglichen Konzentrationen oder schädlichen Stoffen aus. Nicht bei allen als Chemotaktika ermittelten Substanzen ist aber ein biologischer Bezug erkennbar. Von **Osmotaxis** spricht man, wenn die Konzentration allein, nicht aber die chemische Qualität einer Substanz als wirksam erkannt wurde, von **Aerotaxis**, wenn Sauerstoff oder — im weiteren Sinne — gasförmige Stoffe die Reizmittel sind.

Perzeption: Die molekularen Grundlagen pflanzlicher Chemoperzeption sind wie bei tierischen Organismen nicht bekannt. Die rotierende Bewegung vieler Flagellaten und Bakterien schließt bei deren **Chemotopotaxis** eine ungleiche Reizung der Flanken aus, es könnten aber die Geißelenden als Rezeptoren dienen. Die Empfindlichkeit gegenüber chemischen Reizen nimmt durch Adaptation ab („Abstumpfung"), eine erneute Reizung setzt eine im bestimmten Verhältnis zur Ausgangskonzentration (weitgehend unabhängig von deren Absolutgröße) erhöhte Konzentration voraus **(Weber-Fechner'sches Gesetz).** Erfolgt die Abstumpfung gegenüber e i n e r Substanz gleichzeitig auch gegenüber einer z w e i t e n, so kann auf ein gemeinsames Perzeptionssystem für beide geschlossen werden. Der farblose Flagellat *Polytoma* zeigte ein Unterscheidungsvermögen gegenüber acht verschiedenen Substanzgruppen. Ein sehr geringer Wert der Absolutschwelle ergab sich dabei gegenüber Ölsäuren mit 10^{-8} molar. Die Spezifität der Empfindlichkeit gegenüber Chemotaktika ist im Zusammenhang mit Entwicklungs- und Fortpflanzungsprozessen in der Regel höher als bei ernährungsphysiologischem Bezug.

Reaktion: Die Feststellung einer Chemotaxis erfolgt durch Einlegen einer offenen mit der zu prüfenden Lösung gefüllten Kapillare in eine Flüssigkeitskultur und die mikroskopische Beobachtung der Organismen im Bereich der

Kapillaröffnung (Abb. 9.15.c). Ein Bewegungsverlauf auf den Ort optimaler Konzentration zu kennzeichnet positive **Chemotopotaxis**, eine Ansammlung nach wiederholter Umkehr der Organismen in Bereichen geringerer Konzentration („Versuch und Irrtum") positive **Chemophobotaxis**. Topotaktisch reagieren Myxomyceten-Plasmodien und Amöben von *Dictyostelium*, phobisch viele Bakterien. Bei Flagellaten und Gameten gibt es Befunde für beiderlei Reaktionen, viele Fragen sind aber noch offen. Als Lockstoffe im Dienste der Entwicklung (im weiteren Sinn als „Pheromone" bezeichnet), oft speziell für die sexuelle Fortpflanzung (Gamone), sind bei Pflanzen eine Reihe chemisch sehr unterschiedlicher Substanzen bekannt (Tab. 9.1.).

Eine **Thermotaxis**, d. h. die Orientierung im Temperaturgefälle, konnte bei kriechenden Pseudoplasmodien von *Dictyostelium* als positive Reaktion noch bei einem Gradienten von 0,05 °C je cm festgestellt werden.

Tabelle 9.1. Lockstoffe bei Pflanzen

Bewegliche Stadien	Biologische Funktion	Chemotaktikum
Myxoflagellaten und Myxamöben von *Aethalium*	Plasmodienbildung	Abkochung von Lohe, Fleischextrakt, anorganische u. organische Säuren
Dictyostelium-Amöben	Amöbenaggregation	cAMP (= „Acrasin")
Gameten von *Allomyces* (Chytridiomyceten)	Kopulation	Sirenin
Gameten von *Ectocarpus* (Phaeophyceen)	Kopulation	Ectocarpen
Gameten von *Fucus*-Arten	Kopulation	Fucoserraten
Marchantia-Spermatozoiden	Kopulation	vermutlich Saccharose
Lycopodium-Spermatozoiden	Kopulation	Citronensäure
Farn-Spermatozoiden	Kopulation	Äpfelsäure- und Ca-Ionen

9.2.5. Reizbewegungen in Zellen

Dinesen sind durch äußere Faktoren induzierte oder verstärkte Plasmaströmungen. In den Mesophyllzellen von *Vallisneria* löst Belichtung eine starke Strömung des Plasmas aus. Diese **Photodinese** wird vorrangig durch kurzwelliges Licht, jedoch auch durch Rotlicht ausgelöst, ein Hinweis auf die mögliche Beteiligung zweier Photorezeptoren. Bei *Elodea*-Zellen wurden sowohl positive, d. h. fördernde, als auch negative, die Strömung verlangsamende dinetische Einflüsse des Lichtes festgestellt. — **Chemodinese**, durch chemische Reize induzierte Plasmaströmung, wird an *Vallisneria*-Blattzellen durch α-Aminosäuren, insbesondere durch Histidin und Methylhistidin, ausgelöst. Für eine Wirksamkeit von Aminosäuren bei **Traumatodinesen** (Plasmaströmung durch Wundeinfluß) spricht, daß nach einer durch Blattextrakte erfolgten Abstumpfung der Reizbarkeit diese sich auch gegenüber Histidin als abgestumpft zeigt (s. S. 461). — Die **Chloroplastenbewegung** ist wie die Photodinese lichtabhängig (Abb. 9.16.). Schwachlicht läßt Chloroplasten zu den Zellwänden, die parallel zur Blattoberfläche liegen, wandern **(„Schwachlichtbewegung")** und führt damit zu vollem Lichtgenuß, Starklicht zur Verlagerung an die senkrecht stehenden Zellwände **(„Starklichtbewegung")**, offenbar um Lichtschäden zu vermeiden. Beispiele finden sich bei Algen, Moosen und Farn-Prothallien, aber auch in den Mesophyllzellen vieler höherer Pflanzen (außer Palisadenzellen). Für beide Reaktionen ist zumeist kurzwelliges Licht bis etwa 500 nm wirksam, bei der Schwachlichtdrehbewegung der plattenförmigen Chloroplasten von *Mougeotia* und *Mesotaenium* (Conjugaten) wirkt das vom Phytochrom (S. 415f.) absorbierte, hellrote Licht. Im Gegensatz zur Blaulicht-Reaktion läuft hier der Bewegungsvorgang auch nach nur kurzem Lichtreiz weiter. Ein Wirkungsdichroismus (S. 448) gegenüber polarisiertem Licht läßt bei der Chloroplastenbewegung auf fest orientierte Photorezeptoren im Ectoplasma schließen. Die Mechanik der Bewegung ist unbekannt.

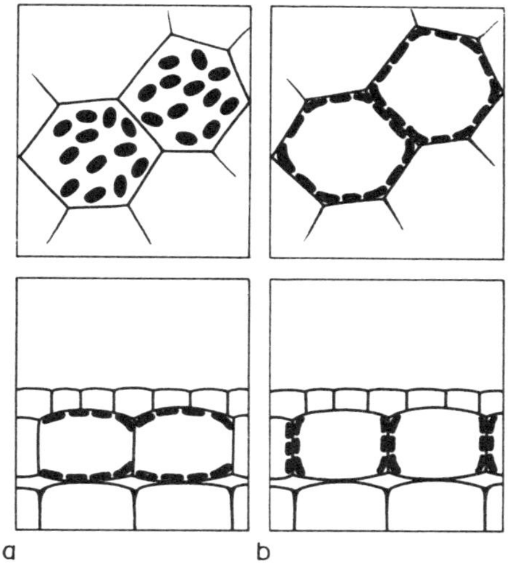

Abb. 9.16. Chloroplastenbewegung. Verteilung der Chloroplasten in Zellen von *Lemna*: **a** in Schwachlichtstellung, **b** in Starklichtstellung; Zellen oben in Aufsicht, unten im Querschnitt. — Nach Haupt.

Weiterführende Literatur

Alexopoulos, C. J.: Einführung in die Mykologie. Fischer, Jena 1966.

Bielka, H. (Hrsg.): Molekulare Biologie der Zelle. 2. Aufl. Fischer, Jena 1973.

Braune, W., Leman, A., u. Taubert, H.: Pflanzenanatomisches Praktikum. 3. Aufl. Fischer, Jena 1979.

Braune, W., Leman, A., u. Taubert, H.: Praktikum zur Morphologie und Entwicklungsgeschichte der Pflanzen. Fischer, Jena 1976.

Esau, K.: Pflanzenanatomie. Fischer, Jena 1969.

Frohne, D., u. Jensen, U.: Systematik des Pflanzenreiches. 2. Aufl. Fischer, Jena 1979.

Haupt, W.: Bewegungsphysiologie der Pflanzen. Thieme, Stuttgart 1977.

Hegi, G.: Illustrierte Flora von Mitteleuropa. 1. Aufl. Hanser, München. 2. u. 3. Aufl. Parey, Berlin—Hamburg 1935—1980.

Heywood, V. H.: Taxonomie der Pflanzen. Fischer, Jena 1971.

Hirsch, G. C., Ruska, H., u. Sitte, P.: Grundlagen der Cytologie. 2. Aufl. Fischer, Jena 1974.

Hoek, C. van den: Algen. Thieme, Stuttgart 1978.

Kinzel, H.: Grundlagen der Stoffwechselphysiologie. UTB Ulmer, Stuttgart 1977.

Kreeb, K.: Ökophysiologie der Pflanzen. Fischer, Jena 1974.

Libbert, E.: Lehrbuch der Pflanzenphysiologie. 3. Aufl. Fischer, Jena 1979.

Libbert, E. (Hrsg.): Kompendium der Allgemeinen Biologie. 3. Aufl. Fischer, Jena 1979.

Linsbauer, K. (Begründer): Handbuch der Pflanzenanatomie. Bornträger, Berlin-Stuttgart ab 1922.

Melchior, H., u. Werdermann, E. (Hrsg.): A. Engler's Syllabus der Pflanzenfamilien. Bornträger, Berlin 1954, 1964.

Mengel, K.: Ernährung und Stoffwechsel der Pflanze. 5. Aufl. Fischer, Jena 1979.

Mohr, H., u. Schopfer, P.: Lehrbuch der Pflanzenphysiologie. Springer, Berlin—Heidelberg—New York 1978.

Pirson, A., u. Zimmermann, M. H. (Hrsg.): Encyclopedia of Plant Physiology. Springer, Berlin—Heidelberg—New York ab 1975.

Rabenhorst, L. (Hrsg.): Kryptogamenflora von Deutschland, Österreich und der Schweiz. 45 Bände, 2. Aufl. Engelmann, Leipzig 1884—1968.

Reinbothe, H.: Einführung in die Biochemie. Fischer, Jena 1975.

Rothmaler, W., Meusel, H., u. Schubert, R. (Hrsg.): Exkursionsflora. Bd. 2 und 4. Volk und Wissen, Berlin 1976.

Ruhland, W. (Hrsg.): Handbuch der Pflanzenphysiologie. Springer, Berlin—Göttingen—Heidelberg 1955—1967.

Schlegel, H. G.: Allgemeine Mikrobiologie. 4. Aufl. Thieme, Stuttgart 1976.

Strasburger, E. (Begründer): Lehrbuch der Botanik. 31. Aufl. Fischer, Jena 1978.

Takhtajan, A.: Evolution und Ausbreitung der Blütenpflanzen. Fischer, Jena 1973.

Troll, W.: Allgemeine Botanik. 4. Aufl. Ferdinand Enke, Stuttgart 1973.

Urania Pflanzenreich. Höhere Pflanzen Bd. 1 und 2. Niedere Pflanzen. Urania, Leipzig—Jena—Berlin 1974, 1976.

Weberling, F., u. Schwantes, H. O.: Pflanzensystematik. Ulmer, Stuttgart 1979.

Register

Halbfette Seitenzahlen verweisen auf die wichtigsten Angaben zum Stichwort, kursive auf Abbildungen.